1 MONTH OF
FREE
READING

at
www.ForgottenBooks.com

By purchasing this book you are eligible for one month membership to ForgottenBooks.com, giving you unlimited access to our entire collection of over 1,000,000 titles via our web site and mobile apps.

To claim your free month visit:
www.forgottenbooks.com/free1212301

ISBN 978-0-428-40773-5
PIBN 11212301

LES
CENT NOUVELLES
NOUVELLES,

ÉDITION REVUE SUR LES TEXTES ORIGINAUX,

ET PRÉCÉDÉE D'UNE INTRODUCTION

Adrien Jean Victor

PAR LE ROUX DE LINCY.

TOME PREMIER.

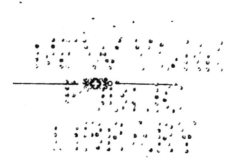

PARIS,

CHARPENTIER, LIBRAIRE-ÉDITEUR,

29, RUE DE SEINE.

1841.

INTRODUCTION

De tous les genres de littérature cultivés en France,
avant le dix-septième siècle, le conte est celui que nos
vieux auteurs traitèrent avec le plus de succès. Ce genre,
naturel au génie de la nation, avait atteint dès le règne de
saint Louis un certain degré de perfection.

On sait que nos jongleurs récitaient, par les villes et les
châteaux, des contes appelés fabliaux, dont ils emprun-
taient les circonstances soit à la tradition, soit à la chronique du jour. Ces fabliaux et les nombreux romans en
prose, d'amour et de chevalerie, qui les suivirent donnèrent naissance aux contes et aux nouvelles qui, dans les
quinzième et seizième siècles, ont signalé la littérature
française, et la rendent, aujourd'hui encore, digne d'attention.

Le recueil de contes connu sous le nom des *Cent Nouvelles
nouvelles* est un des livres les plus remarquables de cette
littérature. On trouve déjà dans cet ouvrage, composé à la
fin du quinzième siècle, plusieurs des qualités brillantes
qui, plus tard, ont fait la gloire de nos meilleurs écrivains.
Par la clarté du style et par la simplicité du récit, ce livre

a

contraste singulièrement avec les compositions obscures
et pédantesques des littérateurs attitrés de la même époque ; l'art du conteur y est souvent porté au plus haut degré ; on peut enfin le considérer comme l'un des modèles
de la vieille prose française.

Les différents récits qui composent ce recueil ont été
faits à Genappe, petite ville du Brabant, dans l'intervalle
de 1456 à 1461, par les seigneurs, domestiques et familiers de Louis, dauphin de France, qui fut depuis le roi
Louis XI. Ce prince était réfugié auprès du duc de Bourgogne, pour échapper au ressentiment de Charles VII,
son père. Le dauphin lui même, le duc Philippe le Bon et
quelques-uns des plus grands seigneurs de la cour de
Bourgogne, figurent au nombre des personnes qui racontèrent les *Cent Nouvelles*. Plusieurs de ces récits ne sont
rien de moins que des anecdotes contemporaines, r dites
par ceux qui en avaient été les acteurs ou les témoins.
Aussi les *Cent Nouvelles nouvelles* appartiennent à l'histoire, et méritent d'être étudiées sous ce point de vue.

C'est dans le but de faciliter cette étude que j'ai entrepris une édition nouvelle de ce recueil.

Mais pour que cette édition fût véritablement utile et
pût remplacer toutes celles qui l'ont précédée, des travaux de différente nature étaient nécessaires.

Il fallait d'abord, à l'aide de quelque manuscrit ou
des éditions princeps, rétablir dans sa pureté le texte pri-
mitif, que des réimpressions nombreuses, toujours accompagnées d'altérations, avaient entièrement défiguré. Il
fallait encore retrouver quels étaient les différents personnages nommés comme auteurs en tête de chaque récit,
puis chercher si chacun de ces récits était d'invention nouvelle ou imité d'un conte plus ancien ; enfin quelques détails sur la jeunesse de Louis XI et sur son séjour à la cour
de Bourgogne, devaient compléter ce travail, destiné à l'in-
telligence des *Cent Nouvelles nouvelles*. Voici comment je
me suis appliqué à en remplir les différentes parties.

Bien qu'on retrouve l'indication de plusieurs manuscrits

des *Cent Nouvelles*, aucun de ces manuscrits n'a été conservé dans les bibliothèques publiques. Il a donc fallu recourir aux éditions originales.

Les *Cent Nouvelles nouvelles* furent imprimées, pour la première fois, en 1486, à Paris, par le célèbre libraire Antoine Vérard. Alors le roi Louis XI, l'un des auteurs du livre, était mort depuis trois années environ, et tout porte à croire qu'on attendit cet événement pour mettre au jour un recueil qui n'avait pas été destiné au public. Cette première édition eut quelque succès, puisque le même libraire en publia une seconde peu de temps après, qui n'est pas datée. Ces deux éditions, faites d'après un manuscrit de l'époque, sont fort exactes, et contiennent seules le véritable texte de cet ouvrage.

Quant aux éditions postérieures, c'est-à-dire celles qui ont été faites depuis le seizième siècle jusqu'au dix-huitième, elles sont toutes plus ou moins défectueuses. En comparant avec le texte de 1486 une édition imprimée à Paris, par Michel Lenoir, dans la première moitié du seizième siècle, j'y ai trouvé des changements dans le langage et des fautes nombreuses. Si, à peine un demi-siècle après la publication du texte original des *Cent Nouvelles nouvelles*, ce texte avait déjà subi de grandes modifications, on ne doit pas être étonné de toutes celles qui défigurent les éditions postérieures. Dans ces dernières, non-seulement le langage si correct et si pur de ce livre est altéré, mais encore des méprises grossières rendent souvent le sens inintelligible (1). Quant aux fautes de langage, elles sont incalculables. Ainsi, dans une page in-18 de vingt-huit lignes, il serait facile d'en relever plus de cinquante. Dans le plan que je me suis tracé, la partie du

(1) Voici un exemple de ces fautes, emprunté à l'édition de 1701, 2 vol. in-12, à laquelle des gravures dessinées par Romain de Hoogt donnent quelque valeur. Dans la Nouvelle XXX (*Les Trois Cordeliers* , le narrateur dit Leurs maris qui avoient assez béu le soir, et qui se attendoient à l'appeau de leurs femmes, c'est-à-dire à l'appel, à l'invitation. Dans l'édition de 1701 on a imprimé *à la peau* de leurs femmes.

travail relative à la correction du texte était de la plus grande importance. Aussi je me suis appliqué à reproduire le texte des deux éditions originales, indiquées précédemment, avec une exactitude scrupuleuse, ayant soin de suivre, dans l'orthographe du même mot, toutes les variations alors en usage. En effet, puisque l'orthographe était irrégulière au quinzième siècle, pourquoi vouloir la fixer? C'est une prétention qui peut donner lieu à de graves erreurs philologiques. Quant au système admis par quelques éditeurs, de rajeunir cette orthographe, en supprimant certaines lettres, nous n'avons rien à en dire, sinon que cette malheureuse tentative de demi-traduction défigure complètement les anciens ouvrages. On s'expose à commettre des anomalies grossières : c'est le travail d'un peintre qui placerait une perruque à la Louis XIV sur la tête d'un chevalier du temps de Charles VII.

Le texte de cette édition sera donc scrupuleusement collationné sur celui de 1486, et nous pouvons dire, sans craindre un démenti, qu'il sera le seul, jusqu'à ce jour, identiquement conforme aux originaux.

Les différentes éditions des *Cent Nouvelles* contiennent, soit à la table, soit en tête de chaque récit, le nom de celui qui a fait ce récit. Ces narrateurs sont au nombre de trente-cinq, en y comprenant Louis XI, qui a raconté sept nouvelles, et le duc Philippe le Bon, qui en a raconté trois. On y trouve aussi le nom de quelques-uns des plus grands seigneurs des cours de France et de Bourgogne ; par exemple, celui du connétable Louis de Luxembourg, comte de Saint-Pol, décapité par ordre de Louis XI, en 1475. Des noms comme ceux de *Jean Lambin*, de *Pourcelet*, sont mêlés à ceux de la plus haute noblesse ; ces hommes sans titres sont, pour la plupart, des domestiques de la maison de Bourgogne, chargés par le duc de servir le dauphin, et qui passèrent plus tard en France, où le roi Louis XI chercha toujours à les attirer.

On comprend combien il est important de faire connaître ces différents personnages, de dire quel rôle ils ont

joué pendant les règnes de Louis XI ou de Charles VIII,
dont plusieurs d'entre eux furent les principaux acteurs.
C'est encore là un travail qui ne se trouvera que dans
cette édition. Quelques notices se réduiront à peu de mots.
Quand le personnage sera trop connu, comme le connétable
de Saint-Pol, il suffira de rappeler les principales actions
de sa vie, sans reproduire une biographie qui n'apprendrait
rien de nouveau. Mais le plus souvent je donnerai des
renseignements utiles sur des hommes mal connus jusqu'à ce jour, bien qu'ils aient joué, dans l'histoire de la
dernière moitié du quinzième siècle, un rôle très-impor-
tant.

Il fallait rechercher, dans une édition critique et littéraire, si le récit des *Cent Nouvelles nouvelles* était
original ou imité; voici pourquoi : Il est dit, dans la préface du recueil, que les différentes aventures dont il
se compose se passèrent en France, en Allemagne, en
Angleterre, en Hainaut, en Flandre et en Brabant; et
après : « pour ce qu'elles eurent lieu naguère, on les inti-
« tula *Cent Nouvelles nouvelles.* » Ces paroles pourraient
faire supposer que toutes les histoires racontées dans
ce recueil sont relatives à des faits contemporains; il
n'en est rien. Un grand nombre de contes est original
et paraît contenir le récit d'aventures galantes advenues
dans les pays nommés précédemment, mais plusieurs
aussi ne sont que d'anciens fabliaux déjà mis en œuvre
par Boccace, Pogge ou d'autres conteurs. Au reste, si les
Cent Nouvelles nouvelles ont emprunté quelques traits
aux fabliaux du moyen âge, elles ont servi bien souvent de modèles aux conteurs français des trois derniers siècles, qui tous y ont largement puisé : la reine
de Navarre, Bonaventure Desperiers et tant d'autres,
jusqu'à notre Lafontaine, doivent à ce recueil plusieurs
de leurs piquants récits. Il était donc aussi nécessaire
de constater les imitations que les origines. Ce travail,
tout entier de recherches, eût demandé plusieurs années d'étude, si des littérateurs savants et laborieux n'a-

vaeint pas pris le soin d'en réunir, avant moi, les éléments.
Aidé des travaux philologiques de Leduchat, de Lamonnoye,
de Legrand d'Aussy et de plusieurs autres, j'ai pu obtenir
un ensemble, sinon complet, au moins très-satisfaisant.
J'ai réuni le résultat de ces recherches dans une suite de
tableaux divisés en deux colonnes; la première contien-
dra les origines, la seconde les imitations. Ces tableaux,
placés à la fin des *Cent Nouvelles nouvelles*, seront suivis
d'une notice bibliographique sur les différentes éditions de
ce recueil.

La fuite de Louis, dauphin de France, en Bourgogne,
ayant été cause de la composition des *Cent Nouvelles
nouvelles*, je devais m'attacher à faire connaître les événements qui ont amené cette fuite, ainsi que ceux qui
l'ont signalée. Pour que ces événements fussent bien com-
pris, il était nécessaire d'entrer dans quelques détails sur la
jeunesse de ce prince, et je l'ai pu faire d'autant mieux
que j'ai eu à ma disposition des documents originaux
ignorés, jusqu'à ce jour, des nombreux écrivains qui ont
traité le même sujet. J'ai cru devoir placer en tête des
Cent Nouvelles nouvelles ces détails sur la jeunesse de
Louis XI, et sur son séjour au château de Genappe J'y ai
joint une appréciation historique et littéraire de ce livre,
dont je me suis appliqué à faire ressortir les différents
caractères. Enfin j'ai ajouté, comme appendice à ce travail, quelques chapitres de la chronique Martinienne,
relatifs aux querelles de Charles VII avec son fils. Ainsi
que l'a fait remarquer l'abbé Lebeuf, dans un mémoire
consacré à cette chronique (1), tout le règne de Charles VII
paraît avoir été rédigé sur des documents originaux, conservés dans la maison de Chabannes. En effet, le chroniqueur s'applique à justifier, dans toutes les occasions,
la conduite d'Antoine de Chabannes, comte de Dammartin, nommé le chef des écorcheurs, et qui joua un rôle si
important dans les querelles du roi Louis XI avec son père.

---

(1) Mémoires de l'Académie des Inscriptions et Belles-Lettres, t. XX, p. 224.

J'ai rejeté à la fin du second volume les notices sur les différents personnages qui ont pris part à la composition de ce recueil, les tableaux des origines et imitations, auxquels j'ai joint quelques notes relatives à chacun des récits, la bibliographie des *Cent Nouvelles*, enfin un glossaire-index, dans lequel on trouvera l'explication des mots les plus difficiles à entendre, et l'indication des principaux faits contenus dans cet ouvrage.

I.

JEUNESSE DU ROI LOUIS XI.

Louis XI naquit à Bourges, dans le palais archiépiscopal, le troisième jour de juillet 1423, une année environ après la mort de Charles VI, au moment où la domination anglaise était le mieux affermie en France. Charles VII, son père, accueillit la naissance de cet enfant avec une grande joie ; et, suivant la coutume établie par Charles V, qui ajoutait beaucoup de foi aux prédictions astrologiques, il eut soin de faire tirer l'horoscope du nouveau-né (1). Au milieu des malheurs de la guerre et des calamités de tout genre qui affligeaient le royaume, l'éducation de Louis dut

(1) Duclos, pag. 1, tom. 4 de l'*Histoire de Louis XI*, cite cet horoscope extrait d'un journal manuscrit de Claude Maupoint, prieur de la Culture de Sainte-Catherine du Val-des-Écoliers ; le voici : Hic erit æqualis staturæ et ad modicum musculos in corpore, animosus rationem sequetur. Suis erit familiaris et affabilis ; æquora transibit et in aquis pericula multa sustinebit ; quæ si evaserit, crescet in divitiis. Propter invidiam, jurgia et lites à parentibus et propinquis patietur ; tandem ultionem obtinebit de æmulis, et in senectute consequetur bonam fortunam. Dies lunæ, Jovis et Veneris erunt ei propitii, dies Martis malus. Vivet autem annis septuaginta naturaliter.

Il sera d'une taille ordinaire et d'une force de corps raisonnable, actif et plein d'habileté ; bon et familier envers les siens. Il passera les mers et y courra beaucoup de dangers ; s'il y échappe, sa fortune augmentera. L'envie lui suscitera de grandes luttes et de grandes querelles avec ses parents ; enfin il obtiendra vengeance de ses ennemis et sera puissant dans sa vieillesse. Les Lundis, Jeudis et Vendredis lui seront propices les Mardis contraires. Il vivra soixante-dix ans.

être singulièrement négligée. La *nourriture* du dauphin, comme on disait alors, fut abandonnée à la reine qui, retirée au château de Loches, manquait bien souvent du nécessaire, et se trouvait quelquefois embarrassée pour subvenir aux plus pressants besoins de la vie. On peut s'en convaincre par l'extrait d'un compte de l'année 1443, où l'on payait, à Jeanne Pouponne, la somme de 15 livres, laquelle par anciens temps a été nourrice de lait de monseigneur le dauphin (1). Pendant les dix premières années, l'argent nécessaire pour l'éducation de Louis fut si difficile à trouver, que Charles VII, en 1453, se vit contraint d'abandonner ce qu'on pouvait recevoir sur le Dauphiné, pour subvenir à cette éducation. Louis passa donc ses premières années dans une condition presque malheureuse, et n'ayant pour sauvegarde que l'amour de sa mère, qui paraît avoir veillé sur lui avec une grande sollicitude. Amauri d'Estissac, et Bernard, comte de la Marche, étaient ses gouverneurs; Joachim Rouhaut, qui depuis fut maréchal de France, l'instruisit aux armes, au maniement du cheval et à tous les exercices de la guerre. Jean Majoris, chanoine de Reims, son confesseur, l'initia à la connaissance des bonnes lettres, et Jean d'Arconville fut chargé particulièrement de lui apprendre le latin Louis profita des leçons qu'il reçut de ces deux maîtres, se montra toujours ami des lettres, et fut l'un des savants princes de son temps A peine sorti de l'enfance, il fut marié par son père à Marguerite d'Écosse, princesse recommandable, mais dont il paraît ne s'être jamais soucié. Louis, à peine âgé de quatorze ans, accompagna Charles VII dans plusieurs expéditions contre les Anglais, et contribua à rétablir l'ordre et la paix du royaume. Il n'avait pas encore dix-sept ans quand une ligue des principaux seigneurs français s'étant formée contre son père, il s'empressa de se placer à leur tête. Un acte de rébellion, dans un prince aussi jeune, a lieu de surprendre; ce fut le prélude des longs dissentiments qui de-

---

(1) Duclos, *Histoire de Louis XI*, 4 vol. in-12. Paris, 1776, t. IV, pag. 3.

vaient. séparer le fils du père et conduire celui-ci au tombeau.

On ne peut nier que Louis ne fût né avec un caractère violent et dur; les privations qu'il eut à supporter dès sa plus tendre enfance, peut-être aussi le genre d'esprit de ses maîtres, développèrent ses mauvaises dispositions. Je dois remarquer cependant qu'il eut pour sa mère une grande vénération et beaucoup d'amour. L'abandon dans lequel il vit que Charles VII laissait cette princesse, qui, pour le jeune Louis, était tout dans le monde, excita son indignation. Marie d'Anjou, princesse que de grandes vertus rendaient recommandable, et qui, au milieu des malheurs de la guerre, avait consacré sa vie à l'éducation bien difficile de ses enfants, souffrit beaucoup du dédain avec lequel la traita le roi son mari, alors que ses vaillants capitaines lui eurent reconquis une grande partie de son royaume. On a beaucoup parlé des amours de Charles VII avec Agnès Sorel : on a dit qu'elle ranima le courage de ce prince et contribua, par les conseils qu'elle lui donna, à chasser les Anglais de la France; tout cela est dénué de fondement : quand Charles VII éleva au rang de sa favorite cette jeune fille de chambre, la paix d'Arras était faite depuis huit ans, le roi de France rentré dans Paris sa capitale, et les Anglais partout chassés du royaume, perdaient peu à peu le petit nombre de villes qu'ils possédaient encore. Olivier de la Marche, auteur contemporain, nous a laissé, au sujet des amours d'Agnès Sorel et de Charles VII, un passage très-curieux, et qui fixe la date du commencement de ces amours. Après avoir dit que, vers Pâques de l'année 1444, la duchesse de Bourgogne vint à Châlons, en Champagne, pour visiter la cour de France, il ajoute : « Et luy « fit la royne moult grant honneur et privauté; car toutes « deux estoyent desja princesse aagées et hors de bruit; et « croy bien qu'elles avoyent une mesme douleur et mala- « die, qu'on appelle jalousie, et que maintes fois elles se « devisoyent de leurs passions secretement qui estoit cause « de leurs privautés. Et à la vérité apparence de raison

« avoit en leurs soupçons : car le roy avoit nouvellement
« élevé une pauvre damoiselle, genti femme, nommée
« Agnès du Soret, et mis en tel triomphe et tel pouvoir,
« que son estat estoit à comparer aux grandes princesses
« du royaume. » (Livre I, chapitre XIII.)

Georges Chastelain, dans sa Chronique des ducs de
Bourgogne (part. III, chap. XL), parle aussi des amours
de Charles VII et d'Agnès, et de tout ce que la reine, mère
de Louis XI, eut à supporter dans cette circonstance : « Tel-
« lement, dit il, que nulle en son temps fut pareille en tel
« cas, quant paciamment, pour paix obtenir et pour avoir
« son estat tant plus séur et entier, elle avoit souffert une
« putaine, povre ancelle (*servante*) de petite basse maison
« estre, repairier, et converser journellement avec elle, en
« estat et arroy de princesse ; avoir son quartier de maison
« dans l'ostel du roy, ordonné et appointé mieux que elle,
« avoir compagnie de bruit de femme et en plus grand
« nombre que le sien, avoir et veoir toute l'affinité des sei-
« gneurs et des nobles et du roy meismes se faire devers ly,
« avoir tous estas et services royaulx devers elle, comme se
« meisme eust esté reyne ; plus beaux paremens de lit,
« meilleure tapisserie, meilleur linge et couvertures, meil-
« leures vaisselles, meilleures bagues et joyaulx, meilleure
« cuisine et meilleur tout; et venir souvent et la convenir
« souffrir de la seoir à sa table, et en faire feste..... De ceste
« femme nommée Agnès, et laquelle je vis et congnéus, fut
« le roy durement assoté, y mit de grands et innombrables
« frès contre honneur ; et se faisoit grandement blamer du
« pied qu'il lui bailloit, car en crestienté n'avoit princesse
« qui à hautement parée ne se eust tenu d'avoir esté en tel
« estat, dont toutes voies cent mille murmures sourdoient
« contre elle et non moins contre le roy. Portoit queues
« un tiers plus longue qu'oncques princesse de ce royaulme,
« plus hault atour qu'à demi, robbes plus cousteuses. Et de
« tout ce qui à ribaudise et à dissolution pooit traire en
« faict d'habillement de cela fut elle produiresse et inuen-
« tresse. Descouvroit les espaules et le seing devant jusques

« aux tettins, donnoit à toute baudeur loy et cours, féust à
« homme, feust à femme, n'estudioit qu'en vanité jour et
« nuit pour desvoier gens, et pour faire et donner exemple
« aux preudes femmes de perdicion d'onneur, de vergoigne
« et de bonnes meurs; et tant et si avant en avoit elle
« bonne main. Dont ce fust pitié que la pluspart de France
« et des marches adjacentes, tout le souverain sexe s'en
« trouva beaucoup ensouillé pour ensievir les meurs. Et
« fit pareillement la noblesse du royaulme qui toute quasi
« donnée à vanité par son exhort et par son exemple, se
« desvoia et transgressa les termes de sa vocacion en post-
« posement de vertu, dont le roy mary de cette royne Marie
« avoit esté cause. Si la prist Dieu hors de la main du roy
« perdu par elle; mais ne prit pas le corage d'icelluy de
« vouloir perséverer toujours en cely mésus; car elle
« morte, en venist sus une aultre nommée la demoiselle de
« Villequier et qui avoit esté niepce à la dicte Agnès; et
« puis encore après ceste là en venist sus une tierche qu'on
« appeloit Madame la régente, preude femme toutes voies,
« ce disoit-on, de son corps; et puis pour la quatrième mist
« sur une fille de patissier, laquelle fut appelée Madame
« des Chaperons, pour ce qu'entre toutes aultres femmes
« du monde c'estoit celle qui mieulx s'habilloit d'ung cha-
« peron. »

Louis fut très-irrité des magnificences étalées par la favorite, et du mépris que cette dernière témoignait pour la
reine. Il s'emporta même à ce point, que sur des paroles
insultantes échappées à la belle Agnès, il lui donna, dit-on,
un soufflet. Ce grand sujet de querelles une fois entre les
deux princes, leur mésintelligence ne fit que s'accroître, et
chez Louis, elle se changea bientôt en une haine profonde
et criminelle. Sans aucun doute, un pareil sentiment à l'é-
gard d'un père ne peut se comprendre, surtout chez un
jeune homme à peine âgé de quatorze ans; mais qu'on
se rappelle le caractère âpre et dur que j'ai signalé dans
ce prince, et tout l'amour qu'il avait pour sa mère; qu'on
se rappelle en outre l'état du royaume, les misères et les

souffrances que chacun avait à supporter, et l'on comprendra comment la colère, mêlée à une grande ambition, poussa ce jeune prince à une révolte qu'il croyait légitime.

Cinq années après la première révolte du dauphin, Marguerite d'Écosse, femme de ce dernier, mourut presque subitement. Cette princesse était remarquable par son mérite et ses vertus. On sait qu'ayant un jour trouvé, sur son passage, le poète Alain Chartier qui dormait, elle lui donna un baiser, en disant que ce n'était pas l'homme qu'elle voulait récompenser, mais la bouche d'où étaient sorties de si belles choses. Dans cette cour d'intrigues et de haine, il était impossible qu'une pareille mort ne fût pas causée par quelque vilenie. Les détails qu'on trouve à ce sujet ne sont pas suffisants pour tout éclaircir. Cependant il résulte d'une enquête faite après la mort de cette princesse, que des bruits infamants furent répandus contre elle par un certain Jamet de Tillay, bailli de Vermandois. Marguerite en éprouva un chagrin profond et chercha un refuge dans les pratiques pieuses. Revenant à pied d'un pèlerinage à Notre-Dame de l'Épine, elle rentra, ayant chaud, dans un appartement bas et humide, et y changea de linge ; elle fut atteinte d'une pleurésie qui l'emporta en quelques jours. Marguerite, en mourant, protesta contre les calomnies de Jamet de Tillay qu'elle appelait cet *honnête homme*, mais auquel son confesseur eut beaucoup de peine à la décider à pardonner : elle expira âgée de vingt et un ans. Ses dernières paroles furent : « *Fi de la vie, qu'on ne m'en parle* « *plus* (1). »

Louis ne paraît pas avoir été très-sensible à la perte de sa femme ; retiré dans ses états du Dauphiné, il y faisait beaucoup de réformes et s'appliquait à y établir un gouver-

---

(1) Page 26 et suivantes du tome IV de l'*Histoire de Louis XI,* par Duclos (Edit. in-12. Paris, 1746), on trouve les interrogatoires qu'on fit subir à différentes personnes, après la mort de Marguerite d'Écosse, sur la conduite de cette princesse et sur les accusations perfides dont elle avait été le sujet. Ces interrogatoires ont le plus grand intérêt.

nement sévère, mais solide. Plusieurs des actes du dauphin
étaient justes, nécessaires même ; quoi qu'il en soit, ils exci-
tèrent contre lui beaucoup de mécontentement dans le pays :
c'est qu'au milieu de ses réformes, Louis, toujours livré à
de criminelles intrigues, avait besoin d'argent ; pour se le
procurer, il employait tous les moyens, et imposait sans pitié
les provinces confiées à sa garde. En 1446, plusieurs des
intrigues ourdies par le dauphin furent tout à coup dévoi-
lées. Ce dernier était à Chinon, à la cour de France ; se
trouvant à une fenêtre avec Antoine de Dammartin, Louis
vit passer un écossais de la garde, vêtu de sa huque à la
livrée du roi et l'épée ceinte au côté : « Voilà ceux qui
« tiennent le royaume de France en sujétion, dit le dau-
« phin. — Qui donc ? demanda le comte. — Ces Écossais,
« continua le prince ; on en viendrait pourtant facilement à
« bout. — Monseigneur, reprit Chabannes, c'est une belle
« institution que cette garde ; elle est fort utile au roi, sans
« elle on eût entrepris beaucoup de choses qu'on n'a pas fai-
« tes. » La conversation en resta là pour ce jour, mais quelques semaines après, Chabannes et le dauphin chevauchant
l'un à côté de l'autre, ce dernier prit le comte familière-
ment par le cou, et lui dit encore, en parlant des archers de
la garde qui marchaient devant : « Tenez, il n'y a rien de
« mieux à faire qu'à mettre ces gens-là dehors ; j'ai déjà
« quinze ou vingt arbalétriers, trente archers. Et vous,
« n'avez-vous pas quelques hommes à me vendre ? » Puis
voulant répondre aux objections que Dammartin ne pouvait
manquer de lui faire, le dauphin lui expliqua comment
il avait séduit plusieurs Écossais de la garde, et par quels
moyens il comptait s'emparer de la personne du roi et de
ses ministres : « Quant à vous, ajouta le dauphin, je vous
« ferai plus de biens que vous n'en eûtes jamais, et vous
« aurez beaucoup d'autorité. » S'il faut en croire les auteurs
de la chronique Martinienne, ce fut alors que le dauphin
proposa à Chabannes dix mille écus, s'il voulait tuer le
grand sénéchal de Normandie, Pierre de Brezé, l'un des
ministres favoris de Charles VII.

Chabannes écouta toutes les propositions du dauphin assez froidement. Pourtant il parut en accueillir plusieurs, et même accepta l'argent que ce dernier lui offrait. Depuis, ayant fait part à son frère de son dessein, ce dernier le détourna de commettre un assassinat, et Chabannes rendit l'argent. Louis ne tarda pas à reconnaître que le comte abandonnait sa cause ; il cessa de lui faire bon visage, et réprimanda Jupille, l'un de ses gens, qui paraissait trop avancé dans les bonnes grâces du comte.

Sur ces entrefaites, toutes les intrigues du dauphin commencèrent à se découvrir : Charles VII fut instruit du projet d'assassinat formé contre son favori. Il fit venir Dammartin, qui non-seulement rejeta toute la faute sur le dauphin, mais encore révéla les entreprises formées contre le roi et la trahison d'une grande partie des gardes écossaises.

Charles VII, indigné, manda son fils ; celui-ci ne crut pouvoir mieux faire que de tout nier. Quand le roi lui dit : « Louis, « je connais la mauvaise volonté que vous avez contre le « grand sénéchal qui m'a loyalement servi. Je sais l'entre- « prise que vous avez formée contre ses jours, mais je m'y « opposerai ; » le dauphin répondit : « Monseigneur, je « n'ai fait dans tout ceci que suivre les conseils du comte « de Dammartin. — Louis, je ne vous crois pas. » reprit Charles VII ; et, appelant le comte, il lui demanda la vérité : le comte déclara qu'il n'avait fait qu'obéir aux vo- lontés du dauphin : « Sauf l'honneur de monseigneur, s'é- « cria ce dernier, vous en avez menti. » A quoi Dammar- tin répliqua : « Monseigneur, je vous répondrais autrement « que je ne puis faire, car je répondrais, touchant cet arti- « cle, de ma personne à la vôtre, si vous n'étiez fils de roi ; « j'en suis exempté par cette raison. Mais, monseigneur, « je vous offre, en la présence du roi, mon souverain, que « s'il y a gentilhomme en votre maison qui me veuille « charger sur cette matière, je lui ferai de ma personne « dire le contraire. » Le roi vit bien de quel côté était la vérité, et reprit . « Louis, je vous bannis pour quatre mois

« de mon royaume, et vous en allez en Dauphine. » Et il garda Dammartin pour être de son privé conseil. Le dauphin sortit de la chambre du roi nu-tête, en disant : « Par « cette tête qui n'a pas de chaperon, je me vengerai de « ceux qui m'ont jeté hors de ma maison. » Puis il fit couper la queue de ses chevaux, disant qu'ils étaient écourtés, et s'en alla avec ses serviteurs dans son gouvernement du Dauphiné (1).

Dammartin n'hésita plus à découvrir la conspiration des gardes écossaises dans tous ses détails (2). Plusieurs des archers furent saisis au corps et pendus ; Conigham, qui les commandait, fut renvoyé en Écosse.

Cependant le dauphin, retiré dans son gouvernement, s'occupait à augmenter sa puissance et à obtenir de ses sujets le plus d'argent possible. Il contractait avec tous les princes mal disposés pour Charles VII des alliances menaçantes ; les Suisses, le duc de Savoie, les princes d'Italie, les rois de Navarre, d'Arragon et d'Angleterre, la maison de Bourgogne traitaient avec lui ; enfin, il fut sur le point d'être choisi doge de la république de Gênes. De temps à autre, les intrigues qu'il pratiquait sans cesse contre son père se manifestaient au grand jour · ainsi, vers 1448, une affaire étrange, et que les documents fournis par l'histoire n'éclaircissent pas suffisamment, montra cependant le mauvais vouloir de Louis à l'égard de son père. Un certain Mariette vint du Dauphiné à la cour de France, et, s'adressant au sénéchal d'Anjou, l'un des favoris du roi, il lui confia que le dauphin avait le dessein de venir en France, de changer le gouvernement du roi ; que le duc de Bourgogne lui avait offert beaucoup d'or pour exécuter ce projet. Le sénéchal renvoya Mariette en Dau-

(1) Les détails de cette scène historique ont été en partie copiés par Mathieu dans son *Histoire de Louis XI*. Cet écrivain les avait empruntés aux Chroniques Martiniennes. J'ai reproduit plus bas, dans l'appendice, ce passage important qui jusqu'à présent n'était connu que par le récit incomplet de Mathieu. *Chroniques Martiniennes*, f°. r° 289.

2) Voyez la déposition du 27 septembre 1446, t. IV, pag. 6, de l'*Histoire de Louis XI*, par Duclos.

phiné pour avoir de plus amples renseignements ; mais cet homme, n'ayant pu en fournir, fut mis en prison, d'où il s'échappa ; puis il fut repris, et condamné à être pendu.

Le dauphin avait toujours un grand besoin d'argent ; pour s'en procurer, il pensa à se remarier. Le duc de Savoie, l'un des princes avec lesquels il avait fait alliance, lui offrit sa fille et une dot de deux cent mille écus d'or ; Louis accepta, et, malgré les remontrances de son père, qui déclara s'opposer formellement à ce mariage, il épousa Charlotte de Savoie au mois de février 1451. Le lendemain des noces, le duc écrivit au roi de France qu'il le croyait consentant à cette union, et que le héraut chargé de la suspendre ne s'était présenté qu'après la cérémonie ; ce qui était faux, car le héraut d'armes Chausson, arrivé la veille de la cérémonie, n'avait pu obtenir audience que le lendemain.

Ces désobéissances, bien loin d'éteindre l'inimitié du père et du fils, l'augmentèrent à un tel point, qu'Agnès Sorel étant morte sur ces entrefaites, la rumeur populaire accusa Louis de l'avoir fait empoisonner (1)

Enfin Charles VII, poussé par les seigneurs de sa cour, décidé à sévir contre son fils, commença par lui retrancher ses pensions et lui ôter la garde de Beaucaire, de Château-Thierry et de plusieurs châtellenies de Rouergue. Sur les remontrances que lui envoya le dauphin, Charles lui répondit de se rendre à la cour de France pour justifier sa conduite. Au lieu d'obéir, Louis céda au comte d'Armagnac, moyennant vingt-deux mille écus d'or, les places que son père lui avait retirées. Charles VII, irrité, marcha avec des troupes vers le Lyonnais. Le dauphin protesta de nouveau, déclarant que les conseillers de la couronne voulaient le chasser du Dauphiné et le priver de ses droits ; il ajouta que si on le poussait à bout, il quitterait la France, et saurait bien trouver un refuge. Le roi se contenta de demander à Louis d'éloigner de sa cour ceux

(1) Chroniques Martiniennes, folio-verso 302, c. I. Voyez aussi page xxiii de cette Introduction, la note 2

qui le conseillaient. Quelques mois plus tard, le roi, sachant que le dauphin avait fait une alliance avec le duc de Savoie pour envahir la France, envoya Dammartin sur les frontières du Dauphiné pour surveiller les démarches de Louis. Dammartin ne tarda pas à informer Charles VII que le dauphin faisait armer tous ses sujets, que le bâtard d'Armagnac commandait ses troupes, qui étaient assez considérables ; il ajouta que la noblesse du Dauphiné, mécontente et des charges et de l'argent que Louis exigeait sans cesse, restait fidèle au roi et attendait sa venue. Aussitôt le roi donna l'ordre à Dammartin de marcher contre son fils et de l'arrêter. Ce ne fut pas sans avoir tenté les moyens de conciliation que Charles VII en vint à cette extrémité ; pour s'en convaincre, il suffit de lire toutes les lettres écrites à ce sujet ; les dernières audiences accordées par le roi aux envoyés du dauphin prouvent à quel point Charles VII poussa la patience (1). Quand le dauphin eut appris que Chabannes avait ordre de l'arrêter, et marchait contre lui avec des troupes nombreuses, il s'écria : « Si Dieu « ou la fortune m'eussent donné la grâce de disposer de la « moitié des hommes d'armes dont le roi mon père est le « maître, et qui m'appartiendront un jour, de par Notre- « Dame ma bonne maîtresse, je lui aurais épargné la peine « de venir si avant me chercher : je serais allé jusqu'à Lyon « pour combattre. » Sentant qu'il lui était impossible de résister, il prit la résolution de fuir ; il feignit à cet effet une grande partie de chasse, et pendant que les officiers de sa maison, exacts au rendez-vous, se rendaient au lieu désigné, il gagna les états de Bourgogne, accompagné de six personnes, et ne s'arrêta qu'à Saint-Claude, petite ville de la Franche-Comté. Là, il écrivit au roi une lettre par laquelle il lui annonçait que son oncle de Bourgogne ayant l'intention de faire bientôt la guerre aux Turcs, comme gonfalonnier de l'Église, il était de son devoir, à lui dauphin,

_____

(1) Voir de Barante, pag. 108, 109, t. 8, Communes, édition de Lenglet Dufresnoi, t 1er, préface. Chroniques Martiniennes, folio 298 et suiv.

de prendre part à cette guerre ; que, d'ailleurs, il en avait
le désir ; c'est pourquoi il allait trouver son oncle pour
savoir quels étaient ses projets à cet égard (1). Louis écrivit aussi une lettre conçue à peu près dans les mêmes termes aux évêques du royaume ; puis, continuant sa route, il
vint se remettre entre les mains du prince d'Orange, qu'il
trouva à son château du Vert. Là, ayant mandé le sire de
Blamont, maréchal de Bourgogne, il le pria de vouloir bien
le conduire à Bruxelles, ce à quoi Blamont s'empressa d'o-
béir, en ayant le soin de prévenir son maître. Aussitôt que
Philippe le Bon eut appris l'arrivée du dauphin à Saint-
Claude, et l'intention dans laquelle était ce prince de venir
à sa cour, il transmit les ordres nécessaires pour que Louis
fût reçu avec tous les honneurs qui appartenaient à son rang.
Le duc, retenu devant Utrecht, dont il faisait le siége, ne
put assister à l'arrivée du dauphin ; mais la duchesse Isabelle et madame de Charolais, sa belle-fille, se trouvèrent
à cette réception ; elle eut lieu, comme on le verra plus
bas, avec tout le cérémonial alors en usage à la cour de
Bourgogne.

Ce fut au milieu de l'année 1456 que le dauphin se retira
à la cour du duc de Bourgogne ; il y resta, comme on sait,
jusqu'à la mort de Charles VII, qui arriva le 22 juillet 1461.

Plusieurs fois Philippe le Bon essaya de réconcilier
Louis avec son père ; mais de pareilles tentatives ne pou-
vaient réussir. Louis, d'une part, n'apportait, dans les nombreuses négociations qui eurent lieu, aucune bonne volonté, et les conseillers de la couronne, d'autre part,
croyaient, non sans raison, que leur fortune dépendait de
l'éloignement du dauphin. Dans les documents nombreux
que l'histoire nous a conservés à ce sujet, il est facile de
reconnaître qu'une haine invincible élevait entre les deux
partis une barrière insurmontable.

Sur la fin de ses jours, Charles VII regretta beaucoup
l'absence de son fils ; il répondit même assez doucement

(1) Voyez la lettre, dans Duclos, vol. IV, pag. 125. *Histoire de Louis XI*

aux messages de ce dernier. Un rapprochement aurait peut-être eu lieu si le dauphin, qui avant toutes choses se plaisait à satisfaire sa haine contre les favoris du roi, n'avait pas ourdi de nouvelles intrigues pour nuire au principal d'entre eux, au comte de Dammartin.

Depuis la mort d'Agnès Sorel, la demoiselle de Villequier, sa nièce, était en faveur, et, comme dit à ce sujet l'auteur des Chroniques Martiniennes : « Pour les grans « travaulx que le roy avoit fait à reconquester la plus grant « partie de son royaulme, il fut délibéré d'avoir les plus « belles filles que l'on pourroit trouver, nonobstant que « sa vertu estoit trop plus grant, sans comparoison, que « son vice (1). » Ces paroles sont encore confirmées par un curieux passage des mémoires de Jacques du Clercq ; il raconte qu'en l'année 1455, la fille d'un écuyer de la ville d'Arras, nommé Anthoine de Rebreuves, vint à la cour du roi de France avec madame de Genlys. Cette jeune fille, nommée Blanche, était bien la plus belle fille que l'on pût voir ni regarder, dit le chroniqueur ; la demoiselle de Villequier ayant rencontré Blanche, supplia la dame de Genlys de la laisser à la cour ; mais celle-ci refusa et dit que, sans la permission du père, elle ne pouvait ainsi disposer de cette enfant. Elle la reconduisit donc à ses parents ; mais ceux-ci, c'est-à-dire son oncle et son père, ayant eu connaissance du désir manifesté par la favorite, s'empressèrent d'y acquiescer. Jacques de Rebreuves, jeune et bel écuyer, âgé de vingt-sept ans environ, mena sa sœur Blanche, qui n'était âgée que de dix-huit, à la cour du roi, pour demeurer avec la demoiselle de Villequier. Jacques fut retenu pour son écuyer tranchant. Blanche ne voulait pas quitter Arras ; elle pleurait beaucoup et disait qu'elle aimerait mieux demeurer et manger toute sa vie du pain et boire de l'eau. Le père riche, mais avare, était bien aise de ne plus avoir à sa charge ses deux enfants. Le chroniqueur assure que peu de temps

---

(1) Chroniques Martiniennes, folio 302, verso, col. prem.

après l'arrivée de Blanche à la cour, elle était aussi bien avec le roi que la dame de Villequier (1). C'est avec de pareils moyens que la favorite conservait le pouvoir qu'elle s'était acquis sur l'esprit du roi. Louis, qui n'ignorait pas toutes ces circonstances, et qui savait de quel crédit jouissait la favorite, imagina de lui adresser la lettre suivante :

« Mademoiselle (2), j'ay véu les lettres que m'avez « escriptes et vous mercie de l'advertissement que m'avez « fait par voz dictes lettres, et soyez séure que à l'ayde de « Dieu et de nostre Dame que une foys je vous le rendray. « J'ai eu semblablement des lettres du comte de Dam- « martin que je faingtz de hayr, qui sont semblables aux « vostres. Je vous prie, dictes luy qu'il me serve toujours « bien en la forme et manière qu'il m'a toujours escrit par « cy-devant. Je penseray sur les matières de quoy il m'a « escript et bien tost il scaura de mes nouvelles. Mada- « moyselle, gectez ces lettres au feu et me faictes scavoir « s'il vous semble que je doyve gueres demeurer en l'estat « où je suis. Escript à Geneppe le trentiesme jour d'aoust. »

Cette lettre, écrite tout entière de la main du dauphin, fut donnée par un cordelier, qui la portait, à un valet de chambre du roi qui la remit au comte du Maine, lequel s'empressa de la montrer au roi. Charles VII fut trompé ; il exila Dammartin dans sa terre de Saint-Fargeau, et vécut dans des transes toujours nouvelles. On lui racontait que le dauphin avait à sa dévotion une grande partie des

(1) Mémoires de Jacques Duclerq. *Edit. du Panthéon,* pag. 91. Dans un autre passage du même chroniqueur, on lit : Et volloient aulcuns dire aussy que le dict daulphin avoit jà pieça faict mourir une damoiselle nommée la belle Agnès, laquelle estoit la plus belle femme du royaulme et totalement en l'amour du roy son père. Après la mort de laquelle, comme dessus est dict, le roy retinct à sa cour sa niepce nommée la demoiselle de Ville-Clerc (Villequier), laquelle estoit aussi moult belle, et avoit en sa compaignie les plus belles damoiselles qu'elle pooit trover, lesquelles suivoient toujours le roy où qu'il allast, et se logeoient toujours une lieue au moins près de lui. Du quel gouvernement le daulphin avoit esté et estoit moult desplaisant. Livre 3, chap. 22. Voir aussi livre IV, chap. 29. pag. 175, et plus haut, dans cette Introduction, page xiv, les détails que donne G. Chastelain sur les maitresses qui ont succédé à madame de Villequier.

(2 Chroniques Martiniennes, folio 106, recto.

serviteurs de la cour de France ; que, retiré à Genappe, il connaissait toutes les actions de son père ; on lui disait que les gens qui formaient la société du dauphin faisaient tous les jours des vœux pour la mort du roi ; que les uns s'en enquéraient par l'astrologie, les autres par la nécromantie ; enfin, que son fils lui-même encourageait tous ces discours, toutes ces actions. Dévoré par une affreuse inquiétude, le malheureux roi de France en était venu à ce point qu'il resta plusieurs jours sans manger. Il ne tarda pas à se convaincre que la lettre écrite par Louis à la dame de Villequier était mensongère ; il sut par un des secrétaires du dauphin, que jamais le comte de Dammartin ne lui avait écrit depuis sa fuite en Bourgogne. Il vit qu'il était en proie de tous côtés aux ruses malicieuses et aux machinations criminelles de son fils ; il rappela Dammartin, mais trop tard. Quand ce dernier arriva, la première parole qu'il prononça fut celle-ci : « Sire, comment se porte votre santé ? — Très-piteusement, comte de Dammartin, dit le roi. — Monseigneur, reprit le comte, je vous prie que vous mangiez ; n'ayez peur de personne ; il n'y a personne ici qui ne voudrait mourir pour vous. Si d'ailleurs quelqu'un est soupçonné, qu'on lui fasse son procès ; s'il est coupable, qu'il soit tiré à quatre chevaux. — Je remets la vengeance de ma mort à Dieu, » dit le roi. Et comme Dammartin insistait pour qu'il prît quelque nourriture, il répondit : « Je le veux bien, mais je veux que vous-même alliez me chercher un coulis, et que vous le voyiez faire. » Le comte obéit aux ordres du roi, et lui apportant le breuvage : « Sire, vous goûterez de ceci, lui dit-il, car je réponds sur ma vie qu'il n'y a rien que de bon là dedans. » — Le roi reprit : « Comte de Dammartin, je ne me défie pas de vous ; » et prenant une cuiller d'argent, il la remplit du breuvage et la porta à sa bouche, mais il ne put avaler parce que son gosier était rétréci. Il dit alors : « Ah ! comte de Dammartin, vous perdez en moi la plus belle rose de votre chapeau ; après ma mort vous aurez bien affaire ; je vous prie que vous n'oubliiez pas le service du petit seigneur Charles,

mon fils. » Le roi, après ces mots, demanda un prêtre,
se confessa et mourut. Et quand le voyageur, curieux de
nos antiquités nationales, vient visiter les restes du château de Plessis-lès-Tours, cette antique demeure du fameux
roi Louis XI, le paysan lui montre une tourelle qui seule
est debout, et ajoute : « C'est ici qu'un roi enferma son père
et le fit mourir de faim. » C'est ainsi que le peuple n'oublie
jamais l'histoire ; il en altère souvent les faits, mais il en
garde la mémoire, la lègue aux générations qui flétrissent
d'un stigmate éternel le parricide et la trahison.

II.

ARRIVÉE DU DAUPHIN A LA COUR DE BOURGOGNE. - SON SÉJOUR AU CHATEAU DE GENAPPE.

L'histoire de l'arrivée du dauphin à la cour de Bourgogne, et du cérémonial qui fut observé dans cette circonstance, nous a été conservée par un témoin oculaire. Alienor de Poitiers, dans son ouvrage sur les honneurs de la
cour (1), est entrée dans le plus grand détail à ce sujet. Je
suivrai cette relation exacte et fidèle.

Après avoir traversé, non sans quelques difficultés et
beaucoup de fatigue, toute la Franche-Comté, la Lor-
raine, les Trois-Évêchés, le Luxembourg, Louis et sa suite
entrèrent à Bruxelles le jour de Saint-Martin de l'année
1456, vers les huit heures du soir. Aussitôt que la duchesse

(1) Alienor de Poitiers, fille de Jean de Poitiers, seigneur d'Arcis-sur-Aube,
dont le père fut tué à la bataille d'Azincourt, et d'Isabelle de Souza, suivit comme
fille d'honneur à la cour de Bourgogne Isabelle de Portugal, mariée en 1429 à Philippe le Bon. Alienor, ayant épousé Guillaume, seigneur de Stavelle, se trouva fixée en
Bourgogne et y demeura jusqu'à sa mort, qui arriva sous le règne de Charles VIII,
à la fin du quinzième siècle. Elle composa sur toutes les cérémonies auxquelles elle
assista, un ouvrage appelé les honneurs de la cour. Sainte-Palaye ayant eu commu-
nication d'un manuscrit de cet ouvrage, le publia T. 2, pag. 171 des *Mémoires
sur l'ancienne Chevalerie* Paris, 1759 3 vol. in-12.

eut appris l'arrivée du dauphin dans la ville, elle se rendit, avec toute sa maison, à la porte de son hôtel, pour y recevoir le fils de son souverain. Louis, du plus loin qu'il aperçut la duchesse, mit pied à terre, et courant vers elle, il l'embrassa ainsi que madame de Charolais, et madame de Ravestein qui s'agenouilla devant lui. *Puis il vint baiser le demeurant des dames et damoiselles de l'hostel.* Ayant pris la duchesse de Bourgogne par le bras, il voulut la mettre à sa droite ; elle s'y refusa, mais il insista, bien qu'elle lui eût dit : « Monsieur, il semble que vous avez désir que « l'on se moque de moy, car vous me voulez faire faire ce « qu'il ne m'appartient pas. — Le dauphin reprit qu'il « devait lui faire honneur, qu'il était le plus pauvre du « royaume de France, et qu'il *ne sçavoit où quérir refuge*, « *sinon devers son bel oncle le duc Philippe et elle.* »

Plus d'un quart d'heure se passa dans toutes ces cérémonies. Quand le dauphin vit que la duchesse ne voulait pas marcher devant lui, il la prit sous son bras droit et l'emmena, madame de Bourgogne protestant toujours qu'elle ne devait pas aller *à sa main*, et qu'elle ne le faisait ainsi que pour lui plaire. Ayant conduit le dauphin jusqu'à la chambre qu'il devait occuper, elle prit congé de lui en s'agenouillant jusqu'à terre ; et pareillement le firent les dames de Charolais et de Ravestein, et toutes les autres.

Tandis que les dames attendaient le dauphin dans la cour, un chevalier d'honneur portait la queue de leur robe ; aussitôt qu'il fut entré, elles portèrent elles mêmes leur robe ; de même quand la duchesse de Bourgogne mangeait avec le dauphin, on la servait à plats découverts, et on n'essayait pas les viandes devant elle, et elle buvait à coupe découverte (1). La stricte observation de toutes ces cérémonies avait été sévèrement prescrite par le duc de Bourgogne, qui ne put s'empêcher d'éprouver une joie secrète en voyant le fils du roi de France chercher un refuge dans ses états. En paix depuis plusieurs

1. *Honneurs de la cour*, pag. 107-168.

années avec Charles VII, il crut devoir lui écrire au sujet de
la fuite du dauphin. Il lui disait comment Louis ayant
demandé au maréchal de Bourgogne de le conduire à
Bruxelles, il n'avait osé le refuser, et comment lui, duc de
Bourgogne, ne pouvait, sans manquer à ses devoirs, que
traiter avec tous les honneurs dus à son rang l'héritier
de la couronne de France. Un mois plus tard, ne recevant
pas de réponse, le duc envoya au roi Charles VII trois
ambassadeurs et Toison-d'Or, son héraut d'armes, pour ré-
gler le différend qui s'était élevé entre le dauphin et son
père. Ce dernier n'avait pas dû répondre à la lettre que le
duc Philippe lui avait adressée, car lors de la fuite du dauphin il avait fait connaître, par une lettre circulaire, ses
griefs contre son fils, et les raisons pour lesquelles il croyait
devoir sévir contre lui. Le duc Philippe avait eu connaissance de cette lettre ; en donnant asile au fils révolté, il se
mettait avec le père en état d'hostilité.

Aussitôt qu'il eut terminé le siége d'Utrecht, il s'empressa
de revenir à Bruxelles, et le cérémonial observé à l'arrivée
du dauphin fut de nouveau mis en usage. Les dames descendirent jusqu'au milieu de la cour pour le bien recevoir. Quand le dauphin eut appris l'arrivée de son hôte, il
descendit de la chambre où il était, et, rejoignant madame la duchesse, il voulut attendre comme elle, quoique
celle-ci le priât de remonter dans sa chambre, en lui disant
qu'il n'était pas convenable qu'il vînt ainsi au-devant de
monseigneur le duc, ce à quoi le dauphin refusa d'entendre.

Aussitôt que le duc de Bourgogne s'aperçut que le dauphin l'attendait au milieu de la cour, il descendit de cheval et s'agenouilla jusqu'à terre. Le dauphin voulut aller
à lui ; mais la duchesse de Bourgogne, à laquelle il donnait
le bras, le retint ; et monseigneur le duc, ayant fait un second salut, s'approcha, et mit encore un genou en terre.
Aussitôt le dauphin le prit par le bras, et ils s'en allèrent
ainsi jusqu'aux *degrés*. Enfin le duc de Bourgogne reconduisit le dauphin à la chambre qu'il occupait (1).

(1) *Honneurs de la Cour*, pag. 169.

Louis ne manqua pas de raconter au prince tous ses griefs; il l'assura, suivant le témoignage d'Olivier de la Marche, que s'il n'avait pas cru trouver aide et protection à la cour de Bourgogne, il serait passé en Angleterre, et aurait fait alliance avec les anciens ennemis du royaume (1). Quant à Philippe le Bon, il écouta avec patience tous les discours du dauphin, sans toutefois complétement approuver sa conduite; car ces tristes débats le faisaient réfléchir au caractère sombre, irascible du comte de Charolais. Néanmoins il dit au dauphin : « Monseigneur, soyez le bien- « venu dans mon pays; je suis très-heureux de vous y voir. « En tout ce qui touche votre personne, soyez sûr que je « vous ferai service, soit de corps, soit d'argent, sauf contre « monseigneur le roi votre père, contre lequel, pour rien, « je ne voudrais entreprendre aucune chose qui fût à son « déplaisir. A l'égard de vous aider pour mettre hors de son « hôtel aucuns de son conseil, pareillement je ne le feray « pas; car je tiens votre père si sage et si prudent, qu'il « saura bien s'y employer lui-même. » Après avoir ainsi parlé sur les affaires sérieuses, le duc offrit au dauphin de lui donner pour demeure le château de Genappe, situé à quatre lieues de Bruxelles, sur les frontières du Hainaut, entouré de forêts et *très-plaisant*, dit le chroniqueur Mathieu de Coucy, pour *déduit de chiens et d'oiseaur* (2). Le dauphin accepta cette proposition, ainsi que 5,000 florins d'or, que le duc lui fit remettre tous les mois. Pensant bien qu'il resterait là quelque temps, il fit venir madame la dauphine sa femme.

Pendant tout le séjour que le dauphin de France fit à Genappe, la plus grande harmonie régna entre lui et le duc Philippe le Bon. Peu de temps après l'arrivée du dauphin, la comtesse de Charolais donna le jour à une fille, qui fut depuis Marie de Bourgogne, mariée à Maximilien d'Autriche. Le duc demanda au dauphin de vou-

(1) Introduction aux *Mémoires* d'Olivier de la Marche, édit. Michaud, pag. 331.
(2) Mathieu de Coucy, chap. 120.

loir bien tenir cet enfant sur les fonts de baptème. Louis
accepta, et la cérémonie eut lieu avec toute la pompe
en usage à la cour de Bourgogne. Voici comment Jacques du Clerc, chroniqueur contemporain, s'exprime à
ce sujet : « En cest an mil quatre cents cinquante six,
« par un mardy, dix septieme jour de febvrier, madame
« Catherine, femme du comte de Charollois, et fille du duc
« de Bourbon, en la ville de Bruxelles accoucha d'une fille. Et
« la tint sur les fonts monseigneur le daulphin de Vienne,
« la duchesse de Bourgoingne et la dame de Ravestain,
« niepce d'icelle duchesse et femme de Adolf de Clefves. Et
« luy donna icelluy daulphin à nom Marie, pour l'amour
« de la reine de France sa mère, la quelle s'appelloit Marie.
« A la nativité de laquelle fille on féit solemnelle feste. Et à
« porter icelluy enfant à fonts, alloit devant le fils du duc de
« Gueldres, nepveu du duc de Bourgoingne, le quel portoit
« un bacin. Après luy alloit Adolf de Clefves, nepveu aussy du
« duc, le quel portoit une couppe d'or; et après alloit le comte
« d'Estampes, le quel portoit un cierge bénit. Après les quels
« trois, la duchesse de Bourgoingne portoit l'enfant, et à sa
« dextre estoit le dessus dict dauphin, quy tenoit sa main
« sur le chief de l'enfant, en le soutenant. Et y avoit cinq
« cents torches ou plus. Et feurent ou baptème l'evesque de
« Cambray, frère bastard du duc, et l'evesque de Toul,
« abbé de Sainct Bertin (1). »

Trois ans plus tard, le 27 juillet 1459, la dauphine accoucha d'un fils. Le duc de Bourgogne fit éclater beaucoup
de joie de la naissance de cet enfant; « il donna mille lyons
« d'or à celluy qui luy rapporta cette nouvelle, » dit Jacques
du Clerc; puis il ordonna à toutes les bonnes villes de ses
états d'allumer de grands feux et de faire joie. Le duc
lui même et la dame de Ravestein, duchesse de Clèves,
furent les parrain et marraine de cet enfant, appelé Joa-

---

(1) *Mémoires de Jacques du Clercq*, liv. 3, chap. 26, *édit. du Panthéon litt.*, p. 99.
— Voyez aussi de plus longs détails dans les *Honneurs de la Cour* par Alienor de Poitiers, t. 2, pag. 216 des *Mémoires sur l'ancienne Chevalerie* par Lacurne Sainte-Palaye

chim, et qui mourut peu de mois après sa naissance. Voici comment Jacques du Clerc raconte la cérémonie de ce baptème : « Et tindrent le dict enfant sur fonts et furent « pareins et mareyne le duc de Bourgoingne, le seigneur « de Croy, premier chambellan du duc, et la dame de Ra-« vestein, femme de Adolf de Cleves, nepveu du duc....

« Le duc donna à l'enfant ung dressoir chargié de vais-« selle d'or et d'argent, lequel il avoit envoyé en la chambre « de la gisante, avec les draps de haulte lice et tapisserie ; « et aussy il les y avoit envoyé, car ils n'avoient point ap-« porté telles choses quand ils vindrent au refuge du duc ; « sy en y estoient assez mal pourvéus. Et le seigneur de « Croy donna une nef d'argent doré à ung fond de cris-« tal pesant soixante marcs d'argent, huict onces au marc. « Le dict seigneur de Croy porta le dict enfant aux fonts, et « le duc le rapporta sur les bras. Après ces choses faictes, « le daulphin remercia le duc et osta son chapel tout jus de « la teste. Le duc, ce voyant, se méit à un genoul et ne se « vollut lever jusques à ce que le daulphin eust remis son « chappeau sur la teste. Le daulphin, en remerciant le duc, « dit telles paroles ou en substance : « Mon très chier oncle, je « vous remercie du bien et de l'honneur que vous me fai-« tes ; je ne le porray ne scauray desservir, car c'est chose « impossible, sinon que pour tout guerdon je vous donne « mon corps, le corps de ma femme et le corps de mon « enfant. » A icelles parolles le plus de ceux qui estoient « présens ploururèrent tant de joie comme de pitié (1). »

En toutes circonstances, le duc de Bourgogne aimait à rendre au dauphin les honneurs dus à son rang. Il se plaisait aussi à manifester à tous les yeux sa conduite à cet égard. En réalité, il augmentait ainsi son pouvoir et se po-sait comme intermédiaire entre le roi de France et son fils. Quand vint Pâques de l'année 1457, neuf mois environ après l'arrivée du dauphin, le duc Philippe proposa au

_____

(1) *Memoires de Jacques du Clercq*, liv. 3, chap. 47, edit. du *Pantheon litteraire* pag. 152.

prince de l'accompagner dans un voyage qu'il allait faire à
Bruges. Le dauphin accepta. Partis de Bruxelles, ils vin-
rent coucher à Oudenarde, le lendemain à Courtray, et de
Courtray à Bruges. Le duc voyageait lentement, avec une
suite nombreuse, étalant une grande magnificence. Arrivés
aux portes de Bruges, les princes trouvèrent la ville parée
comme pour une fête : « En la quelle ville de Bruges, dit
« à ce sujet Jacques du Clercq, ains (avant) qu'ils entrassent,
« vindrent à l'encontre d'eux les nations quy se tenoient à
« Bruges, chascune nation vestue de divers couleurs, tous
« en habits de soie et de velours, et les bourgeois pareille-
« ment. Et estoient, comme on disoit, bien huict cents hom-
« mes tous vestus de soie, sans aultres richement habillés ;
« et sans le peuple qui issit hors de la ville pour veoir le
« dict monseigneur le daulphin. Et pour certain monsei-
« gneur le daulphin n'avoit oncques mais véu tant de gens
« qui issit de la ville, et n'eust point cuidé comme a peu
« en eust autant en la comté de Flandres, au moins en la
« pluspart (1). »

Cependant l'exemple donné par le dauphin, en révolte ouverte contre son père, manqua de devenir funeste au duc de
Bourgogne. Charles, comte de Charolais, avait un caractère altier, et impatient de la moindre contradiction. Il avait
vu avec peine l'accueil favorable que le dauphin avait fait à
la famille de Croye déjà comblée des faveurs du duc son
père. Ces courtisans, si bien venus de toutes les puissances,
lui devinrent odieux. A l'époque où on lui forma sa maison,
il ne put souffrir qu'on eût inscrit Philippe de Croye au
rôle des chambellans. Il accusa cette famille de trahison
auprès de son père, et substitua le sire d'Emeries à celui
de ses ennemis qu'on lui proposait. Le duc fit des représentations à son fils, qui refusa de les entendre. Le duc s'emporta et, prenant l'ordonnance que lui présentait le comte
de Charolais, il la jeta au feu, et dit : « Maintenant, allez
en faire une nouvelle. » Le comte s'y étant refusé, la colère

de Philippe n'eut plus de bornes, et on assure que, tirant son épée, il l'en aurait frappé sans la duchesse qui le désarma (1).

Le duc de Bourgogne, hors de lui après une pareille scène, quitta le palais, monta seul à cheval et s'éloigna. Le comte de Charolais en fit autant de son côté, et quand la nuit vint, ni l'un ni l'autre ne parurent. La duchesse, au désespoir, redemandait à grands cris son mari et son fils. Le dauphin de France, qui se trouvait à Bruxelles dans ce moment, était dans l'affliction et se reprochait d'avoir contribué à de pareils malheurs. Enfin on retrouva le duc qui avait été recueilli par un pauvre charbonnier. Quant au comte de Charolais, il était à Termonde auprès de sa femme.

Le dauphin eut beaucoup de peine à réconcilier les deux princes. Il y réussit cependant ; mais le vieux duc éprouva une bien grande amertume, en voyant ses derniers jours ainsi troublés. Peut être regretta-t-il l'hospitalité embarrassante qu'il avait donnée au fils du roi de France, et se rappela-t-il les paroles que Charles VII avait dites, en apprenant la fuite de son fils en Bourgogne : « Mon cousin « ne sait pas ce qu'il fait, il donne asile au renard qui « mangera ses poules (2). »

Le château de Genappe, dans lequel Louis fixa sa demeure, doit attirer notre attention, puisqu'il est le berceau des *Cent Nouvelles*. Ce manoir, fort ancien, situé sur la rivière de Dyle, entre Nivelle et Gemblours, à six lieues de Bruxelles et à sept de Louvain, fut, dit-on, la dot et le séjour d'Ide, mère du célèbre Godefroy de Bouillon. Les bâtiments dont il se composait et qui n'existent plus aujourd'hui, entièrement construits sur la Dyle, étaient joints au rivage par un pont de bois, auquel venait se joindre, du côté du château, un petit pont-levis. On arrivait au premier pont en traversant une cour assez vaste environnée de jardins et d'arbres fruitiers. Deux tourelles protégeaient l'en-

(1 *Mémoires* de Jacques du Clercq, p. 99.
(2) De Barante, t. 8, pag. 141.

trée, deux autres étaient placées sur la face gauche. Autant qu'on en peut juger par le dessin qui nous en reste (1), l'ensemble de l'édifice se composait de quatre corps de logis distribués inégalement de chaque côté d'une grande cour. A gauche, on voyait s'avancer une chapelle. Un bâtiment séparé, défendu par une cinquième tour carrée, faisait saillie en dehors du même côté que la chapelle. En considérant avec attention l'aspect de ce château environné de toutes parts d'une rivière aux eaux tranquilles et d'une campagne florissante, ouverte aux plaisirs de la promenade et de la chasse, on comprend que le dauphin de France y ait fixé sa demeure, en attendant la fin de son exil. La nuit, le pont-levis une fois dressé, il ne craignait ni attaque ni surprise, et pouvait tranquillement se livrer aux plaisirs de la table et à celui d'écouter ou de faire ces joyeux récits qui composèrent plus tard les *Cent Nouvelles*. Le jour, accompagné de ses fidèles serviteurs et du comte de Charolais, dont il aimait à exciter la bouillante ardeur, il chassait, ou bien encore visitait les paysans et s'amusait de leurs propos.

Le goût du roi Louis XI pour la chasse est célèbre dans l'histoire, et Comines n'a pas manqué de nous dire qu'il se connaissait mieux à la chasse que nul homme qui ait été de son temps (2). Pendant son séjour au château de Genappe, Louis et Charles, comte de Charolais, chassaient

---

(1) On peut voir ces dessins, t. 2. pag. 15 du *Supplement aux trophees de Brabant* de Butkens, La Haye, 1725, in-folio, et t. 2 *des Delices du Brabant*, etc., par M. de Cantillon. Amsterdam, 1757, in-8.

(1) Le même historien dit encore, liv. VI, chap. 8 : « Il faisoit acheter un bon « cheval ou une bonne mule quoy qu'il luy coustast. . . . des chiens en envoyoit « quérir partout, en Espagne des allans, en Bretagne de petites levretes, levriers « espaignens, et les achetoit cher. » Les chiens de chasse de Louis XI eurent aussi une grande réputation. L'un d'eux, nommé Souillart, fut le sujet d'un petit poëme, dont un exemplaire unique se trouve dans le cabinet de M. Jérôme Pichon. En voici le titre exact : *Le Livre de chasse du grant sénéchal de Normandie, et les dits du bon chien Souillart qui fut au roy Loys de France, onzième de ce nom.* Pièce en vers de douze feuillets in-4, goth., sans date, chez Pierre-le-Caron. J'ai aussi trouvé, parmi des poësies manuscrites du quinzième siècle, l'épitaphe de Basque, chien du roi Louis XI.

souvent ensemble. Le dauphin se laissait quelquefois emporter par son ardeur; un jour il s'égara, et le comte de Charolais revint seul à la cour du duc Philippe, son père. Ce dernier, alarmé de l'absence du dauphin, entra contre son fils dans une grande colère, lui ordonnant de courir au plus vite pour le chercher, et il envoya des serviteurs avec des flambeaux. Au bout de quelque temps, Louis fut rencontré avec un paysan auquel il avait donné une pièce d'or pour qu'il voulût bien lui servir de guide (1).

Le dauphin aimait beaucoup, soit dans ses promenades, soit à la chasse, s'arrêter pour causer avec les bonnes gens du pays. Pendant son exil, il avait fait connaissance avec un certain cultivateur des environs de Genappe. Cet homme s'appelait Conon, et divertissait le prince par son esprit naturel et ses piquantes reparties. Plusieurs fois le dauphin s'arrêta dans sa chaumière, et s'assit même à sa table, où étaient servis des navets délicieux. Là on mangeait avec appétit et gaieté, et le royal convive promettait toujours à Conon de se souvenir de ses navets, lorsqu'il serait sur le trône. Le paysan n'oublia pas cette promesse, et quand il eut appris que le dauphin était devenu roi, il partit un beau jour de Genappe, et s'en vint à Paris. Il avait emporté avec lui un panier rempli des plus beaux navets de son champ, afin de les offrir au roi. Mais, pendant le chemin, tenté par le goût délicieux de ses navets, il les mangea tous, excepté un cependant, plus beau et plus gros que les autres. Arrivé à la cour du roi de France, Conon se présenta devant lui. Louis XI·accueillit le paysan avec plaisir, se rappela les bons repas que ce dernier lui avait fait faire, et fut très-sensible au cadeau du navet unique et sans pareil. Pour donner à Conon une preuve de cette satisfaction, il admit le paysan à sa table et lui fit compter mille pièces d'or. Une telle générosité excita l'admiration et l'envie de tous les courtisans. L'un d'eux, dans l'espoir

(1) *Mémoires* de Jacques du Clercq, liv. 3, chap. 26, *edit. du Panthéon litter*, pag. 99.

d'une grande récompense, offrit au roi un fort beau cheval. Louis devina la pensée du courtisan, et quand ce dernier se présenta devant lui, il le remercia et loua fort la
qualité de son offre; puis, prenant à part ceux qui l'entou-
raient, il leur demanda quelle récompense il devait donner au courtisan. Chacun ouvrait un avis; mais Louis XI,
ayant un peu réfléchi, reprit : « J'ai trouvé ce qu'il fallait ; »
et faisant signe à un seigneur, son familier : « Allez, dit-il,
« dans tel endroit, et après avoir enveloppé d'une étoffe pré-
« cieuse l'objet que vous y trouverez, vous me l'apporterez. »
Le seigneur obéit aux ordres de Louis XI, qui s'empressa
de donner au courtisan ce qu'on venait de lui remettre. Ce
dernier s'éloigna bien joyeux, en se disant : « Si le roi a
« donné mille pièces d'or à un paysan pour un navet, que
« me donnera-t-il, à moi, pour un cheval? » Et il déploya
au plus vite l'étoffe, dans laquelle il trouva le navet un peu
sec de Conon le paysan : « N'ai-je pas bien payé, disait
« le roi, ce bon cheval avec un navet qui m'a coûté mille
« pièces d'or? »

Cette histoire, racontée, avec plusieurs autres du
même genre, dans les dialogues familiers d'Érasme (1),
prouve combien Louis XI avait l'esprit disposé à la plaisanterie En effet, on ne peut douter du goût de ce
prince pour les bons mots, les reparties naïves et les histoires facétieuses. Avec ses familiers, Louis était libre jusqu'à la licence, et sa réponse à M. de Crussoles, dans
une circonstance assez grave, le prouve suffisamment (2).

(1) *Erasmi Colloquia. Conrisium fabulosum.* Gueudeville. *Colloques d'Erasme*,
Leyde, 1720, in-12, t. 3, pag. 69.

(1) *Le Cabinet du roi Louis XI*, chap. 2. « En ce mesmes temps (1466) le roy
fist publier à Paris que toutes personnes, de quelle condition et estat qu'ils fussent,
depuis l'age de seize jusques à soixante ans, qu'ils ississent hors de la ville en armes
et habillement de guerre. . . . Et lors issit hors de la ville de Paris la plupart du
populaire, chascun sous son estendard ou bannière. Et estoient bien quatrevingt mille
testes armées. Et ce fut alors que M. de Crussolles dist au roy : Sire, entendez-vous pas
bien qu'en cette montre, il y a plus de dix mille qui ne sçauroient faire dix lieues à
cheval sans repaistre. Et le roy luy répondit . Par la foi de mon corps, M. de Crus-
sol, *je croy bien que leurs femmes cherauchent mieux qu'ils ne font.* » Additions aux
Mémoires de Comines. édit. de Lenglet Dufresnoy. t. 2, pag. 225.

. Brantôme, dans ses *Dames galantes*, dit que Louis XI,
« la pluspart du temps mangeoit en pleine sale avec force
« gentils hommes de ses plus privez. Et celuy qui luy
« faisoit le meilleur et le plus lascif conte de dames de
« joye, il estoit le myeux venu et festoyé. Et lui-même
« ne s'espargnoit à en faire, car il s'en enqueroit fort et en
« vouloit souvent scavoir ; et puis en faisoit part aux au-
« tres et publiquement. C'estoit bien un scandale grand
« que celuy là. Il avoit très mauvaise opinion des femmes
« et ne les croyoit toutes chastes (1) »

Ce goût pour les histoires galantes et facétieuses était
joint, chez Louis XI, à un grand amour pour les lettres.
Dans son exil, il n'oublia pas les leçons de latin que Jean
d'Arconville lui avait données. Commines a soin de remarquer que Louis ne manqua pas de mettre ce temps à profit
pour etudier, et qu'il ne voulut pas imiter les princes de
son temps, qui « de nulles lettres n'ont cognoissance, et
« sont nourris seulement à faire les folz en habillemens et
« en parolles (2). »

Ainsi l'étude, la chasse, les ioyeux propos charmaient
tour à tour les ennuis de Genappe. Mais ce n'était pas assez
pour l'esprit inquiet du dauphin, il sut encore profiter de
ses loisirs pour se faire des partisans Rencontrait-il, parmi les seigneurs ou domestiques que le duc de Bourgogne
mettait à sa disposition pour le servir, un homme de quelque capacité, il s'empressait de le gagner, soit par des
caresses, soit par de l'argent. Il dépensait même, dans ces
sortes d'affaires, des sommes assez considérables ; et Commines observe que, malgré la munificence du duc de Bourgogne, il manqua souvent de l'argent qui lui était nécessaire :
« Toutefois à la despense qu'il faisoit de tant de gens qu'il
« avoit, l'argent luy failloit souvent, qui lui estoit grande
« peine et soucy ; et luy en faloit cuercher ou emprunter, ou
« ses gens l'eussent laissé, qui est grande angoisse à un

(1. *Dames galantes*. OEuvres complètes, in-8, 1832. t. 7, pag. 529.
(2) Livre premier chap. 10.

il

« prince qui ne l'a point accoustumé. Et par ainsy n'estoit
« point sans peine en ceste maison de Bourgoigne, ajoute
« l'historien, et luy faloit entretenir le prince et ses prin-
« cipaux gouverneurs, de peur qu'on ne s'ennuyast de luy à
« y estre tant (1). » Et à l'appui de ce que dit Commines,
Lenglet Dufresnoy cite une obligation de trente écus, datée
de 1459, que le dauphin fit au sieur de Sassenage, pour
un *cheval moreau* que ce dernier lui avait vendu (2).

Les moyens que Louis mettait en usage pour se conci-
lier des partisans étaient infaillibles ; le nombre considérable de personnes de toutes les conditions qui abandonnèrent la cour de Bourgogne pour passer à celle de
France le prouve suffisamment (3).

Je trouve à ce sujet, dans les *Mémoires d'Olivier de la
Marche*, un passage intéressant, et qui nous fait connaître
quels furent ceux qui composaient, à Genappe, la société
du Dauphin : « Et les principaux du conseil du dict Dau-
« phin furent le seigneur de Montauban et le bastard
« d'Armignac, avec le seigneur de Craon : et avoit mon
« dict seigneur le Daulphin de moult notables jeunes gens
« comme le signeur de Cressols, le signeur de Villiers, de
« l'Estang, monsieur de Lau, monsieur de la Barde, Gas-
« ton du Lyon, et moult d'autres nobles gens et gens es-
« léus, car il fut prince, et aima chiens et oyseaux, et mes-
« mes où il scavoit nobles hommes de renommée, il les
« achetoit à poids d'or, et avoit très bonne condicion. Mais
« il fut homme soupçonneux, et légèrement attrayoit gens
« et légèrement il les rebouloit de son service : mais il étoit
« large et abandonné : et entretenoit par sa largesse ceux
« de ses serviteurs dont il se vouloit servir ; et aux autres
« donnoit congé légèrement : et leur donnoit le bond à la
« guise de France. »

(1) Livre sixième, chap. XIII , tom. 1, pap. 411 de l'édition in.4.

(2) Voyez cette pièce, t. 1, pag 411 de l'édit. in.4 de Commines, par Lenglet
Dufresnoy.

(3) *Remarques de Godefroy sur Varillas*, t. 4 , pag. 392 du Commines de Lenglet
Dufrenoy.

Ce passage a d'autant plus de prix qu'on y retrouve cités plusieurs de ceux qui prirent part à la composition des *Cent Nouvelles*.

Mais ce fut principalement parmi les seigneurs et domestiques de la maison de Bourgogne que le duc Philippe attacha au service ou à la compagnie du Dauphin, que ce dernier s'appliqua principalement à se faire des créatures. A partir de 1461, époque où Louis monta sur le trône, on voit presque tous les personnages de la cour de Bourgogne qui l'avaient approché, quitter peu à peu leur ancien maître pour passer au service du roi de France (1). Louis XI ne négligea pas ceux qui étaient restés fidèles au duc; ainsi, après la mort de Charles-le-Téméraire, il s'empressa de gagner par de grandes faveurs Philippe Pot, seigneur de la Roche, narrateur de douze nouvelles, que Chastellain nous représente comme l'un des meilleurs et des plus gentils esprits de la cour de Bourgogne (2), et dont Louis XI avait su apprécier tout le mérite.

III.

LES CENT NOUVELLES NOUVELLES.

Il me reste à dire comment furent composées les *Cent Nouvelles*, et à chercher quel est le caractère historique et littéraire de ce recueil. C'est à Genappe, pendant le séjour de Louis, dauphin de France, à la cour de Bourgogne, que les *Cent Nouvelles* ont été racontées. Ce fait, bien qu'il ne soit consigné dans aucune des chroniques contemporaines, n'en est pas moins incontestable ; et la dédicace placée en tête du recueil le prouve suffisamment.

De plus, on lit dans l'inventaire de l'ancienne biblio-

---

(1) Voyez, tome II, les Notices biographiques consacrées aux conteurs des *Cent Nouvelles*.

(2) Voyez au tome II la Notice sur ces personnages.

thèque des ducs de Bourgogne, un article ainsi conçu :
« N° 1261. ung livre tout neuf escript en parchemin à deux
« coulombes, couvert de cuir blanc de chamoy, historié en
« plusieurs lieux de riches histoires, contenant *Cent Nou-*
« *velles* tant de Monseigneur que Dieu pardonne, que de
« plusieurs autres de son hostel, quemanchant le second
« feuillet, après la table, en rouges lettres : *celle qvi se bai-*
« *gnoit*, et le dernier : *lit demanda* (1). »

Cette indication précieuse vient à l'appui de ce qui
est dit dans la dédicace, et sert encore à fixer la date de la
composition du recueil. En effet, ces mots : *tant de Monsei-*
gneur que Dieu pardonne, ne peuvent s'appliquer qu'à Philippe le Bon, mort en 1467. En les rapprochant de cette
phrase qui termine la dédicace, et dans laquelle on parle
de Louis XI comme régnant encore, il en résulte que le
manuscrit de la bibliothèque de Bourgogne, qui doit être
considéré comme l'original, ne fut rédigé que dans l'espace des années 1467 à 1483, époque où mourut Louis XI.

Voici encore d'autres indications qui prouvent l'existence
de plusieurs manuscrits des *Cent nouvelles*.

Dans un petit catalogue de livres de la fin du quinzième
siècle, qui se trouve à la Bibliothèque royale, parmi les re-
cueils de Béthune, n° 8452, je vois les *Cent Nouvelles nou-*
velles indiquées. Dans le catalogue des livres de M. Gaignat
(Paris, 1769, 2 vol. in-8), le n° 2214 porte : « Le livre des
« *Cent Nouvelles nouvelles*, composées pour l'amusemement
« du roi Louis XI, *lorsqu'il n'étoit encore que duc de Bour-*
« *gogne*, manuscrit sur vélin, du quinzième siècle, en lettres
« gothiques, daté de l'année 1452 et décoré de petites minia-
« tures assez jolies, petit in-f', mar. cit. vendu 100 francs. »
Cet article renferme deux fautes grossières : d'abord le rédacteur du catalogue a voulu dire : *lorsqu'il étoit encore dau-*
phin et à la cour du duc de Bourgogne ; ensuite on doit lire
1462 et non pas 1452. Cet article ne nous en fait pas moins

(1) Bibliothèque *Protypographique*, ou librairie des fils du roy Jean Charles V
Jean de Berry, Philippe de Bourgogne et les siens. 1 vol. in-4. Paris 1830. p. 185.

connaître la date certaine de la rédaction des *Cent Nou-*
relles; et l'on peut regarder ce manuscrit comme le même
que celui qui faisait partie de l'ancienne bibliothèque des
ducs de Bourgogne, et qui ne s'y trouve plus. Dans les
mélanges tirés d'une grande bibliothèque, volume H,
page 527, je lis, à propos des *Cent Nouvelles:* « Les manuscrits que nous en connaissons sont datés de l'an 1456. »
Cette vague indication, bien qu'elle renferme aussi une
erreur de dates, n'en prouve pas moins l'existence de plusieurs manuscrits de ce recueil qui ne rencontrent plus aujourd'hui. Peut-être quelque main pieuse aura-t-elle livré
aux flammes ce monument de l'esprit et du libertinage de
nos aïeux.

La trente-troisième des *Cent Nouvelles* commence ainsi :
« A fin que je ne soye seclus du très heureux et haut mérite
« dû à ceux qui travaillent et labeurent à l'augmentation des
« histoires de ce présent livre, je vous racompterai en brief
« une adventure nouvelle par la quelle on me tiendra ex-
« cusé d'avoir fourny la nouvelle dont j'ay naguères esté
« sommé. » De ces paroles on peut conclure que chacun
des individus qui composaient la cour du dauphin de
France, était obligé, son tour venu, de raconter une histoire, quel qu'en fût d'ailleurs le sujet. Cela explique
parfaitement et la diversité des personnages auxquels ces
histoires sont attribuées, et la variété des sujets dont elles
se composent. Quant aux conteurs, j'ai réuni, à leur
sujet, tous les renseignements que j'ai pu recueillir. Il en
résulte que non-seulement les seigneurs qui vivaient fa-
milièrement avec le dauphin récitaient leur histoire, mais
que les plus simples domestiques du duc de Bourgogne
appelés au service de la petite cour de Genappe devaient
aussi prendre part à ce divertissement (1).

La quarante-deuxième nouvelle commence ainsi : « L'an
« cinquante derrenier passé, le clerc d'ung villaige du dyo-
« cèse de Noyon, etc.... (2) » D'après ces mots, on peut con-

(1) Voir les notices à la fin du t. 2.
(2) Page 329 du tome 1er.

d.

clure que cette nouvelle était racontée dans l'intervalle de
1450 à 1460, ce qui confirme les indications rapportées précédemment sur la date de la composition de ce recueil. De
même, il semble résulter des premiers mots de la nouvelle
cinquante-sept que les narrateurs conçurent dès le commencement le projet de faire cent nouvelles à l'imitation,
comme il est dit dans le préambule, du *Décameron* de Boccace. Voici les premiers mots du récit attribué au seigneur
de Villiers : « Tandiz que l'on me preste audience et que
« ame ne s'avance quant à présent de parfournir cette
« glorieuse et édifiante œuvre de *Cent Nouvelles*, etc. »

La cinquante et unième des *Cent Nouvelles* est attribuée
à *l'acteur*. On sait qu'au quinzième siècle on appelait ainsi
l'auteur. Cette désignation appartient donc à celui qui
rédigea les *Cent Nouvelles*, et sur lequel malheureusement
on ne peut rien savoir de certain. Je dis malheureusement,
parce que le style de cet ouvrage est assez remarquable pour
qu'il ne soit pas indifférent de rechercher à quelle plume
on en est redevable. Dans un mémoire sur le séjour de
Louis XI à la cour de Bourgogne, M. de Reiffemberg a
supposé que le comte de Croy, dont j'ai parlé précédemment, et au sujet duquel Philippe le Bon eut avec son fils
de si fréquents débats, pourrait bien être le personnage
désigné, dans la dédicace, par ces mots : *Je, vostre obéissant serviteur*, comme ayant rédigé, par ordre du duc, les
Cent Nouvelles. M. de Reiffemberg s'étonne, peut-être
avec raison, que les seigneurs de Croy ne se trouvent pas
nommés parmi ceux qui racontèrent les *Cent Nouvelles*,
et il suppose que plusieurs de ces récits, restés anonymes, sont dus à ce seigneur, qui, comme auteur du recueil, aurait omis son nom. J'avoue que cette conjecture,
qui, du reste, n'est appuyée d'aucune preuve, ne me paraît
pas vraisemblable.

Bien que plusieurs membres de la famille de Croy
fussent rentrés en faveur auprès de Charles le Téméraire,
après la mort de Philippe le Bon, le chef de cette famille,
celui qui assista aux réunions de la cour de Genappe, ne

pardonna jamais au comte de Charolais, devenu duc de Bourgogne, l'injure que ce dernier lui avait faite. On ne peut donc pas supposer qu'il se soit adressé au duc de Bourgogne d'une manière aussi humble, aussi dévouée que le fait le rédacteur des *Cent Nouvelles*, dans sa préface. D'ailleurs le style de cet ouvrage n'accuse-t-il pas une plume habile et exercée? S'il se trouvait parmi les auteurs contemporains un littérateur distingué; vivant à la cour et accoutumé au langage qu'on y parlait, n'est-ce pas plutôt à celui-là qu'il faudrait attribuer la rédaction de notre recueil!

Ne faudrait-il pas voir plutôt dans cet *acteur* Antoine de La Salle, qui a composé le roman du *Petit Jehan de Saintré* et les *Quinze Joyes de mariage*, deux ouvrages du quinzième siècle, dont le style et quelquefois la forme, se rapprochent souvent des *Cent Nouvelles?*

La Nouvelle cinquante lui est attribuée ; et bien qu'elle ne soit pas une des meilleures, elle n'en prouve pas moins qu'Antoine eut part à la composition de cet ouvrage. Cherchons si les événements connus de sa vie peuvent s'accorder avec ma conjecture. Antoine de La Salle naquit en Bourgogne, dans les dernières années du quatorzième siècle; il visita l'Italie dans sa jeunesse, et s'y trouvait en 1422. Nommé viguier d'Arles, il fut ensuite attaché, comme secrétaire, à Louis III, comte d'Anjou et de Provence et roi de Sicile. Plus tard, le bon roi René lui confia l'éducation de ses enfants. Puis, ayant accompagné en Flandre le comte de Saint-Pol, Antoine de La Salle fut présenté par ce seigneur à Philippe le Bon, qui l'accueillit favorablement (1).

Le talent d'Antoine de la Salle comme auteur de romans et de nouvelles, était connu même de ses contemporains. Ainsi, Race de Brinchamel, dans la préface des aventures de Floridan et d'Ellinde, dit en parlant de lui : « Et pour

---

(1) Lacroix du Maine, *Bibliothèque Française,* édit. de Rigoley de Juvigny. 6 vol. in-4, t. 1, pag. 51.

« ce que vous, noble et bien renommé Anthoine de la Salle
« avez toujours plaisir, et dès le temps de vostre fleurie
« jeunesse vous estes delicté à lire, aussi à escripre histoires
« honnorables, ou quel exercice et continuant vous perse-
« verez de jour en jour, sans interruption (1). »

Le plus connu des ouvrages d'Antoine de La Salle est
le roman du *Petit Jehan de Saintré et de la Dame des
belles Cousines*. Ce livre, l'un des plus curieux et des
mieux écrits du quinzième siècle, est fort répandu, grâce
à l'imitation qu'en a donnée M. de Tressan; mais on peut
dire que le texte véritable est encore manuscrit, car l'édition publiée, en 1724, par Gueulette, est remplie de fautes
et d'erreurs. Ce fut à Genappe, et probablement dans le
but de distraire le dauphin de France, qu'Antoine de La
Salle écrivit l'histoire du petit Jehan de Saintré. Les manuscrits qui sont parvenus jusqu'à nous sont datés de cette
résidence, et de l'année 1459. On le voit, entre cet ouvrage
et les *Cent Nouvelles*, il existe beaucoup de rapports (2).

Parmi les autres ouvrages dus à la plume d'Antoine de
La Salle, un encore n'est pas sans quelque analogie avec
les *Cent Nouvelles* et le *Petit Jehan de Saintré*. Je veux
parler des *Quinze joies de mariage*, satire plaisante et
curieuse de toutes les tribulations que le mariage entraîne
avec lui. La Salle a déguisé son nom dans une énigme assez
singulière, et qui fut devinée, en 1836, par M. Potier,
bibliothécaire de la ville de Rouen (3). Entre cet ouvrage,
la *Dame des belles Cousines* et les *Cent Nouvelles*, il y a

(1) *Histoire de Florian et de la belle Elinde* page 690, vol. 3 de *l'histoire plaisante du petit Jehan de Saintré, etc.,* etc. Paris, 1724, in-18, 3 vol.

(2) Entre les manuscrits du petit Jehan de Saintré parvenus jusqu'à nous, il en est
un surtout qui mérite de fixer l'attention. C'est un volume in-4 écrit sur papier,
relié en velours. La signature d'Antoine de La Salle se trouve à la fin de ce manuscrit
qui est évidemment l'original. Il fait partie de la riche collection d'un amateur
éclairé, M. Barrois de Lille, auteur de la Bibliothèque protypographique et de plusieurs autres publications d'un grand intérêt.

(3) Voyez la préface des quinze joies de mariage publiées en 1837, chez Techener.
1 vol. in-18, goth.

un air de famille qui suffirait seul pour qu'on les attribuât tous trois au même auteur.

Les histoires dont se composent les *Cent Nouvelles* peuvent se diviser en trois séries auxquelles il faut assigner une origine différente. Les unes sont empruntées aux fabliaux, les autres aux facéties du Pogge, le plus grand nombre est original (1). Les nouvelles empruntées aux fabliaux ou à Boccace, sont au nombre de quinze, celles imitées du Pogge au nombre de seize. Ainsi, plus de la moitié des *Cent Nouvelles* sont des anecdotes contemporaines qui, presque toutes, ont beaucoup de probabilité. On ne doit pas être surpris que les fabliaux soient entrés pour une part assez grande dans la composition de ce recueil; depuis le milieu du treizième siècle environ, ces contes en vers étaient fort répandus dans toutes les provinces qui composent aujourd'hui la France, dans la Belgique et les Pays-Bas. Plusieurs de nos vieux poëtes ont excellé dans ce genre, auquel la naïveté du langage ajoutait encore beaucoup de charme. Quelques-uns des fabliaux imités dans les *Cent Nouvelles* ne sont autres que des contes empruntés aux Orientaux, et qui, mis en latin dans les onzième ou douzième siècles, furent, dans le treizième, arrangés par nos trouvères. C'est ainsi que la nouvelle XVI, intitulée le *Borgne aveugle*, racontée par le duc de Bourgogne, se trouve, pour la première fois, dans le *Pantcha-Tantra*, recueil de contes indiens dont la composition remonte à plusieurs siècles avant Jésus-Christ; mis en latin au onzième siècle, par Pierre Alphonse dans sa discipline de Clergie et dans le *Gesta Romanorum*, ce conte fit, dans le treizième siècle, le sujet d'un fabliau en vers français, intitulé : *De la mauvaise femme*. Boccace l'a imité dans la nouvelle VI, journée VII, de son *Décameron*, d'où il a passé dans les *Cent Nouvelles*. La reine de

(1, Voici l'indication, des nouvelles empruntées : *Fabliaux* nouv. 1, 9, 14, 16, 18, 19, 23, 34, 38, 60, 61, 64, 78, 88, 96
Pogge. Nouv. 3, 8, 11, 12, 20, 21, 32, 50, 79, 80, 85, 90, 91, 93, 95, 99.

Navarre, les compositeurs de farces du seizième siècle,
Henry Estiennes et tous les collecteurs de contes et de facéties des deux derniers siècles ont aussi répété cette aventure (1).

Il me serait facile de suivre ainsi l'histoire de plusieurs
des Cent Nouvelles (2); et les imitations des contes, remon-
tant à une haute antiquité, ne sont pas les parties les moins
curieuses du recueil. C'est par là qu'il se rattache à l'histoire de l'esprit humain, dont il peut servir à constater
les modifications successives.

L'influence exercée par les fabliaux sur la composition
des Cent Nouvelles ne fut pas la seule : un autre ouvrage
contribua aussi pour une grande part à la formation de ce
recueil : je veux parler des Facéties du Pogge. Ce livre,
écrit en latin, dans la première moitié du quinzième siècle, eut un grand retentissement. Pogge nous apprend lui-
même, dans une satire contre Laurent Valle, qu'elles furent bientôt répandues en Italie, en France, en Allemagne,
en Angleterre, et qu'elles étaient lues par toutes les personnes qui entendaient le latin. Ce fut vers 1417 environ
que les bons mots, les anecdotes et les plaisanteries, souvent très-libres, qui se trouvent dans les Facéties, ont été
racontées. Pogge a fait connaître, en terminant ses Facéties, comment elles avaient été composées : « Il m'a paru
bon, dit-il, d'apprendre dans quel lieu la plupart de ces
récits furent débités. Ce fut à notre Bugiale, c'est-à-dire
une sorte de fabrique de contes, formée autrefois par les
secrétaires (du pape), dans le but de se distraire. Nous
avions pris l'habitude, en effet, au temps du pape Martin V (1415), de choisir un endroit secret du Vatican,
dans lequel chacun apportait les nouvelles qu'il apprenait.
Nous parlions tantôt de choses sérieuses, tantôt de choses
plaisantes, dans le but de nous distraire. Là, nous ne fai-

_____

(1) Voyez à ce sujet l'essai sur les *Fables Indiennes* par Loiseleur-Deslongchamps.
Paris, 1838, in-8, pag. 76.

(2) Voyez, à la fin du tome second, le tableau des origines et des imitations.

sions grâce à personne, et nous poursuivions de nos critiques tout ce qui nous déplaisait. Nous commencions souvent nos railleries par le pontife lui-même ; et il arriva souvent que bien des gens se joignaient à nous, dans la crainte de nos moqueries. Dans ces réunions, Razellus, de Bologne, était le principal conteur, et j'ai mêlé plusieurs de ses récits aux miens. Antonio Luscio, homme très-gai, Cinthio le Romain, d'humeur non moins joyeuse, composaient cette réunion. Aujourd'hui que ces personnages ont cessé de vivre, le *Bugiale* n'a plus lieu ; c'est la faute et des hommes et du temps. Toutes les réunions joyeuses ont cessé (1). »

Écrites en latin, non sans élégance et avec beaucoup de facilité, les *Facéties* devinrent l'objet d'imitations nombreuses. Pogge avait eu le soin de rendre sa pensée en très-peu de mots, afin de mieux faire saisir l'esprit et la gaieté de chacune de ses histoires. Rarement ceux qui le copièrent eurent soin d'observer cette brièveté. Ainsi, presque toujours, dans les *Cent Nouvelles*, la courte narration du Pogge devient une histoire assez longue ; elle change de nature et est attribuée à des personnages du quinzième siècle. Cette transformation a permis au rédacteur du recueil de retracer avec cette naïveté qui lui est propre, les mœurs et les usages du temps où il écrivait ; mais aussi il a fait perdre à un grand nombre de récits leur vivacité originale (2).

J'arrive à la troisième partie des *Cent Nouvelles*. C'est la plus considérable et aussi la plus intéressante ; elle se compose d'anecdotes contemporaines. Le rédacteur n'a pas toujours fait connaître les personnages ; quelquefois cependant il a osé dire les noms. On trouve aussi dans cette

(1) *Poggii florentini facetiarum libellus unicus*, pag. 281-282.

(2) Les facéties du Pogge ont été imprimées plusieurs fois, et elles furent traduites en français dès le quinzième siècle. Une des meilleures éditions du texte latin est celle imprimée à Londres, sous ce titre *Poggii florentini facetiarum libellus unicus, notulis imitatores indicantibus*, etc., etc., Londini 1798, 2 vol. in-32.

partie des détails historiques : je vais en signaler ici quelques-uns.

S'il faut ajouter foi à un passage des *Dames galantes* de
Brantôme (1), la première des *Cent Nouvelles*, intitulée *La
Médaille à revers*, contient le récit d'un fait historique.
Brantôme assure qu'une aventure pareille est arrivée à
Aubert de Cani, qui avait épousé Mariette d'Enghien, avec
laquelle Louis, duc d'Orléans, frère de Charles VI, eut le
bâtard d'Orléans, si connu sous le nom de comte de Dunois. Ce qui peut faire douter de la réalité d'une pareille
aventure, c'est qu'on en retrouve la principale circonstance
dans un fabliau du treizième siècle; à moins qu'on ne suppose Louis d'Orléans assez audacieux pour s'être amusé à
mettre en action le fabliau qu'il avait dû lire.

La cinquième Nouvelle contient le récit de deux histoires
relatives à Talebot, et qui n'ont rien que de très-vraisem-
blable. J'en dirai autant de la Nouvelle vingt-quatre, qui
se rapporte au comte Waleran de Saint-Pol, connétable
de France et l'un des partisans du duc Jean de Bourgogne.

Au sujet de la nouvelle quarante-sept, intitulée *les Deux
Mules noyées*, voici ce que l'on trouve dans un dictionnaire manuscrit des Beautés et Choses curieuses du Dauphiné :

« Dans la rue de Cleres, à Grenoble, on voyoit autre-
« fois sur le portail de la maison de Nicolas Prunier de
« Saint-André, président au parlement de Grenoble, un
« écusson de pierre, soutenu par un ange, et portant pour
« armoiries d'or à un lion de gueule (ces armes étoient celles
« de la famille Carles, éteinte au XVIIᵉ siècle). L'ange
« qui supportoit l'écusson tenoit l'index d'une de ses mains
« contre sa bouche, d'un air mystérieux et comme indi-
« quant qu'il faut savoir se taire. Chaffrey Carles, prési-
« dent unique au parlement de Grenoble, en 1505, l'avoit
« fait mettre sur cette maison qui lui appartenoit. Cet

---

1) Discours premier, pag. 60 de l'édition in-8, 1822 t. VII.

« homme sut en effet dissimuler assez longtemps avant
« que de trouver l'occasion de se venger de l'infidélité de
« sa femme, en la faisant noyer par la mule qu'elle montoit
« au passage d'un torrent. Il avoit commandé à dessein qu'on
« laissât la mule plusieurs jours sans boire. Cette aven-
« ture, imprimée en plusieurs endroits, a fait le sujet d'une
« des nouvelles de ce temps; mais dans ce conte on n'y
« nomme pas les personnages. Chaffrey étoit si savant dans
« la langue latine et dans les humanités, que la reine Anne
« de Bretagne, femme de Louis XII, le choisit pour ensei-
« gner cette langue et les belles-lettres à Reine, sa fille, qui
« fut depuis duchesse de Ferrare. Ce même Chaffrey Carles
« fut fait chevalier d'armes et de lois par Louis XII,
« en 1509. »

La soixante-troisième nouvelle contient le récit d'une
plaisanterie d'assez mauvais goût que fit un certain Montbléru à trois seigneurs qu'il accompagnait. Ce Guillaume
de Montbléru, fut bailli d'Auxerre, de 1467 à 1469. L'abbé
Lebeuf, dans son *Histoire de la ville d'Auxerre* (1), dit que
dans l'inscription de ses armes, Montbléru était qualifié de
premier écuyer d'écurie du comte de Charolais. Je trouve
aussi, au nombre des domestiques du duc Philippe, un
Pierre de Montbléru, dit le Bègue, comme écuyer·échan-
son. Ce dernier, cité dans un compte de 1420, était probablement le père de Guillaume de Montbléru (2).

Dans quelques-unes des *Cent Nouvelles*, on peut recueillir des détails qui ne sont pas sans importance pour l'histoire du quinzième siècle. Ainsi la nouvelle soixante-deux,
intitulée *l'Anneau perdu*, contient des renseignements assez curieux sur l'assemblée qui se tint au château d'Oye,
entre Calais et Gravelines, au mois de juillet de l'année 1440,
pour la délivrance de Charles d'Orléans.

La nouvelle soixante-quinze est le récit d'un épisode a·-

(1) Tome 2, pag. 44.
(2) Etat des officiers et domestiques de Philippe le Bon duc de Bourgogne, p. 292
des mémoires pour servir à l'*Histoire de France et de Bourgogne* Paris 1729, in-4.

sez plaisant qui signala les guerres entre les Armagnacs
et les Bourguignons, et dont la ville de Troyes en Champagne fut le théâtre. Je pourrais encore citer plusieurs autres faits du même genre ; mais ce n'est pas seulement sous
le point de vue de l'histoire proprement dite que les *Cent
Nouvelles* ont de l'importance, c'est plutôt comme servant
à l'histoire des mœurs, des usages, des coutumes du quinzième siècle, que ce recueil doit être considéré. Sous ce
rapport, il n'est pas une page des *Cent Nouvelles* qui ne
mérite de fixer l'attention. La vie intime et cachée de nos
aïeux y est peinte dans le plus grand détail ; il est facile
d'en saisir les circonstances les plus secrètes : la liberté, et
bien souvent la licence avec laquelle un grand nombre de
sujets sont traités, concourent à donner encore à tous ces
détails plus de vérité et d'étendue.

Ce qui distingue principalement les *Cent Nouvelles*,
c'est le style plein de clarté, de finesse et d'élégance, avec
lequel elles sont écrites. Il est impossible de pousser plus
loin la satire et la moquerie ; la gaieté la plus franche
s'y mêle à cette naïveté dont notre La Fontaine avait
le secret, et qui s'est perdue avec lui. Cette naïveté a l'a-
vantage de faire passer la crudité, quelquefois un peu rude,
dont les récits sont empreints, et de faire oublier certaines
expressions, trop grossières, qu'on regrette de rencontrer. Il faut dire aussi que l'emploi de ces expressions
n'est pas habituel, et que, dans les bons endroits, l'auteur
sait trouver des périphrases qui annoncent déjà le travail
et le style étudié. Il aime surtout à déguiser la satire sous
un éloge affecté, et qui contraste singulièrement avec ce
qu'il raconte. Veut-il faire connaître quelques bons tours
joués par une femme à son mari, il prodigue, en commençant,
à l'infidèle les louanges les plus exagérées : par exemple, dans
la première nouvelle, en parlant de l'angoisse qu'éprouvait,
cachée sous sa couverture, la femme d'un bourgeois, surprise par son mari, il dit : « Et jà se vouloit avancier de
« haulcier la couverture soubs la quelle faisoit grand péni-
« tance et silence *sa très parfaicte et bonne femme*, quant le

« bourgeois, etc.... (page 45). » Et plus bas, dans la même
nouvelle : « *Ma chière compaigne et très loyale espouse*, je
« vous prie, etc. » De même, dans la quatrième nouvelle,
au moment où il va raconter un trait de couardise du mari
de la mercière, il commence ainsi : *Le mary bon et saige,
preux et vaillant, comme après vous sera compté* (page 67).
Et dans la nouvelle seizième, après avoir dit comment
une dame avait donné un lieutenant, à son mari, qui guer-
royait contre les Sarrasins, il ajoute : « Et sa *très bonne
« femme qui moult la désire et regrete*, comme par plu-
« sieurs de ses lettres elle luy a fait scavoir... (page 136). »

C'est surtout dans la manière dont le dialogue est composé que le style des *Cent Nouvelles* est remarquable.
L'*acteur* est arrivé, sous ce rapport, à une grande perfection ; mais il ne faut pas oublier que chacun des narrateurs y a contribué pour une partie, et que le mérite de
l'*acteur* consiste principalement dans la fidélité scrupuleuse
avec laquelle il a reproduit chaque récit dans les mêmes
termes qu'il l'avait entendu faire. Cette fidélité donne aux
Cent Nouvelles une grande valeur, parce qu'elle nous per-
met de juger du langage admis dans la haute société du
quinzième siècle. Il est inutile de citer aucun passage des
nombreux dialogues qui se rencontrent dans les *Cent Nouvelles ;* le lecteur en jugera par lui-même.

Je joins à ces observations plusieurs extraits de la Chronique Martinienne, dont j'ai parlé précédemment (1).

Ces extraits sont suivis d'un catalogue de livres manuscrits de la fin du quinzième siècle, dans lequel on trouve
mentionnés les *Cent Nouvelles*, le *Petit Jehan de Saintré*,
et les *Quinze Joyes de mariage*. Ce catalogue pourra don
ner une idée du genre de littérature qui était en vogue
au moment où les *Cent Nouvelles* furent composées.

(1) Voyez plus haut, page x.

APPENDICES.

EXTRAIT DE LA CHRONIQUE MARTINIENNE.

(Folio CCLXXXIX r°.)

Comment Monseigneur le Daulphin procura de faire occire le grant séneschal de
Normandie pour ancunes causes. Et comment le roy donna à Jacques de Chabannes l'office de grant maistre d'hostel de France.

En l'an mil quatre cens quarante-six, monseigneur le Daulphin fut mal content contre le grand séneschal de Normandie, pour certaines causes qui ne sont icy escriptes, et délibéra monseigneur le Daulpbin de le faire occire. Et de ceste
matière se adressa au dit conte de Dampmartin au quel
il donna dix mille escus, et luy promist le dit conte faire
la dicte exécution. Toutesfois il advint que son frère messire Jacques de Chabannes, grant maistre de France, fust
adverty de la matière, envoya quérir son frère auquel il remonstra le dangier où il se boutoit, de faire destruire luy
et les siens. Et le dit conte de Dampmartin, après avoir oy
l'oppinion de son frère, rendit à monseigneur le Daulphin
la dicte somme de dix mille écus que le dit Daulphin luy
avoit baillé. Et advint que le roi Charles fust de ce adverty, qui estoit alors en la ville de Chinon ; et manda son filz
à aller parler à luy, ce qu'il féist. Et quant il y fut, le roy
luy dist : Loys, je scay bien la maulvaise voulenté que vous
avez contre le grant séneschal, qui m'a bien et loyaulment servy ; et l'entreprise que vous avez faicte sur luy pour
luy faire piteusement finer ses jours ; mais je vous en garde
ray bien Et alors le Daulphin respondit au roy · Monseigneur, je ne fais chose en ceste manière qu'il ne me ait esté

conseillé par le conte de Dampmartin. Et le roy lui dist ces
motz : Loys, saint Jehan, je ne vous en croy pas. Et envoya
quérir le conte de Dampmartin, qui vint en la présence du
Roy, lequel luy porta de très rudes paroles, en luy disant :
Conte de Dampmartin, avez vous conseillé à mon filz le
Daulphin de faire mourir le grant séneschal de Normandie ?
Lequel luy respondit que nenny, mais qu'il avoit entreprins
de mettre la matière à exécution par son commandement.
Et alors monseigneur le Daulphin dist au conte de Dampmartin : Sauf l'honneur de monseigneur, vous avez menty.
Et sur ceste matière le conte de Dampmartin va respondre
à monseigneur le Daulphin, en la présence du Roy : Monseigneur, je vous respondroys autrement que je puis faire,
car je respondrois, touchant ceste article, de ma personne
à la vostre, si n'estiez filz du Roy, et en suis exempté par
ceste raison. Mais, monseigneur, je vous offre en la présence du roy mon souverain seigneur, que s'il y a gentil
homme en vostre maison, qui me vueille charger sur ceste
matière, que je luy feray de ma personne dire le contraire.
Le roy ayant ainsi ouÿ parler le dit conte, dist au dit
Daulphin : Loys, je vous bannis pour quatre moys de mon
royaulme et vous en allez en Daulphiné.

Et il dist au dit conte de Dampmartin qu'il se vouloit
servir de luy et qu'il luy feroit des biens. Et alors le dit
Daulphin sortist de la chambre du roy, nud teste et dist
telles paroles : Par ceste teste qui n'a point de chapperon,
je me vengeray de ceulx qui m'ont gecté hors de ma maison. Et fist coupper les queues à la pluspart de ses chevaulx, disant qu'ils estoient escourtez. Et ainsi s'en alla
monseigneur le Daulphin en son pays de Daulphiné. Et
demoura le dit conte de Dampmartin en la grace du Roy
tellement qu'il fist donner à messire Jacques de Chabannes
son frère, l'office de grand maistre d'hostel de France, et
en fut defféré monseigneur de Cullant, pour ce qu'on disoit qu'il avoit pris l'argent d'ung quartier de ses gens dar-
mes. Et conquist le dit conte de Dampmartin beaucoup de
biens au service du roy Charles.

(Folio cccii rᵒ.)

Comment le roy institua Anthoyne de Chabannes son lieutenant général pour aller. es pays du Daulphiné prendre monseigneur le Daulphin et mettre le dit pays es mains du roy.

En l'an mil quatre cent cinquante-six, le roy institua son lieutenant général Anthoyne de Chabannes, comte de Dampmartin, pour aller au Daulphiné prendre monseigneur le Daulphin son filz, et aussi pour mettre entre ses mains le dit pays du Dauphiné. Et le dit Daulphin, saichant la venue du dit conte de Dampmartin, le quel jà par avant, comme cy devant est touché, il avoit congnoissance, tant du service qu'il féist au Roy à la Bastide de Dieppe, que en l'advitallement de Lommars, ensemble il avoit esté cause de conquester la basse Normandie, et où il fut appellé capitaine des escorcheurs, que aussi en la journée de Basle et au secours qu'il féist au dit Daulphin devant Nyort, là où il estoit assiégé et rendu à la voulenté de son père, n'eust esté le secours de la bande que lui mena le dit conte de Dampmartin. Le Daulphin entendit bien que icelluy conte n'estoit point pour soy excuser et reffuser icelle commission à luy baillée, commença à proferrer telles parolles du Roy son père et du dit conte de Dampmartin : Se Dieu ou fortune me eust donne la grace d'avoir la moytié d'autant de gensdarmes comme a le roy mon père, dont je demourray héritier, à l'aide de nostre dame ma bonne maistresse, son armée ne eust point prins la paine de me venir cherchier si avant comme elle fait, car je la feusse allé combattre dès Lyon. La cause pour quoy le Roy avoit prins icelle hayne contre le dit Daulphin son filz, estoit pource que aucuns disoient qu'il traictoit trop durement ses subjectz au Daulphiné. Et espécialement les évesques, prelatz et autres gens d'église, en prenant leurs biens contre leur gré, pour conduire et entretenir son estat pour ce que le Roy ne luy donnoit plus riens. Aucuns autres disoient que celle du père au filz venoit pour cause de la mort de la belle Agnès qui mourut par poyson. Et ainsi le dit Enguerran de Monstrelet ; et ne scay si justement il fut de cette matière accusé, touteffoys celluy Daulphin avoit plusieurs foys blasmé et murmuré contre son père pour la dicte belle Agnès, laquelle pour vray avoit esté la plus belle femme jeune qui feust en icelluy temps possible de veoir, laquelle estoit en la bonne grace du Roy tellement que plus ne povoit. Et après le trespas de la belle Agnès, la damoiselle de Villequier sa niepce occupa sa place, ja soit ce qu'elle feust indigne de ce vice. Et pour les grands travaulx que le Roy avoit faitz à reconquester la plus grant partie de son royaulme, il fut délibéré d'avoir des plus belles filles que l'on pourroit trouver, nonobstant que sa vertu estoit trop plus grant sans comparaison que son vice. Car c'estoit ung roy très illustre, très hardy et victorieux. Et ne luy suffit tant seulement d'avoir reconquis son royaulme de France, dont les Angloys estoient de la plus grant partie possesseurs, mais il les jetta belliculeusement hors de son royaulme, et si conquesta sur eulx les duchez de Guyenne et de Normandie à luy appartenans.

Et devez savoir que après ce que le dit conte de Dampmartin eust esté institué par le Roy son lieutenant général pour aller au dit Daulphiné, il s'en partit à tout bonne compaignie de gensdarmes pour prendre monseigneur le Daulphin et le amener au Roy, par amour ou par force, comment qu'il feust. Et couroit lors commune renommée que s'il y féust venu, le Roy luy eut fait une très maulvaise compaignie, et qu'il eut fait le roy de Charles son autre filz que on appelloit le petit seigneur, mais il ne fut point trouvé. Car quant il fut de ce adverty, il féist semblant ung soir, de vouloir aller chasser le lendemain, et recommanda que le disner feust tout prest au boys où la chasse se feroit, et y féist porter toute sa vaisselle d'argent. Laquelle chose venue à la congnoissance du conte de Dampmartin, il se mist en aguet et en ordonnance pour prendre le dit Daulphin à celle chasse. Mais le dit Daulphin qui se doubtoit de ce, le lendemain au matin que l'en cuydoit qu'il allast à la chasse, print six ou sept de ses plus familiers et montez sur bons chevaulx, davantaige se prindrent à cheminer devers Bourgongne ; et ne cessèrent de cheminer tant qu'ilz arrivèrent à saint Claude. Et leur fut bien besoing de cheminer ainsi roiddement, car s'ilz eussent tardé quelque pou, le conte de Dampmartin les eut rattaintz, qui les suyvoit à pointe d'esperon et à grant exploict. Quant doncques le Daulphin fut venu à saint Claude, il trouva tantost après monseigneur le prince d'Orenge à Nauzère, qui le recéut moult honnorablement. Et lors qu'il eut oy dire qu'il se doubtoit d'estre poursuivy et qu'il vouloit aller le plustost qu'il pourroit vers le duc de Bourgongne, manda hastivement le mareschal de Bourgongne qu'il vint hastivement acompaigné de gens de guerre et se partyrent sans tarder pour tirer en Braiban. Enguerrant de Monstrelet dit sur ceste matière telles paroles que à la vérité ceste cy fut une merveilleuse besongne. Car le prince d'Orenge et le maréchal de Bourgongne estoient les deux des hommes du monde que le Daulphin hayoit le plus. Et la cause pour quoy fut pour ce qu'ilz avoient défféré Anthoine de Chabannes conte de Dampmartin, luy estant en son service. Nonobstant, comme devant est dit, il trouva moyen de bien chauffer les pays du dit mareschal bossu et de gaigner dix mille ecus pour faire referer ses chevaulx. Mais nécessité qui n'a loy, ammena à celle fois le Daulphin à refuge à ses plus grans hayneurs et s'en ayda à son besoing. Car le mareschal de Bourgongne le conduyt si bien par les pays du duc de Bourgongne qu'ilz vindrent sauvement à Louvain, et de Louvain s'en allèrent à Brucelles. Et envoya incontinent vers le duc signifier la venue de monseigneur le Daulphin. Le quel bon duc, désirant le recevoir et festoyer comme filz ainsné de son souverain seigneur, se hasta le plus qu'il péust de l'aller recevoir. Si tost qu'il fut retourné à Brucelles, il y trouva le dict Daulphin et le recéut tant honorablement que plus ne povoit. Et luy assigna inconti-

tinent trois mil livres, pour chascun moys, pour maintenir
son estat; et luy pria qu'il esléut en son pays telle place
qu'il vouldroit et il luy feroit délivrer. Et le Daulphin demanda Genappe qui est ung chastel en Braibant, bien assis et en belle place, là où il se tint et demoura grant espace de temps, à quatre lieues près de Brucelles.

Comment après ce que Monseigneur le Daulphin eut laissé son pays du Daulphiné,
le roy escrivit unes lettres au conte de Dampmartin, dont la teneur s'ensuyt.

Nostre amé et féal, nous avons esté présentement advertis que le batard d'Armignac et Guarguesalle doyvent en
brief venir en ce pays du Daulphiné, auquel avons disposé
de donner provision pour le mettre et entretenir en bonne
seurté, ainsi que autreffois avoit esté conclud et délibéré, vous
estant par deça. Et par espécial avons donné pour pourveoir
bien et honnorablement à l'estat et entretennement de nostre
très chière et très amée fille la Daulphine laquelle tousjours aurons en espéciale recommandaction, comme notre
propre fille. Et pource, comme scavez, le dit bastard d'Armignac et Garguesalle sont des principaux qui ont séduit
et conseillé nostre filz le Daulphin à s'en estre allé hors du
dit pays et à tenir les termes qu'il tient et qui plus empesche sa réduction et le radressement de ceste matière.
Parlez de par nous à beau cousin de Savoye, et que faictes
envers luy tellement qu'il envoye incontinent et en toute
diligence, au pont de Saissal et autres passaiges de ses pays,
jusques vers les marches de Bourgongne, pour scavoir des
nouvelles de leur venue et y mettre si bonnes gardes que
s'ilz y passent l'on les preigne et amaine l'on par devers
nous. Laquelle chose se faire se peult, povez penser que
ce seroit grand bien et abreigement des matières touchant
la réduction de nostre dit filz. Nous en escrivons semblablement au mareschal de Savoye, affin qu'il y face diligence de sa part; et n'en avons point escript au dit beau
cousin. Pource que croyons que de brief il sera par deça.
Si faicte en cette matière toute la meilleure diligence que

pourrez, et en nos affaires vous employez comme bien y avous
la conflance. Donné à Vienne, le deuxiesme jour de novembre. Ainsi signé Charles et le Cointe. Et au dos des
dictes lectres estoient escript : A nostre amé et féal conseiller et chambellan le conte de Dampmartin, grand pennetier de France.

Comment le lendemain furent de rechief escriptes et envoyées de par le roy, ces
lectres au conte de Dampmartin.

Nostre amé et féal, nous avons receu les lectres que escriptes nous avez, par lesquelles avons scéu que en la façon
des dictes lettres, beau cousin de Savoye n'estoit point encores party pour venir par de ça, mais qu'il estoit tout délibéré de partir le jour de hyer qui fut le deuxiesme de ce
présent moys de novembre, par quoy désirez bien scavoir
qu'il nous plaira que faciez ou cas qu'il ne partira ce dit
jour. Vous scavez comme autreffois le dit beau cousin de
Savoye nous a fait scavoir que si nous approchions des marches de par de ça, il auroit bien grant désir de venir devers nous, à laquelle cause et aussi pource que à présent
sa venue nous sembloit estre bien convenable, mesmement
pour son bien, nous vous avons envoyé par devers luy pour
lui faire assavoir nostre approuchement es dictes marches
de par de çà. Et veu ce que luy et belle cousine de Savoye, et
vous nous avez par cy devant escript, avons toujours de
jour en jour attendu et espéré sa dicte venue, par quoy
avons esté bien content que demourissiez par delà jusques à présent, pour venir en sa compaignie. Toutes fois
pource que avons bien à besongner de vous pour l'expédi-
cion de noz affaires, nous voulons que si le dict beau cousin de Savoye n'est party, ou prest de partir, que inconti-
tinent vous en venez. Et touteffois n'oubliez pas de pour-
voyr à ce que dernièrement vous avons escript touchant le
bastard d'Armignac et Gargessalle, lesquelz, comme avons
esté advertis, doyvent en brief venir en ce pays du Daulphiné.
Au surplus nous sommes arrivés en ceste ville de Vienne ;

Et combien que François de Tiersant et Cadoral soyent venus par de ça, et de par nostre filz le Daulphin, ayent fait
deffense à plusieurs villes et places qu'on nous obéyst, pour
ce que en brief leur envoyroit secours, ce néantmoins les
officiers, prélatz et gens de leurs villes du pays de Daulphiné, sont venuz en ceste ville par devers nous tous très
joyeux de nostre venue, et de ce que avons délibéré de donner provision et mettre en bonne seureté, ordre de justice
et police le fait du dit pays qui en avoit bien mestier. Et
jà avons pourveu à la pluspart de toutes les places et quelque soit des principalles. Et au regard des autres places
esquelles il y a aucuns estrangiers et des gens du bastard
d'Armignac et du seigneur de Montauban, nous avons
esté content qu'elle demourassent entre les mains du gouverneur et de ceulx du dit pays, pourveu que les ditz estrangiers et gens du dit bastard d'Armignac et de Montauban
s'en allassent et que tout soit mys en si bonne seureté que
inconvénient n'en puisse advenir. De laquelle chose faire
ceulx du dit pays ont esté contens et aussi de nous asseurer
que se on vouloit mettre et envoyer aucunes gens estrangiers
au dit pays ou autres à puissance, l'on ne les y recevera point.
Et affin de radresser les choses au mieulx, ainsi que l'avons
désiré tousjours et désirons, nous avons esté contens que
ceulx des ditz pays envoyent par devers nostre dit filz luy
remonstrer son cas, la doulceur que luy avons tenue, et es-.
sayer à le réduyre, les choses dessus dictes touttefois préalablement faictes et le tout mys en bonne séureté, en quoy
esperons avoir pourveu et pourveoir par manière que de ce
aucun inconvénient n'en adviendra et que ce sera au bien
de la chose publicque et de toutes les parties à qui il touche. Si vous avons bien voulu escrire ces choses, affin de
vous advertir des demaines des matières et de ce qui est
advenu depuis que derrenierement vous escrivimes. Et
quant à présent ne vous escrivons plus amplement fors que
tousjours en noz affaires vous employez, comme bien y avons
la confiance.

Donné à Vienne le troisiesme jour de novembre. Ainsi
signé, Charles et le Cointe. Et au dos des dictes lettres es-

toient escript : A nostre amé et féal conseiller et chambellan le conte de Dampmartin, grant pennetier de France.

Nostre amé et féal, quant vous nous avez fait demander
congé pour aller en voz affaires, en Bourbonnois, vous ne
nous avez point fait dire en quel temps seriez retourné devers nous. Et pour ce que nostre intencion est de faire venir ici vers la fin du moys de janvier, de noz genz d'armes
de Normandie, et semblablement du pays de Guyenne,
pour donner ordre au fait de noz gens d'armes et de besongner en noz autres affaires, ausquelles choses faire voulons bien que soyez. Nous vous mandons ces choses affin
que facez dilligence de faire vos besongnes si dilligemment
que puissez estre au temps dessusdit devers nous ou
plustost, se avez achevé voz besongnes. Donné aux Moultis
lez Tours, le xxiiij jour de décembre. Ainsi signé Charles
et Goreau. Et au dos desdictes lettres estoit escrit : A nostre
amé et féal conseiller et chambellan le conte de Dampmartin, grant pennetier de France, séneschal de Carcas-
sonne et bailly de Troye.

En celle dicte année, se esméut ung débat entre monseigneur du Mayne et le dit conte de Dampmartin, du quel
le dit seigneur du Maine dist qu'on scavoit bien dont estoit venu le dit comte de Dampmartin et qu'il estoit un
seigneur de par sa femme. Icelluy conte estant adverty di-
celles parolles, dist au Roi : Sire, en toutes les choses où
il vous a pleu me employer, tant aux affaires de vostre
guerre que en voz plaisirs, je n'y ay riens refusé. Toutesfois monseigneur du Maine qui est ici en vostre présence,
publie qu'il scet bien dont je suis venu. Sire, j'entens bien
que au regard des biens et des maisons il n'y a nulle com-

paraison. Mais quant il vous plaira vous enquérir quel il est et quel je suis, vous y trouverés grant différence. Et le Roy luy respondit sur ce propos : Conte de Dampmartin, tant que je seray roy de France, voz ennemis ne vous scauroient faire autre ennuy sinon que de vous faire la moue. De quoy le dessusdit conte très humblement remercia le Roy en luy disant : Sire, il n'est nul vivant, moy estant en vostre service, qui me sçéut garder de faire ce qu'il vous plaira me commander.

Comment le duc de Bourgogne envoya ambassadeurs devers le roy, touchant la réception du Daulphin.

L'an mil quatre cens cinquante six, après que monseigneur le Daulphin eut esté par certaine espace de temps avec monseigneur le duc de Bourgogne, sans le congé du roy, et que le dit Daulphin lui eut envoyé certaines requestes desquelles il ne obtint riens du roy, icelluy duc de Bourgongne envoya ses ambassadeurs vers le roy porter ses lectres touchant la partie du dit monseigneur le Daulphin, lesquelles estoient reduictes en quatre pointz, lesquelz furent depuis baillés pour meilleur mémoire, en la manière qui s'ensuit :

Le premier est de la remonstrance que monseigneur le duc Philippe de Bourgongne fist au roy qu'il ne devoit point estre mal content de la réception qu'il avoit faicte de monseigneur le Daulphin en ses pays et seigneuries. Car il a esté méu à ce faire pour l'honneur du roy, duquel il est ainsné filz; et qu'il estoit venu par devers luy de loingtain pays et que sans charge de son honneur envers toutes nations chrestiennes il ne l'eust péu refuser en ses pays et luy faire honneur et service tel qu'il luy appartient.

Le second est comme le dit duc de Bourgongne, quant il a été arrivé à Brucelles devers monseigneur le Daulphin, en parlant ensemble, il le trouva fort espoventé et luy dit comment il avoit envoyé devers le roy et luy avoit fait plusieurs offres et requestes ; et que le roy avoit bien accepté les offres, mais au regard des requestes, il ne luy en avoit riens accordé ne appointé.

Le tiers article est comment monseigneur le Daulphin luy avoit dit la voulenté qu'il avoit de soy employer contre le Turc. Et quant il plairoit au Roy luy donner charge de ce faire et bailler gens pour le acompaigner, ainsi que à aisné filz de France appartient, le dit·duc se offre de soy mettre soubz luy et de le acompaigner et servir au dit voyage.

Le quart article qu'il plaise au roy recevoir mondit seigneur le Daulphin en sa bonne grace et le reduyre et attraire à luy, et à ce se offre le dit duc, si c'est le plaisir du roy. En en tant que touche le pays du Daulphiné, se tenir à tant sans plus avant procéder. Sur lesquelz quatre pointz a esté par le roy et en son conseil respondu en la manière qui s'ensuyt.

S'ensuyt la response qui fut faicte de par le roy et son conseil aux points et article que le duc Philippe de Bourgongne lui avoit envoyées.

Quant à la réception de monseigneur le Daulphin, le roy a bien congnoissance que en luy est bien déu estre fait honneur et bon recueil par le dit duc de Bourgongne et autres princes de ce royaulme, quant il scauroit que mondit seigneur le Daulphin se maintiendroit envers le Roy son père comme bon et obéissant filz est tenu de faire ; et autrement non, car l'honneur qui lui est déu despend du roy.

Quant à ce que le dit duc de Bourgongne a trouvé mondit seigneur le Daulphin fort espoventé, désirant de tout son cœur estre et demourer en la bonne grace du roy, et qu'il luy ottroye ses humbles requestes, ce que le roy ne luy voulut jamais accorder, le roy est fort esmerveillé du dit espoventement et ne scet congnoistre cause pour quoy, car il a toujours été enclin à le recevoir en sa bonne grace ; et en l'année passée que monseigneur le Daulphin a envoyé devers le Roy plusieurs foys, et encores derrenierement Gabriel Vernes et le prieur des celestins d'Avignon envoyez de par nostre saint père le pape, et plusieurs autres du sang, et grant nombre, dist qu'il estoit content et qu'il vouloit que mon dit seigneur le Daulphin vint par devers luy et le recevroit comme bon seigneur doit recevoir son bon et obéyssant filz, luy oublier et pardonner toutes les choses passées quelconques. Et pour ce que le dessusdit Gabriel de Vernes et le prieur des Célestins d'Avignon envoyez de par nostre saint Père le Pape, ainsi comme dessus a esté dit, disoient que monseigneur le Daulphin avoit grans craintes, le roy respont qu'on luy a fait respondre que quant il luy feroit scavoir ce dont icelles craintes luy viennent, il luy en fera telle et si bonne response qu'il seroit bien content et n'auroit cause de riens doubter. Ainsi n'a pas tenu au roy, ne ne tient que mon dit seigneur le Daulphin ne soit en sa bonne grace et hors de ses doubtes et craintes. Mais au regard des requestes qu'il luy fist faire, c'est assavoir de non venir vers luy et des serviteurs qui toujours ont esté de la part de mon dit seigneur mises et couchées comme condicionnelles, en faisant les offres par luy, jamais le Roy n'eust été méu ne conseillé de les luy accorder. Car ce eust esté directement allé contre le désir de tous ceulx du royaulme, mesmmement contre le conseil de mon dit seigneur de Bourgongne, et d'autres seigneurs du sang et notables hommes de ce royaulme, qui tous luy ont conseillé et requis de réduyre mondit seigneur le Daulphin et soy servir de luy; avecques ce le pourvoir de serviteurs et conseillers prudens, et notables hommes qui ayent regard à son honneur et bien, et le duyre à soy employer au service et bien du roy et de son royaulme, ainsi qu'il est tenu de faire par raison. Et quant le roy luy eut accordé les dictes requestes, les seigneurs de son sang et générallement tous ceulx de son royaulme, eussent eu grant cause de penser que la longue absence de mon dit seigneur eust esté de par le roy et son conseil, ce qui n'est pas. Car quant mon dit seigneur se partit de luy, il n'eut congé de demourer que quatre moys et il luy a demouré plus de dix ans, au grant regret et desplaisir du roy qui eut esté moult joyeux que durant le temps de son absence, il se fust trouvé es victorieuses besongnes qui se sont faictes en la recouvrance du royaulme ; car la gloire du père est quant le filz fait oeuvres vallables.

Et quant à ses serviteurs, le roy eust bien désiré au temps passé, et encores désire que mon dit seigneur se servit de gens de bien et notables personnes qui tousjours le conseillassent et induysissent à toutes choses qui fussent pour son bien et honneur. Et en lui laissant entour luy gens qui autrement le féissent, ce ne seroit pas pour adresser ceste matierre ainsy que le roy désire. Et quant pour le bien et honneur de mon dit seigneur il fut expédient et nécessaire.

Le tiers touchant la voulenté que mon dit seigneur le Daulphin dit avoir de soy employer au voyage de Turquie, quant le roy a véu les lectres que nostre dit seigneur a escriptes de saint Claude, faisant mencion du dit voyage, il a esté moult esmerveillé qui a méu mon dit seigneur si soubdainement de prendre ceste nouvelle ymaginacion, de la quelle il n'avoit riens par avant fait assavoir au roy. Et semble bien que ce soit une nouvelle couleur pour tousjours eslonger à soy reduyre et venir et approuchier vers le roy son père, pour le servir ainsi comme il doit.

Et quant il eust eu le désir de faire le dit voyage, il déust préalablement avoir mis paine de soy réduyre au roy et luy obéyr, ainsi que de raison et selon Dieu, le doit désirer le faire. Et après luy eust péu dire et remonstrer l'affection du dit voyage, pour scavoir sur ce le bon plaisir du roy, sans l'auctorité et consentement du quel ne peut ne ne doit faire faire telles entreprinses. Et mesmement en si grande matières, attendu que les Anglois anciens ennemys de ce royaulme, chacun jour s'efforcent et mettent leurs ententes plus que jamais à invader les pays, seigneuries et subgetz, du roy ; et que puis aucun temps, par exquisition de grans et subtilz moyens ont pourchassé de y avoir entrée et fais de grans entreprinse, lesquelles se elles eussent sorty à effect, se feussent ensuivis de si grans maulx et périlleux inconvéniens en ce royaulme, qu'il y eut longtemps a. Consideré aussi que les ditz Anglois ont faict response au légat de notre saint père le pape qu'il a envoyé par devers eulx, qu'ilz ne veulent entendre à nulle paix, mais sont en con-

tinuelle voulenté de guerroyer contre le roy et son royaulme. Il appert bien que mon dit seigneur n'a pas grandement pensé à l'estat et séureté de ce dit royaulme, car ce
seroit pour mettre icelluy royaulme en trop grant péril
que de en vuyder la chevalerie et noblesse; et demourroit en
guerre avec ses anciens ennemys qui continuellement mettent leur entente par divers et subtilz moyens d'avoir entrée comme dit est. A quoy le roy a bien pourvéu jusques
icy et a intencion d'y toujours pourveoir à l'ayde de Dieu.
Et quant le roy par paix, tresves, ou autrement, eut véu et
verroit séureté en son dit royaulme, ainsi qu'il a fait dire et
montrer à nostre saint père le pape, qu'il n'y a roy, ne prince
crestien qui plus avant se voulsist employer au secours de
la chrestienté qu'il eust fait et encores feroit.

Le quart qu'il pléust au roy retenir mon dit seigneur en
sa bonne grace, et touchant la paix du Daulphiné se tenir à
tant sans plus avant procéder Le roy son père a esté tousjours prest et encore est de recevoir bénignement mon dit
seigneur le Daulphin, quant de sa part, il se mettra en son
devoir, ainsi que le roy a tousjours dit et fait dire aux gens de
mon dit seigneur le Daulphin, quant ilz sont venus devers
luy. Et au regard du pays du Daulphiné, quant le roy a véu la
manière comme mon dit seigneur a esté conseillé à soy de
partir et absenter ainsi soubdainement du dit pays, nonobstant les doulces et gracieuses responses que luy avoit
faictes le roy nostre sire, pour subvenir et obvier aux in-
convénients que à l'enhortement de ceulx qui ainsi ont
conseillé mon dit seigneur le Daulphin eussent peu venir.
Lesquelz puis qu'ilz ont ainsi advanturé sa personne par
voyes dangereuses, ainsi que les ditz ambassadeurs et proposé estoit à doubter que par le moyen du dit pays et des
places forteresses d'icelluy, ilz eussent pu faire ou entreprendre des choses au desplaisir du roy et grant préjudice
du dit seigneur. Le roy a esté conseillé de soy transporter
au dit pays pour y donner provision et mettre en séureté
et manière que inconvénient aucun n'en puisse advenir.
En quoi touteffois il a tellement procédé que tous ceulx du

dit pays, quant ilz ont apperceu le bon vouloir du roy en ceste matière, ont esté très joyeux et consolez. Et est le roy content qu'ilz envoyent devers mon dit seigneur le Daulphin pour luy remonstrer la doulceur que le roy a tenue et essayé à leur duyre. Et a bien le roy espérance que oyez les remonstrances de ceulx du dit pays, et par le bon conseil et enhortement de mon dit seigneur de Bourgongne, mon dit seigneur se réduyra et fera son devoir devers luy ainsy qu'il doit. Et en le faisant le roy oublira toutes ses desplaisances du temps passé et le recevera en sa bonne grace, et le recevra bénignement comme bon seigneur et père doit son bon et obéyssant filz recevoir.

Comment Monseigneur le Daulphin escrivit unes lettres à une damoyselle qui estoit moult privée du roy son père, et la teneur d'icelles.

L'an mil quatre cens soixante et ung, Monseigneur le Daulphin qui portoit au comte de Dampmartin une merveilleuse hayne, et pour tascher à effacer l'auctorité que avoit le dit comte envers le roy Charles, qui estoit grande, il se advisa d'escrire unes lettres à une dame qui avoit gros crédit entour la personne du roy Charles, dont je ne veulx nommer le nom. Laquelle dame aymoit le Daulphin et tenoit son party occultement, et luy faisoit scavoir des nouvelles de court; et estoit la forme des lettres telle qui s'ensuyt.

Ma damoyselle, j'ay véu les lettres que m'avez escriptes; Et vous mercie de l'advertissement que m'avez fait par voz dictes lettres; et soyez seure que à l'ayde de Dieu et de nostre Dame que une fois je le vous rendray. J'ay eu semblablement des lettres du comte de Dampmartin que je faingtz de hayr, qui sont semblables aux vostres. Je vous prie, dictes luy qu'il me serve tousjours bien, en la forme et manière qu'il m'a tousjours escript par cy devant. Je penseray sur les matières de quoy il m'a escript et bientost il scaura de mes nouvelles. Ma damoyselle, gectez ces lettres au feu et me faictes scavoir s'il vous semble que je

doyve guères demourer en l'estat où je suis. Escript à Genappe le trentiesme jour d'août. Ainsi signé le vostre Loys.
Lesquelles lettres estoient escriptes de la main du dit Daulphin et non signées d'aucun secrettaire.

*Comment les dictes lettres de Monseigneur le Daulphin furent montrées au roy son
père.*

Vous devez scavoir que les lectres ne tombèrent point
entre les mains de la dicte damoyselle, mais furent par ung
cordelier qui les portoit, baillées à ung varlet de chambre
du roy Charles, à cause que le dit cordelier ne pouvoit
parler à la dicte damoyselle ; est promist le dit varlet les
bailler à icelle damoiselle. Mais il les bailla, comme j'ay
ouy dire, à monseigneur du Maine, lequel les monstra au
roy qui fut bien esbahy de les voir, et ne scavoit que penser ; nonobstant il dist au dit comte du Maine qu'il ne pourroit penser que icelluy comte de Dampmartin luy voulsist
faire quelque lasche tour. Mais icelluy monseigneur du
Maine persuada si fort le roy, pour la hayne qu'il portoit
au comte de Dampmartin, que le roy Charles l'envoya à
Saint-Fargeau qu'il avoit achapté nouvellement par décret,
la somme de vingt mille escus, comme dessus est dit. Et par
ce moyen fut donné le bont au dit comte de Dampmartin,
à fausses enseignes, car jamais par luy ne furent escriptes
aucunes lettres au dit Daulphin.

*Comment le roy sceut par aucuns des secrettaires du Daulphin que le comte de
Dampmartin n'avoit point escript nulles lettres au Daulphin.*

En icelluy tems, environ le mois de juillet, fut semé certain langage par certaines gens plains de zizanie ; et disoit
on que on vouloit empoisonner le roy estant à Meung sur
Yeure. De la quelle chose après ce qu'il fut informé fischa
tellement le dit empoisonnement en son cœur que oncques
puis n'eut joye ne santé. Mais pour ce qu'il en avoit esté
adverty par ung cappitaine qui bien l'aymoit, y adjousta
plaine foy, et se desconforta tellement qu'il en laissa le boire

et le manger, bien l'espace de sept jours ou environ, qu'il ne se osoit fier à nul de ses gens, ne prendre aucune refection. Or devez scavoir que le roy avoit des gens autour de la personne de monseigneur le Daulphin, mesmement de ses secrettaires, qui lui faisoient scavoir des nouvelles du Daulphin et lui en escrivoient. Si envoya le roy Charles ung cordelier exprès devers les secrettaires du dit Daulphin, pour scavoir si le comte de Dampmartin lui avoit escript unes lettres, à qui fut trouvé que non; et apporta le dit cordelier lettres d'iceulx secrettaires par lesquelles ils escrivoient que jamais il n'en avoit escript et n'en avoient ouy parler; et scavoient véritablement que monseigneur le Daulphin le hayoit à mort. Le roy, sachant le conte de Dampmartin estre pur et innocent de ce qu'on luy mettoit sus, de tenir le party du dit Daulphin, l'envoya quérir en son chasteau de Saint-Fargeau. Et arriva le dit comte de Dampmartin à Meung sur Yevre, ung jour devant sa mort qui fut le lendemain veille de la Magdaleine. Et dès ce qu'il fut devant le roy, lui commença à demander : « Sire, comme se porte vostre sante? » Et le roy lui respondit : « Très piteusement, conte de Dampmartin. » Et le dit conte commença à dire : « Sire, je vous prie que vous mangez, et n'ayez deffiance de nulluy; car je croy qu'il n'y a homme en vostre maison qui ne voulsist mourir pour vous. Et se vous avez quelque ung de qui vous ayez deffiance, faictes le prendre et faictes faire son procès tout au long; et s'il est trouvé qu'il est rien mesprins contre votre personne, faictes le tirer à quatre chevaulx. » Et le roy respondit : « Je remets la vengeance de ma mort à Dieu. » Et sur ce point, le dit comte supplia de rechief le roy qu'il voulsist manger et le roy luy dist : « Je le veulx bien, mais je veulx que vous me allez quérir ung coulix et que le voyez faire. » Si fut le dit coulix apporté par le dit comte de Dampmartin au roy, auquel il dit : « Sire, s'il vous plaist, vous gousterés de cecy, car je prens sur ma vie qu'il n'y a chose qui ne soit bonne. » Et le roy lui dist : « Comte de Dampmartin, je ne me deffie point de vous. » Et sur ce point le roy ayant une

cuillier d'argent pour cuider prendre du dit coulix, n'en
péut avaller pour ce que ses conduyts estoient tous re-
traitz. Et commença le roy à dire : « Haa! comte de Dampmartin, vous perdrés en moy la plus belle rose de vostre
chappeau, car après ma mort, vous aurés bien affaire. Je
vous prie que de ce que vous pourrez que vous serviez
le petit seigneur mon fils. » Le roy entendoit le duc Charles
qui depuis fut duc de Guyenne. Les assistens qui estoient
en la chambre du roy après avoir ouy ces parolles, leur
sembla qu'ilz ne veoient plus le roy, mais seulement son
sercueil. Et depuis le roy demanda ung prestre et se confessa et ordonna, comme bon catholique doit faire, et recéut bien et devotement tous ses sacremens et fist ses
derrenières ordonnances telles qu'il s'ensuyvent. Et premièrement ordonna à ses exécuteurs qu'il vouloit estre
en sépulture, en l'église monseigneur saint Denis en France,
en la chappelle où son père et son grant père sont enterrés.
Et ainsi fina ses derreniers jours qui fut le propre jour
de la Magdaleine au dit an mil quatre cens soixante et
ung.

LIVRES EN FRANÇOIS

ESCRIPTZ A LA MAIN, A TORS, DEVANT L'OSTEL DE MONSEIGNEUR DE DUNOIS.

(Extrait du Ms. de la Bibl. roy., N° Beth. 8452.)

PREMIÈREMENT.
Les quatre volumes Froissart.
Titus Livius, en trois volumes.
Tristan, en trois volumes.
Lancelot du Lac, en trois vol.
Josephus.
L'Abréviateur des histoires.
Les Passages d'outre-mer.
Le second volume de la Toison d'or.
Orose. — Lucain.
Boccace, des hommes.
Boccace, des femmes.
Le Mignon.
Le Songe du vergier.
Les *Cent Nouvelles*.
Merlin.
Les Prophéties Merlin.
Le Recueil des histoires de Troyes.
Hercules.
Le petit Artus, en deux vol.
Josephes, du saint Graal.
La queste du sainct Graal.
Sidrach.
Le Rusticain.
Le Missel en françois.
Métamorphose.
Beufves d'Anthonne
Regnault de Montauban.
Maugis.
Cleriadus et Meliadus
Augres de Romme:
Le Jouvencel.

Quinte Curce.
Les Trois filz de roy.
Bertran du Glaiquin.
Le petis Tristan.
Les Stratagemes Frontin.
Ferrans de Portugal.
Arcita et Palamon et la belle Emylia.
Marc Poul.
Troylus.
Huon de Bourdeaulx.
Chroniques des Belges.
Larguemys d'amors.
Le Chevalier aus dames.
L'Estrif de fortune.
Les cens Balades.
Matheolus.
Balaam et Josaphat.
L'Ymaginacion du chevalier.
Le Chevalier au cisne.
Bouche medisant et Femme defendant.
Le Débas du lyon et du goupil.
Ovide, d'aimer
Vegece, de chevalerie
Le Doctrinal de la court.
Le romans de la Roze.
Le Rosier des guerres.
Le chasteau périlleux.
Le Régime de santé.
Les Arrestz d'amours.
La Somme le roy.
Phebus.

Chroniques de France abrégées.

Le Livre de Mandicité spiri-
rituelle.

Le Mirouer des simples ames
anéanties.

La Destruction de Troyes.

Alixandres.

Ponthus.

L'Arbre des batailles.

Le Jeu des échecs.

Guérin de Montgleve.

Berthe au grant pié.

Paris et Vienne

Mélusine.

Les Merveilles du monde.

Le *petit Saintré*.

Chroniques du roi Charles VII.

Olivier de Castille.

Galian le Restoré.

Le Corps de Policie.

Florians de Secille.

L'Espérance maistre Alain.

L'Orateur de France.

Le duc Florimons.

La Conqueste de doulce mercy.

Modus et Racio.

Bruthus.

Les Cronicques de Normandie.

Le Mirouer historial.

Le Trésor de nature.

Florant le filz Octevien.

Le Séjour de honneur.

Blanchandin et l'orgueilleuse
d'amours.

Gautier de saint Germain.

Pierre de Provence.

Sainpetro.

Le roy Apolin.

Le roy Richart d'Angleterre.

L'Epistre Othea.

Theseus de Coulongne.

La Vengence de Jerusalem.

Le Testament maistre Jehan de
Meung.

La Montaigne de contemplation.

L'Apocalice saint Jehan.

Le Trésor de sapience.

Le Doctrinal de sapience.

Le Pelerin.

La Vie sainct Anthoine.

La Figure des Philosophes.

La Vie notre Seigneur.

L'Esguillon d'amour divine.

L'Esguillon d'amour et de crainte.

Boece de consolation.

Les Expositions des Evangiles

Tulles des offices.

Tulles de viellesse.

Tulles d'amitié.

La Vie des Saincts.

Le Gouvernement des princes.

Le Cordial des quatre choses
dernières.

Bonne vie.

Le Chevalier aux dames.

La Cité des dames.

Le Mirouer aux dames.

Le Chevalier de la Tour aux
enseignemens des filles.

Les trois Vertuz aux enseignemens des dames.

Le Nouvelet.

Bon Advis.

Bonnes Meurs.

Coustumes et stille de Touraine.

Le Livre des Anges.

Exemples de la vie des Pères.

Le Doctrinal de la foy.

Ung Traictié de consolacion.

Le Réductoire de l'ame.

Estrille Fauveau.

Le Chevalier délibéré.

L'Ordre de chevalerie.

L'Ordre sainct Michel.

Le Triomphe des dames.

Le Temple de Bocace.

Le Viandier.

Le Livre de Faulconnerie.

L'Adresse de pouvreté et de richesse.

Le Passetemps d'oisiveté.

Les *quinze Joyes de mariage*

Le Pas du chevalier à l'arbre d'or.

Lettres de deffiance.

Les quatre Dames.

La Fleur des vertuz mondaines.

Le Trésor jarson.

Le Confessionnal jarson.

Les Lamentacions saint Bernard.

Les Méditacions saint Bernard.

Les Méditacions et Contemplacions saint Augustin.

L'ordonnance du char sainct Helye le prophete.

Le Traictié de la misère de l'homme.

Maistre Hugues de saint Victor.

Le Mirouer d'or de l'ame pécheresse.

Le Lucidaire.

Saincte Kateirne de Sene.

Saincte Elisabeth.

Saincte Barbe.

Le Mirouer des pécheurs.

Les Lamentacions Nostre Dame.

Les Heures Nostre Dame en françois.

Sainct Pierre de Luxembourg.

Vigiles de mors.

Le Chapelet de virginité.

Le dimenche des Rameaulx.

Le Jardin de l'ame.

Le Sourdit d'amoureuse voye.

La Confession frère Olivier Maillart.

Le Dialogue Caron.

L'Oultre d'amour.

L'Amant rendu cordelier.

La Servante d'amours.

Le Gris et le Noir.

Les Epitaphes d'Ector et de Achilles.

Les Epitaphes du feu roy de Cecille, et plusieurs autres en grand nombre

Item, des Heures à l'usage de Rome et plusieurs autres heures de tous usages.

A MON TRÈS REDOUBTÉ SEIGNEUR

MONSEIGNEUR

LE DUC DE BOURGOINGNE ET DE BREBANT.

Comme ainsi soit que entre les bons et proffitables passetemps, le très gracieux exercice de lecture et d'estude soit de grande et sumptueuse recommandacion, duquel, sans flatterie, mon très doubté Seigneur, vous estes haultement et largement doué, Je, vostre très obéissant serviteur, désirant complaire, comme je doy, à toutes voz haultes et très nobles intencions en façon à moy possible, ose ce présent petit euvre à vostre commandement et advertissement mis en terme et sur piez, vous présenter et offrir ; suppliant très humblement que agréablement soit reçéu, qui en soy contient et traicte cent hystoires assez semblables en matière, sans attaindre le subtil et très orné langaige du livre de Cent Nouvelles. Et se peut intituler le Livre de Cent Nouvelles nouvelles. Et pour ce que les cas descripz et racomptez ou dit livre de Cent Nouvelles, advindrent la plupart és marches et mettes des Ytalies, jà long temps a; et néantmoins toutesfois, portans et retenans toujours noms de Nouvelles, se peut très bien et par raison fondée, convenablement en assez apparente vérité, ce présent livre intituler de Cent Nouvelles nouvelles; jà soit ce qu'elles soyent advenues és parties de France, d'Alémaigne, d'Angleterre, de Haynault, de Flandres, de Brebant, etc.; aussy pource que l'estoffe, taille et façon d'icelles est d'assez fresche mémoire et de myne beaucoup nouvelle.

Et notez que par toutes les nouvelles où il est dit par Monseigneur, il est entendu par Monseigneur le Daulphin lequel depuis a succédé à la couronne, et est le roy Loys unsieme, car il estoit lors és pays du duc de Bourgoingne.

SENSUIT

LA TÁBLE DE CE PRÉSENT LIVRE

DES

CENT NOUVELLES NOUVELLES

lequel en soy contient

CENT CHAPITRES OU HYSTOIRES.

OU POUR MIEUX DIRE

NOUVEAUX COMPTES A PLAISANCE

―――――

LA MÉDAILLE A REVERS.

La première nouvelle traicte d'ung qui trouva façon de jouir de la femme de son voisin, lequel il avoit envoyé dehors pour plus aiseément en joüir; et lui retourné de son voyaige, le trouva qui se baiguoit avec sa femme. Et non saichant que ce fust elle la voulut véoir; et permis luy fut de seulement en véoir le derrière : et alors jugea que ce lui sembla sa femme, mais croire ne l'osa. Et sur ce, se partit et vint trouver sa femme à son hostel qu'on avoit boutée hors par une poterne de derrière; et lui compta l'imaginacion qu'il avoit eue sur elle dont il se repentoit.

TABLE.

LE CORDELIER MÉDECIN.

La seconde nouvelle traicte d'une jeune fille qui avoit le mal de broches, laquelle creva à ung cordelier qui la vouloit médiciner, ung seul bon oeil qu'il avoit; et aussy du procés qui s'ensuyvit puis aprés.

LA PÊCHE DE L'ANNEAU.

La troisiesme nouvelle de la tromperie que fist ung chevalier à la femme de son musnier, à laquelle bailloit à entendre que son c.. lui chérroit s'il n'estoit recoignié; et ainsi par plusieurs fois le luy recoingna. Et le musnier de ce adverty, pescha puis aprés dedens le corps de la femme du dit chevalier ung dyamant qu'elle avoit perdu en soy baignant; et pescha si bien et si avant qu'il le trouva comme bien scéut depuis le dit chevalier, le quel appela le musnier pescheur de dyamans, et le musnier lui respondit en l'appelant recoingneur de c...

LE COCU ARMÉ.

La quatriesme nouvelle d'ung archier Escossois qui fut amoureux d'une belle et gente damoiselle, femme d'ung eschoppier, laquelle par le commandement de son mary, assigna jour au dit Escossois; et de fait garny de sa grande espée, y comparut et

besoingna tant qu'il voulut, présent le dit escop-
pier qui de peur c'estoit caiché en la ruelle de son
lit, et tout povoit véoir et ouyr plainement; et la
complainte que fist aprés la femme à son mari.

LE DUEL D'AIGUILLETTE.

La cinquiesme nouvelle racompte de deux jugemens de Monseigneur Thalebot, c'est assavoir d'ung
François qui fut prins par ung Anglois soubz son
sauf-conduit, disant que esguillettes estoient habillemens de guerre; et ainsi le fist armer de ses esguillettes sans autre chose, encontre le François, le quel
d'une espée le frappoit, présent Thalebot; et l'autre
qui l'Eglise avoit robée, auquel il fist jurer de jamais plus en l'Eglise entrer.

L'IVROGNE AU PARADIS.

La sisiesme nouvelle d'ung yvroingne qui par force
au prieur des Augustins de Lahaye en Hollande, se
voulut confesser; et aprés sa confession, disant qu'il
estoit en bon estat, voulut mourir. Et cuida avoir
la teste trenchée et estre mort, et par ses compaignons fut emporté, lesquelz disoient qu'il le portoient en terre.

LE CHARRETON A L'ARRIÉREGARDE.

La septiesme nouvelle d'ung orfevre de Paris qui fist couchier un charreton, lequel lui avoit amené du charbon, avec lui et sa femme ; et comment le dit charreton par derrière se jouoit avecques elle, dont l'orfevre s'appercéut et trouva ce qui estoit ; et des paroles qu'il dist au charreton.

GARCE POUR GARCE.

La huictiesme nouvelle parle d'ung compaignon picart demourant à Brucelles, lequel engroissa la fille de son maistre ; et à ceste cause print congié de haulte heure et vint en Picardie soy marier. Et tost aprés son partement, la mère de la fille s'appercéut de l'encoleure de sa dicte fille, laquelle, à quelque meschief que ce fut, confessa à sa mère le cas tel qu'il estoit ; et sa mère la renvoya devers le dit compaignon pour lui deffaire ce qu'il lui avoit fait. Et du reffuz que la nouvelle mariée fist au dit compaignon et du compte qu'elle luy compta, à l'occasion duquel d'elle se départit incontinent et retourna à sa première amoureuse laquelle il espousa.

LE MARI MAQUEREAU DE SA FEMME.

La nefviesme nouvelle racompte et parle d'ung

chevalier de Bourgoigne, lequel estoit tant amoureux d'une des chamberières de sa femme que c'estoit merveille ; et cuidant couchier avec la dicte chamberière, coucha avec sa femme, la quelle s'estoit
couchée ou lit de sa dicte chamberière. Et aussi comment il fist ung autre chevalier son voisin par son
ordonnance, couchier avec sa dicte femme, cuidant
véritablement que ce fut la chamberière, de laquelle
chose il fut depuis bien mal content, jà soit que la
dame n'en sceust oncques riens, et ne cuidoit avoir
éu que son mary, comme je croy.

LES PASTÉS D'ANGUILLE.

La dixième nouvelle d'ung chevalier d'Angleterre,
lequel depuis qu'il fut marié, voulut que son mignon, comme par avant son mariaige faisoit, de belles
filles lui fist finance ; laquelle chose il ne voulut
faire, car il pensoit qu'il lui suffisoit bien d'avoir une
femme ; mais le dit chevalier à son premier train le
ramena par le faire tousjours servir de pastez d'anguilles, au disner et au soupper.

L'ENCENS AU DIABLE.

La onziesme nouvelle d'ung paillart jaloux qui
aprés plusieurs offrandes faictes à plusieurs saintz,
pour le remède de sa maladie de jalousie, leque
offrit une chandelle au deable qu'on paint commu-

nément dessoubz saint Michiel ; et du songe qu'il songea , et de ce qu'il lui advint à son reveillier.

LE VEAU.

La dousiesme nouvelle parle d'ung Hollandois qui nuyt et jour, à toute heure, ne cessoit d'assaillir sa femme au jeu d'amours ; et comment d'aventure il la rua par terre, en passant par ung bois, soubz un grant arbre sur lequel estoit ung laboureur qui avoit perdu son veau. Et en faisant inventoire des beaux membres de sa femme, dist qu'il véoit tant de belles choses et quasi tout le monde ; à qui le laboureur demanda s'il véoit point son veau qu'il cherchoit, quel il disoit qu'il lui sembloit en veoir la queuë.

LE CLERC CHATRÉ.

La tresiesme nouvelle comment le clerc d'ung procureur d'Angleterre decéut son maistre pour luy faire accroire qu'il n'avoit nulz coillons et à ceste cause il eut le gouvernement de sa maistresse aux champs et à la ville, et se donnèrent bon temps.

LE FAISEUR DE PAPES OU L'HOMME DE DIEU.

La quatorsiesme nouvelle de l'ermite qui decéut la fille d'une povre femme, et lui faisoit accroire

que sa fille auroit ung filz de luy qui seroit pape ;
et adonc quant vint à l'enfanter, ce fut une fille ; et
ainsi fut l'embusche du faulx hermite descouverte
qui à ceste cause s'enfouit du païs.

LA NONNE SAVANTE.

La quinsiesme nouvelle d'une nonnain que ung
moyne cuidoit tromper, lequel en sa compaignie
amena son compaignon, qui devoit bailler à taster
à elle son instrument, comme le marchié le portoit, et comme le moyne mit son compaignon en
son lieu, et de la response que elle fist.

LE BORGNE AVEUGLE.

La seiziesme nouvelle d'ung chevalier de Picardie, lequel en Prusse s'en ala ; et tandiz ma dame
sa femme d'ung autre s'accointa ; et à l'eure que
son mary retourna elle estoit couchée avec son amy,
lequel par une gracieuse subtilité, elle le bouta
hors de sa chambre, sans ce que son mary le chevalier s'en donnast garde.

LE CONSEILLER AU BLUTEAU.

La dix et septiesme nouvelle d'ung président de
parlement qui devint amoureux de sa chamberière,
laquelle à force en bulletant la farine cuida violer,

mais por beau parler de lui se désarma et lui fist
affubler le bulleteau de quoy elle tamisoit, puis ala
quérir sa maitresse qui en cet estat son mary et
seigneur trouva, comme cy aprés vous orrez.

LA PORTEUSE DU VENTRE ET DU DOS.

La dix et huitiesme nouvelle racomptée par Monseigneur de la Roche, d'ung gentil homme de Bourgoingne, lequel trouva façon, moyennant dix escuz
qu'il fit bailler à la chamberière, de couchier avecques elle; mais avant qu'il voulsist partir de sa
chambre, il eut ses dix escuz et se fist porter sur les
espaules de la dicte chamberière par la chambre de
l'oste. Et en passant par la dicte chambre, il fist ung
sonnet tout de fait advisé qui tout leur fait encusa,
comme vous pourrez ouyr en la nouvelle cy dessoubz.

L'ENFANT DE NEIGE.

La dix neuviesme nouvelle par Phelippe Vignieu,
d'ung marchant d'Angleterre, du quel la femme, en
son absence, fist ung enfant, et disoit qu'il estoit
sien; et comment il s'en despescha gracieusement
comme elle luy avoit baillé à croire qu'il estoit venu
de neige, aussi pareillement au soleil comme la
neige s'estoit fondu.

LE MARI MEDECIN.

La vingtiesme nouvelle par Philippe de Laon, d'ung lourdault champenois, lequel quant il se maria, n'avoit encores jamais monté sur beste crestienne, dont sa femme se tenoit bien de rire. Et de l'expédient que la mère d'elle trouva ; et du soudain pleur du dit lourdault, à une feste et assemblée qui se fit depuis aprés qu'on lui eut monstré l'amoureux mestier, comme vous pourrez ouyr plus à plain, cy aprés.

L'ABESSE GUÉRIE.

La vingt et uniesme nouvelle racomptée par Philippes de Laon, d'une abesse qui fut malade par faulte de faire cela que vous savez, ce qu'elle ne vouloit faire, doubtant de ses nonnains estre reprouchée ; et toutes lui accordèrent de faire comme elle ; et ainsi s'en firent toutes donner largement.

L'ENFANT A DEUX PÈRES.

La vingt et deusiesme nouvelle racompte d'ung gentil homme qui engroissa une jeune fille et puis en une armée s'en ala. Et avant son retour, elle d'ung autre s'accointa, auquel son enfant elle donna. Et le gentil homme de la guerre retourné, son en-

fant demanda ; et elle lui pria que à son nouvel amy
le laissast, promettant que le premier qu'elle feroit
sans faulte lui donneroit, comme cy dessoubz vous
sera recordé.

LA PROCUREUSE PASSE LA RAYE.

La vingt et troisiesme nouvelle d'ung clerc de
qui sa maistresse fut amoureuse, la quelle à bon
escient s'i accorda, pourtant qu'elle avoit passé la
roye que le dit clerc lui avoit faicte ; ce voyant son
petit filz dist à son père, quant il fut venu, qu'il ne
passast point la raye, car s'il la passoit, le clerc lui
feroit comme il avoit fait à sa mère.

LA BOTE A DEMI.

La vingt et quatriesme nouvelle dicte et racomptée par Monseigneur de Fiennes, d'ung conte qui
une très belle jeune et gente fille; l'une de ses sub-
jecttes, cuida decevoir par force ; et comment elle
s'en eschappa par le moyen de ses houseaux : mais
depuis l'en prisa très fort, et l'aida à marier, comme
il vous sera declairé cy aprés.

FORCÉE DE GRÉ.

La vingt et cinquiesme nouvelle racomptée et
dicte par Monseigneur de Saint Yon, de celle qui de

force se plaignit d'ung compaignon lequel elle avoit mesmes adrecié à trouver ce qu'il queroit; et du jugement qui en fut fait.

LA DAMOISELLE CAVALIÈRE.

La vingt et siziesme nouvelle racomptée et mise en terme par Monseigneur de Foquessoles, des amours d'ung gentil homme et d'une damoiselle, laquelle esprouva la loyauté du gentilhomme par une merveilleuse et gente façon, et coucha troys nuytz avec lui, sans aucunement savoir que ce fust elle, mais pour homme la tenoit, ainsy comme plus à plein pourrez ouyr cy aprés.

LE SEIGNEUR AU BAHU.

La vingt et septiesme nouvelle racomptée par Monseigneur de Beauvoir, des amours d'ung grant seigneur de ce royaume, et d'une gente damoiselle mariée, laquelle, affin de baillier lieu à son serviteur, fist son mary bouter en ung bahu par le moyen de ses chamberières, et léans le fist tenir toute la nuyt, tandis qu'avec son serviteur passoit le temps; et des gaigeures· qui furent faictes entre elle et son dit mary, comme il vous sera recordé cy aprés.

cordeliers, lesquelz couchèrent avec leurs femmes, combien qu'elles cuidoient estre avec leurs mariz; et comment par le rapport qu'elles firent, leurs maryz le sceurent, et de la manière qu'ilz en tindrent, comme vous orrez cy aprés.

LA DAME A DEUX.

La trente et uniesme nouvelle mise en avant par Monseigneur, de l'escuier qui trouva la mulette de son compaignon, et monta dessus, laquelle le mena à l'uis de la dame de son maistre; et fist tant l'escuier qu'il coucha léans où son compaignon le vint trouver; et pareillement des paroles qui furent entre eulz, comme plus à plain vous sera declairé cy dessoubz.

LES DAMES DISMÉES.

La trente et deusiesme nouvelle racomptée par Monseigneur de Villiers, des cordeliers d'Ostelleric en Castelongne qui prindrent le disme des femmes de la ville; et comment il fut scéu, et quelle punicion par le seigneur et ses subjetz en fut faicte, comme vous orrez cy aprés.

MADAME TONDUE.

La trente et troisiesme nouvelle racomptée par

Monseigneur, d'ung gentil seigneur qui fut amoureux d'une damoiselle dont se donna garde ung
autre grant seigneur qui lui dist; et l'autre tousjours plus lui céloit et en estoit tout affolé; et de
l'entretenement depuis d'eulz deux envers elle,
comme vous pourrez ouyr cy aprés.

SEIGNEUR DESSUS, SEIGNEUR DESSOUS.

La trente et quatriesme nouvelle racomptée par
Monseigneur de la Roche, d'une femme mariée qui
assigna journée à deux compaignons, lesquelz vindrent et besoingnèrent; et le mary tantost après
survint; et des paroles qui après en furent et de la
manière qu'ilz tindrent, comme vous orrez cy
après.

L'ÉCHANGE.

La trente et cinquiesme nouvelle par Monseigneur de Villiers, d'ung chevalier, du quel son amoureuse se maria, tandis qu'il fut en voyaige; et à son
retour, d'aventure la trouva en mesnage, la quelle
pour couchier avec son amant, mist en son lieu
couchier avec son mary une jeune damoiselle sa
chamberière; et des paroles d'entre le mary et le
chevalier voyaigeur, comme plus à plain vous sera
recordé cy aprés.

son mary qui fut bastue Dieu scait comment, et de
ce qu'elle fist accroire à son dict mary, comme vous
orrez cy dessoubz.

L'UN ET L'AUTRE PAYÉ. ✓.

La trente et nefviesme nouvelle racomptée par
Monseigneur de Saint Pol, du chevalier qui en attendant sa dame besoigna troys fois avec la chamberière qu'elle avoit envoyée pour entretenir le dit
chevalier, afin que trop ne luy ennuyast; et depuis
besoingna troys fois avec la dame; et comment le
mary scéut tout par la chamberière, comme vous
orrez.

LA BOUCHÈRE LUTIN DANS LA CHÉMINÉE.

La quarantiesme nouvelle par Messire Michault
de Changy, d'ung Jacopin qui abandonna sa dame
par amour, une bouchière, pour une autre plus belle
et plus jeune; et comment la dicte bouchière cuida
entrer en sa maison par la cheminée.

L'AMOUR ET L'AUBERGON EN ARMES. ✗

La quarante et uniesme nouvelle par Monseigneur de la Roche, d'ung chevalier qui faisoit vestir
à sa femme ung haubergon quand il lui vouloit faire
ce que savez, ou compter les dens; et du clerc

qui lui apprint autre manière de faire, ~ aller du sel à pou prés par sa bouche mesmes encusée a son mary, se n'eust esté la glose qu'elle controuva subitement.

LE MARI CURÉ.

La quarante et deusiesme nouvelle par Meriadech, d'ung clerc de villaige estant à Romme, cuidant que sa femme fust morte, devint prestre et impetra la cure de sa ville ; et quand il vint à sa cure, la première personne qu'il rencontra ce fut sa femme.

LES CORNES MARCHANDES.

La quarante et troisiesme nouvelle par Monseigneur de Fiennes, d'ung laboureur qui trouva ung homme sur sa femme ; et laissa à le tuer pour gaingner une somme de blé ; et fut la femme cause du traictié, affin que l'autre parfist ce qu'il avoit commencé.

LE CURÉ COURSIER.

La quarante et quatriesme nouvelle par Monseigneur de la Roche, d'ung curé de villaige qui trouva façon de marier une fille dont il estoit amoureux, la quelle lui avoit promis quant elle seroit mariée de faire ce qu'il vouldroit, laquelle chose le jour de

· ιι ιιιιι⸱! ⱧF'luy ramentéust ce que le mary d'elle ouyt tout à plain, à quoy il mit provision, comme vous orrez.

L'ÉCOSSOIS LAVANDIÈRE. ✓

La quarante et cinquiesme nouvelle par Monseigneur de la Roche, d'ung jeune Escossois qui se maintint en habillement de femme l'espace de quatorze ans, et par ce moyen couchoit avec filles et femmes mariées, dont il fut puny en la fin, comme vous orrez cy aprés.

LES POIRES PAYÉES.

La quarante et siziesme nouvelle racomptée par Monseigneur de Thienges, d'ung Jacopin et de la nonnain qui s'estoient boutez en un préau pour faire armes à plaisance dessoubz ung poirier où s'estoit caiché un qui savoit leur fait, tout à propos qui leur rompit leur fait pour ceste heure. comme plus à plain vous orrez cy aprés.

LES DEUX MULES NOYÉES.

La quarante et septiesme nouvelle par Monseigneur de la Roche, d'ung président saichant la deshoneste vie de sa femme, la fist noyer par sa mulle, la quelle il fit tenir de boire par l'espace de huit

jours; et pendant ce temps lui faisoit bailler du sel
à mengier, comme il vous sera recordé plus à plain.

LA BOUCHE HONNETE.

La quarante et huitiesme nouvelle racomptée par
Monseigneur de la Roche, de celle qui ne vouloit
souffrir qu'on la baisast, mais bien vouloit qu'on
lui rembourrast son bas; et habandonnoit tous ses
membres fors la bouche, et de la raison qu'elle y
mettoit.

LE CUL D'ÉCARLATE.

La quarante et nefviesme nouvelle racomptée par
Pierre David, de celui qui vit sa femme avec ung
homme auquel elle donnoit tout son corps entiere-
ment, excepté son derrière qu'elle laissoit à son
mary, lequel la fist habiller ung jour, présens ses
amys, d'une robe de bureau et fit mettre sur son
derrière une belle pièce d'escarlate; et ainsi la laissa
devant tous ses amys.

CHANGE POUR CHANGE.

La cinquantiesme nouvelle racomptée et dicte par
Anthoine de la Sale, d'ung père qui voulut tuer son
filz pource qu'il avoit voulu monter sur sa mère grand,
et de la response du dit filz.

L'HEURE DU BERGER.

La cinquante et quatriesme nouvelle racomptée par Mahiot, d'une damoiselle de Maubeuge qui se abandonna à ung charreton et refusa plusieurs gens de bien ; et de la response qu'elle fist à ung noble chevalier, pource qu'il lui reprouchoit plusieurs choses, comme vous orrez.

L'ANTIDOTE DE LA PESTE.

La cinquante et cinquiesme nouvelle par Monseigneur de Villiers, d'une fille qui avoit l'épidimie qui fit mourir troys hommes pour avoir la compaignie d'elle ; et comment le quatriesme fut saulvé et elle aussi.

LA FEMME, LE CURÉ, LA SERVANTE, LE LOUP.

La cinquante et sixiesme nouvelle par Monseigneur de Villiers, d'ung gentilhomme qui attrappa en un piége qu'il fist, le curé, sa femme, et sa chamberière et un loup avec eulz ; et brula tout là dedans pour ce que le dit curé maintenoit sa femme.

LE FRÈRE TRAITABLE.

La cinquante et septiesme nouvelle par Monsei-

gneur de Villiers, d'une damoiselle qui espousa ung
bergier, de la manière du traictié du mariage, et des
paroles qu'en disoit ung gentilhomme frère de la
dicte damoiselle.

FIER CONTRE FIER.

La cinquante et huitiesme nouvelle par Monseigneur le Duc, de deux compaignons qui cuidoient
trouver leurs dames plus courtoises vers eulx; et
jouèrent tant du bas mestier que plus n'en pou-
voient; et puis dirent, pource qu'elles ne tenoient
compte d'eulz, qu'elles avoient comme eulz joué du
cymier, comme vous orrez cy après.

LE MALADE AMOUREUX.

La cinquante et nefviesme nouvelle par Poncelet,
d'ung seigneur qui contrefist le malade pour couchier avec sa chamberière avec laquelle sa femme le
trouva.

LES NOUVEAUX FRÈRES MINEURS.

La soixantiesme nouvelle par Poncelet, de troys
damoiselles de Malignes qui accointées s'estoient
de troys cordeliers qui leur firent faire couronnes
et vestir l'abbit de religion, affin qu'elles ne fussent
appercéues, et comment il fut scéu.

Ḷ COCU DUPÉ.

La soixante et uniesme nouvelle par Poncelet,
d'ung marchant qui enferma en sa huche l'amoureux de sa femme ; et elle y mit une asne secrette-
ment, dont le mary eut depuis bien à souffrir et se
trouva confuz.

L'ANNEAU PERDU.

La soixante et deuxiesme nouvelle par Monseigneur de Commesuram, de deux compaignons dont
l'ung d'eulz laissa ung dyamant ou lit de son hostesse et l'autre le trouva, dont il sourdit entre eulz
ung grant débat que le mary de la dicte hostesse appaisa par très bonne façon.

MONTBLERU, OU LE LARRON.

La soixante et troisiesme nouvelle d'ung nommé
Montbleru, lequel à une foire d'Envers desroba à
ses compaignons leurs chemises et couvrechiefz
qu'ilz avoient baillées à blanchir à la chamberière
de leur hostesse ; et comme depuis ilz pardonnèrent
tout au larron ; et puis le dit Montbleru leur compta
le cas tout au long.

LE CURÉ RASÉ.

La soixante et quatriesme nouvelle par messire Michault de Changy, d'ung curé qui se vouloit railler d'ung châtreur nommé Trenchecouille; mais il eut ses génitoires coupez par le consentement de l'oste.

L'INDISCRETION MORTIFIÉE ET NON-PUNIE.

La soixante et cinquiesme nouvelle par Monseigneur le Prévost de Vuatènes, de la femme qui ouyt compter à son mary que ung hostellier du mont Saint Michiel faisoit raige de ronciner; si y alla, cuidant l'esprouver, mais son mary l'en garda trop bien, dont elle fut trop mal contente, comme vous orrez cy aprés.

LA FEMME AU BAIN.

La soixante et siziesme nouvelle par Philippe de Laon, d'ung tavernier de saint Omer qui fist une question à son petit filz, dont il se repentit aprés qu'il eut ouy la réponse, de laquelle sa femme en fut très honteuse, comme vous orrez plus à plain cy aprés.

lier ; et tantost aprés qu'elle fut remariée, elle ouyt nouvelles que son premier mary revenoit de Turquie, dont par déplaisance se laissa mourir, pource qu'elle avoit fait nouvelle aliance.

LA CORNE DU DIABLE.

La septantiesme nouvelle racomptée par Monseigneur, d'ung gentil chevalier d'Alemaigne, grant voyaigier en son temps, lequel aprés ung certain voyaige par lui fait, fist veu de jamais faire le signe de la croix, par la très ferme foy et crédence qu'il avoit ou saint sacrement de baptesme, en laquelle crédence il combastit le dyable, comme vous orrez.

LE CORNARD DÉBONNAIRE.

La septante et uniesme nouvelle racomptée par Monseigneur, d'ung chevalier de Picardie qui en la ville de saint Omer se logea en une hostellerie où il fut amoureux de l'ostesse de léans, avec laquelle il fut très amoureusement, mais en faisant ce que savez, le mary de la dicte hostesse les trouva, lequel tint manière telle que cy aprés pourrez ouyr.

LA NÉCESSITÉ EST INGENIEUSE.

La septante et deuxiesme nouvelle par Mon-

seigneur de Commesuram, d'ung gentilhomme de
Picardie qui fut amoureux de la femme d'ung chevalier son voisin, lequel gentilhomme trouva façon
par bons moyens d'avoir la grace de sa dame, avec
laquelle il fut assiégé, dont à grand peine trouva manière d'en yssir, comme vous orrez cy aprés.

L'OISEAU EN LA CAGE.

La septante et troisiesme nouvelle par maistre
Jehan Lambin, d'ung curé qui fut amoureux d'une
sienne paroichienne, avec laquelle le dit curé fut
trouvé par le dit mary de la gouge, par l'advertissement de ses voisins; et de la manière comment
le dit curé eschappa, comme vous orréz cy aprés.

LE CURÉ TROP RESPECTUEUX.

La septante et quatriesme nouvelle par Philippe de Laon, d'ung prestre Boulenois qui éleva par
deux fois le corps de nostre Seigneur, en chantant
une messe, pource qu'il cuidoit que Monseigneur le
seneschal de Boulongne fut venu tard à la messe; et
aussy comment il refusa de prendre la paix devant
Monseigneur le seneschal, comme vous pourrez ouyr
cy aprés.

LA MUSETTE.

La septante et cinquiesme nouvelle racomptée par

5.

Monseigneur de Talemas, d'ung gentil galant demy fol et non guères saige, qui en grant aventure se mist de mourir et estre pendu au gibet, pour nuyre et faire desplaisir au bailly, à la justice et autres plusieurs de la ville de Troyes en Champaigne, desquelz il estoit hay mortellement, comme plus à plain pourrez ouyr cy aprés.

LE LAQS D'AMOUR.

La septante et sixiesme nouvelle racomptée par Philippe de Laon, d'ung prestre chapellain à ung chevalier de Bourgoingne, lequel fut amoureux de la gouge du dit chevalier; et de l'aventure qui lui advint à cause de ses dictes amours, comme cy dessoubz vous orrez.

LA ROBBE SANS MANCHES.

La septante et septiesme nouvelle racomptée par Alardin, d'ung gentilhomme des marches de Flandres, lequel faisoit sa résidence en France, mais durant le temps que en France résidoit, sa mère fut malade es dites marches de Flandres, lequel la venoit très souvent visiter, cuidant qu'elle mourust; et des paroles qu'il disoit et de la manière qu'il tenoit, comme vous orrez cy dessoubz.

LE MARI CONFESSEUR.

La septante et huitiesme nouvelle par Jean Martin, d'ung gentilhomme marié lequel s'avoulenta de faire plusieurs loingtains voyaiges, durant lesquelz sa bonne et loyale preude femme de troys gentilz compaignons s'accointa que cy aprés pourrés ouyr ; et comment elle confessa son cas à son mary, quand des ditz voyaiges fut retourné, cuidant le confesser à son curé : et de la maniére comment elle se saulva, comme cy aprés orrez.

L'ANE RETROUVÉ.

La septante et neuviesme nouvelle par messire Michault de Changy, d'ung bon homme de Bourbonnois, lequel ala au conseil à ung saige homme du dit lieu, pour son asne qu'il avoit perdu, et comment il croioit que miraculeusement il retrouva son dit asne, comme cy aprés pourrez ouir.

LA BONNE MESURE.

La huitantiesme nouvelle par messire Michault de Changy, d'une jeune fille d'Alemaigne qui de l'aage de XV à XVI ans, ou environ, se maria à ung gentil galant, laquelle se complaignit de ce que son mary avoit trop petit instrument à son gré, pource qu'elle véoit ung petit asne qui n'avoit que demy an, et avoit plus grand ostil que son mary qui avoit XXIIII ou XXVI ans.

LE MALHEUREUX.

La huitante et uniesme nouvelle racomptée par Monseigneur de Vaulvrain, d'ung gentil chevalier qui fut amoureux d'une très belle jeune dame mariée, lequel cuida bien parvenir à la grâce d'icelle et aussi d'une autre sienne voisine, mais il faillit à toutes deux, comme cy aprés vous sera recordé.

LA MARQUE.

La huitante et deusiesme nouvelle par Monseigneur de Lannoy, d'ung bergier qui fit marchié avec une bergière qu'il monteroit sur elle afin qu'il véist plus loing, par tel si qu'il ne l'embrocheroit non plus avant que le signe qu'elle même fist de sa main sur l'instrument du dit berger, comme cy aprés plus à plain pourrez ouyr.

LE CARME GLOUTON.

La huitante et troisiesme nouvelle par Monseigneur de Vaulvrain, d'ung carme qui en ung vilaige prescha ; et comment aprés son preschement, il fut prié de disner avec une damoiselle ; et comment en disnant, il mist grant peine de fournir et emplir son repoint, comme vous orrez cy après.

LA PART AU DIABLE.

La huitante et quatriesme nouvelle par Monseigneur le Marquis de Rothelin, d'ung sien mareschal qui se maria à la plus douce et amoureuse femme qui fut en tout le pays d'Alemaigne, S'il est vray ce que je dy sans en faire grant serment, affin que par mon escript menteur ne soye réputé, vous le pourrez veoir cy dessoubz plus à plain.

LE CURÉ CLOUÉ.

La huitante et cinquiesme nouvelle d'ung orfevre marié à une très belle, doulce et gracieuse femme et avec ce très amoureuse, par espicial de son curé leur prochain voisin, avec lequel son mary la trouva couchée par l'advertissement d'ung sien serviteur, et ce par jalousie, comme vous pourrez ouyr.

LA TERREUR PANIQUE, ET L'OFFICIAL JUGE.

La huitante et sisiesme nouvelle racompte et parle d'ung jeune homme de Rouen qui print en mariaïge une belle gente et jeune fille, de l'aage de quinze ans ou environ, lesquelz la mère de la dicte

fille cuida bien faire desmarier par Monseigneur
l'official de Rouen ; et de la sentence que le dit official en donna, aprés les parties par luy ouyes,
comme vous pourrez véoir cy dessoubz plus à plain,
en la dicte nouvelle.

LE CURÉ DES DEUX.

La huitante et septiesme nouvelle racompte et
parle d'ung gentil chevalier, lequel s'enamoura
d'une trés belle, jeune et gente fille, et aussi comment il luy print une moult grande maladie en
ung oeil ; pour laquelle cause lui convint avoir ung
médecin, lequel pareillement devint amoureux de
la dicte fille, comme vous ourrez; et des paroles qui
en furent entre le chevalier et le médicin, pour
l'emplastre qu'il luy mist sur son bon oeil.

LE COCU SAUVÉ.

La huitante et huictiesme nouvelle d'ung bon
simple homme païsant, marié à une plaisante et
gente femme, laquelle laissoit bien le boire et le
mengier pour aymer par amours ; et de fait pour
plus asséurement estre avec son amoureux, enferma son mary ou coulombier par la manière que
vous orrez.

LES PERDRIX CHANGÉES EN POISSON.

La huitante et nefviesme nouvelle d'ung curé qui
oublia par négligence, ou faulte de sens, à annoncer
le karesme à ses paroichiens, jusqu'à la vigille de
Pasques fleuries, comme cy aprés pourrez ouyr; et
de la manière comment il s'excusa devers ses paroichiens.

LA BONNE MALADE.

La nonantiesme nouvelle d'ung bon marchant du
pays de Brebant qui avoit sa femme très fort malade
doubtant qu'elle ne mourut, aprés plusieurs remonstrances et exortacions qu'il lui fist pour le
salut de son ame, lui crya mercy, laquelle luy pardonna tout ce qu'il povoit lui avoir meffait excepté
tant seulement ce qu'il avoit si peu besoingnié en
son ouvroir, comme en la dicte nouvelle pourrez
ouyr plus à plain.

LA FEMME OBÉISSANTE.

La nonante et uniesme nouvelle parle d'ung
homme qui fut marié à une femme, laquelle estoit
tant luxurieuse et tant chaulde sur le potaige, que
je cuide qu'elle fut née es estuves, ou à demie
lieue prés du soleil de midy, car il n'estoit nul, tant

bon ouvrier fust-il, qui la péust refroidir ; et comment il la cuida chastier et de la réponse qu'elle lui bailla.

LE CHARIVARI.

La nonante et deusiesme nouvelle d'une bourgeoise mariée qui estoit amoureuse d'ung chanoine, laquelle pour plus couvertement aller vers le dit chanoine, s'accointa d'une sienne voisine ; et de la noise et débat qui entre elles sourdit pour l'amour du mestier dont elles estoient, comme vous orrez cy aprés.

LA POSTILLONE SUR LE DOS.

La nonante et troisiesme nouvelle d'une gente femme mariée qui faignoit à son mary d'aler en pélerinaige pour soy trouver avec le clerc de la ville son amoureux , avec lequel son mari la trouva ; et de la manière qu'il tint, quant ensemble les vit faire le mestier que vous savez.

LE CURÉ DOUBLE.

La nonante et quatriesme nouvelle d'ung curé qui portoit courte robe comme font ces galans à marier ; pour laquelle cause il fut cité devant son juge ordinaire, et de la sentence qui en fut donnée ;

aussi la deffense qui lui fut faicte et des autres tromperies qu'il fist après, comme vous orrez plus à plain.

LE DOIGT DU MOINE GUÉRI. √ ·

La nonante et cinquiesme nouvelle d'ung moyne qui faignit estre très fort malade et en dangier de mort, pour parvenir à l'amour d'une sienne voisine par la manière qui cy après s'ensuit.

LE TESTAMENT CINIQUE.

La nonante et sisiesme nouvelle d'ung simple et riche curé de villaige, qui par sa simplesse avoit enterré son chien ou cymitière; pour laquelle cause il fut cité par devant son evesque; et comme il bailla la somme de cinquante escuz d'or au dit evesque; et de ce que l'evesque luy en dit, comme pouïrés ouyr cy dessoubz.

LE HAUSSEUR.

La nonante et septiesme nouvelle d'une assemblée de bons compaignons faisans bonne chière à la taverne et beuvans d'autant et d'autel, dont l'ung d'iceulx se combatít à sa femme, quant à son hostel fut retourné, comme vous orrez cy dessoubz.

LES AMANS INFORTUNÉS.

La nonante et huitiesme nouvelle d'ung chevalier de ce royaume, lequel avoit de sa femme une belle fille et très gente damoiselle aagée de xv à xvj ans, ou environ; mais pour ce que son père la voulut marier à ung riche chevalier ancien, lequel estoit son voisin, elle s'en ala avecques ung autre jeune chevalier son serviteur en amours, en tout bien et en tout honneur. Et comment par merveilleuse fortune ilz finirent leurs jours tous deux piteusement, sans jamais en nulle manière avoir habitacion l'ung avecques l'autre, comme vous orrez cy après.

LA MÉTAMORPHOSE.

La nonante et nefvíesme nouvelle racompte d'ung evesque d'Espaigne qui par deffaulte de poisson mengea deux perdris en ung vendredi; et comment il dist à ses gens qu'il les avoit converties par paroles, de chair en poissons, comme cy dessoubz plus à plain vous sera recordé et compté.

LE SAGE NICAISE OU L'AMANT VERTUEUX.

La centiesme et derrenière de ces présentes nouvelles d'ung riche marchant de la cité de Gennes, qui se maria à une belle et gente fille, laquelle par la longue absence de son mary, et par son mesmes advertissement manda quérir ung saige clerc, jeune et roide pour la secourir de ce dont elle avoit mestier ; et de la jusne qu'il luy fist faire, comme vous orrez cy aprés plus à plain.

LES
CENT NOUVELLES

NOUVELLES.

LA

PREMIÈRE NOUVELLE.

(LA MÉDAILLE A REVERS.)

En la ville de Valenciennes eut naguères ung notable bourgeois, en son temps receveur de Hénault, lequel entre les autres fut renommé de large et discrete prudence. Et entre ses louables vertuz celle de libéralité ne fut pas la maindre, car par icelle vint en la grace des princes, seigneurs, et autres gens de tous estaz. En ceste eureuse félicité, fortune le maintint et soustint jusques en la fin de ses jours. Devant et après ce que mort l'eust destachié de la chayne qui

en mariaige l'accouploit, le bon bourgois, cause de
ceste hystoire, n'estoit pas si mal logié en la dicte ville,
que ung bien grand maistre ne s'en tint pour content
et honnouré d'avoir ung tel logis. Et entre les désirez
et louez édifices, sa maison descouvroit sur plusieurs
rues ; et là avoit une petite poterne vis à vis près de
là, en laquelle demouroit ung bon compaignon qui
très belle femme et gente avoit et encores en milleur
point. Et comme il est de coustume, les yeulx d'elle,
archiers du cœur, descoichèrent tant de flèches en la
personne du dit bourgois, que sans prochain remède
son cas n'estoit pas maindre que mortel. Pour laquelle
chose seurement obvier, trouva par plusieurs et sub-
tiles façons, que le compaignon mary de la dicte gouge
fut son amy très privé et familier ; et tant que peu de
diners, de souppers, de banquetz, de bains d'estuves,
et autres passetemps en son hostel et ailleurs ne se féissent jamais sans sa compaignie. Et à ceste occasion se
tenoit le dit compaignon bien fier et encores autant
eureux. Quant nostre bourgois, plus subtil que ung
regnart, eust gaignié la grace du compaignon, bien peu
se soussia de parvenir à l'amour de sa femme ; et en
peu de jours tant et si très bien laboura que la vaillant femme fut contente d'ouyr et entendre son cas,
pour y baillier remède convenable. Ne restoit plus
que temps et lieu ; et fut à ce menée qu'elle luy promist tantost que son mary iroit quelque part dehors
pour séjourner une nuyt, elle incontinent l'en aver-
tiroit. A chief de pechié, ce désiré jour fut assigné, et

dit le compaignon à sa femme qu'il s'en aloit à ung
chasteau loingtain de Valenciennes environ troys
lieues. Et la chargea bien de soy tenir à l'ostel et
garder la maison, pource que ses affaires ne povoient souffrir que celle nuyt il retournast. S'elle en
fut bien joyeuse, sans en faire semblant ne manière
en paroles ne autrement, il ne le fault jà demander,
car il n'avoit pas encore cheminé une lieue d'assez,
quant le bourgois sceust ceste adventure de pieça
désirée. Il fist tantost tirer les bains, chauffer les
estuves, faire pastez, tartes, ypocras, et le surplus
des biens de Dieu, si largement que l'appareil sembloit ung droit desroy. Quant vint sur le soir, la
poterne fut desserrée, et celle qui pour la nuyt y
devoit le guet saillit dedens; et Dieu scait qu'elle
fut doulcement recéue. Je m'en passe en brief, et
espoire plus qu'ilz firent plusieurs devises d'aulcunes choses qu'ilz n'avoient pas en ceste eureuse
journée à leur première voulenté. Après ce que en
la chambre furent descenduz, tantost se boutèrent
au bain, devant lequel beau souper fut en haste
couvert et servi. Et Dieu scait qu'on y but d'autant
largement et souvent. Des vins et viandes parler
n'en seroit que reditte; et pour faire le conte brief,
faulte n'y avoit que du trop. En ce très gracieux
estat se passa la pluspart de ceste doulce et courte
nuyt : baisiers donnez, baisiers renduz tant et si
longuement que chascun ne désiroit que le lit. Tan
diz que ceste grande chière se faisoit, vécy bon mary

jà retourné de son voyaige, non quérant ceste sa
bonne adventure, qui heurte bien fort à l'uys de sa
chambre. Et pour la compaignie qui y estoit, l'entrée de prinsault luy fut refusée jusques à ce qu'il
nommast son parain. Adonc il se nomma haut et
clair ; et très bien l'entendirent et recongneurent sa
bonne femme et le bourgois. La gouge fut tant fort
effrayée à la voix de son mary, que à peu que son
loyal cueur ne failloit ; et ne savoit jà plus sa contenance, se le bon bourgois et ses gens ne l'éussent
reconfortée. Maiz le bon bourgois tant asséuré, et
de son fait très advisé, la fist bien en haste couchier ;
et au plus près d'elle se bouta, et luy charga qu'elle
se joingnist près de luy et caichast le visaige qu'on
n'en péult rien appercevoir. Et cela fait au plus
brief que on péult, sans soy trop haster il commanda
ouvrir la porte. Et le bon compaignon sault dedens
la chambre, pensant en soy que aucun mistère y
avoit, quant devant l'uys l'avoient retenu si longuement. Et quant il vit la table tant chargée de
vins et de grans viandes, ensemble le beau bain très
bien paré, et le bourgois ou très beau lit encourtiné
avec sa seconde personne, Dieu scait s'il parla hault
et blasonna les armes de son bon voisin : lors l'appela ribault, loudier, après putier, après yvrongne ; et tant bien le baptiza que tous ceulx de la
chambre et luy avecques, s'en rioient bien fort.
Mais sa femme à ceste heure n'avoit pas ce loisir,
tant estoient ses lèvres empeschées de soy joindre

près de son amy nouvel : Ha ! ha ! dist-il, maistre
houlier, vous m'avez bien celée ceste bonne chiére ;
mais par ma foy, si je n'ay esté à la grant feste, si
fault il bien que l'en me monstre l'espousée. Et à
ce coup tenant la chandelle en sa main, se tira près
du lit : et jà se vouloit avancier de haulcier la couverture soubz laquelle faisoit grant pénitance et
silence sa très parfaicte et bonne femme, quant le
bourgois et ses gens l'en gardèrent dont le compaignon ne s'en contentoit pas trop ; et à force, maulgré
chascun, tousjours avoit la main au lit. Mais il ne
fut pas maistre pour lors, ne créu de faire son vouloir et pour cause. Sur quoy ung appointement
très gracieux et bien nouveau fut fait, de quoy assez
se contenta, qui fut tel : le bon bourgois fut content
que on luy monstrast à descouvert le derrière de sa
femme, les rains et les cuisses qui blanches et
grosses estoient, et le surplus bel et honneste, sans
rien descouvrir ne véoir le visaige. Le bon compaignon, toujours la chandelle en sa main, fut assez longuement sans dire mot. Et quant il parla, ce fut en
louant beaucoup la très grande beaulté de ceste
femme ; et afferma par ung bien grant serment, que
jamais n'avoit véu chose si bien ressembler au cul
de sa femme ; et s'il ne féust bien seur qu'elle fust
en son hostel, à ceste heure, il diroit que ce seroit
elle ! Mais elle fut tantost recouverte et adonc se
tira arriére, assez pensif. Et Dieu scait se on luy disoit bien, puis l'ung, puis l'autre, que c'estoit de lui

mal congnéu, et à sa femme pou d'honneur porter ;
et que c'estoit bien aultre chose, que cy après assez
il pourroit veoir. Pour reffaire les yeulx abusez de
ce povre martir, le bourgois commanda qu'on le
féist seoir à la table, où il reprint nouvelle ymaginacion par boire et mengier largement du soupper de
ceulx qui entretant au lit se devisoient à son grant
préjudice. Puis l'eure vint de partir, et donna la
bonne nuyt au bourgois, et à sa compaignie ; et pria
moult qu'on le boutast hors de léans par la poterne,
pour plus tost trouver sa maison. Mais le bourgois
luy respondit qu'il ne scauroit à ceste heure trouver
la clef ; pensoit aussy que la serréure fust tant en-
rouillie qu'on ne la pourroit ouvrir, pour ce que
nulle fois ou peu souvent s'ouvroit. Il fut au fort
contraint de saillir par la porte de devant et d'aler
le grant tour à sa maison. Tandiz que les gens au
bourgois le conduisoient vers la porte, tenant le hoc
en l'eaue par devises ; et la bonne femme fut incontinent mise sur piez, et en peu de heure habillée
et lacée sa cotte simple, son corset en son bras, et
venue à la poterne ; puis ne fist que ung sault en sa
maison où elle attendoit son mary qui le long tour
venoit, très advisée de son fait, et des manières
qu'elle avoit à tenir. Vecy nostre homme, voyant encores la lumière en sa maison, heurte assez rudement. Et sa bonne femme qui mesnaigeoit par
léans, en sa main tenant ung ramon, demande, ce
qu'elle bien scait : Qui esse là ? Et il respond : C'est

vostre mary. Mon mary, dit elle, mon mary ! n'est
ce pas, il n'est pas en la ville. Et il heurte de rechief
et dit : Ouvrez, ouvrez, je suis vostre mary. Je congnois bien mon mary, dit-elle, ce n'est pas sa coutume
de soy enclorre si tart, quant il seroit en la ville ; alez
ailleurs, vous n'estes pas bien arivé : ce n'est point
céans qu'on doit heurter à ceste heure. Et il heurte
pour la tierce fois et l'appella par son nom, une fois,
deux fois. Adonc fist elle aùcunement semblant de
le congnoistre, en demandant dont il venoit à ceste
heure? Et pour response ne bailloit autre chose
que ouvrez, ouvrez. Ouvrez, dit elle, encores n'y
estes vous pas, meschant houllier? Par la force
saincte Marie, j'aymeroye mieulx vous veoir noyer
que céans vous bouter. Alez coucher en mal repoz
dont vous venez. Et lors bon mary de soy courroucer ; et fiert tant qù'il peut de son pié contre la
porte, et semble qu'il doyve tout abatre : et menassa
sa bonne femme de la tant batre que c'est raige,
dont elle n'a guères grant paour ; mais au fort, pour
apaiser la noise et à son aise mieulx dire sa pensée,
elle ouvrit l'uys. Et à l'entrée qu'il fist, Dieu scait
qu'il fut servy d'une chière bien rechignée, et d'ung
agu et enflambé visaige. Et quant la langue d'elle
eut povoir sur le cueur chargié très fort d'yre et de
courroux, par semblant les paroles qu'elle desco-
cha ne furent pas mains tranchantes que rasoirs
de Guingant bien affillez. Et entre aultres choses,
fort luy reprouchoit qu'il avoit par malice conclut

ceste faincte alée pour l'esprouver ; et que c'estoit
fait d'ung lasche et recréu couraige, indigne d'estre
alyé à si preude femme comme elle. Le bon compaignon, jà soit ce que fut fort courroucié et mal méu
par avant, toutesfois pource qu'il véoit son tort à
l'oeil et le rebours de sa pensée, refraint son ire,
et le couroux qu'en son cueur avoit concéu, quant
à sa porte tant heurtoit, fut tout à coup en courtois
parler converty. Car il dist pour soy excuser, et pour
sa femme contenter, qu'il estoit retourné de son
chemin, pource qu'il avoit oublyé la lectre principale qui touchoit plus le fait de son voyaige. Sans
faire semblant de le croire, elle recommence sa légende dorée, luy mettant sus qu'il venoit de la taverne et de lieux deshonnestes et dissoluz ; et qu'il
se gouvernoit mal en homme de bien, mauldisant
l'eure que oncques elle eut son accointance et sa
très mauldicte aliance. Le povre désolé, congnoissant
son cas, voyant sa bonne femme trop plus qu'il ne
voulsist troublée, hélas! et à sa cause ne scavoit que
dire. Si se prent à penser, et à chief de pensée ou
méditation, se tire près d'elle, ployant ses genoulz
tout en bas sur la terre, et dit les beaulx motz qu'ilz
s'ensuivent : Ma chière compaigne, et très loyale espouse, je vous prie, ostez vostre cueur de tous ces
courroux que avez vers moy concéuz, et me pardonnez au surplus ce que vous puis avoir meffait.
Je congois mon cas, et viens naguères d'une place
où l'en faisoit bien bonne chière. Si vous ose bien

dire que congnoitre vous y cuiday, dont j'estoie trés desplaisant. Et pour ce que à tort et sans cause, je le confesse, vous ay suspeçonnée d'estre aultre que bonne, dont me repens amérement, je vous supplie et derechief que tous aultres passez courroux et cestuy cy oubliez, vostre grace me soit donnée, et me pardonnez ma folie. Le mautalant de nostre bonne gouge, voyante son mary en bon ploy et à son droit, ne se monstra meshuy si aspre ne si venimeuse : Comme, dit elle, vilain putier, se vous venez de voz très deshonnestes lieux et infames, est il dit pourtant que vous devez oser penser, ne en quelque façon croire que vostre bonne preude femme les daignast regarder?—Nennil par Dieu; helas! ce scay je bien, ma mye; n'en parlons plus, pour Dieu, dist le bon homme. Et de plus belle vers elle s'encline, faisant la requeste jà pieça que trop dicte. Elle, jasoit ce que encores marrye et presque enraigée de ceste suspection, voyant la parfonde contrition du bon homme, cessa son parler, et petit à petit son troublé cueur se remist à nature; et luy pardonna, combien que à grant regret, aprés cent mille sermons et autant de promesses que celuy qui tant l'avoit grevée. Et par ce point à mains de crainte et de regret, elle passa maintesfois depuis la poterne, sans que l'ambusche fut jamais descouverte à celui à qui plus touchoit. Et ce souffise quant à la première histoire.

LA IIe NOUVELLE,

PAR MONSEIGNEUR.

(LE CORDELIER MÉDECIN.)

En la maistresse ville du royaulme d'Angleterre
nommée Londres, assez hantée et congneue de plusieurs gens, n'a pas long temps demouroit ung riche
et puissant homme qui marchant et bourgois estoit,
qui entre ses riches baguez et innumérables trésors
s'esjoyssoit et se tenoit plus enrichy d'une belle fille
que Dieu lui avoit envoyée que du bien, grant surplus de sa chevance, car de bonté, beaulté, et genteté passoit toutes les filles d'elle plus aagées. Et ou
temps que ce très eureux bruit et vertueuse renommée d'elle sourdoit, en son quinsiesme an ou
environ, Dieu scait se plusieurs gens de bien dési-
roient et pourchassoient sa grace par plusieurs et
toutes façons en amours acoutumées ; qui n'estoit
pas ung plaisir petit au père et à la mère. Et à ceste

occasion de plus en plus croissoit en eulz l'ardante
et paternelle amour que à leur très aymée fille portoient. Advint toutesfois, ou que Dieu le permist, ou
que fortune le voulut et commanda, envieuse et mal
contente de la prospérité de celle belle fille, de ses
parents, ou de tous deux ensemble, ou espoir de une
secrette cause et raison naturelle, dont je laisse l'in-
quisition aux philozophes et médicins, qu'elle chéut
en une dangereuse et desplaisante maladie que communément on appelle broches. La doulce maison
fut très largement troublée, quant en la garenne que
plus chière tenoient les diz parens, avoit osé laschier
ses lévriers et limiers ce desplaisant mal, et qui
plus est, touchier sa proye en dangereux et domma-
geable lieu. La povre fille, de ce grand mal toute
affolée, ne scait sa contenance que de plourer et
souspirer. Sa très dolente mère est si très fort
troublée que d'elle il n'est rien plus desplaisant; et
son très ennuyé père détort ses mains et détire
ses cheveux pour la raige de ce nouveau courroux.
Que vous diray je? toute la grant triumphe qu'en
cest hostel souloit tant comblement abonder est par
ce cas flappye et ternye, et en amére et subite tris-
tèsse à la male heure convertie. Or viennent les
parens, amys, et voisins de ce doulent hostel visiter
et conforter la compaignie, mais pou ou rien prouffitoit, car de plus en plus est aggressée et oppressée
la bonne fille de ce mal. Adoncques vient une ma-
tronne qui moult et trop enquiert de ceste maladie;

et fait virer et revirer puis cà, puis là, la très dolente et povre paciente, à grant regret, Dieu le scait, et puis luy baille médecines de cent mille façons d'erbes, mais riens; plus vient avant et plus empire : si est force que les médicins de la ville et du païs environ soient mandez, et que la povre fille descouvre et monstre son très piteux cas. Or sont venuz maistre Pierre, maistre Jehan, maistre cy, maistre là, tant de phyziciens que vous vouldrez, qui veulent bien veoir la paciente ensemble, et les parties du corps à descouvert où ce mauldit mal de broches s'estoit helas! longuement embusché. Ceste povre fille fut plus surprise et esbaye que se à la mort fust adjugée ; et ne se vouloit accorder qu'on la mist en façon que son mal fust apperçéu, mesmes aymoit plus chier mourir que ung tel secret fust à ung homme descouvert. Ceste obstinée voulenté ne dura pas grammment, quant père et mère vindrent, qui plusieurs remonstrances lui firent, comme de dire qu'elle pourroit estre cause de sa mort qui n'est pas ung petit pechié, et plusieurs autres y eut trop longs à raconter. Finablement trop plus pour père et mère que pour crainte de mort vaincue, la povre fille se laissa ferrer ; et fut mise sur une couche, les dens dessoubz, et son corps tant et si très avant descouvert que les médicins virent apertement le grant meschief qui fort la tourmentoit. Ilz ordonnèrent son régime faire aux appotiquaires : clystères, pouldres oygnemens et le surplus que bon sembla, elle

print, et fist tout ce que on voulut pour recouvrer
santé. Mais tout rien n'y vault, car il n'est tour ne
engin que les dictz médicins saichent pour allegier
quelque peu de ce destresseux mal, ne en leurs
livres n'ont véu ne acoustumé. Que riens si trés
fort la povre fille empire mès que l'ennuy qu'elle
s'en donne, car autant semble estre morte que vive.
En ceste aspre langueur et douleur forte se passèrent
beaucoup de jours. Et comme le père et la mère,
parens et voisins s'enqueroient par tout pour l'a-
legance de la fille, si rencontrèrent ung très ancien
cordelier qui borgne estoit ; et en son temps avoit
véu moult de choses, et de sa principale science se
mesloit fort de médicine. Dont sa présence fut plus
aggréable aux parens de la paciente, lequel helas !
à tel regret que dessus, regarda tout à son beau
loisir, et se fist fort de la guarir. Pensez qu'il fut
très voulentiers ouy, et tant que la dolente assemblée qui de lyesse pieça banie estoit, fut à ce point
quelque peu consolée, espérant le fait sortir tel que
sa parole le touchoit. Adonc maistre cordelier se partit de léans ; et print jour à demain de retourner,
fourni et pourvéu de médicine si trés vertueuse
qu'elle en peu d'eure effacera la grant douleur qui
tant martire et débrise la povre paciente. La nuyt fut
beaucoup longue, attendant le jour désiré ; néantmains passèrent tant d'eures à quelque peine que
ce fut, que nostre bon cordelier fut acquitté de sa
promesse pour soy rendre devers la paciente à l'eure

assignée. S'il fut joyeusement recéu, pensez que ouy.
Et quant vint l'eure qu'il voulut besongnier et la
paciente médiciner, on la print comme l'autre fois,
et sur la couche tout au plus bel qu'on péust fust à
bougons couchée, et son derrière descouvert assez
avant, lequel fut incontinent des matronnes d'ung
très beau blanc drap linge garny, tapissé et armé; et
à l'endroit du secret mal fut fait ung beau pertuis,
par le quel maistre cordelier povoit appertement le
choisir. Et il regarde ce mal puis d'ung cousté, puis
d'autre; maintenant le touche du doy tout doulcement, une autre fois prent la pouldre dont médiciner la vouloit. Ores regarde le tuyau dont il veult
souffler icelle pouldre par sus et dedens le mal;
ores retourne arrière et jecte l'oeil de rechief sur ce
dit mal, et ne se scait saouler d'assez le regarder.
A chief de piece, il prend sa pouldre à la main
gauche, mise en ung beau petit vaisseau plat, et de
l'autre son tuyau qu'il vouloit emplir de la dicte
pouldre; et comme il regardoit très ententivement
et de très près par ce pertuis et à l'environ le destresseux mal de la povre fille. Et elle ne se péut
contenir, voyant l'estrange façon de regarder à tout
ung oeil de nostre cordelier, que force de rire ne la
surprist, qu'elle cuida bien longuement retenir, mais
si mal helas! luy advint que ce riz à force retenu fut
converty en ung sonnet dont le vent retourna si très
à point la pouldre, que la pluspart il fist voler contre
le visaige et seul bon oeil de ce bon cordelier, lequel

sentant ceste douleur, habandonna tantost et vaisseau et tuyau; et à peu qu'il ne chéut à la reverse, tant fort fut effrayé. Et quand il eut son sang, il met tost en haste la main à son oeil, soy plaingnant durement, disant qu'il estoit homme deffait, et en dangier de perdre ung seul bon œil qu'il avoit. Il ne mentit pas, car en peu de jours la pouldre qui corrosive estoit, luy gasta et manga trestout l'oeil, et par ce point l'autre qui jà estoit perdu, adveugle fut, et ainsi demoura le dit cordelier. Si se fit guider et mener ung certain jour après ce, jusques à l'ostel où il conquist ce beau butin ; et parla au maistre de léans, auquel il remonstra son piteux cas, priant et requerant, ainsi que droit le porte, qu'il lui baille et assigne, ainsi qu'à son estat appartient, sa vie honnorablement. Le bourgois respondit que de ceste son adventure beaucoup luy desplaisoit, combien qu'en riens il n'en soit cause, ne en quelque façon que ce soit chargié ne s'en tient. Trop bien est il content luy faire quelque gracieuse ayde d'argent pource qu'il avoit entreprins de garir sa fille, ce qu'il n'avoit pas fait, et que à luy ne veult èstre tenu en riens; lui veult baillier autant en somme que s'il luy éust sa fille en santé rendue, non pas, comme dit est, qu'il soit tenu de ce faire. Maistre cordelier, non content de ceste offre, demande qu'il luy assignast sa vie, remonstrant comment sa fille l'avoit aveuglé en sa présence, et à ceste occasion privé estoit de la digne et très saincte consécracion du précieux corps de

Jhésus, du saint service de l'Eglise, et de la glorieuse inquisicion des docteurs qu'ilz ont escript sur
la saincte théologie ; et par ce point de prédicacion
plus ne povoit servir le peuple qui estoit sa totale
destruction, car il est mendiant et non fondé sinon
sur aumosnes que plus conquerre ne povoit. Quelque chose qu'il allegue ne remonstre, il ne peut finer
d'autre response que ceste précédente. Si se tira par
devers la justice du parlement du dit Londres,
devant lequel fist bailler jour à nostre homme
dessus dit. Et quant vint heure de plaidier sa cause
par ung bon advocat bien informé de ce qu'il devoit
dire, Dieu scait que plusieurs se rendirent au consistoire, pour ouyr ce nouveau procès qui beaucoup
pléust aux seigneurs du dit parlement, tant pour la
nouvelleté du cas que pour les allégacions et argumens des parties devant eulz débatans, qui non
acoustumées, mais plaisantes estoyent. Ce procès
tant plaisant et nouvel, affin qu'il fust de plusieurs gens congnéu, fut tenu et maintenu assez
et longuement, non pas qu'à son tour de roule ne
fut bien renvoyé et mis en jeu ; mais le juge le fist
differer jusques à la façon de cestes. Et par ce point
celle qui auparavant par sa beaulté, bonté et genteté congnéue estoit de plusieurs gens, devint notoire à tout le monde par ce mauldit mal de broches,
dont en la fin fut garie, ainsi que depuis me fut
compté.

LA IIIe NOUVELLE,

PAR MONSEIGNEUR DE LA ROCHE.

(LA PÊCHE DE L'ANNEAU.)

En la duchié de Bourgoigne eust naguères ung gentil chevalier dont l'istoire passe le nom, qui marié estoit à une belle et gente dame. Et assez près du chasteau où le dit chevalier faisoit résidence, demouroit ung musnier pareillement à une belle, gente et jeune femme marié. Advint une fois entre les autres que comme le chevalier, pour passer temps et prendre son esbatement, se pourmenast entour son hostel, et du long de la rivière sur laquelle estoit assise la maison et moulin du dit musnier qui à ce coup n'estoit pas à son ostel, mais à Dijon ou à Beaune, le dit chevalier appercéut la femme du dit musnier, portant deux cruches et retournant de la rivière quérir de l'eaue. Si se avança vers elle et doulcement la salua ; et elle comme saige et bien aprinse lui fist l'onneur et révérence qui lui appartenoit. Notre bon chevalier, voyant ceste mu-

nière trés belle et en bon point, mais de sens assez
escharssement hourdée, se pensa de bonnes, et lui
dit : Certes, m'amie, j'apperçoy bien que vous estes
malade et en grant péril. A ces paroles la musnière
s'approcha de lui et luy dist : Hélas! Monseigneur, et
que me fault il? — Vrayement, m'amie, j'apperçoy
bien, se vous cheminez guères avant que vostre devant est en très grant dangier de chéoir ; et vous ose
bien dire que vous ne le porterez guères longuement
qu'il ne vous chée, tant m'y congnois je? La simple
musnière, ouyant les paroles de Monseigneur, devint
trés esbaye et courroucée : esbaye comment Monseigneur povoit scavoir ne véoir ce meschief advenir, et
couroucée d'ouyr la perte du meilleur membre de son
corps, et dont elle se servoit mieulx et son mary aussi.
Si respondi : helas ! Monseigneur, et à quoy congneis-
sez vous que mon devant est en dangier de chéoir?
il me semble qu'il tient tant bien. — Dea, m'amie,
souffise vous à tant et soyez seure que je vous dy la
vérité ; et ne seriez pas la première à qui le cas est
advenu. Helas ! dit elle, Monseigneur, or suis je femme
deffaicte, deshonnorée et perdue ; et que dira mon
mary, nostre dame, quant il scaura ce meschief, il ne
tiendra plus comte de moi. — Ne vous desconfortez
que bien à point, m'amie, dit Monseigneur, encores
n'est pas le cas advenu, aussy y a il bon remède. Quant
la jeune musnière ouyt que on trouveroit bien remède en son fait, le sang luy commença à revenir :
et ainsi qu'elle scéut, pria Monseigneur, pour Dieu,

que de sa grace luy voulsist enseignier qu'elle doit
faire pour garder ce povre devant de chéoir. Monseigneur, qui très courtois et gracieux estoit, mesmement tousjours vers les dames, lui dit : M'amie,
pource que vous estes belle et bonne, et que j'ayme
bien vostre mary, il me prent pitié et compassion de
vostre fait ; si vous enseigneray comment vous garderez vostre devant de chéoir. Hélas! Monseigneur, je
vous en mercy, et certes vous ferez une oeuvre bien
méritoire, car autant me vauldroit non estre que
de vivre sans mon devant. Et que doy je donc faire,
Monseigneur?—M'amie, dit il, affin de garder vostre
devant de chéoir, le remède si est que au plus tost
que pourrez, le fort et souvent faire recoingnier.
Recoingnier, Monseigneur, et qui le scauroit faire? à
qui me fauldroit il parler pour bien faire cette besoingne?—Je vous diray, m'amie, dit Monseigneur, pource que je vous ay advertie de vostre mechief qui très
prouchain et grief estoit, ensemble aussi et du remède nécessaire pour obvier aux inconvéniens qui
sourdre en pourroient, je suis content, affin de plus
en mieulx nourrir amour entre nous deux, vous recoingnier votre devant ; et le vous rendray en tel estat
que par tout le pourrez tout seurement porter, sans
avoir crainte ne doubte que jamais il puisse chéoir ;
et de ce me fais je bien fort. Se nostre musnière fut
bien joyeuse il ne le fault pas demander, qui mettoit
si très grant peine du peu du sens qu'elle avoit de
souffisaument remercier Monseigneur. Si marchèrent

tant, Monseigneur et elle, qu'ilz vindrent au moulin
où ilz ne furent guères sans mettre la main à l'euvre,
car Monseigneur, par sa courtoisie, d'ung houstil
qu'il avoit recoingnat en peu d'eure, troys ou quatre
fois, le devant de nostre musnière qui très joyeuse et
lyée en fut. Et après que l'euvre fut ployée, et de devises ung millier, et jour assigné d'encores ouvrer à
ce devant, Monseigneur part, et tout le beau pas s'en
retourna vers son hostel. Et au jour nommé se rendit Monseigneur vers sa musnière, en la façon que
dessus, et au mieulx qu'il péut il s'employa à recoingnier ce devant; et tant et si bien y ouvra, par continuacion de temps, que ce devant fut tout asseuré et
tenoit ferme et bien. Pendant le temps que Monseigneur recoingnoit le devant de ceste musnière, le musnier retourna de sa marchandise et fit grand chière,
et aussi fist sa femme. Et comme ilz eurent devisé de
leurs besoingnes, la très saige musnière va dire à son
mary : Par ma foy, sire, nous sommes bien obligez à
Monseigneur de ceste ville. — Voire, m'amie, dit le
musnier, en quelle façon? — C'est bien raison que le
vous die, affin que l'en merciez, car vous y estes tenu. Il est vray que tandiz qu'avés esté dehors, Monseigneur passoit par cy droit à la court, ainsi que à tous
deux cruches je aloye à la rivière; il me salua, si fis je
lui, et comme je marchoie, il apperceut que mon devant ne tenoit comme rien, et qu'il estoit en trop
grant aventure de chéoir; et le me dist de sa grace
dont je fuz si très esbahye, voire par dieu, autant cour-

roucée que se tout le monde fust mort. Le bon seigneur qui me véoit en ce point lamenter, en eut pitié;
et de fait m'enseigna ung beau remède pour me garder de ce mauldit dangier. Et encores me fist il bien
plus qu'il n'eust point fait à une aultre, car le remède dont il me advertit qui estoit faire recoingnier
et recheviller mon devant, affin de le garder de
chéoir, lui mesmes le mist à exécucion; qui lui fut
très grant peine et en sua plusieurs fois, pource que
mon cas requeroit d'estre souvent visité. Que vous
diray je plus, il s'en est tant bien acquitté que jamais
ne luy sauriez desservir. Par ma foy il m'a tel jour
de ceste sepmaine recongnié les troys, les quatre fois,
ung autre deux, ung autre troys; il ne m'a jà laissée
tant que j'aye esté toute guarie; et si m'a mis en tel
estat que mon devant tient à ceste heure, tout aussi
bien et aussi fermement que celui de femme de nostre ville. Le musnier, oyant cette adventure, ne fit
pas semblant par dehors tel que son cueur au par-
dedens portoit; mais comme s'il fust bien joyeux, dit
à sa femme : Or ça, m'amye, je suis bien joyeux que
Monseigneur nous a fait ce plaisir, et se Dieu plaist,
quant il sera possible, je feray autant pour lui. Mais
pource que vostre cas n'estoit pas honneste, gardez
vous bien d'en riens dire à personne, et aussi puis
que vous estes guarie, il n'est jà mestier que vous
travailliez plus Monseigneur. Vous n'avez garde, dist
la musnière, que j'en die jamais ung mot, car aussi
le me deffendit bien Monseigneur. Nostre musnier

qui estoit gentil compaignon, à qui les crignons de
sa teste ramentevoyent souvent et trop la courtoisie
que Monseigneur luy avoit faicte, et si saigement se
conduisit qu'onques mon dit seigneur ne se percéut
qu'il se doubtast de la tromperie qu'il lui avoit faicte
et cuidoit en soy mesmes qu'il n'en scéust rien. Mais
helas! si faisoit et n'avoit ailleurs son cueur, son es-
tudie, ne toutes ses pensées que à soy vengier de lui,
s'il scavoit en façon telle ou semblable qu'il lui decéut sa femme. Et tant fit par son engin que point
oiseux n'estoit, qu'il advisa à une manière par laquelle bien lui sembloit que s'il en povoit venir à
chief que Monseigneur auroit beurre pour œufz. A
chief de pechié, pour aucuns affaires qui survindrent
à Monseigneur il monta à cheval, et print de Madame
congié bien pour ung mois, dont le musnier ne fut
pas un peu joyeux. Ung jour entre les aultres, Madame eut volenté de soy baingnier, et fit tirer le baing
et chauffer les estuves en son hostel, à part; ce que
nostre musnier scéust très bien, pource que assez
familier estoit de léans. Si s'advisa de prendre ung
beau brochet qu'il avoit en sa fosse, et vint ou
chasteau pour le présenter à ma dame. Aucunes des
femmes de ma dame vouloient prendre le brochet,
et de par le musnier en faire présent, mais il dit que
luy mesme il le présenteroit, ou vrayement il le rem-
porteroit. Au fort pource qu'il estoit comme de léans,
et joyeux homme, ma dame le fist venir qui dedens son
bain estoit. Le gracieux musnier fist son présent,

dont ma **dame le mercia, et fist** porter en la cuisine
le beau brochet, et mectre à point pour le soupper.
Et entretant que ma dame au musnier devisoit, il
apperséut sur le bord de la cupve ung très beau dyamant qu'elle avoit osté de son doy, dobtant de l'eaue
le gaster. Si le croqua si soupplement qu'il ne fust
de ame percéu ; et quant il vit son point, il donna la
bonne nuyt à ma dame et à sa compaignie, et s'en
retourna en son moulin, pensant au surplus de son
affaire. Ma dame qui faisoit grant chière avec ses
femmes, voyant qu'il estoit jà bien tart et heure de
souper, habandonna le bain, et en son lit se bouta.
Et comme elle regardoit ses bras et ses mains, elle
ne vit point son dyamant : si appella ses femmes
et leur demanda après ce dyamant, et à laquelle elle
l'avoit baillié. Chascune dist : ce ne fust pas à moy,
n'à moy, ne à moy aussi. On cherche hault et bas,
dedans la cupve, sur la cupve, mais riens n'y vault,
on ne le scait trouver. La queste de ce dyamant
dura beaucoup, sans qu'on en scéust quelque nouvelle, dont ma dame s'en donnoit bien mauvais temps
pource qu'il estoit meschamment perdu et en sa
chambre. Et aussi Monseigneur son mari luy donna
au jour de ses espousailles, si l'en tenoit beaucoup
plus chier. On ne scait qui mescroire ne à qui le
demander, dont grant duel sourd par léans. L'une
des femmes s'advisa et dist : ame n'est céans entré
que nous qui y sommes et le musnier, se me sembleroit bon qu'il fut mandé. On le manda et il vint.

Ma dame si trés courroucée et desplaisante estoit
que plus ne povoit, demanda au musnier s'il avoit
point véu son dyamant? Et luy asséuré autant en
bourdes que ung autre à dire vérité, s'en excusa
trés haultement. Et mesmes osa bien demander à
ma dame s'elle le tenoit pour larron : Certes, musnier, dit elle, nennil; aussi ce ne seroit pas larrecin si
vous l'aviez par esbatement emporté. Ma dame, dist
le musnier, je vous prometz que de vostre dyamant
ne scay je nouvelle. Adonc fut la compaignie bien
simple et ma dame especialement, qui en est si très
desplaisante qu'elle n'en scait sa contenance que de
jetter larmes à grant abondance , tant a regret de
ceste verge. La triste compaignie se met à conseil
pour scauoir qu'il est de faire. L'une dit : il faut
qu'il soit en la chambre , l'autre respond qu'elle a
cherchié par tout. Le musnier demande à ma dame
s'elle l'avoit à l'entrée du bain? et elle dist que ouy :
S'ainsi est certainement, ma dame, veu la grant diligence qu'on a fait de le quérir sans en savoir nouvelle, la chose est bien estrange. Toutesfois il me
semble bien que s'il y avoit homme en ceste ville
qui scéust donner un conseil pour le recouvrer, que
je seroye celluy ; et pource que je ne vouldroye pas
que ma science fust divulguée , il seroit bon que je
parlasse à vous à part. — A cela ne tiendra pas, dit
ma dame. Si fist partir la compaignie, et au partir que
firent les femmes, disoient dame Jehanne, Ysabeau.
et Catherine : Helas ! musnier, que vous seriez bon

homme se vous faisiez revenir ce dyamant. Je ne
m'en fais pas fort, dist le musnier, mais j'ose bien
dire que s'il est possible de jamais le trouver que
j'en apprendray la manière. Quant il se vit à part
avecques ma dame, il lui dist qu'il se doubtoit beaucoup et pensoit, puis qu'en l'arriver du bain elle
avoit son dyamant, et qu'il ne fust sailly de son doy
et chéu en l'eaue ; et dedans son corps c'est bouté, attendu qu'il n'y avoit ame qui le voulsist retenir. Et
la diligence faicte pour le trouver, se fist ma dame
monter sur son lit, ce qu'elle eust voulentiers refusé
ce n'eust esté pour myeulx faire. Et après qu'il l'eust
assez descouverte, fist comme manière de regarder
çà et là, et dist : seurement, ma dame, le dyamant est
entré en vostre corps. — Et dictes vous, musnier, que
vous l'avez percéu? — Oy vrayement. — Helas! dist elle,
et comment l'en pourra l'en tirer? — Trés bien, madame, je ne doubte pas que je n'en vienne bien à chief,
s'il vous plaist. — Se m'aïst Dieu, il n'est chose que
je ne face pour le ravoir, dit ma dame ; or vous avancez beau musnier. Ma dame encores sur le lit couchée
fut mise par le musnier tout en telle façon que Monseigneur mettoit sa femme, quant il luy recongnoit
son devant, et d'ung tel houtil la tente pour quérir
et peschier le dyamant. Après les reposées de la première et seconde queste que le musnier fist du dyamant, ma dame demanda s'il l'avoit point sentu? Et
il dist que ouy ; dont elle fut bien joyeuse et luy pria
qu'il peschast encores tant qu'il l'eust trouvé. Pour

6.

abbregier, tant fist le bon musnier qu'il rendit à
ma dame son trés beau dyamant, dont la très grant
joye vint par léans ; et n'eust jamais musnier tant
d'onneur et d'avancement que ma dame et ses femmes lùy donnèrent. Ce bon musnier en la très bonne
grace de ma dame part de léans, et vint à sa maison
sans soy vanter à sa femme de sa nouvelle adven—
ture, dont il estoit plus joyeux que s'il eust tout le
monde gaignié. La Dieu mercy, petit de temps après
Monseigneur revint en sa maison où il fut doulcement recéu et de ma dame humblement bien venu,
laquelle, après plusieurs devises qui au lit se font,
luy conta la très merveilleuse adventure de son dyamant, et comment il fut par le musnier de son corps
repeschié ; pour abregier, tout du long lui compta
le procès en la façon et manière que tint le dit musnier en la queste du dit dyamant, dont il n'eut guères
grant joye, mais pensa que le musnier lui avoit
baillé belle. A la première fois qu'il rencontra le
musnier, il le salua haultement et lui dist : Dieu gart,
Dieu gart ce bon pescheur de dyamans ; à quoy le
musnier respondit : Dieu gart ce recongneur de c...
Par nostre Dame, tu dis vray, dist le seigneur, tays toy
de moy et si ferai ge de toy. Le musnier fut content,
et jamais plus n'en parla ; non fist le seigneur, que je
saiche.

LA IVe NOUVELLE,

PAR MONSEIGNEUR.

(LE COCU ARMÉ.)

Le Roy naguères estant en sa ville de Tours, ung gentil compaignon Escossois archier de son corps et de sa grant garde, s'enamoura très fort d'une belle et gente damoiselle mariée et mercière. Et quant il scéust trouver temps et lieu, le mains mal qu'il scéut compta son gracieux et piteulx cas, dont il n'estoit pas trop content, ne joyeux. Néantmains, car il avoit la chose fort à cueur, ne laissa pas à faire sa poursuite, mais de plus en plus très aigrement pourchassa tant que la damoiselle le voulut enchassier, et donner total congié. Et lui dit qu'elle advertiroit son mary du pourchaz deshonneste et dannable qu'il s'efforçoit de achever, ce qu'elle fist tout au long. Le mary bon et saige, preux et vaillant, comme après vous sera compté, se courrouça amèrement encontre l'Escossois qui deshonnourer le vouloit et sa très bonne femme

aussi. Et pour bien se vengier de lui à son aise et
sans reprise, commanda à sa femme que s'il retournoit plus à sa queste, qu'elle lui baillast et assignast jour, et s'il estoit si fol que de y comparoir, le
blasme qu'il pourchassoit luy seroit chier vendu.
La bonne femme, pour obéir au bon plaisir de son
mary, dit que si feroit elle. Il ne demoura guères
que le povre amoureux Escossois fist tant de tours
qu'il vit en place nostre mercière qui fut par lui
humblement saluée, et de rechief d'amours si doulcement priée que les requestes du par avant devoient bien estre entérinées par la conclusion de
ceste piteuse et derrenière prière ; et qu'elle les
voulsist ouyr, et jamais ne seroit femme plus loyalement obéye ne servie qu'elle seroit, se de grace
vouloit accepter sa très humble et raisonnable requeste. La belle mercière, soy recordant de la leçon
que son mary luy bailla, voyant aussi l'eure propice,
entre autres devises et plusieurs excusations servans à son propos, bailla journée à l'Escossois à
lendemain au soir de comparoir personnellement
en sa chambre, pour en ce lieu luy dire plus celéement le surplus de son intencion, et le grant bien
qu'il lui vouloit. Pensez qu'elle fut haultement re-
merciée, doulcement escoutée, et de bon cueur obéye
de celui qui après ces bonnes nouvelles, laissa sa
dame le plus joyeux que jamais il n'avoit esté.
Quant le mari vint à l'ostel, il sceut comment l'Escossois fut léans, des parolles et des grans offres

qu'il fist; et comment il se rendra demain au soir
devers elle, en sa chambre : Or le laissez venir, dist
le mary, il ne fist jamais si fol entreprise, que bien je
luy cuide monstrer avant qu'il parte, voire et faire
son grant tort confesser, pour estre exemple aux autres folz outrecuidez et enraigiez comme lui. Le soir
du lendemain approucha, très désiré du povre amoureux Escossois pour veoir et jouyr de sa dame, très
désiré du bon mercier, pour acomplir la très criminelle vengance qu'il veult exécuter en la personne
de celuy Escossois qui veult estre son lieutenant;
très doubté aussi de la bonne femme qui pour obéir
à son mary, attend de veoir ung grant hutin. Au
fort, chascun s'appreste : le mercier se fait armer
d'ung grant, lourt et vieil harnois, prent sa salade,
ses ganteletz, et en sa main une grant haiche. Or est
il bien en point, Dieu le scait, et semble bien que
autres fois il ait véu hutin. Comme ung vray cham-
pion venu sur les rens de bonne heure, et attendant son ennemy, en lieu de pavillon se va mettre
derrière ung tapis, en la ruelle de son lit, et si très
bien se caicha qu'il ne pourroit estre percéu. L'a-
moureux malade, sentant l'eure très désirée, se met
en chemin devers l'ostel à la merçière, mais il n'oublia pas sa grande, bonne et forte espée à deux mains.
Et comme il fut venu léans, la dame monte en sa
chambre sans faire effroy, et il la suit tout doulcement. Et quant il s'est trouvé léans, il demande à
sa dame s'en sa chambre y avoit ame qu'elle? A quoy

elle respondit assez legièrement, et estrangement,
et comme non trop asseurée, que non : Dictes vérité, dist l'Escossois, vostre mari n'y est il pas?—Nennil,
dit elle. — Or le laissez venir ; par sainct Engnan, s'il
vient, je luy fendray la teste jusques aux dens ; voire
par Dieu, s'ilz estoient troys, je ne les crains, j'en seray bien maistre. Et après ces criminelles parolles,
vous tire hors sa grande et bonne espée et si la fait
brandir troys ou quatre fois ; et auprès de lui, sur le
lit la couche. Et ce fait, incontinent baise et accole,
et le surplus qu'après s'ensuit tout à son bel aise
et loisir acheva, sans ce que le povre coux de la
ruelle s'osast onques monstrer, mais si grant paour
avoit qu'à pou qu'il ne mouroit. Nostre Escossois,
après ceste haulte adventure, prent de sa dame congié jusques à une aultre fois, et la mercye, comme
il doit et scait, de sa grant courtoisie, et se met à
chemin. Quant le vaillant homme d'armes sçéut
l'Escossois yssu hors de l'uys, ainsy effrayé qu'il
estoit, sans à peine savoir parler, sault déhors de son
pavillon, et commence à tensier sa femme de ce qu'elle
avoit souffert le plaisir de l'archier. Et elle respondit
que c'estoit sa faulte et sa coulpe, et que enchargié
luy avoit de luy baillier jour. — Je ne vous comman-
day pas, dit il, que luy laississiez faire sa voulenté ne
son plaisir.—Comment, dit-elle, le povois je reffuser,
voyant sa grande espée dont il m'eust tuée en cas de
reffuz. Et à ce coup vécy bon Escossois qui retourne
et monte arrière les degrez de la chambre, et sault

dedens et dit tout hault : quesse cy ! Et le bon homme
de soi saulver, et dessoubz le lit se boûte, pour
estre plus seurement, beaucoup plus esbahy que
par avant. La dame fut reprinse et de rechief enfer-
rée à son beau loisir, et à la façon que dessus, tousjours l'espée au plus près de lui. Après ceste ren-
charge et plusieurs longues devises d'entre l'Escossois et la dame, l'eure vint de partir, si lui donna la
bonne nuyt et picque et s'en va. Le povre martyr
estant dessoubz le lit, à peu s'il se osoit tirer de là,
doubtant le retour de son adversaire, ou pour
mieulx dire son compaignon. A chief de pechié, il
print couraige et à l'ayde de sa femme, la Dieu
mercy il fut remis sur piés. S'il avoit bien tensé sa
femme au par avant, encores recommenca il plus
dure légende ; car elle avoit consenti après sa deffense le deshonneur de luy et d'elle : Helas ! dit elle,
et où est la femme si asseurée qui osast desdire ung
homme ainsi eschauffé et enraigé comme cestuy estoit, quant vous, qui estes armé, embastonné et si
vaillant, à qui il a trop plus meffait que à moi, ne
l'avés pas osé assaillir ne moy deffendre ? — Ce n'est
pas response, dist il, dame, se vous n'eussiez voulu,
jamais ne fust venu à ses attainctes ; vous estes mauvaise et desléale. — Mais vous, dit elle, lasche, meschant et reprouchié homme, pour qui je suis deshonnourée, car pour vous obéyr je assignay le mauldit
jour à l'Escossois. Et encores n'avés eu en vous tant
de couraige d'entreprendre la deffence de celle en qui

gist tout vostre bien et vostre honneur. Et ne pensez pas que j'eusse trop mieulx aymé la mort que d'a-
voir de moy mesme consenty ne accordé ce meschief.
Et Dieu scait le doeul que j'en porte et porteray tant
que je vivray, quant celuy de qui je dois avoir et tout
secours attendre, en sa présence m'a bien souffert
deshonnourer. Il fait assez à croire et penser qu'elle
ne souffrit pas la voulenté de l'Escossois pour plaisir qu'elle y print, mais elle fut à ce contraincte et
forcée par non resister, laissant la resistence en la
prouesse de son mary qui s'en estoit très bien chargié. Donc chascun d'eulz laissa son dire et sa querelle après plusieurs argumens, et repliques, d'ung
costé et d'autre. Mais en son cas évident fut le mary
deceu, et demoura trompé de l'Escossois, en la façon
qu'avez ouye.

LA Vᵉ NOUVELLE,

PAR PHELIPE DE LAON.

(LE DUEL D'AIGUILLETTE.)

Monseigneur Thalebot que Dieu pardoint, capitaine anglois si eureux, comme chascun sçait, fist en
sa vie deux jugemens dignes d'estre recitez et en
audience et mémoire perpetuelle amenez. Et affin que
de chascun d'iceulx jugemens soit faicte mencion,
j'en veuille raconter en briefz motz ma première
nouvelle et au renc des aultres la cinquiesme. J'en
fourniray et diray ainsi. Pendant le temps que la
máuldite et pestilencieuse guerre de France et d'Angleterre régnoit, et que encores n'a pas prins fin,
comme souvent advient, ung François homme
d'armes fut à ung autre Anglois prisonnier; et puis
qu'il fut mis à finance, soubz le saufconduit de Monseigneur Thalebot, devers son capitaine retournoit,
pour faire finance de sa rançon, et à son maistre

l'envoyer ou apporter. Et comme il estoit en chemin,
fut par ung Angloys sur les champs encontré, lequel
le voyant François, tantost lui demanda dont il venoit
et où il aloit. L'autre respondit la vérité : Et où est
votre saufconduit? dit l'Anglois. — Il n'est pas loing,
dit le François. Lors tire une petite boîte pendante
à sa ceinture où son saufconduit estoit, et à l'Anglois
le tendit qui de bout à autre le leut. Et comme il est
de coustume mettre en toutes lettres de saufconduit : Reservé tous vrais habillemens de guerre, l'Anglois note sur ce mot, et voit encores les esguillettes
à armer pendantes au porpoint du François. Si va
jugier en soy mesmes qu'il avoit enfraint son saufconduit, et que esguillettes sont vrais habillemens
de guerre ; si lui dit : Je vous fays prisonnier, car vous
avés rompu votre saufconduit.—Par ma foy, non ay,
dist le François, saulve vostre grace ; vous voyez en
quel estat je suis.—Nennil, nennil, dit l'Anglois, par
sainct Jouen, vostre saufconduit est rompu, rendés
vous ou je vous tueray. Le povre François, qui
n'avoit que son paige, et qui estoit tout nud et de
ses armeures desgarny, voyant l'autre et de troys ou
quatre archiers acompaignié, pour le mieulx faire,
à luy se rendit. L'Anglois le mena en une place assez
près de là, et en prison le boute. Le François, se
voyant ainsi mal mené, à grant haste à son capitaine
le manda, lequel ouyant le cas de son homme, fut
trestoust à mervelles esbay. Si fist tantost escripre
lettres à Monseigneur Thalebot, et par ung hérault,

les envoya bien et suffisamment informé de la matière que l'omme d'armes prisonnier avoit au long au capitaine rescript : C'est assavoir comment ung tel de ses gens avoit prins ung tel des siens soubz son saufconduit. Le dit hérault, bien informé et aprins de ce qu'il devoit dire et faire, de son maistre partit et à Monseigneur Thalebot ses lettres présenta. Il les leut et par ung sien sécretaire en audience, devant plusieurs chevaliers et escuyers et aultres de sa route de rechief les fist relire. Si devez savoir que tantost il monta sur son chevalet, car il avoit la teste chaulde et fumeuse, et n'estoit pas content quant on faisoit autrement qu'à point, et par espécial en matière de guerre ; et d'enfraindre son saufconduit il enraigeoit tout vif. Pour abbregier le conte, il fist venir devant lui et l'Anglois et le François, et dist au François qu'il contast son cas. Il dist comment il avoit esté prisonnier d'ung tel de ses gens et s'estoit mis à finance : Et soubz vostre saufconduit, Monseigneur, je m'en aloye devers ceulx de nostre party, pour quérir ma rençon. Je rencontray ce gentilhomme icy, lequel est aussi de voz gens, qui me demanda où j'aloye, et se j'avoye saufconduit? je 'luy dis que ouy, lequel je luy monstray. Et quant il l'eust leu, il me dist que je l'avoye rompu et je luy respondy que non avoye et qu'il ne le sauroit monstrer. Brief je ne peuz estre ouy et me fut force, se je ne me vouloye faire tuer sur la place, de me rendre. Et ne sçay cause nulle porquoi il me doye

avoir retenu, si vous en demande justice. Monseigneur Thalebot, oyant le François, n'estoit pas bien
à son aise; néantmains quant il ce eut dit, il dit à
l'Anglois : que respons tu à cecy? — Monseigneur, dit
il, il est bien vray, comme il a dit, que je l'encontray et
voulus veoir son saufconduit, lequel de bout en bout
et tout du long je leuz ; et apperceu tantost qu'il
l'avoit rompu et enfraint, et aultrement jamais je ne
l'eusse arresté.—Comment l'a il rompu. dist Monseigneur Thalebot, dy tost?—Monseigneur, pource que
en son saufconduit sont reservez tous habillemens
de guerre ; et il avoit et ha encores vrayz habillemens
de guerre, c'est assavoir à son porpoint ses esguillettes à armer que sont ungz vrayz habillemens de
guerre, car sans elles on ne se peut armer.—Voire!
dit Thalebot ; et esguillettes sont ce doncques vraiz
habillemens de guerre? Et ne sçais tu aultre chose
par quoy il puisse avoir enfraint son saufconduit?—
Vrayement, Monseigneur, nennil, respondit l'Anglois.
—Voire, villain, de par vostre deable, dist Monseigneur Thalebot, avez vous retenu ung gentilhomme
sur mon saufconduit pour ses esguillettes? Par saint
George, je vous feray monstrer se ce sont habillemens
de guerre. Alors tout eschauffé et de courroux bien
fort esmeu, vint au François, et de son porpoint deux
esguillettes en tira, et à l'Anglois les bailla, et au
François une bonne espée d'armes fut en la main
livrée; et puis la sienne belle et bonne hors du fou-
reau va tirer, et la tint en sa main, et à l'Anglois va

dire : Deffendez vous de cest habillement de guerre
que vous dictes, se vous sçavez. Et puis dit au
François : Frappéz sur ce villain qui vous a retenu
sans cause et sans raison ; on verra comment il se
deffendra de vostre habillement de guerre. Se vous
l'espargniez, je frapperay sur vous, par saint George !
Alors le François, voulsist ou non, fut contraint de
frapper sur l'Anglois de l'espée toute nue qu'il tenoit,
et le povre Anglois se couvroit le mieulx qu'il
povoit, et coùroyt par la chambre, et Thalebot après
qui tousjours faisoit férir par le François sur l'autre,
et lui disoit : Deffendez vous, villain, de vostre habillement de guerre. A la vérité, l'Anglois fut tant batu
près qu'il fut jusques à la mort; et cria mercy à Thalebot et au Françoys, lequel par ce moyen fut délivré
de sa rençon et par Monseigneur Thalebot acquitté. Et
avecques ce son cheval et son harnois et tout son
bagaige qu'au jour de sa prinse avoit, lui fist rendre
et baillier. Vela le premier jugement que fist Monseigneur Thalebot ; reste à compter l'autre qui fut
tel. Il sceust que l'ung de ses gens avoit desrobé en
une église le tabernacle où l'en met corpus Domini
et à bons déniers contans vendu, je ne sçay pas la
juste somme, mais il estoit grant et beau et d'argent
doré très gentement esmaillié. Monseigneur Thalebot,
quoy qu'il fust très cruel, et en la guerre très cri-
minel, si avoit-il en grant révérence tousjours l'église,
et ne vouloit que nul en moustier ne église le feu
boutast, ne desrobast quelque chose ; et où il scavoit

qu'on le fist, il en faisoit merveilleuse discipline de
ceulx qui en ce faisant trespassoient son commandement. Or il fist devant lui amener et venir
cellui qui ce tabernacle avoit en l'église robé. Et
quant il le vit, Dieu sçait quelle chière il lui fist ; il le
vouloit à toute force tuer, se n'eussent esté ceulx qui
entour lui estoient qui tant lui prièrent que sa vie
lui fust saulvée. Mais néantmains, si le voulut il
punir et lui dist : Traistre ribault, et comment avez
vous osé rober l'église oultre mon commandement
et ma deffense ? — Ha ! Monseigneur, pour Dieu, dist
le povre larron, je vous crie mercy, jamais ne
m'adviendra. — Venez, avant, villain, dit il. Et l'autre
aussi voulentiers qu'on va au guet, devers Monseigneur Thalebot d'aler s'avance. Et le dit Monseigneur
Thalebot de chargier sur ce pélerin de son poing
qui estoit gros et lourt, et pareillement frape sur sa
teste, en lui disant : Ha larron, avez vous robé l'église !
Et l'autre de crier : Monseigneur, je vous crie mercy,
jamais je ne le feray. — Le ferez vous ? — Nennil,
Monseigneur. — Or jure doncques que jamais tu
n'entreras en église nulle quelqu'elle soit ; jure, villain. — Et bien, Monseigneur, dit l'autre. Lors lui fit
jurer que jamais en église pié ne mettroit, dont tous
ceulx qui là estoient et qui l'oyrent, eurent grant
riz, quoy qu'ilz eussent pitié du larron, pource que
Monseigneur Thalebot luy deffendoit l'église à tousjours, et lui faisoit jurer de non jamais y entrer. Et
croyez qu'il cuidoit bien faire et à bonne intencion

lui faisoit. Ainsi avez vous ouy de Monseigneur
Thalebot les deux jugemens qui furent telz comme
comptez les vous ay.

LA VIe NOUVELLE,

CONTÉE PAR MONSEIGNEUR DE LANOY.

(L'IVROGNE AU PARADIS.)

En une ville de Hollande, comme le prieur des Augustins naguères se pourmenast, en disant ses heures, sur le serain, assez près de la chappelle de saint Anthoyne située ou bois de la dicte ville, il fut rencontré d'ung grant lourt Hollandois si très yvre qu'à merveilles, lequel demouroit en ung villaige nommé Stevelinghes, à deux lieux près d'illec. Le prieur, de loing le voyant venir, congneut tantost son cas, par les lourde desmarches et mal seures qu'il faisoit, tirant son chemin. Et quant ilz vindrent pour joindre l'ung à l'autre, l'yvroingne salua premier le prieur qui lui rendit son salut tantost, et puis passe oultre, continuant son service, sans en autre propos l'arrester ne interroguer. Mais l'yvroigne tant oultré que plus ne povoit, se retourne et poursuit le prieur, et lui requist con-

fession : Confession, dit le prieur, va-t-en, va-t-en, tu
es bien confessé. — Hélas, sire, respond l'yvroingne,
pour Dieu, confessez moy ; j'ay assez très fresche mémoire de tous mes pechiez, et si ay parfaicte contricion. Le prieur, desplaisant d'estre empesché à ce
coup par cest yvroingne, respond : Va ton chemin, il
ne te faùlt confesser, car tu es en très bon estat. — Ha
dea, dit l'yvroingne, par la mort bieu, vous me con-
fesserez, maistre prieur, car j'en ay à ceste heure dévocion. Et le saisit par la manche, et le voulut arrester. Le prieur n'y vouloit entendre, mais avoit tant
grant fain que merveilles d'estre eschappé de l'autre,
mais rien n'y vault, car il est ferme en la dévocion
d'estre confessé, ce que le prieur tousjours reffuse et
si s'en cuide desarmer, mais il ne peut. La dévocion
de l'yvroingne de plus en plus s'efforce ; et quant il
voit le prieur reffusant de ouyr ses peschiez, il met
sa main à sa grande coustille et de sa gayne le tire
et dit au prieur qu'il le tuera se bien il n'escoute sa
confession. Le prieur, doubtant le cousteau et la main
périlleuse qui le tenoit, si demande à l'autre : Que
vuelx tu dire ? — Je me vueil confesser, dit il. — Or
avant, dit le prieur, je le vueil, avance toy. Nostre
yvroingne, plus saoul que une grive partant d'une
vigne, commença, s'il vous plaist, sa dévote confession, laquelle je passe, car le prieur point ne la révéla,
mais vous pouvez penser qu'elle fut bien nouvelle
et estrange. Quant le prieur vit son point, il couppa
le chemin aux longues et lourdes parolles de nostre

yvroingne et l'absolucion lui donne ; et en congié lui
donnant lui dist : Va-t-en, tu es bien confessé.—Dictes
vous, sire? respond il.—Oy vrayement, dist le prieur,
ta confession est très bonne. Va-t-en, tu ne peuz mal
avoir. — Et puis que je suis bien confessé et que j'ay
l'absolucion receu, se à ceste heure je mouroye, n'y-
roye je pas en paradis? ce dit l'yvroingne.—Tout droit
sans faillir, respond le prieur, n'en faiz nul doubte.
—Puis qu'ainsi est, ce dit l'yvroingne, que maintenant
je suis en bon estat et en chemin de paradis, et qu'il
y fait tant bel et tant bon, je vueil mourir tout maintenant, affin que incontinent je y aille. Si prent et
baille son cousteau à ce prieur, en lui priant et requérant qu'il lui tranchast la teste, affin qu'il allast en
paradis : Ha dea, dist le prieur tout esbahy, il n'est
jà mestier d'ainsi faire, tu iras bien en paradis par
aultre voye.—Nennil, respond l'yvroingne, je y vueil
aler tout maintenant et icy mourir par voz mains ;
avancez vous et me tuez. — Non feray pas, dit le
prieur, ung prestre ne doit personne tuer. Si ferez,
sire, par la mort bieu, et se bientoust ne me depes-
chiez et me mettez en paradis, moy mesmes à mes
deux mains vous occiray. Et à ces motz, brandit son
grant cousteau, et en fait monstre aux yeulx du
povre prieur tout espoventé et assimply. Au fort
après qu'il eut ung peu pencé, affin d'estre de son
yvroingne despeschié, lequel de plus en plus l'ag-
gresse et parforce qu'il luy oste la vie, il saisit et prent
le cousteau et si va dire : Or ça, puis que tu veulx

finer par mes mains, affin d'aller en paradis, metz
toy à genoulz ci devant moy. L'yvroingne ne s'en fist
guères preschier, mais tout à coup du hault de lui
tomber se laissa, et à chief de pechié, à quelque meschief que ce fut, sur le genoulz se releva et à mains
joinctes, le coup de l'espée, cuidant mourir, attendoit.
Le prieur du doz du cousteau fiert sur le col de
l'yvroingne ung grant et pesant coup, et par terre le
abat bien rudement. Mais vous n'avez garde qu'il
se relieve, mesmes cuide vrayement estre mort et
estre jà en paradis. En ce point le laissa le prieur
qui pour sa seureté n'oublia pas le cousteau. Et
comme il fut ung peu avant, il rencontra ung chariot chargié de gens au mains de la pluspart. Si
bien advint que ceulx qui avoient esté présens où
nostre yvroingne s'estoit chargié y estoient, auxquelz
il raconta bien au long le mistère dessus dit, en
leur priant qu'ilz le levassent et qu'en son hostel le
voulsissent rendre et conduire, et puis leur bailla
son cousteau. Ilz promirent de l'emmener et chargier avecques eulz, et le prieur s'en va. Ilz n'eurent
guères cheminé qu'ilz perceurent ce bon yvroingne couchié ainsi comme s'il fust mort, les dens contre terre. Et quant ilz furent près de lui, tous à une
voix, par son nom, l'appelèrent, mais ils ont beau
huchier, il n'avoit garde de respondre; ils recommencèrent à crier, mais c'est pour néant. Adoncques
descendirent aucuns de leur chariot, si le prindrent
par la teste, par les piez et par les jambes, et tout

en l'air le levèrent, et tant huchèrent qu'il ouvrit ses
yeulx, et incontinent parla et dist : Laissez moi,
laissez moy, je suis mort.—Non estes, non, dirent ses
compaignons, il vous fault venir avec nous. — Non
feray, dist l'yvroingne, où irai je ? je suis mort et desja
en paradis. — Vous vous en viendrez, dirent les autres, il nous fault aler boire.—Boire, dit-il. Voire, dit
l'autre. Jamais je ne boiray, dit-il, car je suis mort.
Quelque chose que ses compaignons lui dissent, ne
fissent, il ne vouloit mettre hors de sa teste qu'il ne
fust mort. Ces devises durèrent beaucoup, et ne
savoient trouver les compaignons façon ne manière
d'emmener ce fol yvroingne, car quelque chose qu'ilz
dissent tousjours respondoit : Je suis mort. En la fin
ung entre les autres se advisa et dit : Puis que vous
estes mort, vous ne voulez pas demourer icy, et
comme une beste, aux champs estre enfouy ; venez
avec nous, si vous porterons enterrer sur nostre
chariot, ou cymitiére de nostre ville, ainsi qu'il appartient à ung crestien, autrement n'yrés pas en
paradis. Quant l'ivroingne entendit qu'il le falloit
enterrer, ains qu'il montast en paradis, il fut content d'obéir ; si fut tantost troussé et mis dedens le
chariot, où guères ne fut sans dormir. Le chariot
estoit bien hastelé, si furent tantost à Stevelinghes
où ce bon yvroingne fut descendu tout devant sa
maison. Sa femme et ses enfans furent appelez et
leurs fut ce bon corps saint rendu qui si fort dormoit que pour le porter du chariot en sa maison et

en son lit le jecter, jamais ne s'esveilla, et là fut il
ensevely entre deux linceux sans s'esveillier, bien
deux jours après.

LA VIIe NOUVELLE,

PAR MONSEIGNEUR.

(LE CHARRETON A L'ARRIERE GARDE.)

Ung orfèvre de Paris, naguères pour despeschier
plusieurs besongnes de sa marchandise à l'encontre
d'une foire du Lendit et d'envers, fit large et grant
provision de charbon de saulx. Advint ung jour
entre les autres, que le charreton qui ceste denrée
livroit, pour la grant haste de l'orfèvre, fist si grant
diligence qu'il amena deux voitures plus qu'il n'a-
voit fait ès jours par avant ; mais il ne fust pas si
tost en Paris, à sa derrenière charretée, que la porte
à ses talons ne fust fermée ; toutes fois il fust très
bien venu et bien de l'orfèvre receu. Et après que
son charbon fut descendu et ses chevaux mis en l'estable, il voulut souper tout à loisir, et firent très
grant chiére, qui pas ne se passa sans boire d'autant

et d'autel. Quant la brigade fut bien repeue, la cloche
va sonner douze heures dont ilz se donnèrent grant
merveille, tant plaisamment s'estoit le temps passé
à ce soupper. Chascun rendit graces à Dieu, faisans
très petiz yeulx, et ne demandoient que le lit; mais
pource qu'il estoit tant tart, l'orfèvre retint au couchier son charreton, doubtant la rencontre du guet
qui l'eust bouté en Chastelet, se à ceste heure l'eust
trouvé. Pour celle heure nostre orfèvre avoit tant
de gens qui pour luy ouvroient que force lui fut le
charreton avec lui et sa femme en son lit habergier;
et comme saige et non suspeçonneux il fit sa femme
entre lui et le charreton couchier. Or vous fault il
dire que ce ne fut pas sans grant mistère, car le bon
charreton reffusoit de tous poins ce logis, et à toute
force vouloit dessus le banc, ou dedens la grange couchier: force lui fut d'obéyr à l'orfèvre. Et après qu'il
fut despoillé, dedens le lit se boute, ou quel estoient
jà l'orfèvre et sa femme en la façon que j'ay dicte.
La femme sentant le charreton, à cause du froit et
de la petitesse du lit, d'elle approuchier, tost se vira
devers son mary, et en lieu d'orillier se mist sur la
poitrine de son dit mary, et ou geron du charreton
son derrière reposoit. Sans dormir ne se tindrent
guères l'orfèvre et sa femme sans en faire le semblant; mais nostre charreton, jasoit qu'il fust lassé
et travaillié, n'en avoit garde. Car comme le poulain
s'eschauffe, sentant la jument et se dresse et demaine,
aussi faisoit le sien poulain, levant la teste contre

mont si très prouchain de la dicte femme. Et ne fut
pas en la puissance du dict charreton qu'à elle ne se
joingnit et de près. Et en cest estat fut longue espace
sans que la femme s'esveilla, voire ou au mains
qu'elle en fist semblant. Aussy n'eust pas fait le mary
se se n'eust esté la teste de sa femme qui sur sa poitrine estoit reposant, qui par l'assault et hurt de ce
poulain lui donnoit si grant branle que assez tost il se
resveilla. Il cuidoit bien que sa femme songeast, mais
pource que trop longuement duroit, et qu'il ouyoit
le charreton soy remuer, et très fort souffler, tout
doulcement leva la main en hault. Et si très bien
à point en bas la rabatit qu'en dommaige et en sa garenne le poulain au charreton trouva, dont il ne fut
pas bien content. Et ce pour l'amour de sa femme
si l'en fit en haste saillir, et dit au charreton : Que faictes vous, meschant quoquart ? vous estes par ma foy
bien enraigié qui à ma femme vous prenez; n'en
faictes plus. Je vous jure par la mort bieu que s'elle
se fust à ce coup esveillée, quant vostre poulain ainsi
la harioit, je ne sçay moy pencer que vous eussiez
fait : car je suis tout certain, tant la congnois, qu'elle
vous eust tout le visaige esgratiné, et à ses mains les
yeulx de vostre teste esrachez ; vous ne savez pas
comme elle est merveilleuse depuis qu'elle entre en
sa malice, et si n'est chose ou monde qui plustost luy
boutast. Ostez vous, je vous en supplie, pour votre
bien. Le charreton à peu de motz s'excusa qu'il n'y
pensoit pas ; et comme le jour fut prochain tantost

il se leva, et après le bon jour donné à son hostesse, part et s'en va et à charrier se met. Vous devez penser que la bonne femme, s'elle eust pensé le fait du charreton, qu'elle l'eust beaucoup plus grevé que son mary ne disoit. Combien que depuis il me fut dit que assez de foys le charreton la rencontra en la propre façon et manière qu'il fut trouvé de l'orfèvre, sinon qu'elle ne dormoit pas ; non point que je le vueille croire, ne en riens ce raport faire bon.

LA VIIIᵉ NOUVELLE,

PAR MONSEIGNEUR DE LA ROCHE.

(GARCE POUR GARCE.)

En la ville de Brucelles où maintes adventures
sont en nostre temps advenues, demouroit n'a pas
long tems ung jeune compaignon picart qui servit
très bien et loyaument son maistre assez longue espace. Et entre autres services à quoy il obligea son-
dit maistre vers lui, il fit tant par son très gracieux
parler, maintien et courtoisie, que si avant fut en la
grace de sa fille qu'il coucha avec elle, et par ses
euvres méritoires elle devint grosse et ençainte.
Nostre compaignon, voyant sa dame en cest estat, ne
fut pas si fol que d'actendre l'eure que son maistre
le pourroit savoir et appercevoir. Si print de bonne
heure ung gracieux congié pour peu de jours, combien qu'il n'eust nulle envye d'y jamais retourner,
faignant d'aler en Picardie visiter son père et sa
mère et aucuns de ses parens. Et quant il eut à son

maistre et à sa maistresse dit adieu, le très piteux
fut à la fille sa dame, à laquelle il promist tantost
retourner : ce qu'il ne fist point et pour cause. Luy
estant en Picardie, en l'ostel de son père, la povre
fille de son maistre devenoit si très grosse que son
piteux cas ne se pouvoit plus celer : dont entre les
autres sa bonne mère, qui au mestier se congnoissoit, s'en donna garde la première. Si la tira à part
et lui demanda, comme assez on peut pencer, dont
elle venoit en cet estat et qui lui avoit mise. S'elle
se fist beaucoup presser et admonester autant qu'elle
en voulsist rien dire ne congnoistre, il ne le fault
jà demander : mais en la fin elle fut à ce menée qu'elle
fut contrainte de congnoistre et confesser son piteux
fait, et dist que le picard varlet de son père, lequel
naguères s'en estoit alé, l'avoit séduitte et en ce très
piteux point laissée. Sa mère toute enraigée, forcenée
et tant marrie qu'on ne pourroit plus, la voyant ainsi
déshonnorée, se prent à la tenser et tant d'injures lui
va dire que la pacience qu'elle eut de tous coustez,
sans mot sonner, ne riens respondre, estoit assez suffisante d'estaindre le crime qu'elle avoit commis
par soy laissier engroissier du picard. Mais hélas !
ceste pacience ne esmeut en riens sa mère à pitié,
mais lui dit : Va-t-en, va-t-en, arrière de moy, et fay tant
que tu treuves le Picart qui t'a faicte grosse et lui dy
qu'il te defface ce qu'il t'a fait. Et ne retournes jamais vers moy jusqu'à ce qu'il aura tout deffait ce
que par son oultraige il t'a fait. La povre fille en

l'estat que vous oyez, marrie et désolée par sa fumeuse et cruelle mère, se met en la queste de ce Picart qui l'engroissa. Et croyez certainement que avant
qu'elle en peust avoir aucunes nouvelles ce ne fut
pas sans endurer grant peine et du malaise largement. En la parfin, comme Dieu le voulut, après
maintes gistes qu'elle fist en Picardie, elle arriva
par ung jour de dimanche, en ung gros villaige, ou
païs d'Artois. Et si très bien lui vint à ce propre jour
que son amy le Picart lequel l'avoit ·engroissée,
faisoit ses nopces; de laquelle chose elle fut merveilleusement joyeuse. Et ne fut pas si peu asseurée
pour à sa mère obéir, qu'elle ne se boutast par la
presse des gens, ainsi grosse comme elle estoit; et
fist tant qu'elle trouva son amy et le salua, lequel
tantost la congneut, et en rougissant, son salut lui
rendit, et lui dit : Vous soyez la très bien venue, qui
vous amaine à ceste heure, m'amie? — Ma mère, dit
elle, m'envoye vers vous, et Dieu sçait que vous
m'avés bien fait tenser. Elle m'a chargié et commandé que je vous dye que vous me deffaciez ce que
vous m'avés fait; et se ainsi ne le faictes que jamais
je ne retourne vers elle. L'autre entend tantost la
folie, et au plutost qu'il peut il se deffist d'elle et lui
dit par telle manière : M'amie, je feray voulentiers
ce que me requerez et que vostre mère veult que je
face, car c'est bien raison; mais à ceste heure, vous
voyez que je n'y puis pas bonnement entendre : si
vous prie tant comme je puis, que ayez patience

pour meshuy, et demain je besongneray à vous.
Elle fut contente et alors il la fist guider et mettre
en une belle chambre, et commanda qu'elle fut très
bien pancée, car aussi bien elle en avoit bon mestier,
à cause des grans labeurs et travaulx qu'elle avoit eu
en son voyaige, faisant ceste queste. Or vous devez
savoir que l'espousée ne tenoit pas ses yeulx en son
sain, mais se donna très bien garde et apperceut son
mary parler à nostre fille grosse, dont la pusse lui
entre en l'oreille ; et n'estoit en rien contente, mais
tres doublée et marie en estoit. Si garda son courroux sans mot dire jusques à ce que son mary se
vint couchier. Et quant il la cuida acoler et baiser, et
au surplus faire son devoir, et gaingnier le chaudeau,
elle se vire puis d'ung cousté puis d'aultre, tellement qu'il ne peut parvenir à ses attaintes, dont il
est très esbay et courroucé, et lui va dire : M'amie,
pourquoy faictes vous cecy?—J'ay bien cause, dit elle,
et aussi quelque manière que vous facez, il ne vous
chault guères de moy : vous en avés bien d'autres
dont il vous est plus que de moy.—Et non ay, par ma
foy, m'amie, dit il ; ne en ce monde je n'ayme autre
femme que vous.—Hélas ! dit elle, et ne vous ay je
pas bien veu, après disner, tenir voz longues paroles
à une femme en la sale? on voyoit trop bien que c'estoit vous, et ne vous en sauriez excuser. — Cela, dit
il, nostre dame, vous n'avez cause en rien de vous en-
jalouser. Et adonc lui va tout au long compter comment c'estoit la fille à son maistre de Brucelles, et cou-

cha avec elle et l'engroissa ; et que à ceste cause il
s'en vint par decà ; comment aussi après son partement, elle devint si très grosse qu'on s'en apperceut ;
et comment elle se confessa à sa mère qu'il l'avoit
engroissée ; et l'envoyoit vers lui affin qu'il lui deffist
ce qu'il lui avoit fait, autrement jamais vers elle ne
s'en retournast. Quant nostre homme eut tout au
long compté sa ratelée, sa femme ne resprint que
l'ung de ses pointz et dit : Comment, dit elle, dictes
vous qu'elle dist à sa mère que vous aviez couchié
avecques elle ? — Oy, par ma foy, dit il, elle lui congneut tout.— Par mon serment, dit elle, elle monstra
bien qu'elle estoit beste ; le charreton de nostre maison a couchié avecques moy plus de quarante nuyz,
mais vous n'avés garde que j'en disse oncques ung
seul mot à ma mère ; je m'en suis bien gardée. —
Voire ; dist il, de par le dyable, le gybet y ait part ! or
allez à vostre charreton, se vous voulez, car je n'ay
cure de vous. Si se leva tout à coup et s'en vint rendre à celle qu'il engroissa et abandonna l'autre. Et
quant lendemain on sceust ceste nouvelle, Dieu
sçait le grant riz d'aucuns, et le grant desplaisir
de plusieurs, especialement du père et de la mère
de ceste espousée.

LA IXe NOUVELLE,

PAR MONSEIGNEUR.

(LE MARI MAQUEREAU DE SA FEMME.)

Pour continuer le propoz des nouvelles hystoires comme les adventures adviennent en divers lieux et diversement, on ne doit pas taire comment ung gentil chevalier de Bourgoingne, faisant résidence en ung sien chasteau beau et fort fourny de gens et d'artillerie, comme à son estat appartenoit, devint amoureux d'une belle damoiselle de son hostel, voire et la première après ma dame sa femme. Et par amours si fort la contraignoit que jamais ne savoit sa manière sans elle, et tousjours l'entretenoit et la requeroit, et brief nul bien sans elle il ne povoit avoir, tant estoit au vif féru de l'amour d'elle. La damoiselle bonne et saige, voulant garder son honneur que aussi chier elle tenoit que sa propre ame, voulant aussi garder la loyauté que à sa maistresse

lui tarde bien que l'eure soit venue. L'oste prend
congié de lui et se retrait dedens sa garde robe,
comme il avoit de coustume, pour soy deshabillier.
Or devez vous sçavoir que tandis que les chevaliers
se devisoient, ma dame s'en ala mettre dedens le lit
où Monseigneur devoit trouver sa chamberière, et
droit là attend ce que Dieu lui vouldra envoyer.
Monseigneur mist assez longue espace à soy deshabillier tout à propoz, pensant que desja ma dame fust
endormie, comme souvent faisoit, pource que devant
se couchoit. Monseigneur donne congié à son varlet
de chambre, et à tout sa longue robe s'en va ou lit
où ma dame l'attendoit, cuydant y trouver autruy; et
tout coyement de sa robe se désarme, et puis dedens
le lit se bouta. Et pource que la chandelle estoit estaincte et que ma dame mot ne sonnoit, il cuide avoir
sa chamberière. Il n'y eut guères esté sans faire son
devoir, et si très bien s'en acquitta que les troys, les
quatre fois guères ne lui coustèrent, que Madame
print bien en gré, laquelle toust après, pensant que
fust tout, s'endormit. Monseigneur, trop plus légier
que par avant, voyant que ma dame dormoit, et se
recordant de sa promesse, tout doulcement se liève,
et puis vient à son compaignon qui n'attendoit que
l'eure d'aler aux armes, et lui dist qu'il alast tenir
son lieu, mais qu'il ne sonnast mot, et que retour -
nast quand il auroit bien besongnié et tout son saoul.
L'autre plus esveillié que ung rát, et viste comme
ung lévrier part, et s'en va, et auprès de ma dame se

loge, sans qu'elle en saiche rien. Et quant il fut tout
rasseuré, se Monseigneur avoit bien besongnié, voire
et en haste encores fist il mieulx, dont ma dame n'est
pas ung peu esmerveillée, laquelle, après ce beau
passe temps qui aucunement travail lui estoit, arrière s'endormit. Et bon chevalier de l'abandonner, et
à Monseigneur s'en retourne, lequel comme paravant
se vint relogier emprès madame, et de plus belle aux
armes se rallie, tant lui plaist ce nouvel exercice.
Tant d'eures se passèrent, tant en dormant comme
autre chose faisant, que le jour s'apparut. Et comme
il se retournoit, cuidant virer l'œil sur la chamberière, il voit et congnoit que c'est ma dame, laquelle
à ceste heure lui va dire : N'estes vous pas bien putier, recraint, lache et meschant, qui cuidant avoir
ma chamberière, tant de fois et oultre mesure
m'avez accolée pour acomplir votre desordonnée
voulenté! vous estes la Dieu mercy bien deceu, car
autre que moy, pour ceste heure, n'aura ce qui doit
estre mien. Se le bon chevalier fut esbay et courroucé,
ce n'est pas merveilles. Et quant il parla il dist : M'a-
mye, je ne vous puis celer ma folye dont beaucoup
il me poise que jamais l'entreprins, si vous prie que
vous en soyez contente et n'y pensez plus, car jour
de ma vie plus ne m'adviendra, cela vous prometz
par ma foy. Et affin que vous n'ayez occasion d'y
pencer, je donneray congié à la chamberière qui me
bailla le vouloir de faire ceste faulte. Ma dame, plus
contente d'avoir eu l'aventure de ceste nuyt que sa

chamberière, et oyant la bonne repentance de Monseigneur, assez legièrement se contenta, mais ce ne fut pas sans grans langaiges et remonstrances. Au fort trestout va bien, et Monseigneur qui a des nouvelles en sa quenoille, après qu'il est levé, s'en vient devers son compaignon, auquel il compte tout du long son adventure, lui priant de deux choses : la première ce fut qu'il celast très bien ce mistère, et sa très plaisant adventure, l'autre si est que jamais il ne retourne en lieu où sa femme sera. L'autre, très desplaisant de ceste male adventure, conforte le chevalier au mieulx qu'il peut, et promist d'acomplir sa très raisonnable requeste ; et puis monte à cheval et s'en va. La chamberière qui coulpe n'avoit au meffait dessus dit, en porta la punicion par en avoir congié. Si vesquirent depuis long temps Monseigneur et ma dame ensemble, sans qu'elle sceust jamais avoir eu affaire au chevalier estrange.

LA Xe NOUVELLE,

PAR MONSEIGNEUR DE LA ROCHE.

(LES PASTÉS D'ANGUILLE.)

Plusieurs haultes, diverses, dures, et merveilleuses adventures ont esté souvent menées et à fin
conduittes ou royaume d'Angleterre, dont la réci-
tacion à présent ne serviroit pas à la continuacion
de ceste présente hystoire. Néautmains ceste présente
hystoire, pour ce propos continuer, et le nombre de
ces histoires acroistre, fera mencion comment ung
bien grant seigneur du royaulme d'Angleterre entre
les mieulx fortunez riche, puissant et conquerant,
lequel entre les autres de ses serviteurs avoit parfaicte confiance, confidence et amour à ung jeune,
gracieulx, gentil homme de son hostel, pour plusieurs
raisons, tant par sa loyaulté, diligence, subtilité et
prudence. Et pour le bien que en lui avoit trouvé
ne lui céloit pas riens de ses amours; mesmes par

9.

succession de temps, tant fist le dit gracieux gentil
homme, par son habilité envers le dit seigneur son
maistre, qu'il fut tellement en sa grace que tous les
parfaiz secretz et adventures de ses amours, mesmement les affaires, embassades et diligences menoit
et conduisoit. Et ce pour le temps que son dit maistre estoit encores à marier. Advint certaine espace
après, que par le conseil de plusieurs de ses parens,
amis et bien vueillans, Monseigneur se maria à une
très belle, noble, bonne et riche dame, dont plusieurs
furent très joyeux ; et entre les autres, nostre gentil
homme, qui mignon se peut bien nommer, ne fut
pas mains joyeux, disant en soy que c'estoit le bien
et honneur de son maistre, et qu'il se retireroit à
ceste occasion de plusieurs menues folies d'amour
qu'il faisoit, aus quelles le dit mignon trop se donnoit d'espoir. Si dist ung jour à Monseigneur, qu'il
estoit très joyeux de luy, pource qu'il avoit si très
belle et bonne dame espousée, car à ceste cause plus
ne seroit empeschié de faire queste çà ne là pour lui,
comme il avoit de coustume. A quoy Monseigneur
respondit que ce nonobstant, n'entendoit pas du tout
amours abandonner : et jasoit ce qu'il fust marié, si
n'estoit il pas pourtant du gracieux service d'amours
osté, mais de bien en mieulx s'y vouloit employer.
Son mignon, non content de ce vouloir, lui respondit
que sa queste en amours devroit estre bien finée,
quant amours l'ont party de la nonpareille, de la
plus belle, de la plus saige, de la plus loyale et bonne

par dessus toutes les autres : Faictes, dit il, Monseigneur, tout ce qu'il vous plaira, car de ma part, à aultre femme jamais parolle ne porteray, au préjudice de ma maistresse. — Je ne scay quel prejudice, dit le maistre, mais il vous fault trop bien remettre en train d'aller à telle et à telle. Et ne pensez pas que encore d'elles ne m'en soit autant que quant vous en parlay premier. — Ha dea, Monseigneur, dit le mignon, il faut dire que vous prenez plaisir d'abuser femmes, laquelle chose n'est pas bien fait : car vous sçavez bien que toutes celles que m'avés icy nommées ne sont pas à comparer en beaulté, ne autrement à ma dame, à qui vous feriez mortel desplaisir s'elle sçavoit vostre deshonneste vouloir. Et qui plus est, vous ne povez ignorer qu'en ce faisant vous ne damnez vostre ame. — Cesse ton preschier, dist Monseigneur, et va faire ce que je commande. — Pardonnez moy, Monseigneur, dit le mignon ; j'aymeroye mieulx mourir que par moy sourdist noise entre ma dame et vous ; si vous prie que soiez content de moy, car certes je n'en feray plus. Monseigneur qui voit son mignon en son opinion aheurté, pour ce coup plus ne le pressa. Mais certaine piece, comme de troys ou quatre jours, sans faire en rien semblant des parolles précédentes, entre aultres devises à son mignon demanda quelle viande il mangoit plus voulentiers ? Et il lui respondit que nulle viande tant ne lui plaisoit que pastez d'anguille ! Saint Jean, c'est bonne viande, dist le maistre, vous n'avés pas mal choisi. Cela se

passe et Monseigneur se trait arrière et mande vers
lui venir ses maistres d'ostel, ausquelz il enchargea
si chier qu'ilz le vouloyent obéir que son mignon ne
fust servi d'autres choses que de pastez d'anguilles,
pour riens qu'il die. Et ilz respondirent promettans
d'acomplir son commandement. Ce qu'ilz firent très
bien, car comme le dit mignon fut assis à table pour
mangier en sa chambre, le propre jour du commandement, ses gens luy apportèrent largement de beaulx
et gros pastez d'anguilles qu'on leur délivra en la
cuisine; dont il fut bien joyeux. Si en mangea tout
son saoul. A lendemain pareillement; cinq ou six
jours ensuivans tousjours ramenoient ces pastez en
jeu, dont il estoit desja tout ennuyé. Si demanda
le dit mignon à ses gens se on ne servoit léans que des
pastez? Ma foy, Monseigneur, dirent ilz, on ne vous
baille aultre chose, trop bien voyons nous servir en
sale et ailleurs aultre viande, mais pour vous, il n'est
mémoire que de pastez. Le mignon saige et prudent,
qui jamais sans grant cause pour sa bouche ne faisoit plainte, passa encores plusieurs jours usant de
ces ennuyeux pastez dont il n'estoit pas bien content. Si s'advisa, ung jour entre les aultres, d'aler
disner avec les maistres d'ostel qui le firent servir
comme paravant de pastez d'anguilles. Et quant il
vit ce, il ne se peut plus tenir de demander la cause
pourquoy on le servoit plus de pastez d'anguilles
que les autres, et s'il estoit pasté: Par la mort bieu,
dist il, j'en suis si hourdé que plus n'en puis; il me

semble que je ne vois que pastez. Et pour vous dire, il n'y a point de raison, vous le m'avez faicte trop longue ; il y a jà plus d'ung mois que vous me faictes ce tour, dont je suis tant maigre que je n'ay force ne puissance ; si ne sçauroie estre content d'estre ainsi gouverné. Les maistres d'ostel luy dirent que vrayement ilz ne faisoient chose que Monseigneur n'eust commandé, et que ce n'estoit pas eulz. Nostre mignon, plain de pastez, ne porta guéres sa pensée sans le descouvrir à Monseigneur ; et lui demanda à quel propos il l'avoit fait servir si longuement de pastez d'anguille, et deffendu, comme disoient les maistres d'ostel, que on ne luy baillast aultre chose ? Et Monseigneur pour response lui dist : Ne m'as tu pas dit que la viande que en ce monde tu plus aymes ce sont pastez d'anguilles ?—Par saint Jehan, ouy, Monseigneur, dist le mignon. — Et pourquoy doncques te plains tu maintenant, dist Monseigneur, si je te fais bailler ce que tu aymes ?—Ce que j'ayme, dit le mignon, il y a manière : J'ayme voirement très bien pastez d'anguilles pour une fois, ou pour deux, ou pour troys, ou de fois à aultre ; et n'est viande que devant je prinse. Mais de dire que tousjours les voulsisse avoir, sans mengier aultre chose, par nostre Dame, non feroye, il n'est homme qui n'en fust rompu et rebouté ; mon estomac en est si travaillé que tantost qui les sent il a assez disné. Pour Dieu, Monseigneur, commandez qu'on me baille autre viande pour recouvrer mon appetit, autrement je suis homme perdu.

—Ha dea, dist Monseigneur, et te semble il que je ne·
soye, qui veulx que je me passe de la chair de ma
femme, tu peuz penser par ma foy que j'en suis aussi
saoul que tu es de pastez, et que aussi voulentiers
me renouvelleroie, jasoit ce que point tant ne l'aymasse, que tu feroys d'autre viande, que pourtant
n'aymes que pastez. Et pour tout abbrégier, tu ne
mangeras jamais d'autre viande jusques à ce que me
serves ainsy que souloys ; et me feras avoir des unes
et des autres, pour moy renouveler, comme tu veulx
changier de viandes. Le mignon, quant il entent le
mistère et la subtille comparaison que son maistre
lui baille, fut tout confuz et se rendit, promettant à
son maistre de faire tout ce qu'il vouldra pour estre
quitte de ses pastez, voire ambassades et diligences
comme par avant. Et par ce point Monseigneur voire
et pour Madame espargnier, ainsi que povons penser, au pourchatz du mignon, passa le temps avec les
belles et bonnes filles ; et nostre mignon fut délivré
de ses pastez et à son premier mestier réattellé et
restabli.

LA XIe NOUVELLE,

PAR MONSEIGNEUR.

(L'ENCENS AU DIABLE.)

Ung lache paillart, recraint, jaloux, je ne dis pas coux, vivant à l'aise ainsi que Dieu sçait que les entachiez de ce mal pevent sentir, et les autres pevent percevoir et ouyr dire, ne savoit à qui recourre et soy rendre pour trouver garison de sa douleur misérable et bien peu plainte maladie. Il faisoit huy ung pélcriniage, demain ung autre, et aussi le plus souvent par ses gens ses dévocions et offrendes faisoit faire, tant estoit assoté de sa maison, voire au mains du regart de sa femme, laquelle misérablement son temps passoit avec son très mauldit mary, le plus souspeconneux hongnart que jamais femme acointast. Ung jour, comme il pensoit qu'il avoit fait et fait faire plusieurs offrendes à divers saints de paradis, et entre aultres à Monseigneur saint Michel, il s'advisa qu'il en feroit une à l'image qui est soubz les piez du dit saint Michel. Et de fait, commanda à l'ung

de ses gens qu'il luy alumast et fist offre d'une grosse
chandelle de cire, en le priant pour son intencion.
Tantost son commendement fut acomply et luy fut
fait son rapport : Or ça, dit il en soy mesmes, je verray
se Dieu ou Diable me pourroit garir. En son accoustumé desplaisir s'en va coucher auprès de sa bonne
et preude femme ; et jaçoit ce qu'il eust en sa teste
des fantasies et pensées largement, si le contrain-
gnit nature qu'elle eust ses droiz de repos. Et de fait
bien fermement s'endormit ; et ainsi qu'il estoit au
plus parfont de son somme, celluy à qui ce jour la
chandelle avoit esté offerte, par vision à luy s'apparut,
qui le remercia de l'offrande que naguères lui
avoit envoyée, affermant que pieça telle offrende ne
luy fut donnée. Dit au surplus qu'il n'avoit pas perdu
sa peine, et qu'il obtiendroit ce dont il avoit requis.
Et comme l'autre tousjours persévéroit à son somme,
luy sembla que à ung doy de sa main ung anneau
luy fut bouté, en luy disant que tant que cest aneau
en son doy seroit, jamais jaloux y ne seroit, ne cause
aussi venir lui en pourroit qui de ce le tentast. Après
l'évanuyssement de ceste vision, nostre jaloux se
resveilla, et cuyda à l'ung de ses doys le dit anneau
trouver ainsi que semblé luy avoit, mais au derrière de sa femme bien avant bouté l'un de ses dis
doys se trouva, de quoy luy et elle furent très esbahis. Mais du surplus de la vie au jaloux, de ses
affaires et maintiens ceste hystoire se taist.

LA XII° NOUVELLE,

PAR MONSEIGNEUR DE LA ROCHE.

(LE VEAU.)

Es mectes du païs de Hollande, ung fol naguères s'advisa de faire du pis qu'il pourroit, c'est assavoir soy marier. Et tantost qu'il fut affublé du doux manteau de mariaige, jasoit ce que alors il fust yver, il fut si très fort eschauffé qu'on ne le scavoit tenir de nuyt, encor veu que les nuytz qui pour ceste saison duroient neuf ou dix heures, n'estoient point assés souffisantes ne d'assés longue durée pour estaindre le très ardant désir qu'il avoit de faire lignée. Et de fait quelque part qu'il rencontrast sa femme il la abatoit, fut en la chambre, fut en l'estable, ou en quelque lieu que ce fust, tousjours avoit ung assault. Et ne dura ceste manière ung mois ou deulx seulement, mais si très longuement que pas ne le vouldroye escripre pour l'inconvénient qui sourdre en pour-

roit, se la folie de ce grant ouvrier venoit à la congnoissance de plusieurs femmes. Que vous en diray
je plus? Il en fit tant que la mémoire jamais estaincte
n'en sera ou dit pays. Et à la vérité la femme qui
naguères au bailly d'Amiens se complaignit, n'avoit
pas si bien matière de soy complaindre que ceste cy.
Mais quoy qu'il fut, nonobstant que de ceste plaisante peine se fust très bien aucune foiz passée, pour
obéir comme elle devoit à son mary, jamais ne fut
reboursée à l'esperon.

Advint ung jour après disner que très beau temps
faisoit, et que le soleil ses raies envoioit et départoit
dessus la terre paincte et broudée de belles fleurs, si
leur print voulenté d'aller jouer au bois eulx deux
tant seullement, et si se midrent au chemin. Or ne
vous fault il pas celer ce qui sert à l'istoire : A l'eure
droictement que noz bonnes gens avoient ceste dévocion d'aller jouer au bois, advint que ung laboureur
avoit perdu son veau qu'il avoit mis paistre dedans
ung prey, en ung pastiz ou dit bois ; lequel le vint
cherchier, mais il ne le trouva pas dont il ne fut
point trop joyeux. Si se mist en la queste, tant par
le boiz comme es prez, terres et places voisines de
l'environ pour trouver son dit veau, mais il n'en
scet avoir nouvelles. Il s'advisa que par adventure
il se seroit bouté en quelque buisson pour paistre,
ou dedans aulcune fosse herbue, dont il pourroit
bien saillir quant il auroit le ventre plain. Et à celle
fin qu'il puisse mieulx veoir et à son aise, sans aler

courir çà ne là, se son veau estoit ainsi comme il
pensoit, il choisist le plus plus hault arbre et mieulx
houchié de bois qu'il peut trouver, et monte sus.
Et quant il se treuve au plus hault de cest arbre
qui toute la terre d'environ couvroit, il lui fut
bien advis que son veau estoit à moityé trouvé.
Tandis que ce bon laboureur gettoit ses yeulx de
tous coustés après son veau, voicy nostre homme et
sa femme qui se boutent ou bois, chantans, jouans,
devisans et faisans feste, comme font les cueurs gaiz
quant ils se treuvent es plaisans lieux. Et n'est pas
merveilles se vouloir luy créust et se désir l'ennorta
d'accoler sa femme en ce lieu si plaisant et propice.
Pour exécuter ce vouloir à sa plaisance et à son
beau loisir, tant regarda un coup à dextre l'aultre
à senestre, qu'il parcéut le très bel arbre dessus lequel estoit le laboureur dont il ne scavoit riens ; et
soubz cest arbre se disposa et conclud ses gracieuses plaisances acomplir. Et quant il fut au lieu,
il ne demoura guères après la semonce de son dit
désir, mais tantost mist la main à la besoigne et
vous commença à assaillir sa femme : et la gette par
terre, car à l'heure il estoit bien en ses gogues, et sa
femme aussi d'autre part. Si la voulut veoir par devant et par derrière : et de fait prent sa robe et la
lui osta, et en cote simple la met. Après il la haulsa
bien hault, maulgré d'elle, ainsi comme efforcée, et
ne fut pas content de ce. Mais encores pour le bien
veoir à son aise et sa beaulté regarder, la tourne et

revire, et à la fin sur son gros derrière sa rude main
par trois ou quatre fois il fait descendre ; puis d'autre
part la retourne ; et comme il eut son derrière regardé aussi fait il son devant, ce que la bonne
simple femme ne veult pour rien consentir, mesmes
avec la grant résistence qu'elle fait, Dieu scet que sa
langue n'estoit pas oiseuse : or l'appelle maulgra-
cieux, maintenant fol et enragié, l'autre fois deshonneste, et tant luy dit que c'est merveille, mais riens
n'y vault, il est trop plus fort qu'elle et si a conclud
de faire inventoire de ce qu'elle porte, si est force
qu'elle obéisse, mieulx amant, comme saige, le bon
plaisir de son mary que par reffus le desplaisir.
Toutte defence du costé d'elle mis arrière, ce vaillant homme va passer temps à son devant regarder,
et se sans honneur on le peust dire, il ne fust pas
content se ses mains ne descouvrèrent à ses yeulx les
secretz dont il se devoit bien passer d'enquerre. Et
comme il estoit en ceste parfonde estude, il disoit
maintenant : Je voy cecy, je voy cela, encores cecy,
encores cela; et qui l'oyoit, il veoit tout le monde et
beaucoup plus. Et après une grande et longue pose,
estant en ceste gracieuse contemplacion, dist de rechief : Saincte Marie, que je voy de choses! Helas, dist
lors le laboureur sur l'arbre, bonnes gens n'y véez
vous point mon veau, sire, il me semble que j'en voy
la cueue. L'autre, jasoit qu'il fust bien esbahy, subitement fist la response et dist : Ceste cueue n'est pas
de ce veau. Et à tant part et s'en va et sa femme

après. Et qui me demanderoit qui le laboureur mouvoit de faire ceste question, le secretaire de ceste
hystoire respond que la barbe du devant de ceste
beaucoup longue, comme il est de coustume à celles
de Hollande, si cuidoit bien que ce fut la cueue de
son veau, attendu aussi que le mary d'elle disoit
qu'il veoit tant de choses, voire à pou près tout le
monde, si pensoit en soy mesmes que le veau ne
pouvoit guères loing estre eslongné, et que avec
d'autres choses léans pourroit estre embuschié.

LA XIIIe NOUVELLE,

PAR MONSEIGNEUR L'AMANT DE BRUCELLES.

(LE CLERC CHATRÉ.)

A Londres en Angleterre, avoit naguères ung procureur de Parlement qui entre les autres de ses serviteurs avoit ung clerc habille et diligent et bien escripvant qui très beau filz estoit, et que on ne doit
pas oublier, pour ung homme de son aage il n'estoit
point de plus soubtil. Ce gentil clerc et vigoureux
fust tantost picqué de sa maistresse, que très belle
gente et gracieuse estoit; et si très bien lui vint que
ainçois qu'il luy osast oncques dire son cas, le Dieu
d'amours l'avoit à ce mennée, qu'il estoit le seul
homme ou monde qui plus luy plaisoit. Advint
qu'il se trouva en place ramonnée; et de fait toute
crainte mise arrière à sa dicte maistresse son très
gracieux et doulx mal raconta, laquelle pour la
grant courtoisie que Dieu en elle n'avoit pas ou-

bliée, desja ainsi attaincte comme dessus est dit,
ne le fist guères languir : car après plusieurs excusacions et remonstrances qu'en brief elle luy
toucha, que elle eust à autre plus aigrement et plus
longuement demennéez elle fut contente qu'il sceust
qu'il lui plaisoit bien. L'autre, qui entendoit son latin, plus joyeux que jamais il n'avoit esté s'advisa de
batre le fer tandis qu'il estoit chault, et si très fort
sa besoigne poursuyvit qu'en peu de temps joyst
de ses amours. L'amour de la maistresse au clerc et
du clerc à elle estoit et fut long temps si très ardant que jamais gens ne furent plus esprins, car
en effect le plus souvent en perdoient le boire et
le mengier ; et n'estoit pas en la puissance de male
bouche, de danger, ne d'autres telles mauldictes gens,
de leurs bailler ne donner destourbier. A ce très
joyeux estat et plaisant passe temps se passèrent plusieurs jours qui guères aux amants ne durèrent, qui
tant donnez l'ung à l'autre s'estoient, qu'à peu ilz
eussent quitté à Dieu leur part de paradis pour vivre
au monde leur terme en ceste façon. Et comme ung
jour advint que ensemble estoient, et des très haulx
biens qu'amour leur souffrit prendre se devisoient
entre eulx, en eulx pourmenant par une sale, comment ceste leur joye nonpareille continuer seurement pourroient sans que l'embusche de leur dangereuse entreprinse fust descouverte au mary d'elle,
qui du renc des jaloux se tiroit très près et du hault
bout. Pensés que plus d'ung advis leur vint au de-

vant que je passe sans plus au long le descripre. La
finale conclusion et derrenière résolution que le bon
clerc print, fut de très bien couduire et à séure fin
mener son entreprinse, à qüoy point ne faillit, vecy
comment. Vous devés scavoir que l'accointance et
aliance que le clerc eust à sa maistresse laquelle diligemment servoit et luy complaisoit, qui aussi n'estoit pas moins diligent de servir et complaire à son
maistre et tout pour tousjours mieulx son fait couvrir et adveugler les jaloux yeulx qui pas tant ne se
doubtoient que on lui en forgoit bien la matière. Ung
certain jour après, nostre bon clerc voiant son maistre assés content de luy, entreprint de parler et tout
seul très humblement, doulcement et en grande révérence à luy ; et luy dist qu'il avoit en son cueur
ung secret que voulentiers luy declarast s'il osast.
Et ne vous fault celler que tout ainsi comme plusieurs femmes ont larmes à commandement qu'elles
espandent au moins aussi souvent qu'elles vueillent,
si eust à ce cop nostre bon clerc qu'à grosses larmes,
en parlant, des yeulx luy descendoient en très grant
abondance ; et n'est homme qu'il ne cuidast qu'elles
ne fussent de contricion, de pitié, ou de très bonne
intencion. Le povre maistre abusé, oiant son clerc,
ne fut pas ung peu esbahy, ne esmerveillé, mais
cuidoit bien qu'il y eust autre chose que ce que
après il sceust. Si dit : et que vous fault il, mon filz,
et que avés vous à plorer maintenant? — Helas ! sire,
et j'ay bien cause plus que nul autre de me douloir.

mais helas! mon cas est tant estrange, et non pas
moins piteux ne moins sur tous requis d'estre celé,
que nonobstant que j'aye eu vouloir de le vous dire,
si m'en reboute crainte quant j'ay au long à mon
maleur pensé. Ne plorés plus, mon filz, respond le
maistre, et si me dictes qu'il vous fault, et je vous
asseure s'en moy est possible de vous aydier, je m'y
emploieray voulentiers comme je doy. Mon maistre,
dit le regnart clerc, je vous mercy, mais quant j'ay
bien tout regardé je ne pense pas que ma langue
eust la puissance de descouvrir la très grant infortune que j'ay si longuement portée. Ostés moy ces
propos et toutes ces doléances, respond le maistre, je suis celluy à qui riens ne devés céler ; je vueil
scavoir que vous avés, avancés vous et le me
dictes. Le clerc, saichant le tour de son baston, s'en
fist beaucoup prier et à très grant crainte par semblant, et à très grant abondance de larmes, et
à voulenté se laisse ferrer ; et dit qu'il luy dira, mais
qu'il luy vueille promettre que par luy jamais personne n'en scaura nouvelle, car il aimeroit autant
ou plus chier mourir que son maleureux cas féust
cogneu. Ceste promesse par le maistre accordée, le
clerc mort et descouloré comme ung homme jugié
à pendre, si va dire son cas : Mon très bon maistre, il
est vray que jasoit ce que plusieurs gens et vous aussi
pourroient penser que je fusse homme naturel comme ung autre, ayant puissance d'avoir compaignie
avec femme, et de faire lignié, vous oseray bien dire

et monstrer que point je ne suis tel, dont helas! trop
je me deul. Et à ces paroles, trop asseurément tira
son membre à perche et luy fist monstre de la peau
où les coullons se logent, lesquelz il avoit par industrie fait monster en hault, vers son petit ventre,
et si bien les avoit cachiés qu'il sembloit qu'il n'en
eust nulz. Or luy va dire : Mon maistre, vous voiés
bien mon infortune dont je vous prie de rechief que
elle soit cellée; et oultre plus très humblement vous
requier pour tous les services que jamais vous féis
qui ne sont pas telz que j'en eusse eu la voulenté,
se Dieu m'eust donné le povoir, que me faciez avoir
mon pain en quelque monastère dévot, où je puisse
le surplus de mon temps ou service de Dieu passer.
car au monde ne puis de riens servir. Le abusé et
deceu maistre remonstra à son clerc l'aspreté de religion, le peu de mérite qui luy en viendroit quant
il se veult rendre comme par desplaisir de son infortune, et foison d'autres raisons luy amena, trop
longues à compter, tendans à fin de l'oster de son
propos. Scavoir vous fault aussi que pour riens ne
l'eust voulu abandonner, tant pour son bien escripre
et diligence que pour la fiance que doresenavant à
luy adjoustera. Que vous diray je plus? Tant luy remonstra que ce clerc au fort pour une espace en son
estat et en son service demourer luy promect. Et
comme bien ouvert luy avoit son secret le clerc,
aussi le maistre le sien luy voulut desceler, et dit :
Mon filz, de vostre infortune ne suis je point joyeux,

mais au fort Dieu qui fait tout pour le mieulx, et
scet ce qui nous duyt et vault mieulx, vous me
pourrez doresenavant très bien servir et à mon povoir; vous le mériteray : j'ay jeune femme assés
légière et volaige, et suis, ainsi comme vous véez,
desja ancien et sur aage, qui aucunement peut estre
occasion à plusieurs de la requerre de deshonneur;
et à elle aussi, s'elle estoit autre que bonne, me bailler
matière de jalousie, et plusieurs aultres choses. Je
la vous baille et donne en garde, et si vous en prie
que à ce tenés la main que je n'aye cause d'en elle
trouver nulle matière de jalousie. Par grande délibéracion fit le clerc sa response; et quant il parla,
Dieu scet si loua bien sa très belle et bonne maistresse, disant que sur tous autres il l'avoit belle et
bonne et qu'il s'en devoit tenir seur. Néantmoins
qu'en ce service et d'autres, il est celuy qui s'i veult
du tout son cueur emploier; et ne la laissera pour
riens qu'il luy puisse advenir, qu'il ne le advertisse
de tout ce que loial serviteur doit faire à son maistre. Le maistre lye et joyeux de la nouvelle garde de
sa femme, laisse l'ostel et en la ville à ses afaires va
entendre. Et bon clerc incontinent fault à sa garde,
et le plus longuement que luy et sa dame bien osè-
rent, n'espargnèrent pas les membres qui en terre
pourriront; et ne firent jamais plus grant feste depuis que l'aventure fust advenue de la façon subtille et que son mary abuseroient. Assés et longue
espace durant le joly passetemps de ceulx qui tant

bien s'entraymoient. Et se aucunes fois le bon mary
alloit dehors, il n'avoit garde d'emmener son clerc;
plustost eust emprunté ung serviteur à ses voisins
que l'autre n'eust gardé l'ostel ; et se la dame avoit
congié d'aler en aucun pélerinage, plustost alast sans
chamberière que sans le très gracieux clerc. Et faictes
vostre compte : jamais clerc vanter ne se peult d'avoir
eu meilleur adventure qui point ne vint à congnoissance, voire au mains que je sache, à celuy qui bien
s'en fust desespéré, s'il en eust scéu le demaine.

LA XIIIIe NOUVELLE,

PAR MONSEIGNEUR DE CRÉQUY.

(LE FAISEUR DES PAPES)

(OU L'HOMME DE DIEU).

La grande et large marche de Bourgoigne n'est pas si depourveue de plusieurs adventures dignes de mémoire et d'escripre, qu'à fournir les hystoires qui à présent courent, n'en puisse et doyve faire sa part en renc des aultres. Je ne ose avant mettre ne en bruit ce que naguères y advint assés près d'ung gros et bon villaige séant sur la rivière d'Ousche. Là avoit, et encores a une montaigne où ung hermite tel que Dieu scait, faisoit sa résidence, lequel soubz umbre du doulx manteau d'ypochrisie faisoit des choses merveilleuses qui pas ne vindrent à congnoissance en la voix publique du peuple, jusques ad ce que Dieu plus ne voulut son très dannable abus permettre ne souffrir. Ce sainct hermite, qui de son cop à la mort se tiroit, n'estoit pas mains luxurieux, ne

malicieux que seroit ung vieil cinge ; mais la manière
du conduire estoit si subtille qu'il fault dire qu'elle
passoit les autres cautelles communes. Vecy qu'il fist :
Il regarda entre les aultres femmes et belles filles
la plus digne de estre aymée et désirée, si se pensa
que ce estoit la fille à une simple femme vesve, très
dévote et bien aulmonière ; et va conclure en soy
mesmes que, se son sens ne luy fault, il en chevira
bien. Ung soir, environ la mynuyt, qu'il faisoit fort
et rude temps, il descendit de sa montaigne, et vint
à ce villaige, et tant passa de voyes et sentiers que
à l'environ de la mère et la fille, sans estre oiseux, se
trouva. L'osfel n'estoit pas si grant, ne si pou de luy
hanté tout en dévocion, qu'il ne sceust bien les angins.
Si va faire ung pertuis en une paroy non guères es-
pesse, à l'endroit de laquelle estoit le lit de ceste
simple femme vesve ; et prent un long baston percé
et creux dont il estoit hourdé, et sans la vesve
esveillier, auprès de son oreille le mist et dit en
assés basse voix par trois foys : Escoute moy, femme
de Dieu ; je suis ung angle du créateur qui devers toy
m'envoye toy annoncier et commander que pour les
haulx biens qu'il a voulu en toy enter, qu'il veult
par ung hoir de ta chair, c'est assavoir ta fille,
l'Eglise son espouse réunir, refformer et en son estat
déu remettre. Et vecy la façon : Tu t'en yras en la
montaigne devers le saint hermite, et ta fille luy me-
neras, et bien au long luy compteras ce qu'à présent
Dieu par moy te mande. Il congnoistra ta fille, et de

eulx viendra ung filz esléu de Dieu et destiné au
sainct Siège de Rome, qui tant de biens fera que à
sainct Pierre et à sainct Pol l'on le pourra bien
comparer. A tant m'en vois, obéy à Dieu. La simple
femme vesve très esbahye, surprinse aussi et à demy
ravye, cuida vrayement et de fait que Dieu luy
envoiast ce messaiger. Si dist bien en soy mesmes
qu'elle ne désobéira pas; et puis la bonne femme se
rendort une grande piece après, non pas trop fermement attendant et beaucoup désirant le jour. Et
entretant le bon hermite prend le chemin devers
son hermitaige en la montaigne. Ce très désiré jour
tantost se monstra et fust par les raiz du soleil,
maugré les verrières des fenestres à coup descendu
emmy la chambre de la dicte vesve ; et la mère et la
fille se levèrent à très grant haste. Quant elles furent
prestes et sur piedz mises, et leur peu de mesnage
mis à point, la bonne mère si demande à sa fille
s'elle avoit riens ouy en ceste nuyt? Et la fille luy
respond : Certes, mère, nennil. Ce n'est pas à toy,'dit
elle aussi, que de prinssault ce doulx messaige s'a-
dresse, combien qu'il te touche beaucoup. Lors luy
va dire et racompter tout au long l'angélicque
nouvelle que en ceste nuyt Dieu luy manda; demande aussi qu'elle en veult dire. La bonne fille,
comme sa mère simple et dévote, respond : Dieu soit
loué. Tout ce qu'il vous plaist, ma mère, soit fait.
C'est très· bien dit, respond la mère. Or nous en
alons en la montaigne à la semonce du bon angle

devers le saint preudhomme. Le bon hermite faisant
le guet quant la deceue femme sa simple fille ame-
nerait, la voit venir. Si laisse son huys entreouvert,
et en prière se va mettre emmy sa chambre, affin
qu'en dévotion fust trouvé. Et comme il désiroit il
advint, car la bonne femme et sa fille aussi voyans
l'uys entreouvert, sans demander quoy ne comment,
dedens entrèrent. Et comme elles parœurent l'hermite en contemplacion, comme s'il féust Dieu l'on-
nourèrent. L'ermite à voix humble, en cachant les
yeulx et vers la terre enclinés, dit : Dieu salue la
compaignie. Et la povre vieillote désirant qu'il sceut
la chose qui l'amenoit, le tira à part et luy va dire
de chief en bout tout le fait, qu'il scavoit trop mieulx
qu'elle. Et comme en grande révérance faisoit rapport, le bon hermite gettoit les yeulx en hault, joy-
gnoit les mains au ciel ; et la bonne vielle plouroit,
tant avoit de joye et de pitié. Et la povre fille aussi
plouroit, quant elle veoit ce bon et sainct ermite
en si grande dévocion prier et ne scavoit pourquoy.
Quant ce rapport fut tout au long achevé dont la
vieillotte attendoit la response, celluy qui la doit
faire ne se haste pas. Au fort certaine pièce après,
. quant il parla ce fut en disant : Dieu soit loué ! Mais
m'amye, dit il, vous semble il à la vérité, et à vostre
entendement que ce que droit cy vous me dictes ne
soit point fantasie ou illusion ? que vous en juge le
cueur ? Sachés que la chose est grande. Certain-
nement, beau père, j'entendy la voix qui ceste

joyeuse nouvelle me aporta aussi plainement que je
fais vous, et créez que je ne dormoie pas. Or bien,
dit il, non pas que je vueille contredire au vouloir
de mon créateur, se me semble il bon que vous et
moy dormirons encores sur ce fait, et si vous appert
de rechief, vous reviendrez icy vers moy, et Dieu
nous donnera bon conseil et advis. On ne doit pas
trop légièrement croire, ma bonne mère ; le Dyable
est aucunesfois envieux d'autruy ; bien treuve tant
de cautelles, et se transforme en ange de lumière.
Créez, créez, ma mère, que ce n'est pas peu de chose
de ce fait cy ; et se je y metz ung peu de reffus, ce
n'est pas merveilles, n'ay-je pas à Dieu voué chasteté? Et vous m'apportés la rompeure de par luy.
Retournés en vostre maison, et priés Dieu, et au
surplus demain nous verrons que ce sera, et à Dieu
soyés. Après ung grant tas de agyos, se part la compaignie de l'hermite, et vindrent à l'ostel tout
devisant. Pour abrégier, nostre hermite à l'heure
accoustumée et deue, fourny du baston creux, en
lieu de potense, revient à l'oreille de la simple femme,
disant les propres motz ou en substance de la nuyt
précédente ; et ce fait incontinent, sans autre chose
faire, retourne à son hermitaige. La bonne femme
emprinse de joye, cuidant Dieu tenir par les piez, se
lième de haulte heure, et à sa fille raconte toutes
ces nouvelles sans doubte, et confermant la vision
de l'autre nuyt passée. Il n'est que d'abbregier : Or
alons devers le saint homme. Elles s'en vont et il les

regarde approucher ; si va prendre son bréviaire,
faisant de l'ypocrite. Et pensés que il le faisoit en
grant dévocion, Dieu le scet. Et puis après son service
print à recommencer, et en cest estat devant l'uys
de sa maisonnette se fait des bonnes femmes saluer.
Et pensés que se la vielle luy fist hyer ung grant prologue de sa vision, celluy de maintenant n'est de
riens maindre, dont le preudhomme se signe du
signe de la croix, faisant grans admiracions à merveilles, disant : Mon Dieu, mon créateur, qu'est cecy ?
fay de moy tout ce qu'il te plaist, combien que ce
n'estoit ta large grace, je ne suis pas digne d'escouter
ung si grant oeuvre. Or regardés, beau père, dist lors
la bonne femme abusée et follement decéue, vous
voyés bien que c'est à certes quant de rechief s'est
apparu l'angle vers moy. En vérité, m'amie, ceste
matière est si haulte et si très difficile et non accoustumée que je n'en scauroie bailler que doubteuse
response. Non mye affin que vous entendés seurement que en attendant la tierce apparicion je veueille
que vous tentés Dieu. Mais on dit de coustume : « A
la tierce foys va la luyte ; si vous prie et requiers
que encore se puisse passer ceste nuit sans autre
chose faire, attendant sur ce fait la grace de Dieu ; et
se par sa grande miséricorde, il lui plaise nous
demonstrer annuyt comme les autres nuytz précédentes, nous ferons tant qu'il en sera loué. Ce ne
fut pas du bon gré de la simple vielle qu'on tardast
tant d'obéyr à Dieu, mais au fort l'ermite est créu

comme le plus saige. Comme elle fut couchée, ou
parfond des nouvelles qui en teste luy viennent,
l'ypochrite pervers de sa montaigne descendu, luy
met son baston creux à l'oreille, ainsi comme il
avoit de coustume, en luy commandant de par Dieu
comme son angle, une foys pour toutes, qu'elle maine
sa fille à l'ermite pour la cause que dit est. Elle
n'oublia pas tantost qu'il fut jour ceste charge, car
aprés les graces à Dieu de par elle et sa fille rendues, se mettent au chemin par devers l'hermitage,
où l'hermite leur vint au devant qui de Dieu les
salue et begnie. Et la bonne mère trop plus que nulle
autre joyeuse, ne luy cela guères sa nouvelle apparicion, dont l'ermite qui par la main la tient en sa
chappelle la convoie, et la fille aussi va aprés. Et
léans font leurs très dévotes oroisons à Dieu le tout
puissant, qui ce très hault mystère leurs a daigné
demonstrer. Après ung peu de sermon que fist l'ermite touchant songes, visions, apparicions et révé-
lacions qui souvent aux gens adviennent, et il
chéust en propos de touchier leur matière pour laquelle estoient assemblés. Et pensés que l'ermite les
prescha bien et en bonne dévocion, Dieu le scet : puis
que Dieu veult et commande que je face lignié
papale, et le daigne révéler non par une foiz ou
deux seulement, mais la tierce d'abondance, il faut
dire, croire et conclure que c'est ung hault bien qui
de ce fait s'en ensuyvra. Si m'est advis que mieulx
on ne peut faire que d'abrégier l'excécucion en

lieu, de ce que trop j'ay différé de baillier foy à la saincte apparicion. — Vous dictes bien, beau père ; comment vous plaist il faire ? respond la vieille. Vous laisserés céans, dist l'hermite, vostre belle fille, et elle et moy en oroisons nous mettrons et au surplus ferons ce que Dieu nous aprendra. La bonne femme vesve en fut contente, et aussi fut sa fille pour obéir. Quant nostre hermite se treuve à part avec-ques la belle fille, comme s'il la voulsist rebaptiser toute nue la fait despoillier ; et pensez que l'hermite ne demoura pas vestu. Qu'en vauldroit le long compte ? Il la tint tant et si longuement avecques luy, en lieu d'aultre clerc, tant ala aussi et vint à l'ostel d'elle, pour la doubte des gens, et aussi pour honte qu'elle n'osoit partir de la maison, car bien-tost après le ventre si luy commença à bourser, dont elle fut si joyeuse qu'on ne vous le scauroit dire. Mais se la fille s'esjouyssoit de sa portée, la mère d'elle en avoit à cent doubles joyes ; et le mauldit bigot faignoit aussi s'en esjouir, mais il en enra-geoit tout vif. Ceste povre mère abusée, cuidant de vray que sa fille deust faire ung très beau filz pour le temps advenir de Dieu esléu pape de Romme, ne se péult tenir qu'à sa plus privée voisine ne le comptast, qui aussi esbahye en fut comme se cornes luy venoient, non pas toutefois qu'elle ne se doub-tast de tromperie. Elle ne cella pas longuement aux autres voisins et voisines comment la fille d'une telle estoit grosse par les euvres du sainct hermite, d'ung filz qui doit estre pape de Romme : et ce que j'en scay, dit elle, la mère d'elle le m'a dit, à qui Dieu l'a voulu révéler. Ceste nouvelle fut tantost espandue par les villes voisines. Et en ce temps pendant la fille s'accoucha, qui à la bonne heure d'une belle fille se délivra, dont elle fut esmerveillée, et courroucée, et sa très simple fille, et les voisines aussi qui attendoient vraiement le saint Père advenir recevoir. La nouvelle de ce cas ne fut pas mains tost sceue que celle précédente ; et entre autres, l'ermite en fut des premiers advertis qui tantost s'en fouit en ung autre pays, ne scay quel, une autre femme ou fille décepvoir, ou es désers d'Egipte de cueur contrit la pénitence de son péchié satisfaire. Quoy que soit ou fut, la povre fille en fut deshonnorée, dont ce fut grant dommaige, car belle, bonne et gente estoit.

LA XVᵉ NOUVELLE,

PAR MONSEIGNEUR DE LA ROCHE.

(LA NONNE SAVANTE.)

Au gentil pays de Breban, près d'ung monastère
de blans moynes est situé ung aultre monastère de
nonnains qui très dévotes et charitables sont, dont
l'istoire taist le nom et la marche particulière.
Ces deux maisons, comme on dit de coustume, estoient voisines, la grange et les bateurs : car Dieu
mercy, la charité de la maison aux nonnains estoit
si très grande que peu de gens estoient escondis de
l'amoureuse distribucion, voire se dignes estoient
d'icelle recepvoir. Pour venir ou fait de ceste hystoire, ou cloistre des blans moines avoit ung jeune
et beau religieux qui fut amoureux d'une des nonnains ; et de fait eust bien le couraige, après les pré-
misses, de luy demander à faire pour l'amour de
Dieu. Et la nonnain qui bien cognoissoit ses oultilz,

jasoit qu'elle fust bien courtoise, luy bailla dure et
aspre response. Il ne fut pas pourtant enchassé, mais
tant continua sa très humble requeste, que force fut
à la très belle nonnain, ou de perdre le bruit de sa
très large courtoisie, ou d'accorder au moyne ce
qu'elle avoit à plusieurs sans guères prier accordé.
Si luy va dire : En vérité, vous poursuivés et faictes
grant diligence d'obtenir ce que à droit ne scauriés
fournir ; et pensés vous que je ne saiche bien par oyr
dire quelz oultilz vous portés ? créez que si fais ; il
n'y a pas pour dire grant mercy. Je ne scay, moy,
qu'on vous a dit, respond le moyne, mais je ne doubte
point que vous ne soiés bien contente de moy, et que
ne vous monstre que je suis homme comme ung
aultre. — Homme, dit elle, cela croy je assez bien,
mais vostre chose est tant petit, comme l'on dit, que
se vous l'apportés en quelque lieu, à peu s'on se par-
çoit qu'il y est. — Il va bien autrement, dist le moyne,
et se j'estoie en place je feroye, et par vostre jugement, menteurs tous ceulx ou celles qui ceste renommée me donnent. Au fort, après cé gracieux
débat, la courtoise nonnain, affin d'estre quitte de
l'ennuyante poursuite que le moine faisoit, affin
aussi que elle saiche qu'il vault et qu'il scet faire,
et aussi qu'elle n'oublie le mestier qui tant luy
plaist, elle luy baille jour à xij heures de nuyt, de vers
elle venir et heurter à sa traille, dont elle fut haultement merciée : Toutesfois vous n'y entrerés pas que
je ne saiche, dit elle, à la vérité quelx outilz vous

portés, et se je m'en scauroie ayder ou non.—Comme il vous plaira, respond le moyne. A tant s'en va et laisse sa masitresse ; et vint tout droit devers frère Courard l'ung de ses compaignons, qui estoit oultillé Dieu scet comment, et pour ceste cause avoit ung grant· gouvernement ou cloistre des nonnains. Il luy compta son cas tout du long, comment il a prié une telle, la response et le reffus que elle fit, doubtant qu'il ne soit pas bien soulier à son pié ; et en la parfin comment elle est contente qu'il entre vers elle, mais qu'elle sente et saiche premier de quelle lance il vouldroit jouster contre son escu : Or est ainsi, dit il, que je suis mal fourny d'une grosse lance telle que j'espoire et voy qu'elle désire d'estre rencontrée. Si vous en prye tant comme je puis, que anuyt vous venés avecques moy, à l'heure que je me doy vers elle rendre, et vous me ferés le plus grant plaisir que jamais homme fist à autre. Je scay très bien qu'elle voudra, là moy venu, sentir et taster la lance dont je attens à fournir mes armes ; et en la fin me fauldra ce faire : vous serés derrière moy, sans dire mot et vous mettrés en ma place, et vostre gros bourdon en son poing luy mettrés : elle ouvrera l'uys, je n'en doubte point, et puis cela fait, vous vous en irés et dedans j'entreray ; et puis du surplus laissés moy faire. Frère Courard est en grant soucy comment il poura faire et complaire à son compaignon, mais toutesfois se met à l'adventure, et tout ainsi que lui avoit dit, s'en va et luy accorde ce marchié. Et à

l'heure assignée se met avec luy en chemin par devers la nonnain. Quant ilz sont à l'endroit de la fenestre, maistre moyne, plus eschauffé que ung esta-
lon, de son baston ung coup heurta ; et la nonnain
n'attendit par l'autre heurt, mais ouvrist la fenestre
et dist en basse voix : Qui esse là ?— C'est moy, dit il,
ouvrez tost l'uys que on ne vous oye.—Ma foy, dit elle,
vous ne serez jà en mon livre enregistré, n'escript,
que premierement ne passez à monstre, et que je
ne saiche quel harnois vous portés ; approuchez vous
près et me monstrés que c'est. — Très voulentiers,
dit il. Alors tire frère Courard lequel s'avançoit pour
faire son personnage, qui en la main de ma dame la
nonnain mist son bel et très puissant bourdon qui
gros, long et rond estoit. Et tantost qu'elle le sentit,
comme se nature luy en baillast la congnoissance,
elle dist : Nennil, nennil, je congnois bien cestuy cy,
c'est le bourdon de frère Courard ; il n'y a nonnain
céans qui bien ne le congnoisse ; vous n'avés garde
que j'en soie deceue, je le congnois trop. Allez quérir
vostre aventure ailleurs. Et à tant sa fenestre re-
ferma bien courroucée et mal contente, non pas sur
frère Courard, mais sur l'autre moine. Lesquelx
après ceste adventure s'en retournèrent vers leur
hostel, tout devisant de ceste advenue. •

LA XVIe NOUVELLE.

(LE BORGNE AVEUGLE.)

En la conté d'Artois naguères vivoit ung gentil
chevalier, riche et puissant, lyé par mariage avec
une très belle dame et de hault lieu. Ces deux ensemble par longue espace passèrent plusieurs jours
paisiblement et doulcement. Et pource que alors le
très puissant duc de Bourgoigne, conte d'Artois et
leur seigneur, estoit en paix avec tous les grands
princes chrétiens, le chevalier, qui très dévot estoit,
délibera faire à Dieu sacrifice du corps qu'il luy
avoit presté bel et puissant, assouvy de taille, d'estre
autant et plus que personne de sa contrée, excepté
que perdu avoit ung œil en ung assault. Et pour
faire son obligacion en lieu esleu et de luy désiré,
après les congiez à ma dame sa femme prins et
de plusieurs ses parens, s'en va devers les bons
seigneurs de Prusse vrais défensseurs de la très
saincte foy chrétienne. Tant fist et diligenta qu'en

Prusse, après plusieurs adventures que je passe, sain
et sauf se trouva, où il fist assés largement de grans
proesses en armes, dont le grand bruit de sa vail-
lance fut tantost espandu en plusieurs marchies, tant
à la relacion de ceulx qui veu l'avoient, en leur
pays retournez, que par lettres que les demeurez
escripvoient à plusieurs qui très grant gré leur en
scavoient. Or ne fault pas celer que ma dame qui
estoit demeurée, ne fut pas si rigoreuse qu'à la
prière d'ung gentil escuier qui d'amours la requist.
elle ne fut tantost contente qu'il fust lieutenant de
Monseigneur qui aux Sarrazins se combatoit. Tandis
que Monseigneur jeusne et fait pénitence, ma dame
fait bonne chière avec l'escuier ; le plus des fois Monseigneur se disne et soupe de biscuit et de la belle
fontaine, et ma dame a de tous les biens de Dieu si
très largement que trop. Monseigneur au mieulx
venir se couche en la paillade, et ma dame en ung
très beau lit avec l'escuier se repose. Pour abregier,
tandis que Monseigneur aux Sarrazins fait guerre,
l'escuier à ma dame se combat, et si très bien s'y
porte, que se Monseigneur jamais ne retournoit elle
s'en passeroit très bien, et à peu de regret, voire
qu'il ne face aultrement qu'il a commencé. Monseigneur voiant la Dieu mercy, que l'effort des Sarrazins
n'estoit point si aspre que par cy devant a esté, sentant aussi que assés longue espace a laissé son hostel
et sa très bonne femme qui moult le désire et regrete, comme par plusieurs de ses lettres elle luy a

fait scavoir, dispose son partement et avec le peu
de gens qu'il avoit se mect en chemin. Et si bien
exploita à l'ayde du grant désir qu'il a de soy trouver
en sa maison, et es bras de ma dame, qu'en peu de
jours s'i trouva. Celluy à qui ceste haste plus touche que à nul de ses gens, est tousjours des premiers
descouchiés et premier prest et le devant au chemin.
Et de fait sa trop grande diligence le fait bien souvent
chevauchier seul devant ses gens, aucune fois ung
quart de lieue ou plus. Advint ung jour que Monseigneur estant au giste, environ à six lieues de sa
maison où il doit trouver ma dame, se leva bien matin et monta à cheval que bien luy semble que son
cheval le rendra à sa maison avant que ma dame soit
descouchée, qui riens de sa venue ne scait. Ainsi
comme il le proposa il advint, et comme il estoit
en ce plaisant chemin dist à ses gens : Venés tout à
vostre aise, et ne vous chaille jà de moy suyr; je
m'en iray tout mon beau train pour trouver ma
femme au lit. Ses gens tout hordez et travaillez et
leurs chevaulx aussi, ne contredirent pas à Monseigneur, mais s'en viennent tout à leur aise après
luy sans eulx travailler aucunement; mais pourtant si doubtoient ilz de mon dit seigneur lequel s'en
alloit ainsi de nuyt tout seul et avoit si grant haste.
Cil s'en va et fait tant qu'il est en brief en la basse
court de son hostel descendu où il trouva ung varlet qui le desmonsta de son cheval. Tout ainsi et
housé et esperonné, quant il fut descendu, s'en va

tout droit sans rencontrer personne, car encores matin estoit, devers sa chambre où ma dame encores dormoit, ou espoir faisoit ce qui tant a fait Monseigneur travailler. Créez que l'uys n'estoit pas ouvert à cause du lieutenant qui tout esbahy fut et ma dame aussi, quant Monseigneur heurta de son baston ung très lourt coup : Qui esse là, ce dit ma dame? — C'est moy, ce dit Monseigneur, ouvrés, ouvrés. Ma dame, qui tantost a congneu Monseigneur à son parler, ne fut pas des plus asseurées, néantmoins fait habiller incontinent son escuier qui met peine de s'advancier le plus qu'il peult, pensant comment il pourra eschapper sans dangier. Ma dame, qui faint d'estre encores toute endormie et non recongnoistre Monseigneur, après le second heurt qu'il fait à l'uys, demande encores : Qui esse la? C'est vostre mary, dame, ouvrés bien tost, ouvrés. Mon mari, dist elle, helas ! il est bien loing de cy; Dieu le ramaine à joye et brief. Par ma foy, Dame, je suis vostre mary; et ne me congnoissés vous au parler? Si tost que je vous ay ouy respondre je coigneuz bien que c'estiés vous. Quant il viendra je le scauray beaucoup devant, pour le recepvoir ainsi comme je doy, et aussi pour mander Messeigneurs ses parens et amis pour le festoier et convoier à sa bien venue. Allés, allés et me laissés dormir. Saint Jehan, je vous en garderay bien ! ce dit Monseigneur, il fault que vous ouvrés l'uys; et ne voulés vous congnoistre vostre mary? Alors l'appelle par son nom. Et elle qui voit que son amy est jà tout

prest, le fait mettre derrière l'uys. Et puis va dire à
Monseigneur : estes vous ce? pour Dieu pardonnés
moy, et estes vous en bon point? — Oy, Dieu mercy;
ce dist Monseigneur. — Or loué en soit Dieu, ce dist
ma dame, je vien incontinant vers vous et vous met-
trai dedans : mais que je soye un peu habillée et
que j'ayé de la chandelle. — Tout à vostre aise, ce
dit Monseigneur. — En vérité, ce dit ma dame, tout
à ce coup que vous avés heurté, Monseigneur, j'estoye
bien empeschée d'ung songe qui est de vous. — Et
quel est il, m'amye? — Par ma foy, Monseigneur, il
me sembloit à bon escient que vous estiés revenu
que vous parliès à moy et si voyés tout aussi cler d'ung
oeil comme de l'autre. — Pléust ores à Dieu, ce dit
Monseigneur.—Nostre Dame, ce dit ma dame, je croy
que aussi faictes vous? — Par ma foy, ce dit Monseigneur, vous estes bien beste; et commet ce pouroit il
faire? — Je tiens moy, dit elle, qu'il est ainsy. — Il
n'en est riens, non, dit Monseigneur, estes vous bien
si fole de le penser? — Dea Monseigneur, dit elle ne
me crèez jamais s'il n'est ainsi ; et pour la paix de mon
cueur je vous requier que nous l'esprouvons. Et à ce
coup elle ouvra l'uys tenant la chandelle, ardant en
sa main. Et Monseigneur qui est content de ceste es-
prouve et s'i accorde par les parolles de sa femme.
Et ainsi le povre homme endure bien que ma dame
luy bouchast son oeil d'une main, et de l'autre elle
tenoit la chandelle devant l'ocil de Monseigneur qui
crevé estoit; et puis luy demanda : Monseigneur, ne

véez vous pas bien par vostre foy?—Par mon serment, non, ce dit Monseigneur. Et entretant que ces
devises se faisoient, le lieutenant de mon dit seigneur
sault de la chambre sans qu'il fut apparceu de luy.
Or attendés, Monseigneur, ce dit elle, et maintenant
vous me voiés bien ; ne faictes pas? — Par Dieu, ma
mye, nennil respond Monseigneur, comment vous
verroy je? vous avés bouchié mon dextre oeil et l'autre
est crevé passé plus de dix ans. — Alors, dit elle, or
voy je bien que c'estoit songe voyrement qui ce rapport me fist; mais quoy que soit, Dieu soit loué et
gracié que vous estes cy. — Ainsi soit il , ce dit Monseigneur, et à tant s'entracolèrent et baisèrent par
plusieurs fois, et firent grant feste. Et n'oublia pas
Monseigneur à conter comment il avoit laissé ses
gens derrière, et que pour la trouver au lit il avoit
fait telle diligence : Et vrayement, dist ma dame, encores estes vous bon mary. Et à tant vindrent femmes
et serviteurs qui bien ungnèrent Monseigneur et le
deshousèrent et de tous points deshabillèrent. Et ce
fait se bouta ou lit avec ma dame qui le repéut du
demourant de l'escuier qui s'en va son chemin, lye
et joyeux d'estre ainsi eschapé. Comme vous avés
ouy fut le chevalier trompé, et n'ay point sceu, combien que plusieurs gens depuis le sceurent, qu'il en
fut jamais adverty.

LA XVIIᵉ NOUVELLE,

PAR MONSEIGNEUR LE DUC.

(LE CONSEILLER AU BLUTEAU.)

N'a guères qu'à Paris présidoit en la chambre des
Comptes ung grant clerc chevalier assés sur aage ;
mais très joyeux et très plaisant estoit, tant en sa
manière d'estre, comme en devises, où qui les
adreçast, fut aux hommes ou aux femmes. Ce bon
seigneur avoit femme espousée desja ancienne et
maladive, dont il avoit belle ligné. Et entre les aultres damoiselles, chamberièrcs et servantes de son
hostel, celle où nature avoit mis son entente de la
faire très belle, estoit meschine, faisante le mesnage
commun, comme les litz, le pain, et autres telz affairres.

Monseigneur qui ne jeusnoit jour de l'amoureulx
mestier tant qu'il trouvast rencontre, ne cela guères
à la belle mechine le grant bien qu'il luy veult, et

lui va faire ung grant prologue des amoureulx assaulx que incessamment amours pour elle lui envoye, continue aussi ce propos, luy promettant tous
les biens du monde, monstrant comment il est bien
en luy de lui faire tant en telle manière et tant en
telle, et tant en telle. Et qui oyoit le chevalier jamais
tant d'heur n'advint à la meschine que de luy accorder son amour. La belle meschine bonne et saige, ne
fust pas si beste que aux gracieux motz de son maistre baillast response en rien à son advantage, mais
se excusa si gracieusement que Monseigneur en son
courage très bien l'en prisa, combien qu'il aymast
mieulx qu'elle tint aultre chemin. Motz rigoureux
vindrent en jeu par la bouche de Monseigneur, quant
il parcéust que par doulceur ne feroit rien, mais la
très bonne fille, aimant plus chier mourir que perdre
son honneur, ne s'en effroia guères, ains asseurée-
ment respondit die et face ce qu'il lui plaist, mais
jour qu'elle vive de plus près ne luy sera. Monseigneur qui la voit aheurtée en ceste opinion, après
ung gracieux à dieu, laissa ne scay quans jours ce
gracieux pourchas de bouche seullement, mais regars
et autrez petis signes ne luy coustoient guères, qui
trop estoient à la fille ennuyeux. Et s'elle ne doubtast mettre male paix entre Monseigneur et ma dame,
elle ne lui céleroit guère la desloyaulté de son seigneur ; mais au fort elle conclud le desceler tout le
plus tart qu'elle pourra. La dévocion que Monseigneur avoit aux saincts de sa meschine de jour en

jour croissoit; et ne luy souffisoit pas de l'aimer et
servir en cueur seulement, mais d'oroison, comme
il a fait cy devant, la veult arrière resservir. Si vient
à elle et de plus belle recommença sa harengue en
la façon que dessus, laquelle il confermoit par cent
mille sermens et autant de promesses. Pour abbregier, riens ne lui vault, et ne peust obtenir ung seul
mot et encores mains de semblans qu'elle luy baille
quelque peu d'espoir de jamais pervenir à ses attaintes. Et en ce point se partit, mais il n'oublia pas
de dire que s'il la rencontre en quelque lieu marchant qu'elle l'obéyra ou elle fera pis. La meschine
guères ne s'en effroya, et sans plus y penser va besoigner en la cuisine ou autre part. Ne scay quans
jours après, ung lundi matin, la belle meschine, pour
faire des pastés, buletoit de la farine. Or devés vous scavoir que la chambre où ce faisoit ce
mestier n'estoit pas loing de la chambre de Monseigneur, et qu'il oyoit très bien le bruit et la noise qui
s'y faysoit; et encores scavoit aussi très bien que c'estoit sa meschine qui du tamis jouoit. Si s'avisa qu'elle
n'aura pas seule ceste peine, mais lui viendra ayder
voire et fera au surplus ce qu'il luy a bien promis,
car jamais mieulx ne la pourroit trouver. Dit aussy
en soy mesmes : quelques reffus que de la bouche elle
m'ait fait, si en cheviray je bien se je la puis à gré
tenir. Il regarda que bien matin estoit et que ma
dame n'estoit pas esveillée, dont il fut bien joyeux,
et affin qu'il ne l'esveille, il sault tout doulcement

hors de son lit, à tout son couvrechief, et prent sa
robe longue et ses botines ; et descend de sa chambre
si celéement qu'il fut dedens la chambrete où la
meschine dormoit sans qu'elle oncques en sceut riens
jusques à tant qu'elle le vit tout dedans. Qui fut
bien esbahie, ce fut la povre chamberière qui à pou
trembloit tant estoit effrée, doubtant que Monseigneur ne luy ostast ce que jamais rendre ne luy
scauroit. Monseigneur qui la voit effrée, sans plus
parler luy baille ung fier assault, et tant fist en peu
d'heures qu'il avoit la place emportée s'il n'eust esté
content de parlementer. Si luy va dire la fille : helas !
Monseigneur, je vous cry mercy, je me rens à vous ;
ma vie et mon honneur sont en vostre main, ayés
pitié de moy. — Je ne scay quelle honneur, dit Monseigneur qui très eschauffé et espris estoit, vous
passerés par là. Et à ce mot recommence l'assault
plus fier que devant. La fille voyant que eschapper
ne pouvoit s'advisa d'ung bon tour et dit : Monseigneur, j'ayme mieulx vous rendre ma place par
amour que par force ; donnés fin, s'il vous plaist, aux
durs assaulx que me livrés, et je feray tout ce qu'il
vous plaira. — J'en suis content, dist Monseigneur,
mais créez que autrement vous n'eschapperés. —
D'une chose je vous requier, dist lors la fille, Monseigneur, je doubte beaucoup que ma dame ne vous oye ;
et se elle venoit d'aventure, et droit cy vous trouvast, je seroye femme perdue et deshonnourée, car
elle me feroit du mains battre ou tuer. — Elle n'a

garde de venir, non, dit Monseigneur, elle dort au
plus fort. —Helas! Monseigneur, je doubte tant que
je n'en scay estre asseurée; si vous prie et requier,
pour la paix de mon cueur et plus grande seureté de
nostre besoigne, que vous me laissés aler veoir s'elle
dort ou qu'elle fait. — Nostre Dame, tu ne retourne-
roie pas, dit Monseigneur—. Si feray, dit elle, par mon
serment, trestout tantost.— Or je le vueil! dit il, ad-
vance toy.— Ha! Monseigneur, dit elle, se vous vouliés bienfaire, vous prendriés ce tamis et besoigneriés
comme je faysoie, affin d'aventure, se ma dame estoit
esveillée qu'elle oye la noise que j'ay devant le jour
encommencée. Or - monstre ça, je feray bon devoir, et
ne demeure guères.—Nennil, non Monseigneur, tenez
aussi ce buleteau sur vostre teste, vous semblerés tout
à bon escient estre une femme.—Or ça, de par dieu, ça,
dit il. Il fut affublé de ce buleteau, et puis commence
à tamiser, tant que c'estoit belle chose que tant bien
luy séoit. Et entretant la bonne chamberière monta
en la chambre et esveilla ma dame, et luy compta
comment Monseigneur par cy devant d'amours l'avoit
pryée, qu'il l'avoit assaillie à ceste heure où elle tamisoit : Et s'il vous plaist venir voir comment j'en
suis eschappée et en quel point il est, venés en bas,
vous le verrez. Ma dame tout à coup se liève, et
prent sa robe de nuyt ; et fust tantost devant l'uys
de la chambre où Monseigneur diligemment tamisoit. Et quant elle le voit en cest estat, et afublé du
buleteau, elle lui va dire : Ha! maistre, et qu'est cecy?

où sont voz lettres, voz grans honneurs, voz sciences et discrécions? Et Monseigneur qui l'ouyt et deçéu se voit, respondit tout subitement : Au bout de mon v... Dame, là ay je tout amassé aujourd'huy. Lors très marry et couroucé sur la meschine se désarma de l'estamine et du buleteau, et en sa chambre remonte ; et ma dame le suyt qui son preschement recommence, dont Monseigneur ne tient guères de compte. Quant il fut prest il manda sa mule, et au palais s'en va où il compta son adventure à plusieurs gens de bien qui s'en rirent bien fort. Et me dit-on depuis, quelque courroux que le seigneur eust de prinsault à sa meschine, se l'ayda il depuis de sa parolle et de sa chevance à marier.

LA XVIIIᵉ NOUVELLE,

PAR MONSEIGNEUR DE LA ROCHE.

(LA PORTEUSE DU VENTRE ET DU DOS.)

Ung gentilhomme de Bourgoigne nagaires pour
aucuns de ses afaires s'en ala à Paris, et se logea
en ung très bon hostel : car telle estoit sa coustume
de tousjours quérir les meilleurs logis. Il n'eust guères esté en son logis, lui qui bien congnoissoit mouche en lait, qu'il ne parcéut tantost que la chamberière de léans estoit femme qui debvoit faire pour
les gens. Si ne luy céla guères ce qu'il avoit sur le
cueur, et sans aler de deux en trois, il demanda l'aumosne amoureuse. Il fut de prinsault bien rechassié
des meures : Voire, dit elle, est ce à moy que vous
devés adresser telles parolles? Je vueil bien que vous
sachiés que je ne suis pas celle qui fera tel blasme à
l'ostel où je demeure. Et pour abbreger, qui l'oyoit,
elle ne le feroit pour aussi gros d'or. Le gentil homme

tantost congnéust que toutes ses excusacions estoient
erres pour besoignier, si luy va dire : M'amye, se
j'éusse temps et lieu, je vous diroie telle chose que
vous seriés bien contente ; et ne doublés point que ce
ne fust grandement vostre bien, m'amye, pource que
devant les gens ne vous vueil guères araisonner,
affin que ne soiés de moy souspeconnée. Croiés mon
homme de ce que par moy vous dira ; et se ainsi le
faictes, vous en vauldrés mieulx. — Je n'ay, dit elle,
n'à vous n'à luy que deviser. Et sur ce point s'en va,
et nostre gentil homme appella son varlet qui estoit
ung galant tout esveillé, puis lui compta son cas et
le charge de poursuir sa besoigne sans espargner
bourdes. Le varlet, duyt à cela, dit qu'il fera bien son
personnage. Il ne l'oublia pas, car au plus tost qu'il
la trouva, pensés qu'il joua bien du bec. Et se elle
n'eust esté de Paris, et plus subtille que foison d'autres, son gracieux langaige et les promesses qu'il
faisoit pour son maistre l'eussent tout en haste ab-
batue. Mais autrement alla, car après plusieurs paroles et devises d'entre elle et luy, elle luy dit ung
mot trenchié : Je sçay bien que vostre maistre veult,
mais il n'y touchera jà se je n'ay dix escus. Le varlet
fist son rapport à son maistre qui n'estoit pas si large,
voire au mains en tel cas que donner dix escus pour
jouir d'une telle damoiselle. Quoy que soit elle, n'en
fera autre chose, dit le varlet ; encores y a il bien
manière de venir en sa chambre, car il fault passer
par celle à l'hoste. Regardés que vous vouldriés fai-

— Par la mort bieu, dit il, mes dix escus me font
bien mal d'en ce point les laisser aler : mais j'ay si
grant dévocion au saint et en ay fait tant de poursuite qu'il fault que je besoigne ; au Deable soit chi-
chete ! elle les aura. — Pourtant vous dis je, dit le
varlet, voulés vous que je luy dye qu'elle les aura ? —
Oy, de par le Deable, oy, dit il. Le varlet trouva la
bonne fille et luy dit qu'elle aura ces dix escus, voire
et encores mieulx cy après. Trop bien, dit elle. Pour
abrégier, l'heure fut prinse que l'escuier doit venir
couchier avec elle, mais avant que onques elle le
voulsist guyder par la chambre de son maistre en
la sienne, il baille tous les dix escus contant. Qui
fut bien mal content ce fut nostre homme qui se
pensa, en passant par la chambre et cheminant aux
nopces qui trop chier à son gré luy coustoient, qu'il
jouera d'ung tour. Ilz sont venus si doulcement en
la chambrete que maistre ne dame rien n'en sceurent. Si se vont despoillier, et dit nostre escuier qu'il
emploiera son argent, s'il peut. Il se met à l'ouvrage
et fait merveilles d'armes, et espoir plus que bon ne
luy fut. Tant en devises que autrement se passèrent
tant d'heures que le jour estoit voisin et prouchain
à celuy qui plus voulentiers eust dormy que nulle
autre chose fait, mais la très bonne chamberière luy
va dire : Or ça, sire, pour le très grant bien, honneur
et courtoisie que j'ay ouy et véu de vous, j'ay esté
contente mettre en vostre obéissance et jouyssance
la chose en ce monde que plus doy chier tenir. Je

vous prie et requier que incontinent vous vueillés
apprester habiller et de cy partir, car il est desja haulte
heure, et se d'avanture mon maistre ou ma maistresse venoient cy, comme assés est leur coustume
au matin, et vous trouvassent, je seroie perdue et
gastée ; et vous espoire ne serés pas le mieulx party
du jeu. — Je ne scay moy, dit l'escuier, quel bien ou
quel mal : mais je me reposeray et si dormiray tout
à mon aise et à mon beau loisir, avant que j'en parte.
Et aussi je vueil emploier mon argent ; pensés vous
avoir si tost gaignié mes dix escus ? Ils ne vous cous-
tent guères à prendre, mais par la mort bieu, affin
que je ne aye point paour, et que point je ne me
espante, vous me ferés compaignie, s'il vous plast. —
Ha Monseigneur, dit elle, il ne se peut ainsi faire, par
mon serment, il vous convient partir, il sera jour trestout en haste ; et se on vous trouvoit icy, que seroit ce
de moy ? J'aymeroie mieulx estre morte que ainsi en
advenist. Et se vous ne vous advancés, ce que trop je
doubte en adviendra. — Il ne me chault, moy, qu'il ad-
viengne, dit l'escuier, mais je vous dy bien que se ne
me rendés mes dix escus jà ne m'en partiray. Advien-
gne ce que advenir peut. — Vos dix escus, dit elle ?
et estes vous tel, se vous m'avés donné aucune courtoisie ou gracieuseté que vous me le voulés après
retollir par ceste façon ? Sur ma foy vous monstrés
mal que vous soyés gentil homme. — Tel que je suis,
dit il, je suis celluy qui de cy ne partiray, ne vous
aussi, tant que me ayés rendu mes dix escus ; vous

les auriés gaigniez trop aise. —Ha! dit elle, si m'ayt
Dieu, quoy que vous disiez, je ne pense pas que vous
soyés si mal gracieux, attendu le bien qui est en vous,
et le plaisir que je vous ay fait, que féussiés si peu courtois que vous ne aydissiés à garder mon honneur.
Et pour ce de rechief vous supplie que ma requeste
passés et accordés et que de cy vous partés. L'escuyer dit qu'il n'en fera rien. Et pour abrégier, force
fut à la bonne gentil femme, à tel regret que Dieu
scet, de desbourser les dix escus, affin que l'escuyer
s'en alast. Quant les dix escus refurent en la main
dont ilz estoient partis, celle qui les rendit cuida bien
enrager tant estoit mal contente, et celluy qui les a'
leur fait grant chière : Or avant, dit la courroucée et
desplaisante qui se voit ainsi gouvernée, quant vous
vous estes bien joué et farcé de moy, au moins advancés vous, et vous suffise que vous seul congnoissés ma folie, et que par vostre tarder elle ne soit
congnéue de ceulx qui me deshonnoreront s'ilz en
voient l'apparence. — A vostre honneur, dit l'escuyer, point je ne touche, gardés le autant que vous
l'aymés; vous m'avés fait venir ici, et si vous somme
que vous me rendés et remettés ou lieu dont je partis,
car ce n'est pas mon intencion d'avoir les deux peines de venir et retourner. La chamberière, voiant que
riens n'avoit eu sinon le courroucer, voyant aussi
que le jour commençoit à apparoir, avec tout le desplaisir et crainte que son ennuyé cueur portoit du dit
escuier, se hourde de cest escuier et à son col le char-

ge. Et comme à tout ce fardeau, le plus souef qu'elle
oncques péust, le courtois gentil homme portoit,
tenant lieu de babu sur le dos de celle qui sur son
ventre l'avoit soustenu, laissa couler ung gros sonnet, dont le ton et le bruit firent l'oste esveillier et demanda assez effrément : Qui est là? — C'est vostre
chamberière, sire, dit l'escuier, qui me porte rendre
où elle m'avoit emprunté. A ces motz la povre gentil
femme n'eust plus cueur, puissance, ne vouloir de
soustenir son desplaisant fardeau : si s'en va d'ung
cousté et l'escuyer de l'autre. Et l'hoste qui bien congnoissoit que c'est, et aussy avecques ce s'en doubtoit bien, parla très bien à l'espousée qui toute demoura decéue et scandalisée, et tost après se partit
de léans. Et l'escuyer en Bourgoigne s'en retourna,
qui aux galans et compaignons de sorte joyeusement
et souvent racompta son adventure dessus dicte.

LA XIX⁵ NOUVELLE.

(L'ENFANT DE NEIGE.)

Ardant désir de veoir pays, congnoistre et scavoir
plusieurs expériences qui par le monde universel de
jour en jour adviennent, naguaires si fort eschauffa
l'attrempé cueur et vertueux couraige d'ung bon et
riche marchant de Londres en Angleterre, qu'il abandonna sa très belle et bonne femme, sa belle maignie
d'enfants, parents, amys, héritaiges, et la plus part
de sa chevance. Et se partit de ce royaulme, assés bien
fourny d'argent content et de très grande abondance de marchandises dont le dit pays de Angleterre
peult d'autres pays servir, comme d'estain, de ris, et
foison d'autres choses que pour cause de briefveté
je passe. En ce premier voyage vacqua le bon marchant l'espace de cinq ans, pendant lequel temps sa
très bonne femme garda très bien son corps, fist
son prouffit de plusieurs marchandises, et tant si très
bien le fit que son mary au bout des ditz cinq ans

retourné, beaucoup la loua et plus que par avant
ayma. Le cueur au dit marchant non encores content tant d'avoir véu et congnéu plusieurs choses
estranges et merveilleuses, comme d'avoir gaigné
largement d'argent, se fit arrière sur la mer bouter
cinq ou six mois puis son retour, et s'en reva à l'a-
venture, en estrange terre tant de Crestiens comme
de Sarrasins ; et ne demoura pas si peu que les dix
ans ne fussent passés, ains que sa femme le revist.
Trop bien luy escrivoit et assés souvent, et à celle
fin qu'elle scéust qu'il estoit encores en vie. Elle qui
jeune estoit et en bon point et qui faulte n'avoit
de nulz biens de Dieu, fors seulement de la présence
de son mary, fut contrainte par son trop demeurer
de prendre ung lieutenant, qui en peu d'heure luy
fist ung très beau filz. Ce filz fut nourry et conduit
avec les aultres ses frères d'ung cousté ; et au retour
du marchant mary de sa mère avoit le dit enfant environ sept ans. La feste fut grande, à ce retour,
d'entre le mary et la femme ; et comme ils furent en
joyeuses devises et plaisans propos, la bonne femme,
à la semonce de son mary, fait venir devant eulx tous
leurs enfants, sans oublier celluy qui fut gaignié en
l'absence de celuy en qui avoit le nom. Le bon
marchant, voiant la belle compaignie de ses enfans,
recordant très bien du nombre d'eulx à son partement, le voit créut d'ung dont il est esbahy et moult
esmerveillé. Si va demander à sa femme qui estoit
ce beau filz, le derrenier ou renc de leurs enfans : Qui

il est, dit elle, par ma foy, sire, il est nostre filz ; et qui
seroit il? — Je ne scay, dit il, mais pour ce que plus
ne l'avoie véu, avés vous merveille se je le demande.
— Saint Jehan, nennil, dit elle, mais il est notre filz.
— Et comment se peult il faire, dit le mary, vous n'estiés pas grosse à mon partement? — Non vraiement,
dit elle, que je scéusse, mais je vous ose bien dire à la
vérité que l'enfant est vostre, et que autre que vous à
moy n'a touchié. — Je ne le dis pas aussi, dit il : mais
touteffois il a dix ans que je partis, et cest enfant se
monstre de sept : comment doncques pourroit il estre
mien? L'auriés vous plus porté que ung autre? —
Par mon serment, dit elle, je ne scay, mais tout ce
que je dy est vray; se je l'ay plus porté que ung
aultre, il n'est chose que j'en sache, et se vous ne
me le féistes au partir, je ne scay moy penser dont
il peut estre venu, sinon que assés tost après vostre
departement, ung jour j'estoye par ung matin en
nostre grant jardin, où tout à coup me vint ung
soudain désir et appetit de menger une feuille d'o-
sille qui pour ycelle heure estoit couverte et soubz
la neige tapie. J'en choysis une entre les aultres, belle
et large, que je cuyday avaler, mais ce n'estoit que
ung peu de neige blanche et dure. Et ne l'eus pas si
tost avalé que ne me sentisse en trestout tel estat
que je me suis trouvée quant mes autres enfans ay
portés. Ce fait à certaine piece depuis je vous ay fait
ce très beau filz. Le marchant congnéut tantost qu'il
en estoit noz amis, et n'en voulut faire aucun sem-

blant, aînçois s'en vint adjoindre par parolles à con-
fermer la belle bourde que sa femme luy bailloit et
dit : M'amye, vous ne dictes chose qui ne soit possible, et qu'à autre que vous ne soit advenu ; loué
soit Dieu de ce qu'il nous a envoyé. S'il nous a donné
ung enfant par miracle, ou par aucune secrete façon dont nous ignorons la manière, il ne nous a pas
oublié d'envoier chevance pour l'entretenir. Quant
la bonne femme vit que son mary vouloit condescendre à croire ce qu'elle luy dit, elle n'est pas
moyennement joyeuse. Le marchant saige et prudent, en dix ans qu'il fut depuis à l'ostel sans faire
ses loingtains voyages, ne tint oncques manières envers sa femme en parolles ne aultrement, par quoy
elle péust penser qu'il entendist rien de son fait,
tant estoit vertueux et pacient. Il n'estoit pas encores saoul de voiagier, si voulut recommencer et le
dist à sa femme qui fist semblant d'en estre très
marrie et mal contente : Appaisiés vous, dit il, s'il
plaist à Dieu et à Monseigneur sainct George, je reviendray brief. Et pource que nostre filz que féistes en
mon autre voyage, est desja grant, habile et en bon
point de veoir et d'aprendre, se bon vous semble, je
l'emmeneray avec moy.—Et par ma foy, dit elle, vous
ferés bien et je vous en prie. — Il sera fait, dit il. A
tant se part, et avec luy emmaine le filz dont il n'estoit pas père à qui il a pieça gardé une bonne pensée.
Ilz eurent si bon vent qu'ilz sont venus au port
d'Alexandrie, où le bon marchant très bien se deffist

de la pluspart de ses marchandises ; et ne fust pas si
beste, affin qu'il n'eust plus de charge de l'enfant de
sa femme et d'ung autre, et que après sa mort ne
suscedast à ses biens, comme ung de ses aultres enfans, qu'il ne le vendist bons deniers contens, pour
en faire ung esclave. Et pour ce qu'il estoit jeune et
puissant, il en eust près de cent ducas. Quant ce
fut fait il s'en revint à Londres, sain et sauf, Dieu
mercy. Et n'est pas à dire la chière que sa femme
luy fit, quant elle le vit en bon point, maïs elle ne
voit point son filz dont ne scait que penser. Elle ne
se péust guères tenir qu'elle ne demandast à son
mary qu'il avoit fait de leur filz : Ha ! m'amye, dit il,
il ne le vous fault jà celer : il luy est très mal prins.
— Hélas comment, dit elle, est il noyé ? — Nennil certes, mais il est vray que fortune de mer nous mena
par force en un païs où il faisoit si chault que nous
cuidions tous mourir par la grant ardeur du soleil
qui sur nous ses raïs espandoit. Et comme ung jour
nous estions saillis de nostre nave, pour faire un chascun une fosse à soy tapir pour le soleil, nostre bon
filz, qui de neige, comme vous scavés, estoit, en nostre présence sur le gravier par la grant force du soleil il fut tout à cop fondu et en eaue ressolu. Et
n'eussiez pas dict une sept pseaume que nous ne
trouvasmes rien de lui : tout ainsi en haste que au
monde il vint, tout aussi soudain en est party. Et
pensez que j'en fus et suis bien desplaisant, et ne vy
jamais chose entre les merveilles que j'ay véues dont

je fusse plus esbahy. — Or avant, dit elle, puis qu'il plaist à Dieu le nous oster comme il le nous avoit donné, loué en soit il. S'elle se doubtast que la chose alast aultrement, l'ystoire s'en taist et n'en fait mencion, fors que son mary luy rendit telle comme elle luy bailla, combien qu'il en demoura toujours le cousin.

LA XXᵉ NOUVELLE,

PAR PHELIPPE DE LAON.

(LE MARI MÉDECIN.)

Ce n'est pas chose nouvelle que en la conté de Champaigne on a tousjours eu bon à recouvrer de gens lours en la taille, combien qu'il sembleroit assés estrange à plusieurs, pourtant qu'ilz sont si près à ceulx du pays du mal engin. Assés et largement d'istoires à ce propos pourroit on mettre confermant la bestise des Champenois, mais quant à présent, celle qui s'ensuit pourra souffire. En la dicte conté avoit ung jeune homme orphelin qui bien riche et puissant demoura puis le trespas de ses père et mère. Jasoit ce qu'il fust lourt, très peu saichant, et encores aussi mal plaisant, si avoit une industrie de bien garder le sien et conduire sa marchandise. Et à ceste cause assez de gens, voire de gens de bien, luy eussent bien voulu donner en

mariage leur fille. Une entre les autres pléut aux
parens et amis de nostre Champenois, tant pour sa
beaulté, bonté, et chevance, etc. Et luy dirent qu'il
estoit temps qu'il se mariast, et que bonnement il
ne povoit conduire son fait : Vous avés aussi, dirent
ilz, desja xxiiij ans, si ne pourriés en meilleur aage
prendre cest estat. Et se vous y voulés entendre,
nous avons regardé et choysy pour vous une belle
fille et bonne qui nous semble très bien vostre fait.
C'est une telle, vous la congnoissés bien. Lors la luy
nommèrent. Et nostre homme à qui n'en challoit
qu'il fist, fust marié ou non, mais qu'il ne tirast
point d'argent, respondit qu'il feroit ce qu'ilz vouldroient : Puis qu'il vous semble que c'est mon bien,
conduisés la chose au mieulx que vous scaurés ;
car je vueil faire par vostre conseil et ordonnance. —
Vous dictes bien, dirent ces bonnes gens, nous regar-
derons et penserons comme pour nous mesmes, ou
pour l'ung de noz enfans. Pour abbreger, certaine
pièce après, nostre Champenois fut maryé. De pardieu ce fut ; mais tantost qu'il fut auprès de sa
femme couchié, la première nuyt, luy, qui oncques
sur beste crestienne n'avoit monté, tantost luy
tourna le dos. Qui estoit mal contente, c'estoit nostre
espousée, nonobstant qu'elle n'en fist nul semblant.
Ceste mauldicte manière dura plus de dix jours et
encores durast, se la bonne mère à l'espousée n'y
eust pourvéu du remède. Il ne vous fault pas celer
que nostre homme neuf en façon et en mariage, du

temps de ses feu père et mère avoit esté bien court
tenu ; et sur toutes choses luy estoit et fut deffendu
le mestier de la beste aux deux dos, doubtant que
s'il s'y esbatoit qu'il y despendroit toute sa chevance.
Et bien leur sembloit et à bonne cause qu'il n'estoit
pas homme qu'on déust aimer pour ses beaux
yeulx. Luy qui pour riens ne courrouçast père et
mère et qui n'estoit pas trop chault sur potaige,
avoit tousjours gardé son pucellage, que sa femme
eust voulentiers desrobé, s'elle eust scéu par quelque
honneste façon. Ung jour se trouva la mère de
nostre espousée devers sa fille, et lui demanda de
son mary, de son estat, de ses condicions, de son
mariage, et cent mille choses que femmes scevent
dire. A toutes choses bailla et rendit nostre espousée
à sa mère response, et dit que son mary estoit très
bon homme et qu'elle ne doubtoit point qu'elle ne
se conduisist bien avec lui. Et pource qu'elle savoit
bien par elle mesme qu'il fault en mariage autre
chose que boire et mengier, elle dist à sa fille : Or
viens ça et me dy par ta foy, et de ces choses de
nuyt comment t'en est il ? Quant la povre fille oyt
parler de ces choses de nuyt, à peu que le cueur ne
luy faillit, tant fut marrie et desplaisante ; et ce que
sa langue n'osoit respondre, monstrèrent ses yeulx
dont saillirent larmes en très grande abondance. Si
entendist tantost sa mère que ses larmes vouloient
dire, si dit : Ma fille, ne plorés plus ; dictes moy
hardiment, je suis vostre mère à qui ne devés riens

celer, et de qui ne devés estre honteuse; vous a il
encoires rièns fait? La povre fille revenue de paul-
moison, et ung peu rasséurée, et de sa mère con-
fortée, cessa la grant flote de ses larmes, mais n'avoit
encores force ne sens de respondre. Si l'interroga
arrière sa mère et luy dist : Dy moy hardiment et
oste tes larmes; t'a il rien fait? A voix basse et de
pleurs entremeslée respondit la fille et dit : Par ma
foy, mère, il ne me toucha oncques, mais du surplus
qu'il ne soit bon homme et doulx, par ma foy, si est.
Or dy moy, dit la mère, et scez tu point s'il est
fourny de tous ses membres? Dy hardyment se tu le
scez. — Saint-Jehan! si est très bien, dit elle. J'ay plusieurs fois sentu ses denrées d'aventure, ainsi que je
me tourne et retourne en nostre lit, quant je ne
puis dormir. — Il souffit, dit la mère, laisse moy faire
du surplus. Vecy que tu feras : Au matin il te convient faindre d'estre malade très fort, et monstrer
semblant d'estre oppressée, qu'il semble que l'ame
s'en parte. Ton mary me viendra ou mandera quérir,
je n'en doubte point, et je feray si bien mon personnaige que tu scauras tantost comment tu fus
gaignie, car je porteray ton urine à ung tel médecin
qui donnera tel conseil que je vouldray. Comme il
fut dit il fut fait; car lendemain, si tost qu'on vit le
jour, nostre gouge auprès de son mary couchée, se
commença à plaindre et faire la malade, que il
sembloit que une fièvre continue luy rongast corps
et ame. Noz amys son mary estoit bien esbahy et

14.

desplaisant, si ne scavoit que faire, ne que dire. Si
manda tantost quérir sa belle mère qui ne se fist
guères attendre. Tantost qu'il la vit : Helas ! mère, dit
il, vostre fille se meurt. — Ma fille, dit elle, et que luy
fault il ? Lors tout en parlant marchèrent jusques en
la chambre de la paciente. Si tost que la mère voit
sa fille, elle lui demande qu'elle faisoit ? Et elle comme
bien aprinse, ne respondit pas la première foiz, mais
à petit de piece après dist : Mère, je me meurs.—Non
faictes, fille, se Dieu plaist, prenés couraige. Mais
dont vous vient ce mal si en haste ? — Je ne scay, je
ne scay, dit la fille, vous me peraffolés à me faire
parler. Sa mère la prent par la main, si lui taste
son poux et son chief, et puis dit à son beau filz :
Par ma foy, croyés qu'elle est bien malade, elle est
plaine de feu, si y fault pourveoir de remède : y a il
point icy de son urine ?—Celle de la minuyt y est, dit
une des meschines. — Baillés la moy, dit elle. Quant
elle eust ceste urine, fist tant qu'elle eust ung urinal
et dedans la bouta, et dit à son beau filz qu'il la
portast monstrer à un tel médecin, pour savoir
qu'on poura faire à sa fille, et se on luy peut ayder.
Pour Dieu, n'y espargnons riens, dit elle. J'ay encores
de l'argeht que je n'ayme pas tant que je fais ma
fille.—Espargnier, dit noz amis, croyés s'on luy peut
aider pour argent que je ne luy fauldray pas. —Or
vous advancés, dit elle, et tandis qu'elle se repo-
sera ung peu je m'en iray jusques au mesnage,
tousjours reviendray je bien, s'on a mestier de moy.

Or devés vous scavoir que nostre bonne mère avoit
le jour de devant, au partir de sa fille, forgié le
médecin qui estoit bien adverty de la response qu'il
devoit faire. Vecy nostre gueux qui arrive devers le
médecin à tout l'urine de sa femme. Et quant il y
eust fait la révérence, il luy va compter comment sa
femme estoit deshaitiée et merveilleusement malade : et vécy son urine que vous aporte affin que
mieulx vous informes de son cas, et que plus seurement me puissiés conseiller. Le médecin prent
l'urinal et contremont le lièvre, et tourne et retourne l'urine et puis va dire : Vostre femme est fort
aggravée de chaulde maladie et en dangier de mort,
s'elle n'est prestement secourue, vécy son urine qui
le monstre. — Ha! maistre, pour Dieu mercy, veuillés
moy dire, et je vous paieray bien, que on y pourra
faire pour recouvrer santé, et s'il vous semble
qu'elle n'ait garde de mort? — Elle n'a garde, se vous
luy faictes ce que je vous diray, dit le médecin ; mais
se vous tardés guères, tout l'or du monde ne la gar-
deroit de la mort. — Dictes, pour Dieu, dit l'autre, et
on le fera. — Il faut, dit le médecin, qu'elle ait compagnie à homme ou elle est morte. — Compaignie
d'homme, dit l'autre, et qu'est ce à dire cela? — C'est
à dire, dit le médecin, que il faut que vous montés sur
elle, et que vous la rouchinés très bien trois ou
quatre fois tout en haste ; et le plus à ce premier
que vous en pourrés faire sera le meilleur : autrement ne sera point estaincte la grande ardeur qui

la seiche et tire à fin. —Voire, dit il, et seroit ce bon?
— Elle est morte, et n'y a point de respit, dit le médecin, se ainsi ne le faictes, voire et bien tost encore. — Saint Jehan, dit l'autre, j'assairay comment
je pourray faire. Il se part de là, et vient à l'ostel et
treuve sa femme qui se plaignoit et doulousoit très
fort. Comment va, dit il, m'amie? — Je me meurs,
mon amy, dit elle. —Vous n'avés garde, se Dieu
plaist, dit il; j'ay parlé au médecin qui m'a enseigné
une médicine dont vous serés garie. Et durant ces
devises, il se despoille, et au plus près de sa femme
se boute. Et comme il approuchoit pour excécuter le
conseil du médecin tout en lourdois : Que faites vous,
dit elle, me voulez vous pas tuer? — Mais je vous
gariray, dit il; le médecin l'a dit. Et si fit ainsi que
nature lui monstra, et à l'aide de la paciente il besoigna très bien deux ou trois fois. Et comme il se
reposoit tout esbahy de ce que advenu luy estoit, il
demande à sa femme comment elle se porte : Je suis
ung peu mieulx, dit elle, que par cy devant n'ay esté.
— Loué soit Dieu, dit il. J'espoire que vous n'avés
garde, et que le médecin aura dit vray. Alors recommence de plus belle. Et pour abregier, tant et si
bien le fit que sa femme revint en santé dedans peu
de jours, dont il fut très joyeux; si fut la mère quant
elle le sçéut. Nostre Champenois, après ces armes
dessus dictes, devient ung peu plus gentil compaignon qu'il n'estoit paravant; et luy vint en couraige,
puis que sa femme restoit en santé, qu'il semondroit

ung jour au disner ses parens et amys, et les père et
mère d'elle, ce qu'il fit. Et les servoit grandement en
son patois, à ce disner, faisoit très bonne et joyeuse
chière. On bevoit à luy, il bevoit aux aultres, c'estoit
merveilles qu'il estoit gentil compaignon. Or escoutés qui lui advint : au fort de la meilleure chière
de ce disner, il commença très fort à plorer, et sembloit que tous ses amys, voire tout le monde, fussent
mors, dont n'y eust celuy de la table qui ne s'en
donnast grant merveille dont ces soubdaines larmes
procédoient ; les ungs et les autres lui demandent
qu'il avoit, mais à peu s'il povoit ou scavoit respondre, tant le contraignoient ses foles larmes. Il
parla au fort, en la fin, et dit : J'ay bien cause de plorer. — Et par ma foy non avés, se dit sa belle mère,
que vous fault il? Vous estes riche et puissant et
bien logié, et si avés de bons amis ; et qui ne fait
pas à oublier, vous avés belle et bonne femme que
Dieu vous a ramenée en santé qui naguères fut sur
le bort de sa fosse ; si m'est advis que vous devés
estre lye et joyeux. — Helas, non fais, dit il. C'est par
moy que mon père et ma mère qui tant m'amoyent,
et me ont assemblés et laissiés tant de biens, qu'ilz
ne sont encores en vie, car ilz ne sont mors tous
deux que de chaulde maladie ; et se je les eusse aussi
bien ronchinés, quant ils furent malades, que j'ay
fait ma femme, ilz féussent maintenant sur piez. Il
n'y eust celluy de la table qui après ces motz à peu
se peult tenir de rire, mais non pourtant il s'en

garda qui péut. Les tables furent ostées, chacun s'en
ala, et le bon Champenois demeura avec sa femme
laquelle, affin qu'elle demourast en santé, fut souvent de luy racolée.

LA XXIᵉ NOUVELLE,

PAR PHELIPPE DE LAON.

(L'ABESSE GUÉRIE.)

Sur les mètes de Normandie y a une bonne abbaye de dames dont l'abbesse qui belle et jeune et
en bon point lors estoit, naguères s'acoucha malade.
Ses bonnes seurs dévotes et charitables, tantost la
vindrent visiter, en la confortant et administrant à
leur léal povoir de tout ce qu'elles sentoient que
bon luy fut. Et quant elles parcéurent qu'elle se dis-
posoit à garison, elles ordonnèrent que l'une d'elles
yroit à Rouen porter son urine, et compteroit son
cas à ung médecin de grant renommée. Pour faire
ceste ambassade, à lendemain l'une d'elles se mist
en chemin; et fit tant qu'elle se trouva devers le dit
médecin auquel après qu'il eust visité l'urine de
ma dame l'Abesse elle conta tout au long la façon et
manière de sa maladie, comme de son dormir, d'aler

à chambre, de boire et de menger. Le saige médecin,
vraiement du cas de ma dame informé tant par son
urine comme par la relacion de la religieuse, voulut ordonner le régime. Et jasoit ce qu'il eust de coustume de bailler à plusieurs ung recipe par escript,
toutesfois il se fia bien de tant en la religieuse, que
de bouche lui diroit ce qu'avoit à faire, et lui dit :
Belle seur, pour recouvrer la santé de ma dame l'a-
besse, il lui est mestier et de nécessité qu'elle ait
compaignie d'homme ; et brief aultrement elle se
trouvera en peu d'espace si de mal entechée et surprinse, que la mort luy sera le derrain remède. Qui
fut bien esbahye d'oyr si très dures nouvelles ce fut
nostre religieuse, qui va dire : Helas, maistre Jehan,
ne voyés vous autre façon pour la recouvrance de
santé de ma dame?—Certes neanil, dit il, il n'eny a
point d'autre, et si vueil bien que vous sachés qu'il
se fault advancer de faire ce que j'ay dit, car se la
maladie, par faulte d'ayde, peut prendre son cours
comme elle s'efforce, jamais homme à temps n'y viendra. La bonne religieuse à peu s'elle osa disner à son
aise, tant avoit grant haste d'anoncer à ma dame ces
nouvelles. Et à l'ayde de sa bonne haquenée, et du
grant désir qu'elle a d'estre à l'ostel s'advança si très
bien que ma dame l'abbesse fut toute esbaye de si
tost la reveoir. Que dit le médecin, belle, ce dit l'abbesse, ay je garde de mort? — Vous serez tantost en-
bon point, se Dieu plaist, ma dame, dit la religieuse
méssagière, faictes bonne chière et prenés cueur. —

Comment? ne m'a le médecin point ordonné de re-
gime, dit ma dame? — Si a, dist elle. Lors luy va dire
tout au long comment le médecin avoit véu son urine
et les demandes qu'il fist de son aage, de son mengier,
de son dormir, etc. Et puis pour conclusion il a dit
et ordonné qu'il fault que vous aiés, comment qu'il
soit, compaignie charnelle à quelque homme, ou brief
aultrement vous estes morte, car à vostre maladie
n'a point d'autre remède. — Compaignie d'homme,
dit ma dame, j'aymeroie plus chier mourir mille
fois, s'il m'estoit possible. Et alors va dire : Puis que
ainsi est que mon mal est incurable et mortel se je
n'y pourvois de tel remède, loué soit Dieu, je pren
bien la mort en gré. Appellés bien tost tout mon couvent. Le tymbre fut sonné, si vindrent à ma dame
toutes ses religieuses. Et quant elles furent en la
chambre, ma dame, qui avoit encores toute la langue
à commandement, quelque mal qu'elle eust, commença une grande et longue harengue devant ses
sueurs, remonstrant le fait et estat de son église, en
quel point elle la trouva et en quel estat elle est
aujourduy ; et vint descendre ses parolles à parler
de sa maladie qui estoit mortelle et incurable, comme
elle bien sentoit et congnoissoit, et au jugement
aussi d'ung tel médecin elle s'arrestoit, qui morte
l'avoit jugée : Et pour tant mes bonnes seurs, je vous
recommande nostre église, et en voz plus dévotes
prières ma povre ame. Et à ces parolles, larmes en
grant abondance saillirent de ses yeulx qui furent

acompaignées d'aultres sans nombre, sourdans de la
fontaine du cueur de son bon couvent. Ceste plore-
rie dura assés longuement, et fut là le mesnaige long
temps sans parler. Assez grant pièce aprés ma dame
la prieure, qui saige et bonne estoit, print la parole
pour tout le couvent et dit : Ma dame, de vostre mal
quel il est Dieu le sait, à qui nul ne peut riens céler,
il nous desplaist beaucoup, et n'y a celle de nous qui
ne se vouldroit emploier autant que possible est et
seroit à personne vivant, pour la recouvrance de
vostre santé. Si vous prions toutes ensemble que
vous ne nous espargnés en rien, ne chose qui soit
des biens de vostre église. car mieulx nous vauldroit,
et plus chier l'aurions, de perdre la plus part de nos
biens temporelz que le proffit espirituel que vostre
présence nous donne. — Ma bonne seur, dit ma dame,
je n'ay pas tant desservi que vous me offrés, mais je
vous en mercye tant que je puis, en vous advisant
et priant de rechief que vous pensés comme je vous
ay dit aux affairres de nostre église qui me touchent
près du cueur, Dieu le scet, en acompaignant aux
prières que ferés, ma povre ame qui grant mestier
en a. — Helas! ma dame, dit la prieure, et n'est il possible par bon gouvernement ou par soigneuse diligence de médecine que vous puissés repasser ? — Nennil certes, ma bonne seur, dit elle. Il me fault mettre
ou reng des trespassés, car je ne vaulx guères mieulx,
quelque langaige que encores je prononce. Adonc
saillit avant la religieuse qui porta son urine à

Rouen, et dit : Ma dame, il y a bien remède, s'il vous
plaisoit? — Créez qu'il ne me plaist pas, dit elle ; vécy
seur Jehanne qui revient de Rouen, et a monstré mon
urine et compté mon cas à ung tel médecin qui m'a
jugée morte, voire se je ne me vouloie abandonner à
aulcun homme et estre en sa compaignie. Et par ce
point esperoit il, comme il trouvoit par ses livres, que
je n'auroye garde de mort, mais se ainsi ne le faysoie
il n'y a point de ressource en moy. Et quant à moy
j'en loue Dieu qui me daigne appeller, ainçois que
j'aye fait plus de péchies à luy me rends, et à la mort
je présente mon corps, viengne quant elle veult. —
Comment, ma dame, dist l'enfermière, vous estes de
vous mesmes homicide ! Il est en vous de vous saulver
et ne fault que tendre la main, et requerre aide et vous
la trouverés preste ; ce n'est pas bien fait et vous ose
bien dire que vostre ame ne partiroit point seurement,
s'en cest estat vous mouriés. — Ha! ma belle seur,
dit ma dame, quantesfois avés vous ouy preschier que
mieux vauldroit à une personne s'abandonner à la
mort que commettre ung seul péché mortel? Et vous
scavés que je ne puis ma mort fuyr ne eslongier, sans
faire et commettre pechié mortel ! Et qui bien autant
au cueur me touche, s'en ce faisant ma vie eslonge-
roie, n'en venroys je pas deshonnourée et à tousjours,
mais reprouchée, et diroit on : Vela la dame, etc...?
mesmes vous toutes, quelque conseil que me donnés,
m'en auriés en irréverence et en mains d'amour. Et
vous sembleroit, et à bonne cause, que indigne seroie

d'entre vous présider et gouverner. — Ne dictes et ne
pensés jamais cela, dit ma dame la trésorière, il n'est
chose qu'on ne doibve entreprendre pour eschever
la mort. Et ne dit pas nostre bon père saint Augustin qu'il ne loist à personne de soy oster la vie,
ne tollir ung sien membre. Et ne iriés vous pas directement encontre sa sentence se vous laissés à escient
ce qu'il vous peult de mal garder? — Elle dit bien,
respondit le couvent en général. Ma dame, pour Dieu,
obeissés au médecin, et ne soiés en vostre opinion si
abeurtée que par faulte de soustenance vous perdés
corps et ame, et laissés vostre povre couvent qui tant
vous ayme, désolé et despourvéu de pastoure. — Mes
bonnes seurs, dit ma dame, j'ayme mieux voulentaire-
ment à la mort tendre les mains, submettre mon col,
et honaorablement l'embrasser que pour la fuyr je
vive deshonnourée. Et ne diroit on pas : Vela la dame
qui fist ainsy et ainsy ?—Ne vous chaille qu'on dye,
ma dame, vous ne serés jà reprouchée de gens de
bien. — Si seroie, si, dit madame. Le couvent se alla
esmouvoir, et firent les bonnes religieuses entre
elles ung consistoire dont la conclusion s'ensuyt ; et
porta les parolles d'ycelle la prieure : Madame, vécy
vostre désolé couvent si très desplaisant que jamais
maison ne fut plus troublée qu'elle est, dont vous
estes cause ; et créez se vous estes si mal conseillée
de vous abandonner à la mort que fuyr vous povés, j'en suis bien séure. Et affin que vous entendés
que nous vous aymons d'entière et léal amour, nous

sommes contentes et avons conclud et déliberé meu-
rement toutes ensemble généralement, en saulvant
vous et nous, avoir compaignie secretement d'aulcun homme de bien; nous pareillement le ferons,
affin que vous n'ayés pensée ne ymaginacion que ou
temps advenir vous en sourdit reproche de nulle de
nous. N'est ce pas ainsi, mes seurs? — Ouy, dirent elles
toutes de très bon cueur. Ma dame l'abbesse, oiant ce
que dit est, et portant au cueur ung grant fardeau
d'ennuy, pour l'amour de ses seurs, se laissa férir et
s'accorda combien que le conseil du médecin à
grant regret seroit mis en euvre. Adonc furent mandés moines, prestres et clercs, qui trouvèrent bien
à besoigner. Et là ouvrèrent si très bien que ma
dame l'abbesse fut en peu d'heure rapaisée, dont
son couvent fut très joieux qui par honneur faisoit
ce que par honte oncques puis ne laissa.

LA XXIIe NOUVELLE,

PAR CARON.

(L'ENFANT A DEUX PÈRES.)

N'a guères que ung gentil homme demourant à Bruges, tant et si longuement se trouva en la compaignie d'une belle fille qu'il luy fist le ventre lever. Et droit au coup qu'elle s'en apparcéust et donna garde, Monseigneur fist une assemblée de gens d'armes ; si fut force à nostre gentil homme de l'abandonner et avec les autres aler òu service de mon dit seigneur, ce que de bon cueur et bien il fist. Mais avant son partement, il fist garnison et pourvéance de parrains et marraines et de nourrice pour son enfant advenir, loga la mère avecques de bonnes gens, luy laissa de l'argent et leur recommanda. Et quant au mieulx qu'il scéust et le plus brief qu'il péust, ces choses furent bien disposées, il ordonna son partement et print congié de sa dame, et au plaisir

de Dieu promist de tantost retourner. Pensés que
s'elle n'eut jamais ploré, ne s'en tenist elle pas à
ceste heure, puis qu'elle véoit d'elle eslongier la rien
en ce monde dont la présence plus luy plaist. Pour
abregier, tant luy despléust ce dolent départir, que
oncques mot ne scéust dire, tant empeschoient sa
doulce langue les larmes sourdantes du parfond de
son cueur. Au fort elle s'appaisa, quant elle vist
qu'autre chose estre n'en povoit. Et quant vint
environ ung mois après le partement de son amy,
désir lui eschauffa le cueur et si luy vint ramentevoir les plaisans passetemps qu'elle souloit avoir,
dont la très dure et très maudicte absence de son
amy helas ! l'avoit privée. Le Dieu d'amours qui
n'est jamais oyseux, luy mist en bouche et en termes les haulx biens, les nobles vertus, et la très
grande beaulté d'ung marchant son voysin, qui plusieurs fois, avant et depuis le departement de son
amy, luy avoit présenté la bataille ; et conclure luy
fist que s'il retourne plus à sa queste qu'il ne s'en
yra pas escondit mesmes si la voyoit es rues, elle
tiendra telles et si bonnes manières qu'il entendra
bien qu'elle en veult à luy. Or vint il si bien qu'à
lendemain de ceste conclusion, à la première oeuvre,
amours envoya nostre marchant devers la paciente,
et lui présenta comme autrefois, chiens et oyseaulx,
son corps, ses biens, et cent mille choses que ces
abateurs de femmes scevent tout courant et par
cueur. Il ne fut pas escondit, car s'il avoit bonne

voulenté de combattre et faire armes ; elle n'avoit
pas mains de désir de lui fournir de tout ce qu'il
vouldra. Et durant que nostre gentil homme est en
guerre, nostre gentil femme fournit et accomplist
au bon marchant tout ce dont la requist; et se plus
eust osé demander elle estoit preste de l'acomplir,
et trouva en luy tant de bonne chevalerie, de
proesse et de vertu, qu'elle oublia de tous pointz
son amy par amours, qui à ceste heure guères ne
s'en doubtoit. Beaucoup plust aussi au bon marchant la courtoisie de sa nouvelle dame ; et tant furent conjoinctes les voulentés désirs, et pensées de
luy et d'elle, qu'ilz n'avoient pour eulx deux que
ung seul cueur. Si se pensèrent que pour se bien
logier et à leur aise, il souffiroit bien d'ung hostel
pour leurs deux : si troussa ung soir nostre gouge
ses bagues avec elle, et en l'hostel du marchant s'en
alla, en abandonnant le premier son amy, son hoste,
son hostesse, et foison d'aultres gens de bien auxquelz il l'avoit recommandée. Et elle ne fut pas si
folle, quant elle se vit bien logée, qu'elle ne dist incontinent à son marchant qu'elle se sentoit grosse,
qui en fut très joyeux, cuidant bien que ce fut de
ses euvres. Au chief de sept moys, ou environ, nostre
gouge fist ung beau filz dont le père adoptif s'a-
cointa grandement et de la mère aussi. Advint certaine espace après, que le bon gentil homme retourna de la guerre et vint à Bruges, et au plustost
qu'il péust honnestement, print son chemin vers le

logis où il laissa sa dame. Et luy venu léans, la demanda à ceulx qui en prindrent la charge de la penser, garder et aider en sa gésine. Comment dirent ílz! esse ce que vous en savés? Et n'avez vous pas eu les lettres qui vous furent escriptes? — Nennil, par ma foy, dit il, et quelle chose y a il?— Quelle chose! saincte Marie! dirent ilz, nostre Dame! c'est bien raison que on le vous dye. Vous ne fustes pas parti d'ung mois après, qu'elle ne troussast pygnes et miroirs; et s'en alla bouter cy devant en l'ostel d'ung tel marchant qui la tient à fer et à clou. Et de fait elle a porté un beau filz et a géu léans. Et l'a fait le marchant chrestienner; et si le tient à sien. —Saint Jehan! vécy autre chose de nouveau, dit le bon gentil homme; mais au fort puis qu'elle est telle, au deable soit elle! Je suis content que le marchant l'ayt et la tienne; mais quant est de l'enfant, je suis seur qu'il est mien, si le vueil ravoir. Et sur ce mot, part et s'en va heurter bien rudement à l'uys du marchant. De bonne adventure sa dame qui fut, vint à ce heurt, qui ouvre l'uys, comme toute de léans qu'elle estoit. Quant elle vit son amy oublié et qu'il congneust aussi, chascun fut esbay. Non pourtant lui demanda dont elle venoit en ce lieu? Et elle respondit que fortune luy avoit amenée: Fortune, dit il, et fortune vous y tienne; mais je vueil ravoir mon enfant; vostre maistre aura la vache, mais j'auray le veau. Or le me rendés bien tost, car je le vueil ravoir, quoy qu'il en advienne. —Helas! ce dit la gouge, que

diroit mon homme? Je seroye desfaicte, car il cuide
certainement qu'il soit sien. — Il ne m'en chault, dit
l'autre, dye ce qu'il vouldra, mais il n'aura pas ce
qui est mien. — Ha! mon amy, je vous requier que
vous laissiés et baillés cest enfant icy à mon marchant, et vous me ferés grant plaisir et à luy aussy.
Et par Dieu, se vous l'aviez véu, vous ne seriés jà
pressé de l'avoir : c'est ung lait et ort garson tout
rongneux et contrefait. — Dea, dit l'autre, tel qu'il est
il est mien, et si le vueil reavoir. — Et parlés bas, pour
Dieu, ce dit la gouge, et vous apaisiez, je vous en
supplie, et vous plaise céans laisser cest enfant, et
je vous prometz, se ainsi le faictes, de vous donner le
premier enfant que jamais j'auray. Le gentil homme,
à ces motz, jasoit qu'il fust courroucé, ne se péult
tenir de soubrire, et sans plus dire, de sa bonne
dame se partit, ne jamais ne redemanda le dit
enfant. Et encores le nourrist celluy qui la mère
engranga en l'absence de nostre dit gentil homme.

LA XXIII⁰ NOUVELLE,

PAR MONSEIGNEUR DE COMMESURAM.

(LA PROCUREUSE PASSE LA RAYE.)

N'a guères qu'en la ville de Mons, en Haynnault, un procureur de la cour du dit Mons, assés sur aage et jà ancien, entre ses aultres clercz avoit ung très beau filz et gentil compaignon, du quel sa femme à certaine espace de temps s'enamoura très fort; et très bien, lui sembloit qu'il estoit mieulx taillé de faire la besoigne que n'estoit son mary. Et affin qu'elle esprouvast se son cuider estoit vray, elle conclud en soy mesmes qu'elle tiendra telz termes que s'il n'est plus beste que ung asne, il se donra tantost garde qu'elle en veult à luy. Pour excécuter ce désir, ceste vaillant femme jeune et fresche, et en bon point venoit souvent et menu coustre et filer auprès de ce clerc; et devisoit à luy de cent mille besoignes dont la pluspart tousjours en fin sur amours retournoient,

Et devant ces devises elle n'oublia pas de le servir
d'aubades assez largement : une fois le boutoit du
couste en escripvant, une autre fois luy gettoit des
pierretes, tant qu'il broulloit ce qu'il faisoit, et luy
failloit recommencer. Ung autre jour recommençoit
ceste feste et luy ostoit papier et parchemin, tant
qu'il failloit qu'il cessast l'euvre dont il estoit très
mal content, doubtant le courroux de son maistre.
Quelque semblant que la maistresse long temps luy
eust monstré, qui tiroit fort au train de derrière, si
lui avoient jeunesse et crainte les yeulx si bandés
qu'en rien il ne s'aparcevoit du bien qu'on lui vouloit ; néantmoins en la fin il parcéut qu'il estoit bien
en grace. Et ne demoura guères après ceste délibéracion que le procureur estant hors de l'ostel, sa
femme vint au clerc bailler l'assault qu'elle avoit de
coustume, voire trop plus aigre et plus fort que
nulle foys de devant. Tant de ruer, tant de bouter,
de parler, mesmes pour le plus empechier et bailier
destourbier, elle respandit sur buffet, sur papier,
sur robe, son cornet à l'encre. Et nostre clerc, plus
congnoissant et mieulx voyant que cy dessus, saillit
sur piez et assault sa maistresse et la reboute arrière
de luy, priant qu'elle le laissast escripre. Et elle qui
demandoit estre assaillie et combatre, ne laissa pas
pourtant l'emprinse encommencée. Scavés vous, que
luy a dit le clerc, ma damoiselle, c'est force que je
acheve l'escript que j'ay encommencé. Si vous requier
que vous me laissez paysible, ou par la mort bieu, je

vous livreray castille.— Et que me feriés vous, beau
sire, dit elle, la moe? Nennil, par Dieu. —Et quoy donc?
—Quoy. — Voire quoy? Pour ce, dit il, que vous avez
respandu mon cornet à l'encre, et avés broullié mon
escripture, je vous pourray bien brouller vostre parchemin. Et affin que faulte d'encre ne m'empesche
d'escripre, j'en pourray bien pescher en vostre cornet.
— Par ma foy, dit elle, vous en estes bien l'omme; et
croiés que j'en ay grant paour. — Je ne say quel homme, dist le clerc, mais je suis tel que se vous vous y
esbatés plus vous passerés par là. Et de fait vécy une
roye que je vous fais, et par Dieu, se vous la passés
tant peu que se soit, se je vous faulx je vueil qu'on
me tue. — Et par ma foy, dit elle, je ne vous en crains,
et si passeray la roye, et puis verrai que vous ferés.
Et disant ces paroles, marcha la dureau, faisant le
petit sault outre la roye bien avant. Et le bon clerc la
prent aux grifz, sans plus enquerre, et sur son banc
la rue. Et créez qui la punit bien, car s'elle l'avoit
broullié il ne luy en fist pas mains, mais ce fut en
autre façon, car elle le broulla par debors et à dés-
couvert, et il la broullia à couvert et par dedans. Or
est il vray que là présent y estoit ung jeune enfant
de environ deux ans, filz de léans. Il ne fault pas
demander s'après ces premières armes de la maistresse et du clerc il y eut plusieurs secrez remons-
trez à mains de parolles que les premières. Il ne
vous fault pas céler aussi que peu de jours après
ceste adventure, le dit petit enfant ou comptoir estant

où nostre clerc escripvoit, le procureur et maistre de léans survint ; et marche avant pour tirer vers son clerc, pour regarder qu'il escripvoit, ou pour espoir d'autre chose ; et comme il approucha la roye que son clerc avoit faicte pour sa femme, qui encores n'estoit pas effacée, son filz lui crye et dit : Mon père, gardés bien que vous ne passés ceste roye, car nostre clerc vous abatroit et houspilleroit ainsi qu'il fist naguères ma mère. Le procureur, oyant son filz, et regardant la roye, si ne sçéust que penser, car il se souvint que folz, yvres et enfans ont de coustume de vérité dire, mais non pourtant il n'en fist pour ceste heure nul semblant ; et n'est encores point venu à ma congnoissance se il différa la chose ou par ignorance ou par doubte d'esclandre, etc.

LA XXIVᵉ NOUVELLE,

PAR MONSEIGNEUR DE FIENNES.

(LA BOTTE A DEMI.)

Jasoit ce que es nouvelles dessus dictes les noms de ceulx et celles à qui elles ont touchié ou touchent, ne soient mis et escrips, si me donne appetit grant vouloir de nommer, en ma petite ratelée, le conte Vualeran en son temps conte de saint Pol, et appelé le beau conte. Entre autres seigneuries, il estoit seigneur d'ung village en la chastellenie de Lisle nommée Vrelenchem, près du dit Lisle environ d'une lieue. Ce gentil conte de sa bonne et doulce nature estoit et fut tout son temps amoureux. Oultre l'enseigne, il scéust, au rapport d'aulcuns ses serviteurs, qui en ce cas le servoient, que au dit Vrelenchem avoit une très belle fille, gente de·corps et en bon point. Il ne fut pas si paresseux que assés tost aprés ceste nouvelle, il ne se trouvast en ce village. Et firent tant

les ditz serviteurs, que les yeulx de leur maistre con-
fermèrent de tous pointz leur rapport touchant la
dicte fille : Or ça qu'est il de faire, dit lors le gentil
conte ; c'est que je parle à elle entre noz deux seulement, et ne me chault qu'il me coute. L'ung de ses
serviteurs, docteur en son mestier, lui dit : Monseigneur, pour vostre honneur et celluy de la fille aussi,
il me semble que mieulx vaut que je luy descouvre
l'embusche de vostre voulenté ; et selon la response
j'auray advis de parler et poursuyvre. Comme l'autre
dit il fut fait ; car il vint devers la belle fille et très
courtoisement la salua. Et elle, qui n'estoit pas mains
saige, ne bonne que belle, courtoysement luy rendit
son salut. Pour abrégier, après plusieurs parolles
d'acointances, le bon macquereau va faire une grant
prémisse touchant les biens et les honneurs que son
maistre lui vouloit : et de fait se à elle ne tenoit, elle
seroit cause d'enrichir et honnourer tout son lignaige. La bonne fille entendit tantost quelle heure
il estoit. Si fist sa responce telle qu'elle estoit, c'est
assavoir belle et bonne : car au regard de Monseigneur le conte, elle estoit celle, son honneur saulve,
qui luy vouldroit obéyr, craindre et servir en toutes
choses. Mais qui la vouldroit requérir contre son
honneur qu'elle tenoit aussi chier que sa vie, elle
estoit celle qui ne le congnoissoit et pour qui elle
feroit non plus que le cinge pour les mauvais. Qui
fut esbahy et courroucé, ceste response ouye, ce fut
nostre va-lui-dire qui s'en revient devers son maistre

à tout ce qu'il avoit de poisson, car à chair avoit il
failly. Il ne faut pas demander se le conte fut mal
content quant il scéust la très fière et dure response
de celle dont il désiroit l'acointance et joyssance, et
autant ou plus que nulle du monde. Tantost après
si va dire: Or avant laissons la là pour ceste fois ; il
m'en souviendra quant elle cuidera qu'il soit oublyé.
Il se partit de là tantost après, et n'y retourna que
les six sepmaines ne fussent passées ; et quant il revint se fut si très secrètement que nulle nouvelle
n'en fut, tant simplement et en tapinaige s'i trouva.
Il fit tant par ses espiez qu'il scéust que nostre belle
fille soyoit de l'erbe au coing d'ung bois, asseulée de
toutes gens ; il fut bien joyeux, et tout housé encores qu'il estoit, se met au chemin devers elle, en la
compaignie de ses espies. Et quant il fut près de ce
qu'il quéroit, il leur donna congié, et fist tant qu'il
se trouva auprès de sa dame sans ce qu'elle en scéust
nouvelle sinon quant elle le vit. S'elle fut esprinse et esbahye de se veoir saisie et tenue de Monseigneur le conte ce ne fut pas merveilles, mesmes
elle en changea couleur, mua semblant, et à bien
peu en perdit la parolle, car elle scavoit par renommée qu'il estoit périlleux et noyseux entre femmes.
Ha Dea ! ma damoyselle, dist lors le gentil conte qui
se trouva saysi, vous estes à merveilles fière. On ne
vous peut avoir sans siége. Or pensés bien de vous
défendre, car vous estes venue à la bataille ; et avant
que de moy partez vous en ferés à mon vouloir et

tout à ma devise, des peines et travaulx que j'ay
souffers et endurés tout pour l'amour de vous. — Helas, Monseigneur, ce dit la jeune fille toute esbabye et
surprinse qu'elle estoit, je vous cry mercy! Se j'ay
dit ou fait chose qui vous desplaise, vueillés le moy
pardonner, combien que je ne pense avoir dit ne fait
chose dont me doyez scavoir mal gré. Je ne scay, moy,
qu'on vous a raporté : on m'a requise en vostre nom
de deshonneur, je n'y ay point adjousté de foy, car
je vous tien si vertueux que pour riens ne vouldriés
deshonnourer une vostre simple subgecte, comme je
suis, mais la vouldriés bien garder. — Ostés ce procès, dit Monseigneur, et soyés séure que vous ne
m'eschapperés. Je vous ay fait monstrer le bien que
je vous vueil et ce pourquoy je envoyai devers vous.
Et sans plus dire, la trousse et prent entre ses bras,
et dessus ung peu d'erbe mise en ung tas qu'elle
avoit assemblée, soudainement la coucha et fort
roide l'acolla. Et vistement faisoit toutes ses prépa-
ratoires d'accomplir le désir qu'il avoit de pieça.
La jeune fille que se véoit en ce dangier et sur le
point de perdre ce qu'en ce monde plus chier tenoit,
s'avisa d'ung bon tour et dit : Ha! Monseigneur, je me
rens à vous, je feray ce qu'il vous plaira sans nul
reffus ne contredit ; soiés plus content de prendre
de moy ce qu'en vouldriés par mon accord et voulenté, que par force et malgré moy; voz parolles et
vostre vouloir desordonné soient accomplis. — Ha
dea, dit Monseigneur, que vous m'eschappés, non

ferés, que voulez vous dire? — Je vous requier, dit
elle, puis qu'il faut que vous obéisse, que vous
me faicte ceste honneur que je ne soie souillie de
vos houseaulx qui sont gras et ors, et vous suffise
du surplus. — Et comment en pourroie je faire, ce dit
Monseigneur? — Je les vous osteray, ce dit elle, très
bien, s'il vous plaist, car par ma foy je n'auroye cueur
ne couraige de vous faire bonne chière avec ces
paillars houseaulx. — C'est peu de chose des houseaulx, ce dit Monseigneur, mais non pourtant, puis
qu'il vous plaist ilz seront ostés. Et alors il abandonna sa prinse et s'assit dessus l'herbe, et tend sa
jambe; et la belle fille luy osta l'esperon et puis
lui tire l'ung de ses houseaulx qui bien estrois
estoient. Et quant il fut environ à moytyé, à quoy
faire elle eust moult de peine, pour ce que tout à
propos le tira de mauvais biays, elle part et s'en
va tant que piez la peuvent porter, aidés et soute-
nus de bon vouloir. Et là laissa le gentil conte, et
ne fina de courre tant qu'elle fut en l'ostel de son
père. Le bon seigneur qui se trouva ainsi decéu, si
enrageoit et plus n'en pouvoit; et qui à ceste heure
l'eust véu rire, jamais n'eust eu les fiebvres. A quelque meschief que ce fut, se mist sur piez, cuidant
par marchier sur son houseau l'oster de sa jambe,
mais c'est pour néant, il estoit trop estroit si n'y
trouva autre remède que de retourner vers ses gens,
de sa bonne adventure. Il ne fut pas loing allé que
tost ne trouva ses bons disciples, sur le bort d'ung

fossé qui l'attendoient, qu'ilz ne scéurent que penser
quant ilz le véirent ainsi atourné. Il leur conta tout
son cas et se fist rehouser. Et qui l'oyoit, celle qui l'a
trompé ne seroit pas séurement en ce monde, tant luy
cuyde et veult bien faire de desplaisir. Mais quelque
vouloir qu'il eust pour lors et tant mal content qu'il
fut pour ung temps, toutesfois quant il fut ung peu
réfroide, tout son courroux fut converty en cordiale
amour. Et qu'il soit vray depuis, à son pourchas
et à ses chiers coustz et despens il la fit marier très
richement et bien, à la contemplacion seulement
de la franchise et loyauté qu'en elle avoit trouvé,
dont il eut la vraye congnoissance par le reffus icy
dessus compté.

LA XXVᵉ NOUVELLE,

PAR PHELIPPE DE SAINT YON.

(FORCÉE DE GRÉ.)

La chose est si fresche et si nouvellement advenue
dont je vueil fournir ma nouvelle, que je n'y puis ne
taillier, ne rongnier, ne mettre, ne oster. Il est vray
que au Quesnoy vint une belle fille naguères au prévost soy complaindre de force et violence en elle per-
petrée et commise par le vouloir desordonné d'ung
jeune compaignon. Ceste complainte au prévost faicte,
le compaignon encusé de ce crime fut en l'eure prins
et saisy; et au dit du commun peuple, ne valoit guères
mieulx que pendu au gibet, ou sans teste sur une
roé mis emmy les champs. La fille, voyant et sentant celuy dont elle se douloit emprisonné, poursuy-
voit roidement le prévost qu'il luy en fit justice,
disant que oultre son gré et vouloir violentement

et par force l'avoit deshonnourée. Et le prévost,
homme discret et saige et en justice très expert, fist
assembler les hommes et puis manda le prison—
nier. Et ainçois qu'il le fist venir devant les hommes
desjà tous prestz pour le jugier, s'il confessoit par
gehaine ou autrement l'orrible cas dont il estoit
chargié, parla à luy à part, et si l'adjura de dire la
vérité : Vécy telle femme, dit il, qui de vous se com-
plaint très fort de force : est il ainsi ? L'avés vous efforcée ? Gardés que vous dictes vérité, car se vous
faillez vous estes mort, mais se vous dictes vérité on
vous fera grâce. — Par ma foy, Monseigneur le prévost, dit le prisonnier, je ne vueil pas nyer ne celer
que je ne l'aie pieça requise de son amour. Et de fait,
devant hyer, après plusieurs parolles, je la ruay sur
ung lit pour faire ce que vous savés, et luy levay robe, pourpoint et chemise. Et mon furon, qui n'avoit
jamais hanté lévrier, ne scavoit trouver la duyère de
son connil ; et ne faisoit que aler çà et là, mais elle
par sa courtoisie luy dressa le chemin, et à ses propres mains le bouta tout dedens. Je croy trop bien
qu'il ne partit pas sans proye, mais qu'il y eust autre
force, par mon serment, non eust. — Est il ainsy, dit
le prévost ? — Oy, par mon serment, dit le bon compaignon. — Or bien, dit il, nous en ferons très bien.
Après ces paroles, le prévost se vient mettre en siège
pontifical, à dextre, environné de ses hommes. Et le
bon compaignon fut mis et assis sur le petit banc, ou
parquet, ce voiant tout le peuple et celle qui l'ac-

cusoit aussy : Or ça m'amie, dit le prévost, que demandés vous à ce prisonnier? — Monseigneur le prévost, dist elle, je me plain à vous de la force que il m'a
faicte, car il m'a violée oultre mon gré et voulenté,
et malgré moy, dont je vous demande justice. — Que
respondés vous, mon amy, dit le prévost au prisonnier? — Monseigneur, se dit il, vous ay jà dit comment
il en va, et je ne pense pas qu'elle dye au contraire.
— M'amye, dit le prévost, regardés bien que vous
dictes et que vous faictes de vous plaindre de force,
c'est grant chose : vécy qui dist qu'il ne vous fist oncques force, mesmes avés esté consentante, et à peu
près requérante de ce qu'il a fait. Et qu'il soit vray,
vous mesmes adressastes et mistes son furon qui
s'esbatoit à l'entour de vostre terrier ; et à voz deux
mains ou à tout l'une, tout dedens vostre dit terrier
le mistes. Laquelle chose il n'eut péu faire sans vostre ayde ; et se vous y eussiés tant peu soit résisté,
jamais n'en fust venu à chief. Se son furon a fou-
raigé l'ostel, il n'en peut mais, car dès lors qu'il est
au terriers ou duières il est hors de son chastoy. — Ha,
Monseigneur le prévost, dit la fille plaintive, comment l'entendés vous? Il est vray, je ne vueille pas
nyer que voirement j'adressay son furon et le bou-
tay en mon terrier, mais pour quoy fut ce? Par mon
serment, Monseigneur, il avoit la teste roide et le
museau tant dur, que je scay tout vray qu'il m'eust
fait ung grant pertuis, ou deux, ou trois, ou ventre,
se je ne l'éusse bien en haste bouté en celuy qui y

estoit davantaige ; et véla pourquoy je le fis. Pensés
qu'il y eust grande risée après la conclusion de ce
procès, de ceulx de la justice et de tous les assistens.
Et fut le compaignon délivré, promettant de retourner
à ses journées, quant sommé en seroit. Et la fille s'en
alla bien courroucée qu'on ne pendoit très bien
hault, en haste, celuy qui avoit pendu à ses basses
fourches. Mais ce courroux, ne sa rude poursuite ne
dura guère, car à ce qu'on me dit, tantost après par
bons moyens la paix entre eulx si fut trouvée ; et fut
abandonnée au bon compaignon garenne, conninière
et terrière, toutesfois que chasser y vouldroit.

LA XXVIᵉ NOUVELLE,

PAR MONSEIGNEUR DE FOQUESSOLES.

(LA DEMOISELLE CAVALIÈRE.)

En la duchié de Breban, n'a pas long temps que
la mémoire n'en soit fresche et présente à ceste
heure, advint ung. cas digne de réciter ; et pour
fournir une nouvelle ne doit pas estre rebouté. Et
affin qu'il soit enregistré et en appert congnéu et
déclaré, il fut tel. A l'ostel d'ung grant baron du dit
païs demouroit et résidoit ung jeune, gent et gracieux gentil homme nommé Girard, qui s'enamoura
très fort d'une damoiselle de léans nommée Katherine. Et quant il vit son coup, il luy osa bien dire
son gracieux et piteux cas. La response qu'il eut de
prinssault, plusieurs la pevent scavoir et penser
la quelle pour abréger je trespasse. Et viens à ce
que Girard et Katherine par succession de temps
s'entr'aymèrent tant fort et si léallement que

17

ilz n'avoient que ung seul cueur et ung mesmes
vouloir. Ceste entière, léalle et parfaicte amour ne
dura pas si peu que les deux ans ne furent accomplis et passés, puis après certaine pièce, amours
qui bande les yeulx de ses serviteurs, les boucha
si très bien que là où ilz cuidoient le plus secretement de leurs amoureux affairres conclure et deviser, chascun s'en apparcevoit; et n'y avoit homme
ne femme à l'ostel, qui très bien ne s'en donnast
garde; mesme fut la chose tant escriée que on ne
parloit par léans que des amours Girard et Katherine. Mais helas! les povres aveugles cuidoient bien
seulz estre empeschés de leurs besoignes, et ne se
doubtoient guères qu'on en tenist conseil ailleurs
qu'en leur présence, ou le troysiesme de leur gré
n'eust pas esté repcéu, sans leur propos changier
et transmuer. Tant au pourchas d'aucuns mauldits et
detestables envieulx que pour la continuelle noise
de ce qui rien ou peu ne leurs touche, vint ceste matière à la congnoissance du maistre et de la maistresse
de ceulx amants, et d'iceulx s'espandit et saillit en
audience du père et de la mère de Katherine. Si luy
en chéust si très bien que par une damoiselle de
léans sa très bonne compaigne et amye, elle fut
advertie et informée du long et du large de la
descouverture des amours de Girard et d'elle, tant à
Monseigneur son père et ma dame sa mère que à
Monseigneur et à ma dame de léans : Helas! qu'est il
de faire, ma bonne seur et m'amye? dit Katherine. Je

suis femme destruicte, puis que mon cas est si ma-
nifeste que tant de gens le scevent et en devisent.
Conseillés moy, ou je suis femme perdue et plus
que ung autre désolée, et mal fortunée. Et à ces
motz, larmes à grans tas saillirent de ses yeulx et
descendirent au long de sa belle et clère face jusques bien bas sur sa robe. Sa bonne compaigne, ce
voyant, fut très marrie et desplaysante de son ennuy, et pour la conforter lui dist': Ma seur, c'est
follie de mener tel deul et si grant; car on ne vous
peut, Dieu mercy, reproucher de chose qui touche
vostre honneur, ne celluy de voz amis. Se vous
avés entretenu ung gentil homme en cas d'amours,
ce n'est pas chose défendue en la court d'onneur,
mesmes est la sente et vraye adresse de y parvenir;
et pour ce vous n'avés cause de douloir, et n'est
ame vivant qui à la vérité vous en puisse ou
doibve chargier. Mais toutesfois il me sembleroit
bon, pour estaindre la noise de plusieurs parolles
qui courent aujourdui, à l'occasion de vos dictes
amours, que Girard votre serviteur, sans faire semblant de riens, print ung gracieux congié de Monseigneur et de ma dame, coulourant son cas, ou
d'aler en ung loingtain voyage, ou en quelque
guerre apparente; et soubz ceste umbre s'en alast
quelque part soy rendre en ung bon hostel, attendant que Dieu et amours auront disposé sur voz
besoignes; et luy arresté, vous face scavoir de son
estat, et par son mesmes messaige luy ferés scavoir

de voz nouvelles. Et par ce point s'appaisera le
bruit qui court à présent, et vous entraymerés et
entretiendrés l'ung l'autre parlians, en attendant
que mieulx vous vienne. Et ne pensés point que
vostre amour pourtant doyve cesser ; mesmes de bien
en mieulx se maintiendra, car par longue espace
vous n'avés eu rapport ne nouvelle, chascun de sa
partie, que par la relacion de voz yeulx qui ne sont
pas les plus eureux de faire les plus seurs jugemens, mesmes à ceulx qui sont tenus en l'amoureux
servage. Le gracieux et bon conseil de ceste gentil
femme fut mis en euvre et à effect. Car au plus tost
que Katherine scéust trouver la façon de parler à
Girard son serviteur, elle en brief luy conta comment l'embusche de leurs amours estoit descouverte
et venue desjà à la congnoissance de Monseigneur
son père et de ma dame sa mère, et de Monseigneur
et de ma dame de léans : Et créez, dit elle, avant qu'il
soit venu si avant, ce n'a pas esté sans passer grans
langaiges au pourchas des rapporteurs devant tous
ceux de céans et de plusieurs voisins. Et pour ce que
fortune ne nous est pas si amye de nous avoir permis
longuement vivre si glorieusement en nostre estat
encommencé, et si nous menace, advise, forge et pré-
pare encores plus grans destourbiers, se ne pour-
voyons à l'encontre, il nous est mestier, utile et nécessité d'avoir advis bon et hatif. Et pour ce que le cas
beaucoup me touche et plus que à vous, quant au
dangier qui sourdre en pourroit, sans vous desdire

je vous diray mon opinion. Lors luy va compter de chief en bout l'advertissement et conseil de sa bonne compaignie. Girard desjà ung peu adverty de ceste mauldicte adventure, plus desplaisant que se tout le monde fut mort, mis hors de sa dame, respondit en telle manière : Ma léale et bonne maistresse, vécy vostre humble et obéissant serviteur qui après Dieu n'ayme riens en ce monde si loyaulment que vous. Et suis cellui à qui vous povés ordonner et commander tout ce que bon vous semble, et qui vous vient à plaisir, pour estre liement et de bon cueur sans contredit obéye. Mais pensez qu'en ce . monde ne me pourra pis advenir quant il fauldra que je esloigne vostre très désiré présence. Helas ! s'il fault que je vous laisse, il m'est advis que les premières nouvelles que vous aurez de moy, ce sera ma doulente et piteuse mort adjugée et excecutée à cause de votre eslongier ; mais quoy que soit, vous estes celle et seule vivante que je vueil obéir, et ayme trop plus chier la mort en vous obéyssant, que en ce monde vivre, voire et estre perpetuel, non acomplissant vostre noble commandement. Vécy le corps de celuy qui est tout vostre : Taillez, rongnez, prenez, ostez et faictes tout ce qu'il vous plaist. Se Katerine estoit marrie et desplaisante, oyant son serviteur qu'elle aymoit plus loiaument que nul autre, le voiant aussi plus troublé que dire on ne le vous pourroit, il ne le fault que penser et non enquerre. Et se ne fust pour la grant

vertu que Dieu en elle n'avoit pas oubliée de mettre largement et à comble, elle se fust offerte de
luy faire compaignie en son voiage; mais espérant
de quelque jour recouvrer à ce que très eureuse-
ment faillit, le retira de ce propos : et certaine
pièce après si lui dit: Mon amy, c'est force que vous
en allés : si vous prie que vous n'oubliés pas celle qui
vous a fait le don de son cueur; et afin que vous ayés
couraige de mieulx soustenir la très joyeuse et
horrible bataille que raison vous livre et amaine
à vostre douloureux partement, encontre vostre
vouloir et désir, je vous prometz et asséure sur
ma foy, que tant que je vive, autre homme n'auray
à espousé de ma voulenté et bon gré que vous,
voire tant que vous me soiés léal et entier, comme
j'espoire que vous serés. Et en approbacion de ce je
vous donne ceste verge qui est d'or esmaillié de
larmes noires. Et se d'adventure on me vouloit ailleurs marier, je me défendray tellement et tiendray telz termes que vous deverés estre de moy
content, et vous monstreray que je vous veuil
tenir sans faulcer ma promesse. Or je vous prie
que tantost que vous serés arresté où que ce soit,
que m'escripvés de voz nouvelles, et je vous rescri-
pray des miennes. — Ha! ma bonne maistresse, dit
Girard, or voy je bien qu'il fault que je vous abandonne pour une espace. Je prie à Dieu qu'il vous
doint plus de bien et plus de joye qu'il ne m'appert en avoir. Vous m'avés fait de vostre grace non

pas que j'en soye digne, une si haulte et honno-
rable promesse que n'est pas en moy de vous en
scavoir seulement et suffisamment mercier. Et
encores ay je le povoir de le desservir, mais pourtant ne demeure pas que je n'en aye la congnoissance ; et si vous ose bien faire la pareille promesse,
vous suppliant très humblement et de tout mon
cueur que mon bon et léal vouloir me soit réputé
de tel et aussi grant mérite que s'il partoit de plus
homme de bien que moy. Et adieu, ma dame, mes
yeulx demandent à leur tour audience qui coupent
à ma langue son parler. Et à ces motz la baisa et
elle luy très serrément ; et puis s'en allèrent chascun
en sa chambre plaindre ses douleurs ; Dieu scait
s'ilz ploroient des yeulx, du cueur et de la teste.
Au fort, à l'eure qu'il se convint monstrer, chascun
s'efforça faire aultre chière de semblant et de bouche que le désolé cueur ne faisoit. Et pour abrégier,
Girard fist tant en peu de jours qu'il obtint congié
de son maistre qui ne fut pas trop difficile à impetrer, non pas pour faulte qu'il eust fait, mais à l'occasion des amours de luy et de Katerine, dont les
amys d'elle estoient mal contens, pourtant que Girard
n'estoit pas de si grant lieu ne de si grant richesse
comme elle estoit ; et pour ce doubtoient qu'il ne la
fiançast. Ainsi n'en advint pas et si se partit Girard, et
fist tant par ses journées qu'il vint ou pays de Barrois et trouva retenance à l'ostel d'ung grant baron
du païs. Et luy arresté, tantost manda et fist savoir à

sa dame de ses nouvelles qui en fut très joyeuse, et
par son messaiger mesmes lui rescripvit de son estat
et du bon vouloir qu'elle avoit et auroit vers luy,
tant qu'il vouldroit estre loyal. Or vous fault il savoir que, tantost que Girard fut parti de Breban,
plusieurs gentilz hommes, escuyers et chevaliers, se
vindrent accointer de Katerine, désirans sur toutes
autres sa bienveillance et sa grace ; qui durant le
temps que Girard servoit et estoit présent ne se
monstroient, n'apparoient, saichans de vray qu'il alloit devant eulx à l'offrande. Et de fait plusieurs la
requirent à Monseigneur son père de l'avoir en mariage ; et entre autres luy en vint ung qui luy fut
aggréable. Si manda plusieurs ses amys et sa belle
fille aussi ; et leurs remonstra comment il estoit desja
ancien, et que ung des grans playsirs qu'il pourroit
en ce monde avoir, ce seroit de véoir sa fille en son
vivant bien aliée. Leur dit au surplus : Ung tel gentil
homme m'a fait demander ma fille; ce me semble très
bien son fait, et se vous le me conseillés et ma fille me
vueille obéir, il ne sera pas escondit en sa très hon-
norable requeste. Tous ses amys et parens louèrent
et accordèrent beaucoup ceste aliance, tant pour les
vertus et richesses que autres biens du dit gentil
homme. Et quant vint à scavoir la voulenté de la
bonne Katherine, elle se cuida excuser de non soy
marier, remonstrant et alléguant plusieurs choses
dont elle le cuidoit désarmer, et eslongier ce mariage ; mais en la parfin elle fut à ce menée que s'elle

ne vouloit estre en la male grace de père, de mère, de parens, d'amis, de maistre et de maistresse, qu'elle ne tiendroit pas la promesse qu'elle a faite à Girard son serviteur. Si s'advisa d'ung très bon tour pour contenter tous ses parens, sans enfraindre la loyaulté qu'elle veult à son serviteur et dit : Mon très redoubté seigneur et père, je ne suis pas celle qui vous vouldroye en nulle manière du monde désobéir, voire sans la promesse que j'auroye faicte à Dieu mon créateur de qui je tiens plus que de vous. Or est il ainsi que je m'estoie résolute en Dieu, et proposay et promis en mon cueur avoye, non pas de jamais moy marier, mais de le non faire encores, ne encores, attendant que par sa grace me voulsist enseigner cest estat, ou aultre plus séur, pour saulver ma povre ame. Néantmoins pource que je suis celle qui pas ne vous vueil troubler, ou je puisse bonnement à l'encontre, je suis contente d'emprendre l'estat de mariage, ou aultre tel qu'il vous plaira, moyennant qu'il vous plaise moy donner congié de ainçois faire un pélerinage à saint Nycolas de Varengeville, lequel j'ay voué et promis avant que jamais je change l'estat où je suis. Et ce dit elle affin qu'elle péust veoir son serviteur en chemin et luy dire comment elle estoit forcée et menée contre son veu. Le père ne fut pas moyennement joyeux de ouyr le bon vouloir et la saige response de sa fille. Si luy accorda sa requeste et prestement voulut disposer de son partement ; et disoit desjà à ma

dame sa femme, sa fille présente : Nous luy baillerons
ung tel gentil homme, ung tel et ung tel ; Ysabeau,
Marguerite et Jehanneton c'est assez pour son estat.
— Ah ! Monseigneur, dit Katherine, nous ferons autrement, s'il vous plaist. Vous savez que le chemin de
cy à sainct Nycolas n'est pas bien seur, mesmement
pour gens qui mènent et conduissent femmes, et à
quoy on doit bien prendre garde. Je n'y pourroie
aussi aler sans grosse despence ; et aussi c'est une
grant voie, et s'il nous advenoit meschief d'estre
prins ou destroussez de biens ou de nostre honneur,
que jà Dieu ne vueille, ce seroit ung merveilleux desplaisir. Si me sembleroit bon, saulve toutesfois vostre
bon plaisir, que me fissiez faire ung habillement
d'homme et me baillassiez en la conduite de mon
oncle le bastard, chacun monté sur un petit cheval.
Nous irions plus tost, plus séurement, et à mains de
despens ; et s'ainsi le vous plaist, je l'entreprendray
plus hardiment que d'y aler en estat. Ce bon seigneur pensa ung peu sur l'advis de sa fille, en parla
à ma dame, si leur sembla que l'ouverture qu'elle
faisoit lui partoit d'ung grant sens, et d'ung très
bon vouloir. Si furent ses choses prestes et ordonnées
tantost pour partir. Et ainsi se méirent au chemin
la belle Katherine, et son oncle le bastard sans aultre compaignie. Habillés à la façon d'Alemaigne bien
et gentement estoient Katerine, le maistre, l'oncle
et le varlet. Ilz firent tant par leurs journées que
leur pélerinage, voire de saint Nicolas, fut acom-

ply. Et comme ils se mettoient au retour, loüant
Dieu qu'ilz n'avoient encores eu que tout bien, et
devisant d'aultres plusieurs choses, Katherine à son
oncle va dire : Mon oncle, mon amy, vous scavez qu'il
est en moy, la mercy Dieu, qui suis seule héritière
de Monseigneur mon père, de vous faire beaucoup
de biens ; laquelle chose je ferai voulentiers quant
en moy sera, se vous me voulez servir en une menue
queste que j'ay entreprinse : c'est d'aler à l'ostel
d'ung seigneur de Barrois qu'elle luy nomma, veoir
Girard que vous savez. Et affin que, quant nous re-
viendrons, puisse compter quelque chose de nouveau, nous demanderons léans retenance ; et se nous
le povons obtenir, nous y serons par aulcuns jours et
verrons le pays ; et ne faictes nulle doubte que je n'y
garde mon honneur, comme une bonne fille doit
faire. L'oncle, espérant que mieulx luy en sera cy
après, et qu'elle est si bonne qu'il n'y fault jà gait
sur elle, fut content de la servir, et de l'accompai-
gnier en tout ce qu'elle vouldra. Il fut beaucoup
mercyé, n'en doubtez ; et dès lors conclurent qu'il
appelleroit sa niepce Conrard. Ilz vindrent assez
tost, comme on leurs enseigna, ou lieu désiré ; et s'a-
dressèrent au maistre d'ostel du seigneur, qui estoit
ung ancien escuyer, qui les recéust comme estrangiers très lyement et honnorablement. Conrard luy
demanda se Monseigneur son maistre ne vouldroit
pas le service d'ung jeune gentil homme qui quéroit
adventure et demandoit à veoir pais. Le maistre

d'ostel demanda dont il estoit, et il dist que il estoit,
de Breban : Or bien, dist il, vous viendrez disner
céans et après disner j'en parleray à Monseigneur.
Il les fit tantost conduire en une belle chambre et
envoya couvrir sa table, et faire ung très beau feu
et apporter la soupe, et la pièce de mouton, et le vin
blanc, attendant le disner. Et s'en alla devers son
maistre et luy compta la venue d'ung jeune gentil
homme de Breban, qui le vouldroit bien servir, se le
seigneur estoit content et si luy semble que ce soit son
fait. Pour abrégier, tantost qu'il eut servi son maistre
il s'en vint devers Conrard pour lui tenir compaignie au disner et avec luy amena, pour ce qu'il estoit
de Breban, le bon Girard dessus nommé et dist à
Conrard : Vécy ung gentil homme de vostre pays. —
Il soit le très bien trouvé, ce dit Conrard. — Et vous
le très bien venu, ce dist Girard. Mais créez qu'il ne
recongnéust pas sa dame, mais elle luy très bien.
Durant que ces accointances se faisoient, la viande
fut apportée, et assise enprès le maistre d'ostel,
chascun en sa place. Ce disner dura beaucoup à Conrard, espérant après, d'avoir de bonnes devises avec
son serviteur, pensant aussi qu'il la recongnoistra
tantost, tant à sa parolle comme aux responses qu'il
lui fera de son pays de Breban, mais il ala tout aultrement. Car oncques durant le disner le bon Girard
ne demandoit après homme ne femme de Breban,
dont Conrard ne scavoit que penser. Ce disner fut
passé, et après disner Monseigneur retint Conrard en

son service. Et le maistre d'ostel, très scient homme,
ordonna que Girard et Conrard, pour ce qu'ilz sont
tous d'ung pays, auroyent chambre ensemble. Et
après ceste retenue, Girard et Conrard se prindrent
à bras, et s'en vont véoir leurs chevaulx ; mais au
regard de Girard s'il parla oncques, ne demanda rien
de Breban. Si se print à doubter le povre Conrard,
c'est assavoir la belle Katherine, qu'elle estoit mise
avec les péchiez oubliez, et que s'il en estoit rien à
Girard, il ne se pourroit tenir qu'il n'en demandast,
ou au moins du seigneur ou de la dame où elle demouroit. La povrète estoit, sans guères le monstrer,
en grant destresse de cueur ; et ne scavoit lequel
faire, ou de soy encores céler, et de l'esprouver par
subtilles parolles, ou de soy prestement faire congnoistre. Au fort elle s'arresta que encores demourera Conrard et ne demandera pas Katherine se
Girard ne tient autre manière. Ce soyr se passe
comme le disner. Et vindrent en leur chambre Girard
et Conrard, parlans de beaucoup de choses, mais il
ne venoit nulz propos en termes que guères pléus-
sent au dit Conrard. Quant il vit qu'il ne diroit rien
se on ne luy met en bouche, elle luy demanda de
quelz gens il estoit de Breban, ne comment il estoit
là venu ; et comment on se portoit au dit pays de
Breban depuis qu'elle n'y avoit esté, et il en respondit tout ce que bon luy sembla : Et congnoissés vous
pas, dist elle, ung tel seigneur et ung tel ? — Saint
Jehan ! ouy, dist il. Et au derrenier elle luy nomma le

seigneur. Et il dist qu'il le congnoissoit bien, sans
dire qu'il y eust demouré, ne aussi que jamais en sa
vie y eut esté. On dit, se dit elle, qu'il y a de belles
filles léans, en congnoissés vous nulles? — Bien peu,
dit il, et aussy il ne m'en chault, laissez moy dormir, je
meurs de sommeil. — Comment, dit elle, povés vous
dormir; puis que on parle de belles filles, ce n'est pas
signe que vous soiés amoureux. Il ne respondit mot,
mais s'endormit comme ung pourceau; et la povre
Katherine se doubta tantost de ce qui estoit, mais
elle conclud qu'elle l'esprouvera plus avant. Quant
vint à lendemain, chascun s'abilla, parlant et devisant
de ce que plus luy estoit, Girard de chiens et d'oi-
seaulx, et Conrard des belles fillés de léans et de
Breban. Quant vint après disner, Conrard fist tant
qu'il destourna Girard des aultres, et luy va dire
que le pays de Barrois desjà luy desplaisoit, et que
vrayment Breban est toute aultre marche, et en son
langaige luy donna assez à congnoistre que le cueur
luy tiroit fort devers Breban : A quel propos, ce dit
Girard, que voyés vous en Breban qui n'est icy? et
n'avez vous pas icy les belles forestz pour la chasse,
les belles rivières et les plaines tant plaisantes qu'à
souhaitier, pour le déduit des oyseaux et tant de
gibier et autre? — Encores n'est ce rien, ce dit Conrard, les femmes de Breban sont bien autres qui
me plaisent bien autant et plus que vos chassés et
volières. — Sainct Jehan! c'est autre chose, ce dist
Girard, vous y seriés hardiment amoureux en vostre

Breban, je l'oz bien. — Par ma foy, ce dit Conrard, il
n'est jà mestier qu'il soit celé, car je suis amoureux
voirement. Et à ceste cause me y tire le cueur tant
rudement et si fort que je fais doubte que force
me sera d'abandonner ung jour vostre Barrois, car
il ne me sera pas possible à la longue de longuement vivres ans veoir ma dame. — C'est folie donc, ce
dit Girard, de l'avoir laissie, se vous vous sentiez si inconstant. — Inconstant, mon amy? Et où est celuy qui
peult mestrier loyaulx amoureux? Il n'est si saige ne
si advisé qui s'i saiche seurement conduire. Amours
bannist souvent de ces servans et sens et raison.
Ce propos sans plus avant le desduire se passa, et
fut heure de souper ; et ne se ratellèrent au deviser, tant qu'ils furent au lict couchiez. Et créez
que de par Girard jamais n'estoit nouvelles que de
dormir se Conrard ne l'eust assailly de procès qui
commença une piteuse, longue, et douloureuse
plainte après sa dame, que je passe, pour abrégier.
Et si dit en la fin : Helas, Girard, et comment povez
vous avoir envie ne faim de dormir auprès de moy
qui suis tant esveillie, qui n'ay esperit qui ne soit
plain de regretz, d'ennuy et de soucis? C'est merveilles que vous n'en estes ung peu touchie ; et
croyez se c'estoit maladie contagieuse, vous ne seriez
pas séurement si près sans avoir des esclabotures.
Helas ! je vous prie, se vous n'en sentez nulles, ayés
au mains pitié et compassion de moy qui meur sur
bout se je ne vois brief ma dame par amours.

— Je ne vy jamais si fol amoureux, ce dist Girard ; et pensés vous que je n'aye point esté amoureux ? Certes je scay bien que c'est, car j'ay passé par là comme vous, certes si ay ; mais je ne fus oncques si enraigé que d'en perdre le dormir ne la contenance, comme vous faictes maintenant : vous estes beste, et ne prise point votre amour ung blanc. Et pensés vous qu'il en soit autant à vostre dame ? nennil, nennil. — Je suis tout séur que si, ce dit Conrard, elle est trop léale. — Ha dea, vous direz ce que vouldrez, ce dit Girard, mais je ne croiray jà que femmes soient si léales que pour tenir telz termes ; et ceulx qui le cuydent sont parfais coquars. J'ay aimé comme vous, et encores en ayme je bien une. Et pour vous dire mon fait, je partis de Breban à l'occasion d'amours ; et à l'eure que je partis, j'estoye bien en la grace d'une très belle, bonne et noble fille que je laissay à très grant regret ; et me despléust beaucoup par aucuns peu de jours d'avoir perdu sa présence, non pas que j'en laissasse le dormir, ne boire, ne menger, comme vous. Quant je me vis ainsi d'elle eslongié je voulus user pour remède du conseil de Ovide, car je n'eus pas si tost accointance et entrée séans que je ne priasse une des belles qui y soit ; et ay tant fait, la Dieu mercy ! qu'elle me veult beaucoup de bien, et je l'ayme beaucoup aussi. Et par ce point me suis je deschargié de celle que par avant aymoie, et ne m'en est à présent non plus que de celle que oncques ne vis, tant m'en a rebouté ma dame de

présent.'— Et comment, ce dit Conrad, est il possible,
se vous amiez bien l'autre, que vous la puissiez si
tost oublier ne abandonner? Je ne le scay entendre,
moy, ne concepvoir comment il se peut faire. — Il
s'est fait toutesfois; entendez le se vous scavez. —
Ce n'est pas bien gardé loyaulté, ce dit Conrard;
quant à moy, j'aymeroye plus chier mourir mille
fois, se possible m'estoit, que d'avoir fait à ma dame
si grant faulseté. Et jà Dieu ne me laisse tant vivre
que j'aye non pas le vouloir seulement, mais une
seule pensée de jamais aymer ne prier aultre qu'elle.
— Tant estes vous plus beste, ce dist Girard, et se
vous maintenez ceste folie, jamais vous n'aurez bien
et ne ferés que songer et muser; et secherez sur terre
comme la belle herbe dedans le four, et serez homicide de vous mesmes; et si n'en aurés jà gré,
mesmes vostre dame n'en fera que rire, se vous estes
si eureux qu'il vienne jusques à sa congnoissance.
— Comment, ce dit Conrard, vous savez d'amours
bien avant; je vous requiers dont que veuillez estre
mon moyen séans ou autre part, que je face dame
par amours, assavoir se je pourroie garir comme
vous. — Je vous diray, ce dit Girard, je vous feray
demain deviser à ma dame, et aussi je luy diray
que nous sommes compaignons et qu'elle face vostre
besoigne à sa compaigne; et je ne doubte point
se vous voulés que encores n'ayons du bon temps,
et que bien brief se passera la rêverie qui vous
affole, voire se à vous ne tient. — Se ce n'estoit

18.

pour faulser mon serment à ma dame, je le désire-
roye beaucoup, ce dit Conrard, mais au fort j'essaie-
ray comment il m'en prendra. Et à ces motz se retourna Girard et s'endormit. Et Katherine estoit de
mal tant oppressée, voyant et oyant la desloyauté
de celluy qu'elle aymoit plus que tout le monde,
qu'elle se souhaitoit morte et plus que morte. Non
pourtant elle adossa la tendreur féminine, et s'adouba
de virile vertu. Car elle eust bien la constance de
lendemain longuement et largement deviser avec
celle qui par amours aymoit celuy au monde que
plus chier tenoit; mesmes força son cueur, et ses
yeulx fist estre notaires de plusieurs entretenances
à son très grant et mortel préjudice. Et comme
elle estoit en parolles avec sa compaigne, elle apparcéust la verge que au partir donna à son desloyal serviteur qui luy parcréust ses douleurs; mais
elle ne fut pas si folle, non pas par convoitise de la
verge, qu'elle ne trouvast une gratieuse façon de la
regarder et bouter en son doy. Et sur ce point,
comme non y pensant, se part et s'en va. Et tantost
que le souper fut passé, elle vint à son oncle et lui
dit : Nous avons assez esté en Barrois, il est temps
de partir, soiés demain prest au point du jour, et
aussi seray je. Et gardés que tout notre bagaige soit
bien attinté. Venés si matin qu'il vous plaist. — Il ne
vous fauldra que monstrer, repondit l'oncle. Or devez vous scavoir que tandis, puis souper, que Girard
devisoit avec sa dame, celle qui fut s'en vint en sa

chambre et se met à escripre unes lettres qu'ilz
narroient tout du long et du large les amours
d'elle et Girard, comme les promesses qui s'entrefi-
rent au partir, comment on l'avoit voulu marier,
le refus qu'elle en fist, et le pélerinaige qu'elle en-
treprinst pour sauver son serment, et se rendre à
luy ; la desloyauté dont elle l'a trouvé garny, tant
de bouche comme de oeuvre et de fait. Et pour les
causes dessus dictes, elle se tient pour acquittée et
desobligée de la promesse qu'elle jadis luy fist. Et
s'en va vers son pays, et ne le quiert jamais ne
veoir, ne rencontrer, comme le plus desléal qu'il est
qui jamais priast femme. Et si emporte la verge
qu'elle luy donna qu'il avoit desjà mise en main se-
questre. Et si se peult venter qu'il a couchié par
troy nuytz au plus près d'elle ; s'il y a que bien,
si le dye, car elle ne le craint. Escript de la main
de celle dont il peut bien congnoistre la lettre, et
au dessoubz : Katherine, etc. surnommée Conrard ; et
sur le dos : au desléal Girard, etc. Elle ne dormist
guères la nuyt, et aussitost que on vit du jour, elle se
leva tout doulcement, et s'abilla sans ce que oncques Girard s'esveillast. Et prent sa lettre qu'elle
avoit bien close et fermée, et la boute en la manche
du pourpoint de Girard ; et à Dieu le commanda
tout en basset, en plourant tendrement, pour le
grant deul qu'elle avoit du très faulx et mauvais
tour qu'il luy avoit joué. Girard dormoit qui mot
ne respondit. Elle s'en vient devers son oncle qui lui

bailla son cheval, et elle monte et puis tirent pays,
tant qu'ilz vindrent en Breban où ilz furent recéuz
joyeusement, Dieu le scait.

Et pensés qui leur fust bien demandé des nouvelles et adventures de leurs voyages : comment ilz
s'i estoient gouvernez, mais quoy qu'ilz respondis-
sent ilz ne se ventèrent pas de la principale. Pour
parler comment il advint à Girard : quant vint le
jour du partement de la bonne Katherine, environ ·
dix heures, il s'esveilla ; et regarda que son compaignon Conrard estoit jà·levé, si se pensa qu'il estoit
tard, et sault tout en haste et chercha son pourpoint : et comme il boutoit son bras dedans l'une
des manches, il en saillit unes lettres dont il fut assez esbahy ; car il ne lui souvenoit pas que nulles y
en eust boutées. Il les releva toutesfois, et voit
qu'elles sont fermées : et avoit au dos escript : au
desloial Girard, etc. Se paravant avoit esté esbay, encores le fut il beaucoup plus. A certaine pièce après,
il les ouvrit et voit la subscription qui disoit Katerine surnommée Conrard, etc. Si ne scait que penser :
il les list néantmoins, et en lisant, le sang lui monte
et le cueur luy frémist, et devint tout altéré de manière et de couleur. A quelque meschief que ce fut, il
acheva de lire sa lettre par laquelle il congnéut que
sa desloyauté estoit venue à la congnoissance de
celle qui lui vouloit tant de bien ; non qu'elle le scéust
estre tel au rapport d'autruy, mais elle mesmes, en
personne, en a faicte la vraye informacion ; et qui

plus près du cueur lui touche, il a couché troys
nuytz avec elle, sans l'avoir guerdonnée de la peine
qu'elle a prinse que de si très loing le venir esprouver. Il ronge son frain et enraige tout vif quant il
veoit en celle peleterie. Et après beaucoup d'avis,
il ne scet autre remède que de la suir ; et bien lui
semble qu'il la rataindra. Si prent congié de son maistre, et se met à la voie, suyvant le froye des chevaulx
de ceulx que oncques ne rataignit tant qu'ilz fussent
en Breban, où il vint si à point que c'estoit le jour
des nopces de celle qui l'a esprouvé. Laquelle il cuida bien aller baiser et saluer, et faire une orde excusance de ses faultes, mais il ne luy fut pas souffert,
car elle luy tourna l'espaule, et ne scéust tout ce
jour ne oncques puis après, trouver manière ne façon
de deviser avecques elle. Mesmes il s'advança une
fois pour la mener dancer,' mais elle le reffusa plainement devant tout le monde, dont plusieurs à ce
prindrent garde. Ne demoura guères après que ung
aultre gentil homme entra dedans qui fist corner les
ménestriers ; et s'avança par devant elle et elle des-
cendist, ce voyant Girard, et s'en ala dancer. Ainsi
dont comme avez ouy, perdit le desloyal sa dáme.
S'il en est encores d'autres telz, ilz se doivent mirer
en cest exemple qui est notoire et vray, et advenu depuis naguères.

LA XXVII° NOUVELLE,

PAR MONSEIGNEUR DE BEAUVOIR.

(LE SEIGNEUR AU BAHU.)

Ce n'est pas chose peu accoustumée, especialement en ce royaulme, que les belles dames et damoiselles se trouvent voulentiers et souvent en la compaignie des gentilz compaignons. Et à l'ocasion des bons et joyeux passetemps qu'elles ont avec eulx, les gracieuses et doulces requestes qu'ilz leurs font, ne sont pas si difficiles à impétrer. A ce propos n'a pas long temps que ung très gentil seigneur que on peut bien mettre ou reng et du cousté des princes, dont je laisse le nom en la plume, se trouva tant en grace d'une très belle damoiselle qui mariée estoit, dont le bruit d'elle n'estoit pas si peu congnéu que le plus grant maistre de ce royaulme ne se tenist pour très eureux d'en estre retenu serviteur. Laquelle luy voulut de fait monstrer le bien qu'elle

luy vouloit. Mais ce ne fut pas à sa première voulenté, tant l'empeschoient les anciens adversaires et
ennemis d'amours. Et par espécial plus lui nuysoit
son bon mari, tenant le lieu en ce cas du très mauldit
dangier ; car se ce ne fut il, son gentil serviteur
n'eust pas encores à luy tollir ce que bonnement et
par honneur donner ne luy povoit. Et pensés que
ce serviteur n'estoit pas moiennement mal content
de ceste longue attente, car l'achevement de sa
gente chasse luy estoit plus grand eur, et trop plus
désiré que nul autre bien quesconque que advenir
jamais luy povoit. Et à ceste cause, tant continua
son pourchas que sa dame lui dit : Je ne suis pas
mains desplaisante que vous, par ma foy, que je ne
vous puis faire autre chière : mais vous scavez,
tant que mon mary soit céans, force est qu'il soit entretenu. — Helas! dit il, et n'est il moyen qui se puisse
trouver d'abréger mon dur et cruel martyre? Elle
qui, comme dessus est dit, n'estoit pas en maindre
désir de soy trouver à part avec son serviteur que
luy mesmes, si luy dit : Venez à nuyt, à telle heure,
heurter à ma chambre, je vous feray mettre dedans ;
et trouveray façon d'estre délivré de mon mary, se
fortune ne destourne mon entreprinse. Le serviteur
ne ouyt jamais chose qui mieulx luy pléust ; et
après les remerciments gracieux et déuz en ce cas,
dont il estoit bon maistre et ouvrier, se part d'elle,
attendant et désirant son heure assignée. Or devez
vous savoir que environ une bonne heure, ou plus

ou mains devant l'eure assignée dessus dicte, nostre
gentille damoiselle, avec ses femmes et son mary
qui va derrière, pour ceste heure estoit en sa
chambre retraicte puis le souper ; et n'estoit pas,
croiés, son engin oyseux, mais labouroit à toute
force pour fournir la promesse à son serviteur,
maintenant pensoit d'ung, puis maintenant d'ung
autre, mais rien ne luy venoit à son entendement,
qui péust eslongier ce mauldit mary ; et toutesfois
approchoit fort l'eure très désirée. Comme elle estoit en ce parfond penser, fortune lui fut si très amye
que mesmes son mary donna le très doulx advertissement de sa dure chance et mal aventure convertie en la personne de son adversaire, c'est assavoir
du serviteur dessus dit, en joie non pareille de déduit, soulas et liesse. Regardant par la chambre,
tant regarda qu'il apparcéut d'aventure aux piedz
de la couchete ung bahut qui estoit à sa femme. Et
affin de la faire parler et l'oster de son penser, demanda de quoy servoit ce bahu en la chambre ? Et
à quel propos on ne le portoit point à la garderobe
ou en quelque autre lieu, sans en faire léans parement : Il n'y a point de péril, monseigneur, ce dit
ma damoiselle, ame ne vient icy que nous, aussi je
luy ay fait laissier tout à propos pour ce que encores sont aucunes de mes robes dedans ; mais n'en
soyés jà mal content, mon amy ; ces femmes l'oste-
ront tantost. — Mal content, dit il, nenny par ma
foy, je l'ayme autant icy que ailleurs, puis qu'il vous

plaist, mais il me semble bien petit pour y mettre
voz robes bien à l'aise, sans les froissier, attendu
les grandes et longues traynées qu'on fait au jour
duy. — Par ma foy, Monseigneur, dit elle, il est assés
grant. — Il ne le me peut sembler, dit il, vraiment, et
le regardés bien. — Or ça, Monseigneur, dit elle, voulés vous faire un gaige à moy? — Ouy vraiement, dit
il, quel sera il? — Je gaigeray, s'il vous plaist, pour
demie douzaines de bien fines chemises encontre le
satin d'une cote simple, que nous vous bouterons bien
dedans tout ainsy que vous estes. — Par ma foy, dit il,
je gaige que non. — Et je gaige que si. — Or avant, ce
dirent les femmes, nous verrons qui le gaignera. — A
l'esprouver le scaura on, dit Monseigneur. Et lors
s'avance et fist tirer du bahu les robes qui estoient
dedens; et quant il fut vuide, ma damoiselle et ses
femmes, à quelque meschief que ce fut, firent tant
que Monseigneur fut dedans tout à son aise. Et à
cest coup, fut grande la noise, et autant joyeuse,
et ma damoiselle alla dire : Or, Monseigneur, vous
avés perdu la gaigeure, vous le congnoissés bien,
faictes pas? — Oy, dit il, c'est raison. Et en disant ces
parolles, le bahu fut fermé, et tout jouant, riant et
esbatant, prinrent toutes ensemble et homme et
bahu, et l'emportèrent en une petite garde robe
assés loing de la chambre. Et il crie et se demaine,
faisant grant bruit et grant noise, mais c'est pour
néant, car il fut là laissé toute la belle nuit. Pense,
dorme, face du mieulx qu'il peut, car il est ordonné

par ma damoiselle et son estroit conseil, qu'il n'en
partiroit meshuyt pource qu'il a tant empesché le
lieu. Pour retourner à la matière de nostre propos
encommencé, nous laisserons nostre homme et nostre bahu, et dirons de ma damoiselle qui attendoit
son serviteur avec ses femmes qui estoient telles et
si bonnes et si secretes que riens ne leurs estoit
célé de ses affaires. Lesquelles scavoient bien que
le bien aymé serviteur, se à luy ne tenoit, tiendroit,
la nuyt, le lieu de celuy qui au bahu fait sa pénitence. Ne demoura guères que le bon serviteur,
sans faire effroy, ne bruit, vint heurter à la porte ;
et au heurter qu'il fist on le congnéut tantost, et là
estoit celle qui le bouta dedans. Il fut recéu joyeu-
ment et lyement, et entretenu doulcement de ma
damoiselle et de sa compaignie. Et ne se donna garde
qu'il se trouva tout seul avecques sa dame qui lui
compta bien au long la bonne fortune que Dieu
leur a donnée, c'est assavoir comment elle fist la
gaigure à son mary d'entrer ou bahu, comment il
y entra, et comment elle et ses femmes l'ont porté
en une garderobe : Comment, ce dit le serviteur, je
ne cuydoie point qu'il fust céans ; par ma foy je pen-
soie, moy, que vous eussiés trouvé aucune façon de
l'envoyer ou faire aler dehors, et que j'eusse icy tenu
meshuyt son lieu. — Vous n'en yrés pas pourtant,
dit elle, il n'a garde de yssir dont il est, et si a
beau crier, il n'est ame de nulz sens qui le puist
ouyr, et croyés qu'il demourra meshuyt par moy ;

se vous le voulés desprisonner, je m'en rapporte à
vous. — Nostre dame, dit il, s'il n'en sailloit tant que
je l'en fisse oster, il auroit bel attendre. — Or faisons
donc bonne chière, dit elle, et n'y pensons plus. Pour
abrégier, chascun se despoilla et se couchèrent les
amants dedans le beau lit, ensemble, bras à bras,
et firent ce pourquoy ils estoient assemblés, que
mieulx vault estre pensé des lisans qu'estre noté de
l'escripvant. Quant vint au point du jour, le gentil
serviteur se partit de la dame le plus secretement
qu'il péult, et vint à son logis dormir comme j'espoire,
ou desjeuner, car de tous deux avoit besoin. Ma damoiselle, qui n'estoit pas mains subtille que saige
et bonne, quant il fut heure se leva et dit à ses femmes : Il seroit desormais heure de oster nostre prisonnier ; je vois véoir qu'il dira et s'il se vouldra
mettre à finance. — Mettez tout sur nous, dirent elles,
nous l'appaiserons bien. — Croiés que si feray je, dit
elle. Et à ces motz se seigne et s'en va ; et comme
non pensant à ce qu'elle faisoit, tout d'aguet et à
propos entra dedans en la garderobe où son mary
encores estoit dedans le bahu clos. Et quant il ouyt,
il commença à faire grant noise et crier à la volée :
Qu'esse cy, me laissera on cy dedans? Et sa bonne femme qui l'oyt ainsi demener, respondit effréement, et
comme craintivement, faisant ignorante : Hemy! qui
esse là que j'ay ouy crier? — C'est moy, de par Dieu,
c'est moy, dist le mary. — C'est vous, dit elle, et dont
venés vous à ceste heure ? — Dont je viens, dit il, et

vous le scavez bien, ma damoiselle, il ne fault jà
qu'on le vous dye ; mais vous faictes de moy, au fort je
feray quelque jour de vous. Et s'il eust enduré, ou
osé, il se fut voulentiers courroucé et eust dit villennie à sa bonne femme. Et elle, qui le congnoissoit,
luy coupa la parolle et dit : Monseigneur, pour Dieu
je vous crie mercy, par mon serment, je vous asséure
que je ne vous cuidoie pas icy à ceste heure : et croiés
que je ne vous y eusse pas quis, et ne me scay assés
esmerveillier dont vous venés à y estre encore, car
je chargey hier au soir à ces femmes qu'elles vous
missent dehors, tandis que je disoie mes heures, et
elles me dirent que si feroient elles. Et de fait l'une
me vint dire que vous estiés dehors et desjà allé en
la ville, et que ne reviendriés meshuit. Et à ceste
cause, je me couchay assés tost après sans vous attendre. — Saint Jehan ! dit il, vous voyés que c'est, or
vous advancés de moy tirer d'icy, car je suis tant
las que je n'en puis plus. – Cela feroye bien, Monseigneur, dit elle, mais ce ne sera pas devant que vous
n'ayés promis de moy payer de la gaigeure que
avez perdue ; et pardonnés moy toutesfois, car autrement ne le puis faire. — Et advancés vous de par
Dieu ; je le paieray vraiement. — Et ainsi vous le
promettés ? — Ouy, par ma foy. Et ce procès finé ma
damoiselle defferma le bahu et Monseigneur yssit
dehors, lassé, froissé et travaillé. Et elle le prent à
bras et baise et accolle tant doulcement que on ne
pourroit plus, en lui priant pour Dieu qu'il ne soit

point mal content. Adonc le povre coquart dist
que non estoit il, puisqu'elle n'en scavoit rien,
mais il punira trop bien ses femmes, s'il y scait advenir. Par ma foy, Monseigneur, dit elle, elles s'en
sont oires bien vengées de vous; je ne doubte point
que vous ne leur ayés fait quelque chose. — Non ay,
certes, que je saiche, mais croiés que le tour qu'elles
m'ont joué leur sera chier vendu. Il n'eut pas finé
ce propos que toutes ses femmes entrèrent dedans,
qui si très fort rioient, et de si grant cueur qu'elles
ne sceurent mot dire grant pièce après. Et Monseigneur qui devoit faire merveilles, quant il les vit
rire en ce point, ne se péust tenir de les contrefaire.
Et ma damoiselle, pour lui faire compaignie, ne s'i
faignit point. Là véissiés vous une merveilleuse risée, et d'ung costé et d'autre, mais celuy qui en
avoit le mains cause ne s'en povoit ravoir. Après
certaine pièce ce passetemps cessa et dit monseigneur : Ma damoiselle, je vous mercye beaucoup de
la courtoisie que m'avés anuyt fait. — A vostre commandement, monseigneur, respondit l'une, encores
n'estes vous pas quitte : vous nous avez fait et faictes toujours tant de peine et de meschief que nous
vous avons gardé ceste pensée; et n'avons autre
regret que vous n'y avez esté. Et se n'eussions scéu
de vray qu'il n'eust pas bien pléu à ma damoiselle,
encores y fussiés vous et prenez en gré. — Esse cela?
dit il. Or bien, bien : vous verrez comment il vous
en prendra; et par ma foy je suis bien gouverné

19

quant avec tout le mal que j'ay eu on ne me fait
que farcer; et encores, qui pis est, il me faut payer
la cote simple de satin. Et vraiement je ne puis à
mains que d'avoir les chemises de la gaigeure, en ré-
compensacion de la peine qu'on m'a faicte. — Il n'y
a, par Dieu, que raison, dirent les damoiselles, nous
voulons à ceste heure estre pour vous, Monseigneur,
et vous les aurés ; n'aura pas ma damoiselle ? — Et à
quel propos ? dit elle, il a perdu la gaigeure. — Dea
nous scavons trop bien cela, il ne les peut avoir de
droit, aussi ne les demande il pas à ceste intencion,
mais il les a bien desservies en aultre manière. — A
cela ne tiendra il pas, dit elle, je feray voulentiers
finance de la toille pour l'amour de vous, mes damoiselles, qui tant bien procurez pour luy, et vous
prendrés bien la peine de les coutre. — Ouy vraiement, ma damoiselle. Comme celluy qui ne fait que
escourre la teste, au matin quant il se lève qu'il ne
soit prest, ainsi estoit Monseigneur, car il ne luy faillit que une secousse de verges à nettoyer sa robe et
ses chausses qu'il ne fut prest. Et ainsi à la messe
s'en va, et ma damoiselle et ses femmes le suyvent,
qu'ils faisoient de luy, je vous asséure, grans risées.
Et croyez que la messe ne se passa pas sans foyson
de ris soudains, quant il leur souvient du giste que
Monseigneur a fait au bahu, lequel ne le scet, encores qui fut celle nuyt enregistré ou livre qui
n'a point de nom. Et se n'est que d'aventure ceste
hystoire vienne entre ses mains, jamais n'en aura, se

Dieu plaist, congnoissance, ce que pour rien je ne vouldroie. Si prye aux lisans qui le congnoissent que bien se gardent de luy monstrer.

LA XXVIIIe NOUVELLE,

PAR MESSIRE MICHAULT DE CHAUGY.

(LE GALANT MORFONDU.)

Se au temps du très renommé et éloquent Bocace
l'adventure, dont je vueil fournir ma nouvelle, fut
advenue à son audience, et congnoissance parve-
nue, je ne doubte point qu'il ne l'eust adjoustée et
mise ou reng des nobles hommes mal fortunez. Car
je ne pense pas que noble homme, jamais pour ung
coup, eust guères fortune plus dure à porter que le
bon seigneur, que Dieu pardoint, dont je vous
compteray l'aventure. Et se sa male fortune n'est
digne d'estre ou dit livre de Bocace, j'en fais juge
tous ceux qui l'orront racompter. Le bon seigneur
dont je vous parle, en son temps estoit ung des
beaux princes de ce royaulme, garny et adressié de
tout ce qu'on scauroit louer et priser en ung noble
homme. Et entre aultres ses propriétez, il estoit tel

destiné qu'entre les dames jamais homme ne le
passa de gracieuseté. Or lui advint que, au temps
que ceste renommée et destinée florissoit, et qu'il
n'estoit bruit que de luy, amours, qui sème ses vertus où mieulx luy plaist et bon luy semble, fist
aliance à une belle fille, jeune, gente, gracieuse
et en bon point en sa façon, ayant bruit autant·et
plus que nulle de son temps, tant par sa grant et
non pareille beauté, comme par ses très belles
meurs et vertus : et qui pas ne nuysoit au jeu, tant
estoit en la grace de la royne du pays, qu'elle estoit son demy lit, les nuys que la dicte royne
point ne couchoit avec le roi. Ces amours que je
vous dis, furent si avant conduictes qu'il ne restoit
que temps et lieu pour dire et faire, chascun à sa
partie, la chose au monde que plus lui pourroit
plaire. Ilz ne furent pas peu de jours pour adviser
lieu et place convenable à ce faire ; mais en la fin
celle qui ne desiroit pas mains le bien de son serviteur que la salvacion de son ame, s'advisa d'ung
bon tour, dont tantost l'avertit, disant ce qui s'ensuit : Mon très loyal amy, vous scavés comment je
couche avec la roine, et que nullement ne m'est
possible, se je ne vouloie tout gaster, d'abandonner
cest honneur et avancement dont la plus femme de
bien de ce royaulme se tiendroit pour bien eureuse·
et honnorée ; combien que par ma foy je vous vouldroie complaire, et faire vostre playsir et d'aussi
bon cueur comme à elle. Et'qu'il soyt vray je le

vous monstreray de fait, sans abandonner toutesfois celle qui me fait et peut faire tout le bien et
l'onneur du monde. Je ne pense pas aussi que vous
voulsissiez que aultrement je fisse. — Non, par ma
foy, m'amye, respondit le bon seigneur ; maïs toutesfois, je vous prie qu'en servant votre maistresse,
vostre léal serviteur ne soit point arrière du bien
que faire luy povés, qui ne luy est pas maindre
chose de à vostre grace et amour parvenir que de
gaigner le surplus du monde.—Vécy que je vous feray, Monseigneur, dit elle : la roine a une levrière,
comme vous scavez, dont elle est beaucoup assotée,
et la fait couchier en sa chambre ; je trouveray façon à nuyt de l'enclore hors de la chambre sans
qu'elle en saiche rien ; et quant chacun sera retrait,
je feray ung sault jusques en la chambre de parement, et deffermeray l'uys et le laisseray entreouvert. Et quant vous penserez que la royne pourra
estre au lit, vous viendrés tout secrètement, et entrerez en la dicte chambre et fermerez l'uys ; vous
y trouverez la levrière qui vous congnoist assez, si
se laissera bien approuchier de vous, vous la prendrés par les oreilles et la ferés bien hault crier ; et
quant la royne l'orra, elle la congnoistra tantost : je
ne doubte point qu'elle ne me fasse lever incontinent pour la mettre dedans. Et en ce point viendray je vers vous, et ne faillés point se jamais vous
voulés parler à moy.—Ha ! ma très chière et loiale
amye, dit Monseigneur, je vous mercye tant que je

puis, pensès que je n'y fauldray pas. Et à tant se
part et s'en va, et sa dame aussi, chascun pensant
et désirant d'achever ce qui est proposé. Qu'en vauldroit le long compte, la levrière se cuida rendre,
quant il fut heure, en la chambre de sa maistresse,
comme elle avoit accoustumé, mais celle qui l'avoit
condamnée, déhors la fist retraire en la chambre, au
plus près. Et la royne se coucha sans qu'elle s'en
donnast de garde ; et assez tost après luy vint faire
compaignie la bonne damoyselle qui n'attendoit
que l'eure d'ouyr crier la levrière et la semonce de
bataille. Ne demoura guères que le gentil seigneur
se mist sur les rens, et tant fit qu'il se trouva en la
chambre où la levrière se dormoit ; il la quist tant
au pié que à la main qu'il la trouva, et puis la print
par les oreilles, et la fist hault crier deux ou trois
fois. Et la royne qui l'oyoit, congnéut tantost que
c'estoit sa levrière, et pensoit qu'elle vouloit estre dedans. Si appella sa demoiselle et luy dist : M'amye,
véla ma levrière qui se plaint là dehors, levez vous
si la mettez dedans. — Voulentiers, ma dame, dit la
damoiselle, et jasoit qu'elle attendit la bataille dont
elle mesmes avoit l'eure et le jour assigné, si ne s'ar-
ma elle que de sa chemise ; et en ce point en vint
à l'uy set l'ouvrit, ou tantost luy vint à l'encontre celuy qui l'attendoit. Il fut tant joyeux et tant surprins, quant il vit sa dame si belle et en si bon point,
qu'il perdit force, sens et advis ; et ne fut en sa puissance adoncques tirer sa dague pour esprouver

s'elle pourroit prendre sur ses cuyrasses. Trop bien
de baiser, d'accoler, de manier le tetin, et du surplus
il faisoit assez diligence, mais du parfait nichil.
Si fut force à la gente damoiselle qu'elle retournast,
sans lui laisser ce qu'avoir ne povoit se par force
d'armes ne le conquéroit. Et ainsi qu'elle se voulut
partir il la cuidoit retenir par force, et par doulces
paroles, mais elle n'osoit demourer : si luy ferma
l'uys au visaige et s'en revint par devers la royne
qui luy demanda s'elle avoit mis sa levrière dedans.
Et elle dit que non, car oncques puis ne l'avoit scéu
trouver, et si avoit beaucoup regardé. Or bien, dist
la royne, couchez vous, tousjours l'aura ou bien. Le
povre amoureux estoit à celle heure bien mal content, qui se véoit ainsi deshonnorer et anéantir : et si
cuidoit au par avant, et bien tant en sa force se fioit,
qu'en mains d'eure qu'il n'avoit esté avec sa dame, il
en eust bien combattu telles trois, et venu au dessus
d'elles à son honneur. Au fort il reprint couraige et
dist bien en soy mesme s'il est jamais si eureux que
de trouver sa dame en si belle, elle ne partira pas
comme elle a fait l'autre fois. Ainsi animé et esguillonné de honte et de désir, il reprent la levrière par
les oreilles, et la tira si rudement, tout courroucé
qu'il estoit, qu'il la fist crier beaucoup plus hault
qu'elle n'avoit devant. Si hucha arrière à ce cry la
royne sa damoiselle qui revint ouvrir l'uys, comme
devant, mais elle s'en retourna devers sa maistresse
sans conquester, ne plus ne mains qu'elle fit à l'au-

tre fois. Or revint la tierce fois que ce povre gentil
homme faisoit tout son pouvoir de besoigner comme
il avoit le désir, mais au deable de l'omme s'il
péust oncques trouver manière de fournir une povre
lance à celle qui ne demandoit aultre chose, et qui
l'attendoit tout de pié quoy. Et quant elle vit qu'elle
n'auroit pas son panier percié, et qu'il n'estoit pas
en l'autre mettre seulement sa lance en son arrest,
quelque advantaige qu'elle luy fist, tantost congnéut
qu'elle avoit à la jouste failly dont elle tint beaucoup mains de compte du jousteur. Elle ne voulut,
n'osa là plus demourer, pour conqueste qu'elle y fist.
Si voulut rentrer en la chambre, et son amy la reti-
roit à force et disoit : Helas ! m'amye, demeurés encores ung peu, je vous en prie. — Je ne puis, dit elle,
laissez moy aler; je n'ay que trop demouré pour
chose que j'aye prouffité. Et à tant se tourne vers
la chambre, et l'autre la suyvoit qui la cuidoit retenir. Et quant elle vit ce, pour le bien payer, et la
royne contenter, alla dire tout en hault : Passés, passés, orde caigne que vous estes, par Dieu vous n'y
entrerés meshuy, meschante beste que vous estes.
Et en ce disant, ferma l'uys. Et la royne qui l'ouyt demanda : A qui parlez vous, m'amie ? — C'est à ce paillart chien, ma dame, qui m'a fait tant de peine de le
quérir ; il s'estoit bouté soubz ung bang là dedans et
cachié tout de plat le museau sur la terre, si ne le
scavoye trouver. Et quant je l'ay eu trouvé, il ne s'est
oncques daingné lever, pour quelque chose que je luy

20

aye fait. Je l'eusse très voulentiers bouté dedens,
mais il n'a oncques daigné lever la teste, si l'ay laissé
là dehors et à son visage tout par despit ay fermé
l'uys. — C'est très bien fait, m'amye, dist la royne,
couchez vous, si dormirons. Ainsi que vous avés ouy,
fut mal fortuné ce gentil seigneur ; et pour ce qu'il
ne péust, quant sa dame voulut, je tien moy, quant
il eust bien depuis la puissance à commandement
le vouloir de sa dame fust hors de la ville.

LA XXIXe NOUVELLE,

PAR MONSEIGNEUR.

(LA VACHE ET LE VEAU.)

N'a pas cent ans du jour duy que ung gentil homme de ce royaulme voulut scavoir et esprouver l'aise qu'on a en mariage; et pour abrégier fist tant que le très désiré jour de ses nopces fut venu. Après les très bonnes chières, et aultres passetemps accoustumez, l'espousée fut couchée, et une certaine pièce après, la suyvit et se coucha au plus près d'elle, et sans delay incontinent bailla l'assault à sa forteresse. A quelque meschief que ce fut, il entra dedans et la gaigna; mais vous devez entendre qu'il ne fist pas ceste conqueste sans faire foison d'armes qui longues seroient à racompter, car ainçois qu'il venist au donjon du chasteau, force luy fust de gaignier et emporter bellèvres, baublières, et plusieurs aultres forts dont la place estoit bien garnie, comme

celle qui jamais n'avoit esté prinse, au moins dont
fut encores grant nouvelle, et que la nature avoit
mis à defence. Quant il fut maistre de la place il
rompit sa lance, et lors cessa l'assault et ploya l'oeuvre. Or ne fait pas à oublier que la bonne damoiselle qui se vit en la mercy de ce gentil homme
son mary, qui desja avoit fourraigé la pluspart de
son manoir, luy voulut monstrer ung prisonnier
qu'elle tenoit en ung secret lieu encloz et enfermé:
et pour parler plain, elle se délivra cy prins cy mis,
après ceste première course, d'ung très beau filz
dont son mary se trouva si très honteux et tant
esbahy qu'il ne savoit sa manière si non de soy
taire. Et pour honnesteté et pitié qu'il eust de ce
cas, il servit la mère et l'enfant de ce qu'il savoit
faire. Mais créez que la povre gentil femme à cest
coup, getta ung bien hault et dur cry qui de plusieurs fut clerement ouy et entendu, qu'ilz cuidoient
à la vérité qu'elle gettast ce cry à la despuceller,
comme c'est la coustume en ce royaulme. Pendant
ce temps, les gentilz hommes de l'hostel où ce nouveau marié demouroit, vindrent heurter à l'uys de
ceste chambre et apportoient le chaudeau; ils heurtèrent beaucoup sans ce que ame respondist. L'espousée en estoit bien excusée, et l'espousé n'avoit
pas cause de trop caqueter : Et qu'esse cy? dirent
ilz, n'ouvrerez vous pas l'uys? Se vous ne vous hastez nous le romprons; le chaudeau que nous vous
aportons, sera tantost tout froit. Et lors recommen-

cèrent à heurter de plus belle. Mais le nouveau
marié ne eust pas dit ung mot pour cent frans,
dont ceulx du dehors ne scavoient que penser, car
il n'estoit pas muet de coustume. Au fort il se leva,
et print une longue robe qu'il avoit, et laissa ses
compaignons entrer dedans, qui tantost demandèrent se le chaudeau estoit gaigné et qu'il l'apportoient à l'adventure. Et lors ung d'entre eulx couvrit la table et mist le banquet dessus, car ilz estoient
en lieu pour ce faire, et où rien n'estoit espargné
en telz cas et aultres semblables. Ilz s'assirent tous
au mengier, et bon mary print sa place en une chaire
à doz assez près de son lit, tant simple et tant piteux
qu'on ne le vous scauroit dire. Et quelque chose
que les autres dissent il ne sonnoit pas ung mot,
mais se tenoit comme une droite statue ou une
ydole entaillie : Et qu'esse cy? dist l'ung, ne prenez
vous point garde à la bonne chière que nous fait
nostre hoste? encores a il à dire ung seul mot. — Ha
dea, dist l'autre, ses bourdes sont rabaissies. — Par
ma foy, dist le tiers, mariage est chose de grant vertu :
regardés quant à une heure qu'il a esté marié il a jà
perdu la force de sa langue. S'il est jamais longuement je ne donneroye pas maille de tout le surplus ; et à la vérité dire, il estoit au par avant ung
très gracieux farseur, et tant bien lui séoit que
merveilles ; et ne disoit jamais une parolle puis qu'il
estoit en goguez qu'elle n'apportast avec elle son
ris ; mais il en estoit pour l'eure bien rebouté. Ces

gentilz hommes et ces compaignons bevoient d'autant et d'autel, et à l'espousé et à l'espousée, mais
au deable des deux s'ilz avoient fain de boire ;
l'ung enraigeoit tout vif et l'aultre n'estoit pas
mains malaisé : Je ne me congnois en ceste manière,
dist ung gentil homme, il nous fault festoier de
nous mesmes. Je ne vis jamais homme de si hault
esternu si tost rassis pour une femme : j'ay véu
que on n'eust ouy pas Dieu tonner en une compaignie où il fust ; et il se tient plus quoy que ung feu
couvert ; ha dea ses haultes paroles sont bien bas
entonnées maintenant. — Je boy à vous, espousé,
disoit l'autre. Mais il n'étoit pas pleigié : car il
jeunoit de boire, de mangier, de bonne chière faire,
et de parler. Non pourtant assez bonne pièce après,
quant il eust bien esté reprouvé et rigolé de ses
compaignons, et, comme un sanglier mis aux abais
de tous coustez, il dit : — Messeigneurs, quant je
vous ay bien entendus qui me semonnés si très fort
de parler, je veuil bien que vous saichiez que j'ay
bien cause de beaucoup penser, et de moy taire
tout quoy ; et si suis seur qu'il n'y a nul qui n'en
fist autant s'il en avoit le pour quoy comme j'ay.
Et par la mort bieu, se j'estoie aussi riche que le roi,
que Monseigneur, et que tous les princes chrestiens, si
ne scaurois je fournir ce qui m'est apparent d'avoir à
entretenir : vécy pour ung povre coup que j'ay accollé
ma femme elle m'a fait ung enfant. Or regardez, se
à chascune fois que je recommenceray elle en fait

autant, de quoy je pourray nourrir le mesnage ? —
Comment, un enfant ? dirent ses compaignons. —
Voire, voire, vraiement ung enfant, vécy de quoy,
regardez. Et lors se tourne vers son lit et liève la
couverture et leur monstre : Tenez, dit il, véla la
vache et le veau, suis je pas bien party ? Plusieurs
de la compagnie furent bien esbahys et pardonnèrent à leur hoste sa simple chière ; et s'en allèrent
chascun en sa chascune. Et le povre nouveau marié
abandonna ceste première nuyt, la nouvelle accou-
chée, et doubtant que elle n'en fist une autre fois
autant, oncques puis ne s'y trouva.

LA XXXⁱᵉ NOUVELLE,

PAR MONSEIGNEUR DE BEAUVOIR.

(LES TROIS CORDELIERS.)

Il est vray, comme l'Évangille, que trois bons marchans de Savoye se mindrent au chemin avec leurs femmes pour aler en pélerinage à Saint Antoine de Viennois. Et pour y aler plus dévotement rendre à Dieu et à monseigneur saint Anthoine leur voyage plus agréable, ilz conclurent avec leurs femmes, dès le partir de leurs maisons, que, tout le voyaige, ilz ne coucheroient pas avecques elles, mais en continence yront et viendront. Ilz arrivèrent ung soir en la ville à ung très bon logis, et firent au souper très bonne chière comme ceux qui avoient très bien de quoy, et qui très bien le scéurent faire ; et croy et tiens fermement, se ne féust la promesse du voyage, que chascun eust couché avec sa chacune. Toutesfois ainsi n'en advint pas, car

quant il fut heure de soy retraire, les femmes donnèrent la bonne nuyt à leurs maris et les laissèrent;
et se boutèrent en une chambre, au plus près, où
elles avoient fait couvrir chacune son lit. Or devez
vous scavoir que ce soir propre, arrivèrent léans
troys cordeliers qui s'en aloient à Genesve, qui furent ordonnez à coucher en une chambre non pas
trop loingtaine de la chambre aux marchandes. Lesquelles, puis qu'elles furent entre elles, commencèrent à deviser de.cent mille propos et sembloit,
pour trois qu'il y en avoit, qu'on en oyoit la noise
qu'il suffiroit oyr d'un quarteron.

Ces bons cordeliers, oyans ce bruit de femmes,
saillirent de leurs chambres sans faire effroy ne
bruyt, et tant approchèrent de l'uys sans estre ouys,
qu'ilz parçéurent ces troys belles damoiselles qui
estoient chacune à part elles, en ung beau lit assez
grant et large pour le deusième recevoir d'autre
cousté; puis se revirent, et entendirent les maris
qui se couchoient en l'autre chambre, et puis dirent que fortune et honneur à ceste heure leur
court seur, et qu'ilz ne sont pas dignez d'avoir jamais nulle bonne adventure se ceste, qu'ilz n'ont
pas à pourchasser, par lascheté leur eschapoit. Si
dit l'ung, il ne fault aultre déliberation en nostre
fait; nous sommes trois et elles troys, chascun
prenge sa place quand elles seront endormies. S'il
fut dit, aussi fut il fait : et si bien vint à ces bons
frères cordeliers qu'ilz trouvèrent la clef de la cham-

bre aux femmes dedens l'uys, si l'ouvrirent si très
souefvement qu'ilz ne furent d'ame ouys. Ilz ne
furent pas si folz, quant ilz eurent gaigné ce premier fort, pour plus séurement assaillir l'autre, qu'ilz
ne tirassent la clef par devers eulx et resserrèrent
très bien l'uys ; et puis après, sans plus enquerre,
chacun print son quartier et commencèrent à besongnier chacun au mieux qu'il péut. Mais le bon
fut, car l'une cuidant avoir son mary parla, et dist :
Que voulés vous faire, ne vous souvient il de vostre veu ? Et le bon cordelier ne disoit mot, mais
faisoit ce pour quoy il estoit venu de si grant cueur
qu'elle ne se peut tenir de luy ayder à parfournir.
Les autres deux, d'autre part, n'estoient pas oyseux ;
et ne savoient ces bonnes femmes qui menoit leurs
maris de si tost rompre et casser leur promesse.
Neantmoins toutesfois, elles qui doivent obéyr, le
prindrent bien en patience, sans dire mot, chascune
doubtant d'estre ouye de sa compagnie, car n'y
avoit celle qui, à la vérité, ne cuidast avoir seule
et emporter ce bien. Quant ces bons cordeliers eurent tant fait que plus ne povoyent, ilz se partirent sans dire mot, et retournèrent en leur chambre, chacun comptant son adventure. L'ung avoit
rompu trois lances, l'autre quatre, l'autre six. Ilz
se levèrent matin, pour toute séurté, et tirèrent pays.
Et ces bonnes femmes qui n'avoyent pas toute la
nuyt dormy, ne se levèrent pas trop matin, car sur
le jour sommeil les print qui les fist lever tart. D'au-

tre costé leurs maryz, qui avoient assez bien béu le
soir, et qui se attendoyent à l'appeau de leurs femmes, dormoient au plus fort à l'eure, car ès autres
jours avaient jà cheminé deux lieues. Au fort elles
se levèrent après le repos du matin, et s'abillèrent
le plus roide qu'elles peurent, non pas sans parler.
Et entre elles celle qui avoit la langue plus preste
ala dire : Entre vous, mes damoiselles, comment
avez vous passé la nuyt? voz mariz vous ont ilz re-
veillées comme a fait le mien? Il ne cessa annuyt de
faire la besongne. — Saint Jehan, dirent elles, si
vostre mary a bien besongnié ceste nuyt, les nostres
n'ont pas esté oyseux ; ilz ont tantost oublié ce qu'ilz
promirent au partir, et croyez que on ne leur ou-
bliera pas à dire. — J'en advertis trop bien le myen,
dist l'une, quant il commença, mais il n'en cessa
pourtant oncques l'euvre ; et comme homme affamé,
pour deux nuytz qu'il a couchié sans moy, il a fait raige
de diligence. Quant elles furent prestes, elles vindrent trouver leurs mariz qui desjà estoient tous prestz
et en pourpoint : Bon jour, bon jour à ces dormeurs,
dirent elles. — Vostre mercy, dirent ilz, qui nous avés
si bien huchiez. — Ma foy, dit l'une, nous avions
plus de regret de vous appeller matin que vous n'avés
fait annuit de conscience de rompre et quasser vostre veu. — Quel veu? dist l'un. — Le veu, dit elle, que
vous fistes au partir : c'est de non couchier avec vostre femme. — Et qui y a couchié? dit il. — Vous le
savés bien, dit elle, et aussi fais je. — Et moy aussi,

dist sa compaigne, véla mon mary qui ne fut pieça
si roide qu'il fut la nuyt passée ; et s'il n'éust si bien
fait son devoir je ne seroie pas si contente de la
rompéure de son veu ; mais au fort je le passe, car
il a fait comme les jeunes enfans qui veulent am-
ploier leur basture quant ilz ont desservi le punir.
— Saint Jehan, si a fait le myen, dist la tierce, mais
au fort je n'en feray jà procès, se mal y a il en est
cause. — Et je tiens par ma foy, dit l'ung, que vous
rêvez et que vous estez yvres de dormir. Quant
est de moi, j'ay icy couchié tout seul et n'en partis
annuyt. — Non ay je moy, dit l'autre. — Ne moy,
par ma foy, dit le tiers, je ne voudroye pour rien
avoir enfraint mon veu. Et si cuide estre seur de
mon compère qui est cy et de mon voisin qu'ilz ne
l'eussent pas promis pour si tost l'oublier. Ces femmes
commencèrent à changier couleur, et se doubtèrent
de tromperie dont l'ung des mariz d'elle tantost se
donna garde, et luy jugea le cueur de la vérité du
fait. Si ne leur bailla pas induce de respondre, ainçois faisant signe à ses compaignons, dit en riant :
Par ma foy, ma damoiselle, le bon vin de céans et la
bonne chière du soir passé nous ont fait oublier
nostre promesse ; si n'en soyés jà mal contentes.
A l'aventure se Dieu plaist, nous avons fait annuyt, à vostre aide, chascun ung bel enfant, qui est
chose de si hault mérite qu'elle sera suffisante d'effacer la faute du cassement de nostre veu. — Or
Dieu le vueille, dirent elles. Mais ce que si affermée-

ment disiés que n'aviez pas esté vers nous nous a
fait ung petit doubter. — Nous l'avons fait tout à
propos, dit l'autre, affin d'ouyr que vous diriez. —
Et vous aviez fait double peché comme de faulcer
vostre veu et de mentir à escient, et nous mesmes
aussi aviez beaucoup troublées. — Ne vous chaille
non, dit il, c'est peu de choses, mais allez à la
messe et nous vous suyverons. Elles se misdrent à
chemin devers l'église. Et leurs maris demeurèrent
ung peu sans les suivir trop roide, puis dirent
tous ensemble, sans en mentir de mot : Nous sommes trompez, ces déables de cordeliers nous ont
decéuz ; ilz se sont mis en nostre place et nous ont
monstré nostre folie, car se nous ne voulions pas coucher avec noz femmes, il n'estoit jà mestier de les
faire coucher hors de nostre chambre, et s'il y avoit
danger de litz, la belle paillade est en saison. —
Dea, dist l'ung d'eux, nous en sommes chastiés pour
une aultre foiz ; et au fort il vault myeux que la
tromperie soit seulement scéue de nous que de nous
et de elles, car le dangier est bien grant s'il venoit
à leur congnoissance. Vous ouez par leur confession
que ces ribaulx moynes ont fait merveilles d'armes,
et espoire plus et mieulx que nous ne sçavons
faire. Et se elles le sçavoient, elles ne se passeroient
pas pour cette foiz seulement ; s'en est mon conseil
que nous l'avalons sans macher. — Ainsi me aist
Dieu, se dit le tiers, mon compère dit très bien ;
quant à moy je rapelle mon veu, car ce n'est pas

mon entention de plus moy mettre en ce dangier.
— Puis que vous le voulez, dirent les deux aultres,
et nous vous ensuyvrons. Ainsi couchèrent tout le
voyage et femmes et mariz tout ensemble, dont ilz
se gardèrent trop bien de dire la cause qui à ce les
mouvoit. Et quant les femmes virent ce, si ne fut
pas sans demander la cause de ceste reherse. Et ilz
respondirent, par couverture, puis qu'ilz avoient
commencé de leur veu entrerompre, il ne restoit
que du parfaire. Ainsi furent les trois bons marchans des trois bons cordeliers trompés, sans qu'il
venist jamais à la congnoissance de celles qui bien
en fussent mortes de deul, s'elles en eussent scéu la
vérité, comme on voit tous les jours mourir femmes
de maindre cas et à mains d'occasion.

LA XXXIe NOUVELLE,

RACOMPTÉE PAR MONSEIGNEUR DE LA BARDE.

(LA DAME A DEUX.)

Un gentil escuier de ce royaulme, bien renommé et de grant bruit, devint amoureux, à Rohan, d'une très belle damoiselle, et fist toutes ses diligences de parvenir à sa grace. Mais fortune lui fut si contraire, et sa dame si peu gracieuse qu'enfin il abandonna sa queste comme par desespoir. Il n'eut pas trop grant tort de ce faire, car elle estoit ailleurs pourvéue, non pas qu'il en scéust rien, combien qu'il s'en doubtast, toutesfois celuy qui en joyssoit, qui chevalier et homme de grant auctorité estoit, n'estoit pas si peu privé de luy qu'il n'estoit guères chose au monde dont il ne se fust bien à luy descouvert sinon de ce cas. Trop bien luy disoit il souvent : Par ma foy, mon amy, je vueil bien que tu saches que j'ay un retour en cette ville dont je suis beau-

coup assoté ; car quant je n'y suis, je suis tant par-
forcé de travail et si rebouté, qu'on ne tireroit
point de moy une lieuette de chemin; et se je me
treuve vers elle, je suis homme pour en faire troys
ou quatre, voire les deux tout d'une alaine. — Et n'est
il requeste, ne prière, disoit l'escuyer, que je vous
scéusse faire que je scéusse tant seulement le nom de
celle? — Nenny par ma foy, dist l'autre, tu n'en
sçauras plus avant. — Or bien, dist l'escuier, quant
je seray si heureux que d'avoir riens de beau je vous
seray aussy pou privé que vous m'estes estrange.
Advint ce temps pendant que ce bon chevalier le
pria de souper au chasteau de Rohan, où il estoit
logié. Et il y vint, et firent très bonne chière. Et
quant le souper fut passé et aulcun peu de devises
après, le gentil chevalier qui avoit heure assignée
d'aller vers sa dame, donna congé à l'escuier, et
dist : Vous scavés que nous avons demain beaucoup à besoingner, et qu'il nous fault lever matin
pour telle matière, et pour telle qu'il faut expédier ;
c'est bon de nous coucher de bonne heure, et pour
ce je vous donne la bonne nuyt. L'escuier qui estoit
subtil, en ce voyant, doubta tantost que ce bon
chevalier vouloit aller coucher, et qu'il se couvroit
pour luy donner congié des besoingnes de landemain, mais il n'en fist quelque semblant, ainçoys
dist en prenant congié et donnant la bonne nuyt :
Monseigneur, vous dictes bien, levés vous matin et
aussi feray je. Quant ce bon escuier fut en bas des-

cendu, il trouva une petite mullette au pié du chasteau, et ne vit ame qui la gardast; si pensa tantost que le paige qu'il avoit rencontré en descendant aloit quérir la housse de son maistre, et aussi faisoit il : Ha! dit il en soy mesme, mon hoste ne m'a pas donné congié de si haulte heure sans cause; vécy sa mulette qui n'attent aultre chose que je soye en voye, pour aler où on ne veult pas que je soye. Ha! mulette, dit il, se tu savois parler tu diroys de bonnes choses; je te prie que tu me maines où ton maistre veult estre. Et à ce coup il se fist tenir l'estrief par son paige et monta dessus; et lui mist la resne sur le col, et la laissa aler où bon lui sembla tout le beau pas. Et la bonne mulette le mena par rues et ruettes, deçà et delà, tant qu'elle vint arrester au devant d'ung petit guichet qui estoit en une rue oblique où son maistre avoit acoustumé de venir. Et estoit l'uys du jardin de la damoiselle qu'il avoit tant aymée et par desespoir abandonnée. Il mist pié à terre et puis heurta ung petit coup au guichet, et une damoiselle que faisoit le guet par une faulce treille, cuidant que ce fust le chevalier, s'en vint en bas et ouvrit l'uys, et dit : Monseigneur, vous soyez le très bien venu, véla ma damoiselle en sa chambre qui vous attent. Elle ne le congnéut point pource qu'il estoit tard, et avoit une cornette de veloux devant son visaige. Adonc l'escuier respondit : Je vois vers elle. Et puis dit à son paige tout bas en l'oreille : Va t'en bien à haste, et

remaine la mulette où je l'ay prinse, et puis t'en va
couchier. — Si feray je, dit il. La damoiselle re-
serra le guichet, et s'en retourna en sa chambre. Et
nostre bon escuier, très fort pensànt à sa besongne,
marcha très serréement vers la chambre où sa dame
estoit, laquelle il trouva desjà mise en sa cotte
simple, la grosse chaine d'or au col. Et comme il
estoit gracieux, courtois et bien emparlé, la salua
bien honnorablement. Et elle qui fut tant esbaye
que se cornes lui fussent venues, de prinsault ne
scéut que respondre, sinon à une pièce après qu'elle
lui demanda qu'il quéroit léans, et dont il venoit à
ceste heure, et qui l'avoit bouté dedens : Ma damoiselle, dit il, vous povez assés penser que se je
n'eusse eu autre ayde que moy mesmes que je ne
fusse pas icy, mais la Dieu mercy, ung qui a plus
grant pitié de moy que vous n'avez encores eu, m'a
fait cest avantaige. — Et qui vous a amené, sire?
dist elle. — Par ma foy, ma damoiselle, je ne le vous
quiers jà celer, ung tel seigneur, c'est assavoir son
hoste du soupper, m'y a envoié. — Ha! dit elle, le
traitre et desloyal chevalier qu'il est, se trompe il en
ce point de moy? Or bien, bien, j'en seray vengée
quelque jour. — Ha! ma damoiselle, dit l'escuier,
ce n'est pas bien dit à vous, car ce n'est pas traïson
de faire plaisir à son amy, et lui faire secours et service quant on le peut faire. Vous savez bien la
grant amitié qui est de pieça entre lui et moy, et
qu'il n'y a celui qui ne dye à son compaignon tout

ce qu'il a sur le cueur. Or est ainsi qu'il n'y a pas long temps que je lui comptay et confessay tout le long de la grant amour que je vous porte, et que à ceste cause je n'avoye nul bien en ce monde; et se par aucune façon je ne parvenoye en vostre bonne grace, il ne m'estoit pas possible de longuement vivre en ce douloreux martire. Quant le bon seigneur a congnéu à la vérité que mes parolles n'estoit pas faintes, doubtant le grant inconvénient qui en pourroit sourdre, a fait bien de me dire ce qui est entre vous deux ; et ayme mieux vous abandonner en moy saulvant la vie, qu'en moy perdant maleureusement vous entretenir. Et se vous éussiez esté telle que vous deveriez, vous n'eussiez pas tant attendu de bailler confort ou guérison à moy vostre obéyssant serviteur, qui savez certainement que je vous ay loyaulment servie et obéye. — Je vous requiers, dit elle, qué vous ne me parlez plus de cela et vous en alez hors d'icy. Mauldit soit celuy qui vous y fist venir ! — Savez vous qu'il y a, ma damoiselle, ce n'est, dit il, pas mon intencion de partir d'icy qu'il ne soit demain. — Par ma foy, dit elle, si ferez tout maintenant. — Par la mort bieu, non feray, car je coucheray avecques vous. Quant elle vit que c'estoit à bon escient et qu'il n'estoit pas homme pour enchacier par rudes parolles, elle lui cuida donner congié par doulceur et dit : Je vous prie tant que je puis, alez vous en pour meshuy ; et par ma foy je feray une aultre fois ce que vous voul-

drez. — Dea, dit il, n'en parlez plus, car je coucheray annuyt avecques vous. Et lors commence à soy
despouiller et prent la damoiselle et la maine ban-
queter. Et fit tant, pour abrégier, qu'elle se coucha
et lui emprès elle. Ilz n'eurent guères esté couchiez,
ne plus couru d'une lance que vécy bon chevalier
qui va venir sur sa mullette, et vint heurter au guichet. Et le bon escuier qui l'ouyt le congnéut tantost, si commença à glappir, contrefaisant le chien
très fièrement. Le chevalier, quant il ouyt, il fut
bien esbay et autant courroucé. Si reheurte de
plus belle très rudement au guichet, et l'autre de
recommencer à glappir plus fièrement que devant:
Qui est ce là qui grongne? dit celui de dehors, par
la mort bieu, je le sauray. Ouvrez l'uys ou je le porteray en la place. Et la bonne gentil femme qui enraigeoit toute vive, saillit à la fenestre, en sa cotte
simple et dist : Estes vous faulx et desloyal chevalier? Vous avés beau heurter vous n'y entrerez pas.
— Pourquoy n'y entreray je pas? dit il. — Pource,
dit elle, que vous estes le plus desloyal qui jamais
femme accointast; et n'estes pas digne de vous trouver avecques gens de bien. — Ma damoiselle, dit il,
vous blasonnez très bien mes armes, je ne scay qui
vous meut, car je ne vous ay pas fait desloyauté,
que je saiche. — Si avez, dit elle, et la plus grande
que jamais homme fist à femme. — Non ay, par ma
foy, mais dictes moy qui est là dedens. — Vous le
savez bien, dit elle, traistre mauvais que vous estes.

Et à ceste foys bon escuier qui estoit ou lit, commença à glappir, contrefaisant le chien, comme par
avant. A dea, dist celluy de dehors, je n'entens point
cecy ; et ne sauray je point qui est ce grongneur? —
Saint Jehan ! si ferez, dit l'escuier, et il sault sus et
vint à la fenestre d'emprés sa dame et dit : Que vous
plaist il, Monseigneur? vous avés tort de nous ainsi
resveiller. Le bon chevalier, quant il congnéut
qu'il parloit à luy, fut tant esbahy que merveilles.
Et quant il parla il dit : Et dont viens tu cy? — Je
vien de souper de vostre maison pour coucher
céans. — A male faulte, dit il. Et puis adreça sa
parolle à la damoiselle et luy dist : ma damoiselle,
hebergés vous telz hostes céans? — Nenny, Monseigneur, dist elle, la vostre mercy qui me l'avés envoyé. — Moy, dit il, saint Jehan! non ay; je suis
mesmes venu pour y trouver ma place, mais c'est
trop tart. Et au mains je vous prie, puis que je n'en
puis avoir aucune chose, ouvrés moy l'uys, si boiray une foys, — Vous n'y entrerés par Dieu jà, dit
elle. — Saint Jehan ! si fera, dit l'escuier. Lors descendit et ouvrit l'uis, et s'en vint recouchier, et
elle aussi, Dieu scait bien honteuse et bien mal
contente. Quant le bon seigneur fut dedens, et il
eut alumé de la chandele , il regarde la belle compaignie dedens le lit, et dist : Bon preu vous fasse, ma
damoiselle, et à vous aussy, mon escuier. — Bien
grant mercis, Monseigneur, dit il. Mais la damoiselle qui plus ne pouvoit se le cueur ne luy sailloit

dehors du ventre, ne peult oncques dire ung seul
mot. Et cuidoit tout certainement que l'escuier fut
léans arrivé par l'advertissement et conduicte du chevalier, si luy en vouloit tant de mal que on ne vous
le scairoit dire : Et qui vous a ensaigné la voie de
céans, mon escuier, dist le chevalier ? —Vostre mullette, Monseigneur, dit il, que je trouvay en bas, ou
chasteau, quant j'éu souppé avec vous ; elle estoit
là, seule et esgaréc, si luy demanday qu'elle attendoit, et elle me respont qu'elle n'attendoit que sa
housse et vous. Et pour où aller? dis je. Où avons
de coustume, dist elle. Je scay bien, dis je, que ton
maistre ne ira meshuy dehors, car il se va couchier ;
mais maine moy là où tu scais qu'il va de coustume
et je t'en prie. Elle en fut contente, si montay sur
elle, et elle m'adreça céans, la sienne bonne mercy !
— Dieu mette en mal an l'orde beste, dit le bon seigneur, qui m'a encusé. — Ha ! que vous le valés
loyaulment ! monseigneur, dist la damoiselle,
quant elle péut prendre la paine de parler. Je
voy bien que vous trompés de moy, mais je veul
bien que vous sachiés que vous n'y aurés guères
d'honneur. Il n'estoit jà mestier, se vous n'y vouliés
plus venir, de y envoyer aultruy soubs umbre de
vous ; mal vous congnoist qui oncques ne vous vit.
— Par la mort bieu, je ne luy ay pas envoyé, dit il ;
mais puis qu'il y est, je ne l'en chaceray pas ; et
aussi il y en a assés pour nous deux; n'a pas, mon
compaignon ?   Ouy, Monseigneur, dit il, tout au

butin, et je le vueil, si nous fault boire du marché.
Et lors se tourna vers le dressoir, et versa du vin
en une grant tasse que y estoit, et dist : Je boy à vous,
mon compaignon, et puis fist verser de l'aultre vin,
et le bailla à la damoiselle qui ne vouloit nullement
·boire ; mais en la fin, voulsist ou non, elle baisa la
tasse. Or ça, dist le gentil chevalier, mon compaignon, je vous laisseray icy besoignés bien vostre
tour aujourdui, le mien sera demain, se Dieu plaist ;
si vous prie que vous me soiés aussi gratieux, quant
vous m'y trouverés, que je vous suis maintenant. —
Nostre dame, mon compaignon, aussi seray je, ne
vous doubtez. Ainsi s'en ala le bon chevalier et lessa
l'escuier qui fist au mieulx qu'il péult ceste première
nuyt. Et advertit la damoiselle de tous poins de la
vérité de son adventure dont elle fut ung peu plus
contente que se l'aultre luy eust envoyé. Ainsi fut la
belle damoiselle decéué par la mulette et contrainte
d'obéir et au chevalier et à l'escuier, chascun à son
tour, dont en la fin elle s'acoustuma et très bien le
print en patience. Mais tant de bien y eut que se le
chevalier et l'escuier s'entraimoient bien par avant
ceste adventure, l'amour d'entre eulx à ceste occasion fut redoublée, qui entre aucuns mal consei-
liés eust engendré discort et mortelle haine.

LA XXXIIe NOUVELLE,

PAR MONSEIGNEUR DE VILLIERS.

(LES DAMES DISMÉES.)

Affin que je ne soye seclus du très heureux et
haut mérite du à ceux qui travaillent, et labeurent
à l'augmentation des histoires de ce présent livre,
je vous racompteray en brief une adventure nouvelle par laquelle on me tiendra excusé d'avoir
fourny la nouvelle dont j'ay naguères esté sommé.
Il est notoire vérité qu'en la ville de Hostelerie, en
Castelloine, arrivèrent plusieurs frères mineurs,
qu'on dit de l'observance, enchacés et deboutés par
leur mauvais gouvernement et faincte dévocion du
royaulme d'Espaigne. Et trouvèrent façon d'avoir
entrée devers le seigneur de la ville, qui desjà estoit
ancien; et tant firent, pour abréger, qu'il leur
fonda une belle église et beau couvent et les maintint
et entretint toute sa vie le mieulx qu'il sçéut. Et

aprez régna son filz aisné qui ne leur fist pas mains de bien que son bon père. Et de fait ilz prospérèrent en peu de ans, si bien qu'ilz avoient suffisaument tout ce que on sairoit demander en ung couvent de mendians. Et affin que vous sachiés qu'ilz ne furent pas oiseux durant le temps qu'ilz acquirent ces biens, ils se mirent au prescher tant en la ville que par les villaiges voisins, et gaignèrent tout le peuple, et tant firent qu'il n'estoit pas bon crestien qui ne s'estoit à eulx confessé, tant avoient grant bruit et bon los de bien remonstrer aux pecheurs leurs defaultez. Mais qui les louast et eust bien en grace les femmes estoient du tout données, tant les avoient trouvés sainctes gens de grant charité et de parfonde dévotion. Or entendés la mauvaitie, déception et horrible trayson que ces faulx ypocrites pourchassèrent à ceulx et celles qui tant de biens de jour en jour leur faisoient : ilz baillèrent entendre généralement à toutes les femmes de la ville qu'elles estoient tenues de rendre à Dieu la disme de tous leurs biens, comme au seigneur de telle chose et de telle, à vostre paroisse et curé de telle chose et telle : et à nous vous devez rendre et livrer la disme du nombre des fois que vous couchiez charnellement avec vostre mary. Nous ne prenons sur vous autre disme, car, comme vous scavez, nous ne portons point d'argent ; car il ne nous est rien des biens temporelz et transitoires de ce monde. Nous quérons et demandons seulement les biens espirituelz. Les dismes

que nous demandons et que vous nous devez n'est
pas des biens temporelz; c'est à cause du saint sacrement que vous avez recéu qui est une chose
divine et espirituelle. Et de celui n'appartient à nul
recevoir la disme que nous seulement qui sommes religieux de l'observance. Les povres simples femmes,
qui mieulx cuidoient ces bons frères estre anges que
hommes terriens, ne refusèrent pas ce disme à
payer. Il n'y eust celle qui ne la paiast à son tour,
de la plus haulte jusques à la maindre; mesme
la femme du seigneur n'en fut pas excusée. Ainsi
furent toutes les femmes de la ville appaties à ces
vaillans moines; et n'y avoit celuy d'eulx qui n'eust
à sa part de quinze à seize femmes la disme à recevoir; et à ceste occasion, Dieu scait les présens
qu'ilz avoient d'elles tout soubz umbre de dévocion. Ceste manière de faire dura longuement sans
ce qu'elle vint à la congnoissance de ceulx qui se
fussent bien passez de ce nouveau disme. Il fut
toutesfois descouvert en la façon qui s'ensuit : Ung
jeune homme nouvellement marié fut prié de soupper à l'ostel d'ung de ses parens, lui et sa femme;
et comme ilz retournoient, en passant par devant
l'église des bons cordeliers dessus ditz, la cloche de
l'Ave Maria sonna tout à ce coup, et le bon homme
s'enclina sur la terre pour faire ses dévocions. Sa femme lui dit : Je entreroye voulentiers dedens ceste église. — Et que ferés vous là dedens à ceste heure? dit le
mary, vous y reviendrez bien quant il sera jour de-

main ou une autre fois. — Je vous requiers, dist elle, que je y aille et je reviendray tantost. — Nostre Dame, dit il, vous n'y entrerez jà maintenant. — Par ma foy, dit elle, c'est force, il m'y convient aller; je ne demoureray riens : si vous avez haste d'estre à l'ostel, alez toujours devant, je vous suivray tout à ceste heure. — Piquez, piquez devant, dit il, vous n'y avez pas tant à faire : si vous voulez dire vostre Paster noster ou vostre Ave maria, il y a assez place à l'ostel, et vous vauldra autant là le dire que en ce monastère, où l'en ne voit maintenant goute. — Ha dea, dit elle, vous direz ce qu'il vous plaira, mais par ma foy, il fault nécessairement que j'entre ung peu dedens. — Et pourquoy? dist il; voulez vous aller couchier avec les frères de léans? Elle, qui cuidoit à la vérité que son mary scéust bien qu'elle payast la disme, luy respondit : — Nenny, je n'y vueil pas couchier, je vouloie aler payer. — Quoy payer? dit il. — Vous le scavez bien, dit elle, et si le demandez. — Que scay je bien? dit il; je ne me mesle pas de voz debtes. — Au mains, dit elle, scavez vous bien qu'il me fault payer la disme. — Quelle disme? — Ha hay, dit elle, c'est ung jamais; et la disme de nuyt de vous et de moy; vous avez bon temps, il fault que je paye pour nous deux. — Et à qui le paiez vous? dit il. — A frère Eustace, dit elle; alez tousjours à l'ostel, si m'y laissez aler que j'en soye quitte; c'est si grant péchié de ne la point payer que je ne suis jamais aise quant je lui doy

rien. — Il est meshuy trop tart, dit il, il est couchié
passé à une heure. — Ma foy, dit elle, je y ay esté
ceste année beaucoup plus tard; puis que on veult
payer on y entre à toute heure. — Alons, alons,
dit il, une nuyt n'y fait rien. Ainsi s'en retournèrent
le mary et la femme mal contens tous deux, la
femme pource qu'on ne l'a pas laissée paier son
disme, et le mary, pource qu'il se veoit ainsi decéu, estoit tout esprins d'yre et de mal talent qui
encores redoubloit sa peine qui ne l'ousoit monstrer. A certaine pièce après toutesfois, ilz se couchèrent, et le mary, qui estoit assez subtil, interroga
sa femme de longue main, se les autres femmes de la
ville ne paient pas aussi ceste disme qu'elle fait?
Quoy donc, dit elle, par ma foy si font; quel previ-
lège auroient elles plus que moy? Nous sommes encores seize ou vingt qui le paions à frère Eustace. Ha!
il est tant dévot; et croiez que ce luy est une grande
pacience. Frère Berthelemieu en a autant ou plus, et
entre les autres, ma dame est de son nombre. Frère
Jacques aussi en a beaucoup, frère Antoine aussi, il
n'y a celui d'eulz qui n'ait son nombre. — Saint Jehan, dit le mary, ilz n'ont pas euvre laissée; or
congnois je bien qu'ilz sont beaucoup plus devotz
qu'il ne semble; et vrayement je les vueil avoir céans
tous l'ung après l'autre, pour les festoier et ouyr
leurs bonnes devises. Et pource que frère Eustace
reçoit la disme de céans, ce sera le premier; faictes
que nous ayons demain bien à disner, car je le

ameneray. — Très voulentiers, dit elle ; au mains
ne me fauldra il pas aller en sa chambre pour le
paier, il le recevera bien céans. — Vous dictez bien,
dit il ; or dormons. Mais créez qui n'en avoit garde ;
et en lieu de dormir il pensa tout à son aise ce qu'il
vouloit à lendemain exécuter. Ce disner vint, et
frère Eustace, qui ne scavoit pas l'intention de son
hoste, fist assez bonne chière soubz son chaperon.
Et quant il véoit son point, il prestoit ses yeulx à
l'hostesse, sans espargner pas dessoubz la table le
gracieux jeu des piedz, de quoy s'appercevoit bien
l'oste sans en faire semblant, combien que ce fut à
son préjudice. Aprez les gracez, il apela frère Eus-
tache, et luy dist qu'il luy vouloit monstrer une
ymage de Nostre Dame, et une très belle oraison
qu'il avoit en sa chambre ; et il respondit qu'il le
voirroit voulentiers. Adonc ilz entrèrent dedans la
chambre, et puis l'hoste ferma l'uis dessus eulx que
il ne péust sortir ; et puis empoigna une grande
hache, et dit à nostre cordelier : Par la mort bieu,
beau père, vous ne partirez jamais d'icy, sinon les
piez devant, se vous ne confessez vérité. — Hélas !
mon hoste, je vous crie mercy, que me demandez
vous ? — Je vous demande, dit il, le disme du
disme que vous avez prins sur ma femme. Quant le
cordelier ouyt parler de ce disme, il pensoit bien
que ses besongnes n'estoient pas bonnes ; si ne
scéust que respondre, sinon de crier mercy, et de
soy excuser le plus beau qu'il pouvoit : Or me dictes,

dit l'oste, quelle disme esse que vous prenez sur
ma femme et sur les autres? — Le povre cordelier
estoit tant effroyé qu'il ne povoit parler, et ne respondoit mot. — Dictes moy, dit l'oste, la chose
comment elle va; et par ma foy je vous lairray aler,
et ne vous feray jà mal, ou si non je vous tueray
tout roide. Quant l'autre se ouyt asséurer, il ayma
mieulx confesser son péché et celui de ses compaignons et eschapper, que le celer et tenir cloz et
estre en dangier de perdre sa vie; si dist: Mon
hoste, je vous crie mercy, je vous diray vérité. Il
est vray que mes compaignons et moy avons fait accroire à toutes les femmes de ceste ville qu'ellès
doyvent la disme des fois que vous couchiez avec
elles; elles nous ont créu, si les payent et jeunes
et vieilles, puis qu'elles sont mariées, il n'en y a
pas une qui en soit excusée; ma dame mesmes la
paye comme les aultres, ses deux niepces aussi, et
généralement nulle n'en est exemptée. — Ha dea,
dit l'autre, puis que Monseigneur et tant de gens
de bien la payent, je n'en doy pas estre quitte,
combien que je m'en passasse bien. Or vous en alez,
beau père, par tel fin que vous me quitterez la
disme que ma femme vous doit. L'autre ne fut oncques si joyeux quant il se fut saulvé déhors, si dit
que jamais n'en demanderoit rien, aussi ne fist il,
comme vous ourrez. Quant l'oste du cordelier fut
bien informé de sa femme et de ceste nouvelle
disme, il s'en vint à son seigneur et luy compta tout

du long le cas du disme, comme il est touché si
dessus. Pensez qu'il fut bien esbay et dit : Oncques
ne me pléurent ces papelars, et me jugeoit bien le
cueur qu'ilz n'estoient pas telz par dedens comme
ilz se monstrent par déhors. Ha mauldictes gens
qu'ilz sont! mauldicte soit l'eure qu'onques Monseigneur mon père, à qui Dieu pardont, les accointa.
Or sommes nous par eulz gastez et deshonnorez.
Et encore feront il pis s'ilz durent longuement.
Qu'est il de faire? — Par ma foy, Monseigneur,
dit l'autre, s'il vous plaist et sémble bon, vous as-
semblerez tous voz subjetz de ceste ville : la chose
leur touche comme à vous : si leur declairez ceste
adventure, et puis aurés advis avec eulz d'y pourveoir et remédier avant qu'il soit plus tard. Monseigneur le voulut; si manda tous ses subjetz mariez
tant seulement, et ilz vindrent vers lui; et en la grant
sale de son hostel, il leur déclaira tout au long la
cause pourquoy il les avoit assemblez. Se Monseigneur fut bien esbay de prinsault, quant il sçéust
premier ces nouvelles, aussi furent toutes bonnes
gens qui là estoient. Adoncques les ungz disoyent :
il les fault tuer ; les autres : il les fault pendre ; les
aultres : noyer. Les autres disoient qu'ilz ne pourroient croire que ce fust vérité, et qu'ilz sont trop
dévotz et de trop saincte vie. Ainsi dirent les ungz
d'ung et les autres d'autre. Je vous diray, dist le
seigneur : nous manderons icy noz femmes, et ung
tel maistre Jehan, etc., fera une petite colacion, la-

quelle enfin cherra de parler des dismes, et leur
demandera au nom de nous tous s'elles s'en ac-
,quittent, car nous voulons qu'elles soyent payées;
nous ourrons leur response. Et après advis sur cela,
ilz s'accordèrent tous au conseil et à l'oppinion de
Monseigneur. Si furent toutes les femmes mariées
de la ville mandées; et vindrent en la sale où
tous leurs mariz estoient. Monseigneur mesmes fist
venir ma dame qui fust toute esbaye de veoir l'assemblée de ce peuple. Puis après ung sergent
commanda de par Monseigneur faire silence. Et
maistre Jehan se mist un peu au dessus des autres
et commença sa petite colacion comme il s'ensuit :
Mes dames et mes damoiselles, j'ay la charge de par
Monseigneur qui cy est et ceulx de son conseil, vous
dire en brief la cause pourquoy estes icy mandées: Il
est vray que Monseigneur et son conseil et son peuple
qui cy est, ont tenu à ceste heure ung chapitre du
fait de leurs consciences : la cause si est qu'ilz ont
voulenté, devant Dieu, dedens brief temps faire
une belle procession et dévote à la louenge de Nostre Seigneur Jesu Crist, et de sa glorieuse mère,
et à icelui jour se mettre tous en bon estat, affin
qu'ilz soyent mieulx exaulsiez en leurs plus dévotes
prières et que les euvres qu'ilz feront soient à icelui
nostre Dieu plus aggréables. Vous savez que, la
mercy Dieu, nous n'avons eu nulles guerres de
nostre temps, et noz voisins en ont esté terrible-

ment persécutez, et de pestillences et de famine. Quant les autres en ont esté ainsi examinez, nous avons péu dire et encores faisons que Dieu nous a préservez. C'est bien raison que nous congnoissons que ce vient non pas de noz propres vertuz, mais de la seule large et libérale grâce de nostre benoit créateur et rédempteur qui huche et appelle et invite au son des dévotes prières qui se font en nostre église, et où nous adjoustons très grant foy et tenons en fermes dévocions. Aussi le dévot couvent des cordeliers de ceste ville nous a beaucoup valu et vault à la conservacion des biens dessus ditz. Au sur plus nous voulons savoir se vous acquittez à faire ce à quoy vous estez tenues; et combien que nous tenons assez estre en vostre mémoire l'obligacion qu'avez à l'église, il ne vous desplaira pas se je vous en touche aucuns des plus grans points : Quatre fois l'an, c'est assavoir aux quatre nataulx, vous vous devez confesser à vostre curé, ou à quelque religieux ayant sa puissance ; et se receviez vostre créateur à chaque fois vous feriez bien ; à tout le mains le devez vous faire une fois l'an. Alez à l'offrande tous les dimanches, et payez léaument les dismes à Dieu, comme de fruitz, de poulailles, aigneaulx, et aultres telz usaiges acoustumez. Vous devez aussi une autre disme aux dévots religieux du couvent de saint François, que nous voulons expressement qu'elle soit payée ; c'est celle qui plus nous touche

au cueur, et dont nous désirons plus l'entretenance ; et pourtant s'il y a nulle de vous qui n'en
ait fait son devoir aucunement, que ce soit par sa
négligence ou par faulte de le demander, ou aultrement, si s'avance de le dire. Vous savez que ces
bons religieux ne peuvent venir aux hostelz quérir
leur disme, ce leur seroit trop grant peine et trop
grant destourbier ; il doit bien suffire s'ils prenent
la peine de le recevoir en leur couvent. Véla partie
de ce que je vous ay à dire ; reste à savoir celles
qui ont payé et celles qui doivent. Maistre Jehan
n'eust pas finé son dire que plus de vingt femmes
commencèrent à crier toutes d'une voix : J'ay payé,
moy, j'ay payé, moy, je n'en doy rien ; ne moy, ne
moy. D'autre cousté dirent un cent d'autres, et
généralement, qu'elles ne devoient rien ; mesmes
saillirent avant quatre ou six belles jeunes femmes
qui dirent qu'elles avoient si bien payé qu'on leur
devoit sur le temps avenir, à l'une quatre fois, à l'autre six fois, à l'autre dix fois. Il y avoit aussi d'au-.
tre costé je ne scay quantes vieilles qui ne disoient
mot ; et maistre Jehan leur demanda s'elles avoient
bien payé leur disme ? et elles respondirent qu'elles
avoient faict traictié avec les cordeliers : Comment,
dit il, ne paiez vous pas ? vous devez semondre et
contraindre les autres de ce faire, et vous mesmes
faictes la faulte. — Dea, dit l'une, ce n'est pas moy ;
je me suis presentée plusieurs fois de faire mon de-

voir, mais mon confesseur n'y veult jamais entendre ;
il dit toujours qu'il n'a loisir. — Saint Jehan, dirent
les autres vieilles, nous composons par traictié fait
avecques eulz, la disme que devons, en toille, en
draps, en coussins, en bancquiers, en orilliers, et en
autres telles bagues ; et ce par leur conseil et advertissement, car nous aymerions mieulx la payer comme
les autres. — Nostre dame, dit maistre Jehan, il n'y a
point de mal, c'est très bien fait. — Elles s'en peuvent doncques bien aller, dit Monseigneur à maistre Jehan. — Ouy, dit il, mais quoy que ce soit, que
ces dismes ne soyent pas oubliées. Quant elles furent toutes hors de la sale, l'uis fut serré, si n'y eust
celuy des demourez qui ne regardast son compaignon : Or ça, dit Monseigneur, qu'est il de faire ?
Nous sommes acertez de la thraïson que ces ribaulx
moynes nous ont fait, par la déposition de l'ung
d'eulz et par noz femmes ; il ne nous fault plus de
tesmoings. Après plusieurs et diverses opinions, la
finale et dernière résolucion si fut, qu'ilz yront bouter le feu ou couvent, et bruleront et moynes et
moustier. Si descendirent en bas en la ville, et vindrent au monastère ; et ostèrent hors le *Corpus Domini*, et aucun autre reliquaire qui là estoit, et
l'envoièrent en la paroisse ; et puis sans plus enque-
rir, boutèrent le feu en divers lieux léans, et ne
s'en partirent tant que tout fut consummé, et moynes,
et couvent, et église, et dortoir, et le surplus des édif-

fices dont il y avoit foison léans. Ainsi achetèrent bien chièrement les povres cordeliers la disme non acoustumée qu'ilz midrent sur. Dieu, qui n'en pouvoit mais, en eut bien sa maison brulée.

LA XXXIIIe NOUVELLE,

PAR MONSEIGNEUR.

(MADAME TONDUE.)

Ung gentil chevallier des marches de Bourgoigne, saige, vaillant, et très bien adrecié, digne d'avoir bruit et los, comme il eust tout son temps entre les plus renommés, se trouva tant et si bien en la grace d'une si belle damoiselle qu'il en fut retenu servi-teur, et d'elle obtint à petit de pièce tout ce que par honneur elle donner luy pouvoit; et au surplus, par force d'armes à ce la mena que refuser ne ly péut nullement ce que par devant et après ne péust obte-nir. Et de ce se print et très bien donna garde ung très grant et gentil seigneur, très clervoyant, dont je passe le nom et les vertus, lesquelles, se en moy es—toit de les scavoir racompter, il n'y a celuy de vous qui tantost ne congnéust de quoy ce conte se feroit, ce que pas ne vouldroye. Ce gentil seigneur que je

vous dy, qui se apparcéut des amours du vaillant
homme dessus dit, quant il vit son point, si luy demanda s'il n'estoit point en grace d'une telle damoiselle, c'est assavoir de celle dessus dite? Et il luy respondit que non; et l'autre qui bien scavoit le contraire,
luy dist qu'il congnoissoit très bien que si. Néantmoins quelque chose qu'il luy dist ou remontrast, il
ne luy devoit pas celer ung tel cas, et que se il luy
en estoit advenu ung semblable, ou beaucoup plus
grant, il ne luy celeroit jà. Si ne luy voulut il oncques
dire ce qu'il scavoit certainement. Adonc se pensa,
en lieu d'autre chose faire et pour passer temps, s'il
scait trouver voie ne façon en lieu que celuy qui luy
est tant estrange, et prent si peu de fiance en luy, il
s'acointera de sa dame et se fera privé d'elle. A quoy
il ne faillit pas, car en peu d'heure il fut vers elle si
très bien venu; comme celuy qui le valoit, qu'il se
povoit vanter d'en avoir autant obtenu, sans faire
guères grant queste ne poursuite, que celuy qui
mainte peine et foyson de travaulx en avoit soustenu,
et si avoit ung bon point qu'il n'en estoit en rien
féru. Et l'autre qui ne pensoit point avoir compaignon, en avoit tout au long du bras et autant que on
en pourroit entasser à toute force, au cueur d'ung
amoureux. Et ne vous fault pas penser qu'il ne fust
entretenu de la bonne gouge, autant et mieulx que
par avant qui lui faisoit plus avant bouter et entretenir en sa fole amour. Et affin que vous sachiez que
ceste vaillante gouge n'estoit pas oyseuse, qui en

avoit à entretenir deux du mains, lesquelz elle eust
à grant regret perduz, et espécialement le dernier
venu, car il estoit de plus hault estoffe et trop mieulx
garny au pongnet que le premier venu. Et elle leur
bailloit et assignoit tousjours heure de venir l'ung
après l'autre, comme l'ung aujourduy et l'autre demain. Et de ceste manière de faire scavoit bien le
dernier venu, mais il n'en faisoit nul semblant, et
aussi à la vérité, il ne luy en chailloit guères, si non
que ung peu lui desplaisoit la folie du premier venu
qui trop fort à son gré se boutoit en chose de petite value. Et de fait se pensa qu'il l'en advertiroit
tout du long, ce qu'il fist. Or savoit il bien que les
jours que la gouge luy deffendoit de venir vers elle,
dont il faisoit trop bien le mal content, estoient gardés
pour son compaignon le premier venu. Si fit le guet
par plusieurs nuytz ; et le véoit entrer vers elle par
le mesme lieu et à celle heure que es autres ses
jours faisoit. Si lui dist ung jour entre les autres :
Vous m'avés trop célé les amours d'une telle et de
vous ; et n'est serment que vous ne m'ayez fait au
contraire, dont je m'esbahis bien que vous prenez
si peu de fiance en moy, voire quant je scay davantaige et véritablement ce qui est entre vous et elle.
Et affin que vous sachiez que je scay qu'il en est, je
vous ay véu entrer vers elle à telle heure et à telle :
et de fait, hier n'a pas plus loing, je tins sur vous et
d'ung lieu là où j'estoie, je vous y vy arriver ; vous
savez bien se je dy vray. Quant le premier venu

ouyt si vives enseignes, il ne scéut que dire, si luy
fut force de confesser ce qu'il eust voulentiers celé,
et qu'il cuydoit que ame ne le scéust que lui. Et dit
à son compaignon le dernier venu, que vraiement il
ne lui peut plus, ne veult celer qu'il en soit bien amoureux, mais il luy prie qu'il n'en soit nouvelle. —
Et que diriés vous, dit l'autre, se vous aviés compaignon ? — Compaignon, dit il, quel compaignon ?
En amours, je ne le pense pas, dit il. — Saint Jehan,
dist le dernier venu, et je le scay bien ; il ne fault jà
aller de deux en troys, c'est moy. Et pour ce que je
vous voy plus féru que la chose ne vault, vous ay
pieça voulu advertir, mais ne y avés voulu entendre ; et se je n'avoye plus grant pitié de vous que
vous mesmes n'avez, je vous lairroie en ceste follye,
mais je ne pourroye souffrir que une telle gouge se
trompast et de vous et de moy si longuement. Qui
fut bien esbahy de ces nouvelles ce fut le premier
venu, car il cuidoit tant estre en grace que merveilles, voire et si croioit fermement que la dicte gouge
n'aymoit aultre que luy. Si ne savoit que dire ne
penser, et fut longue espace sans mot dire. Au fort,
quant il parla il dit : Par nostre dame, on m'a bien
baillé de l'oignon, et si ne m'en doubtoye guères ;
si en ay esté plus aisé à decepvoir ; le déable emporte la gouge quant elle est telle ! — Je vous diray,
dist le dernier venu, elle se cuide tromper de nous,
et de fait elle a desja très bien commencé, mais il la
nous fault mesmes tromper. — Et je vous en prie,

dist le premier venu, le feu de saint Anthoine l'arde
quant oncques je l'acointay ! — Vous scavés, dist le
dernier venu, que nous allons vers elle tour à tour,
il fault qu'à la première foiz que vous yrés ou moy,
que vous dictes que vous avoys bien congnéu et appercéu que je suis amoureux d'elle, et que vous
m'avés véu entrer vers elle, à telle heure, et ainsi
habillé ; et que par la mort bieu, se vous m'y trouvés plus, que vous me turez tout roide, quelque chose
qui vous en doye advenir. Et je diroy ainsi de vous, et
nous verrons sur ce qu'elle fera et dira et aurons
advis du surplus. — C'est très bien dit et je le vueil,
dist le premier venu. Comme il fut dit il en fut fait,
car je ne scay quans jours après, le dernier venu eut
son tour d'aler besoigner, si se mist au chemin et
vint au lieu assigné. Quand il se trouva seul à seul
avec la gouge qui le recéut très doucement et de grant
cueur, comme il sembloit, il faindit, comme bien le
scavoit faire, une mathe chière et monstra semblant
de couroux. Et celle qui l'avoit acoustumé de veoir
tout autrement, ne scéut que penser ; si lui demanda
qu'il avoit et que sa manière monstroit que son
cueur n'estoit pas à son aise. — Vrayment, ma damoiselle, dit il, vous dites vray, que j'ay bien cause
d'estre mal content et desplaisant ; la vostre mercy
toutesfois que le m'avez pourchassé. — Moy, se
dist elle. Hélas! dist elle, non ay, que je saiche : car
vous estes le seul homme en ce monde à qui je
vouldroye faire le plus de plaisir, et qui plus près

me toucheroit l'ennuy et le desplaisir. — Il n'est pas
dampné qui ne le croyt, dit il, et pensés vous que je ne
me soye bien appercéu que vous avez tenu ung tel,
c'est assavoir le premier venu. Si fait, par ma foy, je
l'ai trop bien véu parler à vous à part; et qui plus
est, je l'ay espié et véu entrer céans. Mais par la mort
bieu, se je l'y trouve jamais, son dernier jour sera
venu, quelle chose qu'il en doye advenir; que je
seuffre ne puisse véoir qu'il me fist ce desplaisir,
j'aymeroye mieulx à mourir mille foys, s'il m'estoit possible. Et vous estes aussi bien desléale qui
saviez certainement et de vray que, après Dieu, je
n'ayme riens que vous, qui à mon très grant préjudice le voulés entretenir. — Ha Monseigneur, dit
elle, et qui vous a fait ce raport? Par ma foy, je
vueil bien que Dieu et vous sachés que la chose va
tout aultrement, et de ce je le pren à tesmoing que
oncques jour de ma vie je ne tins terme à celuy dont
vous parlés, ne à aultre, quel qu'il soit, par quoy vous
ayez tant soit peu de cause d'en estre mal content
de moy. Je ne vueil pas nyer que je n'aye parlé et
parle à luy tous les jours, et à plusieurs aultres, mais
qu'il y ayt entretenance riens; ains tiens que soit le
maindre de ses pensées et aussi par dieu il se abu-
seroit. Jà Dieu ne me laisse tant vivre que aultruy
que vous ayt part ne demie en ce qui est entièrement
vostre. — Ma damoiselle, dit il, vous le scavez très
bien dire, mais je ne suis pas si beste que de le croire.
Quelque maulcontent qu'il y eust, elle scéust ce pour-

quoy il estoit venu, et au partir lui dit : Je vous
ay dit et de rechief vous fais savoir que se je me
perçoys jamais que l'autre vienne céans, je le mettray ou feray mettre en tel point qu'il ne courrou-
cera jamais, ne moy ne aultre. — Ha, Monseigneur,
dit elle, par dieu vous avez tort de prendre vostre
ymaginacion sur lui et croyez que je suis seure qu'il
n'y pense pas. Ainsi se partit nostre derrenier venu.
Et à lendemain son compaignon le premier venu ne
faillit pas à son lever pour savoir des nouvelles ; et
il luy en compta largement et bien au long tout le
demené, comment il fist le courroucé et comme il
la menaça de tuer, et les responses de la gouge. —
Par mon serment, c'est bien joué, dit il. Or laissez
moy avoir mon tour : se je ne fais bien mon person-
nàige, je ne fus oncques si esbay. Une certaine pièce
après, son tour vint et se trouva vers la gouge qui
ne lui fist pas mains de chière qu'elle avoit de coustume, et que le derrenier venu en avoit emporté
naguères. Se l'autre son compaignon le derrenier
venu avoit bien fait du mauvais cheval et en maintien et en parolles, encores en fist il plus, et dit en
telle manière : Je doiz bien mauldire l'eure et le
jour qu'onques j'euz vostre accointance ; car il n'est
pas possible au monde d'amasser plus de douleurs,
regretz et d'amers plaisirs au cueur d'ung povre
amoureux que j'en treuve aujourduy, dont le mien
est environné et assiégé. — Helas, je vous avoye
entre autres choisie comme la non pareille de beaulté,

genteté, et gracieuseté, et que je y trouveroye largement et à comble de loyauté : et à ceste cause
m'estoye de mon cueur deffait, et du tout mis l'avoye
en vostre mercy, cuidant à la vérité que plus noble-
ment ne en milleur lieu asseoir ne le pourroye ;
mesmes m'avez à ce mené que j'estoie prest et délibéré d'attendre la mort ou plus, se possible eust
esté, pour vostre honneur saulver. Et quant j'ay
cuidé estre plus seur de vous, que je n'ay pas scéu
seulement par estrange rapport, mais à mes yeulx
percéu ung autre estre venu de costé, qui me toult
et rompt tout l'espoir que j'avoie en vostre service
d'estre de vous tout le plus chier tenu. — Mon amy,
dit la gouge, je ne scay qui vous a troublé, mais
vostre manière et voz parolles portent et jugent
qu'il vous fault quelque chose, que je ne sauroye
penser que ce peut estre, se vous n'en dictes plus
avant, si non ung peu de jalousie qui vous tourmente, se me semble, de laquelle se vous estiez bien
saige, n'auriez cause de vous accointer. Et là où je le
sauroye, je ne vous en vouldroye pas bailler l'occasion ; toutesfois vous n'estes pas si peu accoint de
moy que je ne vous aye monstré la chose qui plus
en peut baillier la cause d'asséurance, à quoy vous
me feriez tantost avoir regret, pour me servir de
telles paroles. — Je ne suis pas homme, dit le premier venu, que vous doyez contenter de paroles,
car excusance n'y vault rien : vous ne povez nyer
que ung tel, c'est assavoir le derrenier venu, ne soit

de vous entretenu ; je le scay bien, car je m'en suis donné garde, et si ay bien fait le guet, car je le vy hier venir vers vous à telle heure et à telle, et ainsi habillé. Mais je voue à Dieu qu'il en a prins ses caresmeaux, car je tiendray sur lui ; et fust il plus grant maistre cent fois, se je le y puis rencontrer je luy osteray la vie du corps, ou lui à moy, ce sera l'ung des deux ; car je ne pourroie vivre voyant ung autre jouyr de vous. Et vous estez bien faulse et desloyale, qui m'avés en ce point decéu ; et non sans cause mauldis-je l'heure que oncques vous accointay, car je scay tout certainement que c'est ma mort, se l'autre scait ma voulenté, comme j'espère que ouy. Et par vous je scay de vray que je suis mort ; et s'il me laisse vivre, il aguyse le cousteau qui sans mercy à ses derreniers jours le menera. Et s'ainsi est, le monde n'est pas assez grant pour me saulver que mourir ne me faille. La gouge n'avoit pas moyennement à penser pour trouver soudaine et suffisante excusance pour contenter celui qui est si mal content. Toutefois ne demoura pas qu'elle ne se mist en ses devoirs pour l'oster hors de ceste mélencolie, et pour assiete en lieu de cresson, elle lui dit : Mon amy, j'ay bien au long entendu vostre grant ratelée qui, à la vérité dire, me baille à congnoistre que je n'ay pas esté si saige comme je déusse, et que j'ay trop tost adjousté foy à voz semblans et decevantes paroles, car elles m'ont conclut et rendue en vostre obéissance ; vous en tenez à ceste heure trop mains de

biens de moy. Autre raison aussi vous meut, car
vous savez assez que je suis prinse et que amours
m'ont à ce menée que sans vostre présence je ne
puis vivre ne durer. Et à ceste cause et plusieurs
aultres qu'il ne fault jà dire, vous me voulez tenir
vostre subgette en esclave, sans avoir loy de parler
ne deviser à nul autre que à vous. Puis qu'il vous
plaist, au fort j'en suis contente, mais vous n'avez
nulle cause de moy souspeçonner en rien de personne qui vive, et si ne fault aussi jà que je m'en
excuse : vérité que tous vaint en fin m'en deffendra
s'il lui plaist. — Par dieu, ma mye, dit le premier
venu, la vérité est telle que je vous ay dicte, si vous
en sera quelque jour prouvée et chier vendue pour
autruy et pour moy, se autre provision de par vous
n'y est mise. Après ces paroles et autres trop longues à raconter, se partit le premier venu qui pas
n'oublia lendemain tout au long raconter à son
compaignon le derrenier venu. Et Dieu scait les risées
et joyeuses devises qu'ils eurent entre eulx deux.
Et la gouge en ce lieu avoit des estouppes en sa quenoille, qui veoit et scavoit très bien que ceux qu'elle
entretenoit se doubtoient et percevoient aucunement
chascun de son compaignon, mais non pourtant ne
laissa pas de leur baillier tousjours audiance, chascun à sa fois, puis qu'ilz la requéroient, sans en donner à nul congié. Trop bien les advertissoient qu'ilz
venissent bien secrètement vers elle, affin qu'ilz ne
fussent de nulz percéuz. Mais vous devez savoir

quant le premier venu avoit son tour, qu'il n'ou-
blioit pas à faire sa plainte comme dessus ; et n'estoit
rien de la vie de son compaignon s'il le povoit rencontrer. Pareillement le derrenier jour de son audience, s'efforcoit de monstrer semblant plus desplaisant que le cueur ne lui donnoit ; et ne valoit son
compaignon, qui oyoit son dire, guères mieulx que
mort, s'il le treuve en belles. Et la subtille et double
damoiselle les cuidoit abuser de parolles qu'elle
avoit tant à main et si prestes, que ses bourdes sem-
bloient autant véritables que l'Évangile. Et si cuidoit bien que quelque double ne suspicion qu'ilz
eussent, que jamais la chose ne seroit plus avant
enfonsée, et qu'elle estoit femme pour les fournir
tous deux trop mieulx que l'ung d'eux à part n'estoit pour la seule servir à gré. La fin fut aultre, car
le derrenier venu qu'elle craignoit beaucoup à perdre, quelque chose que fust de l'autre, lui dit ung
jour trop bien sa leçon. Et de fait lui dit qu'il n'y
retourneroit plus ; et aussi ne fit il de grant pièce
après, dont elle fut très desplaisante et malcontente. Or ne fait pas à oublier, affin qu'elle eust encores mieulx le feu, il envoya vers elle ung gentil
homme de son estroit conseil, affin de lui remonstrer bien au long le desplaisir qu'il avoit d'avoir
compaignon en son service ; et brief et court, s'elle
ne lui donne congié qu'il n'y reviendra jour qu'il
vive. Comme vous avez ouy dessus, elle n'eust pas
voulentiers perdu son accointance : si n'estoit saint

ne saincte qu'elle ne parjurast, en soy excusant de
l'entretenance du premier ; et en fin comme toute
forcenée dist à l'escuyer : Et je monstreray à vostre
maistre que je l'aime ; et me baillez vostre cousteau.
Adonc quant elle eut le cousteau, elle se desatourna,
et si couppa tous ses cheveux de ce cousteau, non
pas bien uniment. Toutesfois l'autre print ce présent,
qui bien savoit la vérité du cas, et se offrit du présent faire devoir, ainsi qu'il fist tantost après. Le
derrenier venu recéut ce beau présent qu'il des-
troussa et trouva les cheveulx de sa dame qui beaux
estoient et beaucoup longz ; si ne fut puis guères
aise tant qu'il trouyast son compaignon à qui il ne
cela pas l'ambassade que on lui a mise sus, et à lui
envoyée, et les gros présens qu'on luy envoye qui
n'est pas pou de chose ; et lors monstra les beaux
cheveulx : Je croy, dit il, que je suis bien en grace ;
vous n'avez garde qu'on vous en face autant.
— Sainct Jehan, dit l'autre, vécy autre nouvelle ;
or voy je bien que je suis frit. C'est fait, vous avez
bruit tout seul ; sur ma foy, je croy fermement qu'il
n'en est pas encore une pareille : je vous requiers,
dit il, pensons qu'il est de faire ? Il lui fault monstrer à bon escient que nous la congnoissons telle
qu'elle est. — Et je le vueil, dit l'autre. Tant pensèrent et contrepensèrent qu'ilz s'arrestèrent de faire
ce qui s'ensuit. Le jour ensuyvant, ou tost après, les
deux compaignons se trouvèrent en une chambre
ensemble où leur loyale dame avec plusieurs autres

estoit; chascun saisit sa place au mieulx qu'il lui
pléut. Le premier venu auprès de la bonne damoiselle, à laquelle tantost après plusieurs devises, il
monstra les cheveux qu'elle avoit envoyez à son
compaignon. Quelque chose qu'elle en pensast, elle
n'en monstra nul semblant, ne d'effroy ; mesme disoit qu'elle ne les congnoissoit, et qu'ils ne venoient
point d'elle. — Comment, dit il, sont ilz si tost chan-
giez et descongnéuz? — Je ne scay qu'ilz sont, dit
elle, mais je ne les congnois. Et quant il vit ce, il se
pensa qu'il estoit heure de jouer son jeu ; et fist manière de mettre son chaperon qui sur son espaule
estoit ; et en faisant ce tour, à propos lui fist heurter
si rudement à son atour qu'il l'envoya par terre,
dont elle fut bien honteuse, et malcontente. Et ceux
qui là estoient percéurent bien que ses cheveulx
estoient couppez, et assez lourdement. Elle faillit sus
en haste et reprint son atour et s'en entra en une
autre chambre pour se ratourner, et il la suivit. Si
la trouva toute courroucée et marie, voire bien fort
pleurant de deul qu'elle avoit d'avoir esté desatour-
née. Si lui demanda qu'elle avoit à pleurer, et à quel
jeu elle avoit perdu ses cheveulx? Elle ne savoit que
respondre, tant estoit à celle heure surprinse. Et luy
qui ne se peult plus tenir de exécuter la conclusion
prinse entre son compaignon et luy, dit : Faulse
et desloyale que vous estes, il n'a pas tenu à vous
que ung tel et moy ne nous sommes entretuez et
deshonnourez. Et je tien moy que vous l'eussiez bien

voulu à ce que vous avés monstré, pour en racointer
deux autres nouveaux ; mais Dieu mercy, nous n'en
avons garde. Et affin que vous sachiez son cas et le
mien, vécy voz cheveulx que luy avez envoyez dont
il m'a fait présent ; et ne pensez pas que nous soyons
si bestes, que nous avez tenuz jusques icy. Lors
appella son compaignon et il vint, puis dist : J'ay
rendu à ceste bonne damoiselle ses cheveux et lui
ay commencé à dire comment de sa grâce, elle nous
a bien tous deux entretenuz ; et combien que à sa
manière de faire elle a bien monstré qu'il ne luy challoit, se nous deshonnourions l'ung l'autre, Dieu
nous en a gardez. Saint Jehan, sa mon, dit il. Et lors
mesmes adreça sa parolle à la gouge ; et Dieu scait
s'il parla bien à elle, en lui remonstrant sa très grant
lacheté et desloyauté de cueur. Et ne pense pas que
guères oncques femme fut mieulx capitulée qu'elle
fu à l'heure, puis de l'ung, puis de l'autre. A quoy
elle ne savoit en nulle manière que dire ne respondre,
comme surprinse en meffait évident, sinon de larmes
qu'elle n'espargnoit pas. Et ne pense pas qu'elle
eust guères oncques plus de plaisir en les entretenant tous deux qu'elle avoit à ceste heure de desplaisir. La conclusion fut telle toutesfois qu'ilz ne
l'abandonneront point, mais par acort doresnavant
chascun aura son tour ; et s'ils y viennent tous deux
ensemble l'ung fera place à l'autre et seront bons
amys, comme par avant, sans plus jamais parler de
tuer ne de batre. Ainsi en fut il fait et maintindrent

assez longuement les deux compaignons ceste vie et
plaisant passetemps, sans que la gouge les osast
oncques desdire. Et quant l'ung aloit à sa journée,
il le disoit à l'autre ; et quant d'avanture l'ung es-
longeoit le marchié, le lieu à l'autre demouroit.
Très bon faisoit ouyr les recommandacions qu'ilz
faisoient au départir ; mesmement ilz firent de très
bons rondeaux, et plusieurs chansonnettes qu'ilz
mandèrent et envoyèrent l'ung à l'autre, dont il est
aujourduy grant bruit, servans au propos de leur
matière dessus dicte, dont je cesseray de parler, et
si donneray fin au compte.

LA XXXIVᵉ NOUVELLE,

PAR MONSEIGNEUR DE LA ROCHE.

(SEIGNEUR DESSUS, SEIGNEUR DESSOUS.)

J'ay congnéu en mon temps une notable femme et digne de mémoire, car les vertuz ne doivent estre cellées ne estainctes, mais en commune audiance publiquement blasonnées. Vous ourrez, s'il vous plaist, en ceste nouvelle, la chose de quoy j'entens parler, c'est d'acroistre sa très eureuse renommée. Ceste vaillant preude femme mariée à ung tout oultre noz amis, avoit plusieurs serviteurs en amours, pourchassans, et désirans sa grace qui n'estoit pas trop difficile de conquerre, tant estoit doulce et pitéable celle qui la pouvoit et vouloit départir largement par tout où bon et mieulx luy sembloit. Advint ung jour que les deux vindrent vers elle, comme ilz avoient de coustume, non saichans l'un de l'autre, demandans lieu de cuire et leur tour d'audiance.

Elle qui pour deux ne pour troys n'eust jà reculé
ne desmarchié, leur bailla jour et heure de se rendre vers elle, comme à lendemain, l'ung à huyt
heures du matin, et l'autre à neuf ensuyvant,
chargeant à chascun par exprès et bien acertes
qu'il ne faille pas à son heure assignée. Ilz promirent sur leur foy et sur leur honneur, s'ilz n'ont
mortel exsoine, qu'ilz se rendront au lieu et terme
limité. Quant vient à lendemain, environ cinq
heures du matin, le mary de ceste vaillante femme
se liève et se habille, et se met en point; et puis la
huche et appelle pour se lever, mais il ne luy fut
pas accordé, ains reffusé tout plainement : Ma foy,
dit elle, il m'est prins un tel mal de teste que je ne
sauroie tenir en piez, si ne me pourroye encores lever
pour mourir, tant suis foible et travaillée ; et que
vous le saichiez, je ne dormy annuyt. Si vous prie
que me laissiez icy, et j'espoire que quant je seray
seule je prendray quelque peu de repos. L'autre,
combien qu'il se doubtast, n'osa contredire ne re-
pliquer, mais s'en alla comme il avoit de coustume
besongnier en la ville. Tandiz sa femme ne fut pas
oyseuse à l'ostel, car huyt heures ne furent pas si
tost sonnées que vécy bon compaignon, du jour de
devant en ce point assigné, qui vient heuter à l'ostel ;
et elle le bouta dedens. Il eut tantost despouillié sa
robe longue, et le surplus de ses habillemens, et
puis vint faire compaignie à ma damoiselle, affin
qu'elle ne s'espoventast. Et furent eulx deux tant

et si longuement bras à bras qu'ilz ouyrent assez
rudement heurter à l'uys. Ha , dit elle, par ma foy,
vécy mon mary, avancez vous, prenez vostre robe.
— Vostre mary, dit il, et le congnoissez vous à heurter ? — Ouy, dit elle, je scay bien que c'est il ; abre-
gez vous, qu'il ne vous treuve icy. — Il le faut bien,
se c'est il, qu'il me voye ; je ne me sauroye où saulver. — Qu'il vous voye, dit elle, non fera, se Dieu
plaist, car vous seriez mort et moy aussi ; il est
trop merveilleux. Montez en hault, en ce petit grenier, et vous tenez tout quoy, sans mouvoir, qu'il ne
vous oye. L'autre monta, comme elle lui dit, en
ce petit grenier qui estoit d'ancien édifice , tout des-
planché, deslaté et pertuisé en plusieurs lieux. Et
ma damoiselle le sentant là dessus, fait ung sault
jusques à l'uys, très bien saichant que ce n'estoit
pas son mary ; et mit dedens celuy qui avoit à neuf
heures promis devers elle se rendre. Ilz vindrent
en la chambre, où pas ne furent longement debout,
mais tout de plat s'entre accolèrent et embrassè-
rent en la mesme ou semblable façon que celui du
grenier avoit fait ; lequel par ung pertuis véoit à
l'oeil la compaignie dont il n'estoit pas trop content.
Et fist grant procès en son couraige, assavoir se
bon estoit qu'il parlast ou se mieulx lui valoit se
taire. Il conclud toutesfois tenir silence et nul mot
dire jusques à ce qu'il verra trop mieulx son heure
et son point ; et pensez qu'il avoit belle pacience.
Tant attendit, tant regarda sa dame avec le sur-

venu, que bon mary vint à l'ostel pour savoir de
l'estat et santé de sa très bonne femme, ce qu'il
estoit très bien tenu de faire. Elle l'ouyt tantost, si
n'eust autre loisir que de faire subit lever sa compaignie ; et elle ne le savoit où sauver, pour ce que
ou grenier ne l'eust jamais envoié : et elle le fit bouter en la ruelle du lit, et puis le couvrit de ses
robes, et lui dit : Je ne vous sauroye où mieulx
logier, prenez en pacience. Elle n'eut pas achevé
son dire que son mary entra dedens, qui aucunement, si lui sembloit avoir noise entreouye, si trouva
le lit tout defroissié et despoillié, la couverture mal
honnye et d'estrange biays ; et sembloit mieulx le lit
d'une espousée que la couche d'une femme malade.
La doubte qu'il avoit auparavant, avec l'apparence
de présent, lui fist sa femme appeler par son nom,
et lui dit : Paillarde meschante que vous estes, je
n'en pensoye pas mains huy matin, quant vous con-
trefistes la malade : Où est vostre houlier ? Je voue
à Dieu, si je le treuve, qu'il aura mal finé et vous
aussi. Et lors mist la main à la couverture, et dit :
Vécy bel appareil, il semble que les pourceaux y
ayent couchié. — Et qu'avez vous, ce dit elle, meschant yvrongne, fault il que je compare le trop de
vin que vostre gorge a entonné ? Est ce la belle sa-
lutacion que vous me faictes de m'appeller paillarde ?
Je vueil bien que vous sachiez que je ne suis pas
telle ; mais suis trop léale et trop bonne pour ung
tel paillard que vous estes ; et n'ay autre regret si-

non de quoy je vous ay esté si bonne et si loyale,
car vous ne le valez pas. Et ne scay qui me tient
que je ne me lièvre et vous esgratine le visaige par
telle façon, qu'à tousjours mais ayez mémoire de
m'avoir ainsi villennée. Et qui me demanderoit
comment elle osoit en cet point respondre, et à son
mary parler, je y treuve deux raisons : La première
si est qu'elle avoit bon droit en sa querelle, et l'autre qu'elle se sentoit la plus forte en la place. Et
fait assez à penser, se la chose fust venue jusques
aux horions, celui du grenier et l'autre l'eussent
servie et secourue. Le povre mary ne savoit que
dire qui ouoyt le déable sa femme ainsi tonner ; et
pource qu'il véoit que hault parler et fort tenser
n'avoit pas lors son lieu, il print le procès tout en
Dieu qui est juste et droiturier. Et à chief de sa
méditation, entre autres parolles il dit : Vous vous
excusez beaucoup de ce dont je scay tout le vray ;
au fort il ne m'en chault pas tant qu'on pourroit
bien dire ; je n'en quiers jamais faire noise, celui
de là hault paiera tout. Et par celui d'enhault il
entendoit Dieu. Mais le galant qui estoit ou grenier,
qui oyoit ces parolles, cuidoit à bon escient que
l'autre l'eust dit pour lui, et qu'il fut menacié de
porter la paste au four pour le meffait d'autruy ;
si respondit tout en hault : Comment, sire, il suffit
bien que j'en paye la moitié ; celui qui est en la
ruelle du lit peut bien payer l'autre moitié, car
certainement je croy qu'il y est autant tenu que

moy. Qui fut bien esbahy ce fut l'aultre, car il cuidoit que Dieu parlast à luy, et celuy de la ruelle
ne savoit que penser, car il ne savoit rien de l'aultre. Il se leva toutefois, et l'autre se descendit qui le
congnéut. Si se partirent ensemble et laissèrent la
compaignie bien troublée et mal contente, dont il ne
leur chaloit guères et à bonne cause.

LA XXXVᵉ NOUVELLE,

PAR MONSEIGNEUR DE VILLIERS.

(L'ÉCHANGE.)

Ung gentil homme de ce royaulme, très vertueux et de grande renommée, grant voiagier et aux armes très preux et vaillant, devint amoureux d'une très belle et gente damoiselle ; et en brief temps fut si bien en sa grace que rien ne luy fut escondit de ce qu'il osa demander. Advint ne scay combien après ceste alliance, que ce bon chevalier, pour mieulx valoir et honneur acquerre, se partit de ses marches, très bien en point et acompaignié, portant entreprinse d'armes du congié de son maistre. Et s'en alla es Espaignes et en divers lieux, où il se conduisit tellement que à son retour il fut recéu à grant triumphe. Pendant ce temps, sa dame fut mariée à ung ancien chevalier qui gracieux et saichant homme estoit, qui tout son temps avoit hanté la court et

estoit au vray dire le registre d'honneur. Et n'estoit
pas ung petit dommaige qu'il ne fut mieulx allié,
combien toutesfois que encore n'estoit pas descouverte l'embusche de son infortune si avant, ne si
commune comme elle fut depuis, ainsi comme vous
orrés. Car ce bon chevalier aventureux dessusdit
retourna d'accomplir ses armes. Et comme il passoit par le pays, il arriva d'aventure à ung soir, au
chasteau où sa dame demouroit. Et Dieu scait la
bonne chière que Monseigneur son mary et elle luy
firent, car il avoit de pieça grant acointance et amitié entre eulx. Mais vous debvés savoir que tandis
que le seigneur de léans pensoit et s'efforçoit de
faire finance de plusieurs choses pour festoyer son
hoste, l'hoste se devisoit avec sa dame qui fut;
et s'efforçoit de trouver manière de la festoyer
comme il avoit fait avant que Monseigneur fut
son mary. Elle qui ne demandoit autre chose, ne
se excusoit en rien sinon du lieu: Mais il n'est pas
possible, dist elle, de le pouvoir trouver. — Ah,
dit le bon chevalier, ma chière dame, par ma foy,
si vous le voulés bien, il n'est manière qu'on ne
treuve. Et que saura vostre mary, quant il sera
couchié et endormy, si vous me venez véoir jusques en ma chambre, ou se mieulx vous plaist et
bon vous semble, je viendray bien vers vous. — Il
ne se peut ainsi faire, ce dit elle, car le dangier y
est trop grant: car Monseigneur est de légier somme,
et jamais ne s'esveille qu'il ne taste après moy; et

s'il ne me trouvoit point, pensez que ce seroit. —
Et quant il s'est en ce point trouvé que vous fait il?
— Autre chose, dit elle, il se vire d'ung et revire
d'autre. — Ma foy, dit il, c'est ung très maulvais
mesnagier, il vous est bien venu que je suis venu
pour vous secourir, et lui aider et parfaire ce qui
n'est pas bien en sa puissance d'achever. — Si m'aist
Dieu, dit elle, quant il besoingne une fois le mois,
c'est au mieulx venir'; il ne faut jà que j'en fasse la petite bouche ; croyez fermement que je prendroye bien
mieulx.—Ce n'est pas merveille, dit il, mais regardez
comment nous ferons, car c'est force que je couche
avec vous.—Il n'est tour ne manière que je voye, dit
elle, comment il se puisse faire. — Et comment,
dit il, n'avez vous point céans femme en quoy vous
ousissiez fier de lui desceler vostre cas? — J'en ay
par Dieu, une ; dit elle, en qui j'ay bien tant de
fiance que de lui dire la chose en ce monde que
plus vouldroie estre celée, sans avoir suspicion ne
doubte que jamais par elle fut descouverte. — Que
nous fault il donc plus? dit il, regardez vous et elle
du surplus. La bonne dame, qui vous avoit la chose à
cueur, appella ceste damoiselle et luy dit : M'amie,
c'est force annuit que tu me serves, et que tu me
aydes à achever une des choses en ce monde qui
plus au cueur me touche. — Ma dame, dit la damoiselle, je suis preste et contente comme je doy,
de vous servir et obéyr en tout ce qu'il me sera possible ; commandez, je suis celle qui accompliray

vostre commandement.—Et je te mercye, m'amie, dit
la dame, et soyes séure que tu n'y perdras rien. —
Vécy le cas : Ce chevalier qui céans est, c'est
l'homme au monde que j'aime le plus ; et ne vouldroye pour rien qu'il se partist de moy sans aucunement avoir parlé à luy. Or ne me peult il bonnement dire ce qu'il a sur le cueur sinon entre nous
deux et à part ; et je ne m'y puis trouver si tu ne vais
tenir ma place devers Monseigneur. Il a de coustume,
comme tu scais, de soy virer par nuyt vers moy ; et
me taste ung peu et puis me laisse et se rendort.—
Je suis contente de faire vostre plaisir, ma dame ; il
n'est rien qu'à vostre commandement je ne fisse.
—Or bien, m'amie, dit elle, tu te coucheras comme
je fais, assez loing de Monseigneur ; et garde bien,
quelque chose qu'il face, que tu ne dye ung seul
mot ; et quelque chose qu'il vouldra faire, seuffre
tout. — A vostre plaisir, ma dame, et je le feray.
L'eure du soupper vint, et n'est jà mestier de vous
compter du service ; seulement vous souffise que on
y fist très bonne chière, et il y avoit bien de quoy.
Après soupper, la compaignie s'en ala à l'esbat ; le
chevalier estrange tenant ma dame par le bras, et
aucuns aultres gentils hommes tenans le surplus
des damoiselles de léans. Et le seigneur de l'ostel
venoit derrière ; et enqueroit des voyaiges de son
hoste à ung ancien gentil homme qui avoit conduit
le fait de sa despense en son voyaige. Ma dame n'ou-
blya pas de dire à son amy que une telle de ses

femmes tiendra annuyt sa place et son lieu, et
qu'elle viendra vers lui. Il fut très joyeux, et largement l'en mercya, désirant que l'heure fut venue.
Ilz se mirent au retour et vindrent jusques en la
chambre de parement, où Monseigneur donna la
bonne nuyt à son hoste et ma dame aussi. Et le chevalier estrange s'en vint en sa chambre qui estoit
belle à bon escient, bien mise à point ; et estoit le
beau buffet garni d'espices, de confitures et de bon
vin de plusieurs façons. Il se fit tantost desabillier,
et béut une fois, puis fist boire ses gens et les envoya couchier. Et demoura tout seul, attendant sa
dame, laquelle estoit avec son mary, qui tous deux
se despoulloient et se mettoyent en point pour entrer ou lit. La damoiselle qui estoit en la ruelle du
lit, tantost que Monseigneur fut couchié, se vint
mettre en la place de sa mestresse ; et elle qui aultre
tre part avoit le cueur, ne fist que ung sault jusques
à la chambre de celui qui l'attendoit de pié quoy.
Or est chascun logié, Monseigneur avec sa chamberière, et son hoste avec ma dame. Et sait assez à
penser qu'ilz ne passèrent pas toute la nuyt à dormir. Monseigneur, comme il avoit de coustume,
environ une heure devant jour, se resveilla, et
vers sa chamberière, cuydant estre sa femme, se vira ;
et au taster qu'il fist heurta sa main à son tetin,
qu'il sentit très dur et poignant ; et tantost congnéu
que ce n'estoit point celuy de sa femme, car il n'estoit point si bien troussé : Ha, dit il en soy mesme,

je vois bien que c'est; et j'en bailleray ung autre.
Il se vire vers celle belle fille, et à quelque meschief
que ce fut, il rompit une lance, mais elle le laissa
faire sans oncques dire ung seul mot, ne demy. Quant
il eut fait, il commence à appeller tant qu'il put celuy
qui couchoit avec sa femme : Hau ! Monseigneur de tel
lieu, où estes vous? parlez à moy. L'autre qui se
ouyt appeller fut beaucoup esbay et la dame fut
toute esperdue. Et bon mary recommence rehu-
chier : Hau ! Monseigneur mon hoste, parlez à moy.
Et l'autre s'avantura de respondre et dit : Que vous
plaist il, Monseigneur? — Je vous feray tousjours
ce change quant vous vouldrez. — Quel change? dit
il. — D'une vieille jà toute passée et desloyale à
une belle et bonne et fresche jeune fille ; ainsi m'a-
vez vous party, la vostre mercy. La compaignie ne
scéut que respondre ; mesme la povre chamberière
estoit tant surprinse que s'elle fut à la mort condamnée, tant pour le deshonneur et desplaisir de sa
maistresse comme pour le sien mesme qu'elle avoit
meschamment perdu. Le chevalier estrange se partit
de sa dame au plus toust qu'il scéust, sans mercier
son hoste, et sans dire adieu. Et oncques puis ne
s'y trouva, car il ne scait encores comme elle se
conduit depuis avec son mary. Ainsi plus avant ne
vous en puis dire.

LA XXXVIᵉ NOUVELLE,

PAR MONSEIGNEUR DE LA ROCHE.

(A LA BESOGNE.)

Ung très gracieux gentil homme, désirant employer son service et son temps en la très noble court d'amours, soy sentant de dame impourvéu, pour bien choisir et son temps emploier, donna cueur, corps et biens à une belle damoiselle et bonne, qui mieulx vault ; laquelle faite et duite de façonner gens, l'entretint bel et bien longuement. Et trop bien lui sembloit qu'il estoit bien avant en sa grace ; et à dire la vérité, si estoit il comme les autres dont elle avoit plusieurs. Advint ung jour que ce bon gentil homme trouva sa dame d'aventure à la fenestre d'une chambre, ou millieu d'ung chevalier et d'un escuyer, ausquelz elle se devisoit par devises communes. Aucunes fois parloit à l'ung à part, sans ce que l'autre en ouyst riens ; d'autre cos-

té faisoit à l'autre la pareille pour chascun contenter ; mais qui fut bien à son aise, le povre amoureux
enrageoit tout vif, qui n'oseit approuchier de la
compaignie. Et si n'estoit en luy d'eslongnier, tant
fort désiroit la présence de celle qu'il aymoit mieulx
que le surplus des aultres. Trop bien luy jugeoit le
cueur que ceste assemblée ne se départiroit point sans
conclure ou procurer aucune chose à son préjudice ;
dont il n'avoit pas tort de ce penser et dire. Et s'il
n'eust eu les yeux bandez et couverts, il povoit
voir appertement ce dont ung autre à qui riens
ne touchoit, se percéust à l'oeil. Et de fait lui monstra et vécy comment : Quant il congnéut et percéut
à la lectre que sa dame n'avoit loisir ne voulenté de
l'entretenir, il se bouta sur une couche et se coucha ; mais il n'avoit garde de dormir, tant estoient ses
yeulx empeschez de veoir son contraire. Et comme
il estoit en ce point, survint ung gentil chevalier qui
salua la compaignie, lequel voyant que sa damoiselle avoit sa charge, se tira devers l'escuier qui sur
la couche n'estoit pas pour dormir. Et entre autres
devises, luy dit l'escuier : Par ma foy, Monseigneur,
regardez à la fenestre, véla gens bien aises. Et ne
voyez vous pas comment plaisamment ilz se demai-
nent ? — Saint Jehan, tu diz vray, dit le chevalier.
Encores font ilz bien autre chose que ne devisez. —
Et quoy ? dit l'autre. — Quoy ? dit il ; et ne voys tu
pas comment elle tient chascun d'eulz par la resne. —
Par la resne ! dit il. — Voyre vrayment, povre beste,

par la resne. Où sont tes yeulx? Mais il y a bien
chois des deux, voire quant à la façon, car celle
qu'elle tient de gauche n'est pas si longue ne si
grande que celle qui ample sa destre main. — Ha!
dit l'escuier, par la mort bieu, vous dictes vray;
sainct Anthoine arde la loupve! Et pensez qu'il n'estoit pas bien aise : Ne te chaille, dit le chevalier,
portes ton mal le plus bel que tu peuz; ce n'est
pas icy que tu dois dire ton couraige, force est que
tu fasses de nécessité vertuz. Aussi fit il, et vécy bon
chevalier qui s'approuchoit de la fenestre où la galée estoit, si perceut d'aventure que le chevalier
à la resne gauche se lieve en piez, et regardoit que
faisoient et disoient la damoiselle gracieuse et l'escuier son compaignon. Si vint à lui, en lui donnant
ung petit coup sur le chapeau : Entendez à vostre
besongne, de par le Deable, ne vous souciez des
autres. L'autre se retira et commença de rire; et la
damoiselle, qui n'estoit point à effrayer de légier,
ne se mua oncques; trop bien tout doulcement laissa
sa prinse, sans rougir ne changier de couleur. Regret eut elle en soy mesmes d'abandonner de la main
ce que autre part lui eust bien servi. Et fait assez
à croire que par avant et depuis n'avoit celuy des
deulx qui ne luy fist très voulentiers service;
aussi eust bien fait, qui eust voulu, le dolent amoureux malade qui fut contraint d'estre notaire du
plus grant desplaisir qu'au monde advenir luy pourroit, et dont la seule pensée en son povre cueur

rongée estoit assez, et trop puissant de le mettre en
désespoir. Se raison ne l'eust à ce besoing secouru
qui lui fist tout abandonner sa queste en amours,
car de ceste cy il ne pourroit ung seul bon mot à
son avantaige compter.

LA XXXVIIe NOUVELLE,

PAR MONSEIGNEUR DE LA ROCHE.

(LE BÉNITIER D'ORDURE.)

Tandis que les autres penseront et à leur mémoire rameneront aucuns cas advenuz et perpetrez, abilles et suffisans d'estre adjoustez à l'istoire présente, je vous compteray, en briefz termes, en quelle façon fut decéu le plus jaloux de ce royaume pour son temps. Je croy assez qu'il n'a pas esté seul entaiché de ce mal, mais toutefois pource qu'il le fut outre l'enseigne, je ne me sauroye passer sans faire savoir le gracieux tour qu'on lui fist. Ce bon jaloux que je vous compte, estoit très grant hystorien et avoit véu et beaucoup léu et reléu de diverses hystoires, mais en la fin, la principale à quoy tendoit son exercice et toute son estude, estoit de savoir et congnoistre les façons et manières comment femmes pevent décevoir leurs mariz. Car la Dieu mercy,

les hystoires anciennes, comme Matheolet, Juvenal,
les quinze Joyes de mariaige et autres plusieurs
dont je ne scay le compte, font mencion de diverses
tromperies, cautelles, abusions, et decepcions en
cest estat advenues. Notre jaloux les avoit tousjours
en ses mains, et n'en estoit pas mains assoté que
ung fol de sa marote ; tousjours lisoit, tousjours
estudioit, et d'yceux livres fist ung petit extrait pour
lui, ou quel estoyent descriptes, comprinses, et not-
tées plusieurs manières de tromperies, au pourchas
et entreprinses de femmes, et es personnes de leurs
maris exécutées. Et ce fist il tendant à fin d'estre
mieulx prémuni sur sa garde de sa femme, s'elle
lui en bailloit point de telles comme celles qui en
son livret estoient chroniquées et registrées. Qu'il
ne garda sa femme d'aussi près que ung jaloux Yta-
lien, si faisoit, et si n'estoit pas bien asséuré tant
estoit féru du maudit mal de jalousie. Et en cest
estat et aise délectable fut ce bon homme trois ou
quatre ans avec sa femme, laquelle pour passetemps
n'avoit autre loisir d'estre hors de sa présence in-
fernale, sinon alant et retournant à la messe, en la
compaignie d'une vieille serpente qui d'elle avoit
charge. Ung gentil compaignon, ouyant la renommée de ce gouvernement, vint rencontrer ung jour
ceste bonne damoiselle qui belle, gracieüse et amoureuse à bon escient estoit ; et lui dit le plus gracieusement que oncques sçéust, le bon vouloir qu'il avoit
de lui faire service, plaignant et soupirant pour l'a-

mour d'elle sa mauldicte fortune, d'estre aliée au
plus jaloux que terre soustienne. Et disant au surplus qu'elle estoit la seule en vie pour qui plus
vouldroit faire : Et pource que je ne vous puis pas icy
dire combien je suis à vous, et plusieurs aultres
choses dont j'espoire que vous ne serez que contente, s'il vous plaist, je les mettray par escript et
demain je vous les bailleray, vous suppliant que
mon petit service partant de bon vouloir et entier,
ne soit pas refusé. Elle l'escouta voulentiers, mais
pour la présence du dangier qui trop près estoit,
guères ne respondit ; toutesfois elle fut contente de
veoir ses lettres quant elles viendront. L'amoureux
print congié assez joyeux et à bonne cause ; et la
damoiselle, comme elle estoit doulce et gracieuse,
le congié lui donna ; mais la vieille qui la suivoit ne
faillit point à demander quel parlement avoit esté
entre elle et celui qui s'en va ? Il m'a, dit elle,
apporté nouvelle de ma mère, dont je suis bien
joyeuse, car elle est en bon point. La vieille n'enquist plus avant ; si vindrent à l'ostel. A lendemain,
l'autre garny d'une lettre Dieu scait comment dictée,
vint rencontrer sa dame, et tant subitement et subti-
lement lui bailla ces lettres que oncques le guet de
la vielle servante n'en eust congnoissance. Ces lettres
furent ouvertes par celle qui voulentiers les vit
quand elle fut à part. Le contenu en gros estoit
comment il estoit esprins de l'amour d'elle, et que
jamais ung seul jour de bien n'auroit se temps et

loisir prestez ne lui sont, pour plus avant l'en advertir, requérant en conclusion qu'elle lui vueille
de sa grace jour et lieu convenable assigner pour ce
faire. Elle fit une lettre par laquelle très gracieusement s'excusoit de vouloir entretenir en amours
autre que celuy auquel elle doit foy et loyauté;
néantmains pource qu'il est tant fort esprins d'a-
mours à cause d'elle, qu'elle ne vouldroit pour rien
qu'il n'en fust guerdonné, elle seroit très contente
d'ouyr ce qu'il veult dire, se nullement povoit ou
scavoit, mais certes nenny, tant près la tient son
mary qui ne la laisse d'ung pas sinon à l'eure de la
messe; qu'elle vient à l'église, gardée, et plus que
gardée par la plus pute vielle qui jamais aultruy
destourba. Ce gentil compaignon tout aultrement
habillé et en point que le jour passé vint rencontrer
sa dame, qui très bien le congnéut; et au passer
qu'il fist assez près d'elle recéut de sa main sa lettre
dessus dicte. S'il avoit fain de veoir le contenu ce
n'estoit pas merveilles; il se trouva en ung destour
où tout à son aise et beau loisir vit et congnéut l'estat de sa besongne qui lui sembloit estre en bon
train. Si regarda qu'il ne lui fault que lieu pour
venir au dessus et à chief de sa bonne entreprinse,
pour laquelle achever il ne finoit nuyt ne jour de
adviser et penser comment il la pourroit conduire.
Si s'advisa d'ung bon tour qui ne fait pas à oublier;
car il s'en vint à une sienne bonne amye qui demouroit entre l'église où sa dame aloit à la messe

et l'ostel d'elle ; et luy compta sans rien celer le fait
de ses amours, en priant très affectueusement qu'elle
à ce besoing le voulsist aider et secourir : Ce que je
pourray faire pour vous ne pensez pas que je ne
m'y emploie de très bon cueur. — Je vous mercye,
dit il, et seriez vous contente qu'elle venist céans
parler à moi? — Ma foy, dit elle, il me plaist bien.
— Or bien, dit il, s'il est en moy de vous faire autant de service pensez que j'auray congnoissance
de la courtoisie. Il ne fut oncques si aise, ne jamais
ne cessa tant qu'il eut rescript et baillé ses lettres
à sa dame qui contenoient qu'il avoit tant fait à une
telle qu'elle estoit sa très grande amye, femme de
bien, loyale et secrète, et qui vous ayme et congnoist
bien ; qu'elle nous baillera sa maison pour deviser.
Et vécy que j'ai advisé : je seray demain en la chambre d'enhault qui descovre sur la rue, et si auray
auprès de moy un grant seau d'eaue et de cendres
entremeslé, dont je vous affubleray tout à coup que
vous passerez. Et si seray en habit si descongnéu
que votre vieille, ne ame du monde n'aura de moy
congnoissance. Quant vous serez en ce point atournée, vous ferez bien l'esbaye et vous saulverez en
ceste maison ; et pour vostre dangier manderez
quérir en vostre hostel une autre robbe. Et tandiz
qu'elle sera en chemin nous parlerons ensemble.
Pour abrégier, ces lettres furent escriptes et baillées,
et la response fut rendue par elle qu'elle estoit contente. Or fut venu ce jour, et la damoiselle affublée

par son serviteur d'ung seau d'eaue et de cendre, voire par telle façon que son queuvrechief, sa robbe et le surplus de ses habillemens furent tous gastez et perciez. Et Dieu scait qu'elle fist bien l'esbaye et de la malcontente ; et comme elle estoit ainsi atournée, elle se bouta en l'hostel, ignorant d'y avoir congnoissance. Tantost qu'elle vit la dame, elle se plaingnit de son meschief, et n'est pas à vous dire le deul qu'elle menoit de ceste adventure. Maintenant plaint sa robe, maintenant son queuvrechief, et l'autre fois son tixu ; brief qui l'oyoit, il sembloit que le monde fust finé. Et Dangier sa meschine que enraigeoit d'engaigne, avoit en sa main ung cousteau dont elle nettoyoit sa robbe, le mieux qu'elle savoit : Nenny, nenny, m'amie, dit elle, vous perdez vostre peine, ce n'est pas chose à nettoier si en haste ; vous n'y sauriez faire autre chose maintenant qui vaulsist rien : il fault que j'aye une aultre robbe et ung aultre queuvrechief, il n'y a point d'autre remède ; alez à l'ostel et les me apportez et vous avancez de retourner que nous ne perdons la messe avec tout nostre mal. La vieille, voyant la chose estre nécessaire, n'osa desdire sa maistresse ; si print et robbe et queuvrechief soûbz son manteau, et à l'ostel s'en va. Elle n'eut pas si tost tourné les talons que sa maistresse ne fut guydée en la chambre où son serviteur estoit, qui voulentiers la vit en cotte simple, et en cheveux. Et tandiz qu'ilz se deviseront, nous retournerons à parler de la

26

vieille qui revint à l'ostel, où elle trouva son maistre
qui n'attendit pas qu'elle parlast, mais demanda incontinent : Et qu'avez vous fait de ma femme? et où
est elle? — Je l'ay laissée, dit elle, chés une telle,
et en tel lieu? — Et à quel propos? dit il. Lors elle
luy monstra robe et queuvrechief, et luy compta
l'adventure de la tyne d'eaue et des cendres, disant
qu'elle vient quérir d'aultres habillemens, car en ce
point sa maistresse n'osoit partir dont elle estoit :
Esse cela, dit il, nostre dame, ce tour n'estoit pas
en mon livre. Alez, alez, je vois bien que c'est.
Il eust voulentiers dit qu'il estoit coux, et croyez
que si estoit il à ceste heure; et ne l'en scéust
oncques garder livre ne brief où plusieurs fins tours
estoient registrez. Et fait assez à penser qu'il retint
si bien ce derrenier que oncques puis de sa mémoire
ne partit; et ne luy fut nul besoing à ceste cause de
l'escripre, tant en eut fresche souvenance le peu de
bons jours qu'il vesquit.

LA XXXVIIIᵉ NOUVELLE,

PAR MONSEIGNEUR DE LAU.

(UNE VERGE POUR L'AUTRE.)

N'a guères que ung marchant de Tours, por festoier son curé et aultres gens de bien, acheta une
grosse et belle lemproye; si l'envoya à son hostel,
et chargea très bien à sa femme de la mettre à point,
ainsi qu'elle scavoit bien faire : Et faictes, dit il,
que le disner soit prest à douze heures, car je ameneray nostre curé et aucuns autres qu'il lui nomma.
— Tout sera prest, dit elle, amenez qui vous
vouldrez. Elle mist à point ung grant tas de beau
poisson; et quant vint à la lamproye, elle la souhaita
aux cordeliers, à son amy, et dist en soy mesmes :
Ha frère Bernard, que n'estez vous icy ! Par ma foy
vous n'en partiriés jamais tant que eussiez tasté
de la lamproye, ou se mieulx vous plaisoit, vous
l'emporteriés en vostre chambre; et je ne fauldroye

pas de vous y faire compaignie. A très grant regret
mettoit ceste bonne femme la main à ceste lamproye,
voire pour son mary, et ne faisoit que penser comment son cordelier la pourroit avoir. Tant pensa et
advisa qu'elle conclud de lui envoyer par une vieille
qui scavoit de son secret, ce qu'elle fist, et lui manda
qu'elle viendra annuyt soupper et couchier avec luy.
Quand maistre cordelier vit celle belle lamproye et
entendit la venue de sa dame, pensez qu'il fut
joyeux et bien aise ; et dit à la vieille que s'il peut
finer de bon vin, que la lamproye ne sera pas frau-
dée du droit qu'elle a, puis qu'on la mengue. La
vieille retourna de son messaige et dit sa charge.
Environ douze heures, vécy nostre marchant venir,
le curé et plusieurs aultres bons compaignons, pour
dévourer ceste lamproye qui estoit bien hors de
leur commandement. Quant ilz furent en l'ostel du
marchant, il les mena trestouz en la cuisine pour
veoir ceste grosse lamproye dont il les vouloit festoyer ; et appella sa femme, et lui dit : Monstrez
nous nostre lamproye, je vueil savoir à ces gens si
j'en eu bon marchié. — Quelle lamproye? dit elle.
— La lamproye que je vous fis baillier pour nostre
disner, avec cest autre poisson. — Je n'ay point veu
de lamproye, dit elle, je cuyde, moy, que vous songiez. Vécy une carpe, deux brochetz et je ne scay
quel aultre poisson ; mais je ne vy aujourduy lamproye. — Comment, dit il, et pensez vous que je
soye yvre? — Ma foy ouy, dirent lors le curé et les

autres, vous n'en pensiez pas aujourduy mains, vous
estes ung peu trop chiche pour acheter, lamproie
maintenant. — Par dieu, dit la femme, il se farse
de vous, ou il a songé d'une lamproye, car seurement je ne vys de cest an lamproye. Et bon mary
de soy courroucer, qui dit : Vous avés menty,
paillarde, vous l'avés mengée ou caichée quelque
part, je vous promez que oncques si chière lamproye ne fut pour vous. Puis se vira vers le curé et
les aultres, et juroit la mort bieu et ung cent de sermens, qu'il avoit baillié à sa femme une lamproye
qui lui avoit cousté ung franc. Et eulx, pour encores
plus le tourmenter et faire enraigier, faisoyent semblant de le non croire, et tenoient termes comme
s'ilz fussent mal contens, et disoient : Nous estions
priez de disner chés ung tel, et si avons tout laissié
pour venir icy, cuidant mengier de la lamproye,
mais à ce que nous voyons, elle ne nous fera jà mal.
L'oste, qui enraigeoit tout vif, print ung baston, et
marchoit vers sa femme pour la trop bien frotter, se
les autres ne l'eussent retenu qui l'emmenèrent à
force hors de son hostel, et misdrent peine de le
rapaiser le mieulx qu'ilz scéurent, quant ilz le virent
ainsi troublé. Puis qu'ilz eurent failly à la lamproye,
le curé mist la table, et firent la meilleure chière
qu'ilz scéurent. La bonne damoiselle à la lamproye
manda l'une de ses voisines qui veufve estoit, mais
belle femme et en bon point estoit elle, et la fist
disner avecque elle. Et quant elle vit son point, elle

dist : Ma bonne voisine, il seroit bien en vous de
me faire ung singulier plaisir ; et se tant vous vouliez
faire pour moy, il vous seroit tellement desservi que
vous en deveriez estre contente. — Et que vous
plaist il que je face? dit l'autre. — Je vous diray,
dit elle, mon mary est si très ardant de ses besongnes que c'est une grant merveille; et de fait, la
nuyt passée, il m'a tellement retournée que par
ma foy, je ne l'ouseroye bonnement annuyt attendre. Si vous prie que vous voulez tenir ma
place, et se jamais puis rien faire pour vous,
vous me trouverez preste de corps et de biens. La
bonne voisine, pour lui faire plaisir et service, fut
bien contente de tenir son lieu, dont elle fut largement et beaucoup merciée. Or devés vous savoir
que nostre marchant à la lamproye, quant vint puis
le disner, il fist très grosse et grande garnison de
bonnes verges qu'il apporta secrètement en sa maison, et aux piez de son lit il les caicha, pensant que sa
femme annuyt en sera trop bien servie. Il ne sceut
faire si secrètement que sa femme ne s'en donnast
très bien garde, qui ne s'en pensa pas mains, congnoissant assez par expérience la cruaulté de son
mary, lequel ne souppa pas à l'ostel, mais tarda
tant dehors qu'il pensa bien qu'il la trouvera nue
et couchée. Mais il faillit à son entreprise, car quant
vint sur le soir et tart, elle fist despouillier sa voisine et couchier en sa place, en lui chargeant expressément que elle ne respondist mot à son mary

quant il viendra, mais contreface la muette et la
malade. Et si fist encores plus, car elle estaignit le
feu de léans, tant en la cuisine comme en la
chambre. Et ce fait, à sa voisine chargea que tantost
que son mary sera levé matin, qu'elle s'en voise en
sa maison ; elle lui promist que si feroit elle. La voisine en ce point logée et couchée, la vaillante
femme s'en va aux cordeliers pour mengier la lamproye et gaingnier les pardons, comme assez avoit
de coustume.

Tandiz qu'elle se festoyera léans, nous dirons du
marchant qui après soupper s'en vint en son hostel,
esprins de yre et de maultalent à cause de la lamproye. Et pour exécuter ce qu'en son par dedens
avoit conclud, il vint saisir ses verges et en
sa main les tint, cherchant par tout de la chandelle, dont il ne soéut oncques recouvrer ; mesmes
en la cheminée faillit à feu trouver. Quant il vit ce, il
se coucha sans dire mot, et dormit jusques sur le
jour qu'il se leva et s'abilla, et print ses verges et
batit la lieutenante de sa femme en telle manière
que à peu qu'il ne la craventa, en lui ramentevant
la lamproye, et la mist en tel point qu'elle saingnoit
de tous coustez, mesmes les draps du lit estoient tant
sanglans qu'il sembloit que un beuf y fust mort ;
mais la povre martire n'osoit pas dire ung mot,
ne monstrer le visaige. Ses verges lui faillirent, et
fut lassé, si s'en alla hors de son hostel. Et la povre
femme, qui s'attendoit d'estre festoyée de l'amoureux

jeu et gracieux passetemps, s'en alla tost après en sa
maison, plaindre son mal et son martire, non pas
sans menasser et bien mauldire sa voisine. Tandiz
que le mary estoit allé dehors, revint des cordeliers
sa bonne femme qui trouva sa chambre de verges
toute jonchée, son lit dérompu et froissié et les draps
tout ensanglantez. Si congnéut bien tantost que sa
voisine avoit eu affaire de son corps, comme elle pensoit bien ; et sans tarder ne faire arrest refist son lit
et d'aultres beaulx draps et frez le rempara, et sa
chambre nettoya. Après vers sa voisine s'en ala
qu'elle trouva en piteux point ; et ne fault pas dire
qu'elle ne trouvast bien à qui parler. Au plus tost
qu'elle péut en son hostel s'en retourna, et de tous
poins se deshabilla, et ou beau lit qu'elle avoit très
bien mis à point se coucha, et dormit très bien
jusques à ce que son mary retourna de la ville,
comme changié de son courroux, pource qu'il s'en
estoit vengié, et vint à sa femme qu'il trouva ou lit
faisant la dormeveille : Et qu'est cecy ma damoiselle, dit il, n'est il pas temps de lever? — Hemy,
dit elle, est il jour? Par mon serment je ne vous
ay pas ouy lever ; j'estoie entrée en ung songe qui
m'a tenue ainsi longuement. — Je croy, dit il, que
vous songiez de la lamproye, ne faisiez pas? Ce ne
seroit pas trop grant merveille, car je la vous ay
bien ramentéue à ce matin. — Par dieu, dit elle, il
ne me souvenoit de vous ne de vostre lamproye.
— Comment, dit il, l'avez vous si tost oublié? —

Oublié, dit elle, ung songe ne me arreste rien. —
Et à ce songe, dit il, de ceste poingnié de verges que
j'ay usée sur vous n'a pas deux heures. — Sur moy?
dit elle. —Voire vraiement sur vous, dit il. Je scay
bien. qu'il y pert largement et aux draps de nostre
lit avecques. — Par ma foy, beaux amys, dit elle,
je ne scay que vous avez fait ou songié, mais quant
à moy il me souvient très bien qu'aujourduy, au matin, vous me fistes de très bon appétit le jeu d'a-
mours ; autre chose ne scay je, aussi bien povez vous
avoir songié de m'avoir fait autre chose, comme vous
fistes hyer de m'avoir baillié la lamproye. — Ce seroit une estrange chose, dit il, monstrez ung peu
que je vous voye. Elle osta et si reversa la couverture et toute nue se monstra; sans taiche ne bles-
séure quelconques. Vit aussi les draps beaulx et
blans sans soulliéure ne taiche. Si fut plus esbahy
que on ne vous sauroit dire, et se print à muser et
largement penser ; et en ce point longuement se
tint. Mais toutesfoys assez bonne pièce après il dist :
Par mon serment, m'amie, je vous cuydoie à ce
matin avoir très fort batue jusques au sang, mais
maintenant je voy bien qu'il n'en est rien, si ne scay
qu'il m'est advenu. — Dea, dit elle, ostez vous hors
de ceste ymaginacion de baterie, car vous ne me tou-
chastes oncques, vous le povez bien présentement
veoir et appercevoir ; faictes vostre compte que vous
l'avez songé comme vous fistes hier de la lamproye.
— Je congnois, dit il lors, que vous dictes vray ;

si vous requiers qu'il me soit pardonné, car je scay
bien que j'euz hier tort de vous dire villennie devant
les estrangiers que je amenay céans. — Il vous est
légièrement pardonné, dit elle, mais toutesfois ad-
visez bien que vous ne soyez plus si légier ne si hastif
en voz affaires, comme vous avés de coustume. —
Non seray je, dit il, m'amie. Ainsi qu'avez ouy, fut
le marchant par sa femme trompé, cuidant avoir songié d'avoir acheté la lamproye et fait le surplus ou
compte dessus escript et racompté.

LA XXXIXe NOUVELLE,

PAR MONSEIGNEUR DE SAINT POL.

(L'UN ET L'AUTRE PAYÉ.)

Ung gentil chevalier des marches de Hainau, riche, puissant, vaillant, et très beau compaignon, fut amoureux d'une très belle dame assez longuement; et aussi fut tant en sa grace, et si privé d'elle que toutesfois que bon lui sembloit, il se trouvoit en ung lieu de son hostel à part et destourné, où elle luy venoit faire compaignie; et là devisoyent tout à leur beau loisir. Et n'estoit ame qui sceust rien de leur très plaisant passetemps, sinon une damoiselle qui servoit ceste dame, laquelle bonne bouche très longuement porta; et tant les servoit à gré en tous leurs affaires qu'elle estoit digne d'ung très grant guerdon en recevoir. Elle aussi avoit tant de vertu que non pas seulement sa maistresse avoit gaignée par le service, comme dit est, et autrement, mais encores le mary de sa dame

nc l'aymoit pas mains que sa femme, tant la trouvoit loyalle, bonne et diligente. Advint ung jour que
ceste dame sentant son serviteur le chevalier dessusdit en son chastel, devers lequel elle ne povoit aler
si tost qu'elle eust bien voulu, à cause de son mary
qui l'en destournoit, dont elle estoit bien desplaisante, se advisa de lui mander par la damoiselle
qu'il eust encores ung peu de pacience, et que au
plustost qu'elle scauroit se désarmer de son mary
qu'elle viendroit vers lui. Ceste damoiselle vint
devers le chevalier qui sa dame attendoit, et dit sa
charge. Et lui qui gracieux estoit, la mercya beaucoup
de ce messaige, et la fit seoir auprès de lui, puis la
baisa deux ou troys fois très doulcement ; elle l'en-
dura voulentiers, qui bailla couraige au chevalier de
procéder au surplus dont il ne fut pas reffusé. Cela
fait, elle revint à sa maistresse, et lui dist que son
amy n'attent qu'elle : Hélas, dit elle, je scay bien
qu'il est vray, mais Monseigneur ne se veult couchier,
ilz sont cy je ne scay quelz gens que je ne puis laisser. Dieu les mauldie ! j'aymasse mieulx estre vers
luy, il luy ennuye bien, ne fait pas, d'estre ainsi seul?
— Par ma foy croyez que ouy, dit elle, mais l'espoir
de vostre venue le conforte et attend tant plus aise.
— Je vous en croy, mais toutesfois il est là seul, sans
chandelle, et sont plus de deux heures qu'il y est ;
il ne peult estre qu'il ne soit beaucoup ennuyé.
Si vous prie, m'amie, que vous retournez vers luy
encores une fois pour m'excuser, et lui faictes com-

paignie une pièce ; et entretant, se Dieu plaist, le dyable emportera ces gens qui nous tiennent icy. — Je feray ce qu'il vous plaira, ma dame, dit elle ; mais il
me semble qu'il est si content de vous qu'il ne vous
fault jà excuser, et aussi si je y aloys vous demou-
reriez icy toute seule de femmes, et pourroit adoncques demander Monseigneur après moy, et on ne
me sauroit où trouver. — Ne vous chaille de cela,
dit elle, j'en feray bien s'il vous demande, il me desplaist que mon amy est seul ; alez veoir qu'il fait, je -
vous en prie. — Je y vois, puis qu'il vous plaist, dit
elle. S'elle fut bien joyeuse de ceste ambassade il ne
le fault jà demander ; mais pour couvrir sa voulenté,
elle en fit l'excusance et le reffus à sa maistresse.
Elle fut tantost vers le chevalier attendant, qui la
recéut joyeusement, et elle lui dit : — Monseigneur,
ma dame m'envoye encores icy se excuser devers
vous pource que tant vous fait attendre, et croyez
qu'elle en est la plus courroucée. — Vous lui direz,
dit il, qu'elle face tout à loisir, et qu'elle ne se haste
rien pour moy, car vous tiendrez son lieu. Lors de
rechief la baise et acole, et ne la souffrit partir tant
qu'il eust besongnié deux fois qui guères ne lui
coustèrent ; car alors il estoit frez et jeune homme
et fort à cela. Ceste damoiselle print bien en pacience sa bonne adventure, et eust bien voulu avoir
souvent une telle rencontre, sauf le préjudice de sa
maistresse. Et quant vint au partir, elle pria au chevalier que sa maistresse n'en scéust rien. Vous n'a-

vez garde, dit il. — Je vous en requiers, dit elle.
Et puis s'en vint à sa maistresse qui demanda tantost que fait son amy? Il est là, dit elle, et vous
attend. — Voire, dit elle, et est il point mal 'content? — Nenny, dit elle, puis qu'il a eu compaignie, il vous scait très bon gré que vous m'y avés
envoiée; et se ceste attente estoit souvent à faire, il
vouldroit bien m'avoir pour deviser et passer temps;
et par ma foy, je y vois voulentiers, car c'est le plus
plaisant homme de jamais; et Dieu scait qu'il fait
bon ouyr maudire ces gens qui vous retiennent,
excepté Monseigneur, à lui ne vouldroit il touchier.
— Sainct Jehan je vouldroye, dit la dame, que luy
et la compaignie feussent en la rivière, et je fusse
là dont vous venez. Tant passa le temps que Monseigneur, Dieu mercy, se deffist de ses gens, et vint
en sa chambre, si se déshabilla et se coucha, et ma
dame se mist en cotte simple, et print son atour
de nuyt, et ses heures en sa main, et commence
dévotement, Dieu le scait, dire ses sept pseaulmes
et patenostres; mais Monseigneur, qui estoit plus
esveillé que un rat, avoit grant fain de deviser, si
vouloit que ma dame laissast ses oraisons jusques
à demain, et qu'elle parlast à lui : Ha! Monseigneur.
dit elle, pardonnez moy, je ne puis vous entretenir maintenant; Dieu va devant, vous le savez; je
n'auroye meshuy bien, ne de sepmaine, se je n'a-
voye dit le tant peu de service que je lui scay faire;
et encores de mal venir je n'euz piéça tant à dire

que j'ay maintenant. — Ha hay, dit Monseigneur,
vous m'affolez bien de ceste bigoterie ; et est ce à
faire à vous de dire tant d'eures que vous faictes?
Ostez, ostez, laissez les dire aux prestres. Ne diz je
pas bien, hau, Jehannette, dist il à la damoiselle
dessus dicte. — Monseigneur, dit elle, je n'en scay
que dire, sinon puis que ma dame a de coustume
de servir Dieu qu'elle parface. — Ha ! dea, dit ma
dame, Monseigneur, je voy bien que vous estes
avoyé de plaidier ; et j'ay voulenté de dire mes heures, et ainsi nous ne sommes pas bien tous deux
d'ung accord. Si vous lairay Jehannette qui vous
entretiendra, et je m'en iray en ma chambre la derrière tencer à Dieu. Monseigneur fut content. Si s'en
alla madame les grands galoz devers le chevalier
son amy, qui la recéut Dieu scait à grant lyesse et à
grant révérence, car l'onneur qu'il luy fist n'estoit
pas maindre qu'à genoulz ploiez, et enclinez jusques à terre. Mais vous devez scavoir que tandiz
que ma dame achevoit ses heures avec son amy,
Monseigneur son mary, ne scay de quoy il lui sour-
vint, pria Jehannette qui lui faisoit compaignie,
d'amours à bon escient. Et pour abbrégier, tant fist
par promesses et par beau langaige, qu'elle fut
contente d'obéir ; mais le pis fut que ma dame, au
retour qu'elle fist de son amy lequel l'avoit acolée
deux fois à bon escient, avant son partir, trouva
Monseigneur son mary et Jehannette sa chamberière en tout tel ouvraige qu'elle venoit de faire,

dont elle fut bien esbahie, et encores plus Monseigneur et Jehannette qui se trouvèrent ainsi surprins. Quant ma dame vit ce, Dieu scait comment elle salua la compaignie, jà soit qu'elle eust bien cause de soy taire; et si se print à la povre Jehannette par si très grant courroux qu'il sembloit qu'elle eust ung dyable ou ventre, tant lui disoit de villennes parolles. Encores fist elle pis et .plus, car elle print ung grant baston et l'en chargea trop bien le doz. Voyant ce, Monseigneur, qui en fut mal contént et desplaisant, se leva sur piez et batit tant ma dame qu'elle ne se povoit sourdre. Et quant elle vit qu'elle avoit puissance de sa langue, Dieu scait s'elle la mit en euvre, mais adreçoit la plus part de ses motz venimeux sur la povre Jehannette qui n'en péut plus souffrir. Si dist à Monseigneur le gouvernement de ma dame, et dont elle venoit à ceste heure de dire ses oraisons et avecques qui. Si fut la compaignie bien trublée, Monseigneur tout le premier qui se doubtoit assez et ma dame qui se treuve affolée et batue et de sa chamberière encusée. Le surplus de ce mesnaige bien troublé demeure en la bouche de ceulx que le scaivent, si n'en fault jà plus avant enquérir.

LA XLᵉ NOUVELLE,

PAR MESSIRE MICHAULT DE CHANGY.

(LA BOUCHÈRE LUTIN DANS LA CHEMINÉE.)

Il advint naguères à Lisle, que ung grant clerc et
prescheur de l'ordre de Sainct Dominique, convertit,
par sa saincte et doulce prédication, la femme d'ung
bouchier par telle et si bonne façon que elle l'a⸗
moit plus que tout le monde ; et n'avoit jamais au
cueur bien ne en soy parfaicte lyesse s'elle n'estoit
enprès lui. Mais maistre moyne en la parfin s'ennuya d'elle et tant que plus nullement n'en vouloit,
et eust très bien voulu qu'elle se fust déportée de
si souvent le visiter ; dont elle estoit tant mal contente que plus ne povoit, mesmes le reboutement
qu'il luy faisoit trop plus avant en son amour l'en-
racinoit. Damp moyne ce voyant, lui deffendit sa
chambre, et chargea très expressément à son clerc
qu'il ne la souffrist plus. S'elle fut plus que par avant

mal contente, ce ne fut pas de merveilles, car elle
estoit ainsi que forcenée. Et se vous me demandez
à quel propos damp moyne ce faisoit, je vous respons que ce n'estoit pas pour dévocion ne pour voulenté qu'il eust de devenir chaste ; mais la cause
estoit qu'il en avoit racointée une plus belle et plus
jeune beaucoup, et plus riche qui desjà estoit tant
privée qu'elle avoit la clef de sa chambre. Tant fist
toutesfois que la bouchière ne venoit pas vers lui
comme elle avoit de coustume ; si avoit trop meilleur
et plus séur loisir sa dame nouvelle de venir gaingnier les pardons en sa chambre et paier la disme,
comme les femmes d'Ostelerie, dont cy dessus est
touchié. Ung jour fut prins de faire bonne chière à
ung disner, en la chambre de maistre moyne, où sa
dame promist de comparoir et faire apporter sa porcion, tant de vin comme de viande. Et pource que
aucuns de ses frères de léans estoient assez de son
mestier, il en invita deux ou trois tout secrètement ;
et Dieu scait la grant chière qu'on fist à ce disner
qui ne se passa point sans boire d'autant. Or devez
vous savoir que nostre bouchière congnoissoit assez les gens de ces prescheurs qu'elle veoit passer
devant sa maison, lesquelz portoient puis du vin,
puis des pastez, et puis des tartres, et tant de choses
que merveilles. Si ne se peut tenir de demander
quelle feste on fait à leur hostel ? Et il lui fut respondu que ces biens sont pour ung tel, c'est assavoir son moyne, qui a gens de bien au disner :

Et qui sont ilz? dit elle. — Ma foy je ne scay, dit
l'autre ; je porte mon vin jusques à l'uys tant seulement et là vient nostre maistre qui me descharge ;
je ne scay qui y est. — Voire, dit elle, c'est la secrète compaignie. Or bien allez vous en et les ser-
vez bien. Tantost après passa ung aultre serviteur
qu'elle interrogua pareillement, qui lui dist comme
son compaignon, et encores plus avant, car il dist :
Je pense qu'il y a une damoiselle que ne veult pas
estre véue ne congnéue. Elle pensa tantost ce qui
estoit, si cuida bien enragier tant estoit mal contente, et disoit en soy mesmes qu'elle fera le guet
sus celle qui lui faisoit tort de son amy, et qui luy a
baillé le bont. Et s'elle la peult rencontrer ce ne sera
pas sans lui dire et chanter sa leçon, et esgratiner
le visaige. Si se mist au chemin en intencion de exécuter ce qu'elle avoit conclud. Quant elle fut venue
au lieu désiré, moult lui tardoit de rencontrer celle
qu'elle hait plus que personne ; si n'eut pas tant
de constance que d'attendre qu'elle saillist de la
chambre où elle avoit faicte mainte bonne chose ;
mais s'advisa de prendre une eschielle que ung
couvreur de tuille avoit laissée près de son ouvraige, tandis qu'il estoit alé disner, et elle dréça
ceste eschielle à l'endroit de la cheminée de la cuisine de l'ostel, où elle vouldroit bien estre pour saluer la compaignie, car bien scavoit que aultrement
n'y pourroit entrer. Ceste eschielle mise à point
comme elle la voulut avoir, si monta jusques à la

cheminée, à l'entour de laquelle elle lia très bien une
moyenne corde qu'elle trouva d'aventure. Et cela
fait, très bien comme il lui sembloit, elle se bouta
dedens le bouhot de la dicte cheminée, et se commença à descendre et ung peu avaler ; mais le pis
fut qu'elle demoura en chemin, sans soy pouvoir
avoir, ne monter, ne avaler, quelque peine qu'elle y
mist, et ce à l'occasion de son derrière qui estoit
beaucoup gros et pesant ; et aussi sa corde qui rompit, pour quoy elle ne se povoit en nulle manière
remonter ne resourdre à mont. Si estoit, Dieu le
scait, en merveilleux desplaisir, et ne savoit que
faire ne que dire. Si s'advisa qu'elle attendroit le
couvreur, et qu'elle se mettra en sa mercy, et l'a-
pellera quant il viendra requerre son eschielle et
sa corde. Elle fut bien trompée, car le couvreur ne
vint jusques à lendemain bien matin, pource qu'il
fist trop grande pluye dont elle eut bien sa part,
car elle fut percée et baignée jusques à la peau.
Quant vint sur le soir, bien tart, nostre bouchière
estant dans la cheminée, ouyt gens deviser en la cuisine ; si commença à huchier, dont ilz furent bien esbahiz et effroyez, et ne scavoient qui les huchoit ne
où c'estoit. Toutesfois quelque esbahyssement ne
paour qu'ilz eussent, ilz escoutèrent encores ung peu :
si ouyrent la voix du par avant, arrière huchier très
aigrement. Si cuidèrent que ce fut ung esprit, et le
vindrent incontinent annuncer à leur maistre qui
estoit en dortouer ; lequel ne fut pas si vaillant de

venir veoir que c'estoit, mais il mist tout à demain.
Pensez la belle pacience que ceste bonne femme
avoit, qui fut tout au long de la nuyt en ceste cheminée. Et de sa bonne adventure, il ne pléut long
temps à si fort, ne si bien qu'il fist cest enuyt. Lendemain, assez matin, nostre couvreur de tuylle revint
à l'euvre pour recouvrer la perte que la pluye luy
avoit faicte le jour devant. Il fut esbahy de veoir
son eschielle ailleurs qu'il ne l'avoit laissée, et la
cheminée lyée de la corde : si ne scavoit qui ce avoit
fait ne à quel propoz. Puis s'advisa d'aler quérir sa
corde, et monta à mont son eschielle, et vint jusques
à la cheminée, et destaicha sa corde ; et comme Dieu
voulut, bouta sa teste dedens le bouhot de la cheminée, où il vit nostre bouchière plus simple qu'un
chat baigné, dont il fut très esbahy : Et que faictes
vous icy, dame? dist il ; voulez vous desrober les
povres religieux? — Helas ! mon amy, dit elle, par
ma foy, nenny. Je vous requier, aidez moy à saillir
d'icy, et je vous donneray ce que me vouldrez demander. — Dea, je m'en garderay bien, dit le couvreur, si je ne scay pour quoy vous y venez. — Je
le vous diray, puis qu'il vous plaist, dit elle ; mais
je vous prie, qu'il n'en soit nouvelle. Lors lui compta tout du long les amours d'elle et du moyne, et
la cause pour quoy elle venoit là. Le couvreur,
ouyant ces parolles, eut pitié d'elle, si fist tant à
quelque peine et quelque meschief que ce fust,
moyennant sa corde, qu'il la tira dehors, et la mena

en bas. Et elle luy promist que si portoit bonne
bouche, qu'elle lui donneroit de la chair et de beuf
et de mouton assez pour fournir son mesnaige pour
toute l'année, ce qu'elle fist. Et l'autre tint si secret
son cas que chascun en fut adverty.

LA XLIe NOUVELLE,

PAR MONSEIGNEUR DE LA ROCHE.

(L'AMOUR ET L'AUBERGON EN ARMES.)

Ung gentil chevalier de Haynault, saige, subtil et très grant voyagier, après la mort de sa très bonne et saige femme, pour les biens qu'il avoit véuz et trouvez en mariaige ne scéust passer son temps sans soy lyer comme il avoit esté par avant. Si espousa une très belle, jeune et gente damoiselle, non pas des plus subtilles du monde; car, à la vérité dire, elle estoit ung peu lourde en la taille, et c'estoit ce en elle qui plus plaisoit à son mary, pource qu'il espéroit par ce point la mieulx duire et tourner en la façon qu'avoir la vouldroit. Il mist sa cure et son estude à la façonner, et de fait elle lui obéissoit et complaisoit comme il le désiroit, si bien qu'il n'eust scéu mieulx demander. Et entre aultres choses, toutesfois qu'il lui vouloit faire l'amoureux jeu,

qui n'estoit pas si souvent qu'elle eust bien voulu,
il luy faisoit vestir ung très beau haubregon, dont
elle estoit bien esbaye ; et de prinsault lui demanda
bien à quel propos il la faisoit armer. Et il lui respondit qu'on ne se doit point trouver à l'assault
amoureux sans armes. Elle fut contente de vestir
ce haubregon ; et n'avoit autre regret sinon que
Monseigneur n'avoit l'assault plus à cueur, combien
que ce lui estoit assez grant peine se aucun plaisir
n'en fust ensuy. Et se vous demandez à quel propos son seigneur ainsi la gouvernoit, je vous respons que la cause qui à ce faire le mouvoit estoit
affln que ma dame ne désirast pas tant l'assault
amoureux pour la peine et empeschement de ce
haubregon. Mais combien qu'il feust bien saige, il
s'abusa de trop ; car se le haubregon à chascun assault lui eust quassé et doz et ventre si ne eust elle
pas reffusé le vestir, tant estoit doux et plaisant ce
qui s'en ensuivoit. Ceste manière de faire dura
beaucoup, et tant que Monseigneur fut mandé pour
servir son prince en la guerre, et en autres assaulx qui ne sont pas semblables à celui dessusdit.
Si print congié de ma dame et s'en alla où il fut
mandé, et elle demoura à l'ostel en la garde et
conduite d'ung ancien gentil homme et d'aucunes
damoiselles qui la servoient. Or devez vous savoir
que en cest hostel avoit ung gentil compaignon clerc
qui très bien chantoit et jouoit de la harpe, et
avoit la charge de la despense. Et après le disner

s'esbatoit voulentiers de la harpe, à quoy ma dame prenoit très grant plaisir, et souvent se rendoit vers lui au son de la harpe. Tant y ala et tant s'i trouva que le clerc la pria d'amours ; et elle désirant de vestir son haubergon, ne l'escondit pas, ainçois lui dist : Venez vers moy à tele heure et en telle chambre, et je vous feray response telle que vous serez content. Elle fut beaucoup mercyée, et à l'eure assignée, nostre clerc ne faillit pas de venir heurter à la chambre où ma dame lui avoit dit, laquelle l'attendoit de pié quoy, le beau haubergon en son doz. Elle ouvrit la chambre, et le clerc la vit armée, si cuida que ce fust aucun qui fust ambusché léans-pour lui faire quelque desplaisir ; et à ceste occasion il fut si très subitement féru et espoventé que de la grant paour que il en eut, il chéut à la reverse par telle manière qu'il descompta ne sçay quans degrez si très roidement qu'à peu qu'il ne se rompit le col. Mais toutesfois il n'eut garde, tant bien lui ayda Dieu et sa bonne querelle.

Ma dame, qui le vit en ce dangier, fut très desplaisante et mal contènte, si vint en bas et lui aida à sourdre, et lui demanda dont lui venoit ce paour. Et il la lui compta, et dist que vraiement il cuydoit estre decéu. Vous n'avez garde, dit elle, je ne suis pas armée pour vous faire mal ; et en ce disant, montèrent arrière les degrez, et entrèrent en la chambre. Ma dame, dist le clerc, je vous requiers, dictes moy, s'il vous plaist, qui vous meut de vestir

ce haubergon. Et elle, comme ung peu faisant la
honteuse, lui respondit : Et vous le savez bien. —
Par ma foy, saulve vostre grâce, ma dame, dit il,
se je le scéusse je ne le demandisse pas.—Monseigneur, dit elle, quant il me veult baisier et parler d'amours, il me fait en ce point habillier, et je
sçay bien que vous venez icy à ceste cause ; et pour ce
je me suis mise en ce point.—Ma dame, dit il, vous
avez raison ; et aussi vous me faictes souvenir que
c'est la manière des chevaliers d'en ce point faire
habillier leurs dames. Mais les clercs ont toute autre manière de faire, qui à mon advis est trop plus
belle et plus aisée.—Et quelle est elle, dist la dame,
monstrez la moy ?—Et je la vous monstreray, dit il.
Lors la fist despouiller de son haubergon et du surplus de ses habillements jusques à la belle chemise,
et lui pareillement se déshabilla et se despouilla, et
se misdrent dedens le beau lit paré qui là estoit ; et
puis se desarmèrent de leurs chemises et passèrent
temps deux ou trois heures bien plaisamment. Et
avant le départir, le gentil clerc monstra bien à ma
dame la coustume des clercs, laquelle beaucoup loua
et prisa trop plus que celle des chevaliers. Assez et
souvent depuis se rencontrèrent en la façon dessusdicte, sans qu'il en fust nouvelle, quoy que ma dame
fust peu subtille. A certain temps après, Monseigneur rétourna de la guerre, dont ma dame ne fut
pas trop joyeuse en son par dedens, quelque semblant qu'elle monstra au par dehors. Et vint à l'eure

de disner ; et pource que on sçavoit sa venue, il fut
servi, Dieu sçait comment. Ce disner se passa ; et
quant vint à dire grâces, Monseigneur se mit à son
reng, et ma dame print son quartier. Tantost que
grâces furent achevées et dictes, Monseigneur, pour
faire du mesnagier et du gentil compaignon, dist à
ma dame : Allez tost en vostre chambre et vestez vostre haubergon. Et elle se recordant du bon temps
qu'elle avoit eu avec·son clerc, respondit tout subit : La coustume des clercs vault myeulx.—La coustume des clercs ! dit il. Et sçavez vous leur coustume ? Si commença à soy fumer, et couleur changier, et se doubta de ce qui estoit vray, combien
qu'il n'en scéut oncques rien, car il fut tout à coup
mis hors de son doubte. Ma dame ne fut pas si
beste qu'elle n'apercéust bien que Monseigneur
n'estoit pas content de ce qu'elle avoit dit, si s'advisa de changier le vers et dit : Monseigneur, je
vous ay dit que la coustume des clercs vault
mieulx, et encores le dis je.—Et quelle est elle ? dit
il. — Ilz boivent après grâces, dit elle.—Voire dea,
dit il, sainct Jehan ! vous dictes vray, c'est leur coustume vraiement qui n'est pas mauvaise, et pource
que vous la prisez tant nous la tiendrons doresenavant. Si fist apporter du vin et burent, et puis
ma dame alla vestir son haubergon dont elle se feust
bien passée, car le gentil clerc lui avoit monstré
aultre façon de faire qui trop mieulx lui plaisoit.
Comme vous avez ouy, fut Monseigneur par ma

dame en sa response abusé. Ainsi fault dire que le sens subit qui lui vint en mémoire à ceste fois, lui descendit de la vertu du clerc, qui depuis lui monstra la façon d'aultres tours dont Monseigneur en la parfin en demoura noz amys.

LA XLIIᵉ NOUVELLE,

RACOMPTÉE PAR MÉRIADECH.

(LE MARI CURÉ.)

L'an cinquante derrenier passé, le clerc d'ung villaige du dyocèse de Noyon, pour impetrer et gaignier les pardons qui furent à Romme, qui sont telz que chascun scait, se mist à chemin, en la compaignie de plusieurs gens de bien de Noyon, de Compiengne, et des lieux voisins. Mais avant son partement disposa bien et séurement de ses besoingnes ; premièrement de sa femme et de son mesnaige, et le fait de sa coustrerie recommanda à ung jeune et gentil clerc pour la desservir jusques à son retour. En assez briefve espace de temps lui et sa compaignie vindrent arriver à Romme, et firent chascun leur dévocion et pélerinaige le mains mal qu'ilz scéurent ; mais vous debvez savoir que nostre clerc trouva d'aventure à Romme ung de ses compaignons d'escole du temps

28.

passé, qui estoit ou service d'ung gros cardinal, et en
grant auctorité, qui fut très joyeux de l'avoir trouvé
pour l'accointance qu'il avoit à lui, et lui demanda
de son estat. Et l'autre lui compta tout du long tout
premier comment il estoit hélas ! marié, son nombre
d'enfans, et comment aussi il estoit clerc d'une paroisse. Ha ! dit son compaignon, par mon serment
il me desplaist bien que vous estes marié. — Pourquoy ? dit l'autre. — Je vous diray, dit il, ung tel
cardinal m'a chargié expressément que je lui treuve
ung serviteur pour estre son notaire, qui soit de nostre marche ; et croiez que ce seroit trop bien vostre
fait, pour estre tost et largement pourvéu, se ce ne
fust vostre mariaige qui vous fera repatrier, et comme
j'espoire, plus grans biens perdre, que vous n'y aurez. — Par ma foy, dit le clerc, mon mariaige n'y
fait rien, mon compaignon, car à vous dire la vérité,
je me suis party de nostre pays soubz umbre du pardon qui est à présent. Mais croyez que ce n'a pas esté
ma principale intencion, car j'ay conclud d'aler jouer
deux ou troys ans par pays ; et ce pendant se Dieu
vouloit prendre ma femme, jamais je ne fuz si eureux. Et pourtant je vous requiers et prie que vous
songiez de moy et soyez mon moyen vers ce cardinal que je le serve; et, par ma foy, je feray tant que
vous n'aurez jà reprouche pour moy; et se ainsi le
faictes vous me ferez le plus grant service que jamais
compaignon fist à autre. — Puis que vous avez ceste
voulenté, dit son compaignon, je vous serviray à

ceste heure, et vous logeray pour avoir bon temps se
à vous ne tient. — Et, mon amy, je vous mercye, dit
l'autre. Pour abbrégier, nostre clerc fut logié avec
ce cardinal, laquelle chose il manda à sa femme, et
son intenc on, que n'est pas de retourner par delà
si tost qu'il lui avoit dit au partir. Elle se conforta,
et lui rescripvit qu'elle fera du mieulx qu'elle pourra.
Ou service de ce cardinal se conduisit et maintint
gentement nostre bon clerc, et fist tant que en peu
de temps il gaingna de l'argent avec son maistre,
lequel n'avoit pas peu de regret qu'il n'estoit habille
à tenir bénéfices, car largement l'en eust pourvéu.
Pendant le temps que nostre dit clerc estoit ainsi en
grace, comme dit est, le curé de son villaige alla de
vie à trespas, et ainsi vaqua son bénéfice qui estoit
ou moys du pape, dont le coustre, tenant le lieu de
son compaignon estant à Romme, se pensa qu'au
plus tost qu'il pourroit qu'il courroit à Romme et feroit tant à l'ayde de son compaignon qu'il auroit
ceste cure. Il ne dormit pas, car en peu de jours,
après mainte peines et travaulx, tant fist qu'il se
trouva à Romme, et n'eut oncques bien tant qu'il
eut trouvé son compaignon, lequel servoit ung cardinal. Après grosses recongnoissances d'ung cousté
et d'aultre, le clerc demande de sa femme, et l'autre
lui cuidant faire ung singulier plaisir, et affin aussi
que la besongne dont il le veult requérir aucunement en vaille mieulx, lui respondit qu'elle estoit
morte ; dont il mentoit, car je tien qu'à ceste heure

elle scauroit bien tencier son mary : Dictes vous donc
que ma femme est morte, dit le clerc, et je pric
à Dieu qu'il lui pardonne ses péchiez.— Ouy vraiement, dit l'autre, la pestilence de l'année passée
avec plusieurs aultres l'emporta. Or faignit il ceste
bourde qui depuis lui fut chier vendue, pource qu'il
scavoit que le clerc n'estoit party de son pays qu'à
l'intencion de sa femme qui estoit trop peu paisible,
et que plus plaisantes nouvelles d'elle ne lui pourroit on apporter que de sa mort. Et à la vérité ainsi
en estoit il, mais le rapport fut faulx. Et qui vous
amaine en ce pays? dit le clerc, après plusieurs et
diverses parolles. — Je le vous diray, mon compaignon et mon amy. Il est vray que le curé de nostre
ville est trespassé, si viens vers vous affin que par
vostre moyen je puisse parvenir à son bénéfice. Si
vous prie tant que plus ne puis, que me vueillez aider
à ce besoing. Je scay bien qu'il est en vous de le me
faire avoir, à l'ayde de Monseigneur vostre maistre.
Le clerc, pensant sa femme estre morte et la cure de
sa ville vaquer, conclud en soy mesmes que il hap-
pera ce bénéfice pour luy, et d'autres encores, s'il y
peut parvenir. Mais toutesfois il ne le dist pas à son
compaignon, ainçois lui dit qu'il ne tiendra pas en
luy qu'il ne soit curé de leur ville, dont il fut
beaucoup mercié. Tout autrement en alla, car à
lendemain nostre saint père, à la requeste du cardinal maistre de nostre clerc, lui donna ceste cure.
Si vint ce clerc à son compaignon, quant il scéut ces

nouvelles et lui dit : Ha! mon compaignon, vostre
fait est rompu dont me desplaist bien.—Et comment?
dit l'autre. — La cure de nostre ville est donnée,
dit il, mais je ne scay à qui. Monseigneur mon maistre vous a cuidé aider, mais il n'a pas esté en sa puissance de faire vostre fait. Qui fut bien mal content
ce fut celui qui estoit venu de si loing perdre sa
peine et despendre son argent, et dont ce ne fut pas
dommaige. Si print congié piteusement de son compaignon et s'en retourna en son pays, sans soy vanter de la bourde qu'il a semée. Or retournons à
nostre clerc qui estoit plus gay que une mittaine de
la mort de sa femme, et de la cure de leur ville que
nostre sainct père le pape, à la requeste de son maistre, lui avoit donnée pour récompense. Et disons comment il devint prestre à Romme, et y chanta sa bien
dévote première messe, et print congié de son maistre, pour une espace de temps à venir par deçà à
leur ville prendre la possession de sa cure. A ceste
entrée qu'il fist à leur ville, de son bon eur la première personne qu'il rencontra ce fut sa femme,
dont il fut bien esbahy, je vous en asséure, et encores beaucoup plus courroucé : Et qu'esse cy, dit il,
m'amie? et on m'avoit dit que vous estiez trespassée.
—Je m'en suis bien gardée, dit elle ; vous le dictes, ce
croy je, pource que l'eussiez bien voulu ; et vous l'a-
vez bien monstré qui m'avez laissée l'espace de cinq
ans, à tout ung grant tas de petis enfans.—M'amye,
dit il, je suis bien joyeux de vous veoir en bon point,

et en loue Dieu de tout mon cueur ; maudit soit cellui qui m'en raporta autres nouvelles. — Ainsi soit
il, dit-elle. — Or je vous diray, m'amie, je ne puis
arrester pour maintenant, force est que je m'en aille
hastivement devers Monseigneur de Noyon pour une
besongne qui lui touche, mais au plus brief que je
pourray je retourneray. Il se partit de sa femme et
prent son chemin devers Noyon, mais Dieu scait s'il
pensa en chemin à son povre fait : Hélas ! dit il, or
suis je homme deffait et deshonnouré : prestre, clerc
et marié tout ensemble ; je croy que je suis le premier maleureux de cest estat. Il vint devers Monseigneur de Noyon qui fut bien esbahy d'ouyr son
cas ; et ne le scéut conseiller et l'envoya à Romme.
Quant il fut venu, il compta à son maistre, tout du
long et du lé, la vérité de son adventure, qui en fut
très amèrement desplaisant. A lendemain il compta
à nostre sainct père, en la présence du colliège des
cardinaux et de tout le conseil, l'adventure de son
homme qu'il avoit fait curé. Si fut ordonné qu'il demourera prestre et marié et curé aussi. Et demoura
avec sa femme en la façon que ung homme marié
honnourablement et sans reprouche demeure, et
seront ses enfants légitimez et non bastars, jà soit
ce que le père soit prestre. Mais au surplus, s'il est
scéu ne trouvé qu'il aille aultre part que à sa femme
il perdra son bénéfice. Ainsi qu'avez ouy fut ce
povre clerc puny par la façon que dist est et par
le faulx donner à entendre de son compaignon ; et fut

content de venir demourer à son bénéfice ; et qui
plus est et pis, demourer avec sa femme, dont il se
fust bien passé se l'Église ne l'eust ordonné.

LA XLIIIe NOUVELLE,

PAR MONSEIGNEUR DE FIENNES.

(LES CORNES MARCHANDES.)

N'a guères que ung bon homme, laboureur et marchant et tenant sa résidence en ung bon villaige de
la chastellenie de Lille, trouva façon et manière,
au pourchas de lui et de ses bons amys, d'avoir à
femme une très belle jeune fille qui n'estoit pas des
plus riches ; et aussi n'estoit son mary, mais estoit
homme de grant diligence, et qui fort tiroit d'acquérir et gangnier. Et elle d'aultre part mettoit
peine d'accroistre le mesnaige selon le désir de son
mary qui à ceste cause l'avoit beaucoup en grâce,
lequel à mains de regret, aloit souvent çà et là es
affaires de ses marchandises, sans avoir doubte ne
suspicion qu'elle fist aultre chose que bien. Mais
le povre homme sus ceste fiance l'abandonna et
tant la laissa seule, que ung gentil compaignon s'ap-

proucha d'elle qui, pour abbrégier, fist tant à peu
de jours qu'il fut son lieutenant, dont guères ne
se doubtoit celui qui cuidoit avoir du monde la
milleure femme, et qui plus pensoit à l'accroisse-
ment de son honneur et de sa chevance. Ainsi n'estoit pas, car elle abandonna tost l'amour qu'elle
lui devoit, et ne lui challoit du prouffit ne du dommaige ; ce seulement lui suffisoit qu'elle se trouvast avec son amy, dont il advint ung jour ce qui
s'ensuit. Nostre bon marchant dessusdit estant dehors, comme il avoit de coustume, sa femme le fist
tantost savoir à son amy, qui n'eust pas voulentiers, failly en son mandement, mais y vint tout incontinent. Et affin qu'il ne perdist temps, au plustost qu'il scéust s'approucha de sa dame, et luy
mist en termes plusieurs et divers propos ; et pour
conclusion, le désiré plaisir ne lui fut pas escondit,
non plus que es autres dont le nombre n'estoit pas
petit. De mal venir, et pour une partie et pour
l'autre, tout à ceste belle heure que ces armes se
faisoient, vécy bon mary d'arriver qui treuve la compaignie en besongne, dont il fut bien eshahy, car
il n'eust pas pensé que sa femme fust telle : Qu'esse
cy, dit-il, par la mort bieu je vous turay tout
roide. Et l'autre qui se treuve surprins et en meffait présent achopé, ne scavoit sa contenance ; mais
pource qu'il le sentoit diseteux et fort convoiteux,
il lui dist tout subit : Ha Jehan, mon amy, je vous
crie mercy, pardonnez moy se je vous ay rien meffait,

29

et par ma foy je vous donneray six rasières de blé.
—Par dieu, dit il, je n'en feray rien, vous passerez
par mes mains et auray la vie de vostre corps, se je
n'en ay douze rasières. Et la bonne femme qui ouyoit
ce débat, pour y mettre le bien comme elle estoit
tenue, se advança de parler et dit à son mary : Et
Jehan, beau sire, je vous requiers, laissez le achever
ce qu'il a commencé, et vous en aurés huit rasières.
N'aura pas, dit elle, en se virant devers son amy ? —
J'en suis content, dit il, mais par ma foy, à ce que
le blé est chier, c'est trop. — Esse trop, dit le vaillant homme, et par la mort bieu, je me repens bien
que je n'ay dit plus hault, car vous avez forfait une
amende ; s'elle venoit à la congnoissance de la justice elle vous seroit beaucoup plus hault tauxée ;
pourtant faictes vostre compte que j'en auray douze
rasières, ou vous passerez par là. — Et vrayement,
dit sa femme, Jehan vous avez tort de me desdire,
il me semble que vous devez estre content à ces
huyt rasières, et pensez que c'est ung grant tas de
blé.—Ne m'en parlez plus, dit-il, j'en auray douze
rasières, ou je le turay et vous aussi.—Ha dea, dit
le compaignon, vous estes ung fort marchant; et au
mains puis qu'il faut que vous ayez tout à vostre
dit, j'auray terme de payer. — Cela veulz-je bien, dit
il, mais j'auray mes douze rasières. La noise s'appaisa; si fut prins jour de paier à deux termes, les
huit rasières à lendemain, et le surplus à la sainct
Remy prouchainement venant, par tel convenant

qu'il leur laissa achever ce qu'ilz avoient encommencé. Ainsi se partit ce vaillant homme de sa maison, joyeux en son couraige, pour ces douze rasières
de blé qu'il doit avoir. Et sa femme et son amy recommencèrent de plus belle. Du paier c'est à l'adventure, combien toutesfois qu'il me fut dit depuis
que le blé fut payé au jour et terme dessus dit.

FIN DU PREMIER VOLUME.

LES

CENT NOUVELLES

NOUVELLES.

CATALOGUE DE LA BIBLIOTHÈQUE-CHARPENTIER.

VICTOR HUGO.

otre-Dame de Paris, 2 vol.
  Dernier jour d'un Condamné, } 1 vol.
ug-Jargal,
an d'Islande, 1 vol.
des et Ballades, 1 vol.
  Orientales, 1 vol.
Les Feuilles d'Automne, } 1 vol.
  hants du Crépuscule,
s Voix intérieures, } 1 vol.
Les Rayons et les Ombres,
hédtre, 2 vol.
romwell, 1 vol.
ttérature et Philosophie mêlées, 1 vol.

DE BALZAC.

hysiologie du Mariage, 1 vol.
cènes de la Vie privée, 2 vol.
cènes de la Vie de province, 2 vol.
ènes de la Vie parisienne, 2 vol.
  Médecin de Campagne, 1 vol.
  Père Goriot, 1 vol.
  Peau de Chagrin, 1 vol.
  sar Birotteau, 1 vol.
  Lys dans la Vallée, 1 vol.
  Recherche de l'Absolu, 1 vol.
istoire des Treize, 1 vol.
ugénie Grandet, 1 vol.

ALFRED DE MUSSET.

Poésies complètes, 1 vol.
médies et Proverbes, 1 vol.
ouvelles, 1 vol.
Confession d'un Enfant du Siècle, 1 vol.

CHARLES NODIER.

omans (Jean Sbogar, Thérèse, etc.), 1 vol.
Contes (Trilby, la Fée, etc., etc.), 1 vol.
  ouvelles (Souvenirs de jeunesse, etc.), 1 v.

GOETHE.

Le Foust complet, trad. H. Blaze, 1 vol.
Werther, suivi de Hermann, tr. Leroux, 1 v.
Thédtre, trad. X. Marmier, 1 vol.

MADAME DE STAEL.

Corinne, 1 vol.
Delphine, avec préf. de Sainte-Beuve, 1 vol
De l'Allemagne, av. préf. de X. Marmier, 1 v.

CASIMIR DELAVIGNE.

Messéniennes et Poésies diverses, 1 vol.
Thédtre complet, 3 vol.

SAINTE-BEUVE.

Poésies complètes, 1 vol.
Volupté, 1 vol.

OUVRAGES DE CHOIX.

Œuvres du comte Xavier de Maistre, 1 v
Adolphe, etc., par Benjamin Constant, 1 vol
Du Pape, par Joseph de Maistre, 1 vol.
Essai sur l'Histoire de France, p. Guizot, 1 v
Satyre Ménippée, avec notes, p. C. Labitte, 1 v
Œuvres de la comtesse de Souza, 1 vol.
Physiologie du goût, p. Brillat Savarin, } 1 v
La Gastronomie, poème, par Berchoux,
Obermann, par de Senancour, 1 vol.
Manon Lescaut, par l'abbé Prévost, 1 vol.
Valérie, par Mme de Krudner, 1 vol.
De l'Éducation des Mères de famille, 1 vol
Poésies de Millevoye, 1 vol.
Nouvelles Genevoises, par Töpffer, 1 vol.
Poésies d'Antoine de Latour, 1 vol.

CLASSIQUES FRANÇAIS.

Thédtre de J. Racine, 1 vol.
Caractères de La Bruyère, 1 vol.
Pensées de Pascal, 1 vol.
Fables de La Fontaine, 1 vol.
Siècle de Louis XIV, par Voltaire, 1 vol.
Discours sur l'Histoire univ. de Bossuet, 1 v
Confessions de J.-J. Rousseau, 1 vol.
Gil-Blas, 1 vol.
Œuvres de Rabelais, 1 vol.
Poésies complètes d'André Chénier, 1 vol.

CLASSIQUES ÉTRANGERS TRAD. EN FRANÇAIS.

La Divine Comédie, trad. A. Brizeux, 1 vol.
Le Paradis Perdu, trad. Pongerville, } 1 vol
Voyage sentimental de Sterne,
Thédtre de Schiller, trad. X. Marmier, 2 vol
La Jérusalem délivrée, tr. A. Desplaces, 1 v
Lord Byron, trad Benjamin Laroche, 4 vol.
Œuvres de Silvio Pellico, tr. A. de Latour, 1 v
Le Koran, trad. nouv. par Kasimirsky, 1 vol.
Mémoires d'Alfiéri, trad. Ant de Latour, 1 v
La Messiade de Klopstock, trad. en fr., 1 v
Le Vicaire de Wakefield, tr. Mme Belloc, 1 v
Morale de Jésus-Christ et des Apôtres, 1 v
Histoire générale des Voyages, 3 vol.
Tom Jones, trad. Léon de Wailly, 2 vol.
Confucius, traduit par M. Pauthier, 1 vol.
Confessions de S. Augustin, tr. S. Victor, 1 v
Les Lusiades de Camoëns, trad. Millié, 1 vol.
Les Fiancés, de Manzoni, tr. R. Dussueil, 1 v
Thédtre et Poés., de Manzoni, tr de Latour, 1 v

CLASSIQUES GRECS TRADUITS EN FRANÇAIS.

Comédies d'Aristophane, trad. Artaud, 1 vol
Thédtre de Sophocle, trad. Artaud, 1 vol.
Thédtre d'Eschyle, tr. par M. Al. Pierron, 1 v
République de Platon, trad. nouv., 1 vol.
Romans grecs, trad. nouv., 1 vol.
Histoire d'Hérodote, 2 vol.
Moralistes anciens (Socrate, Épictète, etc.), 1 v
Histoire de Thucydide, 1 vol.
Diogène-Laërce, Vies des Philosophes, 1 vol
Lucien, Dialogues, satir. philosoph., etc., 1 v
Petits Poèmes (Oppien, Hésiode, etc.), 1 vol.

PRIX DE CHAQUE VOLUME : 3 FR. 50 C. — 107 VOLUMES SONT EN VENTE. (Juin 1841.)

Imprimé par Béthune et Plon, à Paris.

LES
CENT NOUVELLES
NOUVELLES.

ÉDITION REVUE SUR LES TEXTES ORIGINAUX,

ET PRÉCÉDÉE D'UNE INTRODUCTION

PAR LE ROUX DE LINCY.

TOME SECOND.

———❖———

PARIS,
CHARPENTIER, LIBRAIRE-ÉDITEUR,
29, RUE DE SEINE.
—
1841.

LES
CENT NOUVELLES
NOUVELLES.

LA XLIVe NOUVELLE,

PAR MONSEIGNEUR DE LA ROCHE.

(LE CURÉ COURTIER.)

Comme il est largement aujourduy de prestres
et curez qui sont si gentilz compaignons que nulles
des folies que font les gens laiz ne leur sont im-
possibles ne difficiles, avoit n'a guères en ung bon villaige de Picardie ung maistre curé qui faisoit raige
de aymer par amours. Et entre les autres femmes et
belles filles, il choisit et chercha une très belle jeune

et gente fille à marier; et ne fut pas si peu hardy
qu'il ne luy comptast tout du long son cas. De fait
son bel et asséuré langaige, cent milles promesses
et autant de bourdes la menèrent à ce qu'elle estoit
comme contente d'obéir à ce curé qui n'eust pas
esté pour lui un petit dommaige, tant estoit belle,
gente et de plaisant manière; et n'avoit en elle que
une faulte, c'estoit qu'elle n'estoit pas des plus sub-
tiles du monde. Toutesfois je ne scay dont lui vint
cest advis ne manière de respondre; elle dist ung
jour à son curé qui chauldement poursuivoit la besongne, qu'elle n'estoit pas conseillée de faire ce
qu'il requéroit tant qu'elle fust mariée; car se d'a-
venture, comme il advient chascun jour, elle faisoit ung enfant, elle seroit à toujoursmais deshonnourée et reprouchée de son père, de sa mère, de
ses frères, et de tout son lignaige; laquelle chose
elle ne pourroit pour rien souffrir, et n'a pas cueur
de soustenir le desplaisir que porter lui fauldroit à
ceste occasion : et pourtant hors de ce propos, si je
suis quelque jour mariée, parlez à moy et je feray
ce que je pourray pour vous et non aultrement, je le
vous dy une fois pour toutes. Monseigneur le curé
ne fut pas trop joyeux de ceste responce absolue; et
ne scait penser de quel couraige, ne à quel propos
elle dit ces parolles ; toutesfois lui qui estoit prins
ou las d'amour et féru bien à bon escient, ne veult
pas pourtant sa queste abandonner, si dist à sa
dame : Or çà, m'amie, estez vous en ce fermée et

conclue de riens ne faire pour moy, si vous n'estes
mariée? — Certes ouy, dit elle. — Et se vous estiez mariée, dit il, et j'en estoie le moyen et la
cause, en auriez vous après congnoissance en me
tenant loyaulment et sans faulser ce que m'avés
promis? — Par ma foy, dit elle, ouy, et de rechief le vous prometz. — Or bien grant mercy,
dit il, faictes bonne chière, car je vous prometz
séurement qu'il ne demourera pas à mon pourchaz
ne à ma chevance que vous ne le soyez, et de brief,
car je suis séur que vous ne le désirez pas tant
comme je fais; et affin que vous voyez à l'oeil que
je suis celui qui vouldroye emploier corps et biens
en vostre service, vous verrez comment je me
conduiray en ceste besongne. — Or bien, dit elle,
Monseigneur le curé, l'on verra comment vous ferez.
Sur ce fist la départie; et bon curé qui avoit le feu
d'amours, ne fut depuis guères aise tant qu'il eust
trouvé le père de sa dame. Et se mist en langaige
avec lui de plusieurs et diverses matières; et en la
fin il vint à parler de sa fille, et luy va dire bon
curé : Mon voisin, je me donne grant merveille,
aussi font plusieurs, voz voisins et amys, que
vous ne mariez vostre fille; et à quel propos la tenez vous tant d'emprès vous, et si savez toutesfois
que la garde est périlleuse. Non pas, Dieu m'en
vueille garder, que je dye ou vueille dire qu'elle ne
soit toute bonne : mais vous en voyez tous les jours
mesvenir puis qu'on les tient oultre le terme déu.

Pardonnez – moy toutesfois que si féablement
vous euvre et descouvre mon couraige ; car l'a-
mour que je vous porte, la foy aussy que je vous
dois, entant que je suis vostre pasteur indigne, me
semonnent et obligent de ce faire. — Par dieu !
Monseigneur le curé, dit le bon homme, vous ne
me dictes chose que je ne congnoisse estre vraie ; et
tant que je puis vous en mercye ; et ne pensez pas
ce que je la tiens si longuement avec moy c'est à
regret ; car quant son bien viendra, par ma foy, je
me travailleray pour elle ayder comme je doy. Vous
ne voulez pas, aussi n'est ce pas la coustume, que
je lui pourchasse ung mary, mais s'il en vient ung
qui soit homme de bien je feray comme un bon
père doit faire. — Vous dictes très bien, dit le curé,
et par ma foy, vous ne povez mieulx faire que de
vous en despeschier, car c'est grant chose de veoir ses
enfans aliez en la pleine vie. Et que diriez vous d'ung
tel, le filz d'ung tel vostre voisin ? par ma foy, il
me semble bon homme, bon mesnaigier et ung
grant laboureur. — Saint Jehan, dit le bon homme,
je n'en dy que tout bien ; quant à moy je le congnois pour ung bon jeune homme et ung bon laboureur. Son père et sa mère et tous ses parens sont
gens de bien ; et quant ilz feroient ceste honneur à
ma fille de la requérir à mariaige pour lui, je leur
respondroie tellement qu'ilz deveroient estre contens par raison. — Ainsi m'aïst Dieu, dit le curé,
on ne peult jamais mieulx, et pléust à Dieu que la

chose en fust ores bien faicte ainsi que je le désire ;
et pource que je scay à la vérité que ceste aliance
seroit le bien des parties, je m'y veuil emploier ; et
sur ce adieu vous dy. Se ce maistre curé avoit bien
fait son personnaige au père de sa dame, il ne le
fist pas mains mal au père du jeune homme ; et lui
va faire une grant premise, que son filz estoit en
aage de marier, et qu'il le déust piéça estre ; et
cent mille raisons lui amaine par lesquelles il dit et
veult conclure que le monde est perdu, se son filz
n'est hastivement marié : Monseigneur le curé, ce dist
le second bon homme, je scay que vous dictes au
plus près de mon couraige ; et en ma conscience, se
je fusse aussi bien à l'avant comme j'ay esté puis
ne scay quans ans, il ne fust pas à marier ; car c'est
une des choses en ce monde que plus je désire,
mais faulte d'argent l'en a retardé, et c'est force
qu'il ait pacience jusques à ce que nostre seigneur
nous envoye plus de bien que encore n'avons. —
Ha dea, dit le curé, je vous entens bien, il ne
vous fault que de l'argent. — Par ma foy non, dit
il, se j'en eusse comme autrefois j'ay eu, je lui
querroye tantost femme. — J'ay regardé en moy,
dist le curé, pource que je vouldroye le bien et
avancement de vostre filz, que la fille d'ung tel seroit
bien sa charge ; elle est bonne fille, et a son père
très bien de quoy, et tant en scay je qu'il la veult
très bien aider, et qui n'est pas peu de chose, c'est
ung saige homme, et de bon conseil, et bon amy,

et à qui vous et vostre filz aurez grant recours et
très bon secours. Qu'en dictes vous? — Certainement, dit le bon homme, pléust à Dieu que mon
filz fust si eureux que d'avoir aliance en si bon
hostel; et croyez que se je sentoye en aucune façon
qu'il y péust parvenir, et je feusse fourny d'argent
aussi bien que je ne suis mie pour l'eure, je y am-
ploiroye tous mes amys, car je scay tout de vray
qu'il ne pourroit en ceste marche mieulx trouver.
— Je n'ay pas donc, dit le curé, mal choisi. Et
que diriez-vous se je parloye au père de ceste besongne, et je la conduisoye tellement qu'elle sortist
à effect, ainsi que la chose le requiert, et vous
faisoye encores avec ce, le plaisir de vous prester
vingt frans jusques à ung terme que nous advise-
rons? — Par ma foy, Monseigneur le curé, vous
me offrez mieulx que je ne vaulx ne que en moy
n'est de desservir. Mais se ainsi le faictes, vous
me obligerez à tousjours mais en vostre service. —
Et vraiement, dit le curé, je ne vous ay dit chose
que je ne face; et faictes bonne chière, car j'espère,
comme je croy bien, ceste besongne mener à fin.
Pour abbrégier, maistre curé, espérant de jouyr de
sa dame quant elle seroit mariée, conduisoit les
besongnes en tel estat que par le moyen des vingt
frans qu'il presta, ce mariage fut fait et passé, et
vint le jour des nopces. Or est il de coustume que
l'espousé et l'espousée se confessent à tel jour. Si
vint l'espousé premier, et se confessa à ce curé; et

quant il eut fait, il se tira ung peu arrière de luy,
disant ses oroisons et patenostres. Et vécy l'espousée qui se met à genoulx devant le curé et se confesse. Quant elle eut tout dit, il parla voire si hault
que l'espousé, lequel n'estoit pas loing, l'entendit
tout du long, et dist : M'amye, je vous prie qu'il
vous souvienne maintenant, car il est heure, de la
promesse que me féistes naguères ; vous me promis-
tes que quant vous seriés mariée que je vous che-
vaulcheroie ; or l'estes vous, Dieu mercy, par mon
moyen et pourchas, et moyennant mon argent que
j'ay presté. — Monseigneur le curé, dist elle, je
vous tiendray ce que je vous ay promis, se Dieu
plaist, n'en faictes nulle doubte.—Je vous en mercie, dist le curé ; puis luy bailla l'absolution, après
ceste dévote confession, et la laissa aller. Mais l'espousé, qui avoit ouy ces parolles, n'estoit pas bien à
son aise. Toutesfoiz il n'estoit pas heure de faire
le courroucié. Après que toute les solennités de
l'église furent passées, et que tout fut retourné à
l'ostel, et que l'eure du coucher aprouchoit, l'espousé vint à ung sien compaignon qu'il avoit, et luy
pria très bien qu'il luy fist garnison d'une grosse
poignée de verges, et qu'il la mist secrètement
soubz le chevet de son lit. Quant il fut heure l'espousée fut couchée, comme il est de coustume, et
tint le coing du lit, sans mot dire. L'espousé vint
assez tost après et se met à l'autre bort du lit sans
l'approucher, ne mot dire ; et à lendemain se liève

sans aultre chose faire, et cache ses verges dessoubz son lit. Quant il fut hors de la chambre,
vécy bonnes matrones qui viennent, et ne fut pas
sans demander comment c'est portée la nuyt, et
qu'il luy semble de son mary : Ma foy, dist elle, véla
sa place, là loing, monstrant le bort du lit, et vécy
la mienne; il ne me approucha annuyt de plus près
et aussi n'aye je luy. Elles furent bien esbayes et
y pensèrent plus les unes que les autres; toutesfois elles s'accordèrent à ce qu'il l'a laissée par dévocion, et n'on fut plus parlé pour ceste foiz. La
segonde nuytée vint, et se coucha l'espousée en sa
place du jour de devant, et le mary arrière en la
sienne, fourny de ses verges; et ne luy fist aultre
chose, dont elle n'estoit pas contente. Et ne faillit
pas à lendemain à le dire à ses matrosnes, lesquelles
ne sçavoient que penser. Les aulcunes dient : J'espoire qu'il n'est pas homme, si le fault esprouver,
car jusques à la quatriesme nuyt il a continué ceste
manière. Si fault dire qu'il y a à dire en son fait;
pourtant se la nuyt qui vient il ne vous fait aultre
chose, dirent elles à l'espousée, tirés vous vers luy,
si l'acolés et baisiés, et luy demandés se on ne fait
aultre chose en mariaige. Et s'il vous demande
quelle chose vous voulez qu'il vous fasse, dictes
lui que vous voulez qu'il vous chevauche, et vous
orrez qu'il vous dira. —Je le feray, dit elle. Elle ne
faillit pas; car quant elle fut couchée en sa place de
tousjours, le mary reprint son quartier et ne s'a-

vançoit aultrement qu'il avoit fait les nuytz passées. Si se vira tost devers lui et le prent à bons
bras de corps et lui commença à dire : Venez çà,
mon mary, esse la bonne chière que vous me
faictes? Vécy la cinquiesme nuyt que je suis avecques vous, et si ne m'avez daignié approuchier ; et
par ma foy si j'eusse cuidé qu'on ne fist autre
chose en mariaige, je ne m'y fusse jà boutée. —
Et quelle chose, dit il lors, vous a l'en dit qu'on
fait en mariaige? — On m'a dit, dist-elle, qu'on y
chevauche l'ung l'autre, si vous prie que me che-
vauchiez. — Chevauchier, dit il, cela ne vouldroye
je pas faire encores, je ne suis pas si mal gracieux.
— Hélas, dit elle, je vous prie que si faciez, car
on le fait en mariaige. — Le voulez vous? dit il. —
Je vous en requiers, dist elle; et en le disant le
baisa très doulcement. — Par ma foy, dit il, je le
fais à grant regret, mais puis que vous le voulez je
le feray, combien que vous ne vous en louerez jà.
Lors prent, sans plus dire, ses verges de garnison,
et descouvre ma damoiselle et l'en bastit et dos et
ventre tant que le sang en sailloit de tous coustez.
Elle crye, elle pleure, elle se demaine, c'est grant
pitié que de la veoir ; elle mauldit qui oncques lui
fist requerre d'estre chevauchée : Je le vous disoye
bien, dit lors son mary. Après la prent entre ses
bras, et la roncina très bien et lui fist oublier la
douleur des verges : Et comment appelle on, dit
elle, cela que vous m'avez maintenant fait? — On

l'appelle, dit il, souffle en cul. — Souffle en cul,
dit elle, le nom n'est pas si beau que chevauchier;
mais la manière de le faire vault trop mieulx que
chevauchier. C'est assez puisque je le scay, je scauray bien doresenavant duquel je vous doy requerre.
Or devez vous savoir que Monseigneur le curé tendoit tousjours l'oreille quant sa nouvelle mariée
viendroit à l'église, pour lui ramentevoir ses besongnes, et lui faire souvenir de sa promesse. Le jour
qu'elle y vint, Monseigneur le curé se pourmenoit
et se tenoit près du benoistier; et quant elle fut
près, il lui bailla de l'eaue benoiste, et lui dit
assez bas: — M'amie, vous m'avés promis que je
vous chevaucheroye quant vous seriez mariée; vous
l'estes, Dieu mercy, voire et par mon moyen, si seroit heure de penser quant ce pourroit estre. —
Chevaucher, dit elle; par dieu j'aymeroye plus
chier que vous fussiez noyé, voire pendu; ne me
parlez plus de chevauchier, je vous prie. Mais je suis
contente que vous soufflez ou cul, si vous voulez. — Et je feray, dist le curé, votre fièvre quar-
taine, paillarde que vous estes, qui tant estes orde
et sale et malhonneste : ay je tant fait pour vous
pour estre guerdonné de vous soufler ou cul. Ainsi
mal content se partit Monseigneur le curé de la
nouvelle mariée, laquelle s'en va mettre en son
siège pour ouyr la dévote messe que le bon curé
vouloit dire. En la façon qu'avez dessus ouy, perdit Monseigneur le curé son adventure de jouyr de

sa dame, dont il fut cause et nul autre, pource qu'il parla trop hault à elle le jour qu'il la confessa ; car son mary qui ce ouyoit le empescha en la façon qu'est dit dessus, par faire acroire à sa femme que rouciner s'appelle souffle en cul.

LA XLVᵉ NOUVELLE,

PAR MONSEIGNEUR DE LA ROCHE.

(L'ÉCOSSOIS LAVENDIÈRE.)

Combien que nulles des nouvelles hystoires précédentes n'ayent touché ou racompté aucun cas advenu es marches d'Ytalie, mais seulement font
mencion des advenues en France, Alemaigne, Angleterre, Flandres, Breban, etc., si se extenderont
elles toutesfois, à cause de la fresche advenue, à ung
cas à Romme advenu qui fut tel. A Romme avoit
ung Escossoys, de l'aage d'environ vingt à vingt et
deux ans, lequel par l'espasse de quatorze ans se
maintint et conduisit en estat et habillement de
femme sans ce que en dedens le dit temps il fut venu
à la congnoissance publique des hommes ; et se faisoit appeller done Marguerite, et n'y avoit guères bon
hostel à la ville de Romme où il n'eust son recours et
congnoissance. Espécialement il estoit bien venu des

femmes comme entre les chamberières, meschines
et aultres femmes de bas estat, et aussi des aucunes
des plus grandes de Romme. Et affin de vous descouvrir l'industrie de ce bon Escossoys, il trouva façon
d'aprendre à blanchir les draps linges, et s'appelloit
la lavendière; et soubz cest umbre, hantoit, comme
dessus est dit, es bonnes maisons de Romme, car il
n'y avoit femme qui scéust l'art de blanchir draps
comme il faisoit. Mais vous devez scavoir que encores
scavoit il bien plus : car puis qu'il se trouvoit quelque part à descouvert avec quelque belle fille, il luy
monstroit qu'il estoit homme. Il demouroit bien souvent au coucher, à cause de faire la buyée, ung jour,
deux jours, es maisons dessus dites; et le faisoit-on
coucher avec la chamberière ou meschine, et aucunes
foiz avec la fille ; et bien souvent et le plus, la maistresse, se son mary n'y estoit, vouloit bien avoir sa
compaignie. Et Dieu scait s'il avoit bien le temps,
et moyennant le labeur de son corps, il estoit bien
venu par tout; et n'y avoit bien souvent meschine
ne chamberière qui ne se combastit pour luy bailler
la moitié de son lit. Les bourgoys mesmes de
Romme, à la relacion de leurs femmes, le veoient
très voulentiers en leurs maisons; et s'ilz aloient
quelque part dehors, très bien leur plaisoit que
donc Marguerite aydast à garder le mesnaige avec
leurs femmes ; et qui plus est la faisoient mesme
coucher avecques elles, tant la sentoient bonne et
honneste, comme dessus est dit. Par l'espace de

2

xiiij ans continua donc Marguerite sa manière de
faire. Mais fortune bailla la congnoissance de l'embusche de son estat par une jeune fille qui dist à
son père qu'elle avoit couché avec elle et l'avoit assaillie, et lui dist véritablement qu'elle estoit homme.
Ce père fist prendre donc Marguerite à la relation de sa fille ; elle fut regardée par ceulx de la
justice, qui trouvèrent qu'elle avoit tous telz membres et oultilz que les hommes portent, et que
vrayment elle estoit homme et non pas femme. Si
ordonnèrent que on le mettroit sur ung chariot, et
que on le meneroit par la ville de Romme, de carefourc en carefourc, et le monstreroit-on, voyant tout
chascun ses génitoires. Ainsi en fut fait, et Dieu scait
que la povre donc Marguerite estoit honteuse et surprinse. Mais vous devez scavoir que comme le chariot
vint en ung carefourc et qu'on faisoit ostencion des
denrées de donc Marguerite, ung Roumain qui le vit
dist tout haut : Regardés quel galioffe ; il a couché
plus de vingt nuytz avec ma femme. Si le dirent aussi
plusieurs aultres comme luy ; plusieurs ne le dirent
point qui bien le scavoient ; mais pour leur honneur ilz s'en turent en la façon que vous ouez. Ainsi
fut pugny nostre povre Escossoys qui la femme contrefist ; et après ceste pugnicion il fut banny de
Romme, dont les femmes furent bien desplaisantes :
car oncques si bonne lavendière ne fut, et avoient
bien grant deul que si meschamment perdu l'a-
voient.

LA XLVIᵉ NOUVELLE,

PAR MONSEIGNEUR DE THIEURGES.

(LES POIRES PAYÉES.)

Ce n'est pas chose estrange ne peu acoustumée
que moynes hantent et fréquentent voulentiers les
nonnains. A ce propos il advint naguères que ung
maistre jacopin tant hanta et fréquenta une bonne
maison de dames de religion de ce royaume, qu'il
parvint à son intencion, laquelle estoit de couchier
avec une des dames de léans. Et puis qu'il eut ce
bien s'il estoit diligent et soigneux de soy trouver
vers celle qu'il aimoit plus que tout le demourant
du monde; et tant y continua et hanta que l'abesse
de léans et plusieurs des religieuses se parcéurent
de ce qui estoit, dont elles furent bien mal contentes. Mais toutesfois, affin de éviter esclandre, elles
n'en dirent mot, voire au religieux, mais trop bien
chantèrent la leçon à la nonnain, laquelle se scéut

bien excuser; mais l'abesse qui veoit cler et estoit bien parcevante, congnéut tantost à ses responses et excusances, aux manières qu'elle tenoit et aux apparences qu'elle avoit véu, qu'elle estoit coulpable du fait, si voulut pourveoir de remède, car elle fist tenir bien court, à cause de ceste religieuse, toutes les aultres, fermer les huys des clouoistres, et des aultres lieux de léans, et tellement fist que le povre jacopin ne povoit plus venir veoir sa dame. Si lui en desplaisoit et à elle aussi il ne le fault pas demander. Et vous dis bien qu'ilz pensoyent et nuyt et jour par quelle façon et moyen ilz se pourroient rencontrer, mais ilz n'y scavoient engin trouver, tant faisoit faire sus eulx le guet ma dame l'abesse. Or advint ung jour que une des niepces de ma dame l'abesse se marioit, et faisoit sa feste en l'abaye; et y avoit grosse assemblée des gens du pays; et estoit ma dame l'abesse fort empeschée de festoier les gens de bien qui estoyent venus à la feste faire honneur à sa niepce. Si s'advisa bon jacopin de venir veoir sa dame, et que à l'adventure il pourroit estre si eureux que de la trouver en belle; et il y vint, comme il proposa. Et de fait trouva ce qu'il quéroit; et à cause de la grosse assemblée, et de l'empeschement que l'abesse et ses guettes avoient, il eut bien loisir de dire ses doléances et regreter le bon temps passé; et elle qui beaucoup le aymoit le vit très voulentiers; et se en elle eust esté aultre chière lui eust fait. Entre aultres parolles il lui dist : Hélas, m'amie, vous sa-

vez qu'il y a jà long temps que point ne fumes deviser ainsi que nous soulions ; je vous prie, s'il est
possible, tandis que l'ostel de céans est fort donné
à aultre chose que à nous guettier, que vous me diez
où je pourray parler à vous à part. — Ainsi m'aïst
Dieu, dit elle, mon amy, je ne le désire pas mains
que vous. Mais je ne scay penser lieu ne place où il
se puisse faire ; car tout le monde est tant par céans
qu'il ne seroit pas en moy d'entrer en ma chambre,
tant y a d'estrangiers qui sont venuz à ceste feste ;
mais je vous diray que vous ferez. Vous savés bien
où est le grant jardin de céans, ne faictes pas? —
Saint Jehan ! ouy, dist il, je scay bien où il est.
— Vous savez que au coing de ce jardin, dit elle,
y a ung très beau préau bien enclos de belles hayes
fortes et espesses, et au millieu ung grant poirier
qui rend le lieu umbrageux et couvert. Vous vous
en yrez là et me attendrez ; et tantost que je pourray
eschapper je feray diligence de moy trouver vers
vous. Elle fut beaucoup merciée, et dist maistre jacopin qu'il s'i en aloit tout droit. Or devés-vous savoir que ung jeune galant venu à la feste n'estoit
guères loing de ces deux amans ; si ouyt et entendit
toute leur conclusion, et pource qu'il savoit bien
le lieu où estoit le dit préau, il s'advisa et proposa
en soy de s'en aller embuscher pour veoir le déduit
et les armes qu'ilz avoient entreprins de faire. Il se
mist hors de la presse, et tant que piez le péurent
porter, il s'en court vers ce préau, et fist tant qu'il s'i

2.

trouva avant le jacopin. Et lui là venu, il monte sus
le beau poirier qui estoit large et ramu, et très bien
vestu de fueilles et de poires, et s'i ambuscha si bien
qu'il n'estoit pas aisié à veoir. Il n'y eut guères esté
que vécy bon Jacopin qui attrote, en regardant derrière lui se ame le suivoit. Et Dieu qu'il fut bien
joyeux de soy trouver en ce beau lieu ! Il se garda
bien de lever les yeulx contre mont ; car jamais ne se
fust doubté qu'il y eust eu quelcun ; mais tousjours
avoit l'oeil vers le chemin qu'il estoit venu. Tant
regarda qu'il vit sa dame venir le grant pas, laquelle fust tost emprès lui ; si se firent grant feste et
bon jacopin d'oster son manteau et son capullaire,
et commence à baiser et accoler bien serréement la
belle. Si voulurent faire ce pour quoy ilz estoient
venuz : et se met chascun en point, et en ce faisant
commença à dire la nonnain : Pardieu, mon amy
frère Aubery, je veuil bien que vous saichiez que vous
avez aujourduy à dame et en vostre beau commandement l'ung des beaux corps de nostre religion ;
et je vous en fais juge, vous le voyez, regardez
quel tetin, quel ventre, quelles cuisses, et du surplus
il n'y a que dire. — Par ma foy, dit frère Aubery,
seur Jehanne m'amie, je congnois ce que vous dictes ; mais aussi vous povez dire que vous avez à serviteur ung des beaulx religieux de nostre ordre, aussi
bien fourny de ce que ung homme doit avoir que
nul autre. Et à ces motz mist la main au baston
dont il vouloit faire ses armes, et le brandissoit voyant

sa dame, en luy disant : Qu'en dictes vous, que vous
en semble, n'est il pas beau, ne vault il pas bien une
belle fille ?—Certes ouy; dist elle. — Et aussi l'aurez
vous, dist le jacopin. — Et vous aurez, dist lors
celui qui estoit dedens le poirier, dessus eulz, des
meilleures poires du poirier. Lors prent à ses deux
mains les brances du poirier, et fait tomber en bas
sur eulz des poires très largement, dont frère Aubery fut tant effroyé qu'à peu qu'il n'eust le sens de
reprendre son manteau. Si s'en picque tant qu'il
peult sans arrester, et ne fut asséuré tant qu'il fut
dehors de leans. Et la nonnain qui fut autant effroyée
que lui, ne se scéut si tost mettre en chemin que le
galant du poirier ne feust descendu ; lequel la print
par la main et lui deffendit le partir, et lui dist : M'a-
mie, il vous fault payer le fruitier. Elle qui estoit
prinse et surprinse, veit bien que reffuz n'estoit pas
de saison, si fut contente que le fructier fist ce que
frère Aubery avoit laissé en train.

LA XLVIIe NOUVELLE,

PAR MONSEIGNEUR DE LA ROCHE.

(LES DEUX MULES NOYÉES.)

En Prouvence avoit naguères un président de
haulte et bien eureuse renommée qui très grant
clerc et prudent estoit, vaillant aux armes, discret
en conseil ; et au brief dire, en luy estoient tous les
biens de quoy on pourroit jamais louer homme. D'une
chose tant seulément estoit noté dont il n'estoit pas
cause, mais estoit celui à qui plus en desplaisoit ;
aussi la raison y estoit. Et pour dire la note que de
lui estoit, c'estoit qu'il estoit coux par faulte d'a-
voir femme aultre que bonne. Le bon seigneur veoit
et congnoissoit la desloyauté de sa femme et la trouvoit encline de tous poins à sa puterie ; et quelque
sens que Dieu lui eust donné, il ne scavoit remède à
son cas, fors de soy taire et faire du mort ; car il
n'avoit pas si peu léu en son temps qu'il ne sceust

vrayement que correction n'a point de lieu à femme
de tel estat. Toutesfois vous povez penser que un
homme de couraige et vertueux comme cestuy estoit,
ne vivoit pas bien à son aise, mais fault dire et conclure que son dolent cueur portoit la paste au four
de ceste mauldicte infortune ; et au par dehors avoit
semblant et manière de rien savoir et percevoir le
gouvernement de sa femme. Ung de ses serviteurs le
vint trouver ung jour, en sa chambre, à part, et lui
va dire par grant sens : Monseigneur, je suis celuy
qui vous vouldroie advertir, comme je doy, de tout ce
qu'il vous peut touchier especialement de vostre honneur ; je me suis prins et donné garde du gouvernement de ma dame vostre femme, mais je vous asséure
qu'elle vous garde très mal la loyaulté qu'elle vous a
promise ; car séurement ung tel qu'il lui nomma tient
vostre lieu bien souvent. Le bon président saichant
bien l'estat de sa femme, lui respondit très fièrement:
Ha ribault, je scay bien que vous mentez de tout ce
que me dictes ; je congnois trop ma femme, elle n'est
pas telle, non. Et vous ay je nourry si longuement
pour me rapporter une telle bourde, voire de celle
qui tant est honneste, bonne et loyale? Et vraiement
vous ne m'en ferez plus : dictes que je vous dois,
et vous en allez bientost, et ne vous trouvez jamais
devant moy, si chier que vous aymez vostre vie. Le
povre serviteur qui cuidoit faire grant plaisir à son
maistre de son advertance, dist ce qu'il luy devoit.
Le président lui baille et il le recéut et s'en ala.

Nostre bon président, voyant encores de plus en plus
refreschir la desloyauté de sa femme, estoit tant
mal content et si très fort troublé que on ne pourroit plus. Si ne savoit que penser ne ymaginer par
quelle façon il s'en pourroit honnestement deschar-
gier. Si advisa, comme j'espère que Dieu le voulut ou que fortune le consentit, que sa femme devoit aller à unes nopces assez tost. Il vint à ung
varlet qui la garde de ses chevaulx avoit, et aussi
d'une belle mule qu'il avoit, et lui dist : Garde bien
que tu ne bailles à boire à ma mule de nuyt ne de
jour, tant que je le te diray ; et à chascune fois que
tu luy donneras son aveine si lui metz parmy une
bonne pongnie de sel ; et gardes que tu n'en sonnes
mot. — Non ferois-je, dist le varlet, et si feray ce que
vous me commandez. Quant le jour des nopces de
la cousine de ma dame la présidente approucha, elle
dist au bon président : Monseigneur, si c'estoit vostre plaisir, je me trouveroye voulentiers aux nopces
de ma cousine, qui se feront dimenche prouchain, en
ung tel lieu. — Vraiement, m'amie, dist il, j'en suis
très bien content ; alez, Dieu vous conduie. — Je
vous mercye, Monseigneur, dit elle, mais je ne scay
bonnement comment y aller, je n'y menasse point
voulentiers mon chariot pour le tant peu que je y ay
à estre ; vostre hacquenée aussi est tant desroyée
que, par ma foy, je n'oseroye pas bien entreprendre
le chemin sus elle. — Et bien, m'amie, si prenez ma
mule ; elle est belle beste et si va bien doulx, et aussi

séure du pié que j'en **trouvasse** oncques point. —
Et, par ma foy, **Monseigneur**, dit elle, je vous en
mercye, vous **estes bon mary**. Le jour de partir vint,
et s'aprestèrent les serviteurs de ma dame la présidente et ses femmes qui la devoient servir et ac-
compaigner ; pareillement vont venir à cheval, deux
ou **troys** gorgyas qui la devoient acompaignier, qui
demandent se ma dame est preste, et elle leur fait
savoir qu'elle viendra maintenant. Elle fut preste et
vint en bas, et luy fut amenée la belle mule au mon-
touer, qui n'avoit béu de huit jours ; si enraigeoit de
soif, tant avoit mengié de sel. Quant elle fut montée,
les gorgias se misdrent devant elle, qui faisoient frin-
guier leurs chevaulx, et estoit raige qu'ilz sailloient
bien et hault. Et se pourroit bien faire que aucuns de
la compaignie savoient bien que ma dame savoit
faire. En la compaignie de ces gentilz gorgias, avecques ses femmes et ses serviteurs, passa ma dame la
présidente par la ville, et se vint trouver aux champs ;
et tant alla qu'elle vint arriver en ung très mauvais
destroit auprès duquel passe la grosse rivière du
Rosne, qui en cest endroit est tant roide que merveilles. Et comme ceste mule qui n'avoit béu de huyt
jours, percéut la rivière, courant sans demander
pont ne passaige, elle de plain vol saillit dedans à
tout sa charge qui estoit du précieux corps de ma
dame. Ceulx qui le virent la regardèrent très bien ;
mais autre secours ne lui firent, car aussi il n'estoit
pas en eulx, si fut ma dame noyée, dont ce fut grant

donmaige. Et la mule quant elle eut béu son saoul
naigea tant par le Rosne qu'elle trouva l'issue et
saillit dehors. La compaignie fut beaucoup troublée,
qui a perdu ma dame ; si s'en retourna à la ville. Et
vint l'ung des serviteurs de Monseigneur le président,
le trouver en sa chambre, qui n'attendoit aultre chose
que les nouvelles, qui lui va dire tout pleurant la
piteuse adventure de ma dame sa maistresse. Le bon
président, plus joyeux en cueur que oncques ne fut,
se monstra très desplaisant ; et de fait se laissa cheoir
à terre du hault de lui, menant très piteux deul en
regretant sa bonne femme. Il mauldissoit sa mule,
les belles nopces qui firent sa femme partir ce jour :
Et Dieu, dit il, ce vous est grant reprouche qui estes
tant de gens et n'avez scéu rescourre la povre femme
qui tant vous aymoit ; vous estes lasches et meschans,
et l'avez bien monstré. Le serviteur et les autres
aussi s'excusèrent le mains mal qu'ilz scéurent ; et
laissèrent Monseigneur le président qui loua Dieu à
joinctes mains de ce qu'il est sy honnestement quitte
de sa femme. Quant il fut à point luy fist faire ses
funérailles comme il appartenoit ; mais croyez combien qu'il fust encores en aage, il n'eust garde de
soy rebouter en mariage, craignant le dangier où
tant avoit esté.

LA XLVIIIe NOUVELLE,

PAR MONSEIGNEUR DE LA ROCHE.

(LA BOUCHE HONNÊTE.)

Ung gentil compaignon devint amoureux d'une jeune damoiselle qui naguères c'estoit mariée; et le mains mal qu'il scéut, après qu'il eut trouvé façon d'avoir vers elle accointance, il lui compta son cas. Et au rapport qu'il fist, il estoit fort malade ; et à la vérité dire aussi, estoit-il bien picqué. Elle fut si doulce et gracieuse qu'elle lui bailla bonne audience, et pour la première fois il se partit très content de la response qu'il eut. S'il estoit bien féru au paravant, encores fut il plus touchié au vif quant il eut dit son fait; si ne dormoit ne nuyt ne jour, de force de penser à sa dame, et de trouver la façon et manière de parvenir à sa grace. Il retourna à sa queste quant il vit son point; et Dieu scait s'il avoit bien parlé la première fois que encores fist il mieulx son

5

parsonnaige à la deusiesme, et si trouva de son eur
sa dame assez encline à passer sa requeste, dont il
ne fut pas moyennement joyeux. Et pource qu'il
n'avoit pas tousjours le temps ne le loisir de soy
tenir vers elle, il dist à ceste fois la bonne voulenté
qu'il avoit de lui faire service et en quelle façon. Il
fut mercié de celle qui estoit tant gracieuse qu'on
ne pourroit plus. Brief il trouva en elle tant de courtoisie en maintien et parler, qu'il n'en scéut plus demander ; si se cuida advancer de la baiser, mais il
en fut refusé de tous poins ; mesmes quant vint au
partir, il n'en péut oncques finer dont il estoit très
esbahy. Et quant il fut dehors de chés elle, il se
doubta beaucoup de non point parvenir à son intencion, veu qu'il ne povoit obtenir d'elle ung seul
baiser. Il se conforte d'autre cousté des gracieuses
parolles qu'il avoit eues au dire adieu, et de l'espoir
qu'elle lui avoit baillié. Il revint commé les autres
fois de rechief à sa queste ; et pour abbrégier, tant y
alla et tant y vint qu'il eut heure assignée de dire
le surplus à sa dame, à part, de ce qu'il ne vouldroit
desclairer sinon entre eulz deux. Et, pource que
temps estoit, il print congié d'elle, si l'embrassa bien
doulcement et la voulut baiser ; et elle s'en defend
très bien, et lui dist assez rudement : Ostez, ostez,
laissez moy. je n'ay cure d'estre baisée. Il s'excusa
le plus gracieusement que oncques scéut, et sur ce se
partit : Et qu'esse cy, dist-il, en soy-mesmes, jamais
je ne véis ceste manière en femme ; elle me fait la

meilleure chière du monde, et sí m'a desjà accordé
tout ce que je lui ay osé requerre; mais encores n'ay
je péu finer d'ung povre baisier. Quant il fut heure, il
vint où sa dame lui avoit dit, et fist ce pour quoy il
y vint tout à son beau loisir, car il coucha entre ses
bras toute la belle nuyt, et fist tout ce qu'il voulut,
excepté seulement le baiser pour laquelle cause il
s'esmerveilloit moult en soy mesmes : Et je n'entens
point ceste manière de faire, disoit-il en son par-
dedens, ceste femme veult bien que je couche avecques elle et faire tout ce qu'il me plaist; mais du
baiser je n'en fineroye nen plus que de la vraye croix?
Par la mort bieu, je ne scay entendre cecy ; il faut
qu'il y ayt aucun mistère, il est force que je le saiche. Ung jour entre les aultres, qu'il estoit avecques
sa dame à goguettes, et qu'ilz estoient beaucoup de
hait tous deux, il luy dist : M'amye, je vous requiers,
dictes moy qui vous meut de me tenir si grant rigueur quant je vous vueil baiser? Vous m'avez baillié la joyssance de vostre gracieux et beau corps tout
entièrement, et d'ung petit baiser vous me faictes le
reffuz ? — Mon amy, dist elle, vous dictes vray, le
baisier vous ay-je voirement reffusé et ne vous y attendez point, vous n'en finerez jamais ; et la raison y
est bonne, si la vous diray. Il est vray quant j'espousé mon mary que je lui promis de la bouche tant
seulement beaucoup de moult belles choses. Et pource
que ma bouche est celle qui lui a promis de lui estre
bonne et loyale, je suis celle qui ly vueil entrete-

nir ; et ne souffreroye pour mourir qu'autre de
lui y touchast ; elle est sienne et à nul autre ; et ne
vous attendez de riens y avoir. Mais mon derrière
ne lui a rien promis ne juré ; faictes de lui et du surplus de moy, ma bouche hors, ce qu'il vous plaira ;
je le vous abandonne. L'autre commença à rire très
fort, et dist : M'amye, je vous mercye, vous dictes
très bien, et si vous scay grant gré que vous avez la
franchise de bien garder vostre promesse. — Jà Dieu
ne vueille, dit-elle, que je lui face faulte. En la fa-
con qu'avez ouy fut ceste femme obstinée : le mary
avoit la bouche seulement, et son amy le surplus ;
et se d'aventure le mary se servoit aucunes fois des
aultres membres, ce n'estoit que par manière d'em-
prunt, car ilz estoient à son amy par le don d'elle.
Mais il avoit cest advantaige que sa femme estoit contente qu'il en prens ist sur ce qu'elle avoit donné ;
mais pour riens n'eust souffert que l'amy eust jouy
de ce qu'à son mary avoit donné.

LA XLIXᵉ NOUVELLE,

PAR PIERRE DAVID.

(LE CUL D'ÉCARLATTE.)

J'ay très bien séu que naguères, en la ville d'Arrâs, avoit ung bon marchant auquel il meschéust d'avoir femme espousée qui n'estoit pas des meilleures du monde ; car elle ne tenoit serre, qu'elle peut veoir son coup, et qu'elle trouvast à qui, non plus que une vieille arbaleste. Ce bon marchant se donna garde du gouvernement de sa femme ; il en fut aussi adverty par aucuns ses plus privez amis et voisins. Si se bouta en une grant frénésie et bien parfonde mélencolie, dont il ne valut pas mieulx. Puis s'advisa qu'il esprouveroit s'il savoit par aucune bonne façon se nullement il pourroit veoir ce qu'il scait que bien peu lui plaira, c'estoit de veoir venir en son hostel et en son domicille, devers sa femme, ung ou plusieurs de ceulx que on dit

5.

qui sont ses lieutenans. Nostre marchant faignit
ung jour d'aler dehors, et s'embuscha en une chambre de son hostel dont lui seul avoit la clef. Et
veoit de la dicte chambre sus la rue et sus la court, et
par aucuns secretz pertuis et plusieurs trilles regardoit en plusieurs aultres lieux et chambres de
léans. Tantost que la bonne femme pensa que son
mary estoit dehors, elle fist prestement savoir à
ung de ses amys qu'il vensist vers elle; et il y
obéyt comme il devoit, car il suivit pié à pié la
meschine qui l'estoit alé quérir. Le mary qui,
comme dist est, estoit cachié en sa chambre, vit
très bien entrer celui qui venoit tenir son lieu;
mais il ne dist mot, car il veult veoir plus avant
s'il peut. Quant l'amoureux fut léans, la dame le
mena par la main, tout devisant en sa chambre et
serra l'uys; et se commencèrent à baiser et à accoler,
et faire la plus grant chière de jamais; et la bonne
damoiselle de despouillier sa robbe, et soy mettre
en cotte simple; et bon compaignon de la prendre
à bons bras de corps, et faire ce pour quoy il estoit venu. Et tout ce veoit à l'oeil le povre mary
par une petite treille, pensez s'il estoit à son aise;
mesmes il estoit si près d'eulz qu'il entendoit plei-
ment tout ce qu'ilz disoient. Quant les armes d'entre
la bonne femme et son serviteur furent achevées, ilz
se misdrent sus une couche qui estoit en la chambre,
et se commencent à deviser de plusieurs choses. Et
comme le serviteur regardoit sa dame qui tant belle

estoit que merveilles, il la commence à rebaiser, et
dist en cela faisant : M'amie, à qui est ceste belle bouche? — C'est à vous, mon amy, dit elle. — Et je vous
en mercye, dit il. Et ces beaulx yeulx ? — A vous
aussi, dit elle. — Et ce beau tétin qui est si bien
troussé n'est il pas de mon compte? dit il. — Ouy,
par ma foy, mon amy, dit elle, et non à aultre. Il
met après la main au ventre et à son devant, où il
n'y avoit que redire, si lui demanda : A qui est cecy,
m'amie? — Il ne le fault jà demander, dit elle, on
scait bien que tout est vostre. Il vint après getter la
main sur le gros derrière d'elle, et lui demanda en
soubriant : A qui est cecy ? — Il est à mon mary,
dit elle, c'est sa part, mais tout le demourant est
vostre. — Et vraiement, dit il, je vous en remercie beaucoup. Je ne me doy pas plaindre, vous
m'avés très bien party, et aussi d'autre costé, par
ma foy, pensez que je suis tout entier vostre. —
Je le scay bien, dit elle. Et après ces beaux dons et
offres qu'ilz firent l'ung à l'autre, ilz recommencèrent
leurs armes de plus belle. Et ce fait le gentil serviteur partit de léans, et le povre mary qui tout
avoit véu et ouy, tant courroucé qu'il n'en povoit
plus, enraigeoit tout vif; toutesfois, pour mieulx
faire, il avala ceste première, et à lendemain fist
très bien son personnaige, faisant semblant qu'il
venoit de dehors. Et quant vint sur le point du disner, il dist à sa femme qu'il vouloit avoir dimenche
prouchain son père, sa mère, telz et telz de ses pa-

rens et cousins ; et qu'elle face garnison de vivres, et
qu'ilz soient bien aises à ce jour. Elle se chargea de
ce faire et luy de les inviter. Ce dimanche vint, et
le disner fut prest, et tous ceulx qui mandez y furent
comparurent et print chascun place comme leur
hoste l'ordonnoit, qui estoit debout, et sa femme
aussi lesquelz servirent le premier mez. Quant le
premier mez fut assis, l'oste qui avoit secrètement
fait faire une robe pour sa femme de gros bureau
de gris, et à l'endroit du derrière avoit fait mettre
une bonne pièce d'escarlate, en manière d'ung
tasseau, si dist à sa femme : Venez jusques en la
chambre ; il se met devant et elle le suyt. Quant ilz
y furent, il lui fist despouiller sa robe et va prendre
dre celle du bureau dessusdit et lui dist : Or vestez
ceste robe. Elle la regarde et veoit qu'elle est de
gros bureau, si en est toute esbahie et ne scait penser qu'il fault à son mary, ne pourquoy il la veult
ainsi habillier : Et à quel propos me voulez vous
ainsi housser? dit elle. — Ne vous chaille, dit il,
je vueil que la vestez. — Ma foy, dit elle, je n'en
tiens compte, je ne la vestiray jamais. Faictes vous
du fol ? Vous voulez bien faire farcer les gens de vous
et de moy encores devant tant de monde. — Il n'y
a ne fol, ne saige, dit il, vous la vestirez. — Au
mains, dit elle, que je saiche pour quoy vous le
faictes. — Vous le saurez cy après. Pour abbrégier,
force fut qu'elle endossast ceste robbe qui estoit
bien estrange à regarder. Et en ce point fut amenée

à la table, où la pluspart de ses parens et amis estoient. Mais pensez qu'ilz furent bien esbahyz de la veoir ainsi habillée; et croyez qu'elle estoit bien honteuse, et se la force eust esté sienne, elle ne fust pas là venue. Droit là avoit assez qui demandoyent que signifioit cest habillement? Et le mary respondit qu'ilz pensassent tous de faire bonne chière, et que après disner ilz le sauroient. Mais vous devés savoir que la povre femme houssée du bureau, ne mangea chose qui bien lui fist; et lui jugeoit le cueur que le mistère de sa housséure lui feroit ennuy. Et encores eust-elle esté trop plus troublée s'elle eust scéu du tasseau d'escarlate, mais nenny. Le disner se passa, et fut la table ostée, les grâces dietes et tout chascun debout. Lors le mary se met avant et commence à dire : Vous telz et telz qui cy estes, s'il vous plaist, je vous diray en brief la cause pourquoy je vous ay icy assemblez, et pourquoy j'ay vestu ma femme de cest habillement. Il est vray que jà pieçà j'ay esté adverty que vostre parente qui cy est, me gardoit très mal la loyauté qu'elle me promist en la main du prestre ; toutesfois quelque chose que l'on m'ait dit, je ne l'ay pas créu de légier, mais moy mesmes l'ay voulu esprouver, et qu'il soit vray, il n'y a que six jours que je faigny d'aller dehors, et m'embuschay en ma chambre là hault. Je n'y euz guères esté que vécy venir ung tel que ma femme mena tantost en sa chambre où ilz firent ce que mieulx leur pléust.

Entre les aultres devises, l'omme lui demanda de sa bouche, de ses yeulx, de ses mains, de son tetin, de son ventre, de son devant et de ses cuisses, à qui tout ce baigaige estoit. Et elle respondit : A vous, mon amy. Et quant vint à son derrière, il lui dist : Et à qui est cecy, m'amie? A mon mary, dit elle. Lors pource que je l'ay trouvée telle, je l'ay ainsi habillée : elle a dit que d'elle il n'y a mien que le derrière, si l'ay houssée comme il appartient à mon estat ; le demourant ay je houssé de vesture qui est déue à femme desloyale et deshonnourée, car elle est telle : pour ce je la vous rens. La compaignie fut bien esbahye d'ouyr ce propos, et la povre femme bien honteuse. Mais toutesfois quoy que fust, oncques puis avec son mary ne se trouva, ains deshonnourée et reprouchée entre ses amis depuis demoura.

LA L^e NOUVELLE,

PAR ANTHOINE DE LA SALE.

(CHANGE POUR CHANGE.)

Comme jeunes gens se mettent voulentiers à voyagier, et prennent plaisir à veoir et cherchier les adventures du monde, il y eut naguères au païs de Lannois ung filz de laboureur qui fut depuis l'aage de dix ans jusques à l'aage de vingt et six tousjours hors du païs; et depuis son partement jusques à son retour, oncques son père ne sa mère n'en eurent une seule nouvelle, si pensèrent plusieurs fois qu'il fust mort. Il revint toutesfois et Dieu scait la joye qui fut en l'ostel, et comment il fut festoyé à son retour de tant peu de biens que Dieu leur avoit donné. Mais qui le vit voulentiers et en fist grant feste, ce fut sa grant mère, la mère de son père, qui lui faisoit plus grant chière et estoit la plus joyeuse de son retour que nul des

autres. Elle le baisa plus de cinquante fois, et ne
cessoit de louer Dieu qui leur avoit rendu leur
beau filz, et retourné en si beau point. Après ceste
grande chière, l'eure vint de dormir, mais il n'y
avoit à l'ostel que deux litz : l'ung estoit pour le
père et la mère, et l'autre pour la grant mère. Si
fut ordonné que leur dit filz coucheroit avec sa grant
mère, dont elle fut bien joyeuse; mais il s'en fust
bien passé, combien que pour obéir il fut content
de prendre la pacience pour ceste nuyt. Comme il
estoit couchié avecques sa taye, ne scay de quoy il
lui souvint, car il monta dessus : Et que veulz-tu
faire? dit elle. — Ne vous chaille, dit il, ne dites
mot. Quant elle vit qu'il vouloit besongner à bon
escient, elle commence de crier tant qu'elle peut
après son filz qui dormoit en la chambre au plus
près. Si se leva de son lit et s'en alla plaindre à
l'uis de son filz, en pleurant tendrement. Quant l'autre ouyt la plainte de sa mère, et la inhumanité de
son filz, il se leva sur piez très courroucé et mal
méu, et dist qu'il l'occira. Le filz ouyt ceste menace
et sault sus, et s'enfuit par derrière. Son père le
suit, mais c'est pour néant, il n'étoit pas si légier
du pié, il vit qu'il perdoit sa peine; si revint à l'os_
tel, et trouva sa mère lamentant à cause de l'offense
que son fils luy avoit faicte : Ne vous chaille, ma
mère, dit il, je vous en vengeray bien. Ne scay
quans jours après ce père vint trouver son filz qui
jouoit à la paulme; et tantost qu'il le vit il tira

bonne dague, et marche vers lui et l'en cuida férir. Le filz se destourna et son père fut tenu. Aucuns qui là estoient sceurent bien que c'estoit le père et le filz : Fi, dist l'ung au filz, et viens çà ; que as tu meffait à ton père qui te veult tuer ? — Ma foy, dist il, rien. Il a le plus grant tort de jamais ; il me veult tout le mal du monde pour une povre fois que j'ay voulu ronciner sa mère ; il a bien ronciné la mienne plus de cinq cens fois, et je n'en parlay oncques un seul mot. Tous ceulz qui ouyrent ceste response commencèrent à rire de grant cueur. Si s'emploièrent à ceste occasion d'y mettre paix, et fut tout pardonné d'ung cousté et d'autre.

LA LIe NOUVELLE.

(LES VRAIS PERES.)

A Paris, n'a guères, vivoit une femme qui fut mariée
à ung bon simple homme qui tout son temps fut de
noz amis, si très bien qu'on ne pourroit plus. Ceste
femme, qui belle et gente et gracieuse estoit ou temps
qu'elle fut neufve, pource qu'elle avoit l'oeil au vent,
fut requise d'amours de plusieurs gens. Et pour la
grant courtoisie que nature n'avoit pas oublyé en
elle, elle passa légièrement les requestes de ceulx
qui mieulx luy pléurent. Et eut en son temps, tant
d'eulz comme de son mary, XII ou XIIII enfans. Advint qu'elle fut malade et ou lit de la mort acou-
chée ; si eut tant de grace qu'elle eut temps et
loisir de soy confesser, penser de ses pechiez et disposer de sa conscience. Elle véoit, durant sa maladie,
ses enfans troter devant elle, qui lui bailloyent au
cueur très grant regret de les laisser. Si se pensa

que elle feroit mal de laisser son mary chargié de la
pluspart, car il n'en estoit pas le père, combien
qu'il le cuidast, et la tenoit aussi bonne femme que
nulle de Paris. Elle fist tant, par le moyen d'une
femme qui la gardoit, que vers elle vindrent deux
hommes qui ou temps passé l'avoient en amours
très bien servie. Et vindrent de si bonne heure que
son mary estoit allé devers les médicins et appo-
ticaires, pour avoir aucun bon remède pour elle et
pour sa santé. Quant elle vit ces deux hommes, elle
fist tantost venir devant elle touz ses enfans, si commença à dire : Vous, ung tel, vous savez ce qui
a esté entre vous et moy ou temps passé, et dont il
me desplaist à ceste heure amèrement. Et se ce
n'est la miséricorde de nostre Seigneur à qui je me
recommande, il me sera en l'autre monde bien
chèrement vendu ; toutesfois j'ay fait une folie, je
le congnois ; mais de faire la seconde ce seroit trop
mal fait. Vécy telz et telz de mes enfans, ilz sont
vostres, et mon mary cuide à la vérité qu'ilz soyent
siens. Si feroie conscience de les laisser en sa charge ;
pourquoy je vous prie tant que je puis que après
ma mort qui sera briefve, que vous les prenez avec
vous et les entretenez, nourissez et eslevez, et en
faictes comme bon père doit faire, car ilz sent vostres. Pareillement dist à l'autre, et lui monstroit ses
autres enfans : Telz et telz sont à vous, je vous en
asséure ; si les vous recommande, en vous priant que
vous en acquittez ; et se ainsi le me voulez pro-

mettre, je mourray plus aise. Et comme elle faisoit
ce partaige, son mary va venir à l'ostel et fut percéu par un petit de ses filz qui n'avoit environ que
cinq ou six ans, qui vistement descendit en bas encontre lui effréement, se hasta tant de dévaler la
montée qu'il estoit prest hors de alaine. Et comme il
vit son père, à quelque meschief que ce fust il dit :
Hélas, mon père, advancez vous tost, pour Dieu. —
Quelle chose y a il de nouveau, dist le père, ta mère
est elle morte? — Nenny, nenny, dist l'enfant, mais
advancez vous d'aller en hault où il ne vous demourera ung seul enfant. Ilz sont venuz vers ma mère,
deux hommes, mais elle leur donne tous mes frères ;
se vous n'y allez bien tost, elle donnera tout. Le bon
homme ne scait que son filz veult dire ; si monta en
hault et trouva sa femme, sa garde et deux de ses
voisins et ses enfans, si demanda que signifie ce
que ung tel de ses filz lui a dit? Vous le saurez
cy après, dit elle. Il n'en enquist plus pour l'eure,
car il ne se doubta de rien. Ses voisins s'en alèrent
et commandèrent la malade à Dieu et lui promirent de faire ce qu'elle leur avoit requis, dont elles
les mercia. Comme elle approuchast le pas de la
mort, elle cria mercy à son mary, et lui dist la faulte
qu'elle lui a faicte, durant qu'elle a esté aliée avec
lui, comment telz et telz de ses enfans estoient à tel,
et telz et telz à ung tel, c'est assavoir ceulz dont dessus est touchié, et que après sa mort ilz les prendront
et n'en aura jamais charge. Il fut bien esbahy d'ouyr

ceste nouvelle ; néantmains il lui pardonna tout et puis elle mourut ; et il envoya ses enfans à ceulx qu'elle avoit ordonné, qui les retindrent. Et par ce point il fut quitte de sa femme et de ses enfans ; et si eut beaucoup mains de regret de la perte de sa femme que de celle de ses enfans.

LA LIIe NOUVELLE,

PAR MONSEIGNEUR DE LA ROCHE.

(LES TROIS MONUMENS.)

N'a guères que ung grant gentil homme, saige, prudent et beaucoup vertueux, comme il estoit au lit de
la mort, et eust fait ses ordonnances et disposé de
sa conscience au mieulx qu'il péut, il appella ung
seul filz qu'il avoit, auquel il laissoit foison de biens
temporelz. Et après qu'il lui eut recommandé son
ame, celle de sa mère qui naguères avoit terminé vie
par mort, et généralement tout le colliège de purga-
toire, il advisa troys choses pour la dernière doctrine que jamais lui vouloit baillier, en disant : —
Mon très chier filz, je vous advertiz que jamais vous ne
hantez tant en l'ostel de vostre voisin que l'en vous
y serve de pain bis. Secondement je vous enjointz
que vous gardez de jamais courrir vostre cheval en la
valée. Tiercement que vous ne prenez jamais femme

d'estrange nacion. Or vous souviengne de ces troys
pointz, et je ne doubte point que bien ne vous en
vienne. Mais se vous faictes le contraire, soyez séur
que vous trouverez que la doctrine de vostre pèrc
vous vaulsist mieulx avoir tenue. Le bon filz mercia
son père de son bon advertissement, et lui promist
escripre ses enseignemens au plus parfont de son
cueur, et les mettre si très bien en son entendement
et en sa mémoire que jamais n'yra au contraire.
Tantost après son père mourut, et furent faictes ses
funérailles comme à son estast et à homme de
tel lieu qu'il estoit appartenoit; car son filz s'en
voulut bien acquitter, comme celui qui bien avoit
de quoy Ung certain temps après, comme on prent
accointance plus en ung lieu que en ung aultre, ce
bon gentil homme qui estoit orphenin de père et de
mère et à marier, et ne savoit que c'estoit de mesnaige, s'accointa d'ung voisin qu'il avoit, et de fait la
pluspart de ses jours beuvoit et mengoit léans. Son
voisin qui marié estoit, et avoit une très belle femme,
se bouta en la doulce raige de jalousie, et lui vindrent faire raport ses yeulx souspeçonneux que
nostre gentil homme ne venoit en son hostel fors à
l'occasion de sa femme, et que vrayement il en estoit
amoureux, et que à la longue il la pourroit emporter d'assault. Si n'estoit pas bien à son aise, et ne
savoit penser comment il se pourroit honnestement
de lui désarmer, car lui dire la chose comme il la
pense ne vauldroit riens; si conclut de lui tenir telz

termes petit à petit, qu'il se pourra assez percevoir,
s'il n'est trop beste, que sa hantise si continuelle ne
lui plaist pas. Et pour excécuter sa conclusion, en lieu
qu'on le souloit servir de pain blanc il fist mettre le
bis. Et après je ne scay quans repas, nostre gentilhomme s'en donne garde et lui souvint de la doctrine de son père, si congnéut qu'il avoit erré, si
batit sa coulpe et bouta en sa manche tout secrètement ung pain bis et l'apporta en son hostel ; et en
remembrance le pendit en une corde en sa grant
sale, et ne retourna plus à la maison de son voisin
comme il avoit fait au paravant. Pareillement ung jour
entre les aultres, lui qui estoit homme de déduit,
comme il estoit aux champs, et que ses levriers
eussent mis ung lièvre à chace, il picque son cheval, tant qu'il peult après, et vient rataindre le lièvre,
et levriers en une grant valée, où son cheval qui
venoit de toute sa force faillit des quattre piez et
tombe ; et le dit cheval se rompit le col, dont il fut
très bien esbaby. Et fut bien eureux le dit gentil
homme, quant il se vit ainsi gardé de mort et d'affolure. Il eut toutesfois pour récompense le lièvre ; et
comme il le tint, il regarda son cheval que tant il
aymoit ; si lui souvint du second enseignement que
son père lui avoit baillié, et que s'il en eust eu bien
mémoire, il ne eust pas ceste perte, ne passé le dangier qu'il a eu bien grant. Quant il fut en sa maison,
il mist au près du pain bis, à une corde, en sa sale, la
peau du cheval, affin qu'il eust mémoire et remem-

brance du second advisement que son père jadis lui
bailla. Ung certain temps après il lui print voulenté
d'aler voyagier et veoir païs, si disposa ses besongnes à ce, et print de la finance dont il avoit largement ; et chercha maintes contrées, et se trouva en
diverses régions et places, dont en la fin il fist résidence en l'ostel d'un grant seigneur, d'une longtaine
et bien estrange marche ; et se gouverna si haultement et si bien léans que le seigneur fut bien content
de lui bailler sa fille en mariaige, jasoit qu'il n'eust
seulement congnoissance de lui fors de ses louables meurs et vertuz. Pour abbrégier, il fiança la fille
de ce seigneur et vint le jour des nopces. Et quant il
cuida la nuyt couchier avecques elle, on lui dist que
la coustume du païs estoit de point coucher la première nuyt avecques sa femme, et qu'il eust patience jusques à lendemain : Puis que c'est la coustume, dit il, je ne quiers jà qu'on la rompe pour
moy. Son espousée fut menée couchier en une chambre, et lui en une autre, après les dances ; et de bien
venir il n'y avoit que une paroy entre ces deux chambres, qui n'estoit que de terre. Si s'advisa pour veoir
la contenance, de faire ung pertuys de son espée, par
dedens la paroy, et vit très bien et à son aise son espousée se bouter ou lit ; et vit aussi, ne demoura
guères après, le chappellain de léans qui se vint bouter
auprès d'elle pour lui faire compagnie, affin qu'elle
n'eust paour ; ou comme j'espère, pour faire l'essay
ou prendre la disme des cordeliers, comme dessus

est touchié. Nostre bon gentil homme, quant il vit
cet appareil, pensez qu'il eut bien des estouppes
en sa quenoille; et lui vint tantost en mémoire le
troisième advisement que son père lui donna avant
son trespas, lequel il avoit mal retenu. Toutesfois
il se reconforta et print couraige, et dist bien en soy
mesmes que la chose n'est pas si avant qu'il n'en
saille bien. A lendemain, le bon chappellain, son lieu -
tenant pour la nuyt, et son prédécesseur, se leva de
bon matin, et d'aventure il oublia ses brayes soubz
le chevet du lit à l'espousée. Et nostre bon gentil
homme, sans faire semblant de rien, vint au lit
d'elle et la salua gracieusement, comme il savoit
bien faire, et trouva façon de prendre les brayes du
prestre sans qu'il fust percéu d'ame. On fist grant
chière tout ce jour ; et quant vint au soir, le lit de
l'espousée fut paré et ordonné tant richement qu'à
merveilles, et elle y fut couchée. Si dist on au sire
des nopces que meshuy, quant il lui plaira il pourra
bien couchier avec sa femme. Il estoit fourny de responce et dist au père et à la mère et aux parens
qu'ilz le voulsissent ouyr : Vous ne savez, dist
il, qui je suis, ne à qui. vous avez donné vostre
fille, et en ce m'avez fait le plus grant honneur que
jamais fut fait à jeune gentil homme estrangier,
dont je ne vous sauroye assez mercier. Néantmains
toutesfois, j'ay conclut en moy mesmes, et suis à ce
résolu de jamais couchier avecques elle tant que je
lui auray monstré et à vous aussi qui je suis, quelle

chose j'ay, et comment je suis logié. Le père print
tantost la parolle et dist : Nous savons très bien
que vous estes noble homme et de hault lieu, et n'a
pas mis Dieu en vous tant de belles vertus sans les
acompaignier d'amis et de richesses. Nous sommes
contens de vous, ne laissez jà à parfaire et à acomplir vostre mariaige; tout à temps saurons nous
plus avant de vostre estat quant il vous plaira. Pour
abbrégier, il voua et jura de non jamais couchier
avecques elle se n'estoit en son hostel, et lui ame-
neront son père et sa mère, et plusieurs de ses parens
et amis. Il fit mettre son hostel à point pour les recevoir, et y vint ung jour devant eulz. Et tantost qu'il fut descendu, il print les brayes du prestre
qu'il avoit, et les pendit en sa sale auprès du
pain bis et de la peau de cheval. Très grandement
furent recéuz et festoyez les parens et amis de nostre
bonne espousée ; et furent bien esbahyz de veoir l'ostel d'ung si jeune gentil homme si bien fourny de
vaisselle, de tapisserie, et de tout autre meuble ;
et se réputoyent bien eureux d'avoir si bien aliée
leur belle fille. Comme ilz regardoient par léans,
ilz vindrent en la grant sale qui estoit tendue de
belle tapisserie, et perçéurent au milieu le pain
bis, la peau de cheval et unes brayes qui pendoient,
dont ilz furent moult esbahys, et en demandèrent la
signifiance à leur hoste. Le sire des nopces leur dist
que voulentiers il leur dira la cause et tout ce qui
en est quant ilz auront mengié. Le disner fust prest

et Dieu scait qu'ilz furent bien serviz. Ils n'eurent
pas si tost disné qu'ilz ne demandèrent l'interpré-
tacion, et la signifiance et le mistère du pain bis et
de la peau du cheval, etc. Et le bon gentil homme
leur compta bien au long et dist que son père estant
au lit de la mort, comme dessus est narré, lui
avoit baillié troys enseignemens. Le premier fut
que je ne me trouvasse jamais tant en lieu, que
on me servist de pain bis. Je ne retins pas bien
ceste doctrine ; car puis sa mort je hantay tant
ung mien voisin qu'il se bouta en jalousie pour
sa femme, et en lieu de pain blanc de quoy je fuz
servi long temps, on me servit de bis ; et en mémoire et approbacion de la vérité de cest enseignement, j'ay là fait mettre ce pain bis. Le deusiesme enseignement que mon père me bailla, fut
que jamais je ne courusse mon cheval en la valée.
Je ne le retins pas bien ung jour qui passa, si m'en
print mal, car en courant en une valée, après le
lièvre et mes chiens, mon cheval chéut et se rompit
le col, et à peu que je ne fuz très bien blessé. Si eschappé de belle mort, et en mémoire de ce est là
pendue la peau du cheval qu'alors je perdy. Le
troisième enseignement et advisement que mon
père, dont Dieu ait l'âme, me bailla si fut que
jamais je ne espousasse femme d'estrange région.
Or ay je failly et vous diray comment il m'en est
prins : il est bien vray que la première nuyt que
vous me refusastes le couchler avecques vostre

fille qui cy est, je fuz logié en une chambre au plus près de la sienne ; et pource que la paroy qui estoit entre elle et moy n'estoit pas trop forte, je la pertuisay de mon espée ; et vy venir couchier avecques elle le chapellain de vostre hostel qui soubz le chevet du lit oublia ses brayes, le matin quant il se leva ; lesquelles je recouvray, et sont celles que véez là pendues, qui tesmoignent et appreuvent la cronique vérité du troysiesme enseignement que mon feu père jadis me bailla, lequel je n'ay pas bien retenu ne mis en ma mémoire ; mais affin que plus en la faulte des trois advis précédens ne renchoie, ces troys bagues que voyez me feront doresenavant saige. Et pource que la Dieu mercy je ne suis pas tant obligé à vostre fille qu'elle ne me puisse bien quitter , je vous prie que la remenez et retournez en vostre marche , car jour que je vive ne me sera de plus près ; mais pource que je vous ay fait venir de loing et vous ay bien voulu monstrer que je ne suis pas homme pour avoir le remenant d'ung prestre, je suis content de paier voz despens. Les aultres ne scéurent que dire qui se voyent concluz et leur tort, voiant aussi qu'ilz sont moult loing de leur marche , et de leurs pays, et que la force n'est pas leur en ce lieu, si furent còntens de prendre de l'argent pour leurs despens et eulz en retourner ; dont ilz vindrent, et qui plus y a mis plus y a perdu. Par ce compte avez ouy que les trois advis que le bon père bailla à son fils ne sont pas de oublier, si les retienne chascun pour autant qu'il sent qu'ilz luy peuvent touchier.

LA LIIIe NOUVELLE.

PAR MONSEIGNEUR L'AMANT DE BRUCELLES.

(LE QUIPROQUO DES ÉPOUSAILLES.)

N'a guères que en l'église de saincte Goule à Brucelles, estoient en ung matin plusieurs hommes et femmes qui devoient espouser à la première messe, qui se dit entre quatre et cinq heures ; et entre les aultres choses ilz devoient entreprendre ce doulx et bon estat de mariaige, et promettre en la main du prestre ce que pour rien ne vouldroyent trespasser. Il y avoit ung jeune homme et une jeune fille qui n'estoient pas des plus riches, mais bonne voulenté avoient qui estoient auprès l'ung de l'autre, et n'attendoient fors que le curé les appellast pour espouser. Auprès d'eulz aussi y avoit ung homme ancien et une femme vieille qui grant chevance et foison de richesses avoient, et par convoitise et grant désir de plus avoir, avoient promis foy et loyauté l'ùng

vers l'autre, et pareillement attendoient à espouser
à ceste première messe. Le curé vint et chanta ceste
messe très désirée; et en la fin, comme il est de coustume, devant luy se misdrent ceulx qui espouser
devoient, dont il y avoit plusieurs aultres, sans les
quatre dont je vous ay compté. Or devez vous savoir que ce bon curé qui tout prest estoit devant
l'autel, pour faire et acomplir le mystère des espousailles estoit borgne, et avoit, ne scay par quel meschief, puis peu de temps en cà perdu ung oeil. Et n'y
avoit aussi guères grant luminaire en la chapelle ne
sur l'autel ; c'estoit en yver et faisoit brun et noir.
Si faillit à choisir, car quant vint à besongnier et à
espouser, il print le vieil homme riche et la jeune
fille povre et les joignit par l'anneau du moustier
semble. D'autre costé il print aussi le jeune homme
povre et l'espousa à la vieille femme, et ne s'en donnèrent oncques garde en l'église, ne les hommes ne
les femmes, dont ce fut grant merveille, par espécial
des hommes, car ilz osent mieulx lever l'oeil et la
teste, quant ils sont devant le curé à genoulz que les
femmes qui sónt à ce coup simples et coyes, et n'ont
le regard fichié qu'en terre. Il est de coustume que
au saillir des espousailles, les amys de l'espousé
prennent l'espousée et l'emmainent. Si fut la povre
jeune fille à l'hostel du riche homme menée, et pareillement la vieille riche fut amenée en la povre
maisonnette du jeune gentil compaignon. Quant la
jeune espousée se trouva en la court et en la grant

sale de l'omme qu'elle avoit par mesprinse espousé,
elle fut bien esbahye et congnéut bien tantost qu'elle
n'estoit pas partie de léans ce jour. Quant elle fut
arrière en la chambre à parer qui estoit bien tendue
de belle tapisserie, elle vit le beau grant feu, la table
couverte où le beau desjuner estoit tout prest ; elle
vit le beau buffet bien fourny et garny de vaisselle,
si fut plus esbahye que par avant, et de ce se donne
plus grant merveille qu'elle ne congnoist ame de ceulx
qu'elle ouyoit parler. Si fut tantost désarmée de ses
aournemens où elle estoit bien enfermée et bien em-
brunchée. Et comme son espousé la vit au descouvert et les autres qui là estoyent, croyez qu'ilz furent autant surprins que se cornes leur fussent venues : Comment, dit l'espousé, est ce cy ma femme ?
nostre Dame, je suis bien eureux, elle est bien chan-
gée depuis hier, je croy qu'elle a esté à la fontaine
de Jouvence. Nous ne savons, dirent ceulx qui l'a-
voient amenée dont elle vient, ne que on lui a fait ;
mais nous savons certainement que c'est celle que
vous avez huy espousée, et que nous prismes à l'autel ; car oncques puis ne nous partit des bras. La
compaignie fut bien esbahye et longuement sans
mot dire, mais qui fut simple et esbahie la povre
espousée estoit toute desconfortée, et pleuroit des
yeulx tendrement, et ne scavoit sa contenance ;
elle aymast trop mieulx se trouver avec son amy
qu'elle cuidoit bien avoir espousé à ce jour. L'espousé la voyant se desconforter, en eut pitié et lui

dist : M'amie, ne vous desconfortez jà, vous estes
arrivée en bon hostel, se Dieu plaist, et n'ayez
doubte, on ne vous y fera jà desplaisir ; mais dictes
moy, s'il vous plaist, qui vous estes, et à vostre advis
dont vous venez icy. Quant elle l'ouyt si courtoisement parler, elle s'asséura ung peu, et luy nomma
son père et sa mère, et lui dist qu'elle estoit de Brucelles, et avoit fiancé ung tel qu'elle lui nomma, et
elle le cuidoit bien avoir espousé. L'espousé et tous
ceulx qui là estoient commencèrent bien fort à rire,
et dirent que le curé leur a fait ce tour : Or loué seit
Dieu, dist l'espousé, de ce change, je n'en voulsisse pas tenir bien grant chose. Dieu vous a envoiée
à moy, et je vous prometz par ma foy, de vous tenir
bonne et loyale compaignie. — Nenny, ce dist-elle en
pleurant moult tendrement, vous ne estes pas mon
mary. Je vueil retourner devers celui à qui mon père
m'avoit donnée. — Et ainsi ne fera pas, dit-il, je
vous ay espousée en saincte église, vous n'y pouvez
contredire ne aller en l'encontre ; vous estes et de-
mourerez ma femme, et soyez contente, vous estes
bien eureuse. J'ay là Dieu mercy de biens et des richesses assez, dont vous serez dame et maistresse,
et vous feray bien jolye. Il la prescha tant et ceulx
qui là estoient, qu'elle fut contente d'obéir à son
commandement. Si desjeunèrent légièrement et puis
se couchèrent ; et fist le vieil homme du mieulx qu'il
scéust. Or retournons à nostre vieille femme et au
jeune compaignon. Pour abbrégier, elle fut menée en

l'ostel du père à la fille qui à ceste heure est couchée
avecques le vieil homme. Quant elle se trouva léans,
elle cuida bien enraigier de dueil, et dist tout hault ·
Et que fais-je céans? que ne me maine l'en à ma
maison, ou à l'ostel de mon mary? L'espousé qui vit
ceste vieille et l'ouyt parler, fut bien esbahy, ne
doubtez si furent son père et sa mère, et tous ceulx
de l'assemblée. Si saillit avant le père à la fille
de léans qui congnéut la vieille, et savoit très
bien parler de son mariaige, et dist : Mon filz, on
vous a baillié la femme d'ung tel et croyez qu'il a
la vostre ; et ceste faulte vient par nostre curé qui
voit si mal ; et ainsi m'aist Dieu, jasoit ce que je
feusse loing de vous, quant vous espousastes, si me
cuyday je apercevoir de ce change. — Et qu'en doiz-
je faire? dist l'espousé. — Par ma foy, dist son père,
je ne m'y congnois pas bien, mais je fais grant
doubte que vous ne puissiez avoir aultre femme.
— Sainct Jehan, dit la vieille, je n'ay cure d'ung
tel chétif! je seroye bien eureuse d'avoir ung tel jeune
galant qui n'auroit cure de moy, et me despendroit
tout le mien, et se j'en sonnoye mot encores auroye-
je la torche. Ostez, ostez, mandez vostre femme et
me laissez aller où je doy estre. — Nostre Dame, dist
l'espousé, se je la puis recouvrer, je l'ayme trop
mieulx que vous, quelque povre qu'elle soit, mais
vous ne vous en irez pas, se je ne la puis finer.
Son père et aucuns de ses parens vindrent à l'ostel, où la vieille voulsist bien estre ; et vindrent

trouver la compaignie qui desjunoit au plus fort, et faisoient le chaudeau pour porter à l'espousé et à l'espousée. Ilz comptèrent tout leur cas et on leur respondit : Vous venez trop tart, chascun se tienne à ce qu'il a, le seigneur de céans est content de la femme que Dieu lui a donnée, il l'a espousée et n'en veult point d'aultre. Et ne vous en doubtez jà vous ne fustes jamais si eureux que d'avoir fille alliée en si haut lieu, ny en si hault endroit; vous en serez une fois tous riches. Ce bon père retourne à son hostel, et vient faire son rapport. La vieille femme cuida bien enraiger de dueil et dist : Par dieu la chose ne demourera pas ainsi, ou la justice me fauldra. Se la vieille estoit bien mal contente, encores l'estoit bien autant ou plus le jeune espousé qui se veoit frustré de ses amours ; et encores l'eust il légièrement passé s'il eust péu finer de la vieille à tout son argent, mais il convint la laisser aller en sa maison. Si fut conseillée de la faire citer par devant monseigneur de Cambray, et elle pareillement fist citer le vieil homme qui la jeune femme avoit ; et ont commencé ung très gros procès dont le jugement n'est pas encores rendu, si ne vous en scay que dire plus avant.

LA LIVᵉ NOUVELLE,

PAR MAHIOT D'AUQUESNE.

(L'HEURE DU BERGER.)

Ung gentil chevalier de la conté de Flandres, jeune, bruiant, jousteur, danceur et bien chantant, se trouva ou pays de Haynault, en la compaignie d'ung autre chevalier de sa sorte, et demourant ou dit pays qui le hantoit trop plus que la marche de Flandres où il avoit sa résidence belle et bonne. Mais, comme souvent il advient, amours estoient cause de sa retenance, car il estoit féru très bien et au vif d'une très belle damoiselle de Maubeuge, et à ceste occasion Dieu scait qu'il faisoit trop souvent joustes, mommeries et banquetz; et généralement tout ce qu'il savoit qui péust plaire à sa dame, à lui possible il le faisoit. Il fut assez en grâces pour ung temps, mais non pas si avant qu'il eust bien voulu. Son compaignon le chevalier de Haynault, qui

savoit tout son cas, le servoit au mieulx qu'il povoit, et ne tenoit pas à sa diligence que ses besongnes ne feussent bien bonnes et meilleures qu'elles
ne furent. Qu'en vauldroit le long compte, le bon
chevalier de Flandres ne scéut oncques tant faire, ne
son compaignon aussi, qu'il péust obtenir de sa
dame le gracieux don de mercy. Ainçoys la trouva
en tout temps rigoreuse, puis qu'il lui tenoit langaige sus ces termes ; et force lui fut toutesfois, ses
besongnes estantes comme vous ouyez, de retourner
en Flandres. Si print ung gracieux congié de sa
dame et lui laissa son compaignon, lui promist aussi
s'il ne retournoit de brief de lui souvent escripre,
et mander de son estat. Et elle lui promist de sa
part lui faire savoir de ses nouvelles. Advint certain jour après, que nostre chevalier fut retourné en
Flandres, que sa dame eut voulenté d'aler en pélerinaige, et disposa ses besongnes à ce. Et comme le
chariot estoit devant son hostel, et le charreton dedens, qui estoit un beau compaignon et fort, et qui
viste l'adouboit, elle lui getta un coussin sur la
teste, et le fist cheoir à pates et puis commença à
rire très fort et bien hault. Le charreton se sourdit
et la regarda rire, et puis dist : Par Dieu, ma damoiselle, vous m'avez fait cheoir, mais croyez que je
m'en vengeray bien, car avant qu'il soit nuyt, je
vous feray tumber. — Vous n'estes pas si mal gracieux, dit elle. Et, en ce disant, elle prent ung
aultre coussin, que le charreton ne s'en donnoit de

garde, et le fait arrière cheoir comme devant; et
s'elle rioit fort par avant, elle ne s'en faignoit pas à
ceste heure : Et qu'esse cy, dist le charreton,
ma damoiselle, vous en voulez à moy, faíctes; par
ma foy, se je fusse emprès vous, je n'attendroye pas
de moy vengier aux champs. — Et que feriez vous?
dit elle. — Se j'estoye en hault, je le vous diroye,
dit il. — Vous feriez merveille, dist elle, à vous
ouyr parler ; mais vous ne vous y oseriez trouver.
— Non, dist il, et vous le verrez. Adonc il saillit
jus du chariot et entra dedens l'ostel, et monta en
hault où ma damoiselle estoit en cotte simple, tant
joyeuse qu'on ne pourroit plus ; il la commença
d'assaillir, et pour abbrégier le conte, elle fut
contente qu'il lui tollist ce que par honneur donner ne lui povoit. Cela se passa, et au terme acoustumé elle fist un très beau petit charreton, ou pour
mieulx dire ung très beau petit filz. La chose ne fut
pas si secrète que le chevalier de Haynault ne le
scéust tantost, dont il fut bien esbahy ; il escripvit
bien en haste par ung propre messagier à son compaignon en Flandres, comment sa dame avoit fait ung
enfant à l'aide d'ung charreton. Pensez que l'autre
fut bien esbahy d'ouyr ces nouvelles. Si ne demoura
guères qu'il vint en Haynault, devers son compaignon, et lui pria qu'ilz allassent veoir sa dame et
qu'il la veult trop bien tensier et lui dire la lascheté et néanteté de son cueur, combien que pour
son meschief advenu, elle ne se montrast encores

guères à ce temps, si trouvèrent façon ces deux
gentilz chevaliers, par moyens subtilz, qu'ilz vindrent
ou lieu et en la place où elle estoit. Elle fut bien honteuse et desplaisante de leur venue, comme celle
qui bien scait qu'elle n'aura d'eulz autre chose qui
lui plaise ; au fort elle se asséura, et les recéut
comme sa contenance et sa manière lui apporta. Ilz
commencèrent à deviser d'unes et d'aultres matières ; et nostre bon chevalier de Flandres va commencer son service et lui dist tant de villennie qu'on
ne pourroit plus : Or estes vous bien, dit-il, la
femme du monde la plus reprouchée et mains
honnourée ; et avez monstré la grant lacheté de
vostre cueur, qui vous estes abandonnée à ung grant
villain charreton, tant de gens de bien vous ont offert leur service et vous les avez tous reboutez. Et
pour ma part, vous savez que j'ay fait pour vostre
grâce acquérir ; et n'estoye-je pas homme pour
avoir ce butin aussi bien ou mieulx que ung paillart
charreton qui ne fist oncques rien pour vous. — Je
vous requiers et prie, dist elle, Monseigneur, ne
m'en parlez plus, ce qui est fait ne peut aultrement
estre ; mais je vous dis bien que si vous fussiez venu
à l'eure du charreton que autant eussé-je fait pour
vous que je fiz pour luy. — Est-ce cela, dist il,
sainct Jehan, il vint à bonne heure, le dyable y ait
part, quant je ne fus si eureux que de savoir vostre
heure. — Vraiement, dit elle, il vint à l'heure qu'il
falloit venir. — Au déable, dit il, de l'heure, de

vous aussi, et de vostre charreton. Et à tant se part et son compaignon le suyt, et oncques puis n'en tint compte et à bonne cause.

LA LVe NOUVELLE,

PAR MONSEIGNEUR DE VILLIERS.

(L'ANTIDOTE DE LA PESTE.)

L'année du pardon de Romme derrain passé, estoit ou Daulphiné la pestillence si grande et si horrible et si espouventable que la pluspart des gens
de bien abandonnèrent et laissèrent le pays. Durant
ceste persécution, une belle, gente et jeune fille se
sentit ferue de la maladie ; et incontinent se vint
rendre à une sienne voisine, femme de bien et de
grant façon , et desjà sur l'aage, et lui compta son
piteux cas. La voisine, qui estoit femme saige et asséurée, ne s'effroia de rien que l'autre lui comptast,
mesmes eut bien tant de couraige et d'asséurance,
et de hardiesse en elle, qu'elle la conforta de parolle
et de tant peu de médecine qu'elle savoit : Hélas,
ce dit la jeune fille malade, ma belle voisine, j'ay
grant regret que force m'est aujourduy d'abandon-

ner et laisser ce monde et les beaus et bons passetemps que j'ay euz assez longuement; mais encores, par mon serment, à dire entre vous et moy, mon plus grant regret est qu'il fault que je meure sans coup frapper, et sans savoir et sentir des biens de ce monde; telz et telz m'ont maintesfois priée, et si les ay refusez tout plainement, de quoy il me desplaist; et croyez se j'en péusse finer d'ung à ceste heure, il ne m'eschapperoit jamais devant qu'il m'eust monstré comment je fuz gaingnée. L'on me fait entendant que la façon du faire est tant plaisante et tant bonne que je plains et complains mon gent et jeune corps, qu'il fault pourrir sans avoir eut ce désiré plaisir. Et à la vérité dire, ma bonne voisine, il me semble se je péusse quelque peu sentir avant ma mort, ma fin en seroit plus aisée et plus légière à passer, et à mains de regret. Et qui plus est, je croy que ce me pourroit estre médicine et cause de guérison. — Pléust à Dieu, dist la vieille, qu'il ne tenist à autre chose, vous seriez tost guérie, se me semble; car Dieu mercy, nostre ville n'est pas encores si desgarnie de gens que on n'y trouvast ung gentil conpaignon pour vous servir à ce besoing. — Ma bonne voisine, dist la jeune fille, je vous requiers que vous aillez devers ung tel, qu'elle luy nomma, qui estoit ung très beau gentil homme, et qui autresfois avoit esté amoureux d'elle, et faictes tant qu'il vienne icy parler à moy. La vieille se mist au chemin, et fist tant qu'elle trouva

ce gentilhomme, et l'envoya en sa maison. Tantost
qu'il fut léans, la jeune fille, à cause de la maladie
plus et mieux coulourée, lui saillit au col et le baisa
plus de vingt fois. Le jeune filz plus joyeux qu'onques mais, de veoir celle qui tant avoit aymée
ainsi vers lui abandonnée, la saisit sans demeure, et
lui monstra ce que tant désiroit. Assavoir s'elle fut
honteuse de lui requerre et prier de continuer ce
qu'il avoit commencé. Et pour abbréger, tant lui fist
elle recommencer qu'il n'en péult plus. Quant elle
vit ce, comme celle qui n'en avoit son saoul, elle
lui osa bien dire : Mon amy, vous m'avez maintesfois priée de ce dont je vous requiers aujourduy,
vous avez fait ce qu'en vous est, je le scay bien.
Toutesfois je ne scay que j'ay ne qu'il me fault,
mais je congnois que je ne puis vivre se quelcun
ne me fait compaignie en la façon que m'avez fait ;
et pourtant, je vous prie que vueillez aler vers ung
tel et l'amenez icy, si chier que vous avez ma vie.
— Il est bien vray, m'amie, je le scay bien qu'il fera
ce que vous vouldrez. Ce gentil homme fut bien
esbay de ceste requeste, toutesfois pource qu'il avoit
tant labouré que plus n'en povoit, il fut content
d'aler quérir son compaignon et l'amena devers
celle qui tantost le mist en besongne, et le laissa
ainsi que l'autre. Quant elle l'eut maté comme son
compaignon, elle ne fut pas mains privée de lui
dire son couraige, mais lui pria, comme elle avoit
fait l'autre, d'amener vers elle ung autre gentil-

homme, il le fist. Or sont jà troys qu'elle a laissez et
desconfiz par force d'armes ; mais vous devez savoir que le premier gentil homme se sentit malade
et féru de l'espidimie ; tantost qu'il eut mys son
compaignon en son lieu, et s'en alla hastivement
vers le curé, et tout le mieulx qu'il scéut se confessa,
et puis mourut entre les bras du curé. Son compaignon, le deusiesme venu, tantost aussi que au
tiers il eut baillié sa place, il se sentit très malade,
et demanda par tout après celui qui estoit jà mort ;
et vint rencontrer le curé pleurant et démenant grant
deul qui lui compta la mort de son bon compaignon :
Ah monseigneur le curé, dist il, je suis féru tout
comme lui, confessez moy. Le curé en grant crainte
se despescha de le confesser. Et quant ce fut fait, ce
gentil homme malade, à deux heures près de sa
fin, s'en vint à celle qui lui avoit baillé le coup de
la mort, et à son compaignon aussi, et là trouva
cellui qu'il y avoit mené, et lui dist : Mauldicte
femme, vous m'avez baillé la mort et pareillement
à mon compaignon. Vous estes digne de estre brulée et arse et mise en cendres. Toutesfois je le vous
pardonne, priant à Dieu qu'il le vous vueille pardonner. Vous avez l'espidimie et l'avez bailliée à
mon compaignon qui en est mort entre les bras du
prestre, et je n'en ay pas mains. Il se partit à tant
et s'en alla mourir une heure après, en sa maison.
Le trosiesme gentil homme qui se veoit en l'espreuve où ses deux compaignons estoient mors,

6.

n'estoit pas des plus asséurez. Toutesfois il print
couraige en soy-mesmes et mist paour et crainte arrière ; et s'asséura comme celui qui en beaucoup de
périlz et de mo.telz assaulx s'estoit trouvé ; et vint
au père et à la mère de celle qui avoit decéuz ses
deux compaignons, et leur compta la maladie de
leur fille et qu'on y print garde. Cela fait, il se
conduisit tellement qu'il eschappa du grant péril où
ses deux compaignons estoient mors. Or devez vous
savoir que quant ceste ouvrière de tuer gens fut
ramenée en l'ostel de son père, tandiz qu'on lui faisoit ung lit pour reposer et la faire suer, elle manda
secrètement le filz d'ung cordonnier son voisin, et le
fist venir en l'estable des chevaulx de son père et
le mist en euvre comme les aultres, mais il ne ves-
quist pas quatre heures après. Elle fut couchée en
ung lit, et la fist-on beaucoup suer. Et tantost lui
vindrent quatre boces dont elle fut très bien guérie, et tien qui en auroit à faire qu'on la trouveroit
aujourduy ou renc de noz cousines, en Avignon, à
Beaucaire, ou aultre part. Et dient les maistres
qu'elle eschappa de mort a cause d'avoir sentu des
biens de ce monde, qui est notable et véritable
exemple à plusieurs jeunes filles de point refuser
ung bien quant il leurs vient.

LA LVIe NOUVELLE,

PAR MONSEIGNEUR DE VILLIERS.

(LA FEMME, LE CURÉ, LA SERVANTE, LE LOUP.)

N'a guères qu'en ung bourcg de ce royaume, en la duchié d'Auvergne, demouroit ung gentil homme ; et de son maleur avoit une très belle jeune femme, et de sa bonté devisera mon compte. Ceste bonne damoiselle s'accointa d'ung curé qui estoit son voisin de demie lieue, et furent tant voisins et tant privez l'ung de l'autre que le bon curé tenoit le lieu du gentil homme toutes les fois qu'il estoit dehors. Et avoit ceste damoiselle une chamberière qui estoit secrétaire de leur fait, laquelle portoit souvent nouvelles au curé et l'advisoit du lieu et de l'eure pour comparoir séurement devers sa maistresse. La chose ne fut pas en la parfin si bien celée que mestier eust esté à la compaignie ; car ung gentil homme parent de celui à qui ce deshonneur ce faisoit, fut adverti du cas, et en advertit celuy à qui plus il touchoit en la meilleure façon et manière qu'il scéust et péut. Pensez que ce bon gentil homme, quant il entendit que sa femme s'aidoit en son absence de ce curé, qu'il n'en fut pas content, et se n'eust esté son cousin, il en en eust prins vengence criminelle et de main mise, si tost qu'il en fut adverti. Toutesfois il fut content de différer sa voulenté jusques à tant qu'il l'eut prins au fait et l'ung et l'autre. Si conclurent, lui et son cousin, d'aler en pélerinaige à quatre ou six lieues de son hostel, et de y mener ce curé pour mieulx soy donner garde des manières qu'ilz tiendroient l'ung vers l'autre. Au retourner qu'ilz firent de ce voyage où monseigneur le curé servit amours de ce qu'il péut, c'est assavoir de oeillades, et d'aultres telles menues entretenances, le mary se fist mander quérir par ung messagier affaictié, pour aler vers ung seigneur du pays ; il fist semblant d'en estre mal content et de soy partir à regret ; néantmains puisque le bon seigneur le mande, il n'oseroit désobéir. Si part et s'en va, et son cousin, l'autre gentil homme, dit qu'il lui feroit compaignie, car c'est assez son chemin pour retourner en son hostel. Monseigneur le curé et ma damoiselle ne furent jamais plus joyeux que d'ouyr ceste nouvelle : si prindrent conseil et conclusion ensemble que le curé se partira de léans et prendra son congié affin que nul de léans n'ayt suspicion sur lui, et environ la mynuyt, il retournera et

entrera vers sa dame par le lieu acoustumé. Et ne
demoura guères puis ceste conclusion prinse que
nostre curé se partit de léans, et dist adieu. Or devez vous savoir que le mary et le gentil homme
son parent estoient en embusche, en ung destroit
par où nostre curé devoit passer ; et ne povoit aller
ne venir par aultre lieu sans soy trop destourner de
son droit chemin. Ilz virent passer nostre curé et
leur jugeoit le cueur qu'il retourneroit la nuyt dont
il estoit party ; et aussi c'estoit son intencion. Ilz le
laissèrent passer sans arrester ne dire mot, et s'advisèrent de faire en ce destroit ung très beau piège,
à l'ayde d'aucuns paysans qui les servirent à ce besoing. Ce piège fut en haste bel et bien fait ; et ne
demoura guères que ung loup passant pays ne s'at-
trappast léans. Tantost après vécy maistre curé qui
vient, la robe courte vestue et portant le bel espieu
à son col. Et quant vint à l'endroit du piège, il tumba là dedans, avecques le loup, dont il fut bien esbahy. Et le loup qui avoit fait l'essay, n'avoit pas
mains de paour du curé que le curé avoit de luy.
Quant noz deux gentilz hommes virent que maistre
curé estoit avec le loup logié, ilz en firent joye
merveilleuse ; et dist bien cellui à qui le fait plus
touchoit, que jamais ne partira en vie, et qu'il l'occira léans. L'autre le blasma de ceste voulenté, et
ne se veult accorder qu'il meure, mais trop bien
est-il content qu'on lui trenche ses génitoires. Le
mary touteffois le veult avoir mort. En cest es-

trif demourèrent longuement, attendans le jour et
qu'il fist cler. Tandiz que cest estrif se faisoit, ma
damoiselle qui attendoit son curé ne savoit que
penser de quoy il tardoit tant, si se pensa d'y envoier
sa chamberière, affin de le faire advancier. La chamberière tirant son chemin vers l'ostel du curé, trouva
le piège et tumba dedens avecques le loup et le curé :
Ha! dit le curé, je suis perdu, mon fait est descouvert ; quelqu'ung nous a pourchacié ce passaige. Le
mary et le gentil homme son cousin qui tout enten-
doyent et véoient, estoient tant aises qu'on ne pourroit plus ; et se pensèrent, comme se le sainct esperit leur eust revelé, que la maistresse pourroit bien
suyr la chamberière, à ce qu'ilz entendirent d'elle,
que sa maistresse l'envoyoit devers le curé pour savoir qui le tardoit tant de venir oultre l'eure prinse
entre eulz deux. La maistresse voyant que le curé
et la chamberière ne retournoient point, et de paour
que la chamberière et le curé ne fissent quelque
chose à son préjudice , et qu'ilz se pourroient rencontrer ou petit boys qui estoit à l'endroit où le
piège estoit fait, si conclut qu'elle yra veoir s'elle
en ourra nulles nouvelles. Et tira pays vers l'ostel du
curé, et elle venue, à l'endroit du piège tumba dedens la fosse avecques les aultres. Il ne fault jà
demander, quant ceste compaignie se vist ensemble,
qui fut le plus esbahy, et se chascun faisoit sa puissance de soy tirer de la fosse ; mais c'est pour néant,
chascun d'eulx se répute mort et deshonnouré. Et

les deux ouvriers, c'est assavoir le mary de la damoiselle et le gentil homme son cousin, vindrent
au dessus de la fosse saluer la compaignie, en leur
disant qu'ilz fissent bonne chière, et qu'ilz apreste-
roient leur desjuner. Le mary, qui mouroit et enrageoit de faire ung coup de sa main, trouva façon
par ung subtil moyen d'envoyer son cousin veòir
que faisoient leurs chevaulx qui estoient en ung
hostel assez près ; et tandiz qu'il se trouva descom-
bré de lui, il fist tant, à quelque meschief que ce
fust, qu'il eut de l'estrain largement, qu'il avala
dedens la fosse, et y bouta le feu ; et là dedens brula
la compaignie, c'est assavoir la femme, le curé, la
chamberière et le loup. Après ce, il se partit du païs
et manda vers le roy quérir sa rémission, laquelle
il obtint de légier. Et disoient aucuns que le roy
déust dire qu'il n'y avoit dommaige que du povre
loup qui fut brulé qui ne povoit mais du meffait
des aultres.

LA LVIIe NOUVELLE,

PAR MONSEIGNEUR DE VILLIERS.

(LE FRÈRE TRAITABLE.)

Tandiz que l'on me preste audience et que ame
ne s'avance quant à présent de parfournir ceste
glorieuse et édifiante euvre de cent nouvelles, je vous
compteray ung. cas qui puis naguères est advenu
ou Daulphiné, pour estre mis au renc et ou nombre
des dictes cent nouvelles. Il est vray que ung gentilhomme du dit Daulphiné avoit en son hostel une
sienne seur environ de l'eage de dix-huit à vingt ans ;
et faisoit compaignie à sa femme qui beaucoup l'aymoit et tenoit chière, et comme deux seurs se doivent contenir et maintenir ensemble elles se conduisoient. Advint que ce gentilhomme fut semons
d'un sien voisin, lequel demouroit à deux petites
lieues de luy, de le venir veoir lui et sa femme et sa
seur. Il y allèrent, et Dieu scait la chère qu'ilz

firent; et comme la femme de celui qui festoioit la compaignie menoit à l'esbat la soeur et la femme de nostre gentilhomme, après soupper, devisant de plusieurs choses, elles se vindrent rendre à la maisonnette d'ung bergier de léans, qui estoit auprès d'ung large et grant parc à mettre les brebis, et trouvèrent là le maistre bergier qui besongnoit entour de ce parc. Et, comme femmes scevent enquérir de maintes et diverses choses, lui demandèrent s'il avoit point froit léans. Il respondit que non et qu'il estoit plus aise que ceulx qui ont leurs belles chambres verrées, nattées et pavées. Et tant vindrent d'unes parolles à autre par motz couvers, que leurs devises vindrent à toucher du train de derrière. Et le bon bergier qui n'estoit ne fol ne esperdu, leur dist que par la mort bieu il oseroit bien entreprendre de faire la besongne huit ou neuf fois par nuyt. Et la soeur de nostre gentilhomme qui ouyt ce propos, gettoit l'oeil souvent et menu sur ce bergier; et de fait jamais ne cessa tant qu'elle vit son coup de lui dire qu'il ne laissast pour rien qu'il ne la vint veoir à l'ostel de son frère, et qu'elle lui feroit bonne chière. Le bergier qui la vit belle fille, ne fut pas moyennement joyeux de ces nouvelles et promist de la venir veoir. Et brief il fist ce qu'il avoit promis, et à l'eure prinse entre sa dame et lui, se vint rendre à l'endroit d'une fenestre haulte et dangereuse à monter; toutesfois à l'aide d'une corde qu'elle lui dévala, et d'une vigne qui là estoit, il fist tant qu'il

fut en la chambre, et ne fault pas dire s'il y fut voulentiers véu. Il monstra de fait ce dont il c'etoit
vanté de .bouehe, car avant que le jour vint il fist
tant que le cerf eut huit cornes acomplies, laquelle
chose la dame print bien en gré. Mais vous devez savoir et entendre que le bergier avant qu'il péust
parvenir à sa dame luy failloit cheminer deux lieues
de terre, et puis passer à nagier la grosse rivière
du Rosne qui batoit à l'ostel où sa dame demouroit.
Et quant le jour venoit, lui failloit arrière repasser
le Rosne ; et ainsi s'en retournoit à sa bergerie,
et continua ceste manière et ceste façon de faire
une grande espace de temps, sans qu'il fust descouvert. Pendant ee temps plusieurs gentilz hommes
du païs demandoient ceste damoiselle, devenue bergière, à mariaige ; mais nul ne venoit à son gré, dont
son frère n'estoit pas trop content, et lui dist plusieurs fois. Mais elle estoit tousjours garnie d'excusations et de responces largement, dont elle adver-
tissoit son amy le bergier, auquel ung soir elle promist que s'il vouloit, elle n'auroit jamais autre mary que lui. Et il dist qu'il ne demandoit aultre bien :
mais la ehose ne se pourroit, dist il, conduire pour
vostre frère et autres voz amis. — Ne vous chaille,
dit elle, laissez m'en faire, j'en cheviray bien. Ainsi
promirent l'ung à l'autre, néantmains touteffoys
il vint ung gentil homme qui fist arrière requérir
nostre damoiselle bergière, et la vouloit avoir seulement vestue et habillée, comme à son estat appar-

tenoit, sans aultre chose. A laquelle chose le frère
d'elle eust voulentiers entendu et besongnié, et cuida mener sa seur à ce qu'elle se y consentist, lui remonstrant ce que on scait faire en tel cas ; mais il
n'en péut venir à chief, dont il fut bien mal content. Quant elle vit son frère indigné sur elle, elle le
tire d'une part et lui dist : Mon frère, vous m'avez
beaucoup parlé de moy marier à telz et à telz, et je
ne me y suis voulu consentir ; dont je vous requiers
que vous ne m'en sachiez nul mal gré, et me vueillez pardonner le mautalent que avez sus moy, et je
vous diray autrement la raison qui à ce me meut
et contraint en ce cas ; mais que me vueillez asséurer que ne m'en ferez ne vouldrez pis. Son frère lui
promist voulentiers. Quant elle se vit asséurée, elle
lui dist qu'elle estoit mariée autant vault, et que
jour de sa vie autre homme n'auroit à mary que celui qu'elle lui monstrera annuyt, s'il veult : Je le
veuil bien veoir, dit il, mais qui est il ? — Vous le
verrez par temps, dist elle. Quant vint à l'eure
acoustumée, vécy bon bergier qui se vient rendre
en la chambre de sa dame, Dieu scait comment
mouillié d'avoir passé la rivière ; et le frère d'elle le
regarde et veoit que c'est le bergier de son voisin ;
si ne fut pas peu esbahy et le bergier encores plus
qui s'en cuida fuyr quant il le vit. Demeure, demeure,
dist il, tu n'as garde. Est-ce, dist il à sa soeur, celui là dont vous m'avez parlé ? — Ouy vrayement,
mon frère, dit elle. — Or luy faictes, dist il, bon

feu, pour soy seichier, car il en a bon mestier ; et en
pensez comme du vostre ; et vraiement, vous n'avez
pas tort se vous luy voulez du bien, car il se met
en grant dangier pour l'amour de vous. Et puis que
voz besongnes sont en telz termes, et que vostre
couraige est à cela que d'en faire vostre mary, à moy
ne tiendra il pas, et mauldit soit il qui ne s'en des-
peschera. — Amen, dit elle, à demain qui vouldra.
— Et je le vueil, dit il. Et vous bergier, dist il, qu'en
dictes vous ? — Tout ce qu'on veult, Il n'y a remède,
dist il, vous estes et serez mon frère, aussi suis je
piéça de la houlette, si doy bien avoir ung bergier
à frère. Pour abbrégier le compte du bergier, le
gentil homme consentit le mariaige de sa soeur et
du bergier, et fut fait et les tint tous deux en son
hostel, combien qu'on en parlast assez par le païs.
Et quant il estoit en lieu que on lui disoit que c'estoit merveille qu'il n'avoit fait batre ou tuer le bergier, il respondoit que jamais il ne pourroit vouloir
mal à rien que sa seur aymast, et que trop mieulx
vouloit avoir le bergier à beau frère, au gré de sa
seur, que ung aultre bien grant maistre au desplaisir d'elle. Et tout ce disoit par farce et esbatement,
car il estoit et est toujours très gracieux et nouveau
et bien plaisant gentil homme ; et le faisoit bon ouyr
deviser de sa seur, voire entre ses amys et privez
compaignons.

LA LVIIIe NOUVELLE,

PAR MONSEIGNEUR.

(FIER CONTRE FIER.)

Je congnéuz au temps de ma verde et plus vertueuse jeunesse, deux gentilz hommes, beaulx compaignons, bien assouvis et adréciez de tout ce que on
doit louer en ung gentil homme vertueux. Ces deux
estoient tant amys, alyez et donnez l'ung à l'autre, que
d'abillemens, tant pour leurs corps que leurs gens et
chevaulx, tousjours estoient pareilz. Advint qu'ilz
devindrent amoureux de deux belles jeunes filles,
gentes et gracieuses. Et les mains mal qu'ilz scéurent
firent tant qu'elles furent adverties de leur nouvelle
entreprinse. du bien, du service, de cent mille choses
que pour elles faire vouldroient. Ilz furent escoutez,
mais aultre chose ne s'en ensuyvit. J'espère, pour
ce qu'elles estoient de serviteurs pourvéues, ou que
d'amours ne se vouloient entremettre ; car à la vérité

dire, ilz estoient beaulx compaignons tous deux, et
valoient bien d'estre retenus serviteurs d'ausi femmes de bien qu'elles estoient. Quoy qu'il fust toutes
foys, ilz ne scéurent oncques tant faire qu'ilz fussent en grâce, dont ilz passèrent maintes nuytz, Dieu
scait à quelle peine, mauldisans puis fortune, maintenant amours, et très souvent leurs dames qu'ilz
trouvoient tant rigoreuses. Eulx estans en ceste
raige et desmesurée langueur, l'ung dist à son compaignon : Nous voyons à l'oeil que noz dames ne tiennent compte de nous, et toutesfois nous enraigeons
après, et tant plus nous monstrent de fierté et de
rigueur, tant plus les désirons complaire, servir et
obéir, laquelle chose est une haulte folie. Je vous
requiers et prie que nous ne tenons compte d'elle
em plus qu'elles font de nous, et vous verrez, s'elles
pevent congnoistre que nous soyons à cela, qu'elles
enraigeront après nous, comme nous faisons maintenant après elles. — Hélas ! dist l'autre, c'est bon
conseil qui en pourroit venir à chief. J'ay trouvé la
manière, dist le premier ; j'ay tousjours ouy dire, et
Ovide le met en son livre du remède d'amours, que
beaucoup et souvent faire la chose que savez, fait
oublier et peu tenir compte de celle qu'on ayme, et
dont on est fort féru. Si vous diray que nous ferons :
faisons venir à nostre logis deux jeunes filles de noz
cousines, et couchons avecques elles, et leurs faisons tant la folie que nous ne puissons les rains
trainer, et puis venons devant noz dames ; au dea-

ble de l'homme qui en tiendra compte. L'autre s'i accorda, et comme il fut proposé et délibéré, il fut fait et acomply, car ilz eurent chascun une belle fille. Après ce, ilz s'en vindrent trouver devant leurs dames, en une feste où elles estoient, et faisoient en bons compaignons la roe et du fier, et se pourmenoient par devant elles, et devisoient d'ung cousté et d'aultre, et faisoyent cent mille manières pour dire nous ne tenons compte de vous, cuydans comme ilz avoient proposé que leurs dames en déussent estre mal contentes, et qu'elles les déussent rappeler maintenant ou autresfoys ; mais autrement en alla, car s'ilz monstroient semblant de tenir peu compte d'elles, elles monstroient tout appertement de riens y encompter dont ilz se percéurent très bien et ne s'en savoient assez esbahyr. Si dist l'ung à son compaignon : Sces tu comment il est, par la mort bieu, noz dames ont fait la folye comme nous, et ne vois tu comment elles sont fières, elles tiennent toutes telles manières que nous faisons ; si ne me croy jamais s'elles n'ont fait comme nous. Elles ont prins chascun ung compaignon et ont fait jusques à oultrance la folye ; au dyable les crapaudailles ! laissons les là. Par ma foy ! dist l'autre, je le croy comme vous, je n'ay pas aprins de les veoir telles. Ainsy pensèrent les compaignons que leurs dames eussent fait comme eulx pource qu'il leur sembla à l'eure qu'elles n'en tenissent compte, comme ilz ne tenoient compte d'elles, mais il n'en fut riens, et est assez légier à croire.

LA LIXe NOUVELLE,

PAR PONCELET.

LE MALADE AMOUREUX.)

En la ville de sainct Omer avoit naguères ung gentil compaignon sergent de roy, lequel estoit marié à une bonne et loyale femme qui autreffois avoit esté mariée, et lui estoit demouré ung filz qu'elle avoit adroicié en mariaige. Ce bon compaignon jà soit ce qu'il eust bonne et preude femme, néantmains il s'emploit très bien de jour et de nuyt à servir amours par tout où il povoit, et tant que à luy estoit possible. Et pour ce que en temps d'yver sourdent plusieurs fois les inconvéniens plus de légier que en aultre temps à poursuir la queste loing, il s'advisa et délibéra que il ne partiroit point de son hostel pour servir amours, car il avoit une très belle, gente et jeune fille, chamberière de sa femme

avec laquelle il trouveroit manière d'estre son serviteur. Pour abbrégier, tant fist par dons et par promesses qu'il eut octroy de faire tout ce qu'il lui
plairoit, jasoit que à grant peine, pour ce que sa
femme estoit tousjours sus eulz, qui congnoissoit la
condicion de son mary. Ce nonobstant, amours qui
veult tousjours secourir ses vrays serviteurs, inspira
tellement l'entendement du bón et loyal servant
qu'il trouva moyen d'acomplir son veu. Car il faignit estre très fort malade de refroidement et dist
à sa femme : Très doulce compaigne, venez, je suis
si très malade que plus ne puis, il me fault aler
couchier, et vous prie que vous faciez tous noz gens
couchier, affin que nul ne face noyse ne bruit, et puis
venez en nostre chambre. La bonne damoiselle qui
estoit très desplaisante du malde son mary, fist ce qu'il
commanda, et puis print beaulx draps et les chauffa
et mist sus son mary après qu'il fut couchié. Et quant
il fut bien eschauffé par longue espace, il dist : M'a-
mie, il suffist, je suis assez bien, Dieu mercy, et la
vostre qui en avez prins tant de peine, si vous prie
que vous en venez couchier emprès moy. Elle qui
desiroit la santé de son mary, fist ce qu'il comman-
doit et s'endormit le plus tost qu'elle péut, et assez
tost après que nostre bon mary percéut qu'elle dormoit, se coula tout doulcement jus de son lit, et s'en
ala combatre ou lit de sa dame la chamberière tout
prest pour son veu acomplir, où il fut bien recéu
et rencontré. Et tant rompirent de lances qu'ilz fu-

rent si las et si recréans qu'il convint que en beaulx
bras demeurassent endormis. Et comme aucunes
fois advient que quant on s'endort en aucun desplaisir ou mérencolie, au resveillier c'est ce qui
vient premier à la personne, et est aucunefois
mesmes cause du reveil, comme à la damoisele
advint. Et jà soit ce que grant soing eust de son
mary, toutesfois elle ne le garda pas bien, car elle
trouva qu'il s'estoit de son lit party. Et au taster
qu'elle fist sus son orillier, et en sa place, trouva
qu'il y faisoit tout froit et qu'il y avoit long temps
qu'il n'y avoit esté. Adonc comme toute désespe-
rée, saillit sus et en vestant sa chemise et sa cotte
simple disoit à part elle : Lasse meschante, ore es-
tu une femme perdue et gastée et qui fait bien à re-
prouchier, quant par la négligence as laissié cest
homme perdre. Hélas! pourquoy me suis-je annuyt
couchée pour ainsi m'abandonner au dormir. O
vierge Marie, vueillez mon cueur resjouyr, et que
par ma cause il n'ait nul mal, car je me tiendroye
coulpable de sa mort. Et après ces regretz et lamentacions, elle se partit hastivement, et ala quérir
de la lumière; et affin que sa chamberière lui tint
compaignie à quérir son mary, elle s'en alla en sa
chambre pour la faire lever, et·là en droit trouva
la doulce paire, dormant bras à bras, et lui sembla
bien qu'ilz avoient ceste nuyt travaillié, car ilz dormoient si fort qu'ilz ne s'éveillèrent point pour personne qui y entrast, ne pour lumière que on y por-

tast. Et de fait pour la joye qu'elle eut de ce que son
mary n'estoit point si mal ne si desvoyé qu'elle espéroit, ny que son cueur lui avoit jugié, elle s'en
alla quérir ses enfans et les varletz de l'ostel et les
mena veoir la belle compaignie, et leur enjoignit
expressement qu'ilz n'en féissent quelque semblant;
et puis leur demanda en basset qui c'estoit ou lit de
sa chamberière qui là dormoit avecques elle. Et ses
enfans dirent que ce estoit leur père, et les varletz
que ce estoit leur maistre. Adoncques elle les ramena dehors et les fist aler couchier, car il estoit trop
matin pour eulz lever ; et aussi elle s'en alla en son
lit, mais depuis ne dormit guères, tant qu'il fut
heure de lever. Toutesfois assez tost après, la compaignie des vrais amans s'esveilla et se départirent
l'ung de l'autre amoureusement. Si s'en retourna
nostre maistre à son lit, emprès sa femme sans dire
mot; et aussi ne fist-elle, et faignit de dormir, dont
il fut moult joyeulx, pensant qu'elle ne sceust
riens de sa bonne fortune; car il la craignoit et
doubtoit à merveilles, tant pour sa paix que pour
l'onneur et le bien de la fille. Et de fait se reprint
nostre maistre à dormir bien fort. Et la bonne et
gente damoiselle qui point ne dormoit, si tost qu'il
fut heure de descouchier, se leva pour festoier son
mary, et lui donna aucune chose confortative après
la médecine laxative qu'il avoit prinse celle nuytée.
Puis après la bonne damoiselle fist lever ses gens et
appella sa chamberière et lui dist qu'elle print les

deux plus gras chappons de la chapponnière, et que
les appointast très bien ; et puis qu'elle alast à la
boucherie quérir la meilleure pièce de beuf qu'elle
pourroit trouver, et si cuist tout à une bonne eaue,
pour humer ainsi qu'elle le scauroit bien faire ; car
elle estoit maistresse et ouvrière de faire bon brouet.
Et la bonne fille qui de tout son cueur desiroit complaire à sa damoiselle, et encores plus à son maistre,
à l'ung par amours et à l'autre par crainte', dist que
très voulentiers le feroit. Cependant la damoiselle ala
ouyr la messe, et au retour passa par l'ostel de son
filz, dont cy dessus a esté parlé, et luy dist que venist
disner avecques son mary, et si amenast avec lui
troys ou quatre compaignons qu'elle lui nomma,
et que son mary et elle les prioient qu'ilz venissent
disner avecques eulz. Quant elle eut ce dit, elle s'en
retourna à l'ostel pour entendre à la cuisine, de
peur que le humeau ne fut espandu, comme par
male garde il avoit esté la nuytée précédente, mais
nenny ; car nostre bon mary s'en estoit allé à l'église
ouyr la messe. Et tandiz que le disner s'apprestoit,
le filz à la damoiselle alla prier ceulz qu'elle lui
avoit nommez, qui estoyent les plus grans farceurs
de toute la ville de sainct Omer. Or revint nostre
maistre de la messe, et fist une grande brassie à sa
femme, et lui donna le bon jour ; et aussi fist—elle
à lui. Mais toutesfoys elle n'en pensoit pas mains, et
lui commença à dire qu'elle estoit bien joyeuse de
sa santé, dont il la remercia, et lui dist : Vraiement

je suis assez en bon point, Dieu mercy, m'amye, veu
que j'estoye hyer à la vesprée, si mal disposé, et me
semble que j'ay très bon appétit, si vouldroie bien
aler disner, si vous voulez. Lors elle lui dist : J'en
suis bien contente ; mais il fault ung peu attendre
que le disner soit prest , et que telz et telz qui sont
priez de disner avecques vous soyent venuz. — Priez,
dit il , et à quel propos je n'en ay cure, et aymasse
mieulx qu'ilz demourassent ; car ilz sont si grans
farceurs que s'ilz scaivent que j'aye esté malade, ilz
ne m'en feront que farcer. Au mains , belle dame,
je vous prie qu'on ne leur en dye riens. Et encores
aultre chose y a , que mengeront-ilz ? Et elle dist
qu'il ne s'en souciast et qu'ilz auroient assez à
mengier, car elle avoit fait appointier et abillier
les deux meilleurs chappons de léans , et une très
bonne pièce de beuf, pour l'amour de luy. De laquelle chose il fut bien joyeux, et dist que c'estoit
bien fait, Et tantost après allèrent venir ceulx que
l'en ayoit priez avecques le filz à la damoiselle. Et
quant tout fut prest, ilz s'en alèrent seoir à table
et firent très bonne chière , et par espécial l'oste, et
buvoient souvent, et d'autant l'ung à l'autre. Et
lors l'oste commença à dire à son beau filz : Jehan
mon amy, je vueil que vous buvez à vostre mère,
et faictes bonne chière. Adonc le filz respondit que
très voulentiers le feroit. Et ainsi qu'il eut béu à sa
mère, la chamberière qui servoit, survint à la table
pour servir les assistens, ainsi qu'il appartenoit

8

comme bien et honnestement le savoit faire. Et
quant la damoiselle la vit, elle l'apella et lui dist :
Venez çà, ma doulce compaigne, buvez à moy et
je vous plegeray Compaigne dea, dist nostre amoureux, et dont vient maintenant celle grant amour
que male paix y puist mettre Dieu, vécy grant nouvelleté. — Voire vraiement, c'est ma compaigne
certaine et loiale, en avez vous si grant merveille ?
— He dea, dist l'oste. Jehanne, gardez que vous dictes, on pourroit jà penser quelque chose entre elle
et moy. — Et pourquoy ne feroit on ? dist elle. Ne
vous ay-je point annuyt trouvé couchié avecques
elle, en son lit et dormant bras à bras ? — Couchié,
dist il. — Voire vraiement couchié, dist elle. — Et
par ma foy, beaulx seigneurs, dit il, il n'en est riens,
et ne le fait que pour me faire despit, et aussi pour
donner à la povre fille blasme ; car je vous prometz
que oncques ne m'y trouvay. — Non dea, dist elle,
vous l'orrez tantost et le vous feray tout à ceste heure
dire devant vous, par tous ceulz de céans. Adonc appella ses enfans, et les varletz qui estoient devant la
table, et leur demanda se ilz avoient point véu leur
père couchié avecques la chamberière ; et ilz dirent
que ouy. Adonc leur père respondit : Vous mentez,
mauvais garçons, vostre mère le vous fait dire. —
Saulve vostre grace, père, nous vous y véismes couché ;
aussi flrent noz varletz. — Qu'en dictes vous, dit la damoiselle ? — Vraiement il est vray, dirent ilz. Et lors
il y eut grande risée de ceulz qui là estoient. Et le

mary fut terriblement abaye ; car la damoiselle leur
compta comment il s'estoit fait malade et toute
la manière de faire, ainsi qu'elle avoit esté ; et comment pour les festoyer, elle avoit fait appareillier le
disner et prier ses amys ; lesquelz de plus en plus
renforçoient la chose dont il estoit si honteux qu'à
peine sçavoit il tenir manière, et ne se scéut aultrement sauver que de dire : Or avant, puis que chascun
est contre moy, il fault bien que je me taise, et que
je accorde tout ce qu'on veult, car je ne puis tout
seul contre vous tous. Après commanda que la table
fust ostée, et incontinent graces rendues, appella
son beau filz et lui dist : Jehan mon amy, je vous
prie que se les aultres me accusent de cecy que me
excusez en gardant mon honneur, et alez savoir à
ceste povre fille que on luy doit, et la payez si largement qu'elle n'ait cause de soy plaindre, puis la
faictes partir ; car je scay bien que vostre mère ne la
souffreroit plus demourer céans. Le beau filz ala
incontinent faire ce qui lui estoit commandé, et puis
retourna aux compaignons qn'il avoit amenez, lesquelz il trouva parlans à sa mère, et la remercioient
moult grandement de ses biens et de la bonne chère
qu'elle leur avoit faicte, puis prindrent congié et
s'en alèrent. Et les aultres demourèrent à l'ostel ;
et fait à supposer que depuis en eurent maintes devises ensemble. Et le gentil amoureux ne béut point
tout l'amer de son vaisseau à ce disner. A ce propoz
peut-on dire de chiens, d'oyseaux, d'armes, d'a-

mours pour ung plaisir mille douleurs. Et pourtant nul ne s'i doit bouter s'il n'en veult aucunesfois gouster. Et ainsi lui en advint et acheva le dit mary sa queste en ceste partie, par la manière que dit est.

LA LXe NOUVELLE,

PAR PONCELET.

(LES NOUVEAUX FRÈRES MINEURS.)

N'a pas long temps que en la ville de Troye avoit troys damoiselles, lesquelles estoient femmes à troys bourgoys de la ville, riches, puissans, et bien aisiez. lesquelles furent amoureuses de troys frères mineurs; Et pour plus seurement et couvertement leur fait couvrir, sous umbre de dévocion, chascun jour se levoient une heure ou deux devant le jour. Et quant il leur sembloit heure d'aler vers leurs amoureux, elles disoient à leurs maris qu'elles aloient à matines, à la première messe. Et pour le grant plaisir qu'elles y prenoient, et les religieux aussi, souvent advenoit que le jour les surprenoit si largement qu'elles ne savoient comment saillir de l'ostel que les aultres religieux ne s'en appercéussent. Pour- quoy doubtans les grans périlz et inconvéniens qui

en povoient sourdre, fut prinse conclusion par eulz
toutes ensemble que chascune d'elles auroit habit
de religieux, et feroient faire grant couronne sur
leur teste, comme s'elles estoient du couvent de léans,
jusques finablement à ung aultre certain jour qu'elles
y retourneroient après. Tandiz que leurs mariz guères n'y pensoyent, elles venues ès chambres de leurs
amis, ung barbier secret fut mandé, c'est assavoir
des frères de léans, qui fist aux damoiselles chascune la couronne sur la teste. Et quant vint au départir, elles vestirent leurs habiz qu'on leur avoit
appareilliez, et en cest estat s'en retournèrent devers
leurs hostelz et s'en alèrent desvestir, et mettre jus
leur habiz de dévocion chés une certaine matrone
affaitie, et puis retournèrent emprès leurs mariz.
Et en ce point continuèrent grant temps sans que
personne s'en appercéust. Et pource que dommaige
eust esté que telle dévotion et travail n'eust esté
congnéue, fortune voulut que à certain jour que
l'une de ces bourgoises s'estoit mise au chemin pour
aler au lieu acoustumé, l'embusche fut descouverte,
et de fait fust prinse à tout l'abit dissimulé par son
mary, qui l'avoit poursuye, si lui dist : Beau frère,
vous soyez le très bien trouvé, je vous prie que retournez à l'ostel, car j'ay à parler à vous de conseil.
Et en cest estat la ramena, dont elle ne fist jà feste.
Or advint que quant ilz furent à l'ostel, le mary commença à dire en manière de farce : Dictes vous par
vostre foy, que la vraie dévocion dont ce temps d'y-

ver avez esté esprinse vous fait endosser l'abit de
sainct Françoys, et porter couronne semblable aux
bons frères ? Dictes moy, je vous requiers, qui a esté
vostre recteur, ou par sainct François, vous l'amen-
derez. Et fist semblant de tirer sa dague. Adoncques
la povrete se getta à genoulx et s'escria à haulte voix :
Ha, mon mary, je vous crye mercy, ayez pitié de
moy, car j'ay esté séduitte par mauvaise compaignie.
Je scay bien que je suis morte, si vous voulez, et
que je n'ay pas fait comme je deusse ; mais je ne
suis pas seule decéue en celle manière, et se vous
me voulez promettre que ne me ferez riens, je vous
diray tout. Adonc son mary s'i accorda. Lors elle
lui dist comment plusieurs fois elle avoit esté ou dit
monastère avec deux de ses compaignes desquelles
deux des religieux s'estoient enamourez ; et en les
compaignant aucuneffois à faire colacion en leurs
chambres, le tiers fust esprins d'amours de moy en
me faisant tant de humbles et doulces requestes, que
nullement ne m'en suis péu excuser ; et mesmement
par l'instigacion et enhort de mes dictes compaignes,
je l'ay fait, disans que nous aurions bon temps ensemble, et si n'en sauroit-on rien. Lors demanda
le mary qui estoient ses compaignes ; et elle les lui
nomma. Adoncques scéut-il qui estoient leurs maris.
Et dit le compte qu'ilz buvoient souvent ensemble ;
puis demanda qui estoit leur barbier, et les noms
des troys religieux. Le bon mary, considérant toutes
ces choses, avecques les doloreuses admiracions et

piteux regretz de sa femmelette, dist : Or garde bien
que tu ne dies à personne que je saiche parler de
ceste matière, et je te prometz que je ne te feray jà
mal. La bonne damoiselle lui promist que tout à
son plaisir elle feroit. Adonc incontinent se part et
alla prier au disner les deux mariz et les deux damoiselles, les troys cordeliers et le barbier et pro-
misrent de venir. Lesquelz venuz le lendemain, et
eulz assis à table, firent bonne chière sans penser à
leur male adventure. Et après que la table fut ostée,
pour conclure de l'escot, firent plusieurs manières
de faire mises avant joyeusement, sus quoy l'escot
seroit prins et soustenu ; ce toutesfois qu'ilz ne scéurent trouver, ne estre d'acort tant que l'oste dist :
Puis que nous ne savons trouver moyen de gaingnier nostre escot par ce qui est mis en termes, je
vous diray que nous ferons : il fault que nous le fa-
cions paier à ceulx de la compaignie qui la plus
grant couronne portent, réservé ces bons religieux,
car ilz ne paieront riens à présent. A quoy ilz s'accordèrent tous et furent contens que ainsi en fust,
et le barbier en fut le juge. Et quant tous les hommes eurent monstré leurs couronnes, l'oste dist qu'il
failloit veoir, se les femmes en avoient nulles. Si
ne fault pas demander s'il en y eut en la compaignie
qui eurent leurs cueurs estrains. Et sans plus attendre, l'oste print sa femme par la teste et la descouvrit. Et quant il vit ceste couronne, il fist une grande
admiracion, faignant que riens n'en scéust, et dist :

Il fault veoir les autres s'elles sont couronnées aussi. Adonc leurs mariz les firent deffubler, et pareillement furent trouvées comme la première, de laquelle chose ilz ne firent pas trop grant feste, nonobstant qu'ilz en fissent grandes risées, et tout en manière de joyeuseté dirent que vraiement l'escot estoit gaingné, et que leurs femmes le devoient. Mais il failloit scavoir à quel propos ces couronnes avoient esté enchargées, et l'oste qui estoit assez joyeux, leur compta tout le démené de la chose, soubz telle protestacion qu'ilz le pardonneroient à leurs femmes pour ceste foys, parmy la pénitence que les bons religieux en porteroient en leur présence ; laquelle chose les deux maris accordèrent. Et incontinent l'oste fist saillir quattre ou six roides galans hors d'une chambre, tous advertis de leur fait, et prindrent bons moynes, et leurs donnèrent tant de biens de léans qu'ilz en peurent entasser sus leur doz, puis les boutèrent hors, et eurent les maris plusieurs devises qui longues seroient à racompter.

LA LXIe NOUVELLE,

PAR PONCELET.

(LE COCU DUPÉ.)

Ung jour advint que en une bonne ville de **Haynault**
avoit ung bon marchant marié à une vaillant **femme**,
lequel très souvent aloit en marchandise, qui estoit
par adventure occasion à sa femme d'aymer aultre
que lui, en laquelle chose elle continua et persévéra
moult longuement. Néantmains en la parfin l'embusche fut descouverte par ung sien voisin qui
parent estoit au dit marchant, et demouroit à l'op-
posite de l'ostel du dit marchant. Et de sa maison il vit et appercéut souventesfois ung gentil galant heurter et entrer de nuyt, et saillir hors de
l'ostel du dit marchant. Laquelle chose venue à la
congnoissance de celui à qui le dommaige se faisoit,
par l'advertissement du voisin, fut moult desplaisant ;
et, en remerciant son parent et voisin, dist que brief-

vement il y pourveoiroit, et qu'il se bouteroit du soir
en sa maison, affin qu'il véist mieulx qui yroit et
viendroit en son hostel. Et semblablement faignit
d'aler dehors et dist à sa femme et à ses gens qu'il
ne savoit quant il retourneroit, et lui party au plus
matin, ne demoura que jusques à la vesprée, qu'il
bouta son cheval quelque part, et vint couvertement chez son cousin. Et là regarda par une petite
treille attendant se il verroit ce que guères ne lui
plairoit. Et tant attendit que environ neuf heures,
en la nuyt, le galant à qui la damoiselle avoit fait
savoir que son mary estoit dehors, passa ung tour
ou deux par devant l'ostel de la belle et regarda à
l'uys pour veoir s'il y pourroit entrer; mais encores
le trouva il fermé. Si pensa bien qu'il n'estoit pas
heure pour les doubtes. Et ainsi qu'il varioit là entour, le bon marchant qui pensa bien que c'estoit
son homme, descendit et vint à lui et lui dist : —
Mon amy, nostre damoiselle vous a bien percéu,
et pource qu'il est encores temps assez, et qu'elle a
doubte que nostre maistre ne retourne, elle m'a requis et prié que je vous mette dedens, s'il vous plaist.
Le compaignon, cuidant que ce fust le varlet, s'a-
ventura d'entrer léans avec lui, et tout doulcement
l'uys fut ouvert, et le mena tout derrière en une
chambre, en laquelle avoit une moult grande huche,
laquelle il defferma et le fist entrer dedens, affin que
se le marchant revenoit, qu'il ne-le trouvast pas, et
que sa maistresse le viendroit assez tost mettre hors

et parler à lui. Et tout ce souffrit le gentil galant
pour le mieulx et aussi pource qu'il pensoit que
l'autre dist vérité. Et incontinent se partit le marchant le plus celéement qu'il peut, et s'en ala à
son cousin, et à sa femme, et leur dist : — Je vous
prometz que le rat est prins ; mais il nous fault adviser qu'il en est de faire. Et lors son cousin, et par
espicial la femme qui n'aymoit point l'autre, furent
bien joyeulx de la venue, et dirent qu'il seroit bon
que l'en le monstrast aux parens et amys de la
femme, affin qu'ilz véissent son gouvernement. Et à
ceste conclusion prinse, le marchant alla à l'ostel
du père et de la mère de sa femme et leur dist qu'ilz
s'en venissent moult hastivement à son logis. Tantost saillirent sus, et tandis qu'ilz s'appointoient et
appareilloient pour leur en aller chez leur fille, il
ala pareillement quérir deux des frères et deux des
seurs d'elle, et leur dist comme il avoit fait au père
et à la mère. Et puis quant il les eut tous assemblez,
il les mena en la maison de son cousin, et illecques
leur compta tout au long la chose ainsi qu'elle
estoit, et leur compta pareillement la prinse du rat.
Or convient-il scavoir comment le gentil galant pendant ce temps se gouverna en celle huche, de laquelle il fut gaillardement délivré attendu l'adventure ; car la damoiselle qui se donnoit garde
souvent se son amy viendroit point, aloit devant
et derrière pour veoir s'elle en auroit point quelque
nouvelle. Et ne tarda mie grant pièce que le gentil

compaignon qui ouyoit bien que l'en passoit assez
près du lieu où il estoit, et si le laissoit-on là, il
print à heurter du poing à ceste husche tant que la
dame l'ouyt qui en fut moult espoantée. Et néantmains elle demanda qui c'estoit? et le compaignon
lui respondit : Hélas ! très doulce amie, ce suis-je qui
me meurs de chault, et de doubte de ce que m'y
avez fait bouter, et si n'y alez ne venez. Qui fut alors
bien esmerveillée? ce fut elle. Ha vierge Marie, et·
pensez vous, mon amy, que je vous y aye fait mettre?
— Par ma foy, dist-il, je ne scay, au mains est
venu vostre varlet à moy, et m'a dit que luy aviez
requis qu'il me mist en l'ostel, et que je entrasse en
ceste husche, affin que vostre mary ne m'y trouvast,
se d'aventure il retournoit pour ceste nuyt. — Ha !
dist elle, sur ma vie que ce a esté mon mary. A ce
coup suis-je une femme perdue et est tout nostre
fait descouvert. — Savez-vous, dist-il, comment il
va? Il convient que me mettez dehors, ou je rom-
pray tout, car je n'en puis plus endurer. — Par ma
foy, dist la damoiselle, je n'en ay point la clef, et se
vous le rompez je seray deffaicte, et dira mon mary
que je l'auray fait pour vous saulver Finablement
la damoiselle chercha tant qu'elle trouva de vieilles
clefz entre lesquelles y en eut une qui délivra le
povre prisonnier. Et quant il fut hors il troussa sa
dame, et lui monstra le couroux qu'il avoit sus elle,
laquelle le print paciamment. Et à tant s'en voulut
partir le gentil amoureux ; mais la damoiselle le

print et acola, et lui dist que s'il s'en aloit ainsi,
elle estoit aussi bien deshonnourée que s'il eust
rompu la huche : Et qu'est-il doncques de faire?
dist le galant. — Si nous ne mettons, dist elle, quelque chose dedens et que mon mary le treuve, je ne
me pourroye excuser que je ne vous aye mis dehors.
— Et quelle chose y mettrons nous? dist le galant,
affin que je me parte, car il est heure. — Nous
avons, dist elle, en cest estable ung asne que nous
y mettrons, si vous me voulez aidiez. — Ouy, par
ma foy, dist il. Adonc fut cest asne getté dedens la
huche et puis la refermèrent. Lors le galant print
congié d'ung doulx baisier et se partit en ce point
par une yssue de derrière ; et la damoiselle s'en ala
prestement couchier. Et après ne demoura pas longuement que le mary qui tandiz que ces choses se
faisoient, assembla ses gens et les amena tous chez
son cousin, comme dit est, où il leur compta tout
l'estat de ce qu'on lui avoit dit, et aussi comment il
avoit prins le galant à ses barres : Et doncques
à celle fin, dist il, que vous ne dissiez point que je
vueille à vostre fille imposer blasme sans cause, je
vous monstreray à l'oeil et au doy le ribault qui
cest deshonneur nous a fait, et prie que avant qu'il
saille hors qu'il soit tué. Adonc chascun dist que
aussi seroit il, et aussi, dist le marchant, je vous rendray vostre fille pour telle qu'elle est. Et de là se
partirent les aultres avecques luy qui estoient moult
dolans des nouvelles, et avoient torches et flambeaulx

pour mieulx cherchier par tout, et que riens ne
leur péust eschapper. Ilz heurtèrent à l'uys si rudement, que la damoiselle y vint premier que nulz
de léans, et leur ouvrit l'uys. Et quant ilz furent
entrez, elle salua son mary, son père et sa mère, et
les aultres, monstrant qu'elle estoit bien esmerveillée quelle chose les amenoit là et à telle heure.
Et à ces motz son mary haulse le poing et luy donne
une très grande buffe, et dist : Tu le scauras tantost, faulse, telle et quelle que tu es. — Ha ! regardez
que vous dictes ; amenez-vous pour ce mon père et
ma mère icy ? — Ouy, dist la mère, faulse garce
que tu es, on te monstrera ton lourdier prestement.
Et lors ses seurs vont dire : Et par dieu, vous n'estes
pas venue de lieu pour vous gouverner ainsi. —
Mes seurs, dit elle, par tous les saints de Romme,
je n'ay riens fait que une femme de bien ne doyve et
puisse faire, ne je ne doubte point qu'on doive le
contraire monstrer sus moy. — Tu as menty, dist son
mary, je le te monstreray incontinent, et sera le ribault tué en ta présence. Sus tost ouvrez ceste huche.
— Moy, dist elle, et en vérité je croy que vous rêvez, ou que vous estes hors du sens ; car vous savez bien que je n'en portay oncques la clef, mais
pend avec les vostres dès le temps que vous y met-
tiez vos besongnes. Et pourtant se vous la voulez ouvrir, ouvrez la. Mais je prie à Dieu que aussi
vraiement que oncques je n'euz compaignie avec
celui que est là dedans enclos, qu'il m'en délivre à

joye et à honneur, et que la mauvaise envie que
l'en a sur moy puisse icy estre avérée et desmonstrée;
et aussi sera elle comme bien ay bon espoir. — Je
croy, dist le mary qui la voit à genoulx, pleurant et
gémissant, qu'elle scait bien faire la chate mouilliée,
et qui la vouldroit croire, elle sauroit bien abuser
les gens ; et ne doubtez, je me suis pieçà percéu de
la traynnée. Or sus, je voys ouvrir la huche, si
vous prie, mes seigneurs, que chascun mette la main
à ce ribault. qu'il ne nous eschappe, car il est fort et
roide. — N'ayez paour, dirent ilz tous ensemble,
nous en saurons bien faire. Adonc tirèrent lèurs
espées et prindrent leurs mailletz pour assommer le
povre amoureux, et luy dirent : Ores, te confesse, car
jamais n'auras prestre de plus près. La mère et les
seurs, qui ne vouloient point veoir ceste occision, se
tirèrent d'une part ; et aussitost qu'il eut ouvert la
huche, et que cest asne vit la lumière si très grande,
il commença à hyngner si hydeusement qu'il n'y eut
si hardi léans qui ne perdist et sens et manière. Et
quant ilz virent que c'estoit ung asne, et qu'il les
avoit ainsi abusez, il se voulurent prendre au marchant, et dirent autant de honte comme saint Pierre
eut oncques d'onneur, et mesmes les femmes lui
vouloient courir sus. Et de fait s'il ne s'en fust
fuy, les frères de la damoiselle l'eussent là tué
pour le grant blasme et deshonneur qu'il leur avoit
fait et vouloit faire. Et finablement en eut tant à faire
qu'il convint que la paix et traictié en fussent refaiz

par les notables de la ville. Et en furent les accu-
seurs tousjours en indignacion du marchant. Et dit le
compte que à la paix faire il y eut grande difficulté
et plusieurs protestacions des amis à la damoiselle ;
et d'autre part de bien estroictes promesses du marchant, qui depuis bien et gracieusement se gouverna
et ne fut oncques homme meilleur à femme qu'il fut
toute sa vie ; et ainsi usèrent leur vie ensemble.

LA LXIIe NOUVELLE,

PAR MONSEIGNEUR DE COMMESURAM.

(L'ANNEAU PERDU.)

Environ le moys de juillet, alors que certaine convencion et assemblée se tenoit, entre la ville de Calais et Gravelinghes, assez près du chastel d'Oye, à laquelle assemblée estoient plusieurs princes et grans seigneurs, tant de la partie de France comme d'Angleterre, pour adviser et traictier de la rençon de monseigneur d'Orléans, estant lors prisonnier du roy d'Angleterre ; entre lesquelz de la dicte partie d'Angleterre estoit le cardinal de Vicestre qui à ladicte convencion estoit venu en grant et noble estat tant de chevaliers, escuiers que d'autres gens d'église. Et entre les autres nobles hommes, avoit ung qui se nommoit Jehan Stotton, escuier trenchant et Thomas Brampton eschançon du dit cardinal, lesquelz Jehan et Thomas se entraymoient autant que

pourroient faire deux frères germains ensemble ;
car de vestures, habillemens et harnois estoient
tousjours d'une façon au plus près qu'ilz pou-
voient ; et la plus part du temps ne faisoient que
ung lit et une chambre, et onoques n'avoit on véu
que entre eulx deux aucunement y eust quelque
courroux, noise ou maltalent. Et quant le dit cardinal fut arrivé au dit lieu de Calaiz, on bailla
pour le logis des ditz nobles hommes l'ostel de Richard Fury qui est le plus grant hostel de la dicte
ville de Calais ; et ont de coustume les grans seigneurs, quant ilz arrivent au dict lieu passans et re-
passans, d'y logier. Le dit Richart estoit marié et estoit sa femme de la nacion du pays de Hollande, qui
estoit belle, gracieuse et bien luy advenoit à recevoir gens. Et durant la dicte convencion à laquelle
on fut bien l'espace de deux mois, iceulx Jehan
Stotton et Thomas Brampton, qui estoient si comme
en l'aage de xxvj à xxviij ans, ayans leur couleur de
cramoisy vive, et en point de faire armes par nuyt et
par jour, durant lequel temps nonobstant les priva-
litez et amytiez qui estoient entre ces deux seconds
et compaignons d'armes, le dit Jehan Stotton au des-
céu dudit Thomas, trouva manière d'avoir entrée et
faire le gracieux envers leur dicte hostesse, et y con-
tinuoit souvent en devises et semblables gracieusetez
que on a coustume de faire en la queste d'amours ;
et en la fin s'enhardit de demander à sa dicte hostesse la courtoisie, c'est assavoir qu'il péust estre son

amy, et elle sa dame par amours, à quoy comme faignant d'estre esbahye de telle requeste, luy respondit tout froidement que luy ne autre elle ne hayoit, ne ne vouldroit hayr, et qu'elle aymoit chascun par bien et par honneur. Mais il povoit sembler à la manière de sa dicte requeste qu'elle ne pourroit icelle acomplir que ce ne fust grandement à son deshonneur et scandale et mesmement de sa vie, et que pour chose du monde à ce ne vouldroit consentir.

Adonc ledit Jehan réplica, disant qu'elle luy povoit très bien accorder ; car il estoit celui qui lui vouloit garder son honneur jusques à la mort, et aymeroit mieulx estre péry et en l'autre siècle tourmenté que par sa coulpe elle eust honte, et qu'elle ne doubtast en riens que de sa part son honneur ne fust gardé, lui suppliant de rechief que sa requeste lui voulsist accorder, et à tousjours mais se réputeroit son serviteur et loyal amy. Et à ce elle respondit, faisant manière de trembler, disant que de bonne foy, il lui faisoit mouvoir le sang du corps, de crainte et de paour qu'elle avoit de lui accorder sa requeste. Lors il s'approucha d'elle, et luy requist ung baiser, dont les dames et damoiselles du dit pays d'Angleterre sont assés libérales de l'accorder ; et en la baisant lui pria doulcement qu'elle ne fust paoureuse et que de ce qui seroit entre eulx deux jamais nouvelle n'en seroit à personne vivant. Lors elle lui dist : Je voy bien que je ne puis de vous eschapper que ne face ce que vous voulez ; et puisqu'il fault

que je face quelque chose pour vous, sauf toutes-
voies tousjours mon honneur. Vous scavez l'ordonnance qui est faicte de par les seigneurs estans en
ceste ville de Calais, comment il convient que chascun chief d'ostel face une fois la sepmaine, en personne, le guet par nuyt, sus la muraille de la dicte ville.
Et pour ce que les seigneurs, et nobles hommes de
l'ostel de monseigneur le cardinal, vostre maistre,
sont céans logiez, mon mary a tant fait par le moyen
d'aucuns ses amys, envers mondit seigneur le cardi-
na, lqu'il ne fera que demy guet, et entens qu'il le
doit faire jeudy prouchain, depuis la cloche du guet
au soir jusques à mynuyt ; et pour ce tandis que mon
dit mary sera au guet, se vous me voulez dire aucunes choses je les orray très voulentiers, et me trouverez en ma chambre, avecques ma chamberière, la
quelle estoit en grant vouloir de conduire et acomplir les voulentés et plaisirs de sa maistresse. Le dit
Jehan Stotton fut de ceste response moult joyeux, et
en remerciant sa dicte hostesse, lui dist que point n'y
auroit de faulte que au dit jour il ne venist comme
elle lui avoit dit. Or se faisoient ces devises le lundi
précédent après disner, mais il ne fait pas à oublier
de dire comment le dit Thomas Brampton avoit au
desceu de son dit compaignon Jehan Stotton fait pareille diligence et requeste à leur hostesse, laquelle
ne luy avoit oncques voulu quelconques chose accorder, fors lui bailler une fois espoir, et l'autre
doubte, en lui disant et remonstrant que il pensoit

trop peu à l'onneur d'elle, car se elle faisoit ce qu'il
requéroit, elle savoit de·vray que son mary Richard
Finey et ses parens et amys luy osteroient la vie du
corps. Et à ce respondit le dit Thomas : Ma très doulce
damoiselle, amye et hostesse, pensez que je suis
noble homme, ne pour chose qui me péust advenir
ne vouldroie faire chose qui tournast à vostre deshonneur ne blasme ; car ce ne seroit point usé de
noblesse. Mais croyez fermement que vostre honneur
vouldroie garder comme le mien ; et si aymeroye
mieulx à mourir qu'il en fust nouvelle, et n'ay amy
ne personne en ce monde, tant soit mon privé à qui
je voulsisse en nulle manière descouvrir nostre fait.
La bonne dame, voyant la singulière affection et désir
du dit Thomas. lui dist, le mercredy ensuyvant, que
ledit Jehan avoit eu la gracieuse response cy dessus
de leur dicte hostesse, que puis qu'elle veoit en si
grande voulenté de lui faire service en tout bien et
en tout honneur, qu'elle n'estoit point si ingrate
qu'elle ne le voulsist bien recongnoistre. Et lors luy
alla dire comment il convenoit que son mary lendemain .au soir allast au guet comme les autres chefz
d'ostel de la ville, en entretenant l'ordonnance qui
sur ce estoit faicte de par la seigneurie estant en la
ville. Mais la Dieu mercy, son mary avoit eu de bons
amys autour de monseigneur le cardinal, car il
avoient tant fait envers luy qu'il ne feroit que demy
guet, c'est assavoir depuis mynuyt jusques au matin
seulement, et que en ce pendant, s'il vouloit venir

parler à elle, elle ourroit voulentiers ses doulces
devises ; mais pour Dieu qu'il y en venist si secrètement qu'elle n'en péust avoir blasme. Et le dit Thomas luy scéut bien respondre que ainsi désiroit il de
faire. Et à tant se partit en prenant congié. Et le landemain qui fut le dit jour de jeudy, au vespre après,
ce que la cloche du guet fut sonnée, le devant dit
Jehan Stotton n'oublia pas à aler à l'eure que sa dicte
hostesse luy avoit mise. Et ainsi il vint vers la chambre d'icelle, et y entra, et la trouva seule ; laquelle
le recéut et luy fist très bonne chière, car la table y
estoit mise. Adonc ledit Jehan requist que avec elle
il péust couchier, pour eulz ensemble mieulx deviser, ce qu'elle ne luy voulut de prime face accorder,
disant qu'elle pourroit avoir charge se on le trouvoit
avec elle. Mais il requist tant et par si bonne manière
qu'elle s'i accorda ; et le soupper fait qui sembla estre
audit Jehan moult long, se coucha avec sa dicte hostesse ; et après s'esbatirent ensemble nu à nu. Et
avant qu'il entrast en la dicte chambre, il avoit bouté
en l'ung de ses doiz ung aneau d'or garny d'ung
bon gros dyamant qui bien povoit valoir la somme
de .xxx. nobles. Et comme ilz se délectoient ensemble, le dit aneau lui chéut de son doy dedans le lit,
sans ce qu'il s'en appercéust. Et quant ilz eurent
illec ainsi esté ensemble jusques après la .xi. heure
de la nuyt, la dicte damoyselle lui pria moult doulcement que en gré voulsist prendre le plaisir qu'elle
luy avoit péu faire, et que à tant il fust content de

soy habillier et partir de la dicte chambre, affin qu'il
n'y fust trouvé de son mary qu'elle attendoit, si tost
que la mynuyt seroit venue, et qu'il lui voulsist garder son honneur, comme il lui avoit promis. Lors
le dit Stotton ayant doubté que ledit mary ne retournast incontinent, se leva et se habilla, et partit de
celle chambre ainsi que douze heures estoient sonnées, sans avoir souvenance de son dit dyamant qu'il
avoit laissé ou dit lit. Et en yssant hors de la dicte
chambre et au plus près d'icelle, le dit Jehan Stotton
encontra son compaignon Thomas Brampton, cuidant que ce fust son hoste Richart. Et pareillement
le dit Thomas qui venoit à l'eure que sa dicte hostesse lui avoit mise, cuida semblablement que le dit
Jehan Stotton fust le dit Richard, et attendit ung peu
pour veoir quel chemin il tiendroit. Et puis s'en ala
entrer en la chambre de la dicte hostesse, qu'il trouva
comme entrouverte, laquelle tint manière comme
toute esperdue et effroyée, en demandant au dit Thomas, en manière de grant doubte et paour, se il
avoit point encontré son mary qui se partoit d'illec
pour aller au guet. — Adonc le dit Thomas luy dist
que trop bien avoit-il encontré ung homme ; mais
il ne scavoit qui il estoit, ou son mary ou autre, et
qu'il avoit ung peu attendu pour veoir quel chemin
il tiendroit. Et quant elle eut ce ouy, elle print hardiesse de le baiser, en luy disant qu'il fust le bien
venu. Et assez tost après, sans demander qui l'a perdu
ne gaigné, le dit Thomas trousse la damoiselle sur le

lit en faisant cela. Et puis après quant elle vit que
c'estoit, à certes se despouillèrent et entrèrent tous
deux ou lit, car ilz firent armes, en sacrifiant au Dieu
d'amours, et rompirent plusieurs lances. Mais en
faisant les dictes armes il advint au dit Thomas une
adventure, car il sentit dessoubz sa cuisse le dyamant que le dit Jehan y avoit laissié ; et comme non fol
et non esbahy, le print et le mist en l'ung de ses doitz.
Et quant ilz eurent esté ensemble jusques à lendemain du matin, que la cloche du guet estoit prochaine
de sonner, à la requeste de la dicte damoiselle il se
leva, et en partant s'entreaccolèrent ensemble d'ung
baisier amoureux. Ne demoura guères après que ledit Richart retourna du guet où il avoit esté toute
la nuit, en son hostel fort refroidy et chargié du
fardeau de sommeil qui trouva sa femme qui se levoit ; laquelle luy fist faire du feu. Et quant il se fut
chaufé, il s'en alla couchier et reposer, car il estoit
travaillié de la nuyt. Et fait à croire que aussi estoit sa femme ; car pour la doubte qu'elle avoit eu
du travail de son mary, elle avoit bien peu dormy
toute la nuyt. Environ deux jours après toutes ces
choses faictes, comme les Anglois ont de coustume
après ce qu'ilz ont ouy la messe, de aler desjeuner
en la taverne, au milleur vin, le dit Jehan et Thomas
se trouvèrent en une compaignie d'autres gentilz
hommes et marchans, si allèrent desjuner ensemble,
et se assirent le dit Jehan Stotton et Thomas Brampton l'ung devant l'autre. Et en mengeant, le dit Jehan

regarda sus les mains du dit Thomas qui avoit en
l'ung de ses dois le dit dyamant. Et quant il eut lon_
guement advisé et regardé le dit dyamant, il luy sembloit vraiement que c'estoit celui qu'il avoit perdu,
ne savoit en quel lieu ne quant. Et adonc le dit Jehan
Stotton pria au dit Thomas qu'il lui voulsist monstrer
le dit dyamant, lequel lui bailla voulentiers. Et quant
il l'eut en sa main, il recongnéut bien que c'estoit
le sien et demanda au dit Thomas dont il lui venoit,
et que vraiement il estoit sien. A quoy le dit Thomas
respondit au contraire que non estoit, mais que à lui
appartenoit. Et le dit Stotton maintenoit que depuis
peu de temps l'avoit perdu et que s'il l'avoit trouvé
en leur chambre où ilz couchoient, qu'il ne faisoit
point bien de le retenir, attendu l'amour et fraternité
qui tousjours avoit esté entre eulz deux, tellement
que plusieurs autres parolles s'en esméurent, et fort
se courroucèrent ensemble l'ung contre l'autre. Tou-
tesvoies le dit Thomas Brampton vouloit tousjours
avoir le dit dyamant; mais il n'en péut oncques finer.
Et quant les autres gentilz hommes et marchans
virent la dicte noise, chascun s'employa à l'appaise-
ment d'icelle, pour trouver quelque manière de les
accorder; mais riens n'y vault, car celui qui perdu
avoit le dit dyamant, ne le voulut laisser partir de ses
mains, et celui qui l'avoit trouvé le vouloit ravoir;
et le tenoit à belle adventure de l'avoir trouvé, et
avoir jouy de l'amour de sa dame; et ainsi estoit la
chose difficile à appointer. Finablement l'ung des-

ditz marchans, voyant que au démené de la matière,
on n'y profitoit en riens, si dist qu'il lui sembloit
qu'il avoit advisé ung autre expédient, appointement dont les ditz Jehan et Thomas devroient estre
contens; mais il n'en diroit mot, se les dictes parties
ne se soubmettoient, en paine de dix nobles, de tenir
ce qu'il en diroit, dont chascun de ceulx qui estoient
en la dicte compaignie, respondirent que très bien
avoit dit le dit marchant; et incitèrent le dit Jehan et
Thomas de faire ladicte submission, et tant en furent
requis et par telle manière qu'ilz se y accordèrent.
Adonc le dit marchant ordonna que le dit dyamant
seroit mis en ses mains, puis que tous ceulx qui de
la dicte différence avoient parlé, et requis de l'appaiser n'en avoient péu estre créuz, il ordonna que
après qu'ilz seroient partis de l'ostel où ilz estoient,
au premier homme, de quelque estat ou condicion
qu'il fust, qu'ilz trouveroient à l'yssue du dit hostel
compteroient toute la manière de la dicte différence
et noise, estant entre les ditz Jehan Stotton et Thomas
Brampton; et tout ce qu'il en diroit ou ordonneroit,
en seroit tenu ferme et estable par les dictes deux
parties. Ne demoura guères que du dit hostel se partit
toute la belle compaignie, et le premier homme qu'ilz
encontrèrent au dehors du dit hostel, ce fut le dit Richart hoste des dictes deux parties; auquel par le dit
marchant fut narré et racompté toute la manière de
la dicte différence. Adonc le dit Richard, après ce qu'il
eut tout ouy et qu'il eut demandé à ceulx qui illec-

ques estoient présens, se ainsi en estoit allé, et que
les dictes parties ne s'estoient en nulle manière voulu
laisser appointer, ne appaiser par tant de notables ·
personnes, dist par sentence diffinitive que le dit dyamant luy demoureroit comme sien et que l'une ne l'autre partie ne l'auroit. Et quant le dit Thomas Brampton vit qu'il avoit perdu l'aventure de la treuve du dit
dyamant, fut bien desplaisant. Et fait à croire que autant estoit le dit Jehan Stotton qui l'avoit perdu. Et
lors requist le dit Thomas à tous ceulx qui estoient
en la compaignie, réservé leur dit hoste, qu'ilz voulsissent retourner en l'ostel où ilz avoient desjuné,
et qu'il leur donneroit à disner, affin qu'ilz fussent
advertis de la manière et comment le dit dyamant
estoit venu en ses mains, lesquelz d'ung accord luy
accordèrent volentiers. Et en attendant le disner
qui s'appareilloit, il leur compta l'entrée et la manière des devises qu'il avoit eues avecques son
hostesse femme du dit Richart Fury, et comment et
à quelle heure elle lui avoit mis heure pour soy
trouver avecques elle, tandiz que son mary seroit au
guet, et le lieu où le dyamant avoit esté trouvé. Lors
le dit Jehan Stotton oyant ce, en fut moult esbaby,
soy donnant de ce grant merveilles ; et en soy sei-
gnant, dist que tout le semblable lui estoit avenu en
celle propre nuyt, ainsi que cy devant est declairé,
et qu'il tenoit et créoit fermement avoir laissé cheoir
son dyamant où le dit Thomas l'avoit trouvé, et qu'il
lui deveroit faire plus de mal de l'avoir perdu qu'il

ne faisoit au dit Thomas, lequel n'y perdoit aucune chose, car il lui avoit chier cousté. Le dit Thomas respondit en ceste manière, et dist que vraiement il ne devoit point plaindre se leur dit hoste l'avoit jugié estre sien, attendu que leur dicte hostesse en avoit eu beaucoup à souffrir, et aussi pour ce qu'il avoit eu le pucellaige de la nuytée ; et le dit Thomas avoit esté son paige en alant après lui. Et ces dictes choses contentèrent assez bien le dit Jehan Stotton de la perte de son dit dyamant, pource que autre chose n'en pouvoit avoir, et le porta plus pacientement et plus legièrement que s'il n'eust point scéu la vérité de la matière. Et de ceste adventure tous ceulx qui estoient présens commencèrent à rire et à mener grant joye. Adonc se mirent à table et disnèrent, mais vous povez penser que ce ne fut pas sans boire d'autant. Et après qu'ilz eurent disné, ilz se départirent, et chascun s'en alla où bon lui sembla. Et ainsi fut tout le maltalent pardonné, et la paix faicte entre les parties, c'est assavoir entre le dit Jehan Stotton, et le dit Thomas Brampton, et furent bons amys ensemble.

LA LXIIIe NOUVELLE.

(MONTBLÉRU, OU LE LARRON.)

Montbléru se trouva ung jour qui passa à la foire d'Envers, en la compaignie de monseigneur d'Estampes, lequel le deffraioit et paioit ses despens, qui est une chose qu'il print assez bien en gré. Ung jour entre les autres, d'aventure il rencontra maistre Humbert de Plaine, maistre Roulant Pipe, et Jehan Letourneur qui luy firent grant chière. Et pour ce qu'il est plaisant et gracieux, comme chascun scait, ilz désirèrent sa compaignie et lui prièrent de venir loger avec eulx, et qu'ilz feroient la meilleure chière de jamais. Montbléru de prime face s'excusa sur monseigneur d'Estampes, qui l'avoit là amené, et dist qu'il ne l'oseroit abandonner : et la raison y est bonne, dist il, car il me deffroye de tous poins. Néantmoins toutesfoys il fut content d'abandonner monseigneur d'Estampes, en cas que entre eulx le voulsissent deffroier ; et eulx qui ne desiroient que

sa compaignie, accordèrent légièrement ce marchié.
Or escoutés comment il les paya. Ces troys bons
seigneurs demourèrent à Envers plus qu'ilz ne pen-
soient ; quant ilz partirent de la court et soubz espérance de brief retourner, n'avoient apporté que
chascun une chemisé, si devindrent les leurs sales,
ensemble leurs couvrechiefz et petis draps ; et à
grant regret leur venoit de eulx trouver en ceste malaise, car il faisoit bien chault, comme en la saison
de Penthecouste. Si les baillèrent à blanchir à la
chamberière de leur logis, ung samedy au soir,
quant ilz se couchèrent ; et les devoient avoir blanches à lendemain ; à leur lever. Mais Montbléru les
garda bien, et pour venir au point, la chamberière,
quant vint au matin qu'elle eut blanchy ses chemises
et couvrechiefz et les eut sechiez, et bien et gentement ployés, elle fut de sa maistresse appellée pour
aler à la boucherie quérir de la provision pour le
disner. Elle fist ce que sa maistresse commanda, et
laissa en la cuisine, sur une scabelle, tout ce bagaige,
espérant à son retour tout retrouver ; à quoy elle
faillyt bien, car Montbléru, quant il péut veoir du
jour, il se leva de son lit et print une longue robbe
sur sa chemise, et descendit en bas pour faire cesser
les chevaulx qui se combattoient, ou pour aler au
retrait. Et luy là venu, il vint veoir en la cuysine,
qu'on y disoyt, où il ne trouva ame, fors seulement
ces chemises et ces couvrechiefz qui ne demandoient
que marchant. Montbléru congénut tantost que c'es-

toit sa charge , si y mist la main, et fut en grand es-
moy où il les pourroit saulver. Une fois pensoit de
les bouter dedens les chauldières et grans potz de
cuivre qui estoient en la cuisine, aultresfoiz de les
bouter dedens sa manche , briefvement il les bouta
en l'estable des chevaulx bien enfardelées dedens du
foing, en ung gros monceau de fiens ; et cela fait il
s'en vint couchier emprès Jehan Letourneur dont il
estoit party. Or vécy la chamberière retournée de la
boucherie, laquelle ne treuve pas ces chemises, qui
ne fut pas bien contente de ce, et commença à demander par tout qui en scait nouvelle. Chacun à
qui elle en demandoit, disoit qui n'en scavoit rien,
et Dieu scait la vie qu'elle menoit. Et vécy les serviteurs de ces bons seigneurs qui attendoient après
leurs chemises, qui n'osoient monter vers leurs maistres, et craingnoient moult ; aussi faisoit l'oste et
l'ostesse et la chamberière. Quant vint environ neuf
heures, ces bons seigneurs appellent leurs gens,
mais nul ne vient, tant craingnent à dire les nouvelles de ceste perte à leurs maistres. Toutesfoys en la
fin, qu'il estoit entre XI et XII, l'oste vint et les serviteurs ; et fut dit à ces seigneurs comment leurs chemises estoient desrobées, dont les aucuns perdirent
pacience , comme maistre Himbert et maistre Roland. Mais Jehan Letourneur tint assez bonne manière , et n'en faisoit que rire ; et appella Montbléru
qui faisoit la dormeveille, qui scavoit et oyoit tout
et lui dist : Montbléru , vécy gens bien en point :

on nous a desrobées noz chemises. —Saincte Marie!
que dictes vous, dist Montbléru, contrefaisant l'endormy, vécy bien mal venu. Quant on eut grant
pièce tenu parlement de ces chemises qui estoient
perdues, dont Montbléru congnoissoit bien le larron,
ces bons seigneurs commencèrent à dire : Il est jà
bien tart, et nous n'avons encores point ouy de
messe, et si est Dimenche; et toutesfois nous ne povons bonnement aler dehors de céans sans chemises; qu'est il de faire? — Par ma foy, dist l'oste, je
n'y scauroye trouver d'autre remède, sinon que je
vous preste à chascun une chemise des myennes,
telles que elles sont, combien que elles ne sont pas
pareilles aux vostres. Mais elles sont blanches, et si
ne povez mieulx faire, se me semble. Ilz furent contens de ces chemises de l'oste, qui estoient courtes
et estroictes, et de bien dure et aspre toille, et Dieu
scait qui les faisoit bon veoir. Ilz furent pretz, Dieu
mercy : mais il estoit si tart que ilz ne scavoient où
ilz pourroient ouyr la messe. Alors dist Montbléru
qui tenoit trop bien manière: Quant est de la messe, il
est des meshuy trop tart pour l'ouyr, mais je scay bien
une église en ceste ville, où nous ne fauldrons point
à tout le mains de veoir Dieu. — Encores il vault
mieulx de le veoir que rien, dirent ces bons seigneurs, allons, allons et nous avançons vistement;
c'est trop tardé; car perdre noz chemises, et ne
ouyr point aujourduy de messe, ce seroit mal sur
mal; et pourtant il est temps d'aler à l'église, si

meshuy nous voulons ouyr la messe. Montbléru incontinent les mena en la grant église d'Envers, où
il y a ung Dieu sur ung asne ; et quant ilz eurent
chascun dit leurs patenostres et leurs dévocions, ilz
dirent à Montbléru : Où esse que nous verrons Dieu?
— Je le vous monstreray, dist il, tout maintenant.
Alors il leur monstra ce Dieu sur l'asne, et puis il
leur dist : Véla Dieu, vous ne fauldrez jamais de
veoir Dieu céans, à quelque heure que se soit. Adoncq-
ques ilz commencèrent à rire, jà soit ce que la douleur de leurs chemises ne fust point encores appai-
sée. Et sur ce point ilz s'en vindrent disner et furent
depuis ne scay quans jours à Envers ; et après s'en
partirent sans ravoir leurs chemises ; car Montbléru
les mist en lieu sûr, et les vendit depuis cinq escuz
d'or. Or advint, comme Dieu le voulut, que en la
bonne sepmaine du caresme ensuivant le mercredy,
Montbléru se trouva au disner, avec ces troys bons
seigneurs dessus nommez ; et entre autres paroles il
leur ramentéust les chemises qu'ilz avoient perdues
à Envers, et dist : Hélas ! le povre larron qui vous
desroba, il sera bien damné se son meffait ne lui est
pardonne de par vous ; et par dieu vous ne le voul-
driez pas ? — Ha ! dist maistre Hymbert, par dieu,
beau sire, il ne m'en souvenoit plus, je l'ai piéçà
oublié. — Et au mains, dist Montbléru, vous luy
pardonnez, ne faictes pas ? — Saint Jehan, ouy, dist il
je ne vouldroie pas qu'il feust dampné pour moy. —
Et par ma foy, c'est bien dit, dist Montbléru Et vous

maistre Roland ne lui pardonnez vous point aussi?
A grant peine disoit-il le mot, toutesfois en la fin
il dist qu'il lui pardonnoit, mais pour ce qu'il perdoit
à regret, le mot plus lui coustoit à prononcer : Et
vraiement, dist Montbléru, vous lui pardonnez
aussi, maistre Rolant, qu'avez vous gaigné de dam-
ner ung povre larron pour une meschante chemise
et ung couvrechief? — Et je luy pardonne vraiement, dist il lors, et l'en clame quicte, puisque
ainsi est que autre chose n'en puis avoir. — Et par ma
foy, vous estes bon homme. Or vint Letourneur,
si luy dist Montbléru : Or çà, Jehan, vous ne ferez
pas pis que les autres, tout est pardonné à ce povre
larron des chemises, se à vous ne tient. — A moy
ne tiendra pas, dist il, je luy ay piéça pardonné, et
luy en baille de rechief tout maintenant devant vous
l'absolucion, — On ne pourroit myeulx dire, dist
Montbléru, et par ma foy, je vous scay bon gré de
la quittance que vous avés faicte au larron de voz
chemises, et en tant qu'il me touche, je vous en remercye tous ; car je suis le larron mesmes qui vous
desroba à Envers, je prens ceste quictance à mon
prouffit, et de rechief vous en remercye toutesfois,
car je le doy faire. Quant Montbléru eut confessé ce
larrecin, et qu'il eut trouvé sa quitance par le party
que avez ouy, il ne fault pas demander se maistre
Rolant et Jehan Letourneur furent bien esbahiz, car
ilz ne se fussent jamais doubtez qui leur eust fait
ceste courtoisie. Et luy fut bien reprouché ce povre

larrecin, voire en esbatant. Mais lui qui scait son
entregens, se désarmoit gracieusement de tout ce
dont chargier le vouloient ; et leur disoit bien que
c'estoit sa coustume que de gaignier et de prendre ce
qu'il trouvoit sans garde, espécialement à telz gens
comme ilz estoient. Ces troys bons seigneurs n'en
firent que rire ; mais trop bien ilz luy demandèrent
comment il les avoit prinses, et aussi en quelle fa—
çon et manière il les desroba. Et il leur declaira
tout au long, et dist aussi qu'il avoit eu de tout ce
butin cinq escus d'or, dont ilz n'eurent ne deman—
dèrent oncques autre chose.

LA LXIVᵉ NOUVELLE,

PAR MESSIRE MICHAULT DE CHANGY.

(LE CURÉ RASÉ.)

Il est vray que naguères, en ung lieu de ce pays que je ne puis nommer et pour cause, mais au fort qui le scait si s'en taise comme je fais, en ce lieu là avoit ung maistre curé qui faisoit raige de bien confesser ses paroichiennes. Et de fait il n'en eschappoit nulles qu'ilz ne passassent par là, voire des jeunes ; au regard des vieilles, il n'en tenoit compte. Quant il eut longuement maintenu ceste saincte vie et ce vertueux exercice, et que la renommée en fut espandue par toute la marche et ès terres voisines, il fut puny ainsi que ourrez par l'industrie d'ung sien prouchain, à qui toutesfois il n'avoit point encores riens meffait touchant sa femme. Il estoit ung jour au disner, et faisoit bonne chière en l'ostel d'ung sien paroichien que je vous ay dit. Et comme

ilz estoient ou meilleur endroit de leur disner et
qu'ilz faisoient la plus grant chière, vécy venir léans
ung homme qui s'appelle Trenchecouille, lequel se
mesle de taillier gens, d'arrachier dens, et d'ung
grant tas de brouilleries ; et avoit ne scay quoy à besongnier à l'oste de léans. L'oste le recuillit très
bien et le fist seoir, et sans se faire trop prier, il se
fourre avec nostre curé et les autres ; et s'il estoit
venu tard, il mettoit paine d'aconsuir les autres qui
le mieulx avoient viandé. Ce maistre curé, qui estoit un grant farceur et ung fin homme, commence
à prendre la parolle à ce Trenchecouille, et le trenche
couille lui respondit au propos de ce qu'il savoit.
Certaine pièce après, maistre curé se vire vers l'oste
et en l'oreille lui dist : Voulons nous bien tromper
ce trenche couille ? — Ouy, je vous en prie, dist l'oste,
mais en quelle manière le pourrons nous faire ? —
Par ma foy, dist le curé, nous le tromperons trop
bien, se me voulez aucunement aider. — Et, par ma
foy, je ne demande autre chose, dist l'oste. — Je
vous diray que nous ferons, dist le maistre curé : je
faindray avoir grand mal en ung couillon, et puis je
marchanderay à lui de le me oster, et me mettray
sus la table et tout en point, comme pour le tran-
chier. Et quant il viendra près et il voudra veoir
que c'est et ouvrer de son mestier, je luy montreray
le derrière. — Et que c'est bien dit, respondit
l'oste, lequel à coup se pensa ce qu'il vouloit faire,
vous ne fistes jamais mieulx ; laissez nous faire

entre nous autres, nous vous aiderons bien à parfaire la farce. — Je le vueil, dist le curé. Après ces
parolles, monseigneur le curé de plus belle ras-
saillit notre taille couille d'unes et d'autres, et en la
parfin lui commença à dire, pardieu, qu'il avoit bien
mestier d'ung tel homme qu'il estoit, et que véritablement il avoit ung couillon pourry et gasté, et vouldroit qu'il lui eust cousté bonne chose, et qu'il eust
trouvé homme qui bien lui scéust oster. Et vous
devez savoir qu'il le disoit si froidement que le
trenche couille cuidoit véritablement qu'il dist tout
vray. Adonc il lui respondit : Monseigneur le curé,
je vueil bien que vous sachiez, sans nul despriser, ne
moy vanter de rien, qu'il n'y a homme en ce pays
qui mieulx de moy vous scéust aider; et pour l'amour
de l'oste de céans, je vous feray telle courtoisie de
ma paine, se vous voulez mettre en mes mains, que
par droit vous en serez et deverez estre content. —
Et vrayement, dist maistre curé, c'est très bien dit à
vous. Conclusion pour abbrégier, ilz furent d'acort.
Et incontinent après fut la table ostée, et commença nostre maistre Trenchecouille à faire ses prépara-
toires pour besongnier; et d'autre part le bon curé
se mettoit à point pour faire la farce qui ne luy
tourna pas à jeu ; et devisoit à l'oste et aux autres
qui estoient présens comment il devoit faire. Et ce
pendant que ces apprestes se faisoient, d'ung cousté
et d'autre, l'oste de léans vint au trenche couille, et
luy dist : Garde bien, quelque chose que ce prestre

te dye, quant tu le tiendras en tes mains, pour ouvrer à ses couillons, que tu lui trenches tous deux
rasibus, et garde bien que tu n'y failles point, si chier
que tu aymes ton corps. — Et, par saint Martin, si
feray-je, dist le trenche couille, puis qu'il vous plaist.
J'ay ung instrument qui est si prest et si bien trenchant, que je vous feray présent de ses génitoires
avant qu'il ait loisir de riens me dire. — Or on verra
que tu feras, dist l'oste, mais se tu faulx, par ma
foy, je ne te faudray pas. Tout fut prest et la table
appointée, et monseigneur le curé en pourpoint qui
contrefaisoit l'ydole, et promettoit bon vin à ce trenche couille. L'oste aussi et pareillement les serviteurs
de léans devoient tenir damp curé qui n'avoient garde
de le laisser eschapper, ne remuer en quelque manière que ce fust. Et affin d'estre plus séur, le lièrent
trop bien et estroit, et lui disoient que c'estoit pour
mieux et plus couvertement faire la farce, et quant
il voudroit ilz le laisseroient aller; il les créut comme
fol. Or vint ce vaillant trenche couille garny en sa
cornette de son petit rasoir, et incontinent commença à vouloir mettre les mains aux couilles de
monseigneur le curé : A! dist monseigneur le curé,
faictes à trait et tout beau ; tastez les le plus doulcement que vous pourrés, et puis après je vous diray
lequel je vueil avoir osté. — Et bien, dist le trenche
couille. Et lors tout souef lève la chemise du maistre
curé, et prent ses maistresses couilles, grosses et
quarrées, et sans plus enquérir, subitement comme

l'eclipse, les lui trencha tous deux d'ung seul coup. Et
bon curé de crier, et de faire la plus male vie que jamais fist homme. Hola! hola! dist l'oste, pille pacience, ce qui est fait est fait ; laissez-vous adouber si vous
voulez. Alors le trenche couille le mist à point du surplus que en tel cas appartient, et puis part et s'en
va, attendant de l'oste il savoit bien quoy. Or ne
fault-il pas demander se monseigneur le curé fut
bien camus de se veoir ainsi desgarny de ses instrumens. Et mettoit sus à l'oste qu'il estoit cause de
son meschief et de son mal ; mais Dieu scait s'il s'en
excusoit bien, et disoit que se le trenche couille
ne se fust si tost saulvé qu'il l'eust mis en tel
point que jamais n'eust fait bien après : Pensés,
dist il, qu'il me desplaist bien de vostre ennuy,
et plus beaucoup encore, de ce qu'il est advenu en
mon hostel. Ces nouvelles furent tost vollées et se-
mées par toute la ville ; et ne fault pas dire que aucunes damoiselles n'en fussent bien marries d'avoir
perdu les instrumens de monseigneur le curé ; mais
aussi d'autre part les dolans mariz en furent tant
joyeux qu'on ne vous sauroit dire, ne escripre la
disiesme partie de leur liesse. Ainsi que vous avez
ouy fut pugny maistre curé, qui tant en avoit d'autres trompez et decéuz ; et oncques depuis ne se osa
veoir ne trouver entre gens ; mais comme reclus et
plain de mélencolie fina bien tost après ses dolens
jours.

LA LXVᵉ NOUVELLE,

PAR MONSEIGNEUR LE PRÉVOST DE VUASTENNES.

(L'INDISCRÉTION MORTIFIÉE ET NON PUNIE.)

Comme souvent l'en met en terme plusieurs choses dont en la fin on se repent, advint naguères que
ung gentil compaignon demourant en ung villaige
assez près du Mont-Saint-Michiel, se divisoit à ung
soupper, présent sa femme, aucuns estrangiers et
plusieurs de ses voisins, d'ung hostellier du dit Mont-
Saint-Michiel, et disoit, affermoit et juroit sur son
honneur qu'il portoit le plus beau membre, le plus
gros et le plus quarré qui fust en toute la marche
d'environ; et avec ce et qui n'empiroit pas le jeu, il
s'en aydoit tellement et si bien que les quatre, les cinq,
les six fois ne luy coustoient non plus que se on les
prenoit en la cornette de son chapperon. Tous ceulx
de la table ouyrent voulentiers ce bon bruyt que on
donnoit à cest hostellier du Mont-Saint-Michiel, et

en parlèrent chascun comme il l'entendoit. Mais
qui y print garde ce fut la femme du racompteur
de l'ystoire, laquelle y presta très bien l'oreille, et
luy sembla bien que la femme estoit eureuse et
bien fortunée qui de tel mary estoit douée. Et pensa
deslors en son cueur, que s'elle peut trouver honneste voye et subtille, elle se trouvera quelque jour
au dit lieu de Saint-Michiel, et à l'ostel de l'omme au
gros membre se logera ; et ne tiendra que à luy
qu'elle n'espreuve se le bruyt qu'on lui donne est
vray. Pour excécuter ce qu'elle avoit proposé et mettre à fin ce que en son couraige avoit déliberé, environ cinq ou six ou huit jours, elle print congié de
son mary pour aller en pelerinaige au Mont-Saint-
Michiel. Et pour mieulx coulourer l'occasion de son
voyaige, elle, comme femmes scaivent bien faire,
trouva une bourde toute affaitie. Et son mary ne
luy refusa pas le congié, combien qu'il se doubta
tantost de ce qui estoit. Avant qu'elle partist son
mary lui dist qu'elle fist son offrande à Saint Michiel, et qu'elle se logast à l'ostel du dit hostellier,
et qu'elle le recommandast à luy beaucoup de fois.
Elle promist de tout acomplir, et de faire son messaige, ainsi qu'il lui avoit commandé. Et sur ce prent
congié s'en va, Dieu scait, beaucoup desirant soy
trouver au lieu de Saint-Michiel. Tantost qu'elle fut
partie et bon mary de monter à cheval et par autre
chemin que celui que sa femme tenoit, picque tant
qu'il peut au Mont-Saint-Michiel, et vint descendre

sive et despiteuse, pource que point n'avoit trouvé ce
qu'elle cuidoit, appella sa chamberière, et se levèrent.
Et au plus hastivement qu'elles péurent s'abillèrent
et voulurent paier leur escot ; mais l'oste dist que
vraiement pour l'amour de son mary, qu'il n'en prendroit riens d'elle. Et sur ce elle dist à Dieu, et print
congié de luy. Or s'en va ma damoiselle toute courroucée, sans ouyr messe, ne veoir saint Michiel, ne
desjuner aussi, et sans ung seul mot dire, se mist
à chemin, et s'en vint en sa maison. Mais il fault
dire que son mary y estoit jà arrivé qui lui demanda qu'on disoit de bon à sainct Michiel. Elle
tant marrie qu'on ne pourroit plus, à peu s'elle dai-
gnoit respondre : Et quelle chière, dist le mary,
vous a fait vostre hoste, par Dieu il est bon compaignon. — Bon compaignon dist elle, il n'y a riens
d'oultraige, je ne m'en sauroye louer que tout à
point. — Non dame, dist-il, et par sainct Jehan, je
pensoye que pour l'amour de moy il vous déust festoier et faire bonne chière. — Il ne me chault, dist-
elle, de sa chière, je ne voys pas en pélerinaige
pour l'amour de lui ne d'autre, je ne pense que à
ma dévocion. — Dea, dist-il, par nostre dame vous
y avez failly, je scay trop bien pour quoy vous estes
tant refrignée, et pour quoy vous avez le cueur tant
enflé. Vous n'avez pas trouvé ce que vous cuidiez,
il y a bien à dire une once. Dea, dea, madame,
j'ay bien sceu la cause de vostre pélerinaige, vous
cuydiez taster et esprouver le grant brichouard de

nostre hoste de sainct Michiel ; mais, par saint Jehan,
je vous en ay bien gardée, et garderay, si je puis. Et
affin que vous ne pensez pas que je vous mentisse,
quant je vous disoie qu'il l'avoit si grant, par Dieu, je
n'ay dit chose qui ne soit vraie, il n'est jà mestier
que vous en saichiez plus avant que par ouy dire,
combien que s'il vous eust voulu croire, et je n'y eusse
contredit, vous aviez bonne dévocion d'essaier sa
puissance. Regardez comment je say les choses. Et
pour vous oster hors de suspection, sachiez de vray
que je vins à mynuit à l'eure que lui aviez assignée, et ay tenu son lieu ; si prenez en gré ce que
j'ay peu faire, et vous passez doresenavaut de ce
que vous avez. Pour ceste fois il vous est pardonné,
mais de recheoir gardez vous en, pour autant qu'il
vous touche. La damoiselle toute confuse et esbahye,
voyant son tort évident, quant elle péut parler.
crya mercy, et promist de plus n'en faire. Et je tiens
que non fist elle de sa teste.

LA LXVI⁰ NOUVELLE,

PAR PHELIPPE DE LAON.

(LA FEMME AU BAIN.)

N'a guières que j'estoye à Sainct-Omer avec ung
grant tas de gentilz compaignons, tant de céans comme
de Bouloingne et d'ailleurs. Et après le jeu de paulme
nous alasmes soupper en l'ostel d'ung tavernier qui
est homme de bien et beaucoup joyeux ; et a une
très belle femme, et en bon point dont il a eu ung
très beau filz de l'aage d'environ six ans. Comme
nous estions tous assis au soupper, le tavernier, sa
femme et leur filz d'emprès elle, avecques nous, les
aucuns commencèrent à deviser, les autres à chanter
et faisoient la plus grant chière de jamais ; et nostre
hoste pour l'amour de nous ne s'i faignoit pas. Or
avoit esté sa femme ce jour aux estuves, et son petit
filz avecques elle. Si s'advisa nostre hoste, pour faire
rire la compaignie, de demander à son filz de l'estat

et gouvernement de celles qui estoient aux estuves
avecques sa mère. Si va dire : Vien çà, nostre filz,
dy moy, par ta foy, laquelle de toutes celles qui estoient aux estuves avoit le plus beau c.. et le plus
gros. L'enfant qui se ouyoit questionner devant sa
mère, qu'il craignoit comme enfans font de coustume,
regardoit vers elle et ne disoit mot. Et le père qui
ne l'avoit pas aprins de le veoir si muet, lui dist de
reschief : Or me dy, mon filz, qui avoit le plus gros
c.. dy hardiment. — Je ne scay, mon père, dist l'enfant, tousjours virant le regart vers sa mère. — Et
par dieu, tu as menty, ce dist son père ; or le me dis
je le vueil savoir. — Je n'ouseroie, dist l'enfant, pour
ma mère, car elle me bateroit. — Non fera non, dist
le père, tu n'as garde je t'asséure. Et nostre hostesse
sa mère, non pensant que son filz déust tout dire ce
qu'il fist, luy dist : Dy hardiment ce que ton père te
demande. — Vous me batriez, dist-il. — Non feray,
non, dit elle. Et le père qui vit son filz avoir congié
de souldre sa question, lui demanda de rechief : Or ça
mon filz, par ta foy, as tu regardé les c... des femmes qui estoient aux estuves. — Sainct Jehan, ouy
mon père. — Et y en avoit il largement, dy, ne mens
point ? — Je n'en vy oncques tant, ce me sembloit
une droicte garenne de c... — Or ça, dy nous maintenant qui avoit le plus beau et le plus gros. — Vraiement, ce dist l'enfant, ma mère avoit le plus beau
et le plus gros, mais il avoit si grant nez. — Si grant
nez, dist le père, va, va, tu es bon enfant. Et nous

commençasmes tous à rire et à boire d'autant, et à
parler de cest enfant qui quaquetoit si bien. Mais sa
mère ne savoit sa contenance, tant estoit honteuse,
pource que son filz avoit parlé du nez ; et croy bien
qu'il en fut depuis trop bien torché, car il avoit encusé le secret de l'escole. Nostre hoste fist du bon
compaignon ; mais il se repentit assez depuis d'avoir
fait la question, dont l'absolucion le féist rougir, et
puis c'est tout.

LA LXVIIᵉ NOUVELLE,

PAR PHELIPE DE LAON.

(LA DAME A TROIS MARIS.)

Maintenant a trois ans ou environ que une assez bonne adventure advint à ung chapperon fourré du parlement de Paris. Et affin qu'il en soit mémoire, j'en fourniray ceste nouvelle; non pas touteffois que je vueille dire que tous les chapperons fourrez soient bons et véritables; mais pource qu'il y eut non pas ung peu de desloyaulté au fait de cestuy cy, mais largement, qui est chose bien estrange et non acoustumée, comme chascun scait. Or pour venir au fait, ce chaperon fourré, en lieu de dire ce seigneur de parlement, devint amoureux à Paris de la femme d'ung cordouennier qui estoit belle et bien enlangaigée à l'avenant et selon le terrouer. Ce maistre chapperon fourré fist tant, par moyens d'argent et autrement, qu'il parla à la belle cordouennière des

soubz sa robe à part, et s'il en avoit esté bien
amoureux avant la jouissance, encores l'en fut il
trop depuis, dont elle se parcevoit et donnoit trop
bien garde, dont elle s'en tenoit plus fière, et si se
faisoit acheter. Luy estant en ceste rage pour mandement, prière, promesse, don ne requeste qu'il
scéust faire, elle se pensa de plus comparoir affin de
luy encores rengreger et plus acroistre sa maladie.
Et vécy nostre chaperon fourré qui envoye ses ambassades devers sa dame la cordouennière; mais
c'est pour néant, elle n'y viendroit pour mourir. Finablement pour abrégier, affin qu'elle voulsist venir
vers luy comme aultresfois, il luy promist en la présence de troys ou de quatre qui estoient de son conseil quant à telles besoignes, qu'il la prendroit à
femme se son mary le cordouennier terminoit vie
par mort. Quant elle eut ouy ceste promesse, elle se
laissa ferrer et vint, comme elle souloit, au coucher,
au lever et aux autres heures qu'elle povoit escha-
per, devers le chaperon fourré qui n'estoit pas
moins féru que l'autre jadis d'amours. Et elle sentant son mary desjà viel et ancien, et ayant la
promesse dessusdicte se réputoit desjà comme sa
femme. Peu de temps après la mort de ce cordouennier très désirée fut scéue et publiée ; et bonne cordouennière se vient bouter de plain sault en la maison du chaperon fourré qui joyeusement la recéut ;
promist aussi de rechief qu'il la prendroit à femme.
Or sont maintenant ensemble sans contredit ces

deux bonnes gens, le chaperon fourré et ma dame
la cordouennière. Mais, comme souvent advient,
chose eue à danger est plus chière tenue que celle
dont on a le bandon, ainsi advint il cy ; car nostre
chapperon fourré commença à soy ennuyer et laisser
la cordouennière, et de l'amour d'elle refroider. Et
elle le pressoit tousjours de paracomplir le mariage
dont il avoit fait la promesse, mais il luy dist :
M'amye, par ma foy, je ne me puis jamais marier,
car je suis homme d'église et tiens bénéfices comme
vous scavez ; la promesse que je vous fis jadis est
nulle, et ce que j'en fis lors, c'estoit pour la grant
amour que je vous portoye, espérant aussi par ce
moyen plus légièrement vous retraire. Elle cuidant
qu'il fust lyé à l'église, et soy voyant aussi bien maistresse de léans, que s'elle fust sa femme espousée,
ne parla plus de ce mariage, et ala son chemin acoustumé. Mais nostre chaperon fourré fist tant par belles
parolles et plusieurs remonstrances, qu'elle fut contente de soy partir de lui et espouser ung barbier,
auquel il donna troys cens escus d'or comptant ; et
Dieu scait s'elle partit bien baguée. Or devez-vous
savoir que nostre chapperon fourré ne fist pas légièrement ceste départie ne ce mariage, et n'en fust point
venu au bout, se n'eust esté qu'il disoit à sa dame
qu'il vouloit doresenavant servir Dieu et vivre de ces
bénéfices et soy du tout rendre à l'église. Or, fist-
il tout le contraire, quant il se vit désarmé d'elle et
elle aliée au barbier ; il fist secrètement traicter en-

viron ung an après, pour avoir par mariage la fille de ung notable bourgois de Paris. Et fut la chose faicte et passée, et jour assigné pour les nopces ; disposa aussi de ces bénéfices qui n'estoient que à simple tonsure. Ces choses scéues parmy Paris et veaues à la congnoissance de la cordouennière, créez qu'elle fut bien esbaye : Voire, dist-elle, le vray traistre, m'a il ainsi decéue ; il m'a laissée soubz umbre de aller servir Dieu et m'a baillée à ung aultre. Et par nostre Dame, la chose ne demourera pas ainsi. Non fist-elle, car elle fist comparoir nostre chapperon fourré devant l'evesque, et illec son procureur remonstra bien et gentement sa cause, disant comment le chapperon fourré avoit promis à la cordouennière, en la présence de plusieurs, que se son mary mouroit qu'il la prendroit à femme. Son mari mort, il l'a tousjours tenue jusques environ à ung an qu'il l'a baillée à ung barbier. Et pour abréger, les tesmoings et la chose bien débatue, l'évesque adnichila le mariage de la cordouennière au barbier, et enjoingnit au chapperon fourré qu'il la print comme sa femme ; car elle estoit sienne à cause de la compaignie charnelle qu'il avoit eue à elle. Et s'il estoit mal content de ravoir sa cordouennière, le barbier estoit bien autant joyeux d'en estre despesché. En la façon qu'avez ouy, c'est puis naguères gouverné l'ung des chapperons fourrés du parlement de Paris.

LA LXVIIIe NOUVELLE,

PA MESSIRE CHRESTIEN DE DYGOINE.

(LA GARCE DÉPOUILLÉE.)

Ce n'est pas chose peu acoustumée ne de nouveau mise sus que femmes ont fait leurs maris jaloux, voire par Dieu coux. Si advint naguères à ce propos, en la ville d'Envers, que une femme mariée qui n'estoit pas des plus seures du monde, fut requise d'ung gentil compaignon de faire la chose que scavez. Et elle, comme courtoise et telle qu'elle estoit, ne refusa pas le service que on luy présentoit, mais débonnairement se laissa ferrer, et maintint ceste vie assez longuement. En la parfin, comme fortune voulut, qui ennemye et desplaisante estoit de leur bonne chevance, fist tant que le mary trouva la brigade en présent meffait, dont en y eut de bien esbays. Ne scay toutesfoiz lequel l'estoit le plus, de l'amant, de l'amie ou du mary ; néantmains, l'amant à l'ayde

d'une bonne espée qu'il avoit, se saulva sans nul mal
avoir. Or demourèrent le mary et la femme ; de quoy
leurs propos furent il se peult assez penser. Après
toutesfois aulcunes parolles dictes, d'ung costé et
d'aultre, le mary pensant en soy-mesmes puis qu'elle
avoit commencé à faire la folye que fort seroit de
l'en retirer. Et quant plus elle n'en feroit si estoit
tel le cas qu'il estoit jà venu à la congnoissance du
monde, de quoy il en estoit noté, et quasi desßon-
noré. Considéra aussi de la batre ou injurier de parolles que c'estoit paine perdue, si s'advisa après à
chief qu'il la chasseroit paistre hors d'avecques luy,
et ne fera jamais d'elle ordoyée sa maison ; si dist
à sa femme : Or çà je voy bien que vous ne m'estes
pas telle que vous déussiés estre par raison ; toutesfois espérant que jamais ne vous adviendra de ce qui
est fait n'en soit plus parlé ; mais devisons d'ung
aultre. J'ay ung affaire qui me touche beaucoup, et
à vous aussi ; si nous fault engaiger tous noz joyaulx,
et se vous avez quelque mynot d'argent à part, il le
vous fault mettre avant ; car le cas le requiert. Par
ma foy, dist la gouge, je le feray de bon cueur ; mais
que me pardonnez vostre maltalent. — N'en parlez,
dist il, non plus que moy. Elle cuydant estre absolue
et avoir rémission de ses péchiez, pour complère à
son mary, après la noyse dessus dicte, bailla ce qu'elle
avoit d'argent, ses verges, ses tissus, certaines bour-
ses estoffées bien richcment, ung grant tas de couvrechiefz bien fins, plusieurs pcnncs entières et de

bonne valeur, brief tout ce qu'elle avoit, et que son
mary voulut demander, elle luy bailla pour en faire
son bon plaisir : En dea, dist-il, encores ne ay-je pas
assez. Quant il eut tout jusques à la robe, et la cote
simple qu'elle avoit sur elle : Il me fault avoir ceste
robe, dist-il. — Voire, dist-elle, et je n'ay aultre chose
à vestir, voulez vous que je voise toute nue.—Force
est, dist-il, que la me baillez et la cote simple aussi,
et vous advancez ; car soit par amours ou par force,
il la me fault avoir. Elle voyant que la force n'estoit
pas sienne, se désarma de sa robe et de sa cote simple, et demoura en sa chemise : Tenez, dist-elle, fay-
je bien ce qu'il vous plaist ? — Vous ne l'avez pas
tousjours fait, dist-il, se à ceste heure vous me obéys-
sez Dieu scait se c'est de bon cueur ; mais laissons
cela et parlons d'ung autre. Quant je vous prins à
mariage à la malle heure, vous n'aportastes guères
avecques vous, et encore le tant peu que ce fut si l'a-
vez vous forfait et confisqué ; il n'est jà mestier qu'on
vous dye vostre gouvernement, vous scavez mieulx
quelle vous estes que nul autre, et pour ce telle que
vous estes à ceste heure, je vous baille le grant congié et vous dy le grant à Dieu ; véla l'uys, prenez
chemin et se vous faictes que saige, ne vous trouvez jamais devant moy. La povre gouge plus esbahye
que jamais, n'osa plus demourer, après ceste horrible
leçon, ains se partit et s'en vint rendre, ce croy-je,
à l'ostel de son amy par amours, pour ceste première
nuyt, et fist mettre sus beaucoup d'embassadeurs

pour ravoir ses bagues et ses habillements de corps ;
mais ce fut pour néant, car son mary, obstiné et en-
durcy en son propos, n'en voulut oncques ouyr parler, et encores mains de la reprendre; si en fut beaucoup pressé tant des amys de son costé comme de
ceulx de la femme, toutesfoiz elle fut contrainte de
gaignier des autres habillemens, et en lieu de mary
user de amy, attendant le rapaisement de son dit mary, qui à l'eure de ce compte estoit encores mal content, et ne la vouloit veoir pour rien qui fut.

LA LXIXe NOUVELLE,

PAR MONSEIGNEUR.

(L'HONNÊTE FEMME A DEUX MARIS.)

Il n'est pas seulement congnéu de ceulx de la ville de Gand, où le cas que je vous ay à descrire, est n'a pas long temps advenu, mais de la plus part de ceulx du pays de Flandres, et de plusieurs aultres, que à la bataille qui fut entre le roy de Hongrie et le duc Jehan, lesquelz Dieu absolve d'une part, et le grant Turc en son pays de Turquie d'aultre, où plusieurs notables chevaliers et escuiers françoys, flamens, alemans et picars furent prisonniers es mains du Turc, les aucuns furent mors et persécutez, présent le dit Turc, les autres furent enchartres a perpétuité, les autres condamnez à faire office de clerc d'esclave, du nombre des quelz fut ung gentil chevalier du dit pays de Flandres, nommé messire Clays Utenchonen. Et par plusieurs fois exerça le dit office d'es-

clave qui ne luy estoit pas petit labeur, mais martire
intollérable, attendu les délices où il avoit esté nourry
et le lieu dont il estoit party. Or devez vous scavoir
qu'il estoit marié par deçà à Gand, et avoit espousé
une très belle et bonne dame qui de tout son cueur
l'aymoit et le tenoit chier, laquelle pria Dieu jour—
nellement que brief le péust reveoir par deçà, se en—
cores il estoit vif; s'il estoit mort que par sa grâce
il luy voulsist ses péchez pardonner et le mettre au
nombre des glorieux martirs qui pour le reboute—
ment des infidèles, et l'exultacion de la sainte foy
catholique se sont voluntairement offers et aban—
donnez à mort corporelle. Ceste bonne dame qui
riche, belle et bien jeune estoit et bonne, estoit de
grans amys continuellement presée et assaillie de
ces amis qu'elle se voulsist remarier; lesquelz di—
soient et affermoient que son mary estoit mort, et
que s'il fust vif qu'il fust retourné comme les autres,
s'il fust aussi prisonnier, on eust eu nouvelle de faire
sa finance. Quelque chose qu'on dist à ceste bonne
dame, ne raison qu'on luy scéust amener d'aparence
en cestuy fait, elle ne vouloit condescendre en cestuy
mariage, et au mieulx qu'elle scavoit s'en excusoit.
Mais que luy valut ceste excusance, certes pou ou
rien ; car elle fut à ce menée de ses parens et amys
que elle fut contente d'obéyr. Mais Dieu scait que
ce ne fut pas à peu de regret, et estoient environ
neuf ans passez qu'elle estoit privée de la présence
de son bon et léal seigneur, lequel elle réputoit picça

mort; aussi faisoient la plus part, et presque tous
ceulx qui le congnoissoient. Mais Dieu, qui ses serviteurs et champions préserve et garde, l'avoit aultrement disposé ; car encores vivoit et faisoit son
ennuyeux office d'esclave. Pour rentrer en matière,
ceste bonne dame fut mariée à ung aultre chevallier,
et fut environ demi an en sa compaignie, sans ouyr
autres nouvelles de son bon mari que les précédentes,
c'est assavoir qu'il estoit mort. D'aventure, comme
Dieu le voulut, ce bon et léal chevalier messire Clays
estant encores en Turquie, à l'eure que ma dame
sa femme s'est ailleurs aliée, faisant le beau mestier d'esclave, fist tant par le moyen d'aucuns chrestiens gentilz hommes et autres qui arrivèrent ou
pays, qu'il fut délivré, et se mist en leur galée, et
retourna par deçà. Et comme il estoit sur son retour,
il rencontra et trouva, en passant pays, plusieurs de
sa congnoissance qui très joyeux furent de sa délivrance ; car à la vérité il estoit très vaillant homme,
bien renommé et bien vertueux. Et tant se espandit
ce très joyeux bruit de sa désirée délivrance qu'il
parvint en France, au pays d'Artoys et en Picardie,
où ses vertuz n'estoient pas moins congnéues que en
Flandres, dont il estoit natif. Et après ce, ne tarda
guères que ces nouvelles vindrent en Flandres jusques aux oreilles de sa très belle et bonne dame,
qui fut bien esbahye, et de tous ses sens tant altérée
et surprinse qu'elle ne savoit sa contenance : Ha !
dist elle, après certaine pièce, quant elle péut parler,

mon cueur ne fut oncques d'acord de faire ce que
mes parens et amis m'ont à force contrainte de faire.
Hélas ! et qu'en dira mon très loial seigneur et mary,
auquel je n'ay pas gardé loyaulté comme je déusse,
mais comme femme légière, fresle et muable de couraige, ay baillé part et porcion à aultruy de ce dont
il estoit et devoit estre seigneur et maistre. Je ne suis
pas celle qui doye ne ose attendre sa présence, je
ne suis pas aussi digne qu'il me vueille ou doye regarder, ne jamais veoir en sa compaignie. Et ces
paroles dictes, acompaignées de grosses larmes, son
très honneste, très vertueux cueur s'esvanouyt ; et
chéut à terre paulmée. Elle fut prinse et portée sur
ung lit, et luy revint le cueur ; mais depuis ne fut
en puissance de homme ne de femme de la faire menger ne dormir ; ainçoys fut troys jours continuelz
tousjours plourant en la plus grant tristesse de cueur
de jamais. Pendant lequel temps elle se confessa et
ordonna comme bonne christienne, criant mercy à
tout le monde, espécialement à monseigneur son
mary. Et après elle mourut, dont ce fut grant dommaige ; et n'est point à dire le grant desplaisir qu'en
print mon dit seigneur son mary, quant il scéut la
nouvelle ; et à cause de son deul fut en grant danger
de suyr par semblable accident sa très loyale espouse ;
mais Dieu, qui l'avoit saulvé d'aultres grans périlz,
le préserva de ce danger.

LA LXXᵉ NOUVELLE,

PAR MONSEIGNEUR.

(LA CORNE DU DIABLE.)

Ung gentil chevalier d'Alemaigne, grant voyagier et aux armes preux et cortoys, et de toutes bonnes vertuz largement doué, au retourner d'ung lointain voyage, estant en ung sien chasteau, fut requis d'ung bourgoys, son subject, demourant en sa ville mesmes, d'estre parrain et tenir sus fons son enfant, de quoy la mère s'estoit délivrée droit à la venue du retour du dit chevalier. Laquelle requeste fut au dit bourgois libéralement accordée, et ja soit ce que le dit chevalier eust en sa vie tenuz plusieurs enfans sur fons, si n'avoit-il jamaiz donné son entente aux sainctes parolles par le prestre proférées au mistère de ce sainct et digne sacrement, comme il fist à ceste heure ; et luy sembloit, comme elles sont à la vérité, plaines de haulx et divins mistères. Ce baptesme

achevé, comme il estoit libéral et courtois affin d'estre veu de ces hommes, il demoura au disner en la
ville, sans monter au chasteau, et luy tindrent compaignie le curé, son compère et aulcuns autres des
plus gens de bien. Devises montèrent en jeu d'unes
et d'autres matières, tant que monseigneur commença à louer beaucoup le digne sacrement de baptesme, et dist hault et cler, oyans tous : Se je scavoye
véritablement que à mon baptesme eussent esté pro-
nuncées les dignes et sainctes paroles que j'ay ouyes
à ceste heure au baptesme de mon nouveau filleul,
je ne craindroye en rien le dyable qu'il eust sur moy
puissance ne auctorité, sinon seulement de moy
tempter, et me passeroye de faire le signe de la croix,
non pas affin que bien vous m'entendez que je ne
saiche très bien que ce signe est suffisant à rebouter
le diable ; mais ma foy est telle que les paroles dictes
au baptesme d'ung chascun christien, se elles sont
telles comme aujourd'ui j'ay ouyes, sont vaillables
à rebouter tous les dyables d'enfer, s'il y en avoit
encores autant. — En vérité, respondit lors le curé,
monseigneur, je vous asséure *in verbo sacerdotis*, que
les mesmes paroles qui ont esté aujourd'uy dictes au
baptesme de vostre filleul, furent dictes et célébrées
à vostre baptisement ; je le scay bien, car moy mesmes vous baptisé et en ay aussi fresche mémoire
comme se ce eust esté hier. Dieu face mercy à monseigneur vostre père ; il me demanda le lendemain
de vostre baptesme qu'il me sembloit de son nou-

veau filz, telz et telz furent voz parrains, et telz et
telz y estoient. Et raconta toute la manière de ce baptisement et luy fist bien certain que mot avant ne
mot arrière n'y eut plus en son baptisement que à
celui de son filleul : Et puis que ainsi est, dist alors
le chevalier, je prometz à Dieu mon créateur tant
honorer de ferme foy le saint sacrement de baptesme
que jamais, pour quelque péril, assault ou ennuy
que le dyable me face, je ne feray le signe de la croix,
mais par la seule mémoire de mistère du sacrement
de baptesme je l'en chasseray arrière de moy, tant
ay ferme espérance en ce divin mistère ; et ne me sem-
blera jamais que le diable puisse nuyre à homme
armé de tel escu ; car il est tel et si ferme que seul
y vault sans autre ayde, voire acompaigné de vraye
foy. Ce disner passa et ne scay quans ans après, ce
bon chevalier se trouva en une ville, en Alemaigne,
pour aucuns affaires qui luy tirèrent, et fut logié en
l'ostelerie. Comme il estoit ung soir avec ses gens,
après soupper, devisant et esbatant avec eulx, fain
le print d'aler au retrait; et pource que ses gens s'esbatoient, il n'en voulut nulz oster de l'esbat; si print
une chandelle et tout seul s'en va au retraict. Comme
il entra dedans, il vit devant lui ung grant monstre
horrible et terrible, ayant grandes et longues cornes,
les yeulx plus alumés que flambe de fournaise, les
bras gros et longs, les grifz aguz et trenchans, brief
c'estoit ung très espouvantable monstre et ung dyable, comme je croy. Et pour tel le tenoit le bon che-

valier, lequel de prime face fut assez esbahy d'avoir
ce rencontre. Néantmains toutesfoiz print cueur hardiment et vouloir de soy deffendre s'il estoit assailli;
et luy souvint du veu qu'il avoit fait, et du saint et
divin mistère du sacrement de baptesme. Et en ceste
foy marche vers ce monstre que je appelle le dyable,
et lui demanda qui il estoit, et qu'il demandoit. Ce
dyable le commença à coupler, et le bon chevalier
de soy deffendre, qui n'avoit toutesfois pour toutes
armures qne ses mains; car il estoit en pourpoint
comme pour aler coucher, et son escu de ferme foy
ou mistère de baptesme. La luite dura longuement,
et fut ce bon chevalier tant las que merveilles de
soustenir ce dur assault. Mais il estoit tant fort armé
de son escu de foy que peu luy nuysoient les faiz de
son ennemi. En la parfin, après que ceste bataille
eut bien duré une heure, ce bon chevalier se print
aux cornes de ce dyable, et lui en esracha une dont
il le bacula trop bien et malgré luy. Comme victorieux
se départit du lieu, et le laissa comme recréu, et vint
trouver ses gens qui se esbatoient, comme ilz faisoient
avant son partement, qui furent bien effréés de veoir
leur maistre en ce point eschauffé, qui avoit tout le
visaige esgratiné, le pourpoint, chemise et chausses
tout derompu et déchiré, et comme tout hors d'a-
laine : Ha ! monseigneur, dirent ilz, dont venez vous,
et qui vous a ainsi habillé ? — Qui, dist il, ce a esté
le dyable à qui je me suis tant combatu que j'en suis
tout hors d'alaine et en tel point que me véez ; et

vous asséure par ma foy que je tien véritablement
qu'il m'eust estranglé et dévoré, se à ceste heure
ne me fust souvenu du baptesme et du grant mistère de ce vertueux sacrement, et de mon veu que je
fis adoncques ; et créez que je ne l'ay pas faulcé, car
quelque danger que j'aye eu oncques n'y fis le signe
de la croix. Mais comme souvenant du saint sacrement dessus dit, me suis hardiment deffendu et fran-
chement eschapé, dont je loue et mercye nostre seigneur Jhesu-Crist qui par ce bon escu de saincte foy
m'a si haultement préservé. Viennent tous les autres
qui en enfer sont, tant que ceste enseigne demeure,
je ne les crains ; vive, vive nostre benoist Dieu qui ses
chevaliers de telz armes scait adouber. Les gens de
ce bon seigneur, oyans leur maistre ce cas racompter,
furent bien joyeux de le veoir en bon point, mais
esbahis de la corne qu'il leur monstroit qu'il avoit
esrachée de la teste du dyable. Et ne scavoient juger,
non fist oncques personne qui depuis la vit, de quoy
elle estoit, se c'estoit os ou corne, comme autres cornes sont, ou que c'estoit. Alors ung des gens de ce
chevalier dist qu'il vouloit aler veoir se ce dyable
estoit encores où son maistre l'avoit laissié, et si le
trouvoit il se combatroit à luy et luy esracheroit de
la teste l'autre corne. Son maistre luy dist qu'il n'y
allast point, il dist que si feroit : N'en fay rien , dist
son maistre, car le péril y est trop grant. — Ne m'en
chaut, dist l'autre, je y vueil aler. — Se tu me crois,
dist son maistre, tu n'yras pas. Quoy qu'il fust il y

voulut aler, et désobéir à son seigneur. Il print en
sa main une torche et une grant hache, et vint au
lieu où son maistre s'estoit combatu. Quelle chose
il y fist, on n'en scait rien, mais son maistre qui de
lui se doubtoit, ne le scéut si tost suyr qu'il ne le
trouva pas, ne le dyable aussi, et n'ouyt oncques
puis nouvelles de son homme. En la façon que avez
ouye se combatit ce bon chevalier au diable, et le
surmonta par la vertu du saint sacrement de baptesme.

LA LXXIe NOUVELLE,

PAR MONSEIGNEUR LE DUC.

(LE CORNARD DÉBONNAIRE.)

A Sainct Omer n'a pas long temps advint une assez bonne hystoire qui n'est pas mains vraye que l'évangile, comme il a esté et est congnéue de plusieurs notables gens, dignes de foy et de croire. Et fut le cas tel pour le brief faire : Ung gentil chevalier des marches de Picardie, pour lors bruyant et frisque, de grant auctorité et de grant lieu, se vint loger en une hostelerie qui par le fourrier de monseigneur le duc Phelippe de Bourgongne son maistre lui avoit esté délivrée. Tantôt qu'il eust mis le pié à terre, et que il fut descendu de son cheval, ainsi comme il est de coustume aux dictes marches, son hostesse luy vint au devant et très gracieusement, comme elle estoit coustumière et bien aprinse de ce faire, aussi le recéut moult honorablement ; et luy qui estoit

des courtoys le plus honorable et le plus gracieux,
l'acola et la baisa doulcement, car elle estoit belle
et gente et en bon point, et mise sur le bon bout,
appellant sans mot dire trop bien son marchant à
ce baisier et acolement, et de prinsault n'y eut celui des deux qui ne pléust bien à son compaignon.
Si pensa le chevalier par quel train et moyen il par-
viendroit à la jouyssance de son hostesse, et s'en
descouvrit à ung sien serviteur, lequel en peu
d'eure batist tellement les besoignes, qu'ilz se
trouvèrent ensemble. Quant ce gentil chevalier vit
son hostesse preste d'ouyr et d'entendre ce qu'il
vouldroit dire, pensez qu'il fut joyeux oultre mesure, et de grant haste et ardant désir qu'il eut d'en-
tamer la matière qu'il vouloit ouvrir, il oublia de
serrer l'uys de la chambre, et son serviteur au
partir qu'il fist de leur assemblement, laissa l'uys
entrouvert. Alors le dit chevalier commença sa harengue bonne alléure, sans regarder à autre chose; et
l'ostesse qui ne l'escouloit pas à regret, si luy respondit au propos, tant qu'ilz estoient si bien d'accord
que oncques musique ne fut pour eulx plus doulce,
ne instrumens ne pourroient mieulx estre acordez
que eulx deux, la mercy Dieu, estoient. Or advint ne
scay par quelle adventure, ou se l'oste de léans,
mary de l'ostesse, quéroit sa femme pour aucune
chose lui dire, ou passant d'aventure par devant la
chambre où sa femme avec le chevalier jouoient
des cymbales, il en ouyt le son, si se tira vers le

lieu où ce beau déduit se faisoit, et au heurter à l'huis qu'il fist, il trouva l'atelée du chevalier et de sa femme, dont il fut de eulx troys le plus esbahy de trop, et en reculant subitement, doubtant les empescher et destourber de la dite oeuvre qu'ilz faisoient, leur dist pour toutes menaces et tençons : Et par la mort bieu, vous estes bien meschans gens, et à vostre fait mal regardans, qui n'avés eu en vous tant de sens, quant vous voulez faire telz choses, que de serrer et tirer l'uys après vous. Or pensés que ce eust esté se ung aultre que moy vous y eust trouvez ! Et par dieu vous estiez gastés et perdus, et eust esté vostre fait descélé, et tantost scéu par toute la ville. Faictes aultrement une aultre foiz, de par le dyable! Et sans plus dire tire l'huis et s'en va ; et bonnes gens de racorder leurs musettes, et parfaire la note encommencée. Et quant ce fut fait, chascun s'en alla en sa chascune, sans faire semblant de riens ; et n'eust esté, comme j'espoire, leur cas jamais descouvert ou au mains si publique de venir à voz oreilles ne de tant d'autres gens, ce n'eust esté le mary qui ne se douloit pas tant de ce qu'on l'avoit fait coux que de l'uys qu'il trouva desserré.

LA LXXIIe NOUVELLE,

PAR MONSEIGNEUR DE COMMESSURAM.

(LA NÉCESSITÉ EST INGÉNIEUSE.)

A propos de la nouvelle précédente, ès marches
de Picardie avoit naguères ung gentil homme, lequel estoit tant amoureux de la femme d'ung chevalier son prochain voisin, qu'il n'avoit ne jour ne
bonne heure de repos, se il ne estoit auprès d'elle,
et elle pareillement l'aymoyt tant qu'on ne pourroit
dire ne penser, qui n'estoit pas peu de chose. Mais
la douleur estoit qu'ilz ne sçavoient trouver façon
ne manière d'estre à part et en lieu secret, pour à
loysir dire et desclairer ce qu'ilz avoient sur le
cueur. Au fort après tant de males nuitz et jours
douloureux, amours qui à ses loyaulx serviteurs
ayde et secoure, quant bien lui plaist, leur apresta
ung jour très désiré, auquel le douloureux mary,
plus jaloux que nul homme vivant, fut contrainct

d'abandonner le mesnaige, et aller aux affaires qui
tant lui touchoient, que sans y estre en personne il
perdoit une grosse somme de déniers, et par sa
présence il la povoit conquérir, ce qu'il fist ; en laquelle gaignant, il conquist bien meilleur butin
comme d'estre nommé coux, avec le nom de jaloux
qu'il avoit auparavant ; car il ne fut pas si tost sailli
de l'ostel que le gentil homme qui ne glatissoit
après autre beste, et sans faire long séjour, incontinent excécuta ce pour quoy il venoit, et print de sa
dame tout ce que ung serviteur en ose ou peut
demander, si plaisamment et à si bon loisir que on
ne pourroit mieulx souhaitter. Et ne se donnèrent
de garde que la nuyt les surprint ; dont ne se donnèrent nul mal temps, espérans la nuyt parachever
ce que le jour très joyeulx et pour eulx trop court,
avoient emcommencé, pensant à la vérité que ce
dyable de mary ne déust point retourner à sa maison
jusques à lendemain au disner, voire au plus tard.
Mais autrement en ala, car les dyables le raportè-
rent à l'ostel, ne scay en quelle manière. Aussi n'en
chault de scavoir comment il scéut tant abrégier de
ses besoingnes ; assez souffit de dire qu'il revint le soir
dont la belle compaignie, c'est assavoir de noz deux
amoureux, fut bien esbahye, pource qu'ilz furent
si hastivement surprins ; car en nulle manière ne se
doutoient de ce dolant retourner. Aussi jamais
n'eussent cuidé que si soudainnement et si légièrement il eust fait et acomply son voyage. Toutes-

LA L'

PAR \

LA :

A pro
de Picar
quel est
valier so
bonne h
et elle p
dire ne
la dou
ne ma
loysir

..u terme. Quant ce bon escuier se vit en ce point
.ssailly de la toux, il ne scéut aultre remède, affin
..e non estre ouy, que de bouter sa teste au trou du
.etrait où il fut bien ensensé, Dieu le scait, de la
.onfiture de léans; mais encores amoit-il ce mieulx
.ue estre ouy. Pour abréger, il fut long temps la
 este en ce retraict, crachant, mouchant et tous-
.ant, tant qu'il sembloit que jamais ne déust faire
.utre chose. Néantmains après ce bon coup, sa toux
le laissa et se cuidoit tirer hors, mais il n'estoit pas
en sa puissance de se retirer, tant estoit avant et
fort bouté léans ; pensez qu'il estoit bien à son aise.
Bref il ne scavoit trouver façon d'en saillir, quelque
paine qu'il y mist. Il avoit tout le col escorché et
les oreilles esrachéez ; en la parfin, comme Dieu le
voulut, il se força tant qu'il arracha l'ais percé du
retrait, et le rapporta à son col ; mais en sa puissance ne eust esté de l'en oster, et quoy qu'il luy
fust ennuyeux, si amoit-il mieulx estre ainsi que
comme il estoit par devant. Sa dame le vint trouver
en ce point, dont elle fut bien esbahye, et ne luy
scéut secourir; mais luy dist, pour tous potaiges,
qu'elle ne scauroit trouver façon du monde de le
traire de léans : Est-ce cela, dist-il, par la mort bieu
je suis assez armé pour combatre ung autre? mais
que j'aye une espée en ma main, dont il fut tantost
.aisi d'une bonne. La dame le voyant en tel point,
 oy qu'elle eust grant doubte, ne se scavoit tenir
 rire, ne l'escuier aussi : Or çà, à Dieu me com-.

mant, dist-il lors, je m'en voys essayer, comment
je passeray par céans; mais premier brouillés moy
le visaige bien noir. Si fist elle, et le commanda à
Dieu. Et bon compaignon à tout l'ais du retrait à
son col, l'espée nue en sa main, la face plus noire
que charbon, commença à saillir de la chambre et
de bonne encontre, le premier qu'il trouva ce fut le
dolent mary qui eut de le veoir si grant paour, cuidant que ce fust le dyable, qu'il se laissa tumber du
hault de luy à terre que à peu qu'il ne se rompit le
col, et fut longuement pasmé. Sa femme le voyant
en ce point, saillit avant, monstrant plus de semblant d'effrey qu'elle ne sentoit beaucoup, et le
print au bras, en luy demandant qu'il avoit. Puis
après qu'il fut revenu, il dist à voix cassée et bien
piteuse : Et n'avez-vous point véu ce deable que j'ay
encontré ?—Certes si ay, dist-elle, à peu que je n'en
suis morte de la frayeur que j'ay eue de le veoir.—
Et dont peut il venir céans, dist-il, ne qui le nous a
envoyé? Je ne seray de cest an ne de l'autre rasseuré, tant ay esté espoventé. — Ne moy, par Dieu,
dist la dévote dame, créez que c'est signifiance d'aulcune chose. Dieu nous vueille garder et deffendre
de toute male adventure! Le cueur ne me gist pas
bien de ceste vision. Alors tous ceulx de l'ostel
dirent chascun sa ratelée, de ce deable à l'espée, cuydant que la chose fust vraye. Mais la bonne dame
scavoit bien la trainnée qui fut bien joyeuse de les
veoir tous en ceste oppinion; et depuis continua

arrière le dyable dessus dit le mestier que chascun fait si volentiers, au desceu du mary et de tous autres, fors une chamberière secrète.

LA LXXIII° NOUVELLE,

PAR MAISTRE JEHAN LAMBIN.

(L'OISEAU EN LA CAGE.)

En la comté de saint Pol naguères, en ung villaige assez prouchain de la dicte ville de saint Pol, avoit ung bon homme laboureur marié avec une femme belle et en bon point, de laquelle le curé du dit villaige estoit amoureux. Et pour ce qu'il se sentit si esprins du feu d'amours et que difficille lui estoit servir sa dame sans estre suspicionné, se pensa qu'il ne povoit bonnement parvenir à la jouissance d'elle sans premier avoir celle du mary. C'est advis descouvrit à sa dame pour en avoir son opinion, laquelle lui dist que très bonne et propre estoit pour mettre à fin leurs amoureuses intencions. Nostre curé donc par gracieux et subtilz moyens s'accointa de celluy dont il vouloit estre le compaignon, et tant bien se conduisit avec le bon homme

qu'il ne mańgoit sans lui, et quelque besongne
qu'il féist tousjours parloit de son curé; mesmement
chascun jour le vouloit avoir au disner, et au soupper : brief riens n'estoit bien fait à l'ostel du bon
homme se le curé n'estoit présent. Quand les voisins de ce povre simple laboureur virent ce qu'il
ne povoit veoir, luy dirent qu'il ne luy estoit honneste avoir ainsi continuellement le repaire du curé,
et qu'il ne se povoit ainsi continuer sans grant deshonneur de sa femme, mesmement que les aultres
voisins et ses amys l'en notoient et parloient en son
absence. Quant le bon homme se sentit ainsi aigrement reprins de ses voisins, et qu'ilz luy blasmoient
le repaire du curé en sa maison, force luy fut de
dire au curé qu'il se déportast de hanter en sa maison ; et de fait luy deffendit par motz exprès et menasses que jamais ne s'i trouvast s'il ne lui mandoit,
affermant par grant serment que s'il luy trouvoit, il
compteroit avecques luy et le feroit retourner oultre son plaisir, et sans luy en savoir gré. La deffence despléut au curé plus que je ne vous sauroye
dire ; mais nonobstant qu'elle fust aigre, pourtant
ne furent les amourettes rompues, car elles estoient si parfond enracinées ès cueurs des deux parties que impossible estoit les rompre ne desjoindre.
Or oyés comme nostre curé se gouverna, après que
la deffence luy fut faicte. Par l'ordonnance de sa
dame, il print règle et coustume de la venir visiter
toutes les foiz qu'il sentoit le mary estre absent. Mais

lourdement s'i conduisit, car il n'eust scéu faire sa
visitacion sans le scéu des voisins qui avoient esté
cause de la deffense, ausquelz le fait desplaisoit autant que s'il leur eust touché. Le bonhomme fut
de rechief adverti que le curé aloit estaindre le feu
à son hostel comme auparavant de la deffense.
Notre simple mary oyant ce, fut bien esbahi et encores plus courroucé la moitié, lequel pour y remédier, pensa tel moyen que je vous diray. Il dist à
sa femme qu'il vouloit aler, ung jour tel qu'il nomma, mener à saint Omer une charrettée de blé, et que
pour mieulx besongnier, il y vouloit lui mesmes aler.
Quant le jour nommé qu'il devoit partir fut venu, il
fist ainsi qu'on a de coustume en Picardie, espiciale-
ment ès marchés d'autour saint Omer, chargea son
chariot de blé à mynuyt, et à celle mesmes heure
voulut partir, et print congié de sa femme, et vuida
avec son chariot. Et si tost qu'il fut hors, sa femme
ferma tous les huys de sa maison. Or vous devez entendre que nostre marchant fist son saint Omer chés
l'ung de ses amys qui demouroit au bout de la ville,
où il ala arriver, et mist son chariot en la cour du dit
amy, qui savoit toute la traynée; lequel il envoya
pour faire le guet et escouter tout entour de sa maison pour veoir se quelque larron y viendroit. Quant
il fut là arrivé, il se tapit au coing d'une forte haye,
duquel lieu il veoit toutes les entrées de la maison
du dit marchant, dont il estoit serviteur et grant
amy. En ceste partie, guères n'eust escouté que

vécy maistre curé qui vient pour alumer sa chandelle, ou pour mieulx dire l'estaindre ; et tout coyement et doulcement heurte à l'uys de la court ;
lequel fut tantost ouy de celle qui n'avoit talent de
dormir à celle heure ; laquelle sortit habillement,
en chemise, et vint mettre dedans son confesseur ;
et puis ferme l'huis, le menant au lieu où son mary
déust avoir esté. Or revenons à nostre guet, lequel
quant il parcéut tout ce qui fut fait, se leva de
son guet, et s'en alla sonner sa trompette et déclaira tout au bon mary. Sur quoy incontinent conseil fut prins et ordonné en ceste manière : Le marchant de blé faignit retourner de son voyaige avec
son chariot de blé, pour certaines adventures qu'il
doubtoit lui advenir. Si vint heurter à sa porte et
huchier sa femme, qui se trouva bien esbaye quant
elle ouyt sa voix ; mais tant ne le fut qu'elle ne
print bien le loysir de musser son amoureux le
curé en ung casier qui estoit en la chambre. Et
pour vous donner à entendre quelle chose c'est ung
casier, c'est un garde mangier en la façon d'une
huche, long et estroit per raison et assez parfont.
Et après que le curé fut mussé où l'en musse les
œufz et le beurre, le formaige et autres telles
vitailles, la vaillante mesnagière comme moytié dormant, moitié veillant, se présenta devant son mary
à l'uys, et lui dist : Hélas ! mon bon mary, quelle
adventure pouvez vous avoir que si hastivement retournez ; certainement il y a aucun qui ne vous

laisse faire vostre voyage ? Hélas, pour Dieu, dictes
le moy. Le bon homme voulut aler en sa chambre,
et illec dire les causes de son hastif retour. Quant
il fut où il cuidoit trouver son curé, c'est assavoir
en sa chambre, commença à compter les raisons
du retour de son voyaige. Premier dist pour la sus-
piction qu'il avoit de la desloyaulté d'elle, craignoit
très fort estre du renc de bleuz vestuz, qu'on appelle communément noz amys, et que au moyen
de ceste suspicion estoit il ainsi tost retourné.
Item que quant il s'estoit trouvé hors de sa maison,
autre chose ne luy venoit au devant, sinon que le
curé estoit son lieutenant, tandis qu'il aloit mar-
chander. Item pour expérimenter son ymaginacion
dist qu'il estoit ainsi retourné, et à celle heure voulut avoir la chandelle et regarder se sa femme osoit
bien couchier sans compaignie en son abscence.
Quant il eut achevé les causes de son retour, la
bonne dame s'escria, disant : Ha ! mon bon mary
dont vous vient maintenant ceste vaine jalousie ?
Avez vous percéu en moy autre chose qu'on ne doit
veoir ne juger d'une bonne, loyale et preude femme ?
Hélas ! que mauldicte soit l'heure que oncques je
vous congnéus, pour estre suspeçonnée de ce que
mon cueur oncques ne scéust penser. Vous me congnoissez mal, et ne scavez vous combien net et entier mon cueur veult estre et demourer. Le bon
marchant eust péu estre contraint de ses bourdes,
s'il n'eust rompu la parolle, si dist qu'il vouloit

guérir son ymaginacion, et incontinent vint chercher et visiter les cornetz de sa chambre au mieulx
qu'il luy fut possible; mais il ne trouva point ce qu'il
quéroit. Adonc se donna garde du casier et jugea
que son compaignon y estoit, et sans en monstrer
semblant, hucha sa femme et luy dist : M'amye, à
grant tort je vous ay suspicionnée de m'estre
desloyale, et que telle ne soyez que ma faulse ymaginacion m'apporte. Toutesfois, je suis si aheurté
et enclin à croire et m'arrester à mon opinion que
impossible me est de jamais estre plaisamment avec
vous. Et pour ce je vous prye que soyez contente
que la séparacion soit faicte de nous deux, et que
amoureusement partissions nos biens communs par
égale porcion. La gouge qui désiroit assez ce marché, affin que plus aiséement se trouvast avec son
curé, accorda sans guères faire difficulté à la requeste de son mary, par telle condicion toutesfois
qu'elle faisant la particion des meubles, elle com-
menceroit et feroit le premier choiz : Et pour quelle
raison, dist le mary, voulés vous choisir la première, c'est contre tout droit et justice? Ilz furent
longtemps en différence pour choisir ; mais à la fin
le mary vainquit ; car il print le casier, où il n'y
avoit que flans, tartres et fromaiges, et autres menues vitailles, entre lesquelz nostre curé estoit
ensevely, lequel ouyoit ces bons devis qui à ceste
cause se faisoient. Quant le mary eut choisi le casier,
la dame choisit la chaudière, puis le mary ung autre

meuble ; puis elle conséquenment jusques à ce
que tout fut party et porcionné. Après laquelle porcion faicte le bon mary dist : Je suis content que
vous demourez à ma maison jusques à ce que
aurez trouvé logis pour vous , mais de ceste heure
je veuil emporter ma part, et la mectre à l'ostel
d'ung de mes voisins. — Faictes en , dist elle , à
vostre bon plaisir. Il print une bonne corde et en lya
et adouba son casier, et fist venir son charreton à
qui il fist hasteller son casier d'ung cheval, et lui
chargea qu'il le menast à l'ostel d'ung tel son voisin. La bonne dame, ouyant ceste délibéracion, laissoit tout faire , car de donner conseil au contraire
ne se ousoit advancier, doubtant que le casier ne
fust ouvert, si abandonna tout à telle aventure
que sourvenir povoit. Le casier fut, ainsi que dist
est , hastellé au cheval, et mené par la rue, pour aler
à l'ostel où le bon homme l'avoit ordonné. Mais guères
n'ala loing que le maistre curé à qui les œufz et le
beurre crevoient les yeulx, cria pour Dieu mercy.
Le charreton ouyant ceste piteuse voix résonnante
du casier, descendit tout esbahy, et hucha les gens
et son maistre qui ouvrirent le casier , où ilz trouvèrent ce povre prisonnier, doré et empapiné
d'œufz, de fromaige et de lait, et autres choses plus
de cent. Ce povre amoureux estoit tant piteusement appointé qu'on ne savoit du quel il avoit le
plus. Et quant le bon mary le vit en ce point , il ne
se peut contenir de rire , combien que courroucé

déust estre. Si le laissa courrir, et vint à sa femme
monstrer comment il avoit eu tort d'estre souspeçonneux de sa faulse desloyauté. Elle qui se vit
par exemple vaincue, crya mercy, et il luy fut pardonné par telle condicion que se jamais le cas lui
advenoit que elle fust mieulx advisée de mettre son
homme autre part que ou casier, car le curé en
avoit esté en péril de estre à tousjours gasté. Et
après ce, ilz demourèrent ensemble long temps, et
rapporta l'omme son casier, et ne scay point que le
curé s'i trouvast depuis, lequel par le moyen de
ceste adventure fut comme encores est appellé, sire
vadin casier.

LA LXXIVᵉ NOUVELLE,

PAR PHELIPPE DE LAON.

(LE CURÉ TROP RESPECTUEUX.)

Ainsi que naguères monseigneur le seneschal de
Boulenois chevauchoit parmy le pays d'une ville à
l'autre, en passant par ung hamelet où l'en sonnoit
au sacrement, et pource qu'il avoit doubté de non
povoir venir à la ville où il contendoit, en temps
pour ouir messe, car l'eure estoit près de midi, il
s'advisa qu'il descendroit au dit hamel pour veoir
Dieu en passant. Il descendit à l'uys de l'église, et
puis s'en alla rendre assez près de l'autel, où
l'en chantoit la grant messe, et si prochain se mist
du prestre qu'il le povoit en célébrant de costière
percevoir. Quant il eut levé Dieu et calice, et fait
ainsi comme il appartenoit, pensant à par luy,
après qu'il eut parcéu monseigneur le séneschal
estre derrière luy, et non sachant s'en à bonne

heure estoit venu pour veoir Dieu lever; ayant
toutesfoiz oppinion qu'il estoit venu tard, il appella
son clerc et luy fist alumer arrière la torche, puis
en gardant les sérimonies qu'il fault garder, leva
encores une foiz Dieu, disant que c'estoit pour monseigneur le séneschal. Et puis ce fait, procéda oultre jusques à ce qu'il fut parvenu à son *ugnus Dei ;*
lequel quant il l'eut dit troys fois et que son
clerc lui bailla la paix pour baisier, il la refusa, et,
en rabrouant très bien son clerc, il dist qu'il ne
scavoit ne bien ne honneur, et la fist bailler à monseigneur le séneschal, qui la refusa de tout point
deux ou trois foiz. Et quant le prestre vit que monseigneur le séneschal ne vouloit prendre la paix
devant luy, il laissa Dieu qu'il tenoit en ses mains
et print la paix qu'il apporta à mon dit seigneur le
séneschal, et luy dist que s'il ne la prenoit devant
luy il ne la prendroit jà luy mesmes : Et ce n'est
pas, dist le prestre, raison que j'aye la paix devant
vous. Adonc monseigneur le séneschal voyant que
sagesse n'avoit illec lieu, se accorda au curé et print
la paix premier, puis le curé après ; et ce fait s'en
retourna parfaire sa messe de ce qui restoit. Et puis
c'est tout ce que on m'en a compté.

LA LXXVe NOUVELLE,

PAR MONSEIGNEUR DE THALEMAS.

(LA MUSETTE.)

Au temps de la guerre des deux partiez, les ungs nommés Bourguignons et les autres Armenacz, advint à Troyes, en Champaigne, une assez gracieuse adventure qui très bien vault le réciter et mettre en compte, qui fut telle. Ceulx de Troyes pour lors que oncques par avant ilz eussent esté Bourguignons, s'estoient tournez Arminacz, et entr' eulx avoit conversé ung compaignon à demy fol, non pas qu'il eust perdu l'entière congnoissance de raison, mais à la vérité il tenoit plus du costé de dame folie qu'il ne tenoit de raison, combien que aucunesfois il excécutast, et de la main et de la bouche, plusieurs besoingnes que plus saige de luy n'eust scéu achever. Pour venir donc au propos encommencé, le galant dessus dit estoit en garnison avec

les Bourguignons à saincte Meneho, mist une
journée en termes à ses compaignons, et leur commença à dire, que s'ilz le vouloient croire qu'il
leur bailleroit bonne doctrine pour attrapper ung
hoc des loudiers de Troyes, lesquelz à la vérité ilz
hayoient mortellement, et ilz ne l'amoient guères ;
mais le menassoient tousjours de pendre s'ilz le
povoient tenir. Vécy qu'il dist : Je m'en iray devers
Troyes et m'aprocheray des faulsbourgs, et feray
semblant d'espier la ville et de taster de ma lance
les fossés, et si près de la ville me tireray que je
seray prins. Je suis séur que si tost que le bon bailly
me tiendra qu'il me condemnera à pendre, et nul de
la ville ne s'i opposera pour moy, car ilz me hayent
trestous. Ainsi seray-je bien matin au gibet, et vous
serez embuchez au bocquet qui est au plus
près dudit gibet. Et tantost que vous orrez venir
moy et ma compaignie, vous sauldrés sur l'assemblée, et en prendrés et tiendrés à vostre volenté,
et me délivrerés de leurs mains. Tous les compaignons de la garnison s'i accordèrent très volentiers, et lui commencèrent à dire que puis qu'il
osoit bien entreprendre ceste adventure que ilz
ayderoient à la fournir au mieulx qu'ilz scauroient. Et pour abrégier, le gentil folastre s'approcha
de Troyes, comme il avoit devant dit, et aussi
comme il désiroit, et fut prins, dont le bruit s'espandit tost parmy la ville ; et n'y eut celuy qui ne le
condemnast à pendre, mesmement le bailli, si tost

15.

qu'il le vit, dist et jura par ses bons Dieux qu'il
sera pendu par la gorge : Hélas! monseigneur, disoit-il, je vous requier mercy, je ne vous ay rien
meffait.—Vous mentés, ribault, dist le bailly, vous
avez guydé les Bourguignons en ceste marche, et
avez acusé les bourgoys et bons marchans de ceste
ville ; vous en aurés vostre paiement, car vous en
serez au gibet pendu.—Ha! pour Dieu, monseigneur, dist nostre bon compaignon, puis qu'il fault
que je meure, au moins qu'il vous plaise que ce soit
bien matin, et qu'en la ville où j'ay eu tant de congnoissance et d'acointance, je ne recoyve trop publique pugnicion.—Bien, dit le bailly, on y pensera.
Le lendemain, dès le point du jour, le bourreau
avec sa charette fut devant la prison, où il n'eust
guères esté que vécy venir le bailly à cheval et ses
sergens et grant nombre de gens pour l'acompaignier, et fut nostre homme mis, troussé et lyé sur
la charette, et, tenant sa musette dont il jouoit
coustumièrement, on le maine devers la Justice, où
il fut plus acompaigné que beaucoup d'aultres
n'eussent esté, tant estoit hay en la ville. Or devez-
vous savoir que les compaignons de la garnison de
saincte Meneho n'oublièrent point eulx embuschier
au bois, auprès de la Justice, dès la minuyt, tant
pour saulver l'omme, quoy qu'il ne fust pas des plus
saiges, comme pour gaingner prisonniers et aultre
chose s'ilz povoient. Eulx là doncques arrivez, dis-
posèrent de leurs besoignes comme de guerre et

ordonnèrent ung guet sur ung arbre qui leur devoit
dire quant ceulx de Troyes seroient à la Justice.
Ceste guette ainsi mise et logée, dist qu'elle feroit
bon devoir. Or sont descenduz ceulx de la Justice,
devant le gibet, et le plus abrégéement que faire se
péust, le bailli commanda que on despeschast nostre
povre coquart qui estoit bien esbahy où ses compaignons estoient qu'ilz ne venoient férir dedens ces
ribaulx Arminacz. Il n'estoit pas bien à son aise,
mais regardoit devant et derrière, et le plus vers
le boys, mais il n'oyoit riens. Il se confessa le plus
longuement qu'il péut, toutesfois il fut osté du
prestre, et pour abréger monta sur l'eschelle, et luy
là venu bien esbahy, Dieu le scait, regarde tousjours vers ce bois, mais c'estoit pour néant, car la
guette ordonnée pour faire saillir ceulx qui rescourre le devoient, estoit endormie sur cest arbre ; si
ne scavoit que dire ne que faire ce povre homme,
sinon qu'il pensoit estre à son dernier jour. Le
bourreau à certaine pièce après fist ses préparatoi-
res pour lui bouter la hart au col pour le despescher.
Et quant il véit ce, il se advisa d'ung tour qui luy fut
bien profitable et dist : Monseigneur le bailly, je
vous prie pour Dieu que avant qu'on mette plus la
main à moy, que je puisse jouer une chançon
de ma musette, et je ne vous demande plus ;
je suis après content de mourir et vous pardonne
ma mort, et à tout le monde. Ceste requeste lui fut
passée et sa musette luy fut en hault portée. Et

quant il la tint, le plus à loisir qu'il peut ,.il la commence à sonner et jouer une chanson que ceulx de
la garnison dessus dicte congnoissoient très bien, et y
avoit : Tu demeures trop, Robin, tu demeures trop.
Et au son de la musette la guette s'esveilla, et de
paour qu'elle eut se laissa cheoir du hault en bas de
l'arbre où elle estoit, et dist : On pend nostre
homme, avant, avant, hastez vous tost. Et les
compaignons estoient tous prestz ; et au son d'une
trompette saillirent tous hors du boys, et se vindrent fourrer sur le bailli et sur tout le mesnaige
qui devant le gibet estoit. Et à cest effroy le bourreau fut tant esperdu et esbahy qu'il ne scavoit ne
n'eust oncques advis de lui bouter la hart au col,
ne le bouter jus, mais luy pria qu'il luy sauvast la
vie, ce qu'il eust fait très volentiers. Mais il ne fut
en sa puissance ; trop bien il fist aultre chose et
meilleure, car lui, qui estoit sur l'eschelle, crioit à
ses compaignons : Prenez cestui cà, prenez cestui
là ; ung tel est riche, ung tel est mauvais. Brief les
Bourguignons en tuèrent ung grant tas en la venue
de ceulx de Troyes, et prindrent des prisonniers ung
grant nombre, et saulvèrent leur homme en la façon
que vous oyés, qui leur dist qu'en jour de sa vie
n'eust si belles affres qu'il auoit à ceste heure
eues.

LA LXXVIᵉ NOUVELLE,

PAR PHELIPPE DE LAON.

(LE LAQS D'AMOUR.)

L'en m'a plusieurs foiz dit et racompté par gens
dignes de foy ung bien gracieux cas dont je fourniray une petite nouvelle, sans y descroistre ne adjouster autre chose que ce qui sert au propos. Entre les
autres chevaliers de Bourgoigne ung en y avoit naguères, lequel, contre la coustume et usaige du pays
tenoit à pain et à pot une damoiselle belle et gente,
en son chasteau que point ne vueil nommer. Son
chapellain qui estoit jeune et frès, voyant ceste
belle fille, n'estoit pas si constant que souvent ne
fust par elle tempté, et en devint amoureux. Et
quant il vit mieulx son point, compta sa ratellée à la
damoiselle qui estoit plus fine que moustarde; car
la mercy Dieu elle avoit raudy et couru le pays tant
que du monde ne scavoit que trop. Elle pensa bien

en soy mesmes que s'elle accordoit au prestre sa
requeste, que son maistre qui veoit cler, quelque
moyen que elle scairoit trouver, il s'en donneroit
bien garde, et ainsi perdroit le plus pour le moins.
Si délibéra de descouvrir l'embusche à son maistre,
lequel, quant il le scéut, n'en fist que rire, car assez
s'en doubtoit, attendu le regard, devis et esbatement
qu'il avoit veu entre eulx deux ; ordonna néantmoins à sa gouge qu'elle entretenist le prestre voire
sans faire la courtoisie, et si fist-elle si bien que
nostre sire en avoit tout au long du bras. Et nostre
bon chevalier souvent luy disoit : Par dieu ! nostre
sire, vous estes trop privé de ma chamberière, je ne
scay qu'il y a entre vous deux, mais se je scavoye
que vous y pourchassassiez riens à mon desavan-
taige, par nostre Dame, je vous puniroye bien. — En
vérité, monseigneur, respondit maistre Domine, je
n'y calenge ne demande riens : je me devise à elle,
et passe temps, comme font les aultres des céans ;
mais oncques jour de ma vie ne la requis d'amours
ne d'aultre chose.—Pour tant le vous dy je, ce dist
le seigneur, se autrement en estoit je n'en seroye
pas content. Se nostre Domine en avoit bien pour-
suy au paravant ses parolles plus aigres, et à toute
force continua la poursuite, car où qu'il rencontrast la gouge, de tant près la tenoit que contrainte
estoit, voulsist ou non, donner l'oreille à sa doulce
requeste ; et elle duyte et faicte à l'esperon et à la
lance, endormoit nostre prestre, et en son amour

tant fort le boutoit qu'il eust pour elle ung Ogier
combatu. Si tost que de lui s'estoit saulvée, tout le
plédoyé d'entre eulx deux estoit au maistre par elle
racompté. Pour plus grant plaisir en avoir et pour
faire la farce au vif, et bien tromper son chapelain,
il commanda à sa gouge qu'elle luy assignast journée
d'estre en la ruelle du lit, là où ilz couchoient, et luy
dis : Si tost que monseigneur sera endormy, je feray
ce que vous vouldrés ; rendez vous donc en la ruelle
du lit tout doulcement. Et fault, dist il, que tu luy
laisses faire, et moy aussi, je suis seur que quant il
cuidera que je dorme qu'il ne demourra· guères
que il ne t'enferre, et j'auray apresté à l'environ de
ton devant le las jolis où il sera atrappé. La gouge
en fut joyeuse et bien contente, et fist son raport à
nostre Domine qui jour de sa vie ne fut plus joyeux,
et sans penser ne ymaginer péril ne dangier où il se
boutoit, comme en la chambre de son maistre, ou
lit et à la gouge de son maistre, toute raison estoit
de luy à ce arrière mise ; seulement luy chailloit
d'acomplir sa folle voulenté, combien que naturelle
et de plusieurs accoustumée. Pour faire fin à long
procès, maistre prestre vint à l'eure assignée bien
doucement en la ruelle, Dieu le scait ; et sa maistresse luy dist tout bas : Ne sonnez mot, quant monseigneur dormira bien fort, je vous toucheray de la
main et viendrés emprès moy.—En la bonne heure,
se dist il. Le bon chevalier qui à ceste heure ne
dormoit mie, se tenoit à grant paine de rire. Tou-

tesfois pour parfaire la farce il s'en garda, et,
comme il avoit proposé et dit, il tendit son filet ou
son las, lequel qu'on veult, tout à l'endroit de la
partie où maistre prestre avoit plus grant désir de
heurter. Or est tout prest et nostre domine appellé,
et au plus doulcement qu'il péut entra dedens le
lit, et sans plus barguiner il monte sur le tas pour
veoir de plus loing. Si tost qu'il fut logié le bon
chevalier tire son las bien fort, et dist bien hault :
Ha ! ribault prestre, estes-vous tel ? Et bon prestre
à soy retirer. Mais il ne ala guères loing, car l'instrument qu'il vouloit accorder au bedon de la
gouge, estoit si bien envelopé du las, qu'il n'avoit
garde d'eslongnier, dont si très esbahy se trouva
qu'il ne scavoit sa contenance ne qui luy estoit à
advenir. De plus fort tiroit son maistre le las qui
grant douleur si lui eust esté, se paour et esbahis-
sement ne lui eussent tollu tout sentement. A petit
de pièce il revint à luy, et sentit très bien ces douleurs, et bien piteusement cria mercy à son maistre
qui tant grant fain avoit de rire qu'a paine scavoit
il parler. Si luy dist il néantmoins aprés qu'il l'eust
avant en la chambre parbondy : Alés-vous en, nostre sire, et ne advienne plus ; ceste foiz vous sera
pardonnée ; mais la seconde seroit irrémissible. —
Hélas, monseigneur, si respond-il, jamais ne m'a-
viendra, elle est cause de ce que je ay fait. A ce coup, il
s'en ala et monseigneur se recoucha, qui acheva ce
que l'autre avoit commencé. Mais saichez que onc-

ques puis ne s'i trouva le bon prestre au scéu du
maistre. Il peut bien estre que en récompense de ses
maulx la gouge en eut depuis pitié, et, pour sa
conscience acquiter, lui presta son bedon, et tellement s'accordèrent que le maistre en valut pis tant
en biens comme en honneurs. Du surplus je me tais
et à tant je fays fin

LA LXXVIIe NOUVELLE,

PAR ALARDIN.

(LA ROBBE SANS MANCHES.)

Ung gentil homme des marches de Flandres, ayant
sa mère bien ancienne et très fort débilitée de maladie, plus languissant et vivant à malaise que nulle
autre femme de son aage, espérant d'elle mieulx
valoir et amender. Et combien que es marches de
Flandres il fist sa résidence, si la visitoit il souvent ;
et à chascune foiz que vers elle venoit tousjours
estoit de mal oppressée, tant que l'en cuidast l'âme
en déust partir. Et une foiz entre les autres, comme
il l'estoit venu veoir, elle au partir luy dist : Adieu,
mon filz, je suis séure que jamais ne me verrez ;
car je m'en vois mourir. — A dea, ma damoyselle
ma mère, vous m'avez tant de foiz ceste leçon recor-
dée que j'en suis saoul ; et à troys ans passés que
tousjours ainsi m'avez dit, mais vous n'en avez

rien fait; prenés bon jour, je vous en prie, si ne
faillés point. La bonne damoiselle oyant de son filz
la response, quoyque malade et vieille fust, en
soubriant luy dist adieu. Or se passèrent puis ung
an, puis deux ans, tousjours en languissant. Ceste
femme fut arrière de son dit filz visitée, et ung soir
comme en son lit, en l'ostel d'elle estoit couchée,
tant oppressée de mal qu'on cuidast bien qu'elle
allast à Mortaigne, si fut ce bon filz appelé de ceulx
qui sa mère gardoient, et lui dirent que bien en haste
à sa mère venist, car séurement elle s'en alloit :
Dictes vous donc, dist-il, qu'elle s'en va, par ma foy,
je ne l'ose croire, tousjours dit elle ainsi, mais riens
n'en fait. — Nennil, nennil, dirent ses gardes, c'est
à bon escient, venez-vous en, car on voit bien qu'elle
s'en va. — Je vous diray, dist-il, allez vous en devant et je vous suyvray ; et dictes bien à ma mère,
puis qu'elle s'en veult aler, que par Douay point ne
s'en aille, que le chemin est trop mauvais ; a peu
que devant hier moy et mes chevaux n'y demou-
rasmes. Il se leva néantmoins, et houssé de sa robe
longue se mist en train pour aler veoir se sa mère
feroit la, dernière et finable grimace. Luy là venu,
la trouva fort malade et que passé avoit subite,
faulte qui la cuidoit bien emporter ; mais, Dieu
mercy, elle avoit ung petit mieulx : N'esse pas ce
que je vous dy, commence à dire ce bon filz, l'en dit
tousjours céans, et si fait elle mesmes qu'elle se
meurt, et rien n'en fait. Prenge bon terme, de par-

dieu, comme tant de foiz luy ay dit, et si ne faille
point; je m'en retourne dont je vien ; et si vous advise
que plus ne m'apellez, s'elle devoit s'en aller toute
seule, si ne lui feray je pas à ceste heure compaignie.
Or convient il que je vous compte la fin de mon
entreprinse. Ceste damoiselle ainsi malade que dist
est, revint de ceste extrême maladie, et comme auparavant depuis, vesquit en languissant l'espace de
troys ans, pendant lesquelz ce bon filz la vint veoir
d'aventure une foiz, et au point qu'elle rendit l'esperit. Mais le bon fut quant on le vint quérir pour
estre au trespas d'elle, il vestoit une robe neufve,
et n'y voulut aller. Messages sur autres venoient
vers luy, car sa bonne mère qui tiroit à sa fin le
vouloit veoir et recommander aussi son âme. Mais
toujours aux messaiges respondoit : Je scay bien
qu'elle n'a point de haste, qu'elle attendera bien
que ma robe soit mise à point. En la parfin tant
luy fut remonstré qu'il s'en alla tantost devers sa
mère, sa robe vestue sans les manches, lequel
quant en ce point fut d'elle regardé, luy demanda
où estoient les manches de sa robe, et il dist : Elles
sont la dedens qui n'attendent à estre parfaictes,
sinon que vous descombrez la place. — Elles seront
donc tantost achevéez, ce dist la damoiselle ; je
m'en vois à Dieu au quel humblement mon âme
recommande et à toy aussi mon filz. Lors rendit
l'âme à Dieu, sans plus mot dire, la croix entre ses
bras, laquelle chose voyant son bon filz, commença

tant fort à plourer que jamais ne fut veu la pareille, et ne le povoit nul reconforter, et tant en fist que au bout de quinze jours il mourut de deul.

.

LA LXXVIIIe NOUVELLE,

PAR JEHAN MARTIN.

(LE MARI CONFESSEUR.)

Ou bon pays de Brebant qui est bonne marche et plaisante, fournie à droit et bien garnie de belles filles, et bien saiges coustumièrement, et le plus et des hommes on veult dire, et se treuve assez véritable, que tant plus vivent que tant plus sont sotz, naguères advint que ung gentil homme en ce point né et destiné, il luy print voulenté d'aler oultre mer voyager en divers lieux, comme en Cipre, en Rodes et ès marches d'environ ; et au dernier fut en Jhérusalem où il recéut l'ordre de chevalerie. Pendant lequel temps de son voyaige sa bonne femme ne fut pas si oyseuse qu'elle ne presta son quoniam à troys compaignons, lesquelz comme à court plusieurs servent par temps et termes, eurent audience. Et tout premier ung gentil escuier frès et frisque et

en bon point qui tant rembourra son bas à son
chier coust et substance, tant de son corps commé
en despence de pécune, car à la vérité elle tant
bien le pluma qu'il n'y failloit point renvoyer, qu'il
s'ennuya et retira, et de tous poins l'abandonna.
L'autre après vint qui chevalier estoit et homme de
grant bruit, qui bien joyeux fut d'avoir gaigné la
place, et besoigna au mieulx qu'il péut comme dessus, moyennant de quibus que la gouge tant bien
scavoit avoir que nul aultre ne la passoit. Et brief se
l'escuyer qui au paravant avoit la place avoit esté ron-
gié, damp chevalier n'en eut pas moins. Si tourna bride
et print congié et aux autres habandonna la queste.
Pour faire bonne bouche la bonne damoiselle d'ung
maistre prestre s'acointa, et quoy qu'il fut subtil
et sur argent bien fort luxurieux, si fut-il rançonné
de robes, de vaisselle, et de autres bagues largement. Or advint, Dieu mercy, que le vaillant mary
de ceste gouge fist scavoir sa venue ; et comme en Jérusalem avoit esté fait chevalier, si fist sa bonne
femme l'ostel aprester, tondre, parer et nettoyer
au mieulx qu'il fust possible. Brief tout estoit bien
net et plaisant, fors elle seulement, car du plus et
butin qu'elle avoit à force de rains gaigné, avoit
acquis vaisselle, tapisserie et d'autres meubles assez. A l'arriver que fist le doulx mary, Dieu scait la
joye et la feste qu'on luy fist, celle en espécial qui
le moins en tenoit compte, c'est assavoir sa vaillant
femme, je passe tous ses biens vucillans et vien à

ce que monseigneur son mary, quoy coquart qu'il
fust, si se donna garde de foison de meubles, qui
avant son partement n'estoient pas léans. Vint aux
coffres, aux bufetz et en assez d'aultres lieux, et
treuve tout multiplié, dont le hutin luy monta en
la teste, et de prinsault son cueur en voulut des-
charger ; si s'en vint eschauffé et mal méu devers
sa bonne femme, et luy demanda tantost d'où sourdoient tant de biens comme ceulx que j'ay dessus
nommés : Saint Jehan, monseigneur, ce dist ma
dame, ce n'est pas mal demandé, vous avez bien
cause d'en tenir telle manière, et de vous eschauffer
ainsi. Il semble que vous soyés couroucié, à vous
veoir. — Je ne suis pas bien à mon aise, dist il,
car je ne vous laissai pas tant d'argent à mon partir.
et si ne povez pas tant avoir espargné que pour
avoir tant de vaisselle, de tapisserie, et le surplus
de bagues que j'ay trouvé par céans, il fault, et je
n'en doubte point, car j'ay cause, que quelqu'un
se soit de vous accointé qui nostre mesnage a ainsi
renforcé ? — Et pardieu, monseigneur, respond la
simple femme, vous avez tort qui pour bien faire
me mettez sur telle vilennie, je vueil bien que vous
saichés que je ne suis pas telle, mais meilleure en
tous endrois que à vous n'appartient ; et n'esse pas
raison que avec tout le mal que j'ay eu d'amasser et
espargner, pour accroistre et embellir vostre hostel
et le mien, j'en soye reprouchée et tencée ? C'est bien
loing de congnoistre ma peine, comme bon mary

doibt faire à sa bonne preude femme, telle l'avez
vous, meschant maleureux, dont c'est grant dommaige, par mon âme, se ce n'estoit pour mon honneur et pour mon âme. Ce procès, quoy qu'il fust
plus long, pour ung temps cessa, et s'advisa maistre
mary, pour estre acertené de l'estat de sa femme,
qu'il feroit tant avec son curé, qui son très grant
ami estoit, que d'elle ourroit la dévote confession,
ce qu'il fist au moyen du curé qui tout conduist ;
car ung bien matin, en la bonne sepmaine que de
son curé pour confesser approucha, en une chapelle
devant il l'envoya, et à son mary vint, lequel il
adouba de son abit et l'envoya devers sa femme. Se
nostre mary fut joyeux, il ne le fault jà demander ;
quant en ce point il se trouva, il vint en la chap
pelle, et au siége du prestre sans mot dire entra ;
et sa femme d'approucher qui à genoulx se mist
devant ses piez, cuidant pour vray estre son curé,
et sans tarder commença à dire *benedicite*. Et nostre
sire son mary respondi *Dominus*, au mieulx qu'il
scéut, comme le curé l'avoit aprins, acheva de dire
ce qui afflert. Après que la bonne femme eut dit la
générale confession, elle descendit au particulier et
vint parler comment, durant le temps que son mary
avoit esté dehors, ung escuier avoit esté son lieutenant, dont elle avoit tant en or, en argent, que en
bagues beaucoup amendé. Et Dieu scait qu'en oyant
ceste confession, se le mary estoit bien à son aise ;
s'il eut osé, volentiers l'eust tuée, à ceste heure ;

toutesfois affin de ouyr le surplus il eust patience.
Quant elle eut dit tout au long de ce bon escuier,
du chevalier s'est acusée qui comme l'autre l'avoit
bien baguée. Et bon mary qui de duel se criève, ne
scait que faire de soy descouvrir et bailler l'absolucion sans plus attendre, si n'en fist il riens néantmoins, print loisir d'escouter ce qu'il ourra. Après
le tour du chevalier le prestre vint en jeu, mais à
cest coup bon mary perdit pacience et ne péut plus
ouyr, si getta jus chapperon et surplis, en soy monstrant luy dist : Faulce et desloyale, or voyje et congnois vostre grant traïson ; et ne vous suffisoit-il de
l'escuyer et puis du chevalier, sans à ung prestre
vous donner qui plus me desplaist que tout ce que fait
vous avez. Vous devez scavoir que de prinsault ceste
vaillant femme fut esbahye; mais le loisir qu'elle
eut de respondre très bien, l'asséura et sa contenance si bien ordonna de manière qu'à l'ouyr a sa
response plus asséurée, estoit que la plus juste de ce
monde, disant à Dieu son oroison ; si respondit tantost après comme le saint esperit l'inspira, et dist bien
froidement : Povre coquart, qui ainsi vous tour-
mentés, scavez-vous bien pour quoy ? Or ouez moy,
s'il vous plaist ; et pensez vous que je ne scéusse
bien que c'estiés vous à qui me confessoye? Si
vous ay servy comme le cas le requéroit, et sans
mentir de mot vous ay tout confessé mon cas,
vécy comment : de l'escuier me suis accusée, et c'estes vous ; quant vous m'eustes à mariage vous estiez

escuier, et lors fistes de moy ce qu'il vous pléust ;
le chevalier aussi dont j'ay touché c'estes vous, car
à vostre retour vous m'avez fait dame ; et vous estes
le prestre aussi, car nul, se prestre n'est, ne peut
ouyr confession. — Par ma foy, m'amie, dist-il,
or m'avez vous vaincu et bien monstrés que sage
vous estes, et à tort vous ay chargée, dont je me
repens et vous en cry mercy, promettant de l'amender à vostre dit — Légièrement il vous est pardonné, ce dist sa femme, puis que le cas vous congnoissez. Ainsi que avez ouy fut le bon chevalier
decéu par le subtil engin de sa femme.

LA LXXIXᵉ NOUVELLE.

PAR MESSIRE MICHAULT DE CHANGY.

(L'ANE RETROUVÉ.)

Au bon pays de Bourbonnoys, où de coustume les bonnes besoignes se font, avoit l'autre hier ung médecin Dieu scait quel ; oncques Ypocras ne Galien ne pratiquèrent ainsi la science comme il faisoit. Car en lieu de cyros, et de brevaiges, et d'electuaires et de cent mille autres besoignes que médecins scaivent ordonner tant à conserver la santé de l'homme que pour la recouvrer, se elle est perdue, ce bon médecin de quoy je vous parle, ne usoit seulement que d'une manière de faire, c'est assavoir de bailler clistères. Quelque matière qu'on luy aportast, il faisoit tousjours bailler clistères, et toutesfoiz si bien luy venoit en ses besoignes et affaires que chascun estoit bien content de luy, et garissoit chascun, dont son bruit créut et augmenta tant et en telle manière

que on l'appeloit maistre Jehan par tout, tant es maisons des princes et des seigneurs comme es grosses
abayes et bonnes villes. Et ne fut oncques Aristote
ne Galien ainsi auctorisé, par espicial du commun
peuple, que ce bon maistre dessus dit. Et tant monta
sa bonne renommée que pour toutes choses on luy
demandoit conseil ; et estoit tant embesoigné inces-
saument qu'il ne scavoit au quel entendre. Se une
femme avoit mauvais mary, rude et divers, elle venoit au remède vers ce bon maistre. Brief, de tout
ce dont on peut demander bon conseil de homme,
nostre bon médecin en avoit la huée ; et venoit on à
lui de toutes pars pour enseigner les choses perdues. Advint ung jour que ung bon simple homme
champestre avoit perdu son asne ; et après la longue
queste d'iceluy, si s'advisa ung jour de tirer vers celui maistre qui si très saige estoit ; et à l'eure de sa
venue il estoit tant environné de peuple qu'il ne
scavoit au quel entendre. Ce bon homme néantmoins
rompit la presse et en la présence de plusieurs luy
compta son cas, c'est assavoir de son asne qu'il avoit
perdu, priant pour Dieu qu'il luy voulsist radressier.
Ce maistre, qui plus aux autres entendoit qu'à luy,
oyant le bruit et son de son langaige, se vira devers
luy, cuydant qu'il eust aucune enfermeté ; et affin
d'en estre despesché, dist à ses gens : Baillés luy ung
clistère. Et le bon simple homme qui l'asne avoit
perdu, non saichant que le maistre avoit dit, fut
prins des gens du maistre qui tantost comme il leur

estoyt chargé, luy baillèrent ung clistère, dont il fut
bien esbahy, car il ne scavoit que c'estoit. Quant il
eut ce clistère tel qu'il fut dedens son ventre, il picque et s'en va, sans plus demander de son asne,
cuydant certainement par ce le retrouver. Jl n'eut
guères alé avant que le ventre lui brouilla tellement qu'il fut contraint de soy bouter en une vieille
masure inhabitée, pour faire ouverture au clistère
qui demandoit la clef des champs. Et au partir qu'il
fist, il mena si grant bruyt que l'asne du povre homme,
qui passoit assez près, comme esgarée, commence à
réclamer et crier ; et bon homme de s'avancier et
lever sus et chanter *Te Deum laudamus*, et venir à
son asne qu'il cuydoit avoir retrouvé par le clistère
que luy avoit fait bailler le maistre qui eut encores
plus de renommée sans comparoison que auparavant; car des choses perdues on le tenoit vray ensei-
gneur, et de toute science aussi le parfait docteur,
combien que d'ung seul clistère toute ceste renommée vint. Ainsi avez ouy comment l'asne fut trouvé
par ung clistère, qui est chose aparente et qui souvent advient.

LA LXXXᵉ NOUVELLE,

PAR MESSIRE MICHAULT.

(LA BONNE MESURE.)

Es marches d'Allemaigne, comme pour vray ouy naguères racompter à deux gentilz seigneurs dignes de foy et de croire, que une jeune fille, de l'aage d'environ xv à xvj ans, fut donnée en mariage à ung loyal gentil compaignon bien gracieux, qui tout devoir faisoit de paier le devoir que voulentiers demandent les femmes sans mot dire, quant en cest aage et estat sont. Mais quoy que le povre homme fist bien la besoigne et se efforçast espoire plus souvent qu'il ne déust, toutesfoiz n'estoit l'oeuvre qu'il faisoit en aucune manière agréable à sa femme ; car incessamment ne faisoit que rechigner et souvent plouroit tant tendrement comme se tous ses amis fussent mors. Son bon mary la voyant ainsi lamenter, ne se scavoit assez esbahyr quelle chose lui povoit

faillir, et lui demandoit doulcement : Hélas, m'amye,
et qu'avez vous? Et n'estes-vous pas bien vestue,
bien logée et bien servie, et de tout ce que gens de
nostre estat pevent par raison désirer bien convenablement partie? — Ce n'est pas là qu'il me tient,
dist elle. — Et qu'esse donc? dictes le moy, dist-il,
et se je y puis mettre remède, pensez que je le feray
pour y mettre corps et biens. Le plus des foiz elle
ne respondit mot, mais tousjours rechignoit et de
plus en plus triste chière, matte et mourne elle faisoit, laquelle chose le mary ne portoit pas bien pacientement, quant scavoir il ne povoit la cause de
ceste doléance. Il enquist tant qu'il en scéut une
partie, car elle lui dist qu'elle estoit desplaisante
qu'il estoit si petitement fourny de cela que vous
scavez, c'est assavoir du baston de quoy on plante
les hommes, comme dit Bocace : Voire, dist-il, et esse
cela dont tant vous doulez? Et par sainct Martin,
vous avez bien cause. Toutesfoiz il ne peult estre
autre, et fault que vous en passez tel qu'il est, voire
se vous ne voulés aler au change. Ceste vie se continua ung grant temps, tant que le mary, voyant
ceste obstinacion d'elle, assembla ung jour à ung
disner ung grant tas des amis d'elle, et leur remonstra le cas comment il est cy dessus touché, et disoit
qu'il luy sembloit qu'elle n'avoit cause de soy douloir de lui en ce cas, car il cuidoit aussi bien estre
party d'instrument naturel que voisin qu'il eust : Et
affin, dist-il, que j'en soye mieulx créu, et que vous

voyés son tort évident, je vous monstreray tout. Adonc il mist sa denrée avant sur la table, devant tous et toutes, et dist : Véci de quoy. Et sa femme de plorer de plus belle : Et par saint Jehan, dirent sa mère, sa seur, sa tante, sa cousine, sa voisine, m'amye, vous avez tort, et que demandez vous ? voulez vous plus demander ? qui esse qui ne devroit estre contente d'ung mary ainsi oustillé ? Ainsy m'aist Dieu, je me tiendroye bien eureuse d'en avoir autant, voire beaucoup moins, apaisiez vous et faictes bonne chière doresenavant. Par dieu ! vous estes la mieulx partie de nous toutes, ce croy-je. Et la jeune espousée oyant le colliége des femmes ainsi parler, leur dist, bien fort en plourant : Vécy le petit asnon de céans qui n'a guères avec demy an de aage, et si a l'instrument grand et gros de la longueur d'ung bras. Et en ce disant, tenoit son bras par le coude, et le branloit trop bien : Et mon mary qui a bien xxij ans, n'en a que ce tant petit qu'il a monstré ; et vous semble-t-il que j'en doye estre contente ? Chascun commença à rire, et elle de plus plourer tant que l'assemblée fut longuement sans mot dire. Alors la mère print la parole et à part dist à sa fille tant d'unes et d'autres, que aucunement se contenta ; mais ce fut à grant paine. Vécy la guise des filles d'Allemaigne ; se Dieu plaist, bien tost seront ainsi en France.

LA LXXXIe NOUVELLE,

PAR MONSEIGNEUR DE WAURIN.

(LE MALHEUREUX.)

Puis que les comptes et histoires des asnes sont achevez, je vous feray en brief et à la vérité ung gracieux compte d'ung chevalier que la plus part de vous, mes bons seigneurs, congnoissés de piecà. Il fut bien vray que le dit chevalier s'enamoura très fort, comme il est assez bien de coustume aux jeunes gens, d'une très belle, gente et jeune dame, et du cartier du pays où elle se tenoit la plus bruiante, la plus mygnongne et la plus renommée. Mais toutesfois quelque semblant, quelque devoir qu'il sceust faire pour obtenir la grâce de celle dame, jamais ne péust parvenir d'estre serviteur retenu ; dont il estoit très desplaisant et bien marry, attendu que tant ardaument, tant loyallement et tant entièrement l'amoit que jamaiz femme ne le fut mieulx. Et n'est point à oublier que

ce bon chevalier faisoit autant pour elle que oncques fist serviteur pour sa dame, comme de joustes,
d'abillemens et plusieurs esbatemens; et néantmoins,
comme dist est, tousjours trouvoit sa dame rude et
mal traictable, et lui monstroit moins de semblant
d'amours que par raison ne déust ; car elle scavoit
bien et de vray que léalement et chièrement estoit
de luy aymée. Et à dire la vérité, elle luy estoit trop
dure, et est assez à penser qu'il procédoit de fierté,
dont elle estoit plus chargée que bon ne luy feust,
comme on pourroit dire remplye. Les choses estans
comme dit est, une aultre dame voisine et amye de
la dessus dicte, voyant la queste du dit chevalier, fut
tant esprise de son amour que plus on ne pourroit,
et par trop bonne façon et moyen qui trop long
seroit à descrire, fist tant par subtilz moyens que en
petit de temps ce bon chevalier s'en appercéut; dont
il ne se méut que bien à point, tant s'estoit fort donné
auparavant à sa rebelle et rigoureuse maistresse.
Trop bien comme gracieux que il estoit et bien saichant, tant sagement entretenoit celle de luy esprinse
que se à la congnoissance de l'autre fust parvenu,
cause n'eust eu de blasmer son serviteur. Or escoutez
quelle chose advint de ses amours, et quelle en fut
la conclusion : Ce chevalier amoureux, pour la dis-
tance du lieu n'estoit si souvent auprès de sa dame
que son loyal cueur et trop amoureux desiroit. Si
s'advisa ung jour de prier aucuns chevaliers et escuiers, ses bons amys qui touteffois de son cas rien

ne scavoient, d'aler esbatre, voler et quérir les lièvres en la marche du pays où sa dame se tenoit,
sachant de vray par ses espies que le mary d'elle n'y
estoit point, mais estoit venu à la court où souvent
se tenoit, comme celuy de qui se fait ce compte.
Comme il fut proposé de ce gentil chevalier amoureux et de ces compaignons, ilz partirent le lendemain,
bien matin, de la bonne ville où la cour se tenoit,
et tout quérant les lièvres passèrent le temps joyeusement jusques à basse nonne, sans boire et sans
menger. Et en grant haste vindrent repaistre en ung
petit vilaige ; et après le disner lequel fut court et
sec, montèrent à cheval et de plus belle s'en vont
quérant les lièvres. Et le bon chevalier qui ne tiroit
qu'à une, menoit tousjours la brigade le plus qu'il
povoit arrière de la bonne ville, où compaignons
avoient grant envie de retirer, et souvent luy disoient:
Monseigneur, le vespre approuche, il est heure de
retirer à la ville, se nous n'y advisons, nous serons
enfermés dehors, et nous fauldra gésir en ung meschant village et tous mourir de fain. —Vous n'avez
garde, se disoit nostre amoureux, il est encores assez
hault heure, et au fort je scay bien ung lieu en ce
quartier, où l'en nous fera très bonne chière ; et pour
vous dire, se à vous ne tient, les dames nous festie-
ront le plus honnestement du monde. Et comme gens
de court se treuvent volentiers entre les dames, ilz
furent contens d'eulx gouverner à l'appétit de celuy
qui les avoit mis en train, et passèrent le temps qué-

rans les lièvres, et volans les perdris tant que le
jour si leur dura. Or vint l'heure de tirer au logis,
si dist le chevalier à ses compaignons : Tirons, tirons
pays, je vous menneray bien. Environ une heure ou
deux de nuyt, ce bon chevalier et sa brigade arrivèrent à la place où se tenoit la dame dessus dicte,
de qui tant estoit féru la guide de la compaignie, qui
mainte nuyt en avoit laissé le dormir. On heurta à
la porte du chasteau, et les varlès assez tost vindrent avant, lesquelz leur demandèrent qu'ilz vouloient. Et celuy à qui le fait touchoit le plus, print la
parolle et leur commença à dire : Messeigneurs, monseigneur et madame sont ilz céans ? — En vérité, respondit l'ung pour tous, monseigneur n'y est pas,
mais ma dame y est.—Vous luy dirés, s'il vous plaist,
que telz et telz chevaliers et escuiers de la court, et
moy ung tel, venons d'esbatre et quérir les lièvres
en ceste marche ; et nous sommes esgairés jusques à
ceste heure qui est trop tard de retourner à la ville.
Si luy prions qu'il luy plaise nous recevoir pour ses
hostes pour meshuy. Voulentiers, dist l'autre, je luy
diray. Il vint faire ce messaige à sa maistresse laquelle fist faire la responce sans venir devers eulx
qui fut telle : Monseigneur, dist le varlet, ma dame
vous fait scavoir que monseigneur son mary n'est
pas icy, dont il luy desplait, car s'il y fust il vous féist
bonne chière ; et en son absence elle n'oseroit recevoir personne, si vous prie que luy pardonnez. Le chevalier meneur de l'assemblée, pensez qu'il fut bien

esbahi et très honteux d'ouyr ceste responce, car il
cuidoit bien veoir et à loisir sa maistresse, et deviser
tout à son cueur saoul, dont il se treuve arrière et
bien loing, et encores beaucoup luy grevoit d'avoir
amené ses compaignons en lieu où il s'estoit vanté
de les bien faire festoier. Comme saichant et gentil
chevalier, il ne monstra pas ce que son povre cueur
portoit, si dist de plain visaige à ses compaignons :
Messeigneurs, pardonnez moy que je vous ay fait
paier l'abayée, je ne cuydoye pas que les dames de
ce pays fussent si peu courtoises que de reffuser ung
giste aux chevaliers errans ; prenés en pacience. Je
vous prometz par ma foy de vous mener ailleurs,
ung peu au dessus de céans, où l'en nous fera toute
aultre chière. — Or avant donc, dirent-ilz, les autres,
picqués avant, bonne adventure nous doint Dieu.
Ilz se mettent au chemin, et estoit l'intencion de leur
guide de les mener à l'ostel de la dame dont il estoit
le chier tenu, et dont mains de conte il tenoit que
par raison il ne déust ; et conclud à ceste heure de
soy oster de tous poins de l'amour de celle qui si
lourdement avoit refusé la compaignie, et dont si
peu de bien luy estoit venu estant en son service; et
se délibera d'aymer, servir et obéyr tant que possible lui seroit à celle qui tant de bien luy vouloit, et
où se Dieu plaist se trouvera tantost. Pour abrégier,
après la grosse pluye que la compaignie eut plus
d'une grosse heure et demie sur le dos, on arrive à
l'ostel de la dame dont naguères parloye ; et heurta

l'en de bon hait à la porte, car il estoit bien tard, et
entre neuf et dix heures de nuyt, et doubtoient fort
qu'on ne fust couché. Varlès et meschines saillirent
avant qui s'en vouloient aler coucher et demandèrent qu'esse-là? Et on leur dist. Ilz vindrent à leur
maistresse qui estoit jà en cotte simple, et avoit mis
son couvrechief de nuyt; et luy dirent : Madame,
monseigneur de tel lieu est à la porte qui veult entrer, et avecques luy aucuns autres chevaliers et
escuiers de la court jusques au nombre de troys. Ilz
soient les très bien venuz, dist-elle, avant, avant,
vous telz et telz, à coup alés tuer chappons et poulailles et ce que nous avons de bon en haste. Brief
elle disposa comme femme de grant façon, comme
elle estoit et encores est, tout subit ses besoingnes
comme vous orrez tantost. Elle print bien en haste
sa robe de nuyt, et ainsi atournée qu'elle estoit, le
plus gentement qu'elle péut, vint au devant des seigneurs dessusdis, deux torches devant elle et une
seule femme avec sa très belle fille; et les autres mec-
toient les chambres à point. Elle vint rencontrer ses
hostes sur le pont du chasteau, et le gentil chevalier qui tant estoit en sa grâce, commé des autres la
guide et meneur, se mist en front devant, et en faisant les recongnoissances, il la baisa, et puis après
tous les autres pareillement la baisèrent. Alors,
comme femme bien enseignée dist aux seigneurs dessus ditz : Messeigneurs, vous soyez les très biens venus, monseigneur tel, c'est leur guide, je le congnois

de pieçà, il est de sa grâce tout de céans, s'il luy plaist, il fera mes accointances vers vous. Pour abrégier, accointances furent faictes : le soupper assez tost après bien apresté et chascun d'eux logié en belle et bonne chambre bien appointée et bien fournie de tapisserie et de toute chose nécessaire. Si vous fault dire que tandiz que le soupper s'aprestoit, la dame et le bon chevalier se devisèrent tant et si longuement, et se porta conclusion entr'eulx que pour la nuyt ilz ne feroient que ung lit, car de bonne adventure le mary n'estoit point léans, mais plus de quarante lieues loing de là. Or est heure, tandis que le soupper est prest et que ces devises se font, que l'en souppe le plus joyeusement qu'on pourra. Après les adventures du jour, que je vous dye de la dame qui son hostel refusa à la brigade dessus dicte, mesmes à celluy qui bien scavoit que plus l'aymoit que tout le monde, et fut si mal courtoise que oncques vers eulx ne se monstra. Elle demanda à ses gens, quant ilz furent vers elle retournés de faire son message, quelle chose avoit respondu le chevalier ? L'ung luy dist : Ma dame, il le fist bien court, trop bien dist-il qu'il menoit ses gens en ung lieu plus en suz d'icy où l'en leur feroit bon recueil et meilleure chère. Elle pensa tantost ce qui estoit et dist : Ha! il s'en est allé à l'ostel d'une telle qui comme bien scay ne le voit pas enuis. Léans se traictera, je n'en doubte point, quelque chose à mon préjudice. Et elle estant en ceste ymaginacion et pensée, tantost tout subitement

le dur courage que tant avoit rigoureux envers son
serviteur porté, tout change et altère, et en très cordial et bon vouloir transmue, dont envie fut pour
ceste heure cause et motif; conclusion oncques ne
fut tant rigoureuse qu'à ceste heure trop plus ne soit
doulce et désireuse d'accorder à son serviteur tout
ce qu'il vouldroit requérir et demander. Et doubtant
que la dame où la brigade estoit, ne jouyst de celuy
que tant avoit traicté durement, escripvit une lettre
de sa main à son serviteur, dont la plus part des
lignes estoient de son précieux sang, qui contenoit en
effect que tantost ces lettres véues, toute aultre chose
mise arrière, il venist vers elle tout seul avec le porteur, et il seroit si aggréablement recéu, que oncques
serviteur ne fut plus content de sa dame qu'il seroit.
Et en signe de plus grande vérité, mist dedans la
lettre ung dyamant que bien congnoissoit. Ce porteur qui séur estoit, print la lettre et vint au lieu
dessus dit et trouva le chevalier auprès de son
hostesse, au soupper et toute l'assemblée. Tantost
après grâces, le tira d'ung costé, et, en luy baillant
la lettre, dist qu'il ne fist semblant de riens, mais
qu'il acomplist le contenu de ce. Ces lettres véues, le
bon chevalier fut bien esbahy et encores plus joyeux;
car combien qu'il eust conclud et délibéré de soy
retirer de l'amour de celle qui ainsi luy escrivoit, si
n'estoit il pas si converty que la chose que plus desiroit ne lui fust par ceste lettre promise. Il tira son
hostesse à part, et luy dist comment son maistre le

18

mandoit hastivement, et que force luy estoit de partir
tout à ceste heure, et monstroit bien semblant que
fort luy en desplaisoit. Celle qui auparavant estoit
la plus joyeuse, attendant ce que tant avoit désiré,
devint triste et ennuyeuse. Et sans faire monstre, le
dit chevalier monte à cheval et laisse ses compaignons léans, et avec le porteur de ces lettres, vient
tantost arriver après mynuyt à l'ostel de sa dame,
de laquelle le mary estoit naguères retourné de court
et s'apprestoit pour s'en aler coucher, dont Dieu scait
en quel point en estoit celle qui son serviteur avoit
mandé quérir par ces lectres. Ce bon chevalier qui
tout le jour avoit culleté la selle, tant en la queste
des lièvres comme pour quérir logis, scéut à la porte
que le mary de sa dame estoit venu, dont fut aussi
joyeux que vous povez penser. Si demanda à sa guide
qu'il estoit de faire ? Ilz s'advisèrent ensemble qu'il
feroit semblant d'estre esgaré de ses compaignons,
et que de bonne adventure il avoit trouvé ceste guide
qui léans l'avoit adrecié. Comme il fut dit il fut fait,
en la malle heure ; et vint trouver monseigneur et
ma dame et fist son parsonnaige ainsi qu'il scéut.
Après boire, une fois qui peu de bien luy fist, on le
mena en sa chambre où guères ne dormit la nuyt.
et lendemain avec son hoste à la court retourna sans
riens acomplir du contenu de la lettre dessusdicte.
Et vous dy bien que là n'à l'aultre depuis il ne retourna, car tost après la court se départit du pays,
et il suyvit le train, et tout fut mis à non chaloir et

oubly; et ne s'en donna plus de mauvais temps, car
assez en avoit-il eu, comme assés souvent advient
en telles besoignes.

LA LXXXIIe NOUVELLE,

PAR JEHAN MARTIN.

(LA MARQUE.)

Or escoutés, s'il vous plaist, qu'il advint en la chastelenie de Lisle, d'ung bergier des champs et d'une jeune pastourelle qui ensemble, ou à six piez l'ung de l'autre, gardoient leurs brebis. Marchié se porta entreeulx deulx, une fois entre les autres, à la semonce de nature qui les avoit desjà eslevés en aage de congnoistre que c'est de ce monde, que le bergier monteroit sur la bergière pour veoir de plus loing, pourveu toutesfoiz qu'il ne l'embrocheroit non plus avant qu'elle mesmes fist le signe de sa main sur l'instrument naturel du bergier, qui fut environ deux doys, la teste franche, et estoit le signe fait d'une meure noire qui croist sur les hayes. Cela, fait ilz se mettent à l'ouvrage de par Dieu, et bon bergier se fourre dedens, comme s'il ne cou-

tast riens sans regarder merche, ne signe, ne promesse qu'il eust faicte à sa bergière, car tout ce
qu'il avoit ensevelyt jusques au manche ; et se plus
en eust eu il trouva lieu assez pour le loger. Et la
belle bergière qui jamais n'avoit esté à telz nopces,
tant aise se trouvoit que jamais ne voulsist faire
aultre chose. Les armes furent asséurées, et se tira
chascun tantost vers ses brebis qui desjà s'estoient
d'eulx fort eslongnées, à cause de leur absence. Tout
fut rassemblé et mis en bon train, et bon bergier
que on appelloit Hacquin, pour passer temps
comme il avoit de coustume, se mist en contrepoix
entre deux hayes sur une baloichère, et là s'esbatoit et estoit plus aise que ung roy. La bergière se
mist à faire ung chapelet de florettes sur la rive d'ung
fossé et regardoit tousjours, disant la chansonnette
jolie, se le bergier reviendroit point à la meure ; mais
c'estoit la moindre de ses pensées. Et quant elle vit
qu'il ne venoit point, elle le commence à hucher :
Et Hacquin ! Hacquin ! Et il respond : Que veulx tu ?
— Vien çà, vien çà, dist elle, si feras cela. Et Hacquin qui en estoit saoul, lui respondit : En nom
Dieu, j'ay aussi cher de n'en faire rien, je m'esbas
bien ainsi. Et la bergière lui dist : Vien ça, Haquin,
je te laisseray bouter plus avant sans faire merche.
Saint Jehan, dist Hacquin, j'ay passé le signe de la
meure, aussi n'en aurez vous plus maintenant. Il
laissa la bergière à qui bien desplaisoit de demourer
ainsi oyseuse.

18.

LA LXXXIIIe NOUVELLE.

(LE CARME GLOUTON.)

Comme il est de coustume par tous pays, es villes
et vilaiges souvent s'espandent les bons religieux
mendians, tant de l'ordre des Jacobins, Cordeliers,
Carmes et Augustins, pour prescher au peuple la
foy catholicque, blasmer et reprocher les vices, les
biens et vertus exaulcer et louer. Advint que, en
une bonne petite ville, en la conté d'Artoys, arriva
ung carme du couvent d'Arras, par ung Dimenche
matin, ayant intencion d'y prescher, comme il fist
bien dévotement et haultement ; car il estoit bon
clerc et bon langaigier. Tandis que le curé disoit la
grande messe, ce maistre carme se pourmenoit, attendant que quelqu'un le fist chanter pour gaigner
deux patars, mais nul ne s'en advançoit. Et ce
voyant une vieille damoiselle veufve, à qui il print
pitié du povre religieux, le fist dire messe, et par
son varlet bailler deux patars, et encores le fist

prier de disner. Et maistre moyne happa cest argent,
promettant de venir au disner, comme il fist après
le preschement, et que la grant messe de la par-
roisse fut finée. La bonne damoiselle, qui l'avoit
fait chanter et semondre au disner, se partit de
l'église, elle et sa chamberière, et vindrent à l'ostel
faire tout prest pour recevoir le prescheur qui en
la conduicte d'ung serviteur de la dicte damoiselle
vint arriver à l'ostel où il fut recéu. Après les mains
lavées, la damoiselle lui assigna sa place, et elle se
mist auprès de luy, et le varlet et la chamberière se
misdrent à servir; et de prinsault apportèrent la belle
porée avec le beau lart, et belles trippes de porc, et
une langue de beuf rostie. Dieu scait comment,
tantost que damp moyne vit la viande, il tire ung
beau long et large cousteau, bien trenchant qu'il
avoit à sa sainture, tout en disant *Benedicite*, et
puis se met en besoigne à la porée. Tout premier
qu'il l'eut despeschée, et le lart aussi, cy prins cy
mis, de là il se tire à ces trippes belles et grasses, et
fiert dedens comme le loup fait dedens les brebis. Et
avant que la bonne damoiselle son hostesse, eust à
moitié mengé sa porée, il n'y avoit ne trippe ne
trippette dedens le plat. Si se prent à ceste langue
de beuf, et de son cousteau bien trenchant en fist
tant de pièces qu'il n'en demoura oncques loppin.
La damoiselle qui tout ce sans mot dire regardoit,
gettoit souvent l'oeil sur son varlet et sa chamberière, et culx tout doulcement, en soubriant, pareille-

ment la regardoient. Elle fist apporter une pièce de
bon beuf salée, et une belle pièce de bon mouton,
et de bon endroit, et mettre sur la table. Et ce bon
moyne qui n'avoit d'appétit ne plus qu'ung chien venant de la chasse, se print à la pièce de beuf, et
s'il avoit eu peu de pitié des trippes et de la langue
de beuf, encores en eut il moins de ce beau beuf
entrelardé. Son hostesse, qui grant plaisir prenoit à
le veoir menger, trop plus que le varlet et la meschine qui entre leurs dents le mauldissoient, lui
faisoit tousjours emplir la tasse si tost qu'elle estoit
vuide. Et pensez qu'il descouvroit bien viande, et
n'espargnoit point le boire. Il avoit si grant haste
de fournir son pourpoint qu'il ne disoit mot, au
moins si peu que rien. Quant la pièce de beuf fut
comme toute depeschée, et la plus part de celle de
mouton, de laquelle l'ostesse avoit ung tautinet
mengé, elle voyant que son hoste n'estoit point encores saoul, fist signe à sa chamberière qu'elle apportast ung gros jambon cuit du jour de devant.
La chamberière tout mauldissant le prestre qui
tant gourmandoit, fist le commandement de sa
maistresse, et mist le jambon à la table. Et bon
moyne, sans demander qui vive, frappa sus et le
navra; car de prinsault il luy trencha le jarest, et
de tous pointz le desmenbra, et n'y laissa que les os.
Qui adonc eust veu rire le varlet et la meschine, il
n'eust eu jamais les fièvres, car il avoit desgarný
tout l'ostel et avoient grant paour qu'il ne les man-

gast aussi. Pour abbrégier, la dame fist mettre à la
table ung très bon fourmaige gras, et ung plat bien
fourny de tartes et pommes et de fourmaige avec la
belle pièce de beurre frez , dont on n'en reporta si
petit que rien. Le disner fut fait ainsi qu'avez ouy, et
vint à dire graces que maistre moyne abrégea, plus
ront que ung tiquet, se leva sus et dist à son hostesse : Damoiselle, je vous remercie de voz biens ;
vous m'avez tenu bien aise, la vostre mercy. Je prie
à celuy qui repéut cinq mille hommes de troys
pains et de deux poissons, dont après qu'ilz furent
saoulez de manger, demoura de relief douze cor-
beilles qu'il le vous vueille rendre. — Saint Jehan,
dist la chamberière qui s'avanca de parler, sire,
vous en povez bien tant dire, je croy se vous eussiez
esté l'ung de ceulx qui furent repéuz qu'on n'en
eust point tant reporté de relief, car vous eussiez
bien tout mangié, et moy aussi se je y eusse esté.
— Vrayment m'amye, dist le moyne, je ne vous
eusse pas mengée, mais je vous eusse bien embro-
chée et mise en rost, ainsi que vous povez penser qu'on fait. La dame commença à rire, aussi
firent le varlet et la chamberière, maulgré qu'ilz en
eussent. Et nostre moyne qui l'avoit pensé farcer,
mercia de rechief, son hostesse qui si bien l'avoit
repéu, et s'en alla en quelque autre village gaigner
son souper ; ne scay si fut tel que le disner.

LA LXXXIVe NOUVELLE.

(LA PART AU DIABLE.)

Tandis que quelqu'un s'advancera de dire quelque bon compte, j'en feray ung petit qui ne vous tiendra guères, mais il est véritable et de nouvel advenu. J'avoye ung mareschal qui bien et longuement m'avoit servi de son mestier; il lui print voulenté de soy marier, aussi le fut il à la plus merveilleuse femme qui fust en tout le pays. Et quant il vit que par beau ne par layt il ne la povoyt oster de sa mauvaistié, il l'abbandonna et ne se tint plus avec elle, mais la fuyoit comme la tempeste. Quant elle vit qu'il la fuyoit ainsi, et qu'elle n'avoit à qui toucher ne moustrer sa dernière manière, elle se mist en la queste de lui et partout le suivoit Dieu scait, disant quelz motz; et l'autre se taisoit et picquoit son chemin. Et elle le suyvoit

tousjours et disoit plus de mots que ung déable ne
scauroit faire à une ame damnée. Un jour entre les
autres, voyant que son mary ne respondoit mot à
chose qu'elle lui proposast, en le suivant par la rue,
cryoit tant qu'elle povoit : Vien-çà, traistre, parle à
moy, je suis à toy. Et mon mareschal qui estoit devant, disoit à chascun mot qu'elle disoit : J'en donne
ma part au déable. Et ainsi la mena tout du long de
la ville, tousjours criant : Je suis à toy, et l'autre
disoit : J'en donne ma part au deable. Tantost après
comme Dieu le permist, ceste bonne femme mourut, et chascun demandoit à mon mareschal s'il
estoit couroucié de la mort de sa femme, et il leur
disoit que jamais si grant eur ne lui vint; et que
se Dieu lui eut donné ung souhait à son désir, il
eust demandé la mort de sa femme, laquelle il disoit
estre si très mauvaise que se je la scavoye en paradis, je n'y vouldrois jamais aller, tant qu'elle y fust,
car impossible seroit que paix fust en nulle assemblée où elle fust. Mais je suis seur qu'elle est en
enfer, car oncques chose crée n'approucha plus à faire
la manière des déables qu'elle faisoit. Et puis on luy
disoit : Vrayement il vous fault remarier et enquerre
une bonne et paisible. — Me marier, disoit il, j'aymeroye mieulx me aler pendre au gibet que jamais me
rebouter au danger de trouver l'enfer que j'ay la
Dieu mercy à ceste heure passé. Ainsi demoura et
est encores; ne scay qu'il fera ce temps advenir.

LA LXXXVe NOUVELLE.

(LE CURÉ CLOUÉ.)

Depuis cent ans en çà ou environ, en ce pays de France est advenu, en une bonne et grosse cité, une joyeuse adventure que je mettray icy pour accroistre mon nombre, et aussi , pource qu'elle est digne d'estre ou renc des autres. En la dicte bonne ville avoit ung orfèvre marié, de qui la femme estoit belle et gracieuse, et avec tout ce très amoureuse d'un seigneur d'église son propre curé qui ne l'aymoit rien moins que elle luy ; mais de trouver la manière comment ilz se pourroient joindre amoureusement ensemble, fut très difficile, combien que en la fin fut trouvée et par l'engin de la dame, en la façon que je vous diray. Le bon mary orfèvre estoit tant alumé et ardant en convoitise d'argent, qu'il ne dormoit une seule heure de bon somme. Pour la-

bourer, chascun jour se levoit, une heure ou deux
devant le jour, et laissoit sa femme prendre sa longue
crastine jusqu'à huit ou neuf heures, ou si longuement qu'il luy plaisoit. Ceste bonne amoureuse,
voyant son mary continuer chascun jour la diligence
et entente de soy lever, pour ouvrer et marteler,
s'advisa qu'elle employcroit son temps avec son curé
où elle estoit abandonnée de son mary, et que à telle
heure son dit amoureux la pourroit visiter sans le
scéu de son mary, car la maison du curé tenoit à
la sienne sans moyen. La bonne manière fut descouverte et mise en termes à nostre curé qui la
prisa très bien, et luy sembla bien que aiséement
la feroit. Ainsi doncques que la façon fut trouvée et
mise en termes ainsi fut elle excécutée, et le plustost que les amans péurent ; et la continuèrent aucun temps qui dura assez longuement. Mais comme
fortune, envieuse peut estre de leur bien et de leur
doulx passetemps, leur voulut leur cas descouvrir
en la manière que vous orrez. Cest bon orfèvre avoit
ung serviteur qui estoit amoureux et jaloux très
·amèrement de sa dame ; et pource que très souvent
avoit percéu nostre maistre curé parler à sa dame,
il se doubtoit très-fort de ce qu'il estoit. Mais la
manière comment ce povoit faire il ne le scavoit
ymaginer, se n'estoit que nostre curé venist à l'eure
·qu'il forgeoit au plus fort avec son maistre. Ceste
ymaginacion lui heurta tant la teste qu'il fist le
guet et se méist aux escoutes pour scavoir la vérité

de ce qu'il quéroit. Il féist si bon guet qu'il parcéut et eut vraye expérience du fait. Car une mati-
née, il véit le curé venir tantost après que l'orfèvre
fut vuidé de sa chambre, et y entrer, puis fermer
l'uys. Quant il fut bien asséuré que sa suspicion
estoit vraye, il se descouvrit à son maistre et luy
dist en ceste manière : Mon maistre, je vous sers
de vostre grâce, non pas seulement pour gaigner
vostre argent, menger vostre pain, et faire bien et
léalement vostre besoingne, mais aussi pour garder vostre honneur, et se aultrement faisoye digne
ne seroye d'estre vostre serviteur. J'ay eu dès piéçà
suspicion que nostre curé ne vous fist desplaisir,
et si le vous ay celé jusques à ceste heure ; et affin
que ne cuidez que je vous vueille troubler en vain
je vous pry que nous aillons en vostre chambre, et
je scay de vray que nous luy trouverons. Quant le
bon homme ouyt ces nouvelles, il se tint très bien
de rire et fut bien content de visiter sa chambre en
la compaignie de son varlet qui luy fist promettre
qu'il ne tueroit point le curé, car aultrement il n'y
vouloit aler. Ilz montèrent en la chambre qui fut
tantost ouverte; et le mary entre le premier et vit
que monseigneur le curé tenoit sa femme entre ses
bras, et vit qu'il forgeoit ainsi qu'il povoit ; si s'escria disant : A mort, ribault, qui vous a icy bouté? Le
povre curé fut bien esbahy et demanda mercy. Né
sonnés mot, ribault prestre, ou je vous tueray à
ceste heure, dist l'orfèvre. — Faicte de moy ce qu'il

vous plaira, dist le povre curé. — Par l'âme de
mon père, avant que m'eschappés je vous mettray
en tel estat que jamais n'aurés voulenté de marteler
sur enclume fémenine. Le povre malheureux fut
lié par ses deux ennemis si bien qu'il ne povoit
rien mouvoir que la teste ; puis il fut porté en une
petite maisonnette, derrière la maison de l'orfèvre ;
et estoit la place où il fondoit son argent. Quant il
fut au lieu, l'orfèvre envoya quérir deux grans
cloux à large teste, des quelz il atacha au long du
banc les deux marteaulx qui avoient forgé en son
absence sur l'enclume de sa femme, et puis le deslia
de tous poins. Si prist après une pongné d'estrain,
et bouta le feu en sa maisonnette, puis il s'enfuyt
en la rue crier au feu. Quand le prestre se vit environné du feu, et que remède n'y avoit, qu'il ne
lui faillist perdre ses génitoires ou estre brulé, si
s'en courut et laissa sa bource clouée. L'effroy du
feu fut tantost eslevé par toute la rue, si venoient
les voisins pour l'estaindre. Mais le curé les faisoit
retourner, disant qu'il en venoit et que tout le domm-
maige qui en povoit advenir estoit jà advenu, mais
il ne disoit pas que le dommaige luy competoit.
Ainsi fut le povre amoureux curé sallarié du service
qu'il fist à amours, par le moyen de la faulse et
traistre jalousie, comme avez ouy.

LA LXXXVIe NOUVELLE.

(LA TERREUR PANIQUE, OU L'OFFICIAL JUGE.)

En la bonne ville de Rouen, puis peu de temps
en çà, ung jeune homme print en mariage une
tendre jeune fille, aagée de XV ans ou environ. Le
jour de leur grant feste, c'est assavoir des nopces,
la mère de ceste fille pour garder et entretenir les
cérimonies acoustumées en tel jour, escola et intro-
duit la dame des nopces, et luy aprint comment
elle se devoit gouverner pour la première nuyt
avec son mary. La belle fille, à qui tardoit l'atente
de la nuyt dont elle recevoit la doctrine, mist
grosse peine et grande diligence de retenir la leçon
de sa bonne mère; et lui sembloit bien que quant
l'eure seroit venue où elle devroit mettre à exécution celle leçon, qu'elle en feroit si bon devoir que
son mary se loueroit d'elle, et en seroit très con-

tent. Les nopces furent honorablement faictes en
grant solennité, et vint la désirée nuyt ; et tantost
après la feste faillie, que les jeunes gens furent re-
traitz, et qu'ilz eurent prins le congié du sire des
nopces et de la dame, la bonne mère, les cousines,
voisines et autres privées femmes prindrent nostre
dame de nopces, et la menèrent en la chambre où
elle devoit coucher pour la nuyt avec son espousé,
où elles la désarmèrent de ses atours, joyaux, et la
firent coucher ainsi qu'il est de raison ; puis luy
donnèrent bonne nuyt, l'une disant : M'amye, Dieu
vous doint joye et plaisir de vostre mary et tellement vous gouverner avec lui que ce soit au salut
de voz deux ames ; l'autre disant : M'amye, Dieu
vous doint telle paix et concorde avec vostre mary.
que puissiés faire euvre dont les sains cieulx soient
remplis. Et ainsi chascune faisant sa prière se partit. La mère qui demoura la dernière, réduit à
mémoire son escollière sur la doctrine et leçon que
aprins lui avoit, lui priant que penser y voulsist.
Et la bonne fille qui n'avoit pas son cueur, ainsi
que l'en dist communément, en sa chausse, respondit que très bonne souvenance avoit de tout, et
que bien l'avoit retenu, Dieu mercy : C'est bien fait,
dist la mère, or jè vous laisse et recommande à la
garde de Dieu, luy priant qu'il vous donne bonne
adventure. Adieu, belle–fille. — Adieu, ma bonne
et saige mère. Si tost que la maistresse de l'escolle fut
vuidée, nostre mary qui n'attendoit à l'uys autre

chose, entra dedans ; et la mère l'enferma et tira
l'uys et luy dist qu'il se gouvernast doulcement
avec sa fille. Il promist que aussi feroit il ; et si tost
que l'uys fut fermé, lui qui n'avoit plus que son
pourpoint en son dos, le rue jus et monte sur le lit
et se joint au plus près de sa dame des nopces, la
lance au poing, et luy présente la bataille. A l'approucher de la barrière où l'escarmouche se devoit
faire, la dame print et empoingna ceste lance droit
et roide comme ung cornet de vachier ; et tantost
qu'elle la sentit ainsi dure et de grosseur très bonne,
elle fut bien esbahye, et commença à s'escrier très
fort en disant que son escu n'estoit pas assez puissant pour recevoir ne soustenir les horions de si
gros fust. Quelque devoir que nostre mary péust
faire, ne péut trouver la manière de estre recéu à
ceste jouste ; et en cest estrif la nuyt se passa sans
riens besoigner, qui despléut moult à nostre sire
des nopces. Mais au fort il print en pacience, espérant
tout recouvrer la nuyt prouchaine où il fut autant
ouy que à la première et ainsi à la troiziesme, et
jusques à la quinziesme, où les armes furent accomplies, comme je vous diray. Quant les quinze jours
furent passez que noz deux jeunes gens furent mariez, combien qu'ilz n'eussent encores tenu ensemble mesnage, la mère vint visiter son escollière ;
et, après entre mille devises qu'elles eurent ensemble, elle parla de son mary et luy demanda quel
homme il estoit, et s'il faisoit bien son devoir ?

Et la fille disoit qu'il estoit très bon homme, doux
et paisible : Voire, mais, disoit la mère, fait il bien ce
que l'en doyt faire ? — Ouy, disoit la fille, mais...
— Quelz mais ? il y a à dire en son fait, dist la mère,
je l'entens bien, dictes le moy et ne me le celés point,
car je veulx tout scavoir à ceste heure. Est-il
homme pour acomplir le deu où il est obligé par
mariage et dont je vous ay baillée la leçon ? La
bonne fille fut tant pressée qu'il luy convint dire
que l'en n'avoit encores riens besoigné en son ouvroir, mais elle taisoit qu'elle fust cause de la dilacion, et que toujours eust refusé la jousterie. Quant
la mère entendit ces douloureuses nouvelles, Dieu
scait quelle vie elle mena, disant que par ses bons
Dieux, elle y mettroit remède et brief, et aussi
que tant avoit elle bonne accointance à monseigneur l'official de Rouen qu'il lui seroit amy, et
favorisant à son bon droit : Or çà, ma fille, dist elle,
il vous convient desmarier, je ne fays nulle doubte
que je n'en treuve bien la façon ; et soyés séure
que avant deux jours vous le laisserés, et de ceste
heure vous feray avoir ung autre homme qui si paisible ne vous laissera pas ; laissiez moy faire. Ceste
bonne femme, à demy hors du sens, vint compter
ce grand meschief à son mary, père de la fille dont je
fays mon compte, et luy dist bien comment ilz avoient
bien perdu leur belle et bonne fille, amenant les
raisons pour quoy et comment, et concluant aux
fins de la desmarier. Tant bien compta sa cause que

son mary se tira de son costé, et fut content que l'en
fist citer nostre nouveau marié qui ne sçavoit rien
de ce qu'ainsi l'en se plaignoit de lui sans cause.
Toutesfoiz il fut cité personnellement à comparoir à
l'encontre de monseigneur le Promoteur, à la requeste de sa femme, et par devant monseigneur
l'official, pour quitter sa femme, et luy donner licence d'aultre part se marier, ou aléguer les causes
pour quoy en tant de jours qu'il avoit esté avec elle,
n'avoit monstré qu'il estoit homme comme les aultres, et fait ce qu'il appartient aux mariez. Quant
le jour fut venu, les parties se présentèrent en temps
et en lieu; ils furent huchiez à dire leurs causes.
La mère à la nouvelle mariée, commença à compter
la cause de sa fille, et Dieu scait comment elle alè-
gue les loyz que l'en doibt maintenir en mariaige,
lesquelles son gendre n'avoit acomplies ne d'elles
usé; par quoy requéroit qu'il fust desjoint de sa
fille, et dès ceste heure mesmes sans faire long procès. Le bon jeune homme fut bien esbaby, quant
ainsi ouyt blasonner ses armes ; mais guères n'attendit à respondre aux alégacions de son adversaire, et froidement de manière rassise compter son
cas, et comment sa femme luy avoit fait refus quant
il avoit voulu faire le devoir de mariage. La mère
oyant ses responces, plus marrie que devant, combien
que à paine le vouloit croire, demanda à sa fille
s'il estoit vray ce que son mary avoit respondu. Et
elle dist : Vrayement, mère, ouy, — Ha ! maleu-

reuse, dist la mère, comment l'avez vous reffusé,
ne vous avois-je pas dit par plusieurs fois vostre
leçon? La povre fille ne scavoit que dire, tant estoit
honteuse : Toutesfois, dist la mère, je vueil scavoir
la cause pour quoy vous avez fait le reffuz, ou se ne
le me dictes, vous me ferez couroucier mortellement.
La fille dist tout couvertement en jugement que
pource qu'elle avoit trouvé la lance de son cham-
pion si grosse, ne lui avoit osé bailler l'escu, doubtant qu'il ne la tuast, comme encores elle en doubtoit, et ne se vouloit de smouvoir de ceste doubte,
combien que sa mère luy disoit que doubter n'en
devoit. Et après ce, adresse sa parolle au juge en
disant : Monseigneur l'official, vous avez ouy
la confession de ma fille et les deffences de mon
gendre, je vous requier, rendés en vostre sentence
diffinitive. Monseigneur l'official pour appointement
fist faire ung lit en sa maison, et ordonna par arest
que les deux mariez yroient coucher ensemble,
enjoingnant à la mariée qu'elle empoingnast baudement le bourdon ou oustil, et qu'elle le mist au
lieu où il luy estoit ordonné. Et quant celle sentence fut rendue, la mère dist : Grant mercy, monseigneur l'official, vous avez très bien jugé. Or
avant, dist la mère, ma fille, faictes ce que devez
faire, et gardez de venir à l'encontre de l'appointement de monseigneur l'official, mettés la lance au
lieu où elle doyt estre. — Et je suis au fort contente,
dist la fille, de la mettre où il fault, mais s'elle y

devroit pourrir, je ne l'en retireray ne sacqueray jà.
Ainsi se partirent de jugement, et alèrent mettre à
excécution la sentence, sans sergent à masse; car eulx
mesmes firent l'excécution. Par ce moyen nostre
gendre vint à chief de ceste jousterie, dont il fut
plustost saoul que celle qui n'y vouloit entendre.

LA LXXXVIIᵉ NOUVELLE.

(LE CURÉ DES DEUX.)

En une bonne ville du pays de Hollande avoit, n'a
pas cent ans, ung chevalier logié en une belle et
bonne hostellerie où il y avoit une très belle jeune
fille chamberière servante, de laquelle il estoit très
amoureux ; et pour l'amour d'elle il avoit tant fait
au fourrier du duc de Bourgoigne, que cest hostel
lui avoit délivré, affin de myeulx pourchasser sa
queste, et venir aux fins où il contendoit et où
amours le faisoient encliner. Quant il eut esté environ cinq ou six jours en ceste hostelerie, luy survint
par accident une maleureuse adventure, car une
maladie le print en l'oeil si griefve, qu'il ne le povoit tenir ouvert, ne en user, tant estoit aspre la
douleur. Et pour ce que très fort doubtoit de le perdre, mesmement que c'estoit le membre où il devoit

plus de guet, manda le cirurgien de monseigneur le
duc de Bourgoigne que pour ce temps estoit à la
ville. Et devez scavoir que le dit cirurgien estoit ung
gentil compaignon, escuier, tout fait et bien duyt de
son mestier; car sitost que ce maistre cirurgien vit
cest oeil il le jugea comme perdu, ainsi que par
adventure ilz sont coustumiers de juger des mala-
dies, affin que quant ilz les ont sanéez et guéries,
ilz en reportent plus de prouffit, tout premier et
secondement plus de louenge. Le bon chevalier à
qui desplaisoit d'ouyr telles nouvelles, demanda
s'il n'y avoit point de remède à le guérir. Et l'autre
respondit que très difficille seroit, néantmoins il l'o-
seroit bien entreprendre à guérir avecques l'aide de
Dieu, mais qu'on le voulsist croire : Se vous me voulez délivrer de ce mal sans perte de mon oeil, je
vous donneray bon vin, dist le chevalier. Le marchié fut fait, et entreprint le cirurgien à guérir cest
oeil Dieu devant, et ordonna les heures qu'il viendroit chascun jour pour le mettre à point. A chascune foiz que nostre cirurgien visitoit ce malade, la
belle chamberière le compaignoit et aidoit à remuer
le povre pacient. Se ce bon chevalier estoit bien féru
avant de ceste chamberière, si fut le cirurgien qui
toutes les foiz qu'il venoit faire sa visitacion, fichoit
ses doulx regards sur le beau et poly viaire de celle
chamberière, et tant fort s'i aheurta qu'il luy déclaira
son cas, et en eut très bonne audience, car de prinsault on luy accorda sa requeste; mais la manière

comment l'en pouvoit mettre à excécution ses ardans
désirs on ne le sauroit comment trouver. Or toutesfoiz à quelque peine que ce fust, la façon fut trouvée
par la prudence du cirurgien qui fut telle : Je donneray, dist-il à entendre à monseigneur le pacient, que
son oeil ne se peult guérir, ce n'est que son aultre
oeil soit caiché, car l'usaige qu'il a au regarder empesche la garison de l'autre malade. S'il est content
dist-il, qu'il soit caché comme l'autre, ce nous sera
la plus convenable voye du monde pour prendre
noz délitz et plaisances, et mesmement en sa chambre, affin que l'on y prenne moins de suspicion. La
fille qui avoit aussi grant désir que le cirurgien, prisa
très bien ce conseil, ou cas que ainsi ce pourroit faire.
Nous l'essaierons, dist le cirurgien. Il vint à l'heure
acoustumée veoir cest oeil malade, et quant il l'eut
descouvert il fist bien de l'esbahy : Comment, dist-il,
je ne vis oncques tel mal, cest oeil cy est plus lait
qu'il n'estoit il y a xv jours. Certainement, monseigneur, il sera bon mestier que vous ayés pacience. — Comment, dist le chevalier. — Il fault que
vostre bon oeil soit couvert et caché tellement
qu'il n'ayt point de lumière une heure ou environ
incontinent que j'auray assis l'emplastre et ordonné
l'autre ; car en vérité il l'empesche à guérir sans
doubte. Demandez à ceste belle fille qui l'a véu chascun jour que je l'ay remué comment il amende. Et
la fille disoit qu'il estoit plus lait que paravant : Or
çà, dist le chevalier, je vous abandonne tout ; faic-

20

tes de moy ce qu'il vous plaist, je suis content de
cligner l'oeil tant que l'en voudra ; mais que garison s'ensuive. Les deux amans furent adonc bien
joyeux, quant ilz virent que le chevalier estoit content d'avoir l'oeil caché. Quant il fut appointé et
qu'il eut les yeulx bandés, maistre cirurgien faint
de partir et dist à Dieu, comme il avoit de coustume, promettant tantost de revenir pour descouvrir cest oeil. Il n'alla guères loing, car assez près
de son pacient, sur une couche getta sa dame, et
d'aultre planette qu'il n'avoit règné sur l'oeil du
chevalier visita les cloistres secretz de la chamberière. Trois ou quatre foiz maintint ceste manière
de faire envers ceste belle fille, sans ce que le chevalier s'en donnast garde, combien qu'il en ouyst la
tempeste. Mais il ne scavoit que ce povoit estre jusques à la sixiesme foiz qu'il se doubta pour la
continuacion ; à laquelle foiz quant il ouyt le tabou-
rement et noise des combattans, il arracha bende et
emplastre et vit les deux amoureux qui se déme-
noient tellement l'ung contre l'autre que il sembloit
proprement qu'ilz deussent manger l'ung l'autre,
tant joignoient leurs jambes ensemble : Et qu'esse
là, maistre cirurgien ? dist le chevalier, m'avez vous
fait jouer à cligne mussette pour me faire ce desplaisir ? Mon oeil doit-il estre guéry par ce moyen ?
Que dictes vous ? Et maistre cirurgien part et s'en va,
et oncques puis le chevalier ne le manda. Aussi il ne
retourna point quérir son payement de ce qu'il avoit

fait à l'oeil de nostre pacient ; car bien salarié se tenoit par sa dame qui fort gracieuse et abandonnée
estoit. Et à tant fays fin de ce présent compte.

LA LXXXVIIIe NOUVELLE.

(LE COCU SAUVÉ.)

En une gente petite ville cy entour, que je ne vueil
pas nommer, est n'a guères advenu adventure dont je
vous fourniray ceste nouvelle. Il y avoit ung simple
et rude païsan marié à une plaisante et assez gente
femme, la quelle laissoit le boire et le menger pour
aymer par amours. Le bon mary avoit d'usaige de
demourer très souvent es champs, en une maison
qu'il y avoit, aucunesfoiz troys jours, aucunesfoiz
quatre, aucunesfoiz plus, ainsi qu'il luy venoit à plaisir; et laissoit sa femme prendre du bon temps à la
bonne ville. Car affin qu'elle ne s'espoventast, elle
avoit tousjours ung homme qui gardoit la place du
bon homme et entretenoit son devant de paour que
le roul n'y print. La rigle de ceste bonne bourgoyse
estoit de attendre son mary jusques à ce que l'en ne

véoit guères et jusques à ce qu'elle se tenoit séure
de son mary qu'il ne retournoit point, ne laissoit
venir le lieutenant de paour que trompée ne féust.
Elle ne scéut mectre si bonne ordonnance en sa rigle
acoustumée que trompée ne fust, car une foiz ainsi
que son mary avoit demouré deux ou troys jours,
et pour le quatriesme avoit attendu aussi tard qu'il
estoit possible avant la porte close, cuidant que pour
ce jour il ne déust point retourner, si ferma l'uys
et les fenestres comme les aultres jours, et mist son
amoureux au logis, et commence à boire d'autant et
faire chière tout outre. Guères assiz n'avoient esté
à la table que nostre mary vint hucher à l'uys, tout
esbahy qu'il le trouvoit fermé. Et quant la bonne
dame l'ouyt, fist saulver son amoureux soubz le lict,
pour le plus abbrégier, puis vint demander à l'uys
qui avoit heurté : Ouvrez, dist le mary. — Ha mon
mary, dist-elle, estes vous là? Je vous devoys demain
envoier ung messaiger comment ne retournissiés
point. — Quelle chose y a il? dist il. — Quelle chose?
dist elle, hélas les sergens ont esté céans plus de
deux heures et demie, vous attendant pour vous
mener en prison. — En prison, dist-il, et comment
en prison? Quelque chose ai-je meffait? A qui doy-je?
Qui se plaint de moy? — Certes je n'en scay rien, ce
dist la rusée, mais ilz avoient grant vouloir et désir
de mal faire; il sembloit qu'ilz voulsissent tuer ung
caresme, si fiers estoient-ilz. — Voire, ce disoit noz
amis, ne vous ont ilz point dit quelque chose qu'ilz

me vouloient? — Nennil, dist-elle, fors que s'ilz vous
tenoient vous n'eschapperiez de la prison devant long
temps. — Ilz ne me tiennent pas encores, Dieu mercy! A Dieu je m'en retourne. — Où yrés-vous? dist elle
qui ne demandoit autre chose. — Dont je vien, dist-
il. — Je yray doncques avec vous, dist elle. — Non
ferez, gardés bien et gracieusement la maison, et ne
dictes point que j'aye icy esté. — Puis que vous voulez retourner aux champs, dist-elle, hastez vous avant
que l'en ferme la porte; il est jà bien tard. — Quant
elle seroit fermée, si fera tant le portier, dist il, pour
moy qu'il la me ouvrira très voulentiers. A ces motz
il se partit, et quant il vint à la porte, il la trouva
fermée, et pour prière qu'il sceust faire, le portier
ne la voulut ouvrir. Si fut bien mal content de ce
qu'il convenoit qu'il retournast à sa maison, doubtant les sergens; toutesfoiz failloit il qu'il y retournast s'il ne vouloit coucher sur les rues. Il vint arrière heurter à son huys, et la dame qui faisoit la
ratelée avec son amoureux, fut plus esbahye que devant, elle sault sus et vint à l'uys tout esperdue, disant: Mon mary n'est point revenu, vous perdés temps.
— Ouvrez, ouvrez, dist-il, m'amie ce suis-je. —
Hélas! hélas! vous n'avez point trouvé la porte ouverte. Je m'en doubtoye bien, dist elle; véritablement, je ne voy remède en vostre fait que ne soyez
prins, car les sergens me dirent, il m'en souvient
maintenant, qu'ilz retourneroient sur la nuyt. — Ce
çà, dist-il, il n'est mestier de long sermon; advisons

qu'il est de faire. — Il vous fault mucyer quelque
part céans, dist elle, et si ne scay lieu ne retraicte
où vous puissiez estre bien asséuré. — Seroys-je
point bien, dist l'autre, en nostre coulombier, qui
me sercheroit là ? Et elle qui fut moult joyeuse de
ceste invencion et expédient traictié, faindant toutesfois, dist : Le lieu n'est grain honneste, il y fait trop
puant. — Il ne me chault, dist-il, j'ayme myeulx me
bouter là pour une heure ou deux et estre saulvé,
qu'en autre honneste lieu où je seroye par adventure trouvé. — Or ca, dist-elle, puis que vous avez
ce ferme couraige, je suis de vostre oppinion. Ce
vaillant homme monta en ce coulombier qui se fer-
moit par dehors à clef et se fist illec enfermer, et pria
sa femme que se les sergens ne venoient tantost,
qu'elle le mist dehors. Nostre bonne bourgoyse
abandonna son mary, et le laissa toute la nuit ran-
couler avec les coulons à qui ne plaisoit guères, et
tousjours doubtoit ces sergens. Au point du jour,
qu'il estoit heure que l'amoureux se départist, ceste
bonne preude femme vint hucher son mary et luy
ouvrit l'uys ; qui demanda comment on l'avoit laissé
si longuement tenir compaignie aux coulons? Et elle
qui estoit faicte et pourvéue de bourdes, luy déist
que les sergens avoient toute la nuyt veillé autour de
leur maison, et que plusieurs foys avoit à eulx devisé,
et qu'ilz ne faisoient que partir, mais ilz avoient dit
qu'ilz viendroient à telle heure qu'ilz le trouveroient.
Le bon homme bien esbahy quelle chose sergens luy

povoient vouloir se partit incontinent, et retourna
aux champs, prometant qu'en long temps ne reviendroit. Et Dieu scait que la gouge le print bien en gré,
combien que s'en monstroit douloüreuse. Et par tel
moyen elle se donna meilleur temps que devant,
car elle n'avoit quelque soing sur le retour de son
mary.

LA LXXXIXe NOUVELLE.

(LE CURÉ DISTRAIT.)

En ung certain petit hamelet ou vilaige de ce monde, assiz loing de la bonne ville, est advenu une petite histoire qui est digne de venir en l'audience de vous, mes bons seigneurs. Ce vilage ou hamelet estoit habité d'ung moncelet de rudes et simples paysans qui ne scavoient comment ils devoient vivre. Et se bien rudes et non saichans estoient, leur curé ne l'estoit pas une once moins, car luy mesmes faylloit à congnoistre ce qui estoit de nécessaire à tous généralement, comme je vous en donneray l'expérience par ung cas qui luy advint. Vous devez scavoir que ce prestre curé, comme j'ay dit, avoit sa teste affulée de simplesse si parfaicte, qu'il ne scavoit point anuncer les festes des saincts qui viennent chascun an, et en jour déterminé, comme chascun scait. Et

comme il est de coustume. Et ayez pacience ceste foiz,
l'année qui viendra, se Dieu plaist, sera plus doulce,
par quoy il viendra plustost ainsi qu'il a d'usage chascun an. Ainsi monseigneur le curé trouva le moyen
de excuser sa simplesse et ignorance, et leur donna
la bénédiction, disant : Priez Dieu pour moy et je
prieray Dieu pour vous. Ainsi descendit de son prosne,
et s'en alla à sa maison appointer son bois et ses pal-
mes, pour les faire le lendemain servir à la procession ; et puis ce fut tout.

LA XCᵉ NOUVELLE.

(LA BONNE MALADE.)

Pour acroistre et employer mon nombre des nouvelles que j'ay promises compter et descrire, j'en meteray icy une dont la venue est fresche. Au pays de Brebant, qui est celuy du monde où les bonnes adventures adviennent le plus souvent, avoit ung bon et loyal marchant de qui la femme estoit très fort malade et gisante pour la griesveté de son mal, continuellement sans abandonner le lit. Ce bon homme voyant sa bonne femme ainsi attainte et languissante, menoit la plus douloureuse vie du monde, tant marry et desplaisant estoit qu'il ne povoit plus, et avoit grant doubte que la mort ne l'en fist quitte. En ceste doléance, persévérant et doubtant la perdre, se vint rendre auprès d'elle et lui donnoit espérance de garison, et la reconfortoit au mieulx qu'il

21

savoit, l'amonnestant de penser au sauvement de son
âme. Et après qu'il eut aucun petit de temps devisé
avec elle et finé ses amonnestemens et exortacions,
luy cria mercy, en lui requérant que s'aucune chose
luy avoit meffait qu'il lui fust par elle pardonné. Entre les cas où il sentoit l'avoir courroucée lui déclaira
comment il estoit bien recors qu'il l'avoit troublée
plusieurs foiz, et très souvent, de ce qu'il n'avoit
besoigné sur son harnoys, que l'en peut bien appeller
cuyr à chair, toutes les fois qu'elle eust bien voulu :
et mesmes que bien le savoit, dont très humblement
requéroit pardon et mercy. Et la povre malade ainsi
qu'elle povoit parler, luy pardonnoit les petis cas et
légiers, mais ce derrain ne pardonnoit-elle point voulentiers, sans savoir les raisons qui avoient méu et
induit son mary à non lui fourbir son harnoys, quant
mesmes il scavoit bien que c'estoit le plaisir d'elle,
et qu'elle ne appétoit autre chose ne demandoit:
Comment, dist-il, voulez vous mourir sans pardonner à ceux qui vous ont meffait? — Je suis bien contente de le pardonner, mais je vueil savoir qui vous
a méu, autrement je ne le pardonneray point. Le
bon mary, pour trouver moien d'avoir pardon, cuydant bien faire la besoigne, luy commença à dire :
M'amye, vous savez bien que par plusieurs foyz
avez esté malade et deshaitée, combien que non pas
tant que maintenant je vous voy; et durant la maladie je n'ay jamais tant ozé présumer que de vous
requerre de bataille ; je doubtoye qu'il ne vous en

fust du pire, et soyez toute séure que ce que j'en ay
fait, amour le m'a fait faire. — Taisiez-vous, menteur, dist ceste povre paciente, oncques ne fus si malade ne si deshaittée pour quoy j'eusse fait reffus de
combatre à vous ; quérés moy aultre moyen se voulez
avoir pardon, car cestuy ne vous aidera jà, et puis
qu'il vous convient tout dire, meschant et lasche
homme que vous estes et aultre ne fustes oncques,
pensés-vous qu'en ce monde soit médecine qui plus
puisse aider ne susciter la maladie d'entre nous femmes que la doulce et amoureuse compaignie des
hommes? Me voyés vous bien deffaicte et seiche par
griefveté de mal? Autre chose ne me est nécessaire,
sinon compaignie de vous. — Ho! dist l'autre, je vous
guériray prestement. Il sault sur ce lyt et besoigna
le mieulx qu'il péut, et tantost qu'il eut rompu deux
lances, elle se liève et se mist sur ses piedz. Puis
demye heure après ala par les rues et ses voisines,
qui la cuidoient comme morte, furent très esmer-
veillées jusques à ce qu'elle leur dist par quelle voie
et comment elle estoit ravivée, qu'ilz dirent tantost
qu'il n'y avoit que ce seul remède. Ainsi nostre bon
marchant aprint à guérir sa femme qui lui tourna
à grant préjudice, car souvent faingnoit estre malade pour recevoir la médecine.

LA XCI^e NOUVELLE.

(LA FEMME OBÉISSANTE.)

Ainsi que j'estoye naguières en la conté de Flandres, en l'une des plus grosses villes du pays, ung gentil compaignon me fist ung joyeux compte d'ung homme maryé, de qui la femme estoit tant luxurieuse et chaulde sur le potage et tant publicque, qu'à peine estoit-elle contente qu'on la coingnast en plaines rues avant qu'elle ne le fust. Son mary scavoit bien que de celle condicion estoit, mais de subtilité pour quérir remède à lui donner empeschement il ne scavoit trouver, tant estoit à ce jolys mestier rusée. Il la menassoit de la battre et de la laisser seule, ou de la tuer, mais quérez qui le face, autant eust-il profité à menasser ung chien enragé ou quelque autre beste. Elle se pourchassoit à tous lotz et ne demandoit que hutin; il y avoit bien pou d'om-

mes en toute la contrée où elle repairoit, pour estaindre une seule estincelle de son grant feu ; et quicon-
ques la barguignoit il l'avoit aussi bien à créance
que à argent sec, fust homme bossu ou vieulx, contrefait ou aultre quelque diffigurance, brief nul ne
s'en alloit sans denrées reporter. Le povre mary
voyant ceste vie continuer, et que toutes ses menasses n'y prouffitoient riens, il s'advisa qu'il l'epoven-
teroit par une manière qu'il trouva. Quant il la péut
avoir seule en sa maison, il luy dist : Or çà, Jehanne
ou Béatris, ainsi qu'il l'appelloit, je voy bien que vous
estes obstinée en vostre meschance, et que quelque
menasse que je vous face ou punicion, vous n'en
tenés non plus compte que se je me taisoye. — Hélas,
mon mary, dist elle en bonne foy, j'en suis la plus
marrie, et trop m'en desplaist ; mais je n'y puis mettre remède, car je suis née en telle planette pour estre preste et servante aux hommes. — Voire dea, dist
le mary, y estes-vous ainsi destinée? Sur ma foy je
ay bon remède et hastif. — Vous me tuerés donc,
dist-elle, autre remède n'y a. — Laissés moy faire,
dist-il, je scay bien mieulx. — Et quoy, dist-elle, que
je le sache? — Par la mort bieu, dist-il, je vous ho-
cheray ung jour tant que je vous bouteray ung
quarteron d'enfans dedens le ventre, et puis je vous
abandonneray, et les vous lesseray toute seule nourrir. — Vous, dist-elle, voire, mais ou prins, vous
n'avez pas pour commencer, telles menasses m'es-
povente bien pou, je ne vous craings de cela pas ung

niquet, se j'en desmarche je vueil que l'en me tonde
en croix ; et s'il vous semble que ayez puissance de ce
faire, advanciez vous, et commenciez dès ceste heure,
je suis preste pour livrer le moule. — Au dyable
de telle femme, dist le mary, qu'on ne peut par quelque voye corriger. Il fut contraint de la laisser passer
sa destinée ; il se fust plustost escervelé et fendu la
teste pour la reprendre que luy faire tenir coy le derrière, par quoy la laissa courre comme une lisse entre deux douzaines de chiens, et acomplir tous ses
vouloirs et désordonnés désirs.

LA XCII^e NOUVELLE,

PAR MONSEIGNEUR DE LAUNOY.

(LE CHARIVARI.)

En la noble cité de **Mèz**, en Loraine, avoit puis certain temps en çà, une bonne bourgoyse mariée qui estoit tout oultre de la confrarie de la houlette; riens ne faisoit plus voulentiers que ce jolys esbatement que chascun scait, et où elle povoit desployer ses armes; elle se monstroit vaillante et pou redoubtant les horions. Or, entendés quelle chose luy advint en excersant son mestier: elle estoit amoureuse d'ung gros chanoine qui avoit plus d'argent que ung vieux chien n'a de puces. Mais pour ce qu'il demouroit en lieu où les gens estoient à toute heure, comme on diroit à une gueule bée ou place publique, elle ne scavoit comment se trouver avecques son chanoine. Tant pensa et subtilla à sa besoigne, qu'elle s'advisa que se descouvriroit à une sienne

voisine qui estoit sa seur d'armes, touchant le mestier et usance de la houllette ; et lui sembla que elle
pourroit aler veoir son chanoine acompaignée de
sa voisine, sans que l'en y pensast nul mal ou suspicion. Ainsi que elle advisa ainsi fut fait ; et
comme se pour une grosse matière fust alée vers
monseigneur le chanoine, ainsi honnorablement y
ala elle acompaignie comme dit est. Pour le faire
brief, incontinent que noz bourgoyses furent arri-
vées, après toutes les salutacions, ce fut la principale
mémoire que s'enclorre avec son amoureux le chanoine, et fist tant que le chanoine luy bailla une
monture, ainsi comme il savoit. La voisine voyant
l'autre avoir l'audience et le gouvernement du
maistre de léans, n'en eut pas peu d'envie, et lui
desplaisoit moult que non ne lui faisoit ainsi comme
à l'autre. Au vuider de la chambre, celle qui avoit
sa pitance dist à sa voisine : Nous en yrons-nous ?
— Voire, dist l'autre, s'en va l'en ainsi ? Se l'en ne
me fait la courtoisie comme à vous, par dieu j'ac-
cuseray le mesnaige, je ne suis pas icy venue pour
eschauffer la cire. Quant l'en appercéut sa bonne
voulenté on luy offrit le clerc de ce chanoine, qui
estoit ung fort et roide galant, et homme pour la
très bien fournir ; de quoy elle ne tint compte ; mais
le refusa de tous poins, disant que aussi bien vouloit avoir le maistre que l'autre, autrement ne seroit elle point contente. Le chanoine fut contraint,
pour saulver son honneur, de s'accorder ; et quant

ce fut fait elle voulut bien adoncques dire à Dieu et
se partir. Mais l'autre ne le vouloit pas, ains dist
toute courroucée que elle qui l'avoit amenée et estoit celle pour qui l'assemblée estoit faicte, devoit
estre mieulx partie que l'autre, et qu'elle ne se
départiroit point s'elle n'avoit encores un picotin
d'avoine. Le chanoine fut bien esbahy quant il entendit ces nouvelles, et combien qu'il priast celle
qui vouloit avoir le surcroist, toutesfoiz ne se
vouloit elle rendre contente : Or çà, dist-il, de par-
Dieu je suis content, puis qu'il fault que ainsi soit,
mais n'y revenez plus pour tel prix, je seroie hors
de la ville. Quant les armes furent accomplies,
ceste damoiselle au sourcroiz, au dire à Dieu dist à
son chanoine qu'il failloit donner aucune gracieuse
chose pour souvenance. Sans ce faire trop impor-
tuner ne travailler de requestes, et aussi pour estre
délivré, ce bon chanoine avoit une pièce d'ung demourant couvrechief qu'il leur donna, et la principale recéut le don, ainsi dirent à Dieu : C'est, dist
il, ce que je vous puis maintenant donner, prenez
chascune en gré. Elles ne furent guères loing al-
lées que en plaine rue la voisine qui n'avoit eu sans
plus que ung picotin, dist à sa compaigne qu'elle
vouloit avoir sa porcion de leur don : Et bien, dist
l'autre, je suis contente combien en voulez vous
avoir? — Fault il demander cela, dist elle, j'en doy
avoir la moytié et vous autant. — Comment ozés
vous demander, dist l'autre, plus que vous n'avez

desservi? Avez vous point de honte? Vous scavez
bien que vous n'avez esté que une foiz au chanoine
et moy deux foiz; et pardieu ce n'est pas raison que
vous soyez partie aussi avant que moy. — Par dieu j'en
auray autant que vous, dist l'autre, ay-je pas fait
mon devoir aussi avant que vous? — Comment l'entendez vous? N'esse pas autant d'une fois comme de
dix? Et affin que vous congnoissés ma voulenté sans
tenir icy halle de néant, je vous conseille que me bail-
liés ma part justement la moitié, ou vous aurez incontinent hutin, me voulez vous ainsi gouverner? —
Voire dea, dist sa compaigne, y voulés vous procéder d'armure, de fait et par la puissance Dieu vous
n'en aurés fors ce qu'il sera de raison, c'est assavoir des trois pars l'une, et j'auray tout le demourant, n'ay-je pas eu deux fois plus de paine que
vous? Adonc l'autre haulce et de bon poing charge
sur le visage de sa compaigne, pour qui l'assemblée
avoit esté faicte, qui ne le tint pas longuement sans
rendre. Brief elles s'entre-batirent tant et de si
bonne manière que à bien petit qu'elles ne s'entre-
tuèrent; et l'une appelloit l'autre ribaulde. Quant
les gens de la rue virent la bataille des deux compaignes qui peu de temps devant avoient passé par
la rue ensemble amoureusement, furent tous esbahis, et les vindrent tenir et deffaire l'une de l'autre. Puis après les gens qui là estoient huchèrent
leurs maris qui vindrent tantost, et chascun d'eulx
demandoit à sa femme la matière de leur diffé-

rent. Chascune comptoit à son plus beau ; et tant
par leur faulx donner à entendre, sans toucher de
ce pour quoy la question estoit méue, les esméurent tellement l'ung contre l'autre, qu'ilz se vouloient entretuer ; mais les sergens les menèrent refroidir en prison. La justice voulut savoir dont estoit procédé le fondement de la question entre les
deux femmes ; elles furent mandées et contraintes
de confesser que ce avoit esté pour une pièce de
couvrechief et cetera. Les gens de conseil voyant
que la congnoissance de ceste cause n'appartenoit à
eulx, la renvoièrent devant le roy de bordelois tant
pour les mérites de la cause, comme pource que
les femmes estoient de ses subgectes. Et pendant le
procès les bons maris demourèrent en la prison, attendans la sentence diffinitive qui, pour le nombre infini d'eulx, en est taillée de demourer pendue au clou.

LA XCIII^e NOUVELLE.

(LA POSTILLONNE SUR LE DOS.)

Tandis que j'ay bonne audience je vueil compter ung gracieux compte advenu au pays de Haynault. En ung village du pays que j'ay nommé, avoit une gente femme mariée qui aymoit plus chier le clerc de la paroisse dont elle estoit paroissienne que son mary. Et pour trouver moyen d'estre avec son clerc, faingnit à son mary qu'elle devoit ung pélerinaige à ung saint qui n'estoit guères loing de là, et que promis lui avoit quant elle estoit en travail, lui priant qu'il fust content qu'elle y alast ung jour qu'elle nomma. Le bon simple mary qui ne se doubtoit de rien, accorda ce pélerinage ; et pource que le mary demouroit seul, il luy dist qu'elle apoinsta son disner et soupper tout ensemble, avant qu'elle se partist, autrement il yroit menger à la taverne.

Elle fist son commandement et appointa ung bon
poussin ; et quant toutes ces préparatives furent
faictes, elle dist à son mary que tout estoit prest,
et qu'elle alloit querre de l'eaue bénoiste pour soy
partir après. Elle entra en l'église, et le premier
homme qu'elle trouva ce fut celuy qu'elle queroit,
c'est assavoir son clerc à qui elle compta les nouvelles, comment elle avoit congié d'aller en pélerinaige et cetera, pour toute la journée : Mais il y a
ung cas, dist elle, je suis séure que si tost que me
sentira hors de l'ostel qu'il s'en yra à la taverne, et
n'en retournera jusques au vespre bien tart, je le
congnois tel ; et pourtant j'ayme mieulx demourer à
l'ostel tandis qu'il n'y sera point que aler hors. Et
doncques vous vous rendrés dedens une demie
heure autour de nostre hostel, affin que je vous mette
dedens par derrière, s'il advent que mon mary n'y
soit point ; et s'il y est, nous yrons faire notre pélerinaige. Elle vint à l'ostel où elle trouva encores son
mary, dont elle ne fut point contente, qui lui dist :
Comment estes vous encores icy? — Je m'en vois,
dist-elle, chausser mes souliers, et puis je ne son-
geray plus guères que je ne parte. Elle alla au cordouennier, et tandis qu'elle faisoit chausser ses
souliers, son mary passa par devant l'ostel du cordouennier avec ung autre son voisin qui aloit de
coustume voulentiers à la taverne. Et combien
qu'elle supposast que pource qu'il estoit acompaignié du dit voisin, qu'il s'en alast à la taverne,

toutesfoiz n'en avoit il nulle voulenté, mais s'en
aloit sur le marchié, pour trouver encores ung bon
compaignon ou deux et les amèner disner avecques
lui au commencement qu'il avoit davantaige c'est
assavoir le poussin et la pièce de mouston. Or nous
lairrons icy nostre mary chercher compaignie et retournerons à celle qui chaussoit ses souliers, que
si tost que ilz furent chaussez, revint à l'ostel le
plus hastivemeut qu'elle péut, où elle trouva le
gentil escolier qui faisoit la procession tout autour
de la maison, à qui elle dist : Mon amy, nous sommes les plus heureux du monde, car j'ay véu mon
mary aler à la taverne, j'en suis séure, car il y a
ung sien sortes qui le maine par les bras, lequel
ne le laissera pas retourner quant il vouldra, et
pour tant donnons nous joye. Le jour est nostre jusques à la nuyt. J'ay appointé ung poussin et une
belle pièce de mouston dont nous ferons goguettes.
Et sans plus rien dire le mist dedens, et laissa l'uys
entrouvert, affin que les voisins ne s'en doubtas-
sent. Or retournons maintenant à nostre mary qui
a trouvé deux bons compaignons avec le premier
dont j'ay parlé, lesquelz il amaine tous pour des-
confire et dévorer ce poussin en la compaignie de
beau vin de Beaune ou de meilleur, s'il est possible d'en finer. A l'arriver à sa maison, il entra le
premier dedens, et incontinent qu'il fut entré, il
parcéut noz deux amans, qui s'estoient mis à faire
ung tronson de bonne ouvraige. Et quant il vit sa

femme qui avoit les jambes levées, il luy dist qu'elle n'avoit garde de user ses souliers, et que sans raison avoit travaillé le cordouennier, puis qu'elle vouloit faire son pélerinaige par telle manière. Il hucha ses compaignons et dist : Messeigneurs, regardez que ma femme ayme mon prouffit, de paour qu'elle ne use ses beaux souliers neufz, elle chemine sur son dos; il ne l'a pas telle qui veult. Il prent ung petit demourant de ce poussin et luy dist qu'elle parfist son pélerinaige; puis ferma l'uys et la laissa avec son clerc, sans lui aultre chose dire; et s'en alla à la taverne, de quoy il ne fut pas tencé au retourner, ne les aultres foiz aussi quant il y aloit, pource qu'il n'avoit rien ou pou parlé de ce pélerinaige que sa femme avoit fait à l'ostel, avecques son amoureux le clerc de sa paroisse.

LA XCIV^e NOUVELLE.

(LE CURÉ DOUBLE.)

Es marches de Picardie, ou diocèse de Thérouenne, avoit puis an et demi en çà ou environ, ung
gentil curé demourant en la bonne ville qui faisoit
du gorgias tout oultre. Il portoit robe courte,
chausses tirées, à la façon de court, tant gaillart estoit
que l'en ne pourroit plus, qui n'estoit pas pou
d'esclandre aux gens d'église. Le promoteur
de Thérouenne qui telle manière de gens appel-
loient le grant dyable, soy infourma du gouvernement de nostre gentil curé, et le fist citer pour le
corriger et luy faire muer ses meurs. Il comparut
ès habis cours, comme s'il ne tenist compte du promoteur, cuydant par adventure que pour ses beaulx
yeulx on le délivrast, mais ainsi n'avint pas ; car
quant il fut devant monseigneur l'official sa partie,

le promoteur luy compta sa légende au long, et demanda, par sa conclusion, que-ses habillemens et
autres menues manières de faire lui fussent défen-
dues ; et avec ce qu'il fust condemné à payer certaines amendes. Monseigneur l'official, voyant à ses
yeux que tel estoit nostre curé qu'on luy bapti-
soit, lui fist les deffenses, sur les peines du canon,
que plus ne se desguisast en telle manière qu'il
avoit fait, et qu'il portast longues robes et cheveux longs, et avec ce le condemna à payer une
bonne somme d'argent. Il promist que ainsi en
feroit-il, et que plus ne seroit cité pour telle chose.
Il print congié au promoteur et retourna à sa cure ;
et si tost qu'il y fut venu, il fist hucher le drapier,
et le parmentier, si fist tailler une robe qui lui
traînoit plus de troys cartiers, disant au parmentier les nouvelles de Thérouenne, comment c'est
assavoir qu'il avoit esté reprins de porter courte
robe, et qu'on lui avoit chargé de la porter longue. Il vestit ceste robbe longue et laissa croistre
ses cheveux de la teste et de la barbe ; et en cest
estat servoit sa paroisse, chantoit messe et faisoit
les aultres choses appartenant à curé. Le promoteur fut arrière averty comment son curé se gouvernoit oultre la rigle, et bonne et honneste conver-
sacion des prestres, le quel le fist citer comme
devant, et il s'i comparut ès longs habis : Qu'esse
cy ? dist monseigneur l'official, quant il fut devant
luy, il semble que vous trompés des estatus et or-

22.

donnances de l'église; voyés vous point comme les
autres prestres s'abillent? Se ce ne fust pour l'amour
de vos bons amys je vous feroye affuler la prison de
céans. — Comment, monseigneur, dit nostre curé,
ne m'avez vous pas chargé de porter longue robbe
et longs cheveux? Fays-je point ainsi que vous
m'avez commandé? N'est pas ceste robe assez longue, mes cheveux sont ilz pas longs? Que voulez
vous que je face? — Je vueil, dist monseigneur
l'official, et si vous commande que vous portés
robe et cheveux à demi longs, ne trop ne pou; et
pour ceste grande faulte je vous condemne à payer
dix livres d'amende au promoteur, vingt livres à la
fabricque de céans, et autant à monseigneur de
Thérouenne, à convertir à son aumosne. Nostre
curé fut bien esbahy, mais toutesfoiz il faillist qu'il
passast par là. Il prent congié et s'en revient en sa
maison, bien pensant comment il s'abilleroit pour
garder la sentence de monseigneur l'official. Il
manda le parmentier à qui il fist tailler une robe
longue d'ung costé, comme celle dont nous avons
parlé, et courte comme la première de l'autre
costé, puis il se fist barbeier du costé où la robe
estoit courte; en ce point alloit par les rues et faisoit son divin office. Et combien qu'on luy dist que
c'estoit mal fait, toutesfoiz si n'en tenoit il compte.
Le promoteur en fut encores averty et le fist citer
comme devant. Quant y comparut Dieu scait comment monseigneur l'official· fut malcontent, à peine

qu'il ne sailloit de son siége, hors du sens, quant il regardoit son curé estre habillé en guise de mommeur ; se les autres deux foyz y avoit esté bien rachassé, il fut encores mieulx ceste cy, et condemné à belles et grosses amendes. Lors nostre curé se voyant ainsi desplumé de amendes et de condemnacions, dist à monseigneur l'official : Il me semble, saulve vostre révérence, que j'ay fait vostre commandement. Et entendez moy, je vous diray la raison. Adonc il couvrit sa barbe longue de sa main qu'il estendit sus, et puis il dist : Se vous voulez je n'ay point de barbe. Puis mist sa main de l'autre, les couvrant la partie tondue ou raise, en disant : Se vous voulés j'ay longue barbe, esse pas ce que m'avez commandé ? Monseigneur l'official, voyant que c'estoit ung vray trompeur et qu'il se trompoit de lui, fist venir le barbier et le parmentier, et devant tous les assistens lui fist faire sa barbe et cheveux, et puis coupper sa robe de la longueur qui estoit de mestier et de raison ; puis le renvoya à sa cure où il se conduit haultement, en maintenant ceste dernière manière qu'il avoit aprinse à la sueur de sa bourse.

LA XCVᵉ NOUVELLE,

PAR MONSEIGNEUR DE VILLIERS.

(LE DOIGT DU MOINE GUÉRI.)

Comme il est assez de coustume, Dieu mercy, qu'en plusíeurs communautés de religions y a de bons compaignons, au moins quant au jeu des bas instrumens, au propos, naguères avoit en ung couvent de Paris, ung très bon frère prescheur qui avoit de coustume de visiter ses voisines. Ung jour entre les autres il choisit une très belle femme qui estoit sa prouchaine voisine, jeune et en bon point, et s'entre aymoient de bon couraige; et la jeune femme estoit mariée nouvellement à ung bon compaignon. Et devint maistre moyne très bien amoureux d'elle ; et ne cessoit de penser et subtiller voyes et moyens pour parvenir à ses attaintes qui, à dire en gros et en brief, estoient pour faire cela que vous scavez. Or disoit je feray ainsi, or conclut autrement. Tant de propos lui ve-

noient en la teste qu'il ne savoit sur quoy s'arrester,
trop bien, disoit-il que de langaige n'estoit point de
abatre, car elle est trop bonne et trop séure, force
m'est que se je vueil parvenir à mes fins que par cautelle et décepcion je la gaigne. Or escoutez de quoy
le larron s'advisa, et comment frauduleusement la
povre beste il atrappa, et son désir très deshonneste
comme il proposa acomplit. Il faingnit ung jour avoir
mal à ung doy, celui d'emprès le poulce qui est le
premier des quatre en la main destre; et de fait l'en-
veloppa de draps linges, et le dora d'aulcuns oigne-
mens très fort sentans. Et en ce point se tint ung jour
ou deux, tousjours se monstrant aval son église devant la dessus dicte, et Dieu scait s'il faisoit bien la
douleur. La simplette le regardoit en pitié, et voyant
bien à sa contenance que il avoit grant douleur; et
pour la grant pitié qu'elle en eut, lui demanda son
cas. Et le subtil regnard lui compta si très piteusement qu'il sembloit mieulx hors du sens que aultrement. Ce jour se passa; et à lendemain, environ heure
de vespres, que la bonne femme estoit à l'ostel seulette, ce pacient la vient trouver, ouvrant de soye et
auprès d'elle se met, faisant si très bien le malade
que nul ne l'eust véu à ceste heure qui ne l'eust
jugié en très grant danger. Or se viroit vers la fenestre, maintenant vers la femme, tant d'estranges
manières il faisoit que vous fussiez esbahy et abusé
à le veoir. Et la simplette qui toute pitié avoit, à
paine que les larmes ne lui sailloient des yeulx, le

confortoit au mieulx que elle povoit : Hélas, frère
Henry, avez-vous parlé aux médecins telz et telz?—
Ouy certes, m'amie, disoit il, il n'y a médecin ne
cirurgien en Paris qui n'ait véu mon cas. — Et qu'en
disent ils? souffrirés-vous longuement ceste douleur?
— Hélas ouy, voire encores plus la mort, se Dieu ne
m'aide ; car mon fait n'a que ung seul remède, et
j'aymeroie autant à peine mourir que le desceler ;
car il est moins que bien honneste et tout estrange
de ma profession. — Comment dea, dist la povrette,
puis qu'il y a remède, et n'esse pas mal fait et péché
à vous de vous laisser ainsi passionner ; si est en vérité, ce me semble, vous vous mettés en danger de
perdre sens et entendement, à ce que je voy vostre
douleur si aspre et si terrible. — Par dieu bien aspre et terrible est-elle, dist frère Henry ; mais quoy
Dieu l'a m'a envoyée, loué soit-il. Je prens bien la
maladie en gré, et auray pacience et suis tout asséuré
d'attendre la mort, car c'est le vray remède de ce.
voire, excepté ung dont je vous ay parlé qui me
guériroit tantost ; mais quoy, comme je vous ay
dit, je n'oseroye dire quel il est ; et quant ainsi seroit
qu'il me seroit force à desceler ce que c'est, je n'auroye point le vouloir de l'acomplir. — Et par saint
Martin, dist la bonne femme, frère Henry, il me semble que vous avez tort de tenir telz termes ; et pour
Dieu dictes moy qu'il fault pour vostre garison, et
je vous asséure que je mettray peine et diligence à
trouver ce qui y servira. Pour Dieu, ne soiés cause

de vostre perdicion, laissez vous aider et secourir. Or dictes moy que c'est, et vous verrez se je ne vous aideray ; si feray par Dieu, et me déust il couster plus que vous ne pensez. Damp moyne voyant la bonne voulenté de sa voisine, après ung grant tas d'excusances et de refus, que pour estre brief je trespasse, dist à basse voix : Puis qu'il vous plaist que je le dye, je vous obéyray. Les médecins m'ont tous dit d'ung accord qu'en mon fait n'a que ung seul remède, c'est de bouter mon doy malade dedens le lieu secret d'une femme nette et honneste, et là le tenir assez bonne pièce, et après le oingdre d'ung oignement dont ilz m'ont baillé la recepte. Vous-oyés que c'est, et pourtant que je suis de ma nature et de propre coustume honteux, j'ay myeulx aymé endurer et seuffrir jusques cy les maulx que j'ay portés qu'en riens dire à personne vivant ; vous seule scavés mon cas, et malgré moy. —Hélas, hélas, dist la bonne femme, je ne vous ay dit chose que je ne face, je vous vueil ayder à guérir, je suis contente et me plaist bien pour vostre garison, et vous oster de la terrible angoisse qui vous tourmente, que vous preste lieu pour bouter vostre doy malade. — Et Dieu le vous rende, damoiselle, dist damp moine. — Je ne vous en eusse ozé requérir ne aultre; mais puis qu'il vous plaist de me secourir, je ne seray jà cause de ma mort. Or nous mettons doncques, s'il vous plaist, en quelque lieu secret que nul ne nous voye. — Il me plaist bien, dist elle. Si le mena en

une belle garderobe et serra l'uys, et sur le lit la
mist; et maistre moyne lui liève ses drapeaux, et
en lieu du doy de la main bouta son perchant dur
et roide dedens. Et à l'entrer qu'il fist, elle qui le
sentit si très gros, dist : Et comment vostre doy est
il si gros, je n'ouy jamais parler du pareil. — Et en
vérité, dist il, ce fait la maladie qui en ce point le
m'a mis. — Vous me contés merveille, dist elle. Et
durant ses langaiges, maistre moyne acomplit ce
pour quoy si bien avoit fait le malade. Et elle qui
sentit et cetera, demanda que c'estoit; et il respondit:
C'est le clou de mon doy qui est enfondré, je suis
comme guéry, se me semble, Dieu mercy et la vostre.
— Et, par ma foy, ce me plaist moult, ce dist la dame
qui lors seleva ; se vous n'estes bien gary, si retournés toutesfoiz qu'il vous plaira ; car pour vous oster
de douleur, il n'est riens que je ne face ; et ne soyez
plus si honteux que vous avez esté pour vostre santé
recouvrer.

LA XCVIᵉ NOUVELLE.

(LE TESTAMENT DU CHIEN.)

Or escoutez qu'il advint l'autrier à ung simple curé de villaige. Ce bon curé avoit ung chien qu'il avoit noury et gardé, qui tous les aultres chiens du pays passoit sur le fait d'aller en l'eaue quérir le vireton ; et à l'ocasion de ce son maistre l'aymoit tant, qu'il ne seroit pas légier à compter combien il en estoit assoté. Advint toutesfoiz, je ne scay pas quel cas, ou s'il eut trop chault ou trop froit, toutesfoiz il fut malade et mourut. Que fist ce bon curé luy qui son presbitaire avoit tout contre le cymetière, quant il vit son chien trespassé, il pensa que grant dommaige seroit que une si saige et bonne beste demourast sans sépulture. Et pour tant il fist une fosse assez près de l'uys de sa maison et là l'enfouyt. Je ne scay pas s'il fist une marbre et par dessus graver ung epi-

25

taphe, si m'en tays. Ne demoura guères que la mort
du bon chien du curé fut par le villaige anuncé et
tant espandu que aux oreilles de l'esvesque du lieu
parvint, et de sa sépulture saincte que son maistre
luy bailla. Si le manda vers lui venir par une belle
citacion par ung chicaneur : Hélas ! dist le curé, et
qu'ay-je fait qui suis cité d'office ? — Quant à moy,
dist le chicaneur, je ne scay qu'il y a, se ce n'est
pour tant que vous avez enfouy vostre chien en terre
saincte où l'en met les corps des christiens. Ha, se
pense le curé, c'est cela? Or lui vint en teste qu'il
avoit mal fait, et que s'il se laisse emprisonner qu'il
sera escorché, car monseigneur l'evesque est le plus
convoiteux de ce royaulme, et si a gens autour de lui
qui scaivent faire venir l'eaue au moulin, Dieu scait
comment. Il vint à sa journée, et de plain bout s'en
ala vers monseigneur l'evesque qui lui fist ung grant
prologue pour la sépulture du bon chien. Et sembloit à l'ouyr que le curé eust pis fait que d'avoir
regnié Dieu. Et après tout son dire, il commanda
qu'il fust mené en la prison. Quant monseigneur le
curé vit qu'on le vouloit bouter en la boyte aux
cailloux, il fut plus esbahy que ung canet, et requist
à monseigneur l'évesque qu'il fust ouy, le quel lui
accorda. Et devez savoir que à ceste calenge estoient
grant foison de gens de bien et de grant façon, comme
l'official, les promoteurs, le scribe, notaires, advo-
cas, procureurs et plusieurs autres, lesquelz tous
ensemble grant joye menoient du cas du bon curé.

qui à son chien avoit donné la terre saincte. Le curé
en sa deffense et excuse parla en brief et dist : En
vérité, monseigneur. se vous eussiez autant congnéu
mon bon chien à qui Dieu pardoint, comme j'ay fait
vous ne seriez pas tant esbahy de la sépulture que je
luy ay ordonnée, comme vous estes, car son pareil,
comme j'espoire, ne fut jamais trouvé, ne sera. Et
lors commença à dire bausme de son chien : aussi
pareillement s'il fut bien sage en son vivant, encores
le fut il plus à sa mort, car il fist ung très beau testament, et pour ce qu'il savoit vostre nécessité et
indigence, il vous ordonna cinquante escuz d'or que
je vous apporte. Si les tira de son sain, et les bailla
à l'évesque, le quel les recéut voulentiers, et lors loua
et approuva les sens du vaillant chien, ensemble son
testament et la sépulture qu'il lui bailla.

LA XCVIIᵉ NOUVELLE.

(LES HAUSSEURS.)

N'a guères que estoit une assemblée de bons compaignons faisans bonne chière en la taverne, et boyvans d'autant. Et quant ilz eurent béu et mangié, et fait si bonne chière jusques à louer Dieu et aussi *usque ad hebreos* la plus part, et qu'ilz eurent compté et payé leur escot, les aucuns commencèrent à dire : comment nous serons festoiés de noz femmes, quant nous retournerons à l'ostel, Dieu scait que nous ne serons pas excommuniés on parlera bien à nos barbes. Nostre dame, dist l'ung, je crains bien à m'y trouver.—Ainsi m'aist Dieu dist l'autre, aussi fays je moy, je suis tout séur d'ouy la passion ; pléust à Dieu que ma femme fut muette, je beveroye trop plus hardiment que ne fays. Ainsi disoient trestous, fors l'ung d'eulx qui estoit bon compaignon, qui leur

ala dire : Et comment, beaux seigneurs, vous estes
tous bien maleureux qui avez tous chascun femme
qui si fort vous reprent d'aler à la taverne, et est
tant mal contente que vous buvez. Par ma foy, Dieu
mercy, la mienne n'est pas telle ; car se je bevoye
dix, voire cent foys le jour, si n'esse pas assez à son
gré; brief je ne vis oncques qu'elle n'eust voulu
que je eusse plus béu la moytié. Car quant je
reviens de la taverne, elle me souhaitte tousjours le
demeurant du tonneau dedens le ventre, et le tonneau avecques, si n'esse pas signe que je boyve assés
à son gré. Quant ses compaignons ouyrent ceste conclusion, ilz se prindrent à rire et louèrent beaucoup
son compte, et sur ce s'en alèrent tous, chascun à
sa chascune. Nostre bon compaignon, qui le compte
avoit fait, s'en vint à l'ostel, où il trouva pou paisible sa femme toute preste à tencer, qui de si loing
qu'elle le vist venir, commença la souffrance accoustumée ; et de fait comme elle souloit, luy souhaitta
le demourant du vin du tonneau dedens le ventre :
La vostre mercy, m'amye, dist il, encores avez meilleure coustume que les autres femmes de ceste ville;
elles enragent de ce que leurs maris boyvent ne tant
ne quant. Et vous, Dieu le vous rende, vouldriés bien
que je béusse tousjours ou une bonne foiz qui tousjours durast.— Je ne scay, dist-elle, que je vouldroyc,
sinon que je prie à Dieu que tant bevez ung jour
que crever en puissiés. Comme ilz se devisoient ainsi
doulcement que vous ouez, le pot à la porée qui sur

25.

le feu estoit, commence à s'enfuir par dessus, pource
que trop aspre feu avoit; et le bon homme qui
voyoit que sa femme n'y mettoit point la main, lui
dist : Et ne voyés-vous, dame, ce pot qui s'en fuyt.
Et elle qui encores rapaisée n'estoit, respondit : Si
fays, sire, je le voy bien.—Or le haussés, Dieu vous
mette en mal an! — Si feray-je, dist-elle, je le haus-
seray, je le metz à xij deniers.—Voire, dist-il, dame,
esse la response? haussez ce pot de par Dieu. — Et
bien, dist-elle, je le metz à vij souz; esse assez hault?
—Hen! hen! dist-il, et par saint Jehan, ce ne sera
pas sans troys coups de baston. Et il choisit ung gros
baston et en descharge de toute sa force sur le dos
de ma damoiselle, en disant : Ce marchié vous demeure. Et elle commence à crier alarme, tant que
les voisins s'y assemblèrent, qui demandèrent que
c'estoit; et le bon homme racompta l'istoire comme
elle alloit, dont ilz rirent trestous, fors elle à qui le
marchié demoura.

LA XCVIII^e NOUVELLE,

(LES AMANTS INFORTUNÉS.)

Es marches et mettes de France, entre les autres
nobles, y avoit ung chevalier riche et noble, tant par
l'ancienne noblesse de ses prédécesseurs, comme par
ses propres nobles et vertueux fais ; le quel chevalier
de sa femme espousée il avoit eu seulement une fille,
qui estoit très belle et très adressée pucelle, comme
à son estat appartenoit, aagée de xv à xvj ans, ou environ. Ce bon et noble chevalier voyant sa fille estre
assez aagée, habille et ydoine pour estre aliée et
conjointe par le sacrement de mariaige, il eut très
grant voulenté de la joindre et donner à ung chevalier son voysin, non toutesfoiz tant noble de parentaige comme de grosses puissances et richesses tem-
porelles ; avec ce aussi aagé de soixante à quatre
vings ans ou environ. Ce vouloir rongea tant envi-

ron de la teste du père dont j'ay parlé, que jamais ne
cessa jusques à ce que les aliances et promesses furent faictes entre luy et sa femme, mère de la fille
et le dit ancien chevalier touchans le mariaige de lui
avec la dicte fille qui des assemblées, promesses et
traictiés ne scavoit rien, ne n'y pensoit aucunement.
Assés prochain de l'ostel d'iceluy chevalier, père
de la pucelle, avoit ung aultre jeune chevalier vaillant et preux, riche moyennement, non pas tant de
beaucoup que l'autre ancien dont j'ay parlé, qui
estoit très ardant et fort embrasé de l'amour d'icelle
pucelle. Et pareillement elle par la vertueuse et noble renommée de luy en estoit très fort entachée.
combien que à danger parlassent l'ung à l'autre,
car le père s'en doubtoit, et leur rompoit les moyens
et voyes qu'il povoit. Toutesfoiz il ne les povoit for-
clorre de l'entière et très léalle amour dont leurs deux
cueurs estoient entreliés et enlacez. Et quant la fortune leur favorisoit tant que ensemble les faisoit
deviser, d'aultre chose ne tenoient leurs devises,
comme de pourpenser le moyen par lequel leur seul
et souverain désir pourroit estre acomply par légitime mariaige. Or s'approucha le temps que icelle
pucelle déust estre donnée à ce seigneur ancien ; et
le marchié lui fut par son père descouvert et assigné le jour qu'elle le devoit espouser dont ne fut
pas peu couroucée ; mais elle pensa qu'elle y donneroit remède. Elle envoya vers son très chier amy
le jeune chevalier et luy manda qu'il venist célée-

ment le plustost qu'il pourroit. Et quant il fut venu elle lui compta les aliances faictes d'elle et de l'autre ancien chevalier, demandant sur ce conseil, affin de tout rompre, car d'aultre que de luy ne vouloit estre espousée. Le chevalier luy respondit : M'amye très chière, puisque vostre bonté se veult tant humilier que de moy offrir, ce que je n'oseroye requérir sans très grant vergoigne, je vous remercie, et se vous voulés persévérer en ceste bonne voulenté, je scay que nous devons faire. Nous prendrons et assignerons ung jour auquel je viendray en ceste ville bien acompaigné de mes amis, et à certaine heure vous rendrés en quelque lieu que vous me dirés maintenant où je vous troveray seule. Vous monterés sur mon cheval et vous meneray en mon chasteau. Et puis se nous pouvons apaisier monseigneur vostre père et ma dame vostre mère, nous procéderons à la consommacion de noz promesses. Laquelle dist que c'estoyt bien advisé, et qu'elle scavoit comment on s'i povoit convenablement conduire. Si lui dist que tel jour et telle heure venist en tel lieu où il la trouveroit, et puis feroit tout bien, ainsi qu'il avoit advisé. Le jour de l'assignacion vint et se comparut le jeune chevalier au lieu où l'en luy avoit dit, et où il trouva sa dame qui monta sur son cheval et picqua fort tant qu'ilz eurent esloigné la place. Ce bon chevalier craignant qu'il ne travaillast sa très chière et parfaicte amye, rompit son légier pas et fist espandre tous ses gens par divers chemins

pour veoir se quelcun ne les suivoit point ; et chevauchoit à travers champs sans tenir voyes ne sentiers le plus doulcement qu'il povoit ; et chargea à
ses gens qu'ilz se trouvassent ensemble tous à ung
gros vilaige qu'il leur nomma, où il avoit intencion de repaistre. Ce vilaige estoit assez estrange et
hors la commune voye des chemins ; et tant che-
vauchèrent qu'ilz vindrent au vilaige, où la dédicasse
et générallc feste du lieu se faisoit, à laquelle y avoit
gens de toutes sortes et de grande façon. Ilz entrèrent à la meilleure taverne de tout le lieu, et incontinent demandèrent à boire et à manger, car il estoit
tard après disner, et la pucelle si estoit fort travaillée. Ilz firent faire bon feu et très bien appointer à
menger pour les gens du dit chevalier qui n'estoient
pas encores venus. Guères n'eurent esté en leur hostellerie que voycy venir quatre gros loudiers, char-
retiers ou bouviers par adventure encores plus villains, et entrèrent en ceste hostellerie baudement,
demandans rigoureusement où estoit la ribaulde que
ung ruffien naguères avoit amenée derrière lui sur
son cheval et qu'il failloit que ilz béussent avec elle
et à leur tour la gouverner. L'oste qui estoit homme
bien congnoissant le dict chevalier, saichant que ainsi
n'estoit pas que les ribaulx disoient, il leur dist gracieusement que telle n'estoit-elle pas qu'ilz cuidoient :
Par la mort bieu, dirent-ilz, se vous ne la nous livrés incontinent nous abaterons les huys, et l'enme-
nerons par force malgré vous deux. Quant le bon

hoste entendit leur rigueur, et que sa doulce responce ne luy prouffitoit point, il leur nomma le nom
du chevalier, lequel estoit très renommé ès marches
mais peu congnéu des gens, à l'occasion que tousjours avoit esté hors du pays, acquérant honneur et
renommée glorieuse ès guerres et voyaiges loingtains.
Leur dist aussi que la femme estoit une jeune pucelle
parente au dit chevalier, laquelle estoit née et yssue
de grant maison, de très noble parentaige : Hélas!
messeigneurs, vous povez, dist-il, sans dangier de
vous ne d'aultruy estaindre et passer voz chaleurs
désordonnées avecques plusieurs autres qui à l'occasion de la feste de ce vilaige sont venues, et non pour
autre chose que pour vous et voz semblables ; pour
Dieu laissez en paix ceste noble fille, et mettés devant voz yeulx les grands dangiers où vous vous
boutez. Pensés à voz vouloirs, et le grant mal que
vous voulez commettre et à petite occasion. — Ces-
sés vostre sermon, dirent les loudiers tous alumez
de feu de concupiscence charnelle, et donnez nous
voye que la puissons sans violance avoir, autrement
vous ferons honte ; car en publicque icy nous l'ame-
nerons, et chascun de nous quatre en fera son
plaisir. Les paroles finées, le bon hoste monta en la
chambre où le chevalier et la bonne pucelle estoient,
puis hucha le chevalier à part, à qui les nouvelles
compta, lequel quant il eut tout bien et constam-
ment entendu, sans estre guères troublé, il descendit
garny de son espéc parler aux quatre ribaulx, leur

demandant très doulcement quelle chose il leur plaisoit. Et ainsi rudes et maulsades qu'ilz estoient respondirent qu'ilz vouloient avoir la ribaulde qu'il
tenoit fermée en sa chambre, et que se doulcement
ne leur bailloit ilz luy tolliroient et raviroient à son
dommaige : Beaulx seigneurs, dist le chevalier, se
vous me congnoissiés bien, vous ne me tiendriés pour
tel qui maine par les champs les femmes telles que
vous appellés ceste ; oncques je ne fis telle folie, la
mercy Dieu. Et quant la voulenté me seroit telle, que
Dieu ne vueille, jamais je ne le feroye ès marches dont
je suis, et tous les miens ; ma noblesse et la netteté de
mon couraige ne le pourroient souffrir que ainsi me
gouvernasse. Ceste femme est une jeune pucelle,
ma cousine prochaine, issue de noble maison ; et je
vois pour esbattre et passer temps doulcement, la
menant avec moy acompaignié de mes gens ; lesquelz
jàsoit qu'ilz ne soient cy présens, toutesfoiz viendront
ilz tantost, et je les attens ; et ne soyés jà si abusés en
vos couraiges que je me répute si lasche que je la
laisse villenner, ne souffrir lui faire injure tant ne
quant ; mais la garderay et deffendray aussi avant
et longuement que la vigueur de mon corps pourra
durer, et jusques à la mort. Avant que le chevalier
eust finée sa parolle, les villains plastriers lui en-
trerompirent en nyant tout premier qu'il fust celuy
qu'il avoit nommé, pource qu'il estoit seul, et le dit
chevalier jamais ne chevauchoit que en grande compaignie de gens. Pour quoy luy conseilloient qu'il bail-

last la dicte femme, s'il estoit saige, ou autrement lui
roberoient par force, quelque chose qu'il en péust
ensuivir. Hélas ! quant le vaillant et courageux chevalier perséut que doulceur n'avoit lieu en ses responces, et que rigueur et haulteur occupoient la
place, il se ferma en son courage et résolut que les
villains n'auroient point la jouissance de la pucelle,
ou il y mourroit en la deffendant. Pour faire fin,
l'ung de ces quatre s'advanca de férir de son baston
à l'uys de la chambre, et les autres l'ensuivent qui
furent reboutés vaillamment d'icelui chevalier. Et
ainsi se commença la bataille qui dura assez longuement. Combien que les deux parties fussent despa-
reillés, ce bon chevalier vainquit et rebouta les quatre ribaulx, et ainsi qu'il les poursuivoit et chassoit
pour en estre tout au dessus, l'un de ceulx qui avoit
ung glaive se vira subit et le darda en l'estomac du
chevalier et le perça de part en part ; et du coup incontinent chéut mort, dont ilz furent très joyeulx. Ce
fait, l'este fut par eulx contraint de l'enfouir au jardin
de l'ostel, sans esclandre ne noise. Quant le bon chevalier fut mort, ilz vindrent heurter à la chambre où
estoit la pucelle à qui desplaisoit que son amoureux
tant demouroit, et boutèrent l'uys oultre. Et si tost
qu'elle vit les brigans entrer, elle jugea que le chevalier estoit mort, disant : Hélas! où est ma garde,
où est mon seul refuge? que est il devenu? dont vient
qu'ainsi me blesse le cueur, et qu'il me laisse ycy
seulette? Les ribaulx voyans qu'elle estoit moult

troublée, la cuidèrent faulcement décevoir par doulces paroles, en disant que le chevalier si estoit en une aultre maison, et qu'il luy mandoit qu'elle y allast avec eulx, et que plus séurement si pourroit garder. Mais riens n'en voulut croire, car le cueur tousjours luy jugeoit qu'ilz l'avoient tué. Si commença à soy dementer et de crier plus amèrement que devant : Qu'esse cy, dirent-ilz, que tu nous faiz estrange manière? cuides-tu que nous ne te cognoissons? Se tu as suspeçon sur ton ruffien qu'il ne soit mort, tu n'es pas abusée, nous en avons délivré le pays. Pour quoy soyés toute asséurée que nous quatre aurons tous chascun l'ung après l'autre ta compaignie. Et à ces motz, l'ung d'eulx s'avance qui la prent le plus rudement du monde, disant qu'il aura sa compaignie avant qu'elle lui eschappe. Quant la povre pucelle se vit ainsi efforcée et que la doulceur de son langaige ne lui portoit point de prouffit, si leur dist : Hélas! messeigneurs, puis que vostre mauvaise voulenté est ainsi tournée, et que humble prière ne la peut adoulcir, au moins ayés en vous ceste honnesteté de couraige que, puis qu'il fault que à vous je soye habandonnée, ce soit privéement, c'est assavoir à l'ung sans la présence de l'autre. Ilz lui accordèrent jàsoit que très enuis, et puis lui firent choisir et pour eslire cellui d'eulx quatre qui devoit demourer avec elle. L'ung d'eulx lequel cuidoit estre le plus béning et doulx, elle esléut : mais de tous estoit-il le pire. La chambre fut fermée,

et tantost après la bonne pucelle se getta aux piedz
du ribault, auquel elle féit plusieurs piteuses remonstrances, en lui priant que il eust pitié d'elle. Mais
tousjours persévérant en malignité, dist qu'il feroit
sa voulenté d'elle. Quant elle le vit si dur, que à sa
prière très humble ne vouloit exaulcer, lui dist : Or
ça puis qu'il convient qu'il soit, je suis contente; ;
mais je vous supplie que cloez les fenestres, affin
que nous soyons plus secrètement. Il accorda bien
enuis; et tandis qu'il les cloyoit, la pucelle sacha
ung petit cousteau qu'elle avoit pendu à sa saincc-
ture, et en faisant ung très piteux cry, se trencha la
gorge et rendit l'âme. Et quant le ribault la vit couchée à terre, il s'en fuyt avec ses compaignons Et est
à supposer que depuis ilz ont esté pugnis selon l'exigence du piteux cas. Ainsi finèrent leurs jours les
deux beaux amoureux, tantost l'ung après l'autre
sans percevoir riens des joyeux plaisirs où ilz cuidoient ensemble vivre et durer tout leur temps.

LA XCIX' NOUVELLE.

(LA MÉTAMORPHOSE.)

S'il vous plaist, avant qu'il soit plus tard tout a
ceste heure ma petite ratelée et compte abrégé
d'ung vaillant évesque de Castille despaindray, qui
pour aucun affaire du roi de Castille, son maistre,
ou temps de ceste histoire, s'en aloit en court de
Rome. Ce vaillant prélat, dont j'entens fournir
ceste nouvelle, vint ung soir en une petite vilette
de Lombardie; et lui estant arrivé par ung vendredi assez de bonne heure, vers le soir, ordonna à
son maistre d'ostel le faire soupper assés de bonne
heure, et le tenir le plus aise que faire ce pourroit,
de ce dont on pourroit recouvrer en la ville; car la
Dieu mercy, quoiqu'il fust gros, gras et en bon
point, et ne se donnast de mauvais temps que bien
à point et sobrement, si n'en jeunoit il journée. Son

maistre d'ostel, pour luy obéyr, s'en ala au marchié;
et par toutes les poissonneries de la ville serclia
pour trouver du poisson. Mais pour faire le compte
brief, il n'en peut oncques recouvrer ung seul loppin, quelque diligence que luy et son hoste en
scéussent faire. D'aventure eúlx retournans à l'ostel sans poisson, trouvèrent ung bon homme des
champs qui avoit deux bonnes perdris et ne demandoit que marchant. Si se pensa le maistre d'ostel
que s'il en povoit avoir bon compte, qu'elles ne
luy eschapperoient pas, et que ce seroit bon pour le
dimenche, et que son maistre en feroit grant feste.
Il les acheta et en eut un bon pris. Il vint vers son
maistre ses perdris en sa main, toutes vives, grasses et bien refaictes, et lui compta l'esclipse de poisson qui estoit en la ville, dont il ne fut pas trop
joyeulx, et lui dist : Et que pourrons nous soupper?
— Monseigneur, ce respondit il, je vous feray faire
des oeufz en plus de cent mille manières; vous aurez aussi des pommes et des poires. Nostre hoste a
aussi de bon fourmaige et bien gras ; nous vous tiendrons bien aise; ayés pacience pour meshuy, ung
soupper est tantost passé ; vous serés demain plus
aise, se Dieu plaist. Nous yrons en ville qui est trop
myeulx empoissonnée que ceste cy ; et Dimenche vous
ne povez faillir d'estre, bien disné, car vécy deux perdris que je vous ay pourvéues, qui sont à bon escient
bonnes et bien nourries. Ce maistre évesque se fist
bailler ces perdris et les trouva telles qu'elles estoient

24.

bonnes à bon escient, si se pensa qu'elles tendroient
à son soupper la place du poisson qu'il cuidoit avoir,
dont il n'avoit point; car il n'en peut oncques trouver. Si les fist tuer bien en haste, plumer, larder et
mettre en broche, quelque chose que son maistre
d'ostel sçéust dire ne remonstrer, trop bien disoit il :
Monseigneur, elles sont bonnes tuées, mais les rostir
maintenant pour Dimenche, il ne me semble pas
bon. Quelque chose que le maistre d'ostel luy sçéust
remonstrer, toutesfoys ne le voulut il croire, car
elles furent mises en broche et rosties. Le bon prélat estoit la plus part du temps qu'elles mirent à
cuyre tousjours présent, dont son maistre d'hostel
ne se scavoit assez esbahir, et ne savoit pas bien
l'appétit désordonné de son maistre qu'il eust à
ceste heure de dévorer ces perdris; ainçois cuidoit
qu'il le fist pour Dimenche les avoir plus prestes au
disner. Lors les fist ainsi habiller, et quant elles
furent prestes et rosties, la table couverte et le vin
aporté, oeufz en diverses façons habillés et mis à
point, si s'assist le prélat, et le *benedicite* dit, demanda les perdris avec la moustarde. Son maistre
d'ostel désirant savoir que son maistre vouloit
faire de ces perdris, si les lui mist devant luy toutes
venantes de la broche, rendantes une fumée arro-
matique assez pour faire venir l'eaue à la bouche
d'ung friant. Et bon évesque d'assaillir ces perdris
et desmembrer d'entrée la meilleure qui y fust; et
commence à trencher et menger : car tant avoit

haste que oncques ne donna loisir à son escuier
qui devant lui tranchoit, qu'il eust mis son pain
ne ses cousteaux à point. Quant ce maistre d'ostel
vit son maistre s'arracher à ces perdris, il fut bien
esbahy et ne se peut taire ne tenir de lui dire : Ha,
monseigneur, que faictes vous? Estes vous Juif ou
Sarrasin, qui ne gardés autrement le vendredi? Par
ma foy, je me donne grant merveille de vostre faict.
—Tais toy, tais toy, dist le bon prélat qui avoit toutes
les mains grasses et la barbe aussi de ces perdris,
tu es beste, et ne scais que tu dis ; je ne fays point de
mal. Tu scais et congnois bien que par parolles moy
et tous aultres prestres faisons d'une hostie qui n'est
que de blé et d'eaue, le précieux corps de Jhesu-
Crist ; et ne puis je doncques par plus forte raison,
moy qui tant ay veu de choses en court de Romme,
et en tant de divers lieux, scavoir par paroles faire
convertir ces perdris qui est chair en poisson, jasoit
ce qu'elles retiennent la forme de perdris? Si fays dea,
maintes journées sont passées que j'en scay bien la
pratique. Elles ne furent pas si tost mises à la broche
que par les parolles que je scay, je les charmé telle
ment que en substance de poisson se convertirent;
et en pourriez trestous qui cy estes menger, comme
moy, sans péché. Mais pour l'ymaginacion que vous
en pourriez prendre, elles ne vous feroient jà bien,
si en feray tout seul le meschief. Le maistre d'ostel
et tous les autres de ses gens commencèrent à rire,
et firent semblant de adjouster foy à la bourde de

leur maistre, trop subtillement fardée et coulourée ; et en tindrent depuis manière du bien de luy, et aussi maintesfoiz en divers lieux joyeusement le racomptèrent.

LA C^e NOÛVELLE.

(LE SAGE NICAISE, OU L'AMANT VERTUEUX.)

En la puissante et bien peuplée cité de Gennes, puis certain temps en çà, demouroit ung marchant comblé de biens et de richesses, duquel l'industrie et manière de vivre estoit de mener et conduire grosses marchandises par la mer ès estranges pays espécialement en Alixandrie. Tant vacca et entendit au gouvernement des navires, et à entasser et amasser trésors, et amonceler grandes richesses, que durant tout le temps qu'il s'i adonna qui fut depuis sa tendre jeunesse jusques à l'aage de cinquante ans, ne luy vint voulenté ne souvenance d'aultre chose faire. Et comme il fut parvenu à l'aage dessus dicte, ainsi comme une fois pensoit sur son estat voyant qu'il avoit despendu et emploié tous ses jours et ans à riens aultre chose faire que cuyder accroistre ses richesses, sans jamais

avoir en ung seul moment ou minute de temps,
auquel sa nature lui eust donné inclinacion pour le
faire penser ou induire de soy marier, affin d'avoir
généracion qui aux grans biens qu'il avoit à diligence, veille et à grant labeur amassé et acquis,
lui succédast, et après luy les possédast, concéut en
son couraige une aigre et très poingnant douleur;
et desplaisant estoit à merveilles qu'ainsi avoit ex-
posé et suspendu ses jeunes jours. En celle aigre
doléance et regret demoura aulcuns jours, lesquelz
jours pendans advint que en la cité dessus nommée
les jeunes et petis enfans, après qu'ilz avoient so-
lennizé aulcune feste acoustumée entr'eux pour
chascun an, habillez et desguisés diversement, et
assés estrangement les ungs d'une manière, et les
aultres d'aultre, se vindrent rendre en grant nombre
en ung lieu, où les publicques et acoustumez esbatemens de la cité se faisoient communément, pour
jouer en la présence de leurs pères et mères; et
aussi affin d'en reporter gloire, renommée et louenge. A ceste assemblée se comparut et se trouva ce
bon marchant, remply de fantasies et de soulcy,
et voyant les pères et les mères prendre grant plaisir à veoir leurs enfans jouer et faire souplesses et
appertises, aggrava sa douleur qu'il par avant avoit
de soy mesmes concéue; et en ce point sans les
pouvoir plus adviser ne regarder, triste et marry
retourna en sa maison, et seulet se rendit en sa chambre où il fut aulcun espace de temps, faisant com-

plaintes en ceste manière : Ha! povre maleureux viellard, tel que je suis et tousjours ay esté, de qui la fortune et·destinée sont dures, amères et mal goustables. O chétif homme, plus que tous récréant et las par les veilles, peines, labeurs et ententes que tu as prinses et portées tant par mer que par terre! Ta grande richesse et tes comblés trésors sont bien vains, lesquelz soubz périlleuses adventures en peines dures et sueurs, tu as amassé et amoncelé, et pour lesquelz tout ton temps a déspendu et usé, sans avoir oncques une petite espace ne souvenance de penser, qui sera celui qui toy mort et party de ce siècle, les possédera, et à qui par loy humaine les devras laisser en mémoire de toy et de ton nom. Ha! meschant couraige, comment as-tu mis en non chaloir cela, à quoy tu devoys donner entente singulière? Jamais ne t'a pléu mariaige, et tousjours l'as craint et reffusé, mesmement hay et mesprisé les bons et justes conseulz de ceulx qui t'y ont voulu induire, affin que tu eusses lignée qui perpétuast ton nom, ta louenge et ta renommée. O bien heureux sont les pères, qui laissent à lcurs successeurs bons et saiges enfans! Combien ay-je aujourd'uy regardé et percéu de pères estans aux jeux de leurs enfans qui se disoient très heureux, et jugeroient très bien avoir emploié leurs ans se après lcurs décès leurs povoient laisser une petite partie des grans biens que je possède. Mais quel plaisir et soulas puis je

jamais avoir, quel nom, quelle renommée auray
je après la mort? Où est maintenant le filz qui maintiendra et fera mémoire de moy, après mon trépas.
Bénoist soit ce saint mariaige par quoy la mémoire
et souvenance des pères est entretenue, et dont tenus possessions et héritages ont pour leurs doulx
enfans à éternelle permanence et durée. Quant ce
bon marchant eust à soy mesmes longue espace
argué, subit donna remède et solucion à ses argumens, disant ces motz : Or çà il ne m'est désormai
mestier, nonobstant le nombre de mes ans, tourmenter ne troubler de douleurs, d'angoisses ne de
pensement. Au fort ce que j'ay par cy devant fait
prend semblance aux oyseaulx qui font leurs
nydz et les préparent avant qu'ilz ponnent leurs
oeufz. J'ay la mercy Dieu, richesses souffisantes pour
moy, pour une femme et pour plusieurs enfans, s'il
advient que j'en aye, et ne suis si ancien, ne tant
defourni de puissance naturelle que je me doie sous-
sier ne perdre espérance de non pouvoir jamais
avoir génération. Si me convient arester et donner
toute entente, veiller et travaillier, advisant où je
trouveray femme propice et convenable à moy.
Ainsy finant son procès vuida de sa chambre, et
fist venir vers luy deux de ses compaignons mariniers comme lui, aux quelz il descouvrit son cas tout
au plain, les priant très affectueusement qu'ilz luy
voulsissent aider à trouver et quérir femme pour
lui qui estoit la chose de ce monde que plus dési-

roit. Les deux marchans, ayant entendu le bon
propos de leur compaignon, le prisèrent et louèrent
beaucoup, et prindrent la charge de faire toute la
diligence et inquisicion possible pour lui trouver
femme. Et ce temps pendant que la diligence et
enqueste se faisoit, nostre marchant tant eschauffé
de marier que plus il ne povoit, faisoit de l'amoureux, cherchant par toute la cité, entre les plus
belles la plus jeune, et d'autres ne tenoit compte.
Tant chercha que en trouva une telle qui la demandoit ; car de honnestes parens née, belle à
merveilles jeune de quinze ans ou environ, gente,
doulce et très bien adressée estoit. Après qu'il eust
congnéu les vertus et condicions doulces d'elle, il
eut telle affection et désir qu'elle fust dame de ses
biens par juste mariaige, qu'il la demanda à ses parens et amis, lesquelz après aulcunes petites difficultés et ligières qui guères ne durèrent, luy donnèrent et accordèrent. En la mesmes heure, lui
firent fiancer et donner caucion et séureté du
douaire dont il la vouloit douer. Se ce bon marchant
avoit prins grant plaisir en sa marchandise, pendant
le temps qu'il la menoit, encores l'eut-il plus grant,
quant il se vit asséuré d'estre marié, et mesmement avec femme telle que il en povoit avoir de
beaulx enfans. La feste et solennité de ses nopces
fut honnorablement et en grant sumptuosité faicte
et célébrée, la quelle feste faillye il mist en oubly
et non chaloir sa première manière de vivre ; c'est

assavoir sur la mer il faisoit très bonne chière et
prenoit grande plaisance avec sa belle et doulce
femme. Mais le temps ne lui dura guères que saoul
et ennuyé en fut, car la première année avant
qu'elle fut expirée print desplaisance de demourer
à l'ostel en oysance et de y tenir mesnaige en la manière qui convient à ceulx qui y sont liez, se hoda
et ennuya, aiant très grant regret à son aultre mestier
de marinier qui lui sembloit plus aisé et légier à
maintenir que celui qu'il avoit si voulentiers entreprins à gouverner nuyt et jour. Aultre chose ne
faisoit que subtiller et penser comment ilz se pourroit trouver en Alexandrie, en la manière qu'il avoit
acoustumée, et lui sembloit qui n'estoit pas seulement difficille de soy abstenir de mariner et non
hanter la mer et l'abandonner de tous poins, mais
aussi chose la plus impossible de ce monde. Et combien que sa voulenté fust plainement délibérée et
résolue de soy retraire et remettre à son premier
mestier, toutesfoiz le celoit-il à sa femme, doubtant que ne le print à desplaisance, avoit aussi une
crainte et doubte qui le destourboit et donnoit empeschement à exécuter son désir, car il congnoissoit
la jeunesse du couraige de sa femme et luy estoit
bien advis que s'il s'absentoit, elle ne se pourroit
contenir, considéroit aussi la muableté et varia-
bleté de courage femenin, et mesmement que les
jeunes galans, lui présent, estoit coustumiers de passer souvent devant son huys pour la veoir, dont il

supposoit qu'en son absence ilz la pourroient de plus près visiter et par aventure tenir son lieu. Et comme il eust esté par longue espace point et esguillonné de ces difficultéz et diverses ymaginacions, sans en sonner mot, et qu'il congnéust qu'il avoit jà achevé et passé la plus part de ses ans, il mist à non chaloir femme et mariage et tout le demourant qui affiert au mesnaige, et aux argumens et disputacions qui lui avoient troublé la teste, donna briefve solucion, disant en ceste manière : Il m'est trop plus convenable vivre que mourir, et se je ne laisse et abandonne mon mesnaige en briefz jours, il est tout certain que je ne puis longuement vivre ne durer. Lairay-je donc ceste belle et doulce femme ? Oy, je la lairay ; elle ait doresenavant la cure et soing d'elle mesmes, s'il lui plaist, je n'en vueil plus avoir la charge. Hélas ! que feray-je ? quel deshonneur ! Quel desplaisir sera-ce pour moy s'elle ne se contient et garde chasteté. Ho ! il vault mieulx vivre que mourir pour prendre soing pour la garder ; jà Dieu ne vueille que pour le ventre d'une femme je prengne si estroicte cure ne soing sans avoir louyer ne salaire, et ne en recevoir que torment de corps et d'ame. Ostez moy ces rigueurs et angoisses que plusieurs seuffrent pour demourer avec leurs femmes ; il n'est chose en ce monde plus cruelle ne plus grevante les personnes. Jà Dieu ne me laisse tant vivre, que pour quelque adventure qu'en mon mariage puisse sourdre, je m'en cour-

rousse ne monstre triste. Je vueil avoir maintenant
liberté et franchise de faire tout ce qui me vient à
plaisir. Quant ce bon marchant eut donné fin à ces
très bonnes devises, il se trouva avec ses compaignons mariniers, et leurs dist qu'il vouloit encores
une foiz visiter Alexandrie et charger marchandises,
comme aultresfois et souvent avoit fait en leur compaignie. Mais il ne leur déclaira pas les troubles
qu'il prenoit à l'occasion de son mariaige. Ilz furent
tantost d'accord et lui dirent qu'il se fist prest pour
partir au premier bon vent qui sourvenroit. Les
mariniers et bateaulx furent chargez et préparez
pour partir et mis ès lieux où il failloit atendre
vent propice et opportun pour naiger. Ce bon marchant doncques ferme et tout aresté en son propos,
comme le jour précédent, celui doncques qui se
devoit partir, se trouva seul après soupper, avec sa
femme, en sa chambre ; et il lui descouvrit son intencion et manière de son prouchain voyage ; et affin
que très joyeuse fust, lui dist ces paroles : Ma très
chière espouse que j'ayme mieulx que ma vie,
faictes, je vous requier, bonne chière, et vous
monstrez joyeuse, et ne prenez de desplaisance ne
tristesse en ce que je vous declaireray. J'ay proposé
de visiter, se c'est le plaisir de Dieu, une foys encores Alexandrie en la façon que j'ay de long temps
acoustuméc, et me semble que n'en devez estre
marrie, attendu que vous congnoissés que c est ma
manière de vivre, mon art et mon mestier, aux quelz

moyens j'ay acquis richesses, maisons, nom et renommée, et trouvé grant nombre d'amis et de familiarité. Les beaulx et riches ornemens, aneaulx, vestemens et toutes les aultres précieuses bagues dont vous estes parée et ornée, plus que nulle aultre de ceste cité ; comme bien savez, je les ay achaptées du gaing et avantaige que j'ay fait en mes marchandises. Ce voyage doncques ne vous doyt guères ennuyer, car le retour en sera brief. Et je vous prometz que à ceste foiz, comme j'espoire, se la fortune me donne eur que jamais plus n'y vueil retourner, je y vueil prendre congié à ceste foiz. Il convient doncques que prenez maintenant courage bon et ferme ; car je vous laisse la disposicion, administracion et gouvernement de tous les biens que je possède ; mais avant que je me parte, je vous vueil faire aucunes requestes. Pour la première, je vous prie que soyés joyeuse, tandis que je feray mon voyage, et vivez plaisamment, et se j'ay quelque pou d'ymaginacion que ainsi le faciés, j'en chemineray plus lyement. Pour la seconde, vous scavez que entre nous deux rien ne doit estre tenu couvert ne celé, car honneur, prouffit et renommée doivent estre, comme je tien qu'ilz sont, communs à tous deux, et la louenge et honneur de l'ung ne peut estre sans la gloire de l'autre, non plus que le deshonneur de l'ung ne peut estre sans la honte de tous deux. Or je veuil bien que vous entendez que je ne suis si très despourvéu de sens que je ne pense bien

25.

comment je vous laisse jeune, belle, doulce, fresche
et tendre, sans soulas d'homme, et que de plusieurs
en mon absence serés désirée. Combien que je
cuide fermement que avez maintenant nette pensée,
couraige haytié, toutesfoiz quant je congnois quelz
sont vostre aage et l'inclinacion de la secrète chaleur en quoy vous abondés, il ne me semble pas
possible qu'il ne vous faille par pure nécessité et
contrainte ou temps de mon absence avoir compaignie d'homme, dont c'est bien mon plaisir que vous
vous accordez où vostre nature vous forcera et con-
traindra. Vécy doncques le point où je vous vueil
prier, c'est que gardez nostre mariaige le plus longuement que vous pourrez en son entièreté. Intencion n'ay ne voulenté aucune de vous mettre en
garde d'aultry, pour vous contenir; mais vueil que
de vous mesmes ayez la cure et le soing, et en soyés
gardienne. Véritablement il n'est si estroitte garde
au monde qui puisse destourber la femme oultre
sa voulenté à faire son plaisir. Quant doncques
vostre chaleur vous esguillonnera et poindra, je
vous prie, ma chière espouze, qu'en l'exécution de
vostre désir vous vous advisés prudentement
et tellement qu'il n'en puisse estre publique renommée ; que s'autrement le faites vous, moy et
tous noz amys, sommes infâmes, et deshonnorés.
S'en fait donques et par effect vous ne povez garder chasteté, au moins mettez paine de la garder
tant qu'il touche fame commune et renommée.

Mais je vous vueil apprendre et enseigner la manière que vous deverés tenir en celle manière, s'elle survient. Vous savez qu'en ceste bonne cité a très grant nombre et foison de beaux jeunes hommes ; d'entr'eulx tous, vous en choisirez ung seul et vous en tenez contente pour faire ce où vostre nature vous inclinera. Toutesfoiz je vueil que en faisant l'élection vous ayez singulier regard qu'il ne soit homme vague, deshonneste et pou vertueux ; car de tel ne vous devez accointer pour le grant péril qui vous en pourroit sourdre. Car sans doubte il descouvriroit et publiqueroit à la volée vostre secret. Doncques vous eslirés celui que congnoistrés fermement estre saige et prudent, affin que se le meschief vous advient, il mette aussi grant paine à le celer, comme vous ; de ceste article vous requiers je, et que me promettés en bonne et ferme léaulté que garderez ceste leçon. Si vous advise que ne me respondez sur ceste matière en la forme et façon que ont de coustume les aultres femmes, quant on leur parle de telz propos comme je vous dis maintenant ; je scay leur responses et de quelz motz sçaivent user qui sont telz : Hé ! Hé ! mon mary, qui vous a méu à dire ce, où avez vous chargée ceste opinion cruelle, plaine de tempeste, par quelle manière ne quant me pourroit advenir ung si abhominable délit ? Nenny, nenny, jà Dieu ne vueille que je vous face telles promesses, à qui je prie qu'il permette la terre ouvrir qui m'englou-

tie et dévore toute vive, au jour et heure que je ne
dy pas commettray, mais auray une seule pensée
à le commettre. Ma chière espouse, je vous ay
ouvert ces manières de respondre, affin que vers
moy en usés aucunnement. En bonne foy je croy
et tien fermement que vous avez pour ceste
heure très bon et entier propos, ou quel je vous prie
que demourez autant que vostre nature en pourra
souffrir. Et n'entendés point que je vueille que me
promettés faire et entretenir ce que je vous ay monstré, fors seulement ou cas que ne pourrés donner
résistence; ne bataillier contre l'appétit de vostre
fraile et doulce jeunesse. Quant ce bon marchant
eut finé sa parolle, la belle doulce et débonnaire
sa femme, la face toute rosée, se print à trembler
quant déust donner responce aux requestes que
son mary luy avoit faictes. Ne demoura guère toutesfoiz que la rougeur s'esvanoït et print asséurance, en fermant son courage de constance; et en
ceste manière causa sa gracieuse response : Mon
doulx et très aymé mary, je vous asséure que oncques ne fus si espovantée ne troublée de mon entendement que j'ay esté présentement par voz parolles, quant elles m'ont donné la congnoissance
de ce que oncques je ouy, ne aprins, ne pensé.
Vous congnoissez ma simplesse, jeunesse et inno-
cence; certainement il n'est point possible à mon
aage de faire ou pourpenser un tel meschief ou
deffaulte, comme vous m'avez dit que estes séur

et scavez vrayement que vous absent, je ne pourroye
contenir ne garder l'entièreté de nostre mariage.
Ceste parolle me tormente fort le courage et me fait
trembler toute, et ne scay quelle chose je doy maintenant dire, respondre ne proposer à voz raisons.
Ainsi m'avez privé et tollu l'usaige de parler; je vous
diray toutesfois ung mot qui vuidera de la profondesse
de mon cueur et en telle manière qu'il y gysten telle
vuidera-il de ma bouche. Je requier très humblement à Dieu et à jointes mains luy prie qu'il face
et commande ung abisme ouvrir où je soye gettée,
les membres tous arrachés, et tourmentée de mort
cruelle, se jamais le jour vient où je doie non seulement commettre desléaulté en nostre mariage;
mais sans plus en avoir une briefve pensée de le
commettre; et comment ne par quelle manière ung
tel délit ne pourroit advenir, je ne le sauroye entendre. Et pource que m'avez forclos et reclus de
telles manières de respondre, disant que les femmes
sont coustumières d'en user pour trouver les es-
chappatoires et alibis forains, affin de vous faire
plaisir et donner repos à vostre ymaginacion, et que
voyez que à voz commandemens je suis preste d'o-
béyr, garder et maintenir, je vous prometz de ceste
heure, de courage ferme, arresté et estable oppinion, d'attendre le jour de vostre revenue en vraye,
pure et entière chasteté de mon corps; et que Dieu
ne vueille pas qu'il advienne le contraire, tenés
vous en tout asséuré, et je le vous prometz, je tien-

dray la rigle et doctrine que m'avez donnée en tout ce que je feray sans la trespasser aulcunement. S'il y a aultre chose dont vostre couraige soit chargé, je vous prie, descouvrés tout et me commandez faire et acomplir vostre bon désir, autre rien ne desire, non pas le mien. Nostre marchant, ouye la responce de sa femme, fut tant joyeux qu'il ne se péut contenir de plourer, disant : Ma très chière espouse, puis que vostre doulce bonté m'a voulu faire la promesse que j'ay requise, je vous prie que l'entretenés. Le landemain matin, le bon marchant fut mandé de ses compaignons pour entrer en la mer. Si print congié de sa femme, et elle le commanda à la garde Dieu. Puis monta en la mer, et se mirent à cheminer et nager vers Alexandrie, où ilz parvindrent en briefz jours, tant leur fut le vent convenable et propice. ou quel lieu s'arrestèrent longue espace de temps, tant pour délivrer leurs marchandises comme pour en chargier des nouvelles. Pendant et durant lequel temps, la très gente et gracieuse damoiselle dont j'ay parlé, demoura garde de l'ostel et pour toute compaignie n'avoit que une petite jeune fillette qui la servoit. Et, comme j'ay dit, ceste belle damoiselle n'avoit que quinze ans, pour quoy s'aulcune faulte fist, on ne le doyt pas tant imputer à malice comme à la fragilité de son jeune aage. Comme doncques le marchant eust esté plusieurs jours absent des yeulx d'elle, pou à pou il fut mys en oubly. Si tost que les

jeunes gens scéurent ce partement, ilz la vindrent
visiter, laquelle au premier ne vouloit vuyder de
sa maison ne soy monstrer ; mais toutesfoiz par
force de continuacion et fréquentacion cotidienne,
pour le très grant plaisir qu'elle print aux doulx
et mélodieux chans et armonies de tous instrumens
dont on jouoit à son huys, elle s'advança de venir
beyer et regarder par les crevaces des fenestres et
secretz traillis d'icelle, par lesquelles très bien
povoit veoir ceulx qui l'eussent plus voulentiers véue. En escoutant les chansons et dances,
prenoit à la fois si grant plaisir que amour esmou-
voit son couraige tellement que chaleur naturelle
souvent l'induisoit à briser sa continence. Tant
souvent fut visitée en la manière dessus dicte qu'en
la parfin sa concupiscence et désir charnelz la vain-
quirent et fut touchée du dard amoureux bien avant ;
et comme elle pensast souvent comment elle avoit
s'à elle ne tenoit très bonne habitude et opportunité de temps et de lieu ; car nul ne la gardoit, nul
ne lui donnoit empeschement pour mettre à excécution son désir. Conclud et dist que son mary
estoit très sage quant si bien luy avoit acertené
que garder ne pourroit sa continence et chasteté, de qui toutesfoiz elle vouloit garder la doctrine et avec ce la promesse que faicte lui avoit : Or
me convient-il, dist elle, user du conseil de mon
mary ; en quoy faisant je ne puis encourir à deshonneur, puis qu'il m'en a baillié la licence. Mais que je

ne ysse les termes de la promesse que j'ay faicte, il
m'est advis, et il est vray qu'il me chargea que quant
le cas adviendroit que rompre me conviendroit ma
chasteté que je esléusse homme qui fust saige, bien
renommé et de grande vertu, et non aultre. En bonne
foy, aussi feray-je, mais que je puisse en non tres-
passant le bon conseil de mon mary, il me souffist
largement ; et je tien qu'il n'entendoit point que
l'homme déust estre ancien, ains comme il me semble qu'il fust jeune ayant autant de renommée en
clergie et science, comme ung autre vieil ; telle fut
la leçon comme il m'est advis. És mesmes jours
que ces argumentacions se faisoient pour la partie
de nostre damoiselle et que elle quéroit ung saige
jeune homme, pour luy refroider les entrailles, ung
très saige jeune clerc arriva de son eur qui venoit
freschement de l'université de Boulongne la crasse,
là où il avoit esté plusieurs ans sans retourner. Tant
avoit vacqué et donné son entente à l'estude qu'en
tout le pays n'y avoit clerc de plus grant renommée
par les magistraux de la cité ; et avecques eulx as-
sistoit continuellement. Il avoit coustume d'aler
chascun jour sur le marchié à l'ostel de la ville, et
jamais ne povoit passer que par devant la maison de
la dicte damoiselle, à laquelle pléut très bien sa
doulce manière. Et combien qu'elle ne l'eust jamais
veu exercer l'office de clergie, toutesfoiz elle jugea
tantost qu'il estoit très grant clerc, auxquelz moyens
elle ficha toute son amour, en luy disant qu'il gar-

deroit la leçon de son mary, mais par quelle manière
elle lui pourroit monstrer son grant et ardant amour,
et ouvrir le secret désir de son couraige, elle ne savoit, dont elle estoit très desplaisante. Elle s'advisa
néantmoins, pource que chascun jour ne failloit point
de passer devant son huys, allant au marchié, elle se
mettroit au perron, parée le plus gentement que
pourroit, affin que au passer, quant il getteroit son
regard sur sa beaulté, il la convoitast et requist de
ce dont on ne luy feroit refus. Plusieurs fois la damoiselle se monstra, combien que ce ne fust au paravant sa coustume, et jasoit ce que très plaisante
fust et telle pour qui ung jeune couraige devoit tantost estre esprins et alumé d'amours, toutesfoiz le
saige clerc jamais ne la apparcéut, car il marchoit si
gracieusement que en marchant ne gettoit sa véue
ne çà, ne là. Et par ce moyen la bonne damoiselle
ne proufita rien en la façon qu'elle avoit pourpensée
et advisée. S'elle fut dolente il n'en est jà mestier
d'en faire enqueste, et plus pensoit à son clerc, et plus
allumoit et esprenoit son feu. A fin de pièce, après
ung tas d'imaginacions que pour abrégier je passe
les reciter, conclud et se détermina d'envoier sa petite meschinette devers luy. Si la hucha et commanda
qu'elle s'en alast demander ung tel, c'est assavoir
de ce grant clerc, et quant elle l'auroit trouvé où
qu'il fust, luy dist que le plus en haste qu'il pourroit venist à l'ostel d'une telle damoyselle, femme et
espouse d'ung tel, et que s'il demandoit quelle chose

26

il plaisoit à la damoyselle, elle luy respondist que
rien n'en savoit; mais tant seulement lui avoit dit
qu'il estoit grande nécessité qu'il venist. La fillette
mist en sa mémoire les motz de sa charge et se partit
pour quérir celuy qu'elle trouva; ne demoura guères, car l'en luy enseigna la maison où il mengeoit
au disner, en une grande compaignie de ses amis et
aultres gens de grant façon. Cesté fillette entra ens
et en saluant toute la compaignie se vint adresser
au clerc lequel elle demandoit ; et oyans tous ceulx
de la table, luy fist son messaige bien saigement,
ainsi que sa charge le portoit. Le bon seigneur qui
congnoissoit de sa jeunesse le marchant dont la fillette luy parloit, et sa maison aussi bien comme la
sienne, mais ignorant qu'il fust marié ne qui fust
sa femme, pensa tantost que pour l'absence du dit
marchant sa dicte femme le demandoit pour estre
conseillée en aucune grosse cause, comme elle vouloit ; car le dit clerc scavoit bien que le mary estoit
dehors, et n'entendoit point la cautelle, ainsy comme
elle ; toutesfois il dit à la fillette : M'amye, allez dire
à vostre maistresse que incontinent que vostre disner
sera passé je iray vers elle. La messagière fist la responce telle qu'il failloit et que on lui avoit enchargé,
et Dieu scait comme elle fut recéue de sa maistresse.
Quant elle entendit les nouvelles que le clerc, son
amy par amours, devoit venir, elle estoit la plus
joyeuse qu'oncques fut femme; et pour la grant
joye que elle avoit de tenir son clerc en sa maison,

trembloit et ne savoit tenir manière. Elle fist balaiz courre par tout, espandre la belle verdure en sa chambre, couvrir le lit et la couchette, desployer riches couvertures, tapis et courtines, et se para et atourna des meilleurs atours et plus précieux qu'elle eust. En ce point l'attendit aulcun petit de temps, qui lui sembla long à merveilles, pour le grant désir qu'elle avoit. Tant fut désiré et attendu qu'il vint ; et ainsi que elle l'appercevoit venir de loing, elle montoit et descendoit de sa chambre, aloit et venoit maintenant cy, maintenant là, tant estoit esméue qu'il sembloit qu'elle fust ravye de son sens. En la fin monta cn sa chambre, et illec prépara et ordonna les bagues et joyaulx qu'elle avoit attains et mis dehors pour festoier et recevoir son amoureux. Si fist demourer en bas la fillette chamberière pour l'introduire et le mener où estoit sa maistresse. Quant il fut arrivé, la fillette le recéut très gracieusement et le mist ens et ferma l'uys, laissant tous ses serviteurs dehors, aux quelz il fut dit qu'ilz attendissent illec leur maistre. La damoiselle oyant son amoureux estre arrivé, ne se péult tenir de venir en bas à l'encontre de lui qu'elle salua doucement. Quant elle le vit, le print par la main et le mena en la chambre qui luy estoit appareillée, et où il fut bien esbahi, quant il s'i trouva, tant pour la diversité des paremens, belles et précieuses ordonnances qui y estoient, comme aussi pour la très grant beaulté de celle qui le menoit. Si tost qu'il fut en la chambre

entré, elle se séist sur une scabelle, auprès de la couchette, puis le féist seoir sur une aultre joignant d'elle,
où ilz furent aucune espace tous deux, sans mot dire,
car chascun attendoit tousjours la parole de son compaignon, l'un en une manière, l'autre en l'autre;
car le clerc cuidant que la damoiselle luy déust ouvrir aulcune grosse et difficile matière, la vouloit laisser commencer. Et elle d'autre costé, pensant qu'il
fust si saige et si prudent que sans riens lui dire ne
remonstrer plus avant, il déust entendre pour quoy
elle l'avoit mandé. Quant elle vit que semblant ne
manière ne faisoit pour parler, elle commença et dist:
Mon très cher parfait amy et très saige homme, je
vous vueil dire présentement la raison pour quoy et
la cause qui m'a méue à vous mander. Je cuide que
vous avez bonne congnoissance et familiarité avec
mon mari, en l'estat que vous me voyés icy m'a il
laissée et abandonnée pour aler sur la mer et mener ses marchandises en Alexandrie, comme il a de
long temps acoustumé. Avant son partement me
dist que quant il seroit absent, il se tenoit tout séur
que ma nature et fragilité me contraindroient à rompre et briser ma contenance, et que par nécessité me
conviendroit converser avec homme, affin d'estaindre la chaleur qui en moy devoit venir après son partement. En bonne foy, je le répute ung très saige
homme, car de ce qu'il me sembloit adoncques impossible advenir je voy l'expérience véritable, car
mon jeune aage, ma beaulté et mes tendres ans ne

pevent souffrir ne endurer que le temps despende
et consume ainsi mes jours en vain ; ma nature aussi
ne se pourroit contenter. Et affin que vous m'enten-
·dés bien à plain, mon sage et bien advisé mary qui
avoit regart à. mon cas, quant il se partit en plus
grande diligence que moy mesmes, voyant que comme
les jeunes et tendres fleurettes se seichent et amatis-
sent, quant aucun accident leur advient, et contre
l'ordonnance et inclinacion de leur nature, par telle
manière considéroit il ce qu'il m'estoit à advenir.
Et voyant clèrement que se ma complexion et condicion n'estoient gouvernées selon l'exigence de leurs
naturelz principes, guères ne luy pourroye durer. Si
me fist jurer et promettre que quant il adviendroit
ainsi que ma nature me forceroit à rompre et briser
mon entièreté, je esléusse ung homme saige et de haulte auctorité qui couvert et subtil fut à garder nostre
secret. Si est-il que en toute la cité je n'ay scéu penser, pour homme qui soit plus ydoine que vous,
car vous estes jeunes et très saige homme. Or m'est-
il advis que ne me reffuserés pas ne rebouterés. Vous
voiés quelle je suis, et si povez l'absence de mon bou
mary supplier et son lieu tenir, voire maintenant se
c'est vostre bon plaisir, car nul homme n'en scaura
parler ; le lieu, le temps, toute opportunité nous
favorisent. Le bon seigneur prévenu et anticipé fut
tout esbahy en son couraige de ce que la bonne dame
dist combien que semblant n'en fist. Il print la main
destre à la damoiselle et de joyeux viaire et plaisante

26.

chière lui commença à dire ces parolles : Je doy bien
rendre et donner grâces infinies à ma dame fortune
qui aujourd'uy me donne tant d'eur et me fait percevoir le fruit du plus grant désir que je povoye au
monde avoir ; jamais ne me reputeray ne clameray
infortuné, quant en elle treuve si large bonté. Je
puis séurement dire que je suis aujourd'uy le plus
cureux de tous les aultres, car quant je concoy en
moy, ma très belle et doulce amye, comment ensemble passerons joyeusement noz jeunes jours sans
ce que personne s'en puisse appercevoir ne donner
garde, je senglantis de joye. Où est maintenant
homme qui est plus aymé de fortune que moy, se
ne fust une seule chose qui me donne ung petit et
légier empeschement à mectre à excécucion ce dont
la dilacion aigrement me poise et desplaist, je seroye
le plus et mieulx fortuné de tout le monde, et me
desplaist souverainnement que je ne le puis amender.
Quant la bonne damoiselle qui à nul mal n'y pensoit, ouyt qu'il y avoit aulcun empeschement qui ne
lui laissoit desployer ses armes, elle très dolente et
bien marrie lui pria qu'il le declairast pour y remédier s'elle povoit : L'empeschement, dist-il, n'est point
si grant qu'en petit temps n'en soie delivré, et puis
qu'il plaist à vostre doulceur le scavoir je le vous
diray. Ou temps que j'estoie à l'estude, à l'université
de Boulongne la grasse, le peuple de la cité fut séduit et méu tellement que par muthemathe s'esleva
encontre le seigneur ; si fus accusé avec les aultres

mes compaignons d'avoir esté cause et moyen de la
séduction et de muthematherie, pour quoy je fus mis
en prison estroicte, ou quel lieu, quant je m'y trouvay, craignant perdre la vie, pource que je me sentoye
innocent du cas, je me donnay et voué à Dieu, lui promettant que s'il me délivroit des prisons et rendoit
icy entre mes parens et amys, je jéusneroye pour l'a-
mour de lui ung an entier, chascun jour au pain et
à l'eaue, et durant ceste abstinence, ne feroye péché
de mon corps. Or ay-je par son ayde fait la plus
part de l'année et ne m'en reste guères; je vous prie
et requier toutesfoiz, puis que vostre plaisir a esté
moy eslire pour vostre, que vous ne me changiés
pour nul autre qui vive, et ne vous vueille ennuyer
le petit delay que je vous donneray pour paracomplir mon abstinence qui sera brief faicte et qui piéçà
eust esté parfaicte, se je ne me eusse ozé confyer en
aultrui qui m'en eust péu ayder et donner secours,
car je suis quitte de chascune jeune que ung autre
feroit pour moy comme se je la faisoye. Et pource
que j'appercoy vostre grande amour et confiance que
vous avez fischée en moy, je mettray, s'il vous plaist,
la fiance en vous que jamais n'ay ozé mettre sur frères, ne amis, ne parens que j'aye, doubtant que faulte
ne me fissent touchant la jeusne. Et vous prieray que
m'aidiés à jeusner une partie des jours qui restent à
l'acomplissement de mon an, affin que plus brief je
vous puisse secourir en la gracieuse requeste que
m'avez faicte. Ma doulce entière amye, je n'ay mais

que soixante jours, lesquelz, ce c'est vostre plaisir
et voulenté, je partiray en deux parties de quoy vous
en aurez l'une et moy l'autre, par telle condicion
que sans fraude me promettrés m'en acquitter justement, et quant ilz seront acomplis nous passerons
plaisamment noz jours. Doncques se vous avez la
voulenté de moy aider en la manière que j'ay dessus
dicte, dictes le moy maintenant. Il est à supposer
que la grande et longue espace de temps ne lui
pléut guères, mais pource qu'elle estoit si doulcement requise de son amy, et aussi qu'elle désiroit
moult la jeusne estre parfaicte et acomplie, affin
qu'elle péust acomplir ses vouloirs et désirs avec son
amoureux, pensant aussi que trente jours n'ares-
teroient guères, elle promist de les faire et acomplir
sans fraulde ne sans déception ou mal engin. Le bon
et notable seigneur dessusdit voyant qu'il avoit gaigné sa cause, et que ses besoignes se portoient très
bien, si print congié à la bonne damoiselle qui n'y
pensoit nul mal, en luy disant que puis que sa voie
et son chemyn estoit en venant de sa maison au
marchié, de passer devant son huys que sans faulte il la
viendroit bien souvent visiter ; et à tant se départit. Et
la belle dame commença le lendemain à faire son abstinence en prenant ordonnance que durant le temps
de sa jeusne elle ne mengeroit son pain et son eaue
jusques après soleil réconscé. Quant elle eut jeusné
trois jours, le sage clerc ainsi qu'il s'en alloit au marchié, à l'eure qu'il avoit acoustumé vint veoir sa dame

à qui il se devisa longuement, puis au dire adieu il lui demanda si le jeusne estoit ainsi encommencée. Et elle respondit que ouy. — Entretenez vous ainsi, dist-il, et gardez vostre promesse, ainsi que l'avez faicte. — Tout entièrement, dist-elle, ne vous en doubtez. Il print congé et se partit, et elle persévérant de jour en jour en sa jeusne, et gardoit l'observance en la façon que elle avoit promis, tant estoit de bonne nature. Elle n'avoit pas jeusné huit jours, que sa chaleur naturelle commença fort à refroider et tellement que force lui fut de changer habillemens, car les mieulx fourrez et empennez qui ne servoient qu'en l'iver vindrent servir au lieu des sengles et tendres qu'elle portoit avant l'abstinence entreprinse. Au quinziesme jour fut arrière visitée de son amoureux le clerc qui la trouva si foible que à grant paine povoit elle aler par la maison ; et la boune simplette ne se scavoit donner garde de la tromperie tant s'estoit abandonnée à amours, et parfaictement mis son entente à persévérer à celle jeusne. Et pour les joyeux et plaisans déliz qu'elle attendoit séurement à avoir avecques son grant clerc lequel quant à l'entrer en la maison la veoit ainsi foible, luy dist : Quelle viaire esse-là et comment marchez vous ? Maintenant j'apercoy que faictes l'abstinence à regret et comment, ma très doulce amye, ayez ferme et constant couraige, nous avons aujourd'uy achevé la moictié de nostre jeusne ; se vostre nature est foible, vainqués la par roideur et constance de cueur, et ne rompez

vostre léalle promesse. Il l'amonnesta si doulcement
qu'il luy fist prendre couraige par telle façon qu'il
lui sembloit bien que les aultres quinze jours qui
restoient ne lui dureroient guères. Le vingtiesme
vint auquel la simplette avoit perdue toute couleur
et sembloit à demi morte, et ne luy estoit plus le
désir si grant comme il avoit esté. Il lui convint prendre le lit et y continuellement demourer, où elle se
donna aucunement garde que son clerc lui faisoit
faire abstinence pour chastier son désir charnel, si
jugea que la façon et manière de faire estoient sagement advisées, et ne povoient venir que d'omme bien
saige. Toutesfoiz ce ne la desméut point ne descouvrit qu'elle ne fust délibérée et arrestée de entretenir sa promesse. Au penultime jour elle envoya quérir son clerc qui quant il la vit couchée au lit, demanda se pour ung seul jour qui restoit avoit perdu
couraige? Et elle entrerompant sa parole, lui respondit: Ha! mon bon amy, vous m'avez parfaictement et
de léalle amour aymée, non pas deshonnestement
comme j'avoye présumé vous aymer. Pour quoy je
vous tien et tiendray tant que Dieu me donnera vie et
à vous aussi pareillement, mon très chier et singulier
amy, qui avez gardé et moy aprins mon entière chasteté et ma chaste entièreté, l'onneur et la bonne renommée de moy, mon mary, mes parens et amys. Benoist soit mon chier espoux de qui j'ay gardé et entretenu la leçon qui donne grant apaisement à mon
cueur. Or çà, mon amy, je vous rendz telles grâces

et remercye comme je puis du grant honneur et
biens que m'avez faiz, pour lesquelz je ne vous scauroye ne pourroye jamais rendre ne donner suffisan-
tes grâces, non feroient tous mes amis. Le bon et
saige seigneur, voyant son entreprinse estre bien ache-
vée, print congié de la bonne damoiselle, et doucement l'amonnesta qu'il lui souvint de chastier
désormaiz sa nature par abstinence toutes les
foiz qu'elle s'en sentiroit esguillonnée ; par le quel
moyen elle demoura entière jusques au retour de
son mary qui ne scéust rien de l'aventure, car elle
luy cela, si fist le clerc pareillement.

CY FINISSENT LES CENT NOUVELLES NOUVELLES,
COMPOSÉES ET RÉCITÉES PAR NOUVELLES
GENS DEPUIS NAGUÈRES.

NOTICES SUR LES CONTEURS.

ACTEUR (L').

Nouvelle 51.

Au sujet du rédacteur des Cent Nouvelles, voir tome Ier, page XLIJ de l'Introduction.

ALLARDIN.

Nouvelle 77.

Allardin la Griselle, écuyer échanson du duc de Bourgogne, porté en cette qualité sur un compte de 1436. (*État des officiers et domestiques de la maison de Philippe de Bourgogne, p. 230 des Mémoires pour servir à l'Histoire de France et de Bourgogne. 1729, in-4, p. 225.*)

On trouve encore au nombre des officiers de la maison de Bourgogne, qui passèrent au service de Louis XI, un *Alardin Bournel.* Voir addition à l'*Hist. de Louis XI*, tome IV, p. 393, des *Mémoires de Comines*, in-4, Paris, 1747 (édition de Lenglet-Dufresnoy).

AMANT DE BRUXELLES (MONSEIGNEUR L').

Nouvelles 13, 53.

De 1456 à 1461, l'Amant, ou plutôt l'amann (1), de Bruxelles, fut messire Jean d'Enghien, chevalier, sieur de Kessergat, vicomte de Grimbergh, chambellan et maître d'hôtel du duc de Bourgogne. Il avait épousé Marie d'Oisy, dame de Sandtberghe. (Voyez *Trophées de Brabant*, t. II, p. 427.)

Dans un banquet que le duc de Bourgogne donna, en 1461, aux seigneurs français et aux dames de Paris, et dont Georges Chastellain fait la description, Jehan de Kessergat fut l'un des trois maîtres d'hôtel. — Voici les paroles du chroniqueur : «Là out trois maistres d'hostel, « notables chevaliers trestous, messire Jehan Bastard de « Renty, messire Michaud de Hanges, messire Jehan de « Kessergatte, amann de Brouxelles, requirent l'apparte- « nir du los comme souvrains conduiseurs. » — Georges Chastellain, *Chronique des ducs de Bourgogne*, publiée par Buchon, p. 172, édition du *Panthéon littéraire*.

BARDE (MONSEIGNEUR DE LA).

Nouvelle 31.

Jean d'Estuer, chevalier, seigneur de la Barde, de Salignac en Limousin, de Nieul en Anjou, vicomte de Riberac, de Bruillen, etc., était fils de Jean d'Estuer,

---

(1) Charge municipale qui correspondait à celle des notaires parmi nous.

chevalier, seigneur de Tuelle, Lisleau et de la Barde. Il
devint conseiller et chambellan du roi Louis XI. Il était
sénéchal du Limousin en juillet 1462, et, en 1483 (février), sénéchal de Lyon, gouverneur de Perpignan, et
lieutenant au gouvernement de Roussillon et de Cerda-
gne. Il fit son testament à Nieul, le 15 août 1488, et
demanda à être enterré à l'Observance de Bordeaux qu'il
avait fondée.

Il ne laissa pas d'enfants de Catherine de Brachet, sa
femme. On a vu, tome Ier, page xxxviii de l'introduction, qu'Olivier de la Marche place M. de la Barde au
nombre des jeunes seigneurs qui faisaient partie de la
société du Dauphin à Genappe.

En 1462, le seigneur de la Barde fut envoyé par
Louis XI en Angleterre, pour réconcilier le roi Edouard
et Henri de Lancastre, son cousin ; mais, comme le dit
Chastellain, « il trouva petite aprestance ad ce que
« queroit, et le cas mal possible à conduire pour venir
« à union... se partit sans grant exploit. » (Chastellain,
page 198, édit. du *Panthéon.*)

BEAUVOIR (MONSEIGNEUR DE).

Nouvelles 27, 30.

Jean de Montespedon, dit *Houaste*, écuyer, conseiller
et premier valet de chambre de Louis XI, devint seigneur de Beauvoir, du Marc en Dauphiné, du Bazages.
Ce fut lui qu'au mois de janvier 1460 le Dauphin envoya au roi son père avec une lettre à laquelle Charles VII répondit verbalement. (Voir Duclos, *Histoire de
Louis XI*, page 219 du tome IV.)

Quand Louis fut devenu roi, il nomma Houaste bailli de Rouen, en novembre 1461, et au mois d'août 1462 la ville de Rouen ayant offert au roi Louis XI deux cents marcs de vaisselle d'argent, par la même délibération « on présenta, dit une addition à la Chronique scanda- « leuse, à noble homme Jehan de Montespedon, escuyer, « sieur de Beauvoir, conseiller et chambellan du roy, nos- « tre dit seigneur et son bailly de Rouen, et très prouchain « du dit seigneur, six hanaps, la couverture et une es- « guierre d'argent, le tout pesant ensemble vingt cinq « marcs trois onces. » (*Chronique scandaleuse*, t. II des *Mémoires de Comines*, p. 13. Edition de Lenglet Du- fresnoy.)

CARON.

Nouvelle 22.

G. Chastellain, dans la troisième partie des *Chroni- ques de Bourgogne*, chap. LXXIII, en parlant de Phi- lippe le Bon et du comte de Charolais, dit : « A tant « partirent de l'oratoire, père et fils, nulluy emprès eux, « que le clerc de chappelle *Caron* messire Adolf de Clesve « et le seigneur de la Roche... »

CHANGY (MESSIRE MICHAULT DE).

Nouvelles 38, 64, 79, 80.

Conseiller du grand conseil, chambellan ordinaire,

premier écuyer tranchant, puis premier maître d'hôtel
des 'ducs de Bourgogne Philippe et Charles. Dans un
compte de 1464, il porte toutes ces qualités, et, en 1462,
il était gruyer du bailliage de Dijon, d'Auxois, de la
Montagne, et bailli de Macon. Georges Chastellain, dans
sa Chronique (*Part.* 2, *p.* 249-324.); nous le représente comme l'un des principaux conseillers du duc de
Bourgogne. Quoiqu'il l'appelle messire *Michiel de
Cangy,* c'est bien le même personnage.

Le duc Charles le Téméraire avait encore augmenté les
charges et priviléges de Michault de Changy, et quand ce
prince mourut, Louis XI confirma, en les augmentant aussi, toutes ses dignités. Ainsi l'on trouve, dans un compte
de 1477 (30 septembre), le passage suivant : «Noble sei-
« gneur messire Michel de Changy, seigneur de Chissey,
« chevalier, conseiller chambelan, l'un des commis du
« duc pour la direction de ses finances à Dijon, aux gages
« de 36 s. de deux gros le sol, monnoie de Flandres, qui
« vallent 2 francs, monnoie de Bourgongne. Depuis par
« lettres patentes du roy données à Terouenne, le 10
« aoust 1477, le dit de Changy fut retenu en l'état et of-
« fice de son conseiller chambelan ordinaire et domesti-
« que et second chevalier, assistant en ses parlemens et
« conseils de Bourgongne, en lui donnant plain pouvoir
« et authorité du dit office de conseiller et chambelan or-
« dinaire et domestique et second chevalier, assistant es
« diz parlemens et conseils de Bourgongne, exercer et
« servir dès lors en avant, estre, assister en tous les con-
« seils et parlemenz d'icelui seigneur tant en Bourgogne
« que ailleurs ; de besongner, entendre et vacquer en
« iceux. Et afin qu'il eust mieux de quoy s'entrete-
« nir lui augmenta ses gages d'un franc royal par
« jour, au lieu de deux qu'il avait. » *Mémoires pour*

27.

servir à l'histoire de France et de Bourgogne. In-4,
p. 261.

COMMESURAM (MONSEIGNEUR DE).

Nouvelles 23, 62, 72.

Ce nom est peut-être inventé. Ne désignerait-il pas
simplement M. *de Conversan,* c'est-à-dire Louis de
Luxembourg, comte de Saint-Pol, qui raconte la nouvelle XXXIX. Voyez plus bas : *Saint-Pol (monseigneur de).*

———

CRÉQUY (MONSEIGNEUR DE).

Nouvelle 14.

Jean, sire de Crequy, de Canaples et de Tressin, chevalier de la Toison-d'Or, élevé à cette dignité lors de la
fondation de l'ordre, au mois de janvier 1431. (*Mémoires de Lefèvre de Saint-Remy,* chap. CLXVIII.)

Il fut envoyé, en 1461, par Philippe, duc de Bourgogne, au roi d'Aragon, pour lui offrir l'ordre de la Toison-d'Or : « Envers ce temps chy, dit à ce sujet G. Chas-
« telain, arriva à Paris le seigneur de Créquy devers le
« duc son maistre retournant devers le roy d'Arragon...
« au quel à l'instance meisme et grant requeste du dict
« roy, il avoit porté aveuc Thoison d'or, par la délibé-
« ration du plein chapitre des frères le collier de l'or-

« dre de la Thoison d'or, et lequel le dict roy rechut
« en grand honneur et en grand embellissement de sa
« fortune, soy reputant eureux d'estre esléu frère d'une
« si haulte et noble compaignie. » (*Chroniques des ducs
de Bourgogne,* première part., p. 173.) Le même chroniqueur cite plusieurs fois Crequy comme étant au nombre des principaux conseillers du duc (pages 178, 212).
En 1465, ce dernier fut l'un des signataires du fameux
traité de Conflans (*Preuves des Mém. de Ph. de Comines,* édit. de Lenglet-Dufresnoy, t. II, p. 509). Quand le
duc Philippe le Bon mourut, on choisit douze seigneurs
pour porter son corps, Jehan de Crequy figure au premier rang : « A porter le corps, dit G. Chastellain, avoit
« douze que comtes, que barons, que banerets, le comte
« de Joygny premier, le sieur de Crequy, etc. » (Page
397.)

En 1469, il était encore au service de Charles le Téméraire, puisque ce fut lui qui introduisit auprès du duc
les ambassadeurs du roi de France. (G. Chastellain, p.
495.) L'année précédente, 8 janvier 1468, il avait as-
sisté, comme témoin, à la cassation des priviléges accordés à la ville de Gand, en 1301, par Philippe, roi
de France. (*Preuves de Comines,* t. III, p. 93.)

On trouve dans les Mémoires d'Olivier de la Marche
(liv. I, chap. XXIX) une longue description des fêtes
qui eurent lieu au célèbre banquet que le duc de Bourgogne donna à Lille le 17 février 1453. Les malheurs
de l'église, qui était menacée par la prise récente de
Constantinople, furent le sujet des représentations données à cette fête. Tous les chevaliers assistants firent vœu
de marcher contre les infidèles, et, conformément aux
usages de la chevalerie, ce vœu fut prononcé sur un faisan
que l'on présenta à chacun d'eux : « Après les lamen-
« tations de nostre saincte mère église, en la salle entrè-

« rent grand nombre d'officiers d'armes : desquels le
« dernier estoit Toison d'or, roy d'armes. Ce Toison d'or
« portoit en ses mains un faisan vif et aorné d'un très-
« riche collier d'or, très-richement garny de pierreries et
« de perles, et après le dic Toison d'or vindrent deux
« damoiselles, c'est à scavoir madamoiselle Ioland et Isa-
« beau de Neufchatel adextrées de deux chevaliers de la
« Toison d'or : c'est à scavoir monsieur de Créquy et
« messire Symon de Lalaing. » Le faisan fut présenté au
duc, qui tira de son sein un brief contenant qu'il vouoit
qu'il secourroit la chretienté. — Jehan de Crequy est
au nombre des chevaliers dont Olivier de la Marche
nous a conservé le serment. (Voy. *Mémoires* , liv. I,
chapitre XXX.)

————

DAVID (PIERRE).

Nouvelle 49.

Dans un compte manuscrit des gages mensuels des
officiers et domestiques de la maison de Bourgogne,
daté du 30 mai 1448, *Pierre David* se trouve porté aux
appointements de XII s. par mois.

————

DYGOINE (MESSIRE CHRESTIEN DE).

Nouvelle 68.

Chrestien de Digoine, chevalier, seigneur de Thianges, était fils de Huguenin ou Hugues de Digoine, cheva-

lier, seigneur de Thianges, et de Marguerite de Damas. Hugues de Digoine, chambellan du duc Jean-sans-Peur, fut souvent employé dans les négociations qui suivirent la mort de ce prince. (Voyez le *Mémoire pour servir à l'Hist. du meurtre de Jean-sans-Peur*, p. 209, 227-241 du vol. intitulé *Mémoires pour servir à l'Hist. de France et de Bourgogne*. 1729. In-4.)

Chrestien de Digoine figure au nombre des officiers de la maison de Bourgogne. En 1460, il est qualifié de chambellan en la seconde chambre et second service de Philippe le Bon. — Il est dit conseiller et chambellan en 1473, et, à ce titre, jouissait d'une pension de six cents francs que le duc lui accorda par lettres patentes données à Luxeuil, le 26 mars 1473. (*Mém. pour servir à l'Hist. de France et de Bourg.*, p. 271.)

Chrestien de Digoine vivait encore en 1475. Il laissa de Jeanne ou Philiberte des Barres, sa femme, une fille unique mariée le 15 octobre 1472, avec Jean de Damas, baron de Marcilly.

Dans la cérémonie du faisan qui eut lieu, comme on l'a vu précédemment, au banquet donné par le duc Philippe le Bon, à Lille, en 1453, Chrestien de Digoine, collectivement avec son frère Evrard, fit le serment d'accompagner le duc de Bourgogne dans le saint voyage et d'arborer les premiers leur étendard aux yeux des ennemis. « Et en outre, dit en finissant Chrestien de Di- « goine, je voue comme dessus que s'il plaist à mon « créateur et à sa glorieuse mère, moy faire tant de « grace que je retourne, je repasserai par troys royau- « mes chrestiens, dedans les quels je porterai emprise « pour faire armes à pied et à cheval. » (*Mém.* d'Oliv. de la Marche, liv. I, ch. XXX.)

DUC (MONSEIGNEUR LE).

Nouvelles 16, 17, 58.

Philippe le Bon, duc de Bourgogne.

FIENNES (MONSEIGNEUR DE).

Nouvelles 24, 43.

Thibaut de Luxembourg, second fils de Pierre premier du nom, fut chef de la branche des seigneurs de Fiennes. Il était marié à Philippine de Melun, fille de Jean de Melun, premier du nom, seigneur d'Antoing et d'Espinoy, vicomte de Gand. Après la mort de sa femme, il devint moine de l'ordre de Cîteaux, fut fait abbé d'Igny, puis d'Orcamp, et enfin évêque du Mans ; il mourut le 1er septembre 1477. (Reiffemberg, *Mém. sur le séjour que Louis, dauphin de Viennois*, depuis roi sous le nom de Louis XI, fit au Pays-Bas, de l'an 1456 à 1461, p. 23.) Georges Chastellain, dans sa Chronique des ducs de Bourgogne, troisième partie, chap. LXXII, cite le seigneur de Fiennes au nombre des chevaliers qui accompagnaient le comte de Charolais, quand ce prince fut reçu par son père à Lille, en 1466. Le même chroniqueur place le seigneur de Fiennes au nombre des gentilshommes pensionnaires du même prince devenu duc de Bourgogne. (Voir troisième partie, chapitre CXLII.)

FOUQUESSOLES (MONSEIGNEUR DE).

Nouvelle 26.

Je n'ai pu trouver relativement à lui aucune indication précise ; seulement, sous l'année 1419, Georges Chastellain, en parlant de l'arrivée de deux mille Anglais devant Roye, ajoute : « Et s'estoient joincts avec eulx « au partir du siège aucuns des Bourguignons comme « Butor de Croy, Aubelet de Folleville, le bailly de « Fouquesolles, etc. » (Page 33, édit. du *Panthéon littéraire*.)

Est-ce le même individu qui figura, en 1457, à la cour de Genappes, ou bien son successeur ?

GUYENNE (MONSEIGNEUR LE SÉNÉCHAL DE).

Nouvelle 38.

Voyez Lau (Antoine du).

LAMBIN (MAISTRE JEHAN).

Nouvelle 73.

Un nommé *Berthelot* Lambin figure au nombre des valets de chambre de Philippe le Bon. Ce Berthelot était aussi, en 1446, contrôleur de l'artillerie.

(*Mém. pour servir à l'Hist. de ¡France et de Bourg.*, p. 225.)

LANOY (MONSEIGNEUR DE).

Nouvelles 6, 82, 92.

Jean de Lannoy se trouve porté au nombre des officiers du duc de Bourgogne dans un compte manuscrit du 30 mai 1448. Il recevait xxxvi s. de gages par mois. Créé chevalier de la Toison d'or, en 1451, à Montz en Hainaut, il jura la croisade au repas du faisan donné par le duc, à Lille, en 1453.

Il était gouverneur de Lille en Flandre lorsque, en 1463, Louis XI, ayant dépossédé plusieurs officiers du pays de la rivière de Somme, donna une partie de leur charge à Jean de Lannoy, qu'il espérait par ce moyen attirer à son service. On lit dans la chronique de G. Chastelain à ce sujet : « Et fut mis en ce lieu gratis et pour « nient, le seigneur de Lannoy, gouverneur de Lille en « Flandres, jasoit ce que le duc en murmura ung peu « contre le dict de Lannoy, et luy imputa que c'estoit « trop tost quis service royal pour laisser la sien... de « quoy le dict Lannoy assez confus s'excusa au mieulx « que povoit, disant que ce n'estoit ne à son pourchas « ne à sa requeste et que le roy lui avoit ordonné et « commis de luy mesmes. Toutes fois nonobstant ce si « ne voloit-il prendre, ce dist, le baillage contre son « grès. (P. 266.) » Chastelain ajoute que de Lannoy cherchait à faire comprendre au duc qu'il valait mieux que ce fût lui qui occupât cette place qu'un autre, qui pourrait nuire à la maison de Bourgogne.

Malgré tout, Lannoy servit plutôt les intérêts de Louis XI que ceux du duc Philippe; en 1464, il passa en Angleterre avec des lettres de Louis XI pour le roi Edouard, pour avoir alliance, dit une chronique con-

temporaine, à la nuisance de la maison de Bourgogne;
mais ce roy envoya les lettres du roy de France au duc
de Bourgogne pour soy adviser. (*Additions* au Commines,
t. II, p. 182.) De Lannoy se retira à Tournay et le comte
de Charolais s'empara de son château. On lit à ce sujet
dans les mémoires de Jacques du Clercq, liv. 5, ch. XXII.
« En ceste propre sepmaine (mars 1465.) Pierre, sei-
« gneur de Roubais, chevalier, et aultres chevaliers,
« avecq eulx plusieurs gens de guerre, par le comman-
« dement du comte de Charollois allèrent et prindrent
« la ville et le chastel de Lannoy, y cuidant trouver le
« seigneur de Lannoy, chevalier gouverneur de Lille et
« bailly d'Amiens, nepveu du seigneur de Croy; les
« quels faillirent de le trouver, car il féust de leur ve-
« nue adverty; si s'en partit luy, sa femme, ses enfans,
« et emporta son or, son argent et ses bonnes bagues
« dont il avoit largement; et s'en alla à Tournay qui est
« à deux lieues près du dict Lannoy. »

Le comte de Charolais fut un de ceux qui poursuivit
le plus de Lannoy dont la conduite déloyale ne pouvait
lui plaire. Chastelain nous fait dans sa chronique, au sujet de ce seigneur, des révélations curieuses : « Le sei-
« gneur de Lannoy, dit-il, nepveu de Croy, à Lille et
« partout ailleurs où il se trouvoit estoit, le tout et le seul
« bras quasi à son oncle; et en sens, et en conclusion, et
« en conduite, c'estoit son tout refuge et son tout secret
« aveuques le seigneur de Cymay, son frère, quant il s'y
« trouvoit. Si donnoit-on grace à cestui de Lannoy que
« soubtil homme excellentement estoit et caut, et qu'en
« orgueil de son oncle et en son mescongnoistre avoit
« grandement coulpe. Car ly devenu rice oultre mesure,
« en Hollande, dont avoit eu le gouvernement, et ayant
« fondé et fait une bonne ville close d'ung povre villa-
« geot, et ung chasteau d'infini avoir d'une povre tou-

« relle, tendoit et béoit aussi à mener sa maison et sa
« fame (*renommée*) à estat que fortune ne donnoit point ;
« est à entendre à tranquillité et à etestable séurté aveuc-
« ques ses oncles, les quels ne pooit penser jamès pooir
« tourner à décadence, ne ly aussi. Et par ainsi comme
« il voyoit et conçevoit que le comte de Charolois ten-
« doit et manassoit de les desfaire et mettre au bas, bou-
« toit quant qu'il pooit à l'orgueil de son oncle, et par
« toutes voies et manières dont le pensoit à pooir for-
« tifier et rasséurer, fust en France, ou en Angleterre
« il lui donna conseil, et meismes en l'ung royaulme et
« en l'autre, sans légations prises du duc, et que son
« oncle lui mist en mains, se trouva procureur, ce di-
« soit-on, d'estranges choses. » (*Chron. des ducs de
Bourg*, part. 3, ch. LXIII.) D'après ce qui précède on
ne doit pas être surpris que de Lannoy eût été en com-
plète disgrâce auprès de Charles le Téméraire. Nous
voyons, en effet, que ce prince ayant tenu, au mois de
mai 1468, un chapitre solennel de la Toison d'Or, les
deux frères de Croy et de Lannoy se présentèrent à
Lille, huit jours auparavant, pour répondre devant ceux
de l'ordre de plusieurs crimes dont ils étaient accusés.
Ils furent regardés comme coupables « et ne les voult
« le duc oncques rechevoir pour estre à sa feste, ne par
« procureur ne aultrement; souffrit tant seulement que
« leurs tableaux présentassent leurs personnes absentes
« et que Toyson d'Or allast pour eulx à l'offrande. »
(G. Chastelain. *Chron. des ducs de Bourg.*, p. 3. chapitre CXLVII.)

Après la mort de Charles le Téméraire, Jean de Lannoi reprit dans les affaires de la maison de Bourgogne
une grande influence. Ce fut lui qui joua le principal
rôle dans les négociations qui eurent lieu en 1477, pour
le mariage de l'héritière de Bourgogne et du dauphin

de France. (*Voir l'instruction donnée aux ambassadeurs par le roi; Preuves de Comines*, t. III, p. 515. In-4°.) Devenu abbé de Saint-Bertin, chancelier de l'ordre de la Toison-d'Or, chambellan de Maximilien, duc d'Autriche, Jean de Lannoi était envoyé par ce prince au roi Louis XI, pour traiter de la paix en 1481.

Jean de Lannoi mourut en 1492.

LAON (PHILIPPE DE).

Nouvelles 5, 20, 21, 66, 07, 74, 76.

C'est Philippe de Loan, écuyer d'écurie du duc Philippe le Bon en 1462, ainsi que le prouve cette indication placée sur le dernier feuillet d'un exemplaire de la *Bible Historiale* de Guiart-Desmoulins, faisant aujourd'hui partie des manuscrits de la Bibliothèque royale : « le xv° jour de novembre, l'an mil quatre « cent soixante et ung, fut aceté ce présent livre à Lon- « dres en Engleterre, par Philippe de Loan, escuyer « d'escuierie de très hault et puissant prince monsieur « le bon duc Philippes, par la grace de Dieu duc de « Bourgogne, de Brabant, etc. » Voyez p. 5 du t. Ier des *Manuscrits Français* de la Bibliothèque royale par M. P. Paris. — Paris 1836, in-8.

LA ROCHE (MONSEIGNEUR DE).

Nouvelles 3, 12, 15, 18, 36, 37, 41, 44, 45, 47, 48, 52.

Philippe Pot était fils de Jacque Pot, seigneur de la Roche de Nolay, la Prune au Pot Thoré, Givry, Neelle,

Romain Chasteauneuf, et de Marguerite de Courtiamble,
sa seconde femme; il se trouve porté comme échanson
du duc de Bourgogne dans un compte de 1449. (*Mémoires pour servir à l'histoire de France et de Bourgogne,*
p. 231.) Dans un autre compte de 1457 il est appelé
messire Philippe Pot, chevalier, conseiller chambellan,
seigneur de la Roche. En septembre 1462 ses gages
étaient par mois de xxxvj s., et en 1474 il figurait encore au nombre des chambellans de la maison de Bourgogne (*Mémoires,* etc.; p. 271.)

Georges Chastelain, dans sa Chronique de la maison
de Bourgogne, donne au sujet de ce personnage des
détails d'autant plus précieux qu'ils s'accordent avec le
role que joua Philippe Pot à la cour de Gennape dont
il fut le principal conteur. Depuis l'année 1462 jusqu'en 68, Chastelain nous représente Philippe Pot
comme l'un des plus intimes conseillers du duc. C'est
lui qu'il envoie en 1462 au-devant de la reine d'Angleterre et qu'il charge de porter à cette princesse des
paroles de consolation. (Voir *Chastelain,* p. 222–223.)
En 1464, la reine de France étant venue à la cour de
Bourgogne, Philippe le Bon lui fit un grand accueil; il
chercha par des fêtes à la retenir près de lui. A ce propos, Georges Chastelain nous dit : « Le seigneur de la
« Roche, nommé messire Philippe Pot, tous ces soirs
« presque se tint à genoux d'emprès la royne qui se
« devisoit à ly; et faisoit personnage entre son maistre
« et la royne, pour les tenir en termes tous deux : car
« avoit le don de parler et de bon esprit en ly, par quoy
« lui séoit bien et le scavoit bien faire. » (*Part.* 3,
chap. XV, p. 316.)

Quand le duc voulut répondre au pape sur le fait du
voyage d'outre-mer, et qu'il consulta les nobles et les
hommes prudents de son pays il ne manqua pas d'ap-

peler Philippe Pot, et son avis décida le duc à rester dans ses états. (Voir *Chastelain, chap. XXVI*, p. 325.)

Un des faits les plus curieux relativement aux querelles du comte de Charolais avec la maison de Croy, est la conversation citée par G. Chastelain, qui eut lieu à Lille en 1466, entre Monseigneur de Croy et Philippe Pot, conversation à laquelle Chastelain était présent, dit-il, et dont le seigneur de la Roche lui raconta tous les détails. (*Chron.*, p. 3, chap. LVII et LVIII.)

La même année, il avait été pourvu par Charles le Téméraire, de l'office de capitaine de la ville et du château de Lille, en remplacement du bâtard de Saint-Pol qui venait de mourir. L'année suivante, le duc lui confirmait la possession de la capitainerie de Lille, Douay et Orchies, sa vie durant, et lui promettait sa parole de prince qu'il ne ferait rien de contraire; de plus il augmentait ses gages ordinaires. Enfin trois années plus tard, en 1470, le duc de Bourgogne, voulant reconnaître les bons services de son amé et féal chambellan, lui donna la charge de grand maître d'hôtel et chambellan de Bourgogne, en remplacement de Georges de la Trimoille, seigneur de Craon, qui étoit passé au service de ses ennemis.

Philippe Pot resta fidèle à Charles le Téméraire jusqu'à la mort de ce prince. A cette époque Louis XI, qui n'avait pas oublié le seigneur de la Roche, et qui connaissait toute son habileté, l'institua grand sénéchal de Bourgogne, avec les mêmes honneurs et prérogatives dont jouissait le grand sénéchal de Normandie. Il est dit dans les lettres patentes délivrées à Arras, le 21 septembre 1477, que le roi accordait cette faveur à son amé et féal conseiller et chambellan, en considération des grands et notables services qu'il en avait reçus, et espérait en recevoir.

28.

Louis XI jusqu'à sa mort eut beaucoup de confiance dans le seigneur de la Roche. Par lettres patentes données le 5 avril 1483, à Amboise, Charles VIII confirma Philippe Pot dans la charge de sénéchal de Bourgogne, et lui donna pouvoir de faire les fonctions de gouverneur et lieutenant général au dit pays de Bourgogne, en l'absence de l'évêque de Langres et du seigneur de Baudricourt. Dans les états généraux tenus à Tours en 1484, dont Jean Masselin nous a laissé une relation si détaillée, on lit la harangue que le seigneur de la Roche prononça, comme député de la noblesse de Bourgogne (1). En 1451, Philippe Pot fut fait chevalier de la Toison-d'Or, et en 1477 chevalier de l'ordre de Saint-Michel. Suivant La Thaumassière, il avait été gouverneur du comte de Charolais, de Charles VIII, encore dauphin et de Charles Orlan, fils de ce dernier. Ce qui lui fit donner le surnom de gouverneur (2).

Philippe Pot vivait encore en 1492, comme le prouve un acte daté du mois de février de cette année, par lequel il achetait la terre de Muressault en Bourgogne. Il mourut, sans jamais avoir été marié, vers 1498.

LAU (MONSEIGNEUR DE).

Nouvelle 38.

« Antoine de Chasteauneuf, seigneur et baron du

---

(1) *Journal des États généraux de France tenus à Tours en 1484, sous le règne de Charles VIII,* rédigé en latin par Jehan Masselin, etc.; publié et traduit par A. Bernier. Paris, 1835, in-4°. Premier volume de la *Collection des Documents inédits pour servir à l'Histoire de France.* — La harangue du seigneur de la Roche se trouve à la page 140.

(3) La Thaumassière. *Histoire de Berry,* p. 632.

« Lau, en Armagnac, au diocèse d'Aix, grand chambel-
« lan et bouteiller de France, sénéchal de Guyenne, fut
« l'un des favoris de Louis XI, qui le combla de faveurs.
« Il lui donna, en 1464, une somme de dix-huit cents
« livres, et en 1465 une de dix mille livres, tant pour
« son estat que pour ses bons services, et pareille somme
« l'année suivante. Sa faveur ne dura pas longtemps.
« Tombé en disgrace, il fut arrêté prisonnier et mené
« au château d'Usson en Auvergne, d'où il se sauva
« en 1468, et se retira auprès du duc de Bourgogne
« qu'il servit devant Liége. Il fut depuis gouverneur de
« la ville de Perpignan où il fut assiégé par le roi d'Ar-
« ragon, en 1473. Il est qualifié *chevalier* seigneur de
« *Lau conseiller du roy, sénéchal de Beaucaire et de
« Nimes*, dans un acte de 1482.

« Il avait épousé Jeanne de Fleurigny dame de Pom-
« mereuil, fille et héritière de Philippe de Fleurigny.
« Elle étoit veuve le 15 octobre 1485. » (P. Anselme,
Hist. Chron., etc., t. 8, p. 449.)

Olivier de la Marche, chap. XXXIII, liv. I, de ses
Mémoires, cite du Lau, au nombre des seigneurs qui
accompagnèrent Louis XI à Genappes. Voir au tome Ier,
p. xxxviii de notre introduction.

———

LEBRETON.

Nouvelle 98.

On trouve un Roulant Lebreton roi d'armes d'Artois,
dans les années 1417, 1418, 1419. A cette époque Lebreton ayant été fait prisonnier à Dreux et envoyé à
Paris en prison, où le fit mettre Bernard d'Armagnac,

on lui compta de par le roi une somme de deux cents livres pour le dédommager. (*Mémoires pour servir à l'Histoire de France et de Bourgogne*, p. 150.)

LASALLE (ANTHOINE DE).

Nouvelle 50.

Voyez, au sujet de ce conteur, notre introduction, t. I, p. XLIII.

MAHIOT.

Nouvelle 54.

Parmi les maîtres de la chambre aux deniers de la maison du duc Philippe le Bon, figure un *Mahiot Regnault*. Il était argentier. (*Mémoire, pour servir à l'Histoire de France et de Bourgogne*, p. 199.)

Je trouve aussi dans des comptes manuscrits de la maison de Bourgogne, datés du 30 mai 1448, un *Mahiot Noël*, qui recevait vij s. de gages par mois.

MARTIN (JEAN).

Nouvelles 78, 82.

En 1467, Jean Martin était valet de chambre du duc Philippe le Bon et son premier sommelier de corps. Il

assista en cette qualité aux derniers moments du prince.
Georges Chastelain, dans la troisième partie de sa chronique, chap. XCI, dit à propos des grandes richesses
laissées par le duc et de la probité de ses serviteurs :
« En pareil féist ung autre léal preudhomme et bien
« aimé, Jehan Martin, son sommelier de chambre, le-
« quel avoit en main toutes ses menuetés qui apparte-
« noient à son corps et à son plaisir faire, or et argent,
« et joyaux qui montoient à grand prix, et de quoy il
« fist très léale et libérale délivrance et òstension à
« l'éritier ; jusques à mettre avant pour mille ou douze
« cents escus d'esguillettes de noire soie ferrés d'or,
« pour lacier son pourpoint et ses chausses ; et beau-
« coup d'autres tels menuetés de grand prix, et que
« jamais on n'eust demandées ne accusées. Si s'en loa
« le duc héritier grandement et le recommanda pour
« ung preud'omme, bon serviteur, et le retint en sa
« grace, jà soit ce que ce Jehan Martin ne procura
« point le service du fils après avoir perdu le père, mès
« tendoit et prioit pour partir de ly en sa bonne grâce ;
« et aveucques bonne et pleine satisfaction faite, soy
« aller tenir à Digeon en sa maison; et à Rouvres dont
« il estoit chastelain. » « Malgré sa retraite, Jean
Martin n'en conserva pas moins le titre de premier
sommelier du duc de Bourgogne. Dans un état des
officiers du duc Charles le Téméraire, il est ainsi
qualifié : « Jean Martin, seigneur de Bretonnières, con-
« seiller sommelier du corps de monseigneur le duc. »
Il mourut à Dijon, le 28 novembre 1475. (*Mémoires pour
servir à l'Hist. de France et de Bourgogne*, p. 265.)

MERIADEC.

Nouvelle 42.

Hervé de Meriadec est au nombre des officiers de la maison de Bourgogne. Dans un compte du 10 août 1448, il recevait par mois xviij s. de gages. En 1461 Louis XI donnait à Meriadec le gouvernement de Tournai. Au moins je lis dans Georges Chastelain, part. Ire, chap. Ier : « Et ung nommé Meriadec, breton, écuyer de bon los, « celly estably il bailly de Tournay, mais à dur et à « regret.... »

Mathieu de Coucy, dans sa chronique, nous a conservé (chap. 88) le vœu que prononça Meriadec à la fête du faisan, en 1453.

Quelques années auparavant, Meriadec avait accompagné le bon chevalier Jacques de La Laing dans une expédition qu'il fit en Ecosse. Le héros d'armes Charolais, auteur de la chronique du bon chevalier, a donné le récit des exploits que ces deux champions firent en Écosse. (*Voir à ce sujet les chapitres* LIV *et* LV *de l'édition in-8, publiée en 1825, par M. Buchon. dans la collection des Chroniques Nationales.*)

MONSEIGNEUR,

(LE DAUPHIN DE FRANCE, LOUIS XI).

Nouvelles 2, 4, 7, 9, 11, 29, 33, 58, 69, 70, 71.

ÉPITAPHE DU ROY LOYS XI (1).

Je fus Loys unziesme de ce nom, roy de France.
Moult me gréva fortune tost après mon enfance ;
Mon père le roy Charles septiesme me chassa,
Et tint hors du royaulme jusques il trespassa.
En Flandres et Brabant longuement fuz tenu
Par le duc de Bourgogne Phelipes soustenu ;
Puis fuz en sa présence sacré et couronné,
En grand pompe et triumphe à Paris amené.
J'eslevay basses gens et mis en hault degré
Que les seigneurs de France ne prinrent pas en gré.
Mon royaulme trouvay entier et pacifique
Jusques à l'entreprise qu'on dit le bien publique,
Que feu Charles mon frère et autres mirent sus;
Mais à l'ayde de Dieu je vins tost au dessus,
Et demouray puissant et régnant sur eulx tous.
Mes ennemis domptay et remis au dessoubz
Cinquante mille Anglois que le roy d'Angleterre
Hedouart amena pour envahir ma terre,
Sans faire effusion de sang, ne perdre place,
Chassay hors mon royaulme, Dieu m'en donna la grace.
A Picqueny fut faicte la véue de nous deux,
Dont le duc de Bourgoigne Charles fut molt peneux,
Qui pour France gréver les avoit fait venir ;
Mais à son faulx propos onq ne pot parvenir.
Là fuz accompaigné du duc Jehan de Bourbon
De luy et de ses frères service euz grant et bon.
Je conquiz Roussillon, Sairdagne, en peu d'espace,

(1) Cette épitaphe inédite est extraite d'un recueil manuscrit du quinzième siècle.

A toys et plusieurs terres, Bourgoigne haulte et basse.
En ma main vint Provence, Anjou, Guize et le Maisne,
J'accreuz de toutes pars mon royau'me et domayne;
J'en donnay aux églises grans sommes en maint lieux
En deniers et en rentes;. or l'ait piis en gré Dieu !
A Flamans donnay paix en mariant mon fils,
Enfin à mon royaulme ce singulier bien féiz.
Tous n'ay mescontentez ne à tous n'ay compléu,
J'ay mon règne conduit ainsi qu'à Dieu a pléu.
Aux Montilz trespassay, d'aoust à la fin du moys,
L'an mille quatre cens et quatre vingts et trois.
J'ordonnay que mon corps fust cy mis sous la lame ;
Priez à Dieu pour moy qu'il luy plaise avoir l'ame,
Et que Charles mon filz après moy régner puisse,
Longuement et en paix du royaulme jouysse.

Τελος.

J'ajouterai ici un fait curieux relatif au séjour de Louis XI à Genappe, et dont j'ai eu connaissance trop tard pour le placer dans mon Introduction.

« Louis XI, roy de France, demeurant à Genappe de-
« vant parvenir à la couronne, visitoit souvent l'image
« miraculeuse de Notre-Dame de Bonne-Espérance ; d'où
« retournant en l'an 1461, s'étant endormi auprès de la-
« dite abbaye de Bonne-Espérance, la sainte Vierge lui
« apparut et le preservat (sic) de la mort qu'on lui alloit
« donner par un habit empoisonné envoyé de France. »
Ce renseignement est extrait d'une lettre écrite à l'abbé Lebeuf par Fasseau, chanoine régulier de Selincourt. La lettre commence par ces mots :
« J'ai l'honneur de vous mander que m'étant rendu
« à Maubeuge, au lieu de ma naissance, sur la fin de
« l'année passée, j'ai été à *Bonne-Espérance*, pour y

« copier la charte concernant le miracle arrivé en la
« personne de Louis XI. Mais la guerre présente ayant
« obligé les religieux de mettre leurs archives en lieu
« de sureté, de crainte de quelque surprise, j'ai été con-
« traint de me borner à en copier ce qui se trouve au
« bas d'un tableau qui représente le fait du miracle. Je
« vous l'envoye tel qu'il est.

« Selincourt 3 février 1747. »

(Ms. de la Bibl. Roy., S. F. 2440.)

PONCELET.

Nouvelles 59, 60, 61.

On ne trouve ni dans les chroniques, ni dans les
comptes manuscrits de la maison de Bourgogne, aucune mention relative à ce personnage.

. Ne serait-ce pas le nom mal écrit de maître Jacques
Pourcelet ou *Pourcelot* qui, en 1471, était conseiller du
duc Charles de Bourgogne. (*Mémoires pour servir à
l'Hist. de France et de Bourgogne*, p. 268.)

ROTHELIN (LE MARQUIS DE).

Nouvelle 84.

Philippe, marquis de Hocheberg, comte de Neufchâ-
tel en Suisse, seigneur de Rothelin et de Badenviller,
fils de Rodophe IV et de Marguerite, fille de Guillaume
de Vienne, seigneur de Saint-Georges. Il fut maréchal
de Bourgogne et grand sénéchal de Provence, et devint,
en 1491, grand chambellan de France. Dans un hom-

mage rendu au roi, le 24 septembre 1492, il est qualifié de son cousin, son conseiller et grand chambellan. Il avait épousé en 1480 Marie, de Savoie. Il
mourut en 1503. (Père Anselme, *Histoire généalogiq.
de la maison de France*, t. VIII, p. 252.)

Comines, dans ses mémoires, parle plusieurs fois
de ce personnage ; livre 1, chap. II, VII ; liv. 5,
chap. IV ; liv. 6, chap. VII.

SAINT-POL (MONSEIGNEUR DE).

Nouvelle 39.

Louis de Luxembourg, comte de Saint-Pol, de
Brienne, de Conversan, chevalier de la Toison-d'Or,
créé connétable de France en 1465. Il fut décapité par
ordre de Louis XI, en décembre 1475. Voir père Anselme, *Histoire de la maison de France et des grands
officiers de la couronne*, t. 6, p. 226.

SAINT-YON (MONSEIGNEUR DE).

Nouvelle 25.

On trouve un Garnot de Saint-Yon, écuyer pane-
tier du duc de Bourgogne Jean Sans-Peur. En 1418, il
fut envoyé en ambassade à la Tombe, près Bray-sur-
Seine. Par lettres patentes données à Paris le 20 février 1423, Saint-Yon fut fait échanson de Philippe de
Bourgogne avec cent francs de gages par an. (*Mémoires*

pour servir à l'Histoire de France et de Bourgogne,
p. 141 et 230.)

THALEMAS (MONSEIGNEUR DE).

Nouvelle 75.

Messire Gui, seigneur de Roye, Plessis, Muret,
Thalemas et Guerbigny, chevalier de la Toison dor,
mourut en 1463, ne laissant pas d'enfants de sa femme
Jeanne de Mailly. (Reiffemberg, *Mém. sur le séjour de
Louis XI*, etc., p. 26.)

THIANGES (MONSEIGNEUR DE).

Nouvelle 46.

C'est le nom d'une des seigneuries possédées par
Chrestien de Digoine. Voyez plus haut au mot *Digoine.*

VIGNIER (PHILIPPE).

Nouvelle 19.

Parmi les valets de chambre du duc de Philippe de
Bourgogne, sous la date de 1541, se trouve Philippe

Vignier (*Mémoires pour servir à l'Hist. de France et de Bourgogne*, p. 225.)

———

VAULVRIN (MONSEIGNEUR DE).

Nouvelles 84, 83.

Jean de Vaulvrin, seigneur de Forestel, fils bâtard de Robert de Vaulvrin, tué en 1415, à la bataille d'Azincourt. La famille des Vaulvrin était illustre parmi celle de Flandre, et depuis Thierry, sire de Waulvrin, sénéchal de Flandre, en 1066, qui fut le premier connu, plusieurs de ses membres se sont signalés.

Comme son père, qui, en 1407, était chambellan du duc Jean Sans-Peur, Jean de Vaulvrin fit partie de la maison de Bourgogne, et nous le voyons figurer, en 1461, au nombre des seigneurs qui accompagnèrent Philippe le Bon à son entrée dans Paris. (*G. Chastelain, Chroniques, prem. partie, chap. XVI*, p. 148.)

Jean de Vaulvrin nous a laissé une chronique encore manuscrite et fort considérable, dans laquelle il traite particulièrement de l'histoire d'Angleterre, depuis les temps les plus reculés jusqu'en l'année 1471. (Voyez, au sujet de ces chroniques, *les manuscrits français de la Bibliothèque royale, leur histoire, etc., etc.*, par M. P Paris, 1836, in-8, t. I, p. 86 et suiv.)

VUASTENNES (MONSEIGNEUR LE PRÉVOST DE).

Nouvelle 65.

Jacques du Clercq place ce personnage dont il ne donne pas le nom, parmi ceux qui composaient la société du comte de Charolais. Ce dernier, dans sa querelle avec la maison de Croy, accuse un des seigneurs de cette maison d'avoir envoyé sa nativité au *prevost de Wastènes* et de s'être vanté que son étoile ferait pâlir celle de son maître. (Reiffemberg, *Mém. sur le séjour que Louis XI fit au Pays-Bas*, p. 26.)

VILLIERS (MONSEIGNEUR DE).

Nouvelles 22, 35, 55, 56, 57, 95.

Dans un compte manuscrit des gages payés aux officiers de la maison de Bourgogne, en mai 1448, je trouve Jehan de Villiers porté pour xviii s. par mois. Et dans l'un des états des officiers du duc Philippe le Bon, Antoine de Villiers est cité comme premier écuyer du duc. (*Mémoires pour servir à l'hist. de France et de Bourg.*, p. 234.)

Olivier de La Marche, dans ses mémoires (liv. Ier, chap. XXXIII), place le seigneur de Villiers au nombre de ceux qui composaient la compagnie du dauphin à Genappe. Et dans une lettre datée de Bruges en Flandre du mois de janvier 1457, par laquelle Louis donne le gouvernement du Dauphiné au bâtard d'Armagnac, le sieur de Villiers signe avec plusieurs autres, comme témoin. (*Hist. de Louis XI, Preuves*, t. **IV**, p. 166.)

Il fut un de ceux que Louis XI chargea. en 1475, de traiter les Anglais au camp, devant Amiens : « A chas-« cune de ces deux tables, dit Comines avoit faict seoir « cinq ou six hommes de bonne maison, fort gros et « gras, pour mieulx plaire à ceulx qui avoient envie « de boire; et y estoient le seigneur de Craon, le sei-« gneur de Briquebec, le seigneur de Bressure, le sei-« gneur de Villiers, et aultres. » (Comines, *Mém.*, liv. IV, chap. IX.

Dans le traité de paix, fait entre le roi Louis XI et le duc de Bourgogne, le 13 septembre 1475, le sei-gneur de Villiers est nommé conservateur du traité pour le comté de Guyse, le Tierarche et le Rethe-lois. (*Comines, édit. de Lenglet Dufresnoy, Preuves*, t. 3, p. 413.)

ORIGINES ET IMITATIONS

DES

CENT NOUVELLES NOUVELLES.

NOUVELLE PREMIÈRE.

(LA MÉDAILLE A REVERS.)

ORIGINE.

—Les deux changeurs, fabliau. Contes et fabliaux de Legrand d'Aussy, 3e édition, t. 4, p. 204.
— Pecorone. Giorn. 44, nov. 44.

Legrand d'Aussy assure que cette histoire est véritable, et qu'elle est arrivée sous Charles VII Louis d'Orléans couché avec Mariette d'Enghein, mère du bâtard comte de Dunois, reçut dans sa chambre Aubert de Cany, époux de Mariette, et lui fit admirer les charmes de sa femme dont le visage était caché. Voici comment Brantôme, dans ses Dames galantes (Discours 4, p. 60 du t. VII des œuvres com-

IMITATION.

— Les joyeuses Adventures et nouvelles Récréations, etc. p. 20, v. devis 5.
—Notte de Straparolle, notte 2, nov. 44.
— Malespini. Ducento novelle, nov. 53.
— Arcadia di Brenta.
— Bandello Novelle, tome 4.
— Les Amants heureux.
—Les souliers more dorés, opéra-comique.

plétes), raconte cette aventure :

« Lonis, duc d'Orléans, tué à
« la porte Barbette à Paris, fit
« bien au contraire, grand des-
« baucheur des dames de la cour
« et toujours des plus grandes.
« Car ayant avec luy couchée
« une fort belle et grande dame,
« ainsy que son mary vint en sa
« chambre pour luy donner le
« bon jour, il alla couvrir la teste
« de sa dame, femme de l'autre,
« du linceuil et luy descouvrit
« tout le corps, luy faisant voir
« tout nud et toucher à son bel
« aise, avec défense expresse, sur
« la vie, de n'oster le linge du vi-
« sage ni le descouvrir aucune-
« ment à quoi il n'osa contre-
« venir. Lui demandant par plu-
« sieurs fois ce qui luy sembloit
« de ce beau corps tout nud,
« l'autre en demeura tout es-
« perdu et grandement satisfait.

. . . .

« Et le bon fut de ce mary
« qu'estant la nuyct d'emprès
« couché avec sa femme, il luy
« dit que monseigneur d'Or-
« léans luy avoit fait voir la plus
« belle femme nue qu'il vit ja-
« mais, mais quant au visage
« qu'il n'en scavoit que rappor-
« ter, d'autant qu'il luy avoit in-
« terdit. Je vous laisse à penser
« ce qu'en pouvait dire sa femme
« dans sa pensée. Et de ceste
« dame tant grande et de mon-
« seigneur d'Orléans on dit que
« sortit ce brave et vaillant bas-
« tard d'Orléans, duquel est ve-
« nue cette noble et généreuse
« race des comtes de Dunois. »

II.

(LE CORDELIER MÉDECIN)

Par Monseigneur.

ORIGINE.	IMITATION.
	MALESPINI. Ducento novelle. Nov. 57, part. 2.

III.

(LA PÊCHE DE L'ANNEAU.)

Par Monseigneur de la Roche.

ORIGINE.	IMITATION.
POGGII facetiæ : Talio, p. 164.	—Joyeuses Adventures et nouvelles Recréations, etc., p. 24, devis 6.
	— BONAVENTURE DESPERIERS : Contes et joyeux devis. Nouv. 11, t. 1, p. 114.
	— MALESPINI : Ducento novelle, Nov. 45.
	—Nuits de Straparole. Conte 1er de la sixième nuit.
	—Apologie pour Hérodote, t 2, p. 541, édit. de Leduchat, 5 vol. in-12.
	— LAFONTAINE, Contes. Le Faiseur d'oerilles et le Raccomodeur de moules. Liv 2, conte 2.
	— La Pêche de l'anneau. Singe de Lafontaine, tome 1, p. 124.

IV.

(LE COCU ARMÉ.)

Par Monseigneur.

ORIGINE.	IMITATION.
	— Malespini : Ducento novelle, nov. 45.
	— Les joyeuses Adventures et nouvelles Recréations, etc. p. 35, v°, devis 9.

V.

(LE DUEL D'AIGUILLETTE.)

Par Phelippe de Léon.

ORIGINE.	IMITATION.
	-- Les joyeuses Adventures, et Recréations etc., p. 118 v., devis 54.

VI.

(L'IVROGNE AU PARADIS.)

Par Monseigneur de Lanoy.

ORIGINE.	IMITATION.
	— MALESPINI : Ducento novelle, nov. 47, p. 2.

VII.

(LE CHARRETON A L'ARRIERE GARDE.)

Par Monseigneur.

ORIGINE.	IMITATION.
	— MALESPINI : Ducento novelle, nov. 77, part. 2.
	— Les joyeuses Adventures et nouvelles Recréations, etc., p. 57 v., devis 10.

VIII.

(GARCE POUR GARCE.)

ORIGINE.	IMITATION.
Poggii facetiæ : Repensa mer-ces, p. 465.	— Malespini : Ducento novelle, nov 48 — Nicod. Frischelini facetiæ : Par pari relatum. — Contes a rire, ou recréations francaises, tom. 1, p. 72. — Nouveaux contes à rire, p. 78, 400. — Lafontaine : Contes. Les Aveux indiscrets. Liv. 3, contes 5.

IX.

(LE MARI MAQUEREAU DE SA FEMME.)

Par Monseigneur.

ORIGINE.	IMITATION.
— Le meunier d'Aleu, fabliau, par Enguerand d'Oisi Fa-bliaux de Legrand d'Aussy, tom. 3, p. 256. — Boccace. Decameron. Journ. 8, nouv. 4. — Poggii facetiæ : Vir sibi cor-nua promovens. p. 248. — Novelli di Fr. Sacchetti, t. 2, nov. 206.	— Malespini Ducento novelle, nov. 96, part. 2. — D'un homme qui ayant cou-ché avec sa femme, pensant coucher avec sa servante y envoye son voisin qui le fait ...... Nouv. 8 de l'hep-tameron de la reine de Na-varre. — Othonis Meleandri Jocon-dia, p. 298. — Contes latins de Beroalde (Philippus). Poggii imita-tiones, p. 245. — Joyeuses Adventures et nou-

velles Recréations, etc., p. 41, devis 12.
— Serées de Bouchet, 8ᵉ serées.
— Facétieuses journées, p. 215.
— Les Amants heureux, tome 2, p. 19.
— Le hore di ricreazione, continente detti e fatti piacevoli del Guicciardini, etc., p. 405 — Les heures de recréation et après-disners de Louys Guicciardin, etc.
— Lafontaine : Contes. Les Quiproquos. Livre 5, conte 8.

X.

(LE PASTE D'ANGUILLE.)

Par Monseigneur de la Roche.

ORIGINE.	IMITATION.
.	— Malespini : Ducento novelle, nov. 57.
	— Les joyeuses Adventures et Recréations, etc., p. 122, devis 57.
	— Lafontaine, Contes. Le Pâté d'Anguille Livre 1, cunte 12.

XI.

(L'ENCENS AU DIABLE.)

Par Monseigneur.

ORIGINE.	IMITATION.
Poccii facetiæ : Annulus, p. 141.	(Au sujet de ce conte et des imitations dont il a été l'objet, voyez le tome 1, p.369, du Menagiana. Edit. de 1715.)
	— RABELAIS : Pantagruel, liv. 3, chap. 28. L'Anneau d'Hans Carvel.
	— MALESPINI : Ducento novelle, nov 89, part 2.

XII.

(LE VEAU.)

Par Monseigneur de la Roche.

ORIGINE.	IMITATION.
— Poggii facetiæ : Asinus perditus, p. 242.	— MALESPINI : Ducento novelle, nov. 68.
— Cento novelle antiche. Nov.	— Cabinet satyrique, tom. 2, p. 282.
	—Contes du sieur d'Ouville, ed. de 1664, p. 2, p. 72.
	— Roger Bontems en belle humeur, p. 87.
	— Contes à rire ou recréations françaises, 1787, p. 94.
	-- The sprightly muse, 1770, The Parson and maid, or Collin in the apple-tree.

—LA FONTAINE : Le Villageois
qui cherche son veau, conte. Liv II, conte 42.
— MOMUS redivivus : Saturnales
françaises, 4795 (par Mercier de Compiègne).
Voyez, pour les différentes ver-
sions du même conte et pour
les imitations, Poggi imita-
tiones.—POGGII FLORENTINI
facetiarum libellus unicus ,
etc., tom. 2, p. 250-244.

XIII.

(LE CLERC CHATRÉ.)

Par Monseigneur l'amant de Bruxelles.

ORIGINE.   IMITATION.

— MALESPINI : Ducento novelle,
nov. 5.
— Les joyeuses Adventures et
nouvelles Recréations,etc.,
p. 45 v°, devis 42.

XIV.

(LE FAISEUR DE PAPE)

(OU L'HOMME DE DIEU).

Par Monseigneur de Créquy.

ORIGINE.	IMITATION.
— BOCCACE, Decaméron, journ. 4, cont. 2.	— MALESPINI : Ducento novelle, nov. 80.
— Historia Alexandri magni, de præliis.	— LAFONTAINE. Contes. L'Hermite. Livre 2, conte 46.
— JOSEPHE, liv. 18, cap. 15.	— Le Mari sylphe, par Marmontel.
— MASSUCCIO : Novellino, tom. 1, nov. 2.	— Contes persans. Malek.

XV.

(LA NONNE SAVANTE.)

Par Monseigneur de la Roche.

ORIGINE.	IMITATION.
	— MALESPINI : Ducento novelle, nov. 70, part. 2.

XVI.

(LE BORGNE AVEUGLE.)

Par Monseigneur le Duc.

ORIGINE.	IMITATION.
— Pierre Alphonse, Discipline de clergie, ch. 10, sect. 7, p. 48 et 123.	—Contes de la reine de Navarre, 6e conte de la première journée.
—Gesta Romanorum, cap. 122.	—Apologie pour Hérodote, chapitre 15.
— De la mauvaise femme. Fabliau. Fabliaux de Legrand d'Aussy, tom. 4, p. 188.	— Bandello. 23e nov. della parte prima.
— Pantcha Tantra : Fabl. sixième du liv. 1er. Voir à ce sujet : L. Deslonchamps : Essai sur les fables indiennes, p. 76.	— Sansovino : Cento novelle, Venezia, 1561.
— Boccace : Decameron. Journ. 7, nouv. 6.	— Novelle di Sabadino, nov. 4.
	— Malespini. Ducento nove le, nov. 44.
— Elegiæ Adolphi, fabula tertia. Leyseri historia poetarum et poem. med. œvi., p. 2011.	— Arcadia di Brenta, Giorn. 5.
	— Mémoires politiques, amusans et satiriques de messire J. N. D. B. C. de L. (Jean Nicole Moreau de Brascy, comte de Lion), colonel du régiment de dragons de Casanski, et brigadier des armées de sa Maj. Czarienne. A Veritopolie, chez Jean-disant-vrai. 1735. 5 vol. in-8°, tom. 2, p. 42.
	— Contes du sieur d'Ouville, tom. 2, p. 215.
	— Nouveau Recueil de bons mots, tom. 2, p. 216.
	— Lamonnoye : Contes latins. uxor coclitis. Œuvres choisies, tome 2, p. 554. La Haye, 1770.
	—Sermones convivales, tom. 1, p. 27.
	— Joci ac sales Ottomari Luscinii.

(Voir pour d'autres imitations :
Fabliaux de Le Grand. Ed.
in-8., vol, 4, p. 110, 111.
Et l'essai sur les fables indiennes par Deslonchamps,
p. 76.)

XVII.

(LE CONSEILLER AU BLUTEAU.)

Par Monseigneur le Duc.

ORIGINE.	IMITATION.
	— Malespini :[Ducento novelle, nov. 97.
	— Les joyeuses Adventures et nouvelles Recréations, etc., p. 54 v°, devis 19.

XVIII.

(LA PORTEUSE DU VENTRE ET DU DOS.)

Par Monseigneur de la Roche.

ORIGINE.	IMITATION.
— La Dame et le curé, fabliau, édit. in-8° de Legrand d'Aussy, tom. 4, p. 299.	— Bebeliani Faceliæ, liv. 5, p. 88.
— Recueil de Méon, tom. 4, p. 181.	— Nugæ venales. 1684, p. 78.
— Le Boucher d'Abbeville, fa-	— Malespini : Ducento novelle, nov. 29, part. 2.
	— Les joyeuses Adventures et

bliau, édition in-8º de Legrand d'Aussy, tom. 5, p.
288.
— BOCCACE : Decameron. Gior.
    · 8, nov. 1, 2.
— POGGII facetiæ : Anser vena-
    lis, p. 76.

nouvelles Recréations, etc.,
p. 56 vº, devis 20.
— Elite des contes du sieur
    d'OUVILLE, part. 2, p. 156.
— Contes à rire ou recréations
    françaises. 1687, tome 2,
    p. 128.
— Nouveaux contes à rire 1702,
    p. 63.
— Espiégleries, joyeusetés, par
    MÉRARD ST-JUST, tom 1,
    p. 158.
— Roger Bontens en belle hu-
    meur, p. 96.
— Nuits parisiennes, par NOGA-
    RET.
— Le marché rompu : Historiet-
    tes en vers, par IMBERT,
    1781, p. 189.

XIX.

(L'ENFANT DE NEIGE.)

Par Philippes Vignier.

ORIGINE.	IMITATION.
— L'Enfant qui fondit au soleil, fabliau du treizième siècle. Voir Legrand d'Aussy, vol. 5, p. 84. — Recueil de Méon, tom. 5, p. 215.	— Les joyeuses Adventures et nouvelles Recréations, etc., p. 58 vº, devis 20. — Facétieuses journées, p. 503. — SANSOVINO, novelle. Giorn. 9, nov. 6. — MALESPINI : Ducento novelle, nov. 58. — Contes de GRÉCOURT, tom. 5, p. 67.

XX.

(LE MARI MÉDECIN.)

Par Philippe de Laon.

ORIGINE.	IMITATION.
— Poggii facetiæ : Priapi vis, p. 118.	(Voir la nouvelle suivante). — Les joyeuses Adventures et Recréations, etc., p. 60 v°, devis 21. —Malespini : Ducento novelle, nov. 40.

XXI.

(L'ABBESSE GUÉRIE.)

Par Philippe de Laon.

ORIGINE.	IMITATION.
Poggii facetiæ : Priapi vis, p. 118.	— Malespini : Ducento novelle, nov. 79. — D'una di fresco maritata Conti da ridere, tome 1, p. 86-89. — Lafontaine. Contes. Liv, 4, conte 2. — Lamonnoye : Poésies latines. Poggii imitationes, tome 2, p 121.

XXII.

(L'ENFANT A DEUX PÈRES.)

par Caron.

ORIGINE.	IMITATION.
	— Les joyeuses Adventures et Récréations, p. 123 v devis, 58. — MALESPINI: Ducento novelle, nov. 8, part. 2.

XXIII.

(LA PROCUREUSE PASSE LA RAYE.)

Par Monseigneur de Commesuram.

ORIGINE.	IMITATION.
— Le curé qui posa une pierre, fabliau. Voyez Legrand d'Aussy, vol. 3, p. 224. — Recueil de Méon, vol. 4, p. 507.	— Les joyeuses Adventures et Récréations, etc., p. 64, devis, 22. — BANDELLO: Novelle, nov. 53. — GRANUCCI: Novelle, etc. — MALESPINI: Nov. 88. — Detti et fatti piacevoli del GUICCIARDINI, p. 80. — Courrier facétieux. — Divertissements curieux de ce temps. — Bibliothèque amusante et instructive, tome 2, p. 324. — Les contes du sieur d'Ouville, tome 4, p. 484. — Facétieux Réveil-Matin, p. 346.

XXIV.

(LA BOTTE A DEMI.)

Par Monseigneur de Fiennes.

ORIGINE.	IMITATION.
	— Les joyeuses Adventures et Récréations, etc., p. 70. devis 23.
	—MALESPINI : Ducento novelle, nov. 56.
	— Voyez Percy's Relict of the ancient poetry. Ballad of the baffled knight or lady's policy.

XXV.

(FORCÉE DE GRÉ.)

Par Monseigneur de Saint-Yon.

ORIGINE.	IMITATION.
	—MALESPINI : Ducento novelle, nov. 56, part. 2.

XXVI.

(LA DEMOISELLE CAVALIÈRE.)

Par Monseigneur de Fouquessoles.

ORIGINE.	IMITATION.
	—MALESPINI : Ducento novelle, . nov. 19, part. 2.

XXVII.

(LE SEIGNEUR AU BAHU.)

Par Monseigneur de Beauvoir.

ORIGINE.	IMITATION.
	— Les joyeuses Adventures et Récréations, etc., p. 65, devis 25.
	—MALESPINI : Ducento novelle, nov. 20.

XXVIII.

(LE GALANT MORFONDU.)

Par Messire Michault de Changy.

ORIGINE.

IMITATION.

— Les joyeuses Adventures et Récréations, etc., p 67 v°, devis 24.
— MALESPINI · Ducento novelle, nov. 37.

XXIX.

(LA VACHE ET LE VEAU.)

Par Monseigneur.

ORIGINE.

IMITATION.

— MALESPINI : Ducento novelle, nov. 47.

XXX.

(LES TROIS CORDELIERS.)

Par Monseigneur de Beauvoir.

ORIGINE.	IMITATION.
	—Malespini : Ducento novelle, nov. 52.

XXXI.

(LA DAME A DEUX.)

Par Monseigneur de la Barde.

ORIGINE.	IMITATION.
	—Malespini : Ducento novelle, nov. 10, part. 2.
	— Les Historiettes de Tallemant des Réaux, tome 2, édit. in-18, M. de Guise, le Cheval de Créquy, p. 26.

XXXII.

(LES DAMES DISMÉES.)

Par Monseigneur de Villiers.

ORIGINE.	IMITATION.
Poggii facetiæ : Decimæ, page 163.	— MALESPINI : Ducento novelle, novel. 25. — Facetiæ Nic. FRISCHLINI, p. 17. — LAFONTAINE : Contes, liv. 2, conte 5.

XXXIII.

(MADAME TONDUE.)

Par Monseigneur.

ORIGINE.	IMITATION.
	MALESPINI : Ducento novelle, nov. 17.

XXXIV.

(SEIGNEUR DESSUS, SEIGNEUR DESSOUS.)

Par Monseigneur de la Roche.

ORIGINE.	IMITATION.
— Le Clerc qui se cacha derrière un coffre ; fabliau. Voir Legrand d'Aussy, t. 3, p. 263. — Recueil de Méon, tome 4, p. 463	— Les joyeuses Adventures et Récréations, etc., p. 71, vᵒ devis 26. — MALESPINI : Ducento novelle, nov. 90. — FRISCHLINI facetiæ, tome 4, p. 465. — OTTOMARII LUSCINII . Joci ac sales. — Roger Bontems en belle humeur : plaisante rencontre qui arriva à un homme couché avec sa femme, etc., ect., Voir Poggi Imitat , tome 2, p. 236, 239, 242. — Histoires facétieuses et morales, 1669, p. 71. — Furto d'amor scoperte in un giardino. Conti d'a ridere, tome 2, p. 21 , edit. de 1752. — Contes de GRÉCOURT, tome 3, p. 212.

XXXV.

(L'ÉCHANGE.)

Par Monseigneur de Villiers.

ORIGINE.	IMITATION.
	— Les joyeuses Adventures et Récréations, etc., p. 73, vᵒ devis 27.

XXXVI.

(A LA BESOGNE.)

Par Monseigneur de la Roche.

ORIGINE. | IMITATION.

XXXVII.

(LE BÉNÉTRIER D'ORDURE.)

Par Monseigneur de la Roche.

ORIGINE.	IMITATION.
	— Bonaventure Despériers : Contes, Nouv. XVIII.
	— Plaisantes Nouvelles, etc., nov. 35.
	— Les joyeuses Adventures et Récréations, etc., p. 75, devis 28.
	—Malespini : Ducento novelle, nov. 49.
	— Domenichi : Liv. 5, conte 4.
	— Lafontaine : Contes. On ne s'avise jamais de tout. Liv. 2, conte 10.

XXXVIII.

(UNE VERGE POUR L'AUTRE.)

Par Monseigneur le sénéchal de Guyenne.

ORIGINE.	IMITATION.
— Bidpaï : Contes indiens trad. par Galland. — Conte du Pantcha Tantra. Voir Essai sur les fables indiennes, par Deslonchamps, p. 54. — De la dame qui fit croire à son mari qu'il avait rêvé. Fabliaux de Legrand d'Aussy, tome 2, p. 540, et dans le même vol. au choix d'anciens fabliaux, p. 48. — Boccace : l'Écaméron, journ. VII, nov. VIII.	— Novelle amorose de Gli Incogniti, p. 168, nov. 23. — Malespini : Ducento novelle, part. 2, nov. 40.

XXXIX.

(L'UN ET L'AUTRE PAYÉ.)

Par Monseigneur de Saint-Pol.

ORIGINE.	IMITATION.
	- Malespini : Ducento novelle, nov. 99.

XL.

(LA BOUCHIÈRE LUTIN DANS LA CHEMINÉE.)

ORIGINE.	IMITATION.
	— MALESPIBI : Ducento novelle, nov. 43, part. 2.

XLI.

(L'AMOUR ET L'AUBERGEON EN ARMES.

Par Monseigneur de la Barde.

ORIGINE.	IMITATION.
	— Les Joyeuses Adventures et Récreations, etc , pag. 77, devis 29.
	—MALESPIBI : Ducento novelle, nov. 49, part. 2.

XLII.

(LE MARI CURÉ.)

Par Meriadech.

ORIGINE.	IMITATION.
	—MALESPINI : Ducento novelle, nov. 26.
	— Les Heures de récréations et après-dînées de Louis GUIC-CIARDIN, etc., 1594, in-32, p. 237.

XLIII.

(LES CORNES MARCHANDES.)

Par Monseigneur de Fiennes.

ORIGINE.	IMITATION.
	—MALESPINI : Ducento novelle, nov. 54, part. 2.
	— Les Heures de récréations et après-dînées de Louis GUIC-CIARDIN, etc., 1594, in-32, p. 92. Un hardy advertissement tire souvent l'homme de grand péril.
	— Les joyeuses Adventures et Récréations, etc., page 80, devis 54.

XLIV.

(LE CURÉ COURSIER.)

Par Monseigneur de la Roche.

ORIGINE.	IMITATION.
	--MALESPINI : Ducento novelle, nov. 27.

XLV.

(L'ÉCOSSOIS LAVANDIÈRE.)

Par Monseigneur de la Barde.

ORIGINE	IMITATION.
	—MALESPINI : Ducento novelle, nov. 78.
	-- Les joyeuses Adventures et Récréations, etc.. page 81, devis 52.

XLVI.

(LES POIRES PAYÉES.)

Par Monseignenr de Thianges.

ORIGINE.	IMITATION.
Cette nouvelle est à peu près la même que celle qui porte le n° 12. Quelques circonstances ont été changées.	—MALESPINI : Ducento novelle, nov. 66, part. 2. — Le Facétieux réveille-matin ; de deux amants, etc. - - Roger Bontems en belle humeur. Histoire de deux amants.

XLVII.

(LES DEUX MULES NOYÉES.)

Par Monseigneur de la Roche.

ORIGINE.	IMITATION.
Pour l'origine de ce conte, voy. tome 1er, l'introduction, p. XLVIII.	— BONAVENTURE DESPERIERS : Contes, nouvelles et joyeux devis, tom. 3, p. 109, nouv. 92. De l'invention d'un mary pour se venger de sa femme. — Les heures de récréations et après-dînées de Louis Guicciardin, etc., in-32, p. 28. —MALESPINI : Ducento novelle, nov. 16, part. 2. — Les joyeuses Adventures et Récréations, etc., page 82, devis 33.

XLVIII.

(LA BOUCHE HONNÊTE.)

Par Monseigneur de la Roche.

ORIGINE.	IMITATION.
	— Les joyeuses Adventures et Récréations, etc., page 79, devis 30.
	—Malespini : Ducento novelle, nov. 100.

XLIX.

(LE CUL D'ÉCARLATTE.)

Par Pierre David.

ORIGINE.	IMITATION.
	—Malespini : Ducento novelle, nov. 18.

L.

(CHANGE POUR CHANGE.)

Par Antoine de la Salle.

ORIGINE.	IMITATION.
— Sacchetti, nov. 14.	— Malespini : Ducento novelle, nov. 67, p. 452.
— Poggii facetiæ : Justa excusa-tio.	— Sterne, Tristram Shandy.
	— Espiégleries, etc., par Mérard de Saint-Just, t. 1, p. 214.
	— Le Gascon discret. Singe de Lafontaine, 1773.

LI.

(LES VRAIS PÉRES.)

Par l'Acteur.

ORIGINE.	IMITATION.
	— Les Heures de récréations et aprè-dinées de Louis Guicciardin, etc , 1594, in-32, p. 66. Grandz et divers sont les bons jours qu'aucunes femmes font à leurs mariz.
	— Malespini : Ducento novelle, nov. 25, part 2.
	— Les joyeuses Adventures et Récréations, etc., page 65, devis 34.

LII.

(LES TROIS MONUMENTS.)

Par Monseigneur de la Roche.

ORIGINE.	IMITATION.
— Contes tartares. Sinadab fils du médecin Saran. — SACCHETTI, nov. 16.	— STRAPAROLE, Nuits facétieuses, nuit 1re, conte 1er. —MALESPINI : Ducento novelle. nov. 14.

LIII.

(LE QUIPROQUO DES ÉPOUSAILLES.)

Par Monseigneur l'Amant de Bruxelles.

ORIGINE.	IMITATION.
	— MALESPINI : Ducento novelle. nov. 10.

LIV.

(L'HEURE DU BERGER.)

Par Mahiot.

ORIGINE.	IMITATION.
	— MALI SPINI : Ducento novelle, nov. 35.
	- Les joyeuses Adventures et Récréations, etc , page 85, devis 35.

LV.

(L'ANTIDOTE DE LA PESTE.)

Par Monseigneur de Villiers.

ORIGINE.	IMITATION.
	— MALESPINI : Ducento novelle, nov. 5, p 2.
	— Les joyeuses Adventures et Récréations, etc., page 87, devis 36.

LVI.

(LA FEMME, LE CURÉ, LA SERVANTE, LE LOUP.)

Par Monseigneur de Villiers.

ORIGINE.	IMITATION.
	— MALESPINI : Ducento novelle, nov. 4, part. 2.

LVII.

(LE FRÈRE TRAITABLE.)

Par Monseigneur de Villiers.

ORIGINE.	IMITATION.
	— MALESPINI : Ducento rovelle, nov. 65, part. 2

LVIII.

(FIER CONTRE FIER.)

Par Monseigneur le Duc.

ORIGINE.	IMITATION.
	— MALESPINI : Ducento novelle, nov. 42.

LIX.

(LE MALADE AMOUREUX.)

Par Poncelet.

ORIGINE.	IMITATION.
	— MALESPINI : Ducento novelle, nov 55.

LX.

(LES NOUVEAUX FRÉRES MINEURS.)

Par Poncelet.

ORIGINE.	IMITATION.
-- Frère Denise cordelier, fabliau. Voir Legrand d'Aussy, vol. 3, p. 395.	— Heptameron de la reine de Navarre, nouv. 34. — Henri Estienne : Apologie pour Hérodote. Tom. 1, page 499. — Journal d'un bourgeois de Paris, sous Henri III. — Malespini : Ducento novelle, nov. 75.

LXI.

(LE COCU DUPÉ.)

Par Poncelet.

ORIGINE.	IMITATION.
— Les Cheveux coupés, fabliau par Guérin. Voyez Legrand d'Aussy, vol. 2, p. 340.	— Voyez plus haut, nouvelles, 58. — Sermones convivales, tome 2, p. 99. — Domenichi, novelle. — Malespini : Ducento novelle, nov. 75. — Se trouve aussi, mais avec quelques changements, dans les Joco Seria Meleandri, tome 2, p 41.

LXII.

(L'ANNEAU PERDU.)

Par Monseigneur de Commesuram.

ORIGINE.	IMITATION.
	MALESPINI : Ducento novelle, nov. 2

LXIII.

(MONTBLÉRU, OU LE LARRON.)

ORIGINE.	IMITATION.
	— MALESPINI : Ducento novelle, nov. 91.

32.

LXIV.

(LE CURÉ RASÉ.)

Par Messire Michault de Changy.

ORIGINE.	IMITATION.
— Le Prêtre crucifié, fabliau. Voir Legrand d'Aussy, t. 4, p. 100. — Recueil de Méon, tome 5, p. 14. — SACCHETTI : Novelle.	— STRAPAROLE : Facétieuses Nuits. — BONAVENTURE DESPERIERS : Contes ou joyeux devis, etc., nouv. CXIII. — HENRI ESTIENNE : Apologie pour Hérodote, ch. XV. — MALESPINI : Ducento novelle, nov. 93. — L'Enfant sans Souci, p. 274.

LXV.

(L'INDISCRÉTION MORTIFIÉE ET NON PUNIE.)

Par Monseigneur le prévost de Wastennes.

ORIGINE.	IMITATION.
	—MALESPINI : Ducento novelle, nov. 43. — Les joyeuses Adventures et Récréations, etc., p. 88, devis 57.

LXVI.

(LA FEMME AU BAIN.)

Par Philippe de Laon.

ORIGINE.	IMITATION.
	—MALESPINI : Ducento novelle, nov. 75, part. 2.

LXVII.

(LA DAME A TROIS MARIS.)

Par Philippe de Laon.

ORIGINE.	IMITATION.
	—MALESPINI : Ducento novelle, nov. 55, part. 2.

.

LXVIII.

(LA GARCE DÉPOUILLÉE.)

Par Chrestien Digoine.

ORIGINE.	IMITATION.
	-- MALESPINI : Ducento novelle, nov. 8.

LXIX.

(L'HONNÊTE FEMME A DEUX MARIS.)

Par Monseigneur.

ORIGINE.	IMITATION.
	— MALESPINI : Ducento novelle, nov. 9.
	— Voir dans Gilblas, l'Histoire de doña Mencia.
	— SOUTHERN'S : Tragedy of Isabella.

LXX.

(LA CORNE DU DIABLE.)

Par Monseigneur.

ORIGINE.	IMITATION.
	—MALESPINI : Ducento novelle, nov. 13, part. 2.

LXXI.

(LE CORNARD DÉBONNAIRE.)

Par Monseigneur.

ORIGINE.	IMITATION.
	—MALESPINI : Ducento novelle, nov. 94. — BONAVENTURE DESPERIERS : Contes et joyeux devis. D'un mary de Picardie qui retira sa femme de l'amour, par une remontrance qu'il lui fit, en la présence des parents d'elle, t. 1, p. 74, nouv. 6. Desperiers a changé différentes circonstances de ce conte et en a beaucoup étendu le récit. — Les Heures de récréations et après-dînées de Louys Guicciardin, etc., 1594, in-32, p. 56. Plaisante mais non imitable patience d'aucuns maris vers leurs femmes adultères. - Les joyeuses Adventures et Récréations, etc., p. 90, devis 38.

LXXII.

(LA NÉCESSITÉ EST INGÉNIEUSE.)

Par Monseigneur de Commesuram.

ORIGINE.	IMITATION.
	— MALESPINI : Ducento novelle, nov 86. — Les joyeuses Adventures et Récréations , etc., p. 91, devis 39.

LXXIII.

(L'OISEAU DANS LA CAGE.)

Par maistre Jehan Lambin.

ORIGINE.	IMITATION.
	— MALESPINI : Ducento novelle, nov. 19.

LXXIV.

(LE CURÉ TROP RESPECTUEUX.)

Par Phelippe de Laon.

ORIGINE.	IMITATION.

LXXV.

(LA MUSETTE.)

Par Monseigneur de Thalemas.

ORIGINE.	IMITATION.
	— BONAVENTURE DESPERIERS : Contes, nouv. XLI, t. 2, p. 94.
	— Aventures du baron de Fœneste, liv. 1, chap. 12.
	— MALESPINI : Ducento novelle, nov 67.

LXXVI

(LE LAQS D'AMOUR.)

Par Phelippe de Laon.

ORIGINE.	IMITATION.
Poggii facetiæ : Priapus in laqueo, tome 1, p. 179, tome 2, p. 170.	— Malespini : Ducento novelle, nov. 79, part. 2. — Moyen de parvenir, tome 2, p. 108.

LXXVII.

(LA RORRE SANS MANCHES.)

Par Allardin.

ORIGINE.	IMITATION.
	— Malespini : Ducento novelle, nov. 39.

LXXVIII.

(LE MARI·CONFESSEUR.)

Par Jehan Martin.

ORIGINE.	IMITATION.
— Le Chevalier qui fist sa femme confes·er, fabliau. (Voir Legrand d'Aussy, vol. IV, p. 90. Dunlop history of the fiction, vol. 2, p. 306.) — Recueil de Méon, tome 3, p. 229. — BOCCACE, Décaméron, journ. 7, conte 5.	— BANDELLO, nov. 9, part. 1ʳᵉ. —MALESPINI : Ducento novelle, nov. 92. — LAFONTAINE : Contes. Le Mari confesseur, liv. 1, chap. 4. — Hans Sachs a fait de ce conte un divertissement de carnaval, et Davenport, une comédie intitulée : The City Nightcap. Voyez le recueil de Dodsley : Old Plays, vol. XI, p. 348.

LXXIX.

(L'ANE RETROUVÉ.)

Par Messire Michault de Changy.

ORIGINE.	IMITATION.
— POGGII facetiæ : Circulator, p. 89.	— Recueil des Plaisantes Nouvelles, nouv. 58. -- BOUCHET, Xᵉ Serées. —DESPERIERS : Contes et Nouvelles, nouv. 94, t. 3, p. 125. — Les joyeuses Adventures et Récréations, etc. p. 94, dev. 41. -- MALESPINI : Ducento novelle, nov. 81. — EURICII CORDI Epigrammata ; apud Delicias poetarum germanorum. - Le Singe de Lafontaine, p. 66, édit. de 1773.

LXXX.

(LA BONNE MESURE.)

Par Messire Michault de Changy.

ORIGINE.	IMITATION.
— Poggii facetiæ : Aseli Priapus, p. 52.	— Les joyeuses Adventures et Récréations, etc., p. 97, devis 43. — Malespini : Ducento novelle, nov. 74, part. 2. — Addimenta Phil. Hermotimi ad facetias Bebelianas, p. 286. — Voir aussi Poggii Imitationes, tome 2, p. 30.

LXXXI.

(LE MALHEUREUX.)

Par Monseigneur de Vaulvrin.

ORIGINE.	IMITATION.
	— Malespini : Ducento novelle, nov. 32.

LXXXII.

(LA MARQUE.)

Par Monseigneur de Lannoy.

ORIGINE.	IMITATION.
	— MALESPINI : Ducento novelle, nov 75, part 2.

LXXXIII.

(LE CARME GLOUTON.)

Par Monseigneur de Vaulurain.

ORIGINE.	IMITATION.
	— BONAVENTURE DESPERIERS : Contes et joyeux devis. etc. Nouv. 75, tome 5, p. 5.
	— MALESPINI : Ducento novelle, nov. 83.

LXXXIV.

(LA PART AU DIABLE.)

Par Monseigneur le marquis de Rothelin.

ORIGINE.	IMITATION.
	— MALESPINI : Ducento novelle, nov. 7, part. 2.
	— Les joyeuses Adventures et Récréations, etc., p. 93, devis 40.

LXXXV.

(LE CURÉ CLOUÉ.)

ORIGINE.	IMITATION.
— Le Forgeron de Creil, fabliau. Voir Legrand d'Aussy, tome 4, p. 160.	— BONAVENTURE DESPERIERS. Contes et Joyeux Devis, nouv. 62, t. 2, p. 197.
— Recueil de Méou, tome 3, p. 14.	— MALESPINI : Ducento novelle, nov. 93.
— SACCHETTI : Novelle.	— L'Enfant sans Souci, p. 274.

LXXXVI.

(LA TERREUR PANIQUE, OU L'OFFICIAL JUGE.

ORIGINE.	IMITATION.
	—MALESPINI : Ducento novelle, nov. 84, part. 2.

LXXVII.

(LE CURÉ DES DEUX.)

ORIGINE.	IMITATION.
	—MALESPINI : Ducento novelle, nov. 46.

55.

LXXXVIII.

(LE COCU SAUVÉ.)

ORIGINE.

— La Bourgeoise d'Orléans, fabliau. Voir Legrand d'Aussy, tome 4, p. 287; p. 292, pour imitations diverses par les Nouvellistes italiens.
— RAIMOND VIDAL : Choix des poésies originales des Troubadours, par Raynouard, tome 5, p. 598.
— BOCCACE, Décaméron, journ. VIII, nouvelle VII.
— POGGII facetiæ : Fraus mulieris, p. 20.

IMITATION.

— MALESPINI : Ducento novelle, nov. 61.
— Le Colombier, apologie pour Hérodote, tome 2, chap. XV, édit. de 1735.
— Additamenta Phil. Hermotimi ad Bebelii facetias, p. 515, édit. de 1660.
— FRISCHELINI Facetiæ.
— Le Cocu battu et content· Roger Bontemps en belle humeur, p. 64.
— Contes à rire ou l'écréations françaises, tome 1, p. 130, édit. de 1787.
— LAFONTAINE : Contes. Le Cocu battu et content. Liv. 4. conte 5.
— DANCOURT : Théâtre, le Tuteur.
— Der Kammerdiener. Schwanke von A. F. E. Langbein, tome 1, p. 29, édit. de 1765.

LXXXIX.

LES PERDRIX CHANGÉES EN POISSONS.

ORIGINE.

IMITATION.

— MALESPINI : Ducento novelle, nov. 62, part. 2.

XC.

(LA BONNE MALADE.)

ORIGINE.	IMITATION.
Poggii facetiæ : Venia rité negata, p. 54.	— Additamenta Phil. Hermotimi ad Bebelii facetias, p. 285. — Malespini : Ducento novelle, nov. 90, part. 2

XCI.

(LA FEMME OBÉISSANTE.)

ORIGINE.	IMITATION.
— Poggii facetiæ : Novum supplicii genus.	— Bouchet : Serées, Ve serée — Moyen de parvenir, t. 2, p. 29, édit. de 1784. — Contes à rire ou Récréations françaises, tome 1, p. 75. — La Femme repentante, Conte. Le Singe de Lafontaine, tome 1, p. 156, édit. de 1775. — Sedaine . La Femme incorrigible. Conte en vers. — Anonyme. Ultio maritalis, fabella.

XCII.

(LE CHARIVARI.)

Par Monseigneur de Lannoy.

ORIGINE.	IMITATION.
	—Malespini : Ducento novelle, nov. 65.

XCIII.

(LA POSTILLONNE SUR LE DOS.)

ORIGINE.	IMITATION.
Poggii facetiæ : Quomodo calaceis parctur, p. 75.	— Sigogkes: Cabinet satyrique. T. 1, page 126. — Le facétieux Réveil-matin. édit. de 1654, p. 184. — Roger-Bontemps en belle humeur, p. 30 — Le sujet de cette nouvelle est presque le même que celui de la nouvelle 43.

XCIV.

(LE CURÉ DOUBLE.)

ORIGINE.	IMITATION.
	—MALESPINI: Ducento novelle, nov. 101.

XCV.

(LE DOIGT DU MOINE GUÉRI.)

Par Monseigneur de Villiers.

ORIGINE.	IMITATION
POGGII facetiæ : Digiti tumor, tome 1, p. 205, tome 2, p. 185.	—MALESPINI : Ducento novelle, nov. 88, part. 2. — GRÉCOURT : Contes. Le Mal d'aventure.

XCVI.

(LE TESTAMENT DU CHIEN.)

ORIGINE.

— Le Testam nt de l'Ane, fablian par RUTEBEUF. Voir Legrand d'Aussy, tome 3, p. 107.
— Œuvres complètes de Rutebeuf, tome 1, p. 273.
— Recueil de Méon, tome 3, p. 70.
— Pogeii facetiæ : Canis testamentum. T. 1, p. 45, et t. 2, p. 22.

IMITATION.

— MALESPINI : Ducento novelle, nov. 59, part. 2.
— FRISCHLINI Facetiæ, p. 270
— Arcadia di Brenta, p. 325.
— Sermones convivales, vol. 1, p. 154.
— Facéties et Mots subtils en français et en italien, p. 17.
— Dictionnaire d'Anecdotes, tome 2, p. 451.

XCVII.

(LES HAUSSEURS)

ORIGINE.

IMITATION.

— MALESPINI : Ducento novelle, nov. 6.

XCVIII.

(LES AMANTS INFORTUNÉS.)

Par Lebreton.

ORIGINE.	IMITATION.
	—MALESPINI : Ducento novelle, nov. 58.

XCIX.

(LA MÉTAMORPHOSE.)

ORIGINE.	IMITATION.
— Poggii facetiæ : Sacerdotii virtus, p. 222.	— BONAVENTURE DESPERIERS : Contes et joyeux devis, etc. Tome 1, p. 52.
	— Moyen de parvenir, chap. XXVI.
	— Apologie pour Hérodote, chap. 39, tome 3, p. 285.
	— Archiepiscopus quadrupes, p. 215.
	— MALESPINI : Ducento novelle, nov. 27, part. 2.

C.

(LE SAGE NICAISE, OU L'AMANT VERTUEUX.)

ORIGINE.	IMITATION.
	—MALESPINI : Ducento novelle, nov. 12.

TABLE ALPHABÉTIQUE

Brantôme. *OEuvres complètes*, accompagnées de remarques historiques et critiques. Nouvelle édition. Paris, 1822. 7 volumes in-8°.

Le Cabinet satyrique, ou Recueil parfait des vers piquants et gaillards de ce temps, tiré des secrets cabinets des sieurs Sigognes, Regnier, Motin, Berthelot, Maynard, et autres des plus signalés poètes de ce siècle. 1666. 2 vol. in-18.

Cento novelle antiche. Bulogna, 1525, in-1°. — La stesse. 1825, in-8°.
Voyez au sujet des différentes éditions, Gamba, de le novelle italiane in prosa bibliografia, 1835, in-8°. p. 8.

Contes à rire ou récréations françaises.

Nouveaux contes à rire et aventures plaisantes, ou récréations françaises. 1722. 2 vol. in-8.

Les Contes ou les nouvelles récréations et joyeux devis de Bonaventure Despériers. Nouvelle édition, par M. de la Monnoye. Amsterdam 1735. 3 vol. In-18.

Courier (le) facétieux ou recueil des meilleures rencontres de ce temps. Lyon, 1650. in-8°. Lyon, 1668. in-8°.

Dictionnaire d'anecdotes, de traits singuliers et caractéristiques par Jacques Lacombe, 2 vol. in-8°. Paris, 1866.
Domenichi (Ludovico), *Facetie et motto arguti di alcuni excellentissimi ingegni.* Firenze. 1548 in-8.
Voir Gamba delle novelle italiane in prosa bibliografia, 1835, in-8°, p. 96.
Cet ouvrage a été traduit en français à la fin du seizième siècle. Voyez plus bas *Facéties et mots subtils*, etc.

L'enfant sans souci, divertissant son père Roger-Bon-Temps et sa mère Boute-tout-Cuire. Villefranche, 1680, in-12.

Espiégleries et joyeusetez, bons mots, folies, vérités, par Mérard Saint-Just. 1789. 3 vol. in-18.

Fabliaux ou contes, fables et romans du douzième et du treizième siècle, traduits et extraits par Legrand d'Aussy. Deuxième édition Paris, 1781, 5 vol. in-18.

Le même ouvrage, troisième édition. Paris, 1829, in-8°. 5 volumes.

Joci ac Sales mire festivi ab Othomaro Luscinio selecti, auditi et in centurias digessi 1524, in-8°.

Alia editio. 1529, in-8 .

Nicode ni Frischlini Balingensis *Facetiæ Selectiores* quibus ob argumenti similitudinem accesserunt Henrici Bebelii facetiarum libri tres. — Sales item seu facetiæ ex Poggii florentini oratoris libro selectæ, etc. Amstælodami, 1660. Petit in-8o.

Fabliaux et Contes des poètes français des XIe, XIIe, XIIIe, XIVe et XVe siècles, tirés des meilleurs auteurs, publiés par Barbazan. Nouvelle édition augmentée, etc., par M. Méon. Paris, 1808. 4 vol. in-8o.

Facéties et mots subtils en français et en italien (par Louis Domenichi). Lyon, 1597, in-12.

Le facétieux réveil matin des esprits mélancoliques, ou remède préservatif contre les tristes. Rouen, 1526, in-8°.

Les facecieuses journées, contenant cent certaines et agréables nouvelles, recueillies et choisies de tous les plus excellents auteurs étrangers, par G C. D. T. (Gabriel Chapuis de Tours.) Paris, Houzé 1584, in-8°.

Gesta Romanorum. Incipiunt historiæ notabiles collectæ ex gestis romanorum et quibusdam aliis libris, cum applicationibus eorumdem. Circa 1473, in-fol.

Voyez au sujet de cet ouvrage une dissertation de Warton, t. I, p. clxxvij de History of english poetry, etc. London, 1824. in-8°. 4 volumes.

Guicciardini. (*Ludovico*) le hore di recreazione, contenente detti et fatti piacevoli etc. Anversa, 1585, in-8°.

Voyez Gamba, delle novelle italiane in prosa bibliografia, 1835. in-8°, p. 127·

L'ouvrage de Guicciardin a été traduit en français sous ce titre :

Les heures de recréation et après-dinées de Louys Guicciardin ; traduit d'italien en françois par François de Belleforest commingeois. A Anvers 1592, in-32.

L'Heptameron, ou histoire des Amans fortunez. Nouvelles de très illustres et très excellente princesse Marguerite de Valois, royne de Navarre. Remis en françois par Claude Grujet, parisien. Lyon, 1573, in-32. Voyez, pour d'autres éditions, Brunet, *Manuel du libraire,* etc. 4 vol, in-8°.

Historia Alexandri Magni de prœliis. Voyez, au sujet de cet ouvrage, dans le tome XIII des *Notices* et *Extraits* des manuscrits de la Bibliothèque du roi, le travail de M. Berger de Xivrey sur les romans grecs et latins relatifs à Alexandre.

Les Historiettes de Tallemant des Réaux. Mémoires pour servir à l'histoire du dix-septième siècle, publiés sur le manuscrit autographe de l'auteur.—Seconde édition, par M. Monmerqué. Paris, 1840, in-18, 10 vol.

Othonis Melaendri Jocorum atque seriorum tum novorum, tum selectorum, atque memorabilium libri duo. Lichæ, 1604, in-8°.

Malespini (Celio) Ducento novelle. Venezia, 1609. Parti due, in-4°.

Voyez Gamba, delle novelle italiane in prosa Bibliografia, 1835, in-8°, p. 132.

Masuccio (Masuzo Guardato Nobele Salernitano) Il novellino. Napoli, 1476, in-foglio. — Lo stesso, 1765, 2 vol. in-8°.

Voyez Gamba, delle novelle italiana in prosa Bibliografia. 1835, in-8, p. 38.

Matheolet. C'est *Matheolus,* livre singulier de la fin du quinzième siècle, contre le mariage. Voici le titre :

> Le livre de Matheolus
> Qui nous monstre sans varier,
> Les biens et aussi les vertus
> Qui viennent pour soy marier,
> Et à tous faicts considerer.
> Il dit que l'omme n'est pas saige
> Sy se tourne remarier
> Quant print a esté au passaige.

Paris, Verard, 1493, petit in-fol. goth. à deux col., feuill. non chiffrés, figures en bois. — Voyez Brunet, *Manuel du libraire*.

Moyen (le) *de parvenir*, Œuvre contenant la raison de tout ce qui a esté, est et sera, avec démonstrations certaines et nécessaires, selon la rencontre des effects de la vertu.

Et adviendra que ceux qui auront nez à porter lunettes s'en serviront, ainsi qu'il est écrit au dictionnaire, à dormir en toutes langues. S.

Recensuit sapiens ab A ad Z.

Nunc ipsa vocat res
Hæc iter est.

Æneid., IX, 320.

Imprimé cette année. — 1 vol. petit in-12 de 647 pages. — Autres éditions, 2 vol. in 12, 1752, 1754, 1773.

Nugæ venales, sive Thesaurus ridendi et jocandi ad gravissimos severissimosque viros patres melancholicorum conscriptus. 1644, 1665, 1669, in-12.

Nuits parisiennes, par Nogaret. Paris, 2 vol. in-12.

Ouville (Ant. le Metel, sieur d'). Les contes aux heures perdues, ou le Recueil de tous les bons mots, reparties, équivoques, etc., non encores imprimées, Paris, 1643 et 1644. 4 vol. in-8°. in-16.

Ces contes sont attribués à Boisrobert qui les a publiés sous le nom de son frère.

Le Passe-partout de l'église romaine, ou histoire des tromperies des prêtres et des moines en Espagne, par Ant. Gavin, prêtre séculier de l'église romaine ; traduit de l'anglais par Janiçon. 3 vol. in-12. Londres, 1726-1727.

Il Pecorone Giovani fiorentini (cinquanto novelle). Milano, 1558, in 8°.

Voyez pour d'autres éditions, Gamba, delle novelle italiane in prosa bibliografia, 1835, in-8°, p. 34.

Petri Alfonsi Disciplina clericalis. Zum ersten mal herausgegeben mit einleitung und anmerkungen von fr. Wilh. Val. Schmidt. Berlin, 1827, in-4°.

34.

Plaisantes nouvelles, Lyon. 1555, in-16.

Poggii florentini facetiarum libellus unicus, notulis imitatores indicantibus, et nonnulis sive gal icis imitationibus illustratus, simul ad finem optimarum editionum emendatu.. Londini, 1798. 2 vol. in 32.

Roger Bontemps en belle humeur, Amsterdam, 1670, in-12. Nouv. édit., 1752. 2 vol. in-12.

Ce recueil est attribué au duc de Roquelaure, mort en 1738. Voyez Barbier, Dictionnaire des Anonymes.

OEuvres complètes de Rutebeuf, trouvère du treizième siècle, recueillies et mises au jour pour la première fois par Achille Jubinal. Paris, 1839. 2 vol. in-8°.

Sachetti (Franco) Novelle, 1724. 2 vol. in-8°. Voyez Gambs, delle novelle italiane in prosa Bibliografia, 1853, in-8°, p. 59.

Saturnales francoises (*Les*), roman comique, intéressant par la diversité (par l'abbé de la Beaume) et par quelques pièces de théâtre qui n'ont jamais paru. (Par Th. Croquet.) Paris, 1736, 2 vol. in-12.

Sérées de Guillaume Bouchet, juge et consul des marchans à Poictiers. Rouen, 1635. Petit in-8°, 5 vol.

Sermones convivales. Convivalium sermonum liber, ex optimis autoribus collectus a Joan. Gastio Basiliæ, 1543, in-8°, id. 1566, in-8.

Le Singe de Lafontaine, ou contes et nouvelles en vers, suivis de quelques poésies (par de Théis.) Florence (Paris), aux dépens des héritiers de Boccace, à la reine de Navarre, 1773. 2 vol. in-12.

Straparola (*Gio Francesco*), da Caravaggio. Le Piacevoli notti. Libro primo, 1550.—Libro secundo, 1553, in-8°. Voyez pour d'autres éditions Gamba, delle novelle italiane in prosa Bibliografia, 1835, in-8°, p. 160. Cet ouvrage a été traduit français à la fin du quatorzième siècle par Pierre de la Rivey. Il en existe plusieurs éditions : voici le titre de la dernière : Les facétieuses Nuits du seigneur Straparole, 1726 2 vol. in-12.

BIBLIOGRAPHIE

DES

CENT NOUVELLES NOUVELLES.

BIBLIOGRAPHIE

DES

CENT NOUVELLES NOUVELLES.

———

LES CENT NOUVELLES NOUVELLES.

On lit sur le dernier feuillet :

Cy finissent les Cent Nouvelles Nouvelles composées et récitées par nouvelles gens , depuis naguères et imprimées à Paris, le XXIIIᵉ jour de décembre, mil CCCCLXXX et VI, par Anthoine Vérard, libraire, demourant à Paris, sur le Pont Nostre-Dame, à l'Image Saint-Jehan-l'Évangéliste, ou au Palaiz, au premier pillier, devant la chapelle où on chante la messe de Messeigneurs les Présidens.

Un vol in-fᵒ, goth., imprimé sur deux colonnes de trente-six lignes chacune.

Le volume est disposé par cahier de signature AT, de huit feuillets chacun, à l'exception des cahiers suivants : A, de neuf feuillets, E, de six, et T, de dix feuillets.

Sur le recto du premier feuillet, on voit une gravure en bois qui en occupe presque la totalité, et qui représente Louis XI encore Dauphin, et le duc de Bourgogne assis à côté l'un de l'autre, environnés des person-

nages qui ont raconté les Cent Nouvelles. Au bas de ce
feuillet commence la dédicace qui se termine au verso, sur
la première colonne.

Sur le recto du second feuillet on voit une autre gravure en bois, de la même grandeur que la première,
qui représente *l'acteur* à genoux, ou l'imprimeur-libraire
Antoine Vérard offrant son livre au jeune roi Charles VIII. Au bas du même feuillet commence la table
des Cent Nouvelles, qui contient huit feuillets.

Le commencement de chaque Nouvelle est précédé
d'une petite gravure en bois, dont le sujet est emprunté
aux Cent Nouvelles. Malheureusement la même gravure
est plusieurs fois répétée. Les gravures différentes sont
au nombre de quarante-trois. Chaque page a un titre
courant, indiquant le numéro de la Nouvelle et le nom
de celui qui l'a contée. Cette édition originale est de la
plus grande rareté, le texte en est très-pur. A Paris, la
bibliothèque royale en possède un exemplaire ainsi que
celle de l'Arsenal. Un troisième exemplaire fait partie du
cabinet de M. Armand Bertin.

LES CENT NOUVELLES NOUVELLES.

On lit sur le recto du dernier feuillet :
Cy finissent les Cent Nouvelles Nouvelles composées
et récitées par nouvelles gens, depuis nagaires ; et imprimées à Paris, par Anthoyne Vérard, libraire, demourant à Paris, sur le Pont Nostre-Dame, à l'Ymaige Saint-
Jehan-l'Évangéliste, ou au Palais, au premier pillier, devant la chapelle où on chante la messe de Messeigneurs
les Présidens.

Cette édition est aussi rare que la précédente, dit

M. Brunet (Manuel du libraire, tome 2, p. 289), et l'on y voit aussi des gravures en bois : on trouve au commencement du volume dix feuillets séparés qui renferment la table des Cent Nouvelles.

Cette édition, postérieure à la précédente, n'est pas imprimée avec le même soin ; le caractère en est plus gros et moins net ; elle contient cependant trente-six lignes dans chaque colonne. On y trouve aussi ou à peu près les mêmes gravures en bois, mais elles sont reproduites plus grossièrement.

La bibliothèque royale en possède un fort bel exemplaire ; j'en ai eu aussi entre les mains un autre, qui, après avoir appartenu à la bibliothèque Roxburgh, est aujourd'hui la propriété de M. de Terrebasse, député. Il a bien voulu me le confier tout le temps qu'a duré mon travail.

LES CENT NOUVELLES NOUVELLES,

Contenant en soy cent Chapitres et Histoires, ou nouveaux Comptes plaisans et récréatifs pour deviser en toutes compaignies.

Cy finissent les cent nouveaux Comptes des Cent Nouvelles composées et récitées par nouvelles gens, depuis naguères, imprimées à Paris, par Nicolas Desprez, le IIIᵉ jour de février, l'an mil cinq cent et cinq, pour maistre Durand Gerlier, marchant libraire, juré de l'université de Paris, demeurant en la rue des Mathurins, à l'enseigne de l'Estrille faulx Veau.

Un vol. petit in-f°., goth., imprimé sur deux colonnes de quarante-trois lignes chacune. Le texte de cette édition est entièrement conforme à celui de l'édition originale. Chaque Nouvelle est précédée d'une gravure en bois grossièrement imitée de celles qui sont dans l'édition de 1486.—La Bibliothèque royale possède un fort bel exemplaire de cette édition, qui, comme les deux précédentes, est de la plus grande rareté.

LES CENT NOUVELLES NOUVELLES,

Contenant en soy cent Chappitres et Hystoires, ou nouveaulx Comptes plaisans et récréatifs, povr deviser en toutes compaignies par joyeuseté.

Un vol. petit in-4°, goth., à deux colonnes, non paginés. Signature A iiij, Z iiij, A iij, C iij.

On lit sur le recto du dernier feuillet :

Cy finissent les cent nouveaux Comptes des cent Nouvelles Nouvelles, composées et récitées par nouvelles gens, depuis naguères, et imprimées pour Michel Lenoir, libraire-juré, demourant en la rue Saint-Jacques, à l'enseigne de la Rose-Blanche, à Paris.

Bien que cette édition, qui est assez correcte, ne soit pas datée, elle est antérieure à 1520; Michel Lenoir, qui l'a imprimée, étant mort le 28 septembre de cette année. Voir Catalogue chronologique des libraires et des libraires-imprimeurs de Paris, par Lottin. Paris, 1789, in-8°, p. 109.

L'exemplaire que j'ai eu entre les mains appartient à M. Jérôme Pichon, qui a bien voulu me le confier pendant tout le cours de mon travail. Je saisis cette occasion pour adresser à M. Pichon mes remercîments de toutes les communications et notes précieuses qu'il s'est empressé de mettre à ma disposition. C'est surtout grâce à son amitié, que j'ai pu réunir sur les auteurs des *Cent Nouvelles Nouvelles* les renseignements curieux donnés par les chroniqueurs de la cour de Bourgogne.

———

LES CENT NOUVELLES NOUVELLES,

Contenant cent Chappitres et Hystoires ou nouveaux Comptes plaisans et récréatifs pour deviser en toutes Compagnies par joyeuseté.

Un vol. petit in-4°, goth., à longues lignes, avec gravures en bois. Paris, veuve de Jehan Trepperel et Jehan Jannot.

Le texte de cette jolie édition est conforme à celui de 1505. Un exemplaire d'une conservation parfaite, ayant appartenu au duc de la Vallière (*voir* tome 2, p. 594, n° 3941 de son catalogue), se trouve aujourd'hui dans la collection de M. Cicogne.

———

S'ENSUYVENT LES CENT NOUVELLES,

Contenant cent Hystoires nouveaux qui sont moult plaisans à racompter en toutes bonnes compaignies par manière de joyeuseté.

Lyon, Oliv. Arnoullet, 1532, in-4° goth.

LES CENT NOUVELLES NOUVELLES.

Suivent les Cent Nouvelles contenant les cent Hystoires nouveaux qui sont moult plaisans à raconter en toutes bonnes compagnies, par manière de joyeuseté, avec d'excellentes figures en taille-douce, gravées sur les dessins du fameux M. Romain de Hooge.
Cologne, 1701, 2 vol. in-12.

Il y a de cette édition deux sortes d'exemplaires : les uns ont les vignettes tirées au-dessus du texte, au commencement de chaque Nouvelle; les autres ont ces mêmes vignettes tirées à part. Voyez Brunet, Manuel du Libraire, tome 2, p. 289.

LES CENT NOUVELLES NOUVELLES.

Suivent les Cent Nouvelles contenant les cent Hystoires nouveaux qui sont moult plaisans à raconter en toutes bonnes compagnies, par manière de joyeuseté.
Lahaye, 1733, 2 vol. in-18.

Bien que l'éditeur annonce dans la préface qu'il n'a fait aucun changement au langage, le texte de cette édition est encore plus mauvais que celui de l'édition de 1701, dont j'ai parlé, page vii de mon introduction.

LES FACÉTIEUX DEVIS

DES CENT ET SIX NOUVELLES NOUVELLES,

Très récréatives et fort exemplaires pour réveiller les bons et joyeux esprits francoys, veues et remises en leur naturel, par le seigneur de la Mothe Roulland, lyonnais, homme très-docte et bien renommé.

Avec privilége du roy.

On les vend à Paris, au palays, en la galerie par où on va à la Chancellerie, par Jean Longis, 1550. Un vol. petit in-8°.

Dans le privilége, Jean Real, imprimeur, déclare avoir fait revoir, corriger et adjouster les facétieux devis des Cent Nouvelles. En effet, ce livre contient presque toutes les Cent Nouvelles; mais bien loin que le réviseur y ait rien ajouté, il en a supprimé au contraire une grande partie, et a tronqué la narration d'une manière déplorable. Les Nouvelles que le rédacteur a changées ou ajoutées sont au nombre de dix-huit.

GLOSSAIRE-INDEX.

Accointer, approcher, faire connaissance, tome 2, p. 162, et tome 1, passim.

Advertance, avertissement, tome 2, p. 21.

Affaicté, préparé, arrangé exprès, tome 2, p. 68.

Affolure, blessure, tome 2, p. 44.

AGNÈS SOREL, maitresse de Charles VII. Son luxe, tome 1, p. XIII, XIV. Meurt empoisonnée, p. XX.

Agyos, bavardages, paroles trompeuses, tome 1, p. 125.

ALIÉNOR DE POITIERS, auteur des honneurs de la Cour, tome 1, p. XXVI, note (1).

Ainçois, avant, au contraire, tome 1, p. 96.

ALEMAIGNE, Allemagne, tome 1, p. 2; tome 2, p. 12, 147, 195.

ALEXANDRIE, tome 1, p. 155; tome 2, p. 285 et suiv.

Amis (*estre noz*) , expression proverbiale pour désigner un mari trompé. Signifiait aussi un homme simple, niais. Tome 1, p. 154, 162, 280.

AMIENS, tome 1, p. 110. On lit en cet endroit la phrase suivante qui fait allusion à quelque fait contemporain :
Et à la vérité, la femme qui naguères au bailly d'Amiens se complaignoit.

ANGLETERRE, t. 1, p. 2, 101; tome 2, p. 12.

Annuyt. Cette nuit, pendant la nuit, tome 1, p. 240.

ANTHOINE DE VIENNOIS (SAINT), tome 1, p. 236.

ANTHOINE (LE FEU). tome 1, p. 269.

Appeau, appel, invitation. Tome 1, p. 239.

Appertement, ouvertement. Tome 1, p. 293.

ARCONVILLE (JEHAN D'), maître de latin de Louis XI étant dauphin. Tome 1, p. XII.

ARISTOTE. Tome 2, p. 183.

ARMEGNACS (les). Les Armagnacs. On nommait ainsi au XVᵉ siècle les partisans du duc d'Or-

35.

léans et du comte d'Armagnac. Tome 2, p. 172.

Arras (la ville d'). Tome 2, p 29, 210.

Artois, tome 1, p. 92, 134; tome 2, p. 210.

Auvergne (le duché d'), tome 2, p. 67.

Avignon, tome 2, p. 66.

Avoyé (être), être en voye, être prêt, tome 1, p. 315.

B

Bandon, abandon, jouissance, tome 2, p. 137.

Barbeier, faire la barbe. Tome 2, p. 258.

Barros (Le), tome 1, p. 199.

Bâton (savoir le tour du), tome 1, p. 117. Connaître les ruses, les finesses, expression proverbiale.

Baublières? Tome 1, p 231.

Bayé (faire payer la), faire attendre, causer de l'ennui, tome 2, p. 202.

Bedon, ventre, bedaine, tome 2, p. 181.

Belles (se trouver en), trouver une occasion favorable. Expression proverbiale, tome 1, p. 275; tome 2, p. 16.

Bellevres, Baulevres, bas des lèvres, menton, tome 1, p. 23.

Beste à deux dos (la), prov., tome 1, p. 460. *Faire la beste à deux dos*, c'est proprement caresser une femme.

Bibliographie des Cent Nouvelles, t. 2, p. 403.

Boccace, tome 1, p. 224; tome 2, p. 196.

Bougon (fust d'), couchée; fut couchée sur le dos. Tome 1, p. 54.

Boulenois (le). Le Boulonnais, la province de Boulogne, tome 2, p. 170.

Bouloigne. Boulogne-sur-Mer, tome 2, p. 132.

Boulogne-la-Grasse (l'université de), tome 2, p. 300.

Bourbonnais (le pays de), le Bourbonnais, tome 2, p. 192.

Bourgoigne (e duc de), tome 1, p. 134; tome 2, p. 227.

Bourgoigne (le duché de), tome 1, p. 57, 95, 121, 146, 265.

Bourguignons (les). On appelait ainsi au xv° siècle les partisans du duc de Borgogne, par opposition à ceux du duc d'Orléans, qui étaient appelés Armagnacs (voir ce mot), tome 2, p. 172.

Brampton (Thomas), tome 2, p. 102.

Bras (en avoir tout au long du), proverbe. Être attrapé, tome 1, p. 266.

Brassie, embrassade, tome 2, p. 84.

Brabam (pays de), le Braban, tome 1, p. 2, 130, 193; tome 2, p. 12, 186, 244.

Brézé (Pierre de), ministre favori du roi Charles VII. Louis Dauphin veut le faire assassiner, tome 1, p. XVII.

Brichouard (le grand), tome 2, p. 130.

Broches (le mal de), sorte de maladie au fondement; hémorroïdes, tome 1, p. 51.

Bruxelles (la ville de). Bruxelles, tome 1, p. 90, 93; tome 2, p. 51.

Bruges, tome 1, p. 174.

Buffe, soufflet, claque, tome 2 p. 89.

Buyée, lessive, tome 2, p. 13.

C

CALAIS, tome 2, p. 102.

Canet (plus ébahi qu'un), tome 2, p. 266.

Capitulé, chapitré, tensé, tome 1, p. 278.

Caresmeaux (prendre ses), proverbe, s'amuser, se distraire, rompre le jeûne, tome 1, p. 273.

CASTILLE (la), tome 2, p. 280.

Cautelles, ruses, tromperies, tome 1, p. 125; tome 2, p. 502.

Chaille (ne vous), ne vous inquiétez, tome 1, p. 136.

CHAPERONS (MADAME DES), maîtresse de Charles VII, t. 1, p. xv.

CHARLES VII bannit son fils Louis, t. 1, p. xviii.—Envoie des troupes en Dauphiné, p. xx, xxi.—Sa douceur à l'égard de son fils, p. xxii. — Son goût pour les femmes, p. xxiii et aussi p. xv. — Bannit le comte de Dammartin, à St-Fargeau, p. xxiv. — Craint pour ses jours, p. xxiv et xxv. —Rappe le Dammartin, p. xxv. — Reçoit à manger de la main du comte, idem. — meurt de faim, p. xxv et xxvi.

CHARLOTTE DE SAVOIE, seconde femme de Louis XI, tome 1, p xx.

CHAROLAIS (CHARLES, COMTE DE), son caractère altier, tome 1, p. xxix. — Sa querelle avec son père au sujet des Croy, p. xxxii, xxxiii.

CHARTIER (ALAIN), poëte du xve siècle, reçoit un baiser de Marguerite d Ecosse, tome 1, p. xvi

Chasse (la), goût du roi Louis XI pour cet exercice, tome 1, p. xxxiv, note ( ).

CHASTELET (le), à Paris, tome 1, p. 87.

Chevance, bien, richesse, avoir, tome 1, p. 50.

Chief de péchés (à), expression proverbiale souvent employée par le rédacteur des Cent Nouvelles, et qui signifie enfin, à fin de compte, tome 1, p. 42.

CIPRE, Chypre, tome 2, p. 186.

CLAYS UTENCHOVEN (messire), tome 2, p. 143.

Comparoir, comparaître, venir, tome 2, p. 136.

COMPIENGNE. Compienne, tome 1, p. 329.

CONON, paysan des environs de Genappe. Sa liaison avec Louis XI, tome 1, p. xxxv.

Conteurs (notice sur les), tome 2, p. 543 et suiv.

Coquart, niais, sot, attrapé, tome 1, p. 221.

Cousine, femme galante, femme de mauvaise vie, tome 2, p. 66.

Cette expression peut faire comprendre dans quel sens il faut entendre le titre qu'Anthoine de la Salle a donné au roman du Petit Jehan-de-Saintré, et de la Dame des Belles Cousines.

Coulons, pigeons, tome 2, p. 255.

Couraige (en son), en son cœur, tome 2, p. 286 et passim.

Coustille, couteau, t. 1, p. 84.

Coux, cocu, tome 1, p. 107; tome 2, p. 20, 139, 157.

Yssus du bon sang des Valois,
Comme mon bon maistre d'Estampes.

Voir plus bas, au mot : MORT-
BLÉRU.

ESTISSAC (AMAURI D'), gouverneur de Louis XI, dauphin,
tome 1, p. XII.

Estrange, etranger, tome 1, p.
290.

Estrif, debat, embarras, tome 2,
p. 222.

Exsoine, excuse, empêchement,
tome 1, p. 284.

F

Fabliaux, très-répandus en
France, à la fin du XIIIe siècle,
tome 1, p. v. - Plusieurs imités par les auteurs des Cent
Nouvelles, p. XLV. Voy. aussi,
tome 2, p. 543. Origines,
Imitations.

Fame, réputation, tome 2, p.
284.

*Fer (battre le) tandis qu'il est
chaud*, proverbe, tome 1,
p. 115.

Féru, frappé, tome 2, p 228, et
tome 1, passim.

Fiert (il), il frappe, tome 1, p.
47.

Finable, dernière, qui vient à la
fin, tome 2, p. 183.

Finerez (vous n'en), vous n'en
viendrez jamais à bout, tome
2, p. 27.

FLANDRES, tome 1, p. 2; tome
2, p. 12, 57, 143, 182, 244.

Flappye, abattue, détruite, tome 1, p. 51.

Four (portoit la pâte au), tome
2, p. 21.

FRANCE, tome 1, p. 2; tome 2,
p. 12, 216, 271.

FURY (RICHARD), habitant de
Calais, tome 2, p. 103.

G

GALIEN, tome 2, p. 192.

Galioffe, moqueur, plaisant,
tome 2, p. 14.

GAND (la ville de), tome 2, p.
143.

Gaudisseur, aimant la joie, farceur, tome 2, p. 128.

GENAPPE (le château de) choisi
par le dauphin pour y faire sa
résidence pendant son exil,
tome 1, p. XXIX. — Description des bâtiments de ce château, p. XXXIII.

GÈNES, tome 2, p. 85.

GENÈSVE, tome 1, p. 237.

Gibet (le) y ait part, expression
proverbiale. Tome 1, p. 14.

Glatissoit, criait, aboyait, de-
sirait, tome 2, p. 157.

Gorgyas, beau-fils, tome 2, p.
23.

Gouge, femme, commère, signifie principalement une femme
portée au plaisir, à la debau-
che, une femme de mauvaise
vie, tome 1, p. 42, 44, 49,
266 et passim.

GOULE (L'ÉGLISE DE SAINTE-), à
Bruxelles, tome 2, p. 51.

Grange (estoit voisine la), et les
bateurs, proverbe, tome 1, p.
151.

GRAVELINGHES, Gravelines, tome 2, p. 102.

GUINGANT (les paroles qu'elle
descrocha ne fuient pas moins
tranchantes que rasoirs de
Guingant bien effilés), tome
1, p. 47.

H.

HAINAU, Hainaut, tome 1, p. 2, 344, 523; tome 2, p. 57, 94, 252.

Haubregeon, Haubergeon, haubert, pièce de l'armure, tome 1, p. 524.

Hoc (tenant le) en l'eau, par devises, façon de parler pour dire : retenant le mari trompé loin de sa maison, avec des paroles, tome 1, p. 46.

HOLLANDE, tome 1, p. 80, 109, 113; tome 2, p. 227.

Hongnart, grondeur, chagrin, butor, tome 1, p. 107.

HONGRIE (le roi de), tome 2, p. 143.

HOSTELLERIE (la ville de), en Catalogne, tome 1, p. 252.

Houlier, débauché, luxurieux, homme de mauvaise vie. (Voir Roquefort, Glossaire de la langue romane, au mot Holier.) Tome 1, p. 45, 47.

Hourdé, garni, rempli, muni, tome 1, p. 58, 104, 122.

Houseau, botte longue de voyage, tome 1, p. 187.

Housser, garnir, vêtir, tome 2, p. 52.

Hucher, appeler, tome 2, p. 235 et passim.

Humeau, bouillon, écume, tome 2, p. 84.

Hutin, bruit, tapage, tome 2, p. 244.

Hyngner, braire, tome 2, p. 100.

I

Illec, là, tome 2, p. 235.

Impetrer, obtenir, tome 1, p. 244.

Induce, signe, moyen, tome 1, p. 240.

Inquisicion, recherche, tome 2, p. 289.

Ire, colère. Refraint son ire, retient sa colère, tome 1, p. 48.

ITALIE, tome 1, p. 2; tome 2, p. 12.

J

Jaçoit, quoi que, bien que, tome 1, p. 108 et passim.

JAMET DU TILLAY, bailli de Vermandois, accuse la Dauphine, tome 1, p. XVI.

JEHAN DE SAINTRÉ (roman de Pet) et DE LA DAME DES BELLES COUSINES, tome 1, p. XLIV, LXXI.

JEAN (le duc), Jean-sans-Peur, fils de Philippe le Hardi, second duc de Bourgogne de la maison de Valois, t. 2, p. 143. « La bataille qui fut entre le roy « de Hongrie et le duc Jean, « lesquels Dieu absolve, d'une « part et le grand Turc en son « pays de Turquie d'aultre. » Le rédacteur veut parler ici de la bataille de Nicopolis, livrée en 1395, dans laquelle Bajazet Ier détruisit l'armée chrétienne commandée par Sigismond, roi de Hongrie, et Jean, fils de Philippe le Hardi, duc de Bourgogne.

JERUSALEM, tome 2, p. 186.

JUVENAL, tome 1, p. 297.

L.

Ladureau (marcha), marcha hardiment.

Il faut lire ainsi ce mot, et non

pas la dureau, comme il est imp imé, tome 4, p. 484.

LANNOIS (le pays de), tome 2, p. 55.

Latin ('entendre *son*), tome 4, p. 445.

LENDIT (foire du), tome 4, p. 86.

Legende dorée (*elle recommence sa*). Elle recommence à lui faire des reproches ; allusion plai-ante au livre si connu de Jacques de Voragine, tome 4, p. 48.

Liesse, joie, tome 2, p. 425,

Lieuette, petite lieue, tome 4, p. 220.

LISLE, la ville de Lil'e en Flandres, tome 4, p. 485, 547, 556; tome 2, p 208.

LOMBARDIE, tome 2, p. 280.

LONDRES, capitale du royaume d'Angleterre, tome 4, p. 5', 56, 444, 452.

Loudier, débauché, paresseux. Loudier et aussi *Lodier* est une espèce de couverture de lit qui est farcie de coton, dit Nicot dans son Thrésor de la langue françoise, tome 4, p. 44.

LOUIS XI, sa naissance, tome 4, p. XI.—Son horoscope, p. XI. — Son éducation, p. XII. —Sa révolte contre son père, p. XV. — Sa conversation avec Dammartin, p. XVI, XVII. —Son gouvernement dans le Dauphiné, p. XIX.—Ses intrigues, p. XX. — Epouse Charlotte de Savoie, *idem.*— Refuse d'obéir aux ordres du roi, *idem.* — Est accusé d'avoir empoisonné Agnès Sorel, *idem.* — S'enfuit en Bourgogne, p. XXI.—Son arrivée à la cour de Bourgogne, cérémonial observé en cette oc-

casion, p. XXVI, XXVII.—Sa conversation avec le duc, p. XXIX.—Tient sur les fonts de baptême Marie de Bourgogne, p. XXIX et XXX. —Accompagne le duc de Bourgogne dans ses voyages, p.XXXII—Fixe sa demeure au château de Genappe, p. XXXIII.—Se perd étant à la chasse avec le comte de Charolais, p. XXXIV.—Se lie avec un paysan des environs de Gennappe, qui lui fait manger des navets, p. XXXV. —Son goût pour la plaisanterie et les histoires galantes, p. XXXVI, XXXVII.—Son goût pour l'étude, p. XXXVII.—Sa générosité à l'égard des gens qu'il voulait séduire, *idem.* —Ses dépenses, son manque d'argent, p. XXXVII, XXXVIII. Soin qu'il mettait à se faire des créatures à la cour de Bourgogne, p. XXXVIII. — Noms des principaux seigneurs de sa cour à Genappe, p. XXXVIII. — Raconte sept nouvelles, tome 2, p 355.— Son épitaphe, p. 355. — Sa visite à Notre-Dame-de-Bonne-Espérance, p. 556.

Lye, content, satisfait, tome 4, p. 419.

M

MAJORIS (JEHAN), précepteur de Louis XI, tome 4, p. XII.

Mallebouche, tome 4, p. 445. Allusion au personnage de ce nom, dans le roman de la Rose.

MARCHE (BERNARD DE LA), gouverneur de Louis, dauphin. Tome 4, p. XII.

Mariaige (les *quinze Joies de*),

Aux détails que j'ai donnés sur ce personnage, dans mon introduction, je joindrai les suivants : dans un compte manuscrit de la maison du comte de Charolais, du 8 juillet 1459, Montbléru est qualifié écuyer d'écurie, et reçoit IX sous de gages par mois.

Montbléru était le neveu de Jean Regnier, bailli d'Auxerre. Regnier, dévoué au duc de Bourgogne, fut fait prisonnier par les Français, en 1431. Il nous a laissé un volume de poésies, dans lesquelles il chante les malheurs de sa captivité, et donne sur les événements de son temps des détails assez curieux. Ce volume, de la plus grande rareté, est intitulé : *Les Fortunes et Adversitez de feu noble homme Jehan Regnier, escuyer, en son vivant, seigneur de Garchy et bailly d'Aucerre*, 1 vol. in-8°, goth., 1526.

L'une des pièces de Jehan Regnier e t adressée à Montbléru, comme l'indique ce titre · *Cy après s'ensuyt unes lettres que le dit Jehan Regnier envoya à Montbléru* ; elle commence ainsi :

Mon nepveu le plus que je puis
Mon fait vous rescripts brief et court.

Il parle à son neveu, d'un procès qu'il soutenait contre le sire de Gaucourt, il termine ainsi cette pièce :

Au bon marquis du saint empire
Et au prince de Charrolois
Tre tout mon fait leur pourrez dire
Et à tous ses gentilz Galois

Ysaus du bon sang de Valois,
Comme mon bon maistre d'Estampes.
Beaujeu loufe ont leurs loix
Bien pevent frapper en ses estampes.

. . . .

Aux princes selon la coustume
Faictes recommandation
Au bon Croy et à Anthume
Point n'y faictes dilation.
Tous et toutes sans fiction ;
Dictes leur bien leur scaurez dire
Que Dieu leur dont perfection
De tout ce que leur cuœur désire.
Escript à Ancerre sans séjour,
D'octobre le seizieme jour,
Totus vester avunculus
Satis grossus non parvulus.
    Poésies de Jehan Regnier fol. S. V.

MONS EN HAINAUT (la ville de),
tome 1, p. 179.

Mortaine s'en aller à), mourir,
tome 2, p. 183

Mouche en lait (connaitre), proverbe, être fin, rusé, tome
1, p. 146.

Muthemate, muthemateris, mu-
tinerie, émeute, t. 2, p. 506.

N

NORMANDIE, tome 1, p. 167.
Nouvelles (les Cent Nouvelles),
l'un des livres les plus remarquables de la littérature française au XVe siècle, t. 1, p. 1.
—Composées à Gennappe, de
1456 à 1461, p VI. — Les manuscrits de cet ouvrage, bien
qu'indiqués dans plusieurs ca-
talogues, sont aujourd'hui
perdus, idem. — Indication de
de ces manuscrits, p. XL, XLI.
—Premières éditions, p. VII.
—Voyez aussi, tome 2 (bibliographie des Cent Nouvelles),
fautes grossières qui déparent
les éditions du XVIIIe siècle,
p. VII. — Irrégularité dans
l'orthographe, p. VIII.—Con-

teurs, familliers ou domestiques de la maison de Bourgogne, idem. — Voyez aussi,
tome 2, Notices biographiques, p. 543. — Origines
et Imitations de chaque récit ; recherches à ce sujet,
page IX. — Voyez aussi,
tome 2, Origines et Imi-
tations, p. 343. — Recherches
littéraires, p. XLI. — Auteur
du Recueil, p. XLII, XLIII.—
Origines historiques de quel-
que-unes des Cent Nouvelles,
p. XLVIII, XLIX, L.—Style remarquable de cet ouvrage, p.
L, LI.

NOYON (la ville de), tome 1, p.
329.

O

Oignon (bailler de l'), attraper,
tome 1, p. 268.
OMER (SAINT-), tome 2, p. 80,
132, 153.
Origines et Imitations des Cent
Nouvelles, tome 1, p. 343,
tome 2, p. 543.
ORLÉANS (MONSEIGNEUR D'),
Charles d'Orléans, fait prisonnier à Azincourt, en 1446,
et délivré, en 1445, tome 2,
p. 102.
OUSCHE (la rivière d'), tome 1,
p. 121.
OVIDE, tome 2, p. 78.
OYE (LE CHATEAU D'), tome 2,
p 102.
Oysance, oisiveté, repos, tome
2, p. 290.

P

Paillade (la belle) en est saison,
proverbe, tome 1, p. 214.

Parcevante, clairvoyante, tome 2. p. 46.

PARIS, tome 1, p. 86, 140; tome 2, p. 38, 135, 260.

Parti, donné en partage; *partir*. séparer, partager, tome 1, p. 102.

Penne, étoffe, panne, sorte de drap, tome 2, p. 140.

Pertuis, trou, ouverture, tome 1, p. 54, 122.

PHILIPPE LE BON, duc de Bourgogne, Accueil qu'il fait au dauphin, tome 1, p. XXVII, XXVIII.—Cérémonial qu'il observe avec lui, *idem*. - Ses offres de service. p. XXIX.—Est parrain de son fils, p. XIX.——Emmène avec lui le dauphin dans un voyage qu'il fait dans ses états. p. XXXI, XXXII; tome 2, p. 153.

PICARDIE, tome 1, p. 90. 91; tome 2, p. 1. 156, 256.

PIPE (MAISTRE ROULANT), tome 2, p. 144.

PLAISE (MAISTRE HIMBERT DE), tome 2, p 144.

Plegerai (je vous, je vous ferai raison, tome 2, p. 86.

POGGE. Ses facéties souvent imitées par les conteurs des Cent Nouvelles; détails sur la composition de ce livre, tome 1, p. XLVI, XLVIII.

POL (VALERAN, COMTE DE SAINT-), connétable de France. sous Charles VI, l'un des partisans de Jean-sans-Peur, tome 1, p. 183.

POL. (COMTE DE SAINT-), tome 2, p. 162.

Pougnet garni au), bien fourni, tome 1, p. 267.

Porée, soupes aux légumes, tome 2, p. 214.

Potence, bâton, béquille. t. 1, p. 125.

POUPODRE (JEANNE), nourrisse de Louis XI, rente qu'on lui faisait, tome 1, p XII.

Poussin (un bon), tome 2, p. 253.

PROUVENCE, Provence, tome 2, p. 20.

PRUSSE (la), tome 1, p. 134.

Q

Quenoille (Avoir des estouppes en sa). prov., tome 1, p. 272; tome 2, p. 46.

QUESNOY (le), tome 1, p. 189.

R

Ramentevoir, rappeler, ressouvenir, tome 1, p. 175.

Ramon, rameau, balai, tome 1, p. 46.

Rasière, mesure de grains, t. 1, p. 338.

RAVESTAIN (madame de) reçoit le dauphin à son arrivée à la cour de Bourgogne, tome 1, p. XXVII. — Tient Marie de Bourgogne sur les fonts de baptême avec le dauphin, p. XXX. — Est aussi marraine du fils du dauphin, p. XXX.

REBREUVES (BLANCHE DE), maitresse de Charles VII, tome 1, p. XIII.—Antoine, son frère, écuyer de la dame de Villequier. p. XIII.

Recordant (soy), se rappelant, t. 1, p. 68.

Recraint, trembleur. poltron, tome 1, p. 99-107.

RÉGENTE (MADAME LA). maitresse de Charles VII, tome 1, p. XV.

Rengreger, accroitre, augmenter, tome 2, p. 136.

Resconsé caché, t. 2, p. 508.

Rescourre, secourir, tome 2, p. 24.

RODFS, Rhodes, t. 2, p. 186.

ROHAN, tome 1, p. 243.

ROME, tome 2, p. 12-280.

ROSNF, le Rhône, tome 2, p. 24-74.

ROUEN (la Lonne ville de), t. 2, p. 220.

ROUHAUT (JOACHIM), gouverneur de Louis XI dauphin, tome 1, p. XII.

S

SALLES (ANTOINE DE LA), l'un des auteurs des Cent Nouvelles, en a peut-être été le rédacteur, tome 1, p. XLIII. — Détails sur sa vie et sur ses ouvrages, p. XLIII-XLIV.

SARRAZINS (les), t. 1, p. 135-153.

SAVOYE, tome 1, p. 256.

Semonnent (me), me contraignent, m'obligent, t. 2, p. 4.

Senglantis je), je sanglote. tome 2, p. 506.

STOLTON (JEHAN), écuyer, t. 2, p. 102.

Souef, souefvement, doucement, tome 1, p. 258, t. 2, p. 124.

Sourdoit, sortait, venait, avait lieu, tome 1, p. 50-175.

STEVELINGHES, village de Hollande, tome 1, p. 80.

Suspection, suspicion, soupçon, tome 1, p. 49-288.

T

THALEBOT, capitaine anglais. —

Deux traits de sa vie. t. 1, p. 75.

THEROUENNE (DIOCÈSE DE), t. 2, 236.

Tollir prendre, enlever, t. 1, p. 215.

TOURNEUR (JEHAN LE), t. 2, p. 114.

TOURS (la ville de), tome 1, p. 67-303.

Traille, grille, t. 1, p. 131.

TROYFS (LA VILLE DE), en Champagne, t. 2, p. 89-172.

Trois (aller de deux en), hésiter, t. 1, p. 268.

V

Vis Huis, porte, ouverture, t. 1, p. 44.

Vaisseau, vase, tome 1, p. 54, t. 2, p. 87.

VARENGEVILLE (SAINT-NICHOLAS DE), tome 1, p. 201.

Verrée, Vitré, tome 2, p. 73.

Viaire, Visage, t. 2. p. 228.

VICESTRE (LE CARDINAL DE), le cardinal de Vinchester, t. 2, p. 102.

VILLEQUERS (MADAME DE), maîtresse de Charles VII, t. 1, p. XV. — Nièce d'Agnès Sorel lui succède, p. XXIII. — Lettre que le dauphin lui écrit, p. XXIV.

Vitaille, nourriture, viande, victuaille, tome 2, p. 165.

VRELENCHEM, village des environs de Lille en Flandres, t. 1, p. 103.

Y

YPOCRAS, Hippocrate, tome 2, p. 192.

TABLE.

TABLE.

FIN DE LA TABLE DU SECOND VOLUME.

Lightning Source UK Ltd.
Milton Keynes UK
UKHW020245051218
333419UK00007B/267/P